"十三五"国家重点图书出版规划项目

国家出版基金项目

本书为2018年度国家社科基金重大项目"大阪产业部近代中国及'海上丝路'沿线调查资料整理与研究"（18ZDA188）、用友基金会第三届"商的长城"重点项目"日本大阪府立贸易馆近代中国商贸调查数据整理与研究"（2019–Z04）、复旦大学亚洲研究中心项目"东北亚市场一体化与北中国经济近代化研究"（SDH3154001/036）之阶段性学术成果。

国家出版基金项目
NATIONAL PUBLICATION FOUNDATION
“十三五”国家重点图书
出版规划项目

“港口—腹地与近代中国经济转型研究”丛书

吴松弟 樊如森 主编

天津港口·城市与经济腹地研究

（1860—1960）

樊如森 著

齊魯書社

图书在版编目(CIP)数据

天津港口·城市与经济腹地研究:1860—1960 / 樊如森著. --济南:齐鲁书社,2020.6
("港口—腹地与近代中国经济转型研究"丛书/吴松弟,樊如森主编)
ISBN 978-7-5333-4315-6

Ⅰ.①天… Ⅱ.①樊… Ⅲ.①区域经济发展—研究—天津—1860—1960 Ⅳ.①F127.21

中国版本图书馆 CIP 数据核字(2020)第 024162 号

策划编辑/赵发国
责任编辑/邵明凡
装帧设计/郭 觐 李 生

天津港口·城市与经济腹地研究(1860—1960)
TIANJIN GANGKOU CHENGSHI YU JINGJI FUDI YANJIU(1860—1960)
樊如森 著

主管单位	山东出版传媒股份有限公司
出版发行	齊魯書社
社　　址	济南市英雄山路 189 号
邮　　编	250002
网　　址	www.qlss.com.cn
电子邮箱	qilupress@126.com
营销中心	(0531)82098521　82098519　82098517
印　　刷	山东新华印务有限公司
开　　本	710mm×1000mm 1/16
印　　张	39.5
插　　页	3
字　　数	645 千
版　　次	2020 年 6 月第 1 版
印　　次	2020 年 6 月第 1 次印刷
印　　数	1—1000
标准书号	ISBN 978-7-5333-4315-6
审 图 号	GS(2019)6309 号
定　　价	160.00 元

总 序

近代是中国由传统社会向现代社会转型的时期，经济上的转型是其中的重要方面。尽管经历了艰难曲折的过程，而且近代经济的发育总体水平不高，但毕竟改变了中国几千年的传统经济面貌，成为后世发展的基础。

近代经济转型的动力，来自外来因素和本国内在因素的共同作用，空间上则表现为“港口—腹地”的双向互动作用。“港口”，指位于我国东部的大连、营口、丹东、天津、烟台、青岛、连云港、上海、宁波、福州、厦门、高雄、基隆、广州、香港等沿海主要港口城市，以及汉口、重庆等长江沿岸的主要港口城市。而且，它并非仅指承担客货运输任务的港口部门，而是包括港口部门和它所在的城市。广而推之，凡通过航空、铁路、公路等交通枢纽而成为一片较大区域的交通中心，均具有“港口”的作用，只不过人们常用“交通中心”“口岸”来代替“港口”一词而已。

“腹地”指位于港口城市背后的吞吐货物和集散旅客，以及大机场、铁路和公路交通中心所及的空间范围。在通常情况下，这一范围内的客货经由该港、机场和公路、铁路枢纽进出，在人和物的运输方面比较经济与便捷。港口城市的对内联系范围与海港、机场、公路和铁路的腹地范围空间上十分接近，因此，港口、机场、公路和铁路枢纽进出的腹地范围几乎都可视为港口所在城市的腹地范围。

我国是一个幅员辽阔的大国，河流多自西向东流，注入大海，在现代交通兴起以前，东西向的河谷往往又成为新式交通发达之区。近代外来的先进生产力在沿海口岸登陆，之后再顺着东西向的水路或陆路往西拓展。在边疆地区，内陆口岸也扮演了沿海口岸的角色，只是影响力基本集中在边疆地区，受其影响的空间范围较小而已。来自沿海和沿边口岸往自己腹地的经济辐射，推动了腹地经济变迁，改变了中国的交通格局、城市分布和区域经济差异，并促使新型经济区形成。

本人长期研究近代经济地理，所提出的“港口—腹地和中国现代化的空间进程”观点，已被学界认为是从空间角度分析近代经济不平衡发展的很好的解释，所指导的硕士、博士研究生一直是国内近代经济地理研究的主要力量。由我主编、戴鞍钢副主编，来自全国的25位学者联合撰写的九卷本《中国近代经济地理》，填补了近代经济地理研究的长期空白，一定程度上满足了学术界和各地政府的需要，2018年获上海市第十四届哲学社会科学优秀成果奖著作类一等奖，2020年获教育部第八届高等学校科学研究优秀成果奖（人文社会科学）一等奖。这次出版的“港口—腹地与近代中国经济转型研究”丛书，抓住经济转型这一重大课题，从空间角度深入论述区域经济变迁的过程，具有重要的学术价值，获得了学术界和出版界的广泛认可，被列入“十三五”国家重点图书出版规划并获得国家出版基金资助。

本丛书的九位作者中，樊如森、方书生、张永帅三人都是九卷本《中国近代经济地理》的作者，陈为忠、张珊珊、徐智、毛立坤、王哲、杨敬敏等人在区域、城市、贸易等方面都发表了有影响的学术论文。各位作者在自己博士学位论文的基础上加以时空拓展，以全面展现一批主要港口城市及其经济腹地，描绘近代时期所发生的宏大经济变迁画卷。本丛书的出版，不仅可以进一步丰富近代中国历史地理研究的学术成果，也能为中国今天的经济建设实践提供扎实的实证基础和智力支持。值此丛书出版之际，谨对齐鲁书社的大力支持表示衷心的感谢！欢迎读者对本丛书提出宝贵的修改意见。

吴松弟

草于2020年4月5日

目　录

绪 论

本章主要阐释的是与本书内容密切相关的基本概念、时空范围、学术积淀、基本史料和内容框架等问题，以便厘清近代百余年间，中国北方最大的港口城市和工商业中心——天津的成长发展历程，及其与腹地之间的经济互动关系，夯实“三北”地区近代经济地理格局变迁研究的学术逻辑与理论基础，以确保笔者研究思路的顺畅和规整，并有助于读者对相关命题的理解与把握。

第一节 本书基本概念和时空范围的界定

一、几个相关的基本概念

本书涉及的基本概念很多，但不少都是相关学科或学术界约定俗成的，即使不做专门辨析，也不致给读者带来理解上的歧义。但是，其中的一些专业和特定概念，如港口、城市、进出口、经济腹地、三北地区、外向型经济、经济现代化等，虽与通常意义上的词汇同名同字，但二者之间存在内涵和外延上的很大差别。鉴于它们都是本书实证研究无法绕开的逻辑主线和学术基石，所以只好在此一一详察。

（一）港口

港，原本是可以行舟的江河支流；口，则是船舶进出的通道；二者合为“港口”一词，即指河流汊道交汇、船舶往来集聚的河段。后来随着经济的发展和社会的进步，又引申为人们在江河或湖海岸边所建设的、便于船舶停靠、货物装卸、人员上下的土木工程设施和场所；进而再表征那些为港口运营活动而组建的服务机构和管理部门。①

时至今日，伴随着交通手段、内容和场所的变化，港口又从传统意义上的水运港衍生出了陆运港、航空港和信息港等不同的港口类型。具体到本书考察的核心港口——天津港而言，笔者仅主要探讨其传统的水运港功能。

当然，和当地其他的历史地理要素一样，近代的天津港也在地理区位和经济功能等方面发生过由自然码头到人工码头、由内河港口到沿海港口、由国内航运到国际航运等多个层面上的时空变迁。

（二）城市

城市，是指“规模大于乡村和集镇的以非农业活动和非农业人口为主的聚落。城市一般人口数量大、密度高、职业和需求异质性强，是一定地域范围内的政治、经济、文化中心”②。尽管每个城市兴起和发展的原因与动力各不相同，其功能和地位也千差万别③，但是在近代口岸开放以后，随着口岸城镇、交通城镇、工矿城镇以及转型中的老城镇的大量涌现，中国北方的城镇网络格局，由“都城—治所”为核心向“口岸—市镇”为核心、由政治主导型向经济主导型转变的发展趋势，得到了显著体现和巩固。④

（三）港口城市

港口城市，是水运货物集散地与非农人口集散地的有机统一。在以

① 《地理学词典》编委会编：《地理学词典》，上海辞书出版社 1983 年版，第 732 页。

② 中国大百科全书总编辑委员会《地理学》编辑委员会编：《中国大百科全书·地理学》，中国大百科全书出版社 1990 年版，第 32 页。

③ 唐晓峰：《历史地理学在城市问题研究中的作用——以北京城市历史地理研究为例》，载《城市问题》1983 年第 2 期。

④ 樊如森：《近代北方城镇格局的变迁》，见天津社会科学院、天津市社会科学界联合会主办《城市史研究（第二十五辑）》，天津社会科学院出版社 2009 年版，第 1 页。

农、牧业为主导经济产业的传统历史时期，区域经济的商品化和市场化程度较低，以木帆船作为主要长途运载工具的水上航运码头也大多流于自然和简陋，其集、疏、运的能力均相对低下。因而这一历史发展阶段的港口布局往往集中于靠近河流交汇或江河入海的近岸地段，其结果使得港区常常独立于聚落的核心区之外。这样，港口建设和营运规模的有限性难以带动大型聚落——城市的兴起与繁荣，所以这一时期，港、城合一的“港口城市”并不多见。

在通常情况下，只有随着区域经济商品化和市场化程度的提高，在多条河流汇集、商品运输繁忙、被中央或地方政府所倚重的水运枢纽，如明清时期南方的汉口、镇江，北方的天津、临清等地，才会形成少数因港兴市的较大聚落，即被人们通称为“天下陆海”的港口城市。它们的形成和发展进程，大致会呈现以下几个基本的历史经济地理特征：

第一，该城市兴起的第一动因，是当地拥有交通辐射范围广阔的水运枢纽港。经由港口的水路运输，是该城市最主要的对外交通管道；与此相联系的进出口业则是其最重要的经济部门。

本书所关注的核心城市天津，就是这样一个“依港兴市”的典范。它之所以能够日趋兴盛，既与其地处海河五大支流交汇点、扼守其入海口的自然地理区位密不可分，也与这里长期作为元、明、清三代都城的漕粮转运站和“京师门户”的政治、经济、军事地位直接相关。正如康熙《天津卫志》的纂修者薛柱斗所言：“天津为卫，去神京二百余里，当南北往来之冲。京师岁食东南数百万之漕，悉道经于此。舟楫之所式临，商贾之所萃集，五方人民之所杂处，皇华使者之所衔命以出，贤士大夫之所报命而还者，亦必由于是。名虽为卫，实则即一大都会所莫能过也。”①

第二，港口与城市发展之间，又有相辅相成的互动关系。因为城市既

---

① 〔清〕薛柱斗修，〔清〕高必大纂：《天津卫志》，重修“天津卫志”序，康熙十四年刻本。

可以大量消纳、加工和转运经由港口的进、出口物资，也能够为港口集、疏、运功能的有效发挥提供直接的关联性服务，增强港口的货物吞吐能力和综合竞争实力，此即所谓的“港因市兴”。元代直沽寨的港口规模之所以小于明代天津卫的港口规模，明代天津卫的港口规模之所以小于清代天津府的港口规模，清代天津府的港口规模之所以小于民国天津市的港口规模，究其深层原因，无不是由于后者的城市人口进一步增加、城市建成区不断拓展所带来的更大物质和社会基础。

第三，市场经济功能是该城市最主要的功能。进入近代后，承自中国古代、以当地和国内市场为依托的传统农、牧业经济，逐步为源自英国、以更大区域乃至全球市场为依托的新型工业经济所替代。于是，联结国际市场的远洋海运，愈发成为最主要的长途水运方式。这样，地理区位更为优越、海上运输尤其便利的沿海口岸，便成为国内和国际两个市场扇面的交会点，进而成为当地大力发展外向型经济和临海型经济、有效沟通区域市场与世界市场的桥梁和纽带。

有鉴于此，本书对中国近代港口城市的基本定义是：地处河、海航运的中枢位置，以水上运输为主要交通管道，以港口进出口业为初始和支柱产业，市场化、外向化和现代化程度都很高的区域经济中心城市。

（四）经济腹地

港口、城市、腹地三者之间，有着相当复杂的时空和经济涵盖关系。从港口的角度看，不仅港口城市背后的内陆地区属于该港口货物集散的腹地范围，就连港口城市本身，也是该港口经济腹地的组成部分；从城市的角度看，港口不仅没有外化于城市，相反却是城市建成区的重要组成部分。不过，仅从其吞吐货物有无港口进出环节来看，港口的经济腹地范围和城市的经济腹地范围之间，又存在一定的空间涵盖差异。因为更进一步来讲，那些没有经过港口进出环节就被城市自身消费掉的农副产品，其商品来源地尽管属于城市的经济腹地，但不能计算在港口的经济腹地范围之内。由于文献记载的完整性和精准度不足，要想把港口和城市两者的腹地范围从空间上截然分开，是很不容易的。

目前，学术界对于“腹地”（Hinterland）概念的阐释，还存在不少差异。《辞海》的界定是“某一城市或港口保持有密切经济联系的内地或背后地”①。《中国大百科全书·地理学》的解释为“位于港口城市背后，为港口提供出口货物和销售进口商品的内陆地区”②。戴鞍钢指出：“腹地为港口货物进出提供物资来源和销售市场，港口则为腹地商品吐纳提供输出入孔道。”③ 吴松弟认为，腹地是“与某一港口或其部分腹地有陆地相连、直接销售港口进口物资和直接提供出口物资的区域”，它又可细分为核心腹地、边缘腹地、过渡腹地，或交叉腹地、混合腹地、共同腹地等不同层次。④

为了使这一概念及其相关研究具有更强的可操作性，笔者又从物流角度，对其做了如下界定：经济腹地，就是受该港口城市直接经济辐射的、港口主要出口货物的基本来源地区和主要进口货物的基本销售区域。其基本含义包括两点：第一，港口城市的经济腹地，从物流的角度说，应该包括出口腹地和进口腹地两个层面。一般情况下，每一种出口货物的来源地区和每一种进口货物的销售区域，并不完全重合。第二，港口城市的经济腹地范围，应该是某一特定的时间内，每一种出口货物的来源市场和每一种进口货物的销售市场相互叠加的产物。借用数学上“集合”的范畴来打个比方，即如果把某一特定时间内各种进、出口货物的市场区域都看作是一个一个不同“子集”的话，那么，所有“子集”的“并集”而不是“交集”，就构成了该港口城市的综合经济腹地范围。⑤

---

① 辞海编辑委员会编：《辞海》，上海辞书出版社1979年版，第3479页。

② 中国大百科全书总编辑委员会《地理学》编辑委员会编：《中国大百科全书·地理学》，中国大百科全书出版社1990年版，第148页。

③ 戴鞍钢：《港口·城市·腹地——上海与长江流域经济关系的历史考察(1843—1913)》，复旦大学出版社1998年版，第133页。

④ 复旦大学历史地理研究中心主编：《港口—腹地和中国现代化进程》，齐鲁书社2005年版，第11页。

⑤ 樊如森：《天津与北方经济现代化（1860—1937)》，东方出版中心2007年版，第7页。

事实上，从笔者多年的实证研究经历来看，如果能把近代海关贸易统计数据和内陆地区专业经济调查数据交互利用，还是可以大致厘清单个港口城市在特定时间节点的单一商品的进口腹地或出口腹地范围的。但是，如果试图去精准复原单一港口城市长时段的综合腹地范围，甚至几个港口城市的交叉或混合腹地范围，其可行性会因史料数据特别是时空信息完整度的不足大打折扣。

（五）三北地区

为了厘清“三北地区”的地理范围，笔者查找了手头的几部地理学和历史地理学词典，均未有所获。上网检索到的说法也都各不相同，说明社会各界对该词语的认知还很不统一。认可度较高的，是“360 问答”里“bzd5200”网友给出的答案：“三北指的是东北、华北、西北三个地区。东北：黑龙江、吉林、辽宁；华北：北京、天津、河北、山西、内蒙古；西北：陕西省、甘肃省、青海省、宁夏回族自治区、新疆维吾尔自治区。”① 上述说法，作为民众一般性的地理认知，或详或略，或多或少，都没有特别大的关系。但是，如果将其运用到专业性的历史地理学术研究中，那就非界定准确不可了。

同时，笔者之所以要把“三北地区”作为本书最基本的历史地理概念，是因为该区域是近代天津港口和城市共同的经济腹地范围，无可回避。在清末民国时期，“河北、山西、察哈尔、绥远及热河辽宁等省都成为他的直接市场圈，同时山东、河南、陕西、宁夏、甘肃、吉林、黑龙江诸省的一部分划归他的势力范围以内”②。

当然，本书中有关“三北地区”的地理内涵，并不仅仅限于单纯的自然空间或政区空间，更主要的是在于它的经济空间，尤其是市场空间。

张利民教授经过多年的反复考察和论证，以四篇专文的篇幅，基本上厘清了“华北”概念的来龙去脉，并从区域经济史的视角做了详尽的空间

---

① 360 问答：http：//wenda. so. com/q/1543689444215487。

② 李洛之、聂汤谷编著：《天津的经济地位》，经济部冀热察绥区特派员办公处、结束办事处驻津办事处 1948 年版，第 2 页。

界定。[①] 他在回顾和总结华北一词的形成和发展历程以及不同人群和学科对华北概念的不同界定以后，通过考察近代北方广大地区交通和物流网络的变迁历程，将华北的经济区域范围锁定在现今行政区划下的京、津两市和冀、鲁、晋三省，河南省黄河流域的一部分，以及内蒙古中西部地区。笔者非常赞同张老师对华北经济地理范围的这一空间界定。

不过，尚需大致说明的是，对于同一个地理概念的把握，除了社会认知和学科分野的一般差异之外，还存在不同语言环境和研究任务的特定要求。比如，笔者曾根据学界通例和历史史实，在《民国时期西北地区市场体系的构建》一文中，将近代“西北”的空间范围界定在“秦岭以北、潼关和山陕黄河大转弯以西的陕西、绥远、宁夏、甘肃、青海和新疆6省辖区”[②]；在《近代西北经济地理格局的变迁（1850—1950）》一书中，也将近代“西北”的空间范围界定在“昆仑—秦岭以北、潼关和山陕边界黄河大转弯以西，民国行政建制下的陕西、甘肃、青海、宁夏、新疆、绥远6省和外蒙古地方”[③]。相应地，在《近代西北与华北的市场联系》一文中，将近代“华北”界定在秦岭—淮河以北、潼关和山陕黄河大转弯以东的“山西、察哈尔、河北、山东、河南省的黄河流域、江苏省的徐州海州地区”[④]。在《中国近代经济地理·第七卷·华北与蒙古高原近代经济地理》一书中，又考虑到与丛书其他分卷如“西北卷”“东北卷”“华中卷”“江浙沪卷”等在撰写内容和所涉空间上的区分与衔接，并保证该书当中“蒙

---

① 张利民：《区域史研究中的空间范围界定》，载《学术月刊》2006年第3期；张利民：《“华北”考》，载《史学月刊》2006年第4期；张利民：《论华北区域的空间界定与演变》，载《天津社会科学》2006年第5期；张利民：《首次发现的〈华北月报〉与华北一词的滥觞》，载《历史教学（高校版）》2007年第8期。

② 樊如森：《民国时期西北地区市场体系的构建》，载《中国经济史研究》2006年第3期。

③ 樊如森：《近代西北经济地理格局的变迁（1850—1950）》，台湾花木兰文化出版社2012年版，第3页。

④ 樊如森、吴焕良：《近代西北与华北的市场联系——以外向型经济的发展为中心》，见张萍主编《西北地区城乡市场结构演变的历史进程与环境基础》，三秦出版社2011年版，第266页。

古高原”地理空间的完整性，遂将“华北”的空间范围大体上限定在民国政区下山西、河北、河南、山东、江苏等省的全部或部分地区，进而把长城以南列为华北，长城以北列为蒙古高原。同时，为了表述的方便，该书还从市场网络的角度，将民国治下山西省、河北省、豫北、鲁西北等以天津为核心市场的区域称为华北西部；山东省大部、豫东、苏北等以青岛为核心市场的区域称为华北东部。①

另外，考虑到近代天津与环渤海其他主要口岸城市青岛、大连等的腹地分野与交叉关系，本书中仅将近代天津经济腹地所在的“三北地区”，从空间上限定在清末民国时期的华北西部、东北西部和西北东部地区。

（六）外向型经济

学术界一般所说的外向型经济，主要是针对一个国家的经济模式或体制而言的，意在强调其出口和国际市场的导向性。②

然而，从中国北方近代以来的外向型经济发展实际看，上述说法并不契合本书的论述。第一，对于一个具体区域如港口城市天津的经济腹地来说，由于其货物经由天津港口输出之后，无论是销往国际市场，还是销往中国沿海、沿江其他口岸的国内腹地市场，对于本区域经济的市场化和外向化进程而言，都有同样的外向拉动作用，所以都属于以对（区域）外输出为导向的外向型经济；第二，国外口岸以及国内其他口岸市场，对于本区域经济现代化所起的引领作用，不仅体现在出口方面，而且体现在进口方面。因为它不仅为腹地带来了廉价的机制工业产品如洋布、火柴、面粉等，满足了人们的生活消费所需；而且输入了丰富的生产资料如机器、洋纱、钢材等，引进了近代工业发展所必需的生产技术、经营理念和管理模式，刺激和拉动了中国北方进口替代工业和农、牧产品加工业的发展，反

---

① 吴松弟主编，樊如森著：《中国近代经济地理·第七卷·华北与蒙古高原近代经济地理》，华东师范大学出版社2015年版，第4~5页。

② 杨圣明主编：《中国对外经贸理论前沿》，社会科学文献出版社1999年版，第27~28页。

过来促进了腹地进出口贸易的增长与产业结构的优化。

所以，对于中国近代港口城市天津及其背后的经济腹地来说，进口，是指货物（主要是国外的机制工业品又称洋货和从中国沿海、沿江其他口岸集聚的土货）由国内外其他口岸，经该城市的港口输入后，直接销往其腹地市场。其商品内涵，包括由国际市场直接进口和中国国内埠际贸易两部分，但不包括在本港口短暂停留后，又马上出口到其他口岸的“过境”转口货物。

出口，是指腹地的货物（主要是农、牧业原料和初加工产品，亦统称为土货），经由该城市的港口输出，销往国外市场以及中国沿海、沿江其他口岸的国内腹地市场。其商品内涵，包括对国际市场直接出口和国内埠际贸易两部分。

因此，所谓外向型经济，就是广大腹地在通过其港口，与国外以及国内其他口岸市场之间展开进出口贸易的过程中，所培育起来的以（区域）外部市场的商品输出、输入需要为导向的现代化市场经济。

事实上，随着“口岸—市镇”网络的发育，港口城市天津所在的环渤海地区，就在不断完善以天津、青岛、大连为中心城市的本地市场网络的同时，逐步开拓了区域外部的国内、国际两个市场空间。国内市场的拓展，包括西北、东北和东南三个方向的市场；国际市场的拓展，包括从以欧美市场为主转变为以日本市场为主。它使得当地原本封闭落后的经济发展环境，从内涵到外延的许多层面上，都有了很大的改进和完善，显著提升了该区域经济的现代化和外向化水平，并成为近代环渤海地区对外贸易稳步发展、产业结构不断优化、在全国经济地位明显提升的本底动力。①

（七）经济现代化

进入近代，天津港口、城市及其经济腹地产业结构的变迁，与世界现

① 樊如森、伍伶飞：《近代环渤海市场结构的时空演进》，见中国地理学会历史地理专业委员会《历史地理》编辑委员会编《历史地理（第二十八辑）》，上海人民出版社2013年版，第262～281页。

代化进程的又一次转折有密切的关联。因为综观世界经济发展的时空进程可知，关乎人类社会存续的农、牧、工、商四大基本经济产业，会在一定历史条件和地理空间下，发生主导与从属地位的相互转换，进而带动整个社会经济结构的系列联动。而这一切转型的滥觞，又都源自当时世界上占优势地位的政治、经济体制，即通常所说的“现代化”标准及其实现过程的根本性变革。① 迄今为止，这种“现代化”变革已发生过多次时间、空间的位移，从而引发世界范围内一次又一次的社会改革浪潮。如以农、牧业为主导经济产业的唐朝，作为7—9世纪东方世界政治、经济、文化水平最高的国度，一度是周边国家争相效仿的“现代化”典范；换句话说，那时的世界现代化，很大程度上就是“唐朝化”；英国学者李约瑟在其《中国科学技术史》中，也以大量史实佐证了中国科技在3—13世纪的全球领先地位。② 然而，最晚从18世纪开始，陆续完成工业革命的英国，又创造出另外一套更加有利于社会发展的政治、经济体制，成为引领世界潮流的新的文明中心。马克思曾由衷地赞颂道，欧洲“资产阶级在它的不到一百年的阶级统治中所创造的生产力，比过去一切世代创造的全部生产力还要多，还要大。自然力的征服，机器的采用，化学在工业和农业中的应用，轮船的行驶，铁路的通行，电报的使用，整个大陆的开垦，河川的通航，仿佛用法术从地下呼唤出来的大量人口，——过去哪一个世纪料想到在社会劳动里蕴藏有这样的生产力呢?”③ 与此同时，那种将自给自足的农牧

---

① 从词源学和语言发生学的角度看，尽管作为外来词的近代、现代、当代，在中文语境中的时间内涵有所差异，但在拉丁文、英文、法文中是一个单词，即中文音译词“摩登”（刘正埮等编：《汉语外来词词典》，上海辞书出版社1984年版，第242页）。按照笔者的理解，它与本文主旨相关的词义体现在三个层面，一是在时间上，靠近今天的发展阶段，即modern time；二是技术上，符合潮流的最高水平，即modern；三是行为上，追求目标的奋斗过程，即modernization。

② 王玉玲：《李约瑟之谜的历史解答》，载《社会科学论坛》2005年第3期。

③ ［德］卡尔·亨利希·马克思、弗里德里希·冯·恩格斯著，中共中央马克思、恩格斯、列宁、斯大林著作编译局编译：《马克思恩格斯选集》第一卷，人民出版社1995年版，第277页。

业，严格附着在土地上的中国传统经济模式及其上层建筑，却愈发束缚了社会经济发展的活力，以致在同西方列强的政治、经济、军事博弈中，处处显现出强弩之末的尴尬，不得不转而认可打上英国文明印记的“现代化”新标准。结果不仅中国传统文明的忠实信徒日本断然“脱亚入欧”，就连中国自身也开展了“中学为体，西学为用”“师夷长技以制夷”的洋务运动，以及政治、经济、军事、文化领域全面“西化”的“清末新政”运动。

由于这种引领近代世界新潮流的英国文明核心内容是市场全球化背景下的工业经济发展，所以此后，包括中国在内的世界各国，也就陆续开始了产业结构的工业化转型过程。正如赵德馨所指出的，鸦片战争后的中国经济，已经逐渐由独立、封闭的封建自然经济，向英国等西方列强主导的资本主义依附经济转变，由“与世界经济隔绝的状况，变为与之联系日益密切，并日益受其影响和支配，从而逐步成为世界资本主义经济体系与世界市场的依附部分”；而这种经济转型在生产力上的表现，就是“从几千年的使用手工工具生产的阶段，向使用机器生产的阶段跃进”，并向农业、工业、矿业、商业等经济领域渗透。①

所以，相对于天津港口、城市与其经济腹地的经济现代化而言，也同样是把承自中国古代的自给性农牧业经济，转变为源自英国的市场化工业经济的历史地理过程。其实现途径主要包括两个不同的产业发展类型，一是通过完善国内市场结构和开放对外通商口岸，把北方各地的农、牧业产品输出到中国沿海和国际市场，为国内外的机器工业提供生产原料，进而实现当地传统产业的间接性工业化；二是通过国内物流或进口贸易网络，引入中国沿海城市或西方国家的机制工业产品、机器设备和经营模式，在当地开办新式工厂，进行直接性工业生产。由于北方各地资源分配和人文环境的不同，这两种类型的工业化进程和表现，又存在时间和空间上的很

---

① 赵德馨主编：《中国近代国民经济史教程》，高等教育出版社 1988 年版，第 4～5 页。

多差异。[1]

二、本书选题的时空范围

（一）时间范围：1860—1960 年

本书之所以将考察的时间范围限定在 1860—1960 年，主要是基于以下几个方面的原因：

第一，1860 年是根据中英《北京条约》规定，天津被正式开辟为对外贸易通商口岸的时间。事实上，依据 1858 年中英《天津条约》而开放的北方另外两个沿海商埠——牛庄（后来实际开放的是营口）和登州（后来实际开放的是烟台），也是在第二次鸦片战争正式结束、中英《北京条约》换约签字后才得以实际运作的。因此，拱卫清朝京师的“北洋三口”——“营口、天津和烟台是《北京条约》后正式开埠的”[2]。换句话说，1860 年作为一个清晰醒目的历史界标，不仅是天津口岸设立的起点，也标志着中国北方经济对外开放新时代的到来。

第二，就天津城市本身的发展历程来看，虽然它在开埠之前就“已成为华北最大的商业中心和港口城市了”[3]，但是由于当时天津市场繁荣的物质基础主要来源于为京师转运的漕粮和其他日用品，并非依靠自身的物质生产能力或市场集聚能力来罗致商品，或者说开埠前的天津本身的国内市场占有率并不高，因而谈不上有广阔的国内经济腹地；同时，国外市场尚未开辟，无法像当时的伦敦那样，通过大规模的进出口贸易融入全球经济一体化的进程中。只有在开埠通商之后，面向世界的天津，才得以依靠口岸城市日益增强的商品集聚和生产加工能力，逐步扩大了其国内外市场的

---

① 樊如森：《中国北方近代经济的市场化与空间差异》，载《江西社会科学》2015 年第 2 期。

② 张利民、周俊旗、许檀、汪寿松：《近代环渤海地区经济与社会研究》，天津社会科学院出版社 2003 年版，第 113 页。

③ 许檀：《清代前期的沿海贸易与天津城市的崛起》，载《城市史研究》1997 年第 13—14 辑。

占有率，同时在现代交通、工业、金融、城市建设等领域，快速跃升为北方首屈一指的现代工商业中心，成为引领腹地传统农牧工商业经济向近代市场化工业经济转型的龙头。① 可见，1860 年不仅是港口城市天津而且也是其“三北”腹地经济走向现代化的里程碑。

第三，虽然后来天津及其腹地的经济现代化进程也曾遭受过两次世界大战和历次国内战乱的严重破坏，但是一直到 1957 年，作为中央直辖市的天津，依然是中国北方经济发展速度最快、现代化水平最高、腹地范围最辽阔的港口城市，以及“三北”区域经济发展的中心市场。然而，自 1958 年开始特别是 1960 年之后，随着中国大陆资本主义工商业社会主义改造运动的全面完成和计划经济体制的逐步实施，尤其是作为政治中心的北京，开始集全国之力，强势推进“由消费型城市向生产型城市”的转变，使天津的城市发展进程出现了空前巨大的转折，其长期形成的原有现代交通、金融、市场等经济优势被剥夺殆尽；行政区划上，也由 1928 年之后与北平“平起平坐”的特别市和中央直辖市，再次沦为寄于北京篱下的河北省省辖市，其中国北方经济首城的荣光已不复存在。

而 1860—1960 年，正是天津及其腹地在“准市场经济”条件下②，经济快速走向现代化的重要发展阶段。对这一过程的历史地理探索，既能丰富近代天津港口、城市与其腹地经济现代化的学术研究成果，也可以总结中国北方经济现代化转型进程中的成败与得失，为今天京津冀等地的经济一体化建设实践提供长时段、广域场的实证研究基础和智力支持。

不过，由于历史经济地理进程本身有较大的时空延展性，为保证对本书所涉学术命题考察的连续性与完整性，书中的不少论述，在时间上便跨越了 1860—1960 的年代断限，在空间上也超出了天津及其腹地的地域范围。比如天津开埠以前的中国北方经济发展基础，1960 年以后天津在北方

---

① 樊如森：《天津——近代北方经济的龙头》，载《中国历史地理论丛》2006 年第 2 辑。

② 樊如森、龚关有关北方区域经济性质的讨论，参见吴松弟、樊如森主编：《近代中国北方经济地理格局的演变》，人民出版社 2013 年版，第 344 ~ 345 页。

经济发展中的历史定位等问题，均需要跨越既定的时空界限，才能界定清晰、剖析完整。

（二）空间范围："三北"为主，兼及中外

港口城市天津的经济腹地范围，其空间大小也并不是一成不变的。它是随着时间的推移和港口辐射能力的强弱，也就是进出口货物数值的大小和种类的多少，而不断地变换着出口商品来源地和进口商品销售地的广与狭。

例如，在元代的直沽寨、明代的天津卫、清代的天津府、民国的天津特别市等时期，天津港的货物集散数量和种类都有很大的差异；相应地，其出口、进口货物的涵盖区域即腹地范围，也就呈现出明显的不同，即逐渐由狭窄的大运河沿岸扩展至海河流域，再推进到华北大部、东北西部和西北东部的辽阔地域范围。并且，由于国内外贸易和市场结构的变化，天津的陆向腹地和海向腹地、国内腹地（市场）和国外腹地（市场），也都有不断拓展。这就使本书所应关注的地域空间范围也愈发广阔，即以中国的"三北"腹地为主，兼及中外更为广大的市场空间。

第二节　相关研究的学术史回顾

第一次鸦片战争之后，在西方列强的武力胁迫下，清政府结束了长期以来只允许广州等少数口岸对外通商的做法，开始开放更多的沿海、沿江、沿边、内陆商埠。① 与此同时，各地为了发展对外贸易，也自行开放

① 传统说法认为，第一次鸦片战争之前，中国只有广州一口对外通商。事实上，早在1684年，清政府就取消了"禁海令"，并在广州设粤海关、在厦门设闽海关、在宁波设浙海关、在松江设江海关（1687年移至上海），管理对外通商事宜。1759年，为防止类似英国人佛林德（James Flint，中文名洪任辉）擅入京津事件的再次发生，清政府自1759年开始，只允许欧美商人到远离京城的广州一口通商，但同时并未禁止另外三口对日本和南洋的贸易。因此，五口通商的经济内涵，不过是在中外关系不利于中方的新形势下，把原来只有广州一口对欧美贸易的特例，重新扩展到另外四口而已（福州原为厦门的分关）。

了一些商埠。这样，中国大地上便出现了一大批对外开放的口岸。到1930年，中国对外开放的一级商埠，已达到115个。[①] 由于它们处在沟通国内和国外两个市场扇面的交会点上，因而成为西方先进生产力最早登陆并对腹地进行商品与生产方式等层面经济辐射的桥梁和纽带。

开埠以后的天津，主动或被动地因应了其得风气之先的地理区位和历史机遇，不断扩大了自己的港区和城区规模，强化了对背后腹地的经济辐射能力，因而能够从隶属于京师漕运网的府城县治快速跃升为中国北方第一大近代工商业都市。这一系列经济和政治层面的时空巨变，自然引起了国内外学界的高度关注，相应的学术成果也就日趋丰富，为相关研究的进一步深化奠定了深厚基础。但限于篇幅，本书仅主要评述那些原创性较强的著作类成果；不少原创性的论文，如王怀远的《旧中国时期天津的对外贸易》[②]、林满红的《口岸贸易与近代中国——台湾最近有关研究之回顾》[③]、许檀的《明清时期城乡市场网络体系的形成及意义》[④]、张利民的《简析近代环渤海地区经济中心重组的政治因素》[⑤] 等，其学术价值可能尚高于某些论著，但也只能忍痛从略。

一、清末民国时期对天津城市和腹地发展进程的记录与初步研究

（一）对天津城市史的记述与初步研究

较早系统性关注天津城市史的著作，当为清代道光年间的佚名人士编

---

① 樊如森、吴焕良：《近代中日贸易述评》，载《史学月刊》2012年第6期。

② 王怀远：《旧中国时期天津的对外贸易》，载《北国春秋》1960年第1～3期。

③ 林满红：《口岸贸易与近代中国——台湾最近有关研究之回顾》，载《近代中国区域史研讨会论文集》，台湾“中研院”近代史研究所1986年版。

④ 许檀：《明清时期城乡市场网络体系的形成及意义》，载《中国社会科学》2000年第3期。

⑤ 张利民：《简析近代环渤海地区经济中心重组的政治因素》，载《天津社会科学》2012年第5期。

著的《津门保甲图说》①，内容共分为前后两部分。前面的是与保甲制度有关的各类公告、文书、规章、制度，后面的是“据见在形势，以河海为经纬，分别绘图，图系以说”，共有地图181幅及其相关的文字说明，除了彰显天津城内外相关区域的地形地物，还简要介绍了其历史沿革、自然环境与人口职业等内容，具有重要的史料价值。

1870年之后，佚名人士撰的《天津事迹纪实闻见录》②，又记述了天津的古迹桥梁、会馆公所、书院、慈善机构、义学、官府衙门、关口、机器局、领事馆、洋行、教堂、教会、田赋、场灶、漕运、河道、风俗、名人等内容，也是研究天津开埠初期社会经济面貌的重要史料。

稍后，由张焘撰的《津门杂记》③，则记述了天津的风俗习惯、城邑、郊垧、河渠、关镇、衙署、祠庙、海防、军政，以及名胜古迹、市井风物、名人轶事、彩塑篆刻、婚丧嫁娶、科举甲第、租界洋楼、通商贸易、漕运盐务等，对于研究开埠早期天津的社会生活与历史地理沿革，也有重要的参考价值。

而王守恂撰的《天津政俗沿革记》④，共分舆地、河渠、水利、邮驿、户籍、田赋、货殖、盐业、工艺、文化、礼俗、善举、讼谳、防御、兵事、外事16卷，条分缕析地记述了天津自明初建卫尤其是开埠通商到清朝灭亡期间，在城乡社会政治、经济、文化、风俗等方面的种种变革，体例新颖，内容丰富，对于研究该时期天津城市经济的发展，具有很高的史料价值。

同一时期的外国人著述，当以英国人为最。他们通过其主导下的中国

---

① 〔清〕佚名：《津门保甲图说》，道光二十六年刻本。

② 佚名撰，罗澍伟点校：《天津事迹纪实闻见录》，天津古籍出版社1986年版。

③ 〔清〕张焘撰，丁绵孙、王黎雅点校：《津门杂记》，天津古籍出版社1986年版。

④ 〔清〕王守恂撰：《天津政俗沿革记》，1938年刻本。

海关管理机构，留下了极为详尽、系统的海关贸易报告、十年报告①等中英文文献，是研究近代天津港口、城市与腹地经济现代化进程的系统性史料。

其次是日本中国驻屯军司令官仙波太郎主持的实地调查资料（历时5年），其于1909年（日本明治四十二年）以《天津志》为书名在日本出版。② 该书汇集了清朝末年天津的地理环境、建置沿革、户口、市政、交通、金融、工商、国内外贸易等基本状况。该书名为志书，似乎沿袭了旧志"述而不作"传统，实际上却是"述""作"并重的研究性著作，不少内容都显示出编者的深刻见解。如第15章"工商业"开篇所说："天津是华北最优越的商港，是往来于直隶、山西、陕西、甘肃、内外蒙古及奉天、吉林、河南、山东各省的要地，是它们的一部分货物的几乎是唯一无二的吞吐港。"没有对天津及其腹地经济发展状况的详细了解和把握，根本无法得出这样精当的结论，由此可见该书的重要价值。

再次是英国学者雷穆森（O. D. Rasmussen）的《天津的成长》（*The Growth of Tientsin*）和《天津——插图本史纲》（*Tientsin*：*An Illustrated*

① 中国第二历史档案馆、中国海关总署办公厅编：《中国旧海关史料（1859—1948）》，第1～170卷，京华出版社2001年版；吴松弟整理：《美国哈佛大学图书馆藏未刊中国旧海关史料（1860—1949）》，广西师范大学出版社2014—2016年版；吴弘明编译：《津海关贸易年报（1865—1946）》，天津社会科学院出版社2006年版；［英］派伦著，许逸凡译：《天津海关1892—1901年十年调查报告书》，见天津历史研究所编《天津历史资料（第四期）》，（内部发行）1965年；姚洪卓等标点：《天津海关十年报告书（1922—1931）》，见天津社会科学院历史研究所编《天津历史资料（第五期）》，（内部发行）1980年；许逸凡译：《天津海关十年报告书（1902—1911）》，见天津社会科学院历史研究所编《天津历史资料（第十三期）》，（内部发行）1981年；吴弘明译，陈剑恒校：《天津海关十年报告书（1912—1921）》，见天津社会科学院历史研究所编《天津历史资料（第十四期）》，（内部发行）1982年。

② 侯振彤译：《二十世纪初的天津概况》，天津市地方史志编修委员会总编辑室1986年版。

Outline History）两书。[①] 前者是作者鉴于各国租界文字迥异的状况，而用英文描述了它们在1920年前后的发展概况。后者则较为详细，用23章的篇幅，记述了天津自1860年开埠至1924年的政治、军事、外交、文化、社会和城市建设等方面的基本状况，尤其是在17至23章，以专题的形式集中介绍了租界扩张、海河疏浚、教会与社会活动、报纸、社会名流、学校教育卫生、商贸航运、体育运动等内容，对天津城市经济史的研究具有较高的史料价值。

美国太平洋学会的研究员琼斯（Francis C. Jones），则在大量调查研究的基础上，写成了有关天津的长篇论文，除了介绍20世纪30年代的天津租界的一般情况外，还论述了七七事变前后，天津的工商业和对外贸易等方面的经济状况。该文被收入《上海与天津》[②] 一书，具有较高的参考意义。

1920年以后，天津已发展成为北方地区的经济首城，而这一时期具有欧美留学经历的中国学者，遂对天津及其腹地工商业发展的表现以及内在机制，进行了更加深透的考察。主要成果有方显廷的《天津地毯工业》[③]《天津之粮食业及磨房业》[④]《天津棉花运销概况》[⑤]，吴知的《乡村织布工业的一个研究》[⑥]，曲直生的《河北棉花之出产及贩运》[⑦] 等，它们均运

---

① ［英］雷穆森（O. D. Rasmussen）：《天津的成长》（*The Growth of Tientsin*）和《天津——插图本史纲》（*Tientsin: An Illustrated Outline History*），分别为天津印字馆（The Tientsin Press, Ltd.）1924年和1925年首版。许逸凡、赵地翻译成中文后，分别在1964年前后，载于《天津历史资料》第二期和第十期。后经刘海岩校订，合并为一册，名之为《天津租界史（插图本）》，由天津人民出版社2009年出版。

② ［美］琼斯（Francis C. Jones）：*Shanghai and Tientsin*, London, Oxford University Press, 1940. “天津”部分由许逸凡、赵地翻译，载《天津历史资料》第三期。

③ 方显廷编：《天津地毯工业》，天津南开大学社会经济研究委员会1930年版。

④ 方显廷：《天津之粮食业及磨房业》，天津南开大学经济研究所1934年版。

⑤ 方显廷主编：《天津棉花运销概况》，天津南开大学经济研究所1934年版。

⑥ 吴知：《乡村织布工业的一个研究》，商务印书馆1936年版。

⑦ 曲直生：《河北棉花之出产及贩运》，商务印书馆1931年版。

用西方的先进经济学和统计学方法，对天津近代工商业的发展状况进行了全新的解读，因而具有很高的史料和学术研究价值。

1945年之后，李洛之、聂汤谷两人依据经济部冀热察绥区特派员办公处在接收日伪资产过程中所搜集到的大量文献，合著了《天津的经济地位》① 一书，内容共分4章18节，所附各类统计图表457个，全面介绍了民国时期特别是1920年后到抗日战争胜利期间，天津在进出口贸易、工业、商业、金融等方面的发展状况，以大量翔实的史料，凸显出天津在华北经济发展中的主导地位，堪称20世纪前半期天津经济史研究的集大成者。

（二）对天津内陆腹地的记述和初步研究

清末民国时期，对作为天津经济腹地的华北、东北西部和西北东部地区的发展状况，也有不少内容丰富、见解深刻的史料和学术著作问世。

1. 华北地区

华北研究方面，有日本学者田中忠夫著《华北经济概论》②，该书以8章的篇幅，叙述了1927—1933年河北、山东、山西、察哈尔、绥远5省的自然环境、社会结构、农业、工业、财政方面的经济发展状况，并对自19世纪60年代以后的国际环境和华北地区历史概况进行了分析和探讨，考察内容系统条理，是研究天津直接经济腹地的重要参考。

日本学者吉野美弥雄的著作详细地介绍了第一次世界大战以后，山东、河南、直隶、奉天、蒙古、山西、陕西、甘肃等地的铁矿、煤炭、棉花、羊毛、花生、小麦、草帽辫、碱、鸡蛋、猪鬃、牛皮、山羊皮、绒毡、核桃、牛油、麻、兽骨、枣、胡麻、柿饼、甘草等物产的产地、加工、运销概况，及其与北方经济中心城市天津之间的贸易关系，是研究该时段华北、西北商贸地理的重要数据。

---

① 李洛之、聂汤谷编著：《天津的经济地位》，经济部冀热察绥区特派员办公处、结束办事处驻津办事处1948年版。

② ［日］田中忠夫著，姜般若译：《华北经济概论》，北京出版社1936年版。

而中华书局陆续出版了吴世勋编的《河南》①、黄泽苍编的《山东》②、杨文洵等编的《中国地理新志》（黄河和沽河流域部分）③、周宋康编著《山西》④ 等新方志类著作，从体例到内容都充分加入了作者的见解，与“述而不作”的传统方志有了很大区别。其中的不少章节即包括当时华北的资源物产、城市商埠、交通民俗以及新式工业的发展等经济地理内容。

2. 西北地区

由漠南、漠北两大区域构成的蒙古高原，是天津口岸非常重要的畜产品来源地，较早的相关著述，是光绪三十三年（1907）之前由姚明辉撰的《蒙古志》⑤ 3卷，除对蒙古高原的山脉、河流、湖泽、沙漠、气候等自然地理状况和区分、都会、人种、政体、宗教、教育、风俗等人文地理内容进行梳理，也对该区域的贸易、物产、道路、电线、会计等经济内容进行了介绍，足资参考。

同一时期出现的重要著作，是俄国学者婆兹德奈夜夫著的《蒙古及蒙古人》⑥ 一书，这是他1892—1893年，沿着恰克图—库伦—乌里雅苏台—科布多—库伦—张家口之线路游历考察的笔记，全书共10章，是了解清朝末年蒙古高原社会经济状况的重要参考资料。

进入民国以后，卓宏谋著的《最新蒙古鉴》⑦ 一书，在查阅大量书籍资料和实地调查的基础上，对蒙古地区的自然与人文内容进行了详细的考订，并且还专门开辟“实业”一卷，分类介绍了各地农、牧、工、商各产业与交通的发展状况，以资该区域的经济开发和“留心蒙事者之考镜”。

---

① 吴世勋编：《河南》，中华书局1927年版。

② 黄泽苍编：《山东》，中华书局1935年版。

③ 杨文洵等编：《中国地理新志》（黄河和沽河流域部分），中华书局1935年版。

④ 周宋康编：《山西》，中华书局1939年版。

⑤ 〔清〕姚明辉纂修：《蒙古志》，中国图书公司光绪三十三年铅印本。

⑥ ［俄］婆兹德奈夜夫著，北洋法政学会译：《蒙古及蒙古人》，北洋法政学会1913年版。

⑦ 卓宏谋著：《最新蒙古鉴》，北京西城丰盛胡同四号卓宅1919年版。

该书成为民国初期有关蒙古高原最详备的参考文献。

稍后，由苏联学者克拉米息夫著、王正旺译的《中国西北部之经济状况》①，根据俄国商人和工业家搜集的大量材料，叙述了中国西部即蒙古、甘肃、新疆地区，20 世纪一二十年代前期十余年的进出口贸易状况、商品种类、交通运输状况、自然资源的分布、工业发展等方面的经济内容。该书分类条理，逻辑清晰，数据丰富，是研究蒙古高原西部经济地理的原创性著作。

1921 年尤其是 1924 年后，外蒙古地区反动王公在苏联的支持下，加紧进行分裂祖国的活动，西北边疆问题愈发严峻，社会各界日益关注，相关著述进一步增多。刘虎如的《外蒙古一瞥》② 一书，除对外蒙古地区的自然、民族、风俗、交通进行介绍，也述及了当地物产的种类、商业贸易的情况，以及人民的衣食住行概貌，史料价值亦复明显。包罗多的《外蒙古》③ 一书，第三章“都市与旷野”及第四章“产业”，也有一定参考作用。

李延墀、杨实编的《察哈尔经济调查录》④，根据旅居该省期间的见闻和调查资料，采用综述的方式，分类梳理了该省区农业、工业、矿业、商业、交通等经济部门的发展状况。杜延年、孙毓钧编的《绥远省实业视察记》⑤，则本着“开发西北富原，供给中外市场之需要”的宗旨，先从空间上分述各县产业的发展，再以图表等形式综述绥远全省的矿产、农作物亩产量、物价等情况。贺扬灵著的《察绥蒙民经济的解剖》⑥，运用来自日本研究会和西北问题研究会的丰富数据，采用文字、表格、图标相结合的方式，叙述了 20 世纪 30 年代内蒙古地区农牧业经济的地域分布、生产、贸易和居民的生活状况。以上 3 本著作各有特色和侧重，均为研究 20 世纪

① ［苏］克拉米息夫著，王正旺译：《中国西北部之经济状况》，商务印书馆 1933 年版。

② 刘虎如：《外蒙古一瞥》，商务印书馆 1927 年版。

③ 包罗多：《外蒙古》，上海昆仑书局 1928 年版。

④ 李延墀、杨实编：《察哈尔经济调查录》，新中国建设学会出版科 1933 年版。

⑤ 杜延年、孙毓钧编：《绥远省实业视察记》，万国道德总会 1933 年版。

⑥ 贺扬灵：《察绥蒙民经济的解剖》，商务印书馆 1935 年版。

30年代内蒙古经济史的重要参考。

日本学者吉村忠三著、李祖伟译的《外蒙之现势》①，则根据日本人的大量实业调查材料，以11章的篇幅，对外蒙古地区的政治制度、文化教育、宗教风俗、军事情况，以及经济与贸易、实业、工业、交通与通信、都市发展，均做了条理的介绍，也为研究这一时期外蒙古地区经济发展的重要资料。

许公武编著的《内蒙古地理》②，共分总论、地位、地势、气象、民族、户口6章和附录蒙古风俗3章，搜罗宏富，对漠南蒙古地区的自然状况，特别是蒙古民族社会的风貌，有着比类似书籍中更详细系统的记述，弥足珍贵。

黄奋生编的《蒙藏新志》③，以3编16章50万字的篇幅，参考当时有关蒙藏地区的各种公报、期刊、专著近800册，记述了1929—1936年有关蒙古、西康、西藏等地的位置、区划、都市、气候、地质、人口、生活风俗、文字、国家和地方相关法规、政治、教育、宗教、交通、诗歌等诸多内容，为研究该时期蒙古高原的经济状况提供了丰富信息。

新疆东部也是天津重要的经济腹地，相关研究有俄国驻伊犁塔城领事、旅行家尼·维·鲍戈亚夫连斯基所著的《长城外的中国西部地区》④，除了对清朝末年新疆地区的自然、历史、民族、政治、教育、民众生活进行具体介绍，也详细叙述了当时当地的城镇、农业、矿业、工业、贸易、交通、赋税等经济内容，成为研究新疆经济状况的重要参考。

林竞所著的《新疆纪略》⑤，虽然只有46页的篇幅，却对民国初年的新疆吏治、军政、财政、外交、教育、司法、种族、交通、实业方面的内

① ［日］吉村忠三著，李祖伟译：《外蒙之现势》，商务印书馆1937年版。

② 许公武编著：《内蒙古地理》，新亚细亚学会出版科1937年版。

③ 黄奋生编：《蒙藏新志》，中华书局1938年版。

④ ［俄］尼·维·鲍戈亚夫连斯基著，新疆大学外语系俄语教研室译：《长城外的中国西部地区》，商务印书馆1980年版。

⑤ 林竞：《新疆纪略》，日本东京天山学会1918年版。

容，做了条分缕析的整理，特别是在实业部分，更是系统记述了这一时期新疆的矿业、林业、农业、牧业、工业、商业的发展状况，为研究该时期天山南北经济的发展提供了有益参考。

吴绍璘编著的《新疆概观》①，共分上、中、下 3 编 19 章及附录，上编介绍了新疆地区自上古至民国年间的历史脉络，下编介绍了与新疆有关的人和事，中编从第 9 至第 15 章，分别介绍了新疆的自然、种族、交通事业、矿产、物产与实业、经济概况、社会概况，是研究近代新疆经济发展的有益参考。

张之毅所著的《新疆之经济》②，是中央研究院西北科学考察团 1943 年 9 月至次年 1 月在对南疆地区实地考察基础上，综合其他资料写成的。全书分为地理条件、生产元素、生产质量、生产组织、价格变动、财政金融、商品贸易、意见和附录，共 8 章 9 个部分，图文并茂，数据充分，是研究该时期南疆经济的重要参考。

对天津另一畜产品重要腹地陕甘宁青地区的研究著作，主要有傅作霖编著的《宁夏省考察记》③。该书对宁夏的自然与人文环境，人口与物产，工商与金融，风俗与民生概况，财政、教育、交通、水利和盐务现状，以及军事、政治、禁烟、宗教、建设等问题，均进行了较为系统的介绍，对于研究 20 世纪 30 年代前期宁夏地区的经济发展，有很大参考意义。

青海省政府民政厅编的《最近之青海》④，既有厅务、吏治、公安、地方自治等政务建设，也有民族与风俗的调查，还有水利与垦殖等方面的经济内容，可作研究青海经济的历史资料。

潘益民编的《兰州之工商业与金融》⑤，对黄河上游最大的工商业中心城市兰州的市场、人口、建筑、饮食、燃料、洗浴、娱乐、医院、交通、

---

① 吴绍璘编著：《新疆概观》，仁声印书局 1933 年版。
② 张之毅：《新疆之经济》，中华书局 1945 年版。
③ 傅作霖编著：《宁夏省考察记》，正中书局 1935 年版。
④ 青海省政府民政厅编：《最近之青海》，新亚细亚学会出版科 1934 年版。
⑤ 潘益民编：《兰州之工商业与金融》，商务印书馆 1936 年版。

新闻等17个基本方面，火柴、造币、印刷、烟草5类工业产业，京货、杂货、茶叶、土布、药材、皮货、当行、银钱等40种商业，以及甘肃省自民国以来各个银行的兴废始末和发行纸币的情况，兰州近年间的金融和汇款情况等，均做了条分缕析的介绍，是研究兰州、甘肃以及甘宁青广大区域经济发展的必要资料。

铁道部业务司商务科编的《陇海铁路甘肃段经济调查报告书》和《陇海铁路西兰线陕西段经济调查报告书》① 对陇海铁路沿线的甘肃和陕西部分地区的自然地理状况、人口、农业与农产、棉业与棉产、矿业与矿产、工业与工业品、输出入货物、交通运输、市场、商业、金融、捐税状况，进行了深入细致的调查和总结，参考价值重大。

许济航编的《陕西省经济调查报告》② 综括了20世纪30年代陕西省的自然环境，以及物产、金融、物价、农业、工业、商业、税收等经济内容，是考察该区域经济发展的直接参考资料。

陈言著的《陕甘调查记》③ 上、下两册，对陕西和甘肃两省的地理、政治、经济等方面，均进行了比较条理、如实的记述。特别是经济方面，有关两省的农产、矿产、工业、商业、林业、畜牧、金融、农民生活、农村经济方面的内容，对考察西部地区东部省份20世纪30年代中叶的经济发展状况很有价值。

3. 东北地区

东北原本是一个森林茂密、人烟稀少的辽阔狩猎经济区，由汉族移民主导的农业开发历史比较晚，文化教育自然也相对落后。所以，与关内地区相比，清代中期以前的地方志较少。进入晚清以后，随着东北边疆问题的日益严重，移民开发和政区设置随之增多，文化教育也随之跟进，于是

---

① 铁道部业务司商务科编：《陇海铁路甘肃段经济调查报告书》，（内部发行）1935年；铁道部业务司商务科编：《陇海铁路西兰线陕西段经济调查报告书》，（内部发行）1935年。

② 许济航编：《陕西省经济调查报告》，财政部直接税署经济研究室1933年版。

③ 陈言：《陕甘调查记》，北方杂志社1936年版。

在20世纪初年和1917—1931年，先后出现过两次修纂地方志的高潮：20世纪初年大多冠以“乡土志”之名，民国时期则冠以“县志”之名。截至清末，属于今辽宁省的府县志有68种，属于今吉林省的有33种，属于今黑龙江省的仅有6种。到民国时期，辽宁省新属县市修志有95种，吉林省有49种，黑龙江省有38种。① 这些志书为研究东北地区的经济开发历程，提供了大量的有用资料。

同传统中国方志相比，该时期日本的调查成果值得关注。出于侵略东北地区的目的，早在1884年，日本参谋本部就编写有《满洲地志》，其后在1906年，陆军中佐守田利远也编著有三大卷的《满洲地志》。不论是从编写体例还是内容质量上看，这两本地志和中国传统方志有了很大区别。即从多种来源搜集经济资料并加以整理和系统化，有时还通过实地调查来填补某些空白。1920年后，中国学者受到新地志编纂的影响，如白眉初编的《满洲三省志》，林传甲编的《大中华吉林地理志》等，对东北地区的自然、人文等地理要素也进行了数量化的记载，为后世深化研究提供了较大方便。②

1931年九一八事变后，东北沦陷，学界加强了对东北经济地理的研究。1932—1948年，涌现出一大批新著，形成了东北近代经济地理研究的新高潮。就东北全区经济地理研究来看，代表性成果有王华隆编的《东北地理总论》③，张其昀编的《东北失地之经济概况》④，张宗文编著的《东北地理大纲》⑤，许逸超著的《东北地理》⑥，国立东北大学编的《东北要

① 任海滨、王广义：《东北地方志与东北史地研究》，载《东北史地》2006年第4期；许立勋、贾雪梅：《浅论民国年间东北地方志的编修》，载《东北史地》2006年第4期。

② 吴松弟主编，姚永超著：《中国近代经济地理·第九卷·东北近代经济地理》，华东师范大学出版社2015年版，第10页。

③ 王华隆编：《东北地理总论》，最新地学社1933年版。

④ 张其昀编：《东北失地之经济概况》，南京钟山书局1933年版。

⑤ 张宗文编著：《东北地理大纲》，中华人地舆图学社1933年版。

⑥ 许逸超：《东北地理》，正中书局1935年版。

览》①，李曜东编的《东北九省地理》②，宋家泰编的《东北九省》③ 等，为研究近代东北地区的经济地理状况，特别是该区域与天津的商品贸易交流，提供了较为丰富的史料。

二、中华人民共和国成立后有关近代天津城市和腹地发展研究的深化

20 世纪 50 年代初期，作为中央直辖市的天津继续领先北方经济发展。但没过多久，天津的区域经济中心地位就在计划经济体制和北京也要做经济中心的双重压力下，被销蚀殆尽，重新成为唯首都马首是瞻的河北省辖城市，三北地区特别是环渤海地区近代百余年的准市场经济积淀，基本上付之东流。受经济地位下降和政治环境的制约，近代天津城市史的研究淡出学术视野达 30 年之久，直到 1993 年罗澍伟主编的《近代天津城市史》这一鸿篇巨制的闪亮登场。

（一）对天津港口和城市史的研究

天津解放初期最有代表性的成果，是王怀远的《旧中国时期天津的对外贸易》④ 一文。该文虽系单篇论文，但其原创性和系统性不亚于一部皇皇巨著。该文分 3 期刊载，大量运用当时并不容易获取的天津海关统计资料，通过其整理的 34 个各类表格，较为全面地介绍了 1858—1948 年，天津进出口贸易的商品种类、结构、发展状况和趋势，并提出了令人信服的分析结论，为天津近代对外贸易研究的延续和深化奠定了很强的学术和资料基础。

1960 年以后，天津在华北地区原本骄人的经济光环被骤然兴起的工业重心城市兼政治中心北京所遮掩，天津昔日的辉煌自然成为历史，乏人问津了。只是进入 1980 年之后，随着“改革开放”和以经济建设为中心成

① 国立东北大学编：《东北要览》，国立东北大学出版组 1944 年版。
② 李曜东编：《东北九省地理》，和昌印书馆 1947 年版。
③ 宋家泰编：《东北九省》，中华书局 1948 年版。
④ 王怀远：《旧中国时期天津的对外贸易》，载《北国春秋》1960 年第 1 ~ 3 期。

为国策，才引发了人们对乏善可陈的北京和曾经引领北方经济快速发展的天津的双重审视和关注，相关研究成果才日渐增多起来。对北京进行反思和重新定位的学术性著作，以王玲的《北京与周围城市关系史》① 一书为代表；对天津近代史进行重新梳理的，当系李华彬主编的《天津港史（古、近代部分）》②。该书详细介绍了从开埠到1948年，天津从河港到海港的建设历程，以及港口在天津城市与北方广大地区近代经济发展当中的重要作用，具有较高的学术参考价值。

正式开启近代天津城市史研究新时代的，则当推天津社会科学院历史研究所罗澍伟先生的学术团队。其学术背景既与该所延续不绝的深厚文脉关系重大，也与中国学界自1990年开始陆续推出的城市史巨著直接关联。③ 罗澍伟主编的《近代天津城市史》④，以洋洋23章、洒洒64万字的宏大篇幅，翔实地论述了近代天津城市在市政建设、交通、工业、商业、金融、社会生活等领域的基本发展历程，并对天津进出口贸易及其腹地经济变迁等方面也进行了较多的探讨，成为新时期天津乃至全国城市史研究的指导性文献。

姚洪卓主编的《近代天津对外贸易（1861—1948）》⑤，则以丰富的海关统计资料，详尽地分析了1861—1948年，天津对外贸易的发展历程、原因、特征以及天津在北方和全国的地位，对天津及其腹地进出口结构和经济发展进程的研究，特别是在当时旧海关数据没有被系统整理和出版的情况下，具有相当鲜明的学术特色和参考价值。2011年，姚先生“又不顾七十多岁高龄，继续辛勤搜索、精心整理、潜心研究，最终编制了四十八份

---

① 王玲：《北京与周围城市关系史》，北京燕山出版社1988年版。

② 李华彬主编：《天津港史（古、近代部分）》，人民交通出版社1986年版。

③ 张仲礼主编：《近代上海城市研究》，上海人民出版社1990年版；隗瀛涛主编：《近代重庆城市史》，四川大学出版社1991年版；皮明庥主编：《近代武汉城市史》，中国社会科学出版社1993年版。

④ 罗澍伟主编：《近代天津城市史》，中国社会科学出版社1993年版。

⑤ 姚洪卓主编：《近代天津对外贸易（1861—1948）》，天津社会科学院出版社1993年版。

研究数据表和多篇专题论文，客观、公正地追溯了天津的对外贸易历史，为后人的研究提供了佐证、铺垫了基石，弥足珍贵”①，具有重要的学术积淀价值。

乔虹编著的《天津城市建设志略》②，是利用个人多年从事“天津城乡建设志”参编工作的便利条件，搜集和完善了大量原志书难以容纳的宝贵资料加以编撰而成的天津城区建设专著。全书分11个部分，上溯自天津地区成陆、中经金元明清、下及近代以至中华人民共和国成立后的天津聚落特别是城区的成长历程。该书作为系统复原天津城区空间拓展过程的学术著作，具有很高的原创价值。

尚克强、刘海岩主编的《天津租界社会研究》，共分9章，该书对天津9国租界的产生和扩展、租界的城区建设、管理体制、民众生活、文化教育等层面，均“做了全面而深入的论述，是一本立意新颖、内容充实、史料丰富、叙事有条理的好书，也是当前有关租界研究方面颇有特色的著作”③。

居之芬、张利民主编的《日本在华北经济统制掠夺史》④一书，在其国家社科基金项目“日本对华北经济的掠夺和统制”资料整理的基础上，以4章30余万字的篇幅，系统梳理了七七事变前日本对华北的经济侵略、全面抗战后华北沦陷区经济的形成、太平洋战争前日本对华北经济的大规模“开发”与掠夺、日本投降前华北国防产业的畸形膨胀与经济的法西斯化等方面的内容。除系统利用日文档案，还补充了敌伪市政机构、海关等方面的大量统计材料。该书史料翔实，表格系统，见解深刻，是研究1935—1945年尤其是全面抗战时期，天津城市及其腹地经济发展的重要参

① 姚洪卓著，天津市国际贸易学会编：《近代天津对外贸易研究·序》，天津古籍出版社2011年版。

② 乔虹编著：《天津城市建设志略》，中国科学技术出版社1994年版。

③ 尚克强、刘海岩主编：《天津租界社会研究·序》，天津人民出版社1996年版，第2页。

④ 居之芬、张利民主编：《日本在华北经济统制掠夺史》，天津古籍出版社1997年版。

考著作。

张树明主编的《天津土地开发历史图说》①，采用地图（112 幅）和文字说明相结合的方式，对今天天津直辖市行政区范围内的城乡各类土地利用概况，进行了从古到今、略古详今的沿革性梳理与论证，囊括了天津的地质地貌、文化遗存、河泊演变、历代漕运、长芦盐场、城区建设、屯田农垦、林渔生产以及中华人民共和国成立后的水利工程和土地利用等十大领域，具有很强的时空直观性和学术创新价值。

进入 21 世纪后，有关近代天津城市和腹地经济、社会变迁的研究更是人才辈出、成果迭现。徐永志著《开埠通商与津冀社会变迁》② 一书，在丰富的史料基础上，系统地考察了天津的开埠通商对津冀社会变迁的作用，并通过对津冀政治中心的迁移，城乡的经贸关系，早期工业化，商业、金融、交通与城市网络的形成等过程的具体分析，揭示了天津及其腹地河北地区由传统社会向近代社会转型的历史巨变，是从社会学的视角，对天津城市与腹地关系进行的一次新的探索。

宋美云著的《近代天津商会》③，将天津商会放入当时社会经济史变迁的过程进行考察，揭示了政府相关政策的变化与近代天津商会的兴衰过程与实质，并对商会的运行机制、组织网络系统的建构、参与政治的情况、对政府决策的影响以及商会的市场经济和在城市管理中所发挥的不可替代的重要作用等问题，进行了具体的考辨和细致的分析，为天津近代经济史、政治史和社会史的研究，提供了新的研究领域和学术视角。

高艳林著的《天津人口研究（1404—1949）》④，是继李竞能主编的《天津人口史》⑤ 之后，详细考察明清以至民国时期天津人口发展历程的又一部创新性学术成果。该书共分 9 章，不但尽可能地复原了天津各个时期

---

① 张树明主编：《天津土地开发历史图说》，天津人民出版社 1998 年版。

② 徐永志：《开埠通商与津冀社会变迁》，中央民族大学出版社 2000 年版。

③ 宋美云：《近代天津商会》，天津社会科学院出版社 2002 年版。

④ 高艳林：《天津人口研究（1404—1949）》，天津人民出版社 2002 年版。

⑤ 李竞能主编：《天津人口史》，南开大学出版社 1990 年版。

的人口数据，而且对天津人口结构由军向民转变的原因，以及天津开埠后移民对天津城市发展的贡献、文化教育对天津人口素质的影响、宗教人口对城市的作用、外侨与城市变迁的关系等层面，均进行了新的探索，“从而把天津人口史的研究，推向了一个新阶段”①。

周俊旗主编的《民国天津社会生活史》②，以天津人口、工商业、城市基础设施、衣食住行、风俗时尚等方面的发展变化为主要内容，勾勒出民国时期天津社会生活的历史画卷，是城市史研究和社会史研究相结合的较好尝试。

张利民主编的《解读天津六百年》③ 一书，共分4篇17章，综合运用城市史、经济学、社会学和地理学等多学科的理论方法，结合天津近些年的跨越式发展和今后的奋斗目标，从空间环境与城市功能，经济发展和地位，城市社会与控制，教育、文化与生活等方面，综合研究和论述天津设卫建城600年演进的主体脉络，分析天津城市不同时期发展的特征和在全国的位置，以阐释天津发展的轨迹。该书是继罗澍伟主编的《近代天津城市史》之后，研究天津城市发展史的又一部上乘之作，它集中体现了天津社会科学院历史研究所近年来的研究方向和研究水平。

刘海岩著的《空间与社会：近代天津城市的演变》④，把城市生态、城市社会和城市人口的理论有机结合起来，应用于对天津近代城市成长过程的研究，并对河道水系与天津城市形成的关系、近代运载工具的传入对天津城市空间发展的影响、城市人口结构与社会阶层演进、居住分布及生活方式与公共事务的关系等方面，做了较为新颖而全面的探讨。该书是空间视角下，天津近代城市史和城市社会史研究的又一力作。

---

① 南炳文：《天津人口研究的新阶段（代序）》，见高艳林《天津人口研究（1404—1949）》，天津人民出版社2002年版，第2页。

② 周俊旗主编：《民国天津社会生活史》，天津社会科学院出版社2002年版。

③ 张利民主编：《解读天津六百年》，天津社会科学院出版社2003年版。

④ 刘海岩：《空间与社会：近代天津城市的演变》，天津社会科学院出版社2003年版。

庞玉洁著的《开埠通商与近代天津商人》[1]，主要论述了开埠以后天津商人是怎样随着对外贸易的产生和发展，以及新式工商业的崛起而被迫卷入世界资本主义体系，逐步改变经营方式而由封建商人向资本主义商人过渡；又是怎样在天津商会这一具有资本主义性质的新式商人社团的领导下，随着其自治精神的形成和组合体制的变革，在不断完善商人组织系统的同时，为近代天津城市社会经济的早期现代化和社会生活的进步做出贡献。该书与徐永志的《变迁》，同为南开大学陈振江教授《通商口岸与近代文明的传播》[2] 的组成部分，在引入新的学科理念进行全新阐释方面，进行了很有价值的探索。

来新夏主编的8卷本《天津建卫六百周年》[3]，以更长的时段和更广的视野，梳理了建城600年来天津的人口变迁（陈卫民编著）、九国租界（杨大辛编著）、名门世家（罗澍伟编著）、城市发展（郭凤岐编著）、园林古迹（章用秀编著）、邮驿与邮政（仇润喜、阎文启编著）、方言俚语（李世瑜编著）、衣食住行（张仲编著）诸领域的发展沿革状况，内容全面，可谓集天津城市史研究之大成。

郭锦超的博士学位论文《近代天津和华北地区经济互动的系统研究（1880年代—1930年代）》[4]，共分6章，18万字，详细论述了近代天津发展成为华北中心城市的历史轨迹、华北农村商品经济的发展、民族工业的振兴、城乡市场的发育、进出口贸易的发展等内容，并梳理了近代天津和其华北腹地之间的经济互动关系。该文是运用区域经济学的增长极理论、核心—边缘理论和中心城市理论，系统研究近代华北区域经济史的有益尝试。

宋美云、张环著的《近代天津工业与企业制度》，共10章，首先梳理

---

① 庞玉洁：《开埠通商与近代天津商人》，天津古籍出版社2004年版。

② 陈振江：《通商口岸与近代文明的传播》，载《近代史研究》1991年第1期。

③ 来新夏主编：《天津建卫六百周年》，天津古籍出版社2004年版。

④ 郭锦超：《近代天津和华北地区经济互动的系统研究（1880年代—1930年代）》，南开大学2004年博士学位论文。

了天津工业的发端、发展、波折和非常态4个阶段的发展历程，接着重点探讨了近代市场经济体制下的天津企业制度与公司法人治理结构、企业组织结构与企业规模化发展路径、企业经营形式转化与股权多元化制度构建、企业技术进步与企业的现代化、企业文化营造与企业发展等现代企业制度在近代天津工业企业发展史上的建设问题，因而“是一部全面完整描述分析一个城市近代工业企业发展史的著作，而这样的研究成果，过去是很少见到的”①。

龚关著的《近代天津金融业研究（1861—1936）》②，综合运用金融分析、区域分析和历史研究的实证方法，以经济学、金融学的相关理论，构建起近代天津金融业发展的宏观理论框架，通过对金融发展与区域经济、政府作用的系统考察，指出了三者之间的相互依存关系，堪称近代天津经济史研究领域扎实而系统的研究力作。

与此同时，台湾学者叶淑贞的硕士学位论文《天津港的贸易对其腹地经济之影响（1867—1931）》③ 共分5章，近10万字。文章主要运用海关年报、十年报告以及领事商务报告，系统概述了1867—1931年，天津港对外贸易的发展概况、商品结构和市场结构，并勾勒出1904年前后天津港的基本腹地范围；同时运用方志和相关调查资料，初步探讨了港口贸易对腹地农、牧、矿、工各产业部门所产生的影响。该学位论文统计表格丰富，是运用经济史方法研究天津港口贸易对腹地经济发展影响的重要成果。

高福美的博士学位论文《清代沿海贸易与天津商业的发展》④，共分7章，20万字。文章运用丰富的清代档案数据，系统梳理了明代运河漕运与

---

① 宋美云、张环：《近代天津工业与企业制度·序二》，天津社会科学院出版社2005年版，第2页。

② 龚关：《近代天津金融业研究（1861—1936）》，天津人民出版社2007年版。

③ 叶淑贞：《天津港的贸易对其腹地经济之影响（1867—1931）》，台湾大学1983年硕士学位论文。

④ 高福美：《清代沿海贸易与天津商业的发展》，南开大学2010年博士学位论文。

天津城市的兴起、清代天津沿海贸易的发展、清代天津的税关与税收、清代天津的商品流通结构与网络、清代天津商人及其经营活动、清代天津的城市人口与商业布局等与天津沿海贸易和商业发展密切的相关经济内容。论文史料翔实，逻辑清晰，对深入解读清代天津的商贸成长历程，特别是国内贸易发展方面，有着重要的实证研究价值。

美国学者关文斌的专著《文明初曙——近代天津盐商与社会》①，则从社会史的视角，在剖析天津近代的重要经济势力盐商社会活动与作用的同时，较多地关注到作为天津重要支柱产业之一盐业的发展状况，在众多的近代天津城市史研究著述中，颇有他山之石的功效。

日本学者吉泽诚一郎著的《天津の近代——清末都市における政治文化と社会统合》②，运用大量的中、日文档案和调查资料，分 10 章考察了团练、救火会、义和团、善堂、习艺所、体育社等社团组织及其活动与近代天津行政管理制度转型和社会风俗变革之间的内在关系，从城市社会史的视角厘清了天津城市逐步走向现代化的文化渊源，在一定程度上丰富了天津作为北方工商业大都市的历史人文内涵。

另外，20 世纪 90 年代以后，天津市陆续编著了系列性的“天津通志”，如《天津简志》③《天津市城市规划志》④《天津通志·金融志》⑤《天津通志·港口志》⑥《天津通志·外贸志》⑦等，分别记述了天津自明

---

① 关文斌:《文明初曙——近代天津盐商与社会》，天津人民出版社 1999 年版。

② ［日］吉泽诚一郎:《天津の近代——清末都市における政治文化と社会统合》，名古屋大学出版会 2009 年版。

③ 天津市地方志编修委员会编:《天津简志》，天津人民出版社 1991 年版。

④ 天津市城市规划志编纂委员会编著:《天津市城市规划志》，天津科学技术出版社 1994 年版。

⑤ 天津市地方志编修委员会编著:《天津通志·金融志》，天津社会科学院出版社 1995 年版。

⑥ 天津市地方志编修委员会编著:《天津通志·港口志》，天津社会科学院出版社 1999 年版。

⑦ 天津市地方志编修委员会编著:《天津通志·外贸志》，天津社会科学院出版社 2001 年版。

代建城一直到20世纪90年代相关领域的发展状况。其中《天津简志》的篇幅达188万字，内容涵盖从建置沿革到工农商贸、再到文教卫生共30个领域的基本发展概况；《金融志》包括货币，机构，银钱、银行、保险业务，市场，人物5篇；《港口志》包括港区的变迁、港口建设、设施与设备、运输与装卸、腹地与集疏运、港口管理、名录7篇；《外贸志》包括管理机构、出口货源、出口贸易、进口贸易、外贸服务、业务管理、外贸企业、教育科研、名录9篇。在不少板块的开头都有回溯性研究。它们虽然较为简单，但还是颇有启发和资料价值的。类似的书籍还有天津市档案馆编的《近代以来天津城市化进程实录》①，该书分城建、商贸、工业、交通、金融、人文6个方面，详细展现了天津150余年特别是近代90年间的城市发展脉络和建设成就。该书作为集体协作的成果，共112万字，史论结合，概述部分简洁明了，资料部分辑录条理，是研究天津近代城市发展的有益参考。

（二）对三北经济腹地的经济史研究

1. 华北近代经济史

新时期对近代华北经济与社会变迁研究的学术著作，当推从翰香主编的《近代冀鲁豫乡村》②，该书作为中国社会科学院近代史研究所部分学者多年的学术结晶，复原了冀、鲁、豫3省近代乡村在社会结构、农业、手工业、市镇兴起、田赋徭役与资本主义化等方面的基本概貌，是1949年以后有关华北区域经济史的研究当中，最有分量的原创性学术成果之一。

刘建生、刘鹏生、任凯、刘俊凯、贾惠杰合著的《山西近代经济史（1840—1949）》③，概述了1840—1949年，山西地区的商业、金融业、农

---

① 天津市档案馆编：《近代以来天津城市化进程实录》，天津人民出版社2005年版。

② 从翰香主编：《近代冀鲁豫乡村》，中国社会科学出版社1995年版。

③ 刘建生、刘鹏生、任凯、刘俊凯、贾惠杰：《山西近代经济史（1840—1949）》，山西经济出版社1995年版。

业、手工业、交通运输业等方面的经济发展历程，并对商品经济发展、产业结构变化与晋商群体兴衰的相互关系做了努力探索。该书既是诸位作者此前多年研究的总结，也是他们此后从事《晋商研究》① 的基石。对其他学者的近代山西经济史研究，也具有学术积淀价值。此外，黄鉴晖的《山西票号史》②，也对明清晋商票号的兴衰历程做了系统的梳理，有助于厘清山西商人与华北、蒙古高原经济发展的关联。

许檀著的《明清时期山东商品经济的发展》③，通过丰富而扎实的典章和方志数据，编绘了75张表格和9张分布示意图，对明代和清代前、中期山东地区的农业、渔业、手工业、矿业生产的基本发展状况和各主要商品的流通状况，均做了细致的描述，详尽地勾画出该时段山东商品经济的发展轨迹和发展程度。为近代山东区域经济变迁史的进一步探索，夯实了必备的学术基础。

李正华著的《乡村集市与近代社会——二十世纪前半期华北乡村集市研究》④，该书以对华北乡村集市的研究为基础，对中国广大地区近代乡村集市的类型、分布格局、规模、运作方式、地位和作用，其所具有的时空、经济性与社会性、宗教色彩的淡化等特点，集市发展与商品经济、人口、乡民经济生活、地理条件、乡村政治、宗教、习俗、社交等要素的相互关系，均做了条分缕析的考察，并将华北与江南、西南等地的乡村集市进行了比较分析。

美国学者马若孟著，史建云译的《中国农民经济——河北和山东的农民发展（1890—1949）》⑤，以“南满洲铁道株式会社”（以下简称“满

---

① 刘建生、刘鹏生、梁四宝、燕红忠、王瑞芬、樊江春：《晋商研究》，山西人民出版社2005年版。

② 黄鉴晖：《山西票号史（修订本）》，山西经济出版社2002年版。

③ 许檀：《明清时期山东商品经济的发展》，中国社会科学出版社1998年版。

④ 李正华：《乡村集市与近代社会——二十世纪前半期华北乡村集市研究》，当代中国出版社1998年版。

⑤ ［美］马若孟著，史建云译：《中国农民经济——河北和山东的农民发展（1890—1949）》，江苏人民出版社1999年版。

铁”）研究人员的调查资料和卜凯的调查资料为依据，对河北、山东农村的经济状况，如土地分配状况、农民通过作物种植结构调整来应对市场变化、农村雇佣、对外贸易与农村手工业发展的关系等，都进行了深入考察，并指出了该种农业经营方式对乡村经济发展和农民生活改善所具有的积极意义。其实证研究基础和独特分析视角，可供近代华北经济变迁史研究者借鉴。

美国学者黄宗智的《华北的小农经济与社会变迁》①，虽然对清代和20世纪50年代中国华北平原地区的农业经济有所涉及，但主要是利用20世纪30年代研究人员在河北和山东两省33个村庄的实地调查资料，对该时期农村的土地结构、租佃结构、产业结构、收入与消费结构等农业经济关系的诸多方面进行系统分析，目的是寻找该时期中国农民运动和农业危机的经济根源。该书与其《长江三角洲小农家庭与乡村发展》一度引起学界对中国区域经济发展道路的热烈讨论。

庄维民著的《近代山东市场经济的变迁》②，考察了自开埠通商以后，山东各地市场在进出口贸易的引领下，由传统市场网络向以沿海城市为核心的新型市场网络的转变历程，以及随着市场结构的演化所产生的农、工、商业的商品化与现代化。该书与许檀所著的《明清时期山东商品经济的发展》共同构成了山东区域经济史研究的学术双璧。

日本学者内山雅生著的《二十世纪华北农村社会经济研究》③，主要依靠20世纪40年代满铁在山东、河北农村的“惯行调查”和他本人20世纪80年代以后的实地调查资料，对整个20世纪华北农村的经济构造、社会变动、社会关系与社会习惯的变迁等，均进行了深入论述和考察。其民国部分对于近代华北区域经济史的研究具有一定参考价值。

张利民、周俊旗、许檀、汪寿松合著的《近代环渤海地区经济与社会

---

① ［美］黄宗智：《华北的小农经济与社会变迁》，中华书局2000年版。

② 庄维民：《近代山东市场经济的变迁》，中华书局2000年版。

③ ［日］内山雅生著，李恩民、邢丽荃译：《二十世纪华北农村社会经济研究》，中国社会科学出版社2001年版。

研究》①，运用区域经济的理论和方法，首先将环渤海地区按照行政区划，划分成山东、直隶和辽宁三个大的经济区，然后进行了分别的学术考察，并论述了天津在三省两市区域内经济发展中的作用和地位。该书是从整体区域的新视野探索北方经济与社会协调发展的成功尝试。

张利民著的《华北城市经济近代化研究》②，共分两编六章，以城市经济的变迁作为主要研究视角，通过对最能够代表近代化进程的对外贸易、商业和商品流通网络、金融组织与市场、近代工业以及与此相关的交通等方面进行系统梳理和阐述，对华北城市发展的不同阶段和特点，做了全面的把握与总结，为华北城市尤其是天津近代化研究的深入进行，奠定了雄厚的基础。

美国学者彭慕兰著的《腹地的构建：华北内地的国家、社会和经济（1853—1937）》③，探索了清末民初华北内地的社会、经济和生态变迁概况，尤其是山东西部地区的金融、农作物、交通、税收情况和农民的反抗斗争，分析了不同阶级、地区和性别的因果关系，得出了经济腹地是被当地群体与外部力量共同创造而不是被人们主观发现的研究结论。从整体上看，该书社会史层面的研究比其经济史层面的研究更加充分和到位一些。

日本学者顾琳著的《中国的经济革命——二十世纪的乡村工业》④ 一书研究的主体，是对20世纪初河北省高阳地区乡村织布业发展原因和内在机制进行探索，但没有将关注点完全局限在1910—1930年这一核心时段，而是借助实地调查和其他中外文献资料，将考察视野上延到清朝末年，下展至中华人民共和国成立以后直到1995年，从治乱兴衰的社会变迁和荣辱

---

① 张利民、周俊旗、许檀、汪寿松：《近代环渤海地区经济与社会研究》，天津社会科学院出版社2003年版。

② 张利民：《华北城市经济近代化研究》，天津社会科学院出版社2004年版。

③ ［美］彭慕兰著，马俊亚译：《腹地的构建：华北内地的国家、社会和经济（1853—1937）》，社会科学文献出版社2005年版。

④ ［日］顾琳著，王玉茹、张玮、李进霞译：《中国的经济革命——二十世纪的乡村工业》，江苏人民出版社2009年版。

成败的企业起伏中，提炼出具有高阳地域特色的乡村工业运作机制，足资华北近代经济研究者借鉴。

王建革著的《传统社会末期华北的生态与社会》①，从生态史学的研究视角，以水土环境为中心探讨华北平原地区的生态大背景，进而集中讨论了生态系统中的各要素，特别是与农作物种植和动物养殖相关的技术、制度是如何与农业生产和社会生活相互适应与衔接的。对近代华北平原地区农业经济发展问题的探讨，具有学科交叉层面的参考价值。

张学军、孙炳芳著的《直隶商会与乡村社会经济（1903—1937）》②，叙述了直隶商会在各地市镇的发展过程与特点，探讨了商会在乡村商业、工业、农业、公益事业发展中的作用。这一研究实现了商会研究重心由通商口岸城市向内地基层的下移，是研究乡村社会经济变迁的新尝试。

熊亚平著的《铁路与华北乡村社会变迁（1880—1937）》③，通过大量翔实的史料，梳理了近代华北陆路交通史上最具革命性的运输方式——铁路交通的产生和发展历程，考察了铁路交通与近代华北工矿业发展、市场体系建构、产业结构调整、城乡经济和社会变迁等方面的紧密关系，肯定了铁路交通发展在华北社会经济转型中的促进作用，是交通史与区域史研究相结合的典型案例。

2. 西北近代经济史

改革开放以后，有关西北近代经济史的研究著作，主要是卢明辉、刘衍坤著的《旅蒙商——17世纪至20世纪中原与蒙古地区的贸易关系》④，共分8章，以明朝末年以后内地逐渐兴起的赴蒙贸易商帮的产生、发展和

---

① 王建革：《传统社会末期华北的生态与社会》，生活·读书·新知三联书店2009年版。

② 张学军、孙炳芳：《直隶商会与乡村社会经济（1903—1937）》，人民出版社2010年版。

③ 熊亚平：《铁路与华北乡村社会变迁（1880—1937）》，人民出版社2011年版。

④ 卢明辉、刘衍坤：《旅蒙商——17世纪至20世纪中原与蒙古地区的贸易关系》，中国商业出版社1995年版。

衰亡过程为主线，将中原地区与蒙古高原经贸交流的历史画卷清晰地展现出来。对于了解清代、20世纪初期整个蒙古地区的畜牧和商业状况，具有很大的理论、学术和史料价值。

阿岩、乌恩著的《蒙古族经济发展史》①，共分8章，以大量蒙、汉、俄、日等文献和调查资料，叙述了蒙古特别是内蒙古族自远古直到中华人民共和国成立以后的各个历史时期内，其社会制度、经济制度、畜牧业、农业、商业、手工业、寺院经济的发展与演变概况，是一部通史性的蒙古经济著作，其近代部分可资参考。

牛敬忠著的《近代绥远地区的社会变迁》②，对清末、20世纪初期绥远地区的政区沿革、政治概况、土地开垦和人口增长、阶级-阶层结构与社会流动、物质生活与精神生活、社会问题及其治理、灾荒及其救治以及传统教育向近代的转化等内容进行了介绍，对考察当地的近代经济发展有一定参考意义。

米镇波著的《清代中俄恰克图边境贸易》③，在全面参考学术界特别是俄国学术界相关研究成果的基础上，大量发掘和运用俄文档案数据，对中俄恰克图贸易的来龙去脉和发展历程，做了精深的梳理，原创性很强，数据价值很大。

闫天灵著的《汉族移民与近代内蒙古社会变迁研究》④ 和王卫东著的《融会与构建——1648—1937年绥远地区移民与社会变迁研究》⑤，分别通过大量梳理当地的档案与方志数据，从移民与区域开发的角度，对清代、20世纪初期漠南蒙古的蒙汉民族交流及其相应的社会变革，做了系统的勾勒。对考察该区域近代以来的经济发展背景，具有重要的实证研究

① 阿岩、乌恩：《蒙古族经济发展史》，远方出版社1999年版。

② 牛敬忠：《近代绥远地区的社会变迁》，内蒙古大学出版社2001年版。

③ 米镇波：《清代中俄恰克图边境贸易》，南开大学出版社2003年版。

④ 闫天灵：《汉族移民与近代内蒙古社会变迁研究》，民族出版社2004年版。

⑤ 王卫东：《融会与建构——1648—1937年绥远地区移民与社会变迁研究》，华东师范大学出版社2007年版。

参考。

乌日陶克套胡著的《蒙古族游牧经济及其变迁》①，以蒙古族的兴衰演变为核心内容，把游牧经济看作是人类独立的基本生产方式之一，对其赖以产生和发展的自然环境、经济特征、社会组织、农牧关系及其演变历程，进行了系统分析。大量当地文献特别是蒙古文献的运用，提升了该书的参考价值。

王建革著的《农牧生态与传统蒙古社会》②，运用生态人类学和历史学方法，主要根据满铁资料对近代蒙古草原的生态与社会进行了广泛而深入的研究，内容包括草原生态、游牧生态、畜群、汉族的渗透农业与蒙古社会的关系及其历史变迁，对探索近代蒙古高原的经济发展状况，有一定的借鉴价值。

厉声著的《新疆对苏（俄）贸易史（1600—1990）》③，该书以65万字、11章的篇幅，历述了新疆地区17世纪以降400年间对俄贸易的发展与变化过程，其中2~9章为近代部分，利用大量的中、俄文档案和俄国海关统计与外交文书数据，数据较为系统、翔实。附录部分汇集了20种有关新俄贸易的章程和条约原文，参考价值较高。

米镇波著的《清代西北边境地区中俄贸易：从道光朝到宣统朝》④，运用大量俄文档案材料，重点介绍了清代中后期新疆边境地区的中俄贸易概况，对清政府西北地区对外开放政策的沿革、中俄之间一系列贸易条约的签订过程及其作用分析得尤为精细。

钟银梅著的《近代甘宁青皮毛贸易与畜牧经济开发研究》⑤，阐述了甘

---

① 乌日陶克套胡：《蒙古族游牧经济及其变迁》，中央民族大学出版社2006年版。

② 王建革：《农牧生态与传统蒙古社会》，山东人民出版社2006年版。

③ 厉声：《新疆对苏（俄）贸易史（1600—1990）》，新疆人民出版社1993年版。

④ 米镇波：《清代西北边境地区中俄贸易：从道光朝到宣统朝》，天津社会科学院出版社2005年版。

⑤ 钟银梅：《近代甘宁青皮毛贸易与畜牧经济开发研究》，宁夏人民出版社2010年版。

宁青皮毛贸易、畜牧经济的近代发展历程，繁荣、衰败的原因及其经验和教训。李全武、曹敏著的《陕西近代工业经济发展研究》①，概括梳理了明清时期陕西商品经济的出现和资本主义萌芽，陕西近代工业的产生，全面抗战时期陕西工业发展的概况、特点、衰落原因等。郭海成著的《陇海铁路与近代关中经济社会变迁》②，介绍了陇海铁路的兴筑和营运状况，陇海铁路与关中交通体系重构、城镇兴衰、工商业发展、经济社会外向型发展的关系等内容。三书均有一定参考意义。

张萍著的《地域环境与市场空间——明清陕西区域市场的历史地理学研究》③，该书从确立历史商业地理学的基本理论和概念出发，依据明清时期陕西商业市场状况，分析了由商业中心城市—商业城镇—农村市场构成的三级市场体系，以及陕北、关中、陕南 3 个区域市场之间的地理特征，填补了陕西历史商业地理学术领域的空白，有着较高的参考价值。

由张萍担任本卷主编，张萍、严艳、樊如森、吴孟显合著的《中国近代经济地理·第八卷·西北近代经济地理》④，全书 84 万字，分别梳理了陕西、陕甘宁边区、甘宁青、新疆 4 个空间地理单元，在近代农牧业、工业、交通、金融、商贸等领域的历史发展过程与空间差异。表明受干旱脆弱的自然环境与动荡复杂的政治、民族关系影响，西北近代经济地理格局的演变进程和程度，均较国内其他区域迟缓；但当地 8 个沿边外贸口岸的开放，天津等沿海通商口岸的辐射，又促进了西北经济的现代化过程，加强了其与国内外市场的联系。该书的出版，在西北近代经济地理研究方面，具有开创意义。

3. 东北近代经济史

---

① 李全武、曹敏：《陕西近代工业经济发展研究》，陕西人民出版社 2005 年版。

② 郭海成：《陇海铁路与近代关中经济社会变迁》，西南交通大学出版社 2011 年版。

③ 张萍：《地域环境与市场空间——明清陕西区域市场的历史地理学研究》，商务印书馆 2006 年版。

④ 张萍本卷主编，张萍、严艳、樊如森、吴孟显著：《中国近代经济地理·第八卷·西北近代经济地理》，华东师范大学出版社 2015 年版。

1978 年改革开放以后，有关东北地区经济史的研究著作，主要是李振泉、石庆武主编的《东北经济区经济地理总论》①，其简要回顾了近代东北经济区的形成过程，对近代东北经济地理的系统研究有一定的参考价值。

孔经纬著的《新编中国东北地区经济史》②，阐述了清代及其以前、民国时期、伪满时期、解放战争时期、1949 年至 20 世纪 80 年代 5 个历史时期，东北地区在农业、工业、商业、金融、对外贸易等主要经济领域的发展历程。虽然由于时代原因，书中存在以政治发展主线代替经济自身进程的缺憾，但清末民国部分的内容仍不失为研究东北地区近代经济史的重要参考。

三、历史经济地理学视角的学术探索

已有学术成果尽管相当丰硕，意义也非常重大，但是在历史地理学看来，包括区域经济发展在内的一切自然和人文现象，都是时间、空间和社会等多个维度的结合体，任何事物都处在永不停息的时间推移、空间差异和社会变异过程中。上述著述虽然或多或少地体现了相关研究的空间内容，但实际上都是地理范围几乎不变的“死”空间，难以准确反映港口城市天津在不同历史时期经济辐射能力的强弱、商品腹地范围的盈缩、产业和市场要素的流动等空间差异问题。要进一步强化近代天津及其腹地经济变迁的研究力度，引入时间与空间相结合的历史地理学视角，应当是一种有益的尝试。

当然，任何学术领域的发展和进步，都是在不断探索中曲折前行的。历史经济地理学界本身对相关命题的学术研究，目前也存在对“港口—腹地”关系的二维考察与对“港口—城市—腹地”关系的三维考察等学术旨趣很不相同的研究人员、研究路径和研究成果。兼容并蓄的目的就是通过学科背景和学术经历各不相同的众多学者在实际工作中的自然分野和差异

---

① 李振泉、石庆武主编：《东北经济区经济地理总论》，东北师范大学出版社 1988 年版。

② 孔经纬：《新编中国东北地区经济史》，吉林教育出版社 1994 年版。

思维，共同提升中国近代区域经济地理的研究精度和深度。

（一）对“港口—腹地”关系的二维考察

较早对港口与其腹地二者之间经济关系进行实证性探索的，当数复旦大学的邹逸麟、吴松弟、张修桂、戴鞍钢等前辈学者。1980年，邹逸麟先生发表了《上海地区最早的对外贸易港——青龙镇》[①] 一文，揭开了用历史地理学的时空研究视角探索港口进出口贸易的开端；1990年，吴松弟先生的《宋代东南沿海丘陵地区的外贸港口、出口物资和泉州港繁盛的主要原因》[②]，又拓展了该项研究的空间领域；1991年茅伯科、邹逸麟先生合著的《上海港：从青龙镇到外高桥》[③] 一书，和1993年邹逸麟、张修桂先生合著的《上海港的历史地理》[④] 一文，进一步夯实了这一研究的实证基础；1994—1997年，戴鞍钢在邹逸麟指导下撰写的博士学位论文《港口·城市·腹地——上海与长江流域经济关系的历史考察（1843—1913）》[⑤]，则首次明确提出了港口·城市·腹地的概念，并通过对近代上海与长江流域经济关系的历史考察，进行了“港口—腹地”经济关系的实证性研究；1999—2004年，樊如森在吴松弟指导下撰写的博士学位论文（硕博连读）《天津港口贸易与腹地外向型经济发展（1860—1937）》[⑥]，又将对“港口—腹地”关系的学术视角运用到对中国北方最大通商口岸城市——天津及其腹地经济关系的探索；此后，吴松弟带领下的“港口—腹地”学术团

---

① 邹逸麟：《上海地区最早的对外贸易港——青龙镇》，见《中华文史论丛（一九八〇年第一辑）》，上海古籍出版社1980年版，第119～132页。

② 吴松弟：《宋代东南沿海丘陵地区的外贸港口、出口物资和泉州港繁盛的主要原因》，见复旦大学中国历史地理研究所编《历史地理研究（2）》，复旦大学出版社1990年版，第234～247页。

③ 邹逸麟、茅伯科：《上海港：从青龙镇到外高桥》，上海人民出版社1991年版。

④ 邹逸麟、张修桂：《上海港的历史地理》，载《自然杂志》1993年第2期。

⑤ 戴鞍钢：《港口·城市·腹地——上海与长江流域经济关系的历史考察（1843—1913）》，复旦大学出版社1998年版。

⑥ 樊如森：《天津港口贸易与腹地外向型经济发展（1860—1937）》，复旦大学2004年博士学位论文。

队，遂将相关学术考察视角和方法系统化，进一步扩展到了对中国沿海主要港口及其腹地的研究中。①

---

① 张利民教授指出："自戴鞍钢教授以上海为例提出港口·城市·腹地理论框架后，吴松弟教授运用历史地理学等理论将其拓展为全国范围内的港口—腹地与中国现代化的空间进程研究。"（樊如森：《天津与北方经济现代化（1860—1937）·序二》，东方出版中心2007年版，第1页。）截至2017年，该团队在吴松弟主要指导下，已完成"港口腹地"系列硕、博士学位论文32部。其中博士论文有：樊如森《天津港口贸易与腹地外向型经济发展（1860—1937）》（2004），唐巧天《上海外贸埠际转运研究（1864—1930年）》（2006），毛立坤《晚清时期香港对中国的转口贸易（1869—1911）》（2006），姜修宪《环境·制度·政府——晚清福州开埠与闽江流域经济变迁（1844—1911）》（2006），王列辉《区位优势与自我增强——上海、宁波两港空间关系演变的多维分析（1843—1941）》（2007），姚永超《国家、企业、商人：东北港口空间的构建与其绩效研究（1861—1931）》（2007），张珊珊《近代汉口港与其腹地经济关系变迁（1862—1936）》（2007），方书生《近代经济区的形成与运作——长三角与珠三角的口岸与腹地（1842—1937）》（2007），王哲《晚清民国对外和埠际贸易网络的空间分析——基于旧海关史料等的研究（1873—1942）》（2010），武强《近代上海港城关系研究（1843—1937）》（2011），张永帅《近代云南的开埠与口岸贸易研究（1889—1937）》（2011），徐智《改造与拓展：南京城市空间形成过程研究（1927—1937）》（2013），陈为忠《转型与重构：上海产业区的形成与演化研究（1843—1941）》（2014），杨敬敏《中国近代棉纺织进口替代工业的发展及其空间分布研究（1867—1936）》（2014）。硕士学位论文有：陈为忠《山东港口与腹地研究（1860—1937）》（2003），姚永超《大连港腹地核心地域结构演变的研究（1907—1931）》（2004），方书生《珠江三角洲港埠与腹地的经济关系（1842—1938）》（2004），刘强《重庆港口贸易与腹地经济关系研究（1891—1937）》（2006），刘伟峰《近代的镇江与其腹地（1864—1931）——以海关档案资料为中心》（2007），李伟燕《近代宁波内河轮运业研究（1895—1949）》（2010），吴焕良《近代上海棉纱业空间研究（1889—1936）》（2011），李波《广西近代进出口贸易的口岸选择（1877—1937）——以北海、龙州、梧州、南宁为中心》（2011），田戈《明清时期今慈溪市域的海塘、聚落和移民》（2012），王中《长三角地区内河航运（1950—1980）的兴衰过程》（2013），曾声威《近代上海公共租界城市地价空间研究（1899—1930）》（2013），张纪同《清末民国东北与关内的市场关系研究》（2015），伍振华《清末民国上海水产市场的空间演变（1900—1935）》（2015），蔡卓君《清末大清邮政上海邮界研究》（2015），屈海涛《金融地理视角下的近代浙江金融研究（1912—1949）》（2016），金诗铧《近代海关五十里常关研究》（2016），沈霄《近代淮南盐业的市场变迁研究》（2017），刘礼文《民国时期武夷茶的产制与运销》（2017）。除吴焕良、曾声威、张纪同、伍振华、屈海涛、沈霄、刘礼文7部论文指导导师为樊如森，其余25部论文指导导师均为吴松弟。

而有关近代天津及其三北腹地经济变迁的历史地理学研究，应该肇始于笔者等人的学术探索实践。

其中，樊如森著的《天津与北方经济现代化（1860—1937）》[①]，运用历史地理学的理论与方法，以近代中国北方最大通商口岸和工商业中心天津为立足点，以进出口贸易对华北大部、东北西部、西北东部广大腹地外向型经济的拉动作为关注面，以港口腹地间的商品市场网络和经济互动过程为综合体，系统考察了“三北”地区的近代商业地理状况，并拓展到对区域内农业、牧业、工业、交通、城市的综合性经济地理探索。

吴松弟、樊如森、陈为忠、姚永超、戴鞍钢合著的《港口—腹地与北方的经济变迁（1840—1949）》[②]，全面论述了中国北方59个近代口岸尤其是天津、烟台、青岛、连云港、营口、大连、安东开埠后，通过进出口贸易引领华北、西北、东北地区的商业经济所取得的长足发展；深度分析了北方近代经济变迁的主要特点、内外动因、时空差异与发展局限，成为复旦“港口—腹地”学术团队有关北方近代商业地理研究的集成之作。

樊如森著的《近代西北经济地理格局的变迁（1850—1950）》[③]，对蒙古高原、天山南北、陕甘高原的近代政策环境、市场格局、交通网络、生态系统、区际联系等层面的经济地理格局变迁进行了历史地理学的多维度剖析。该书所梳理的“口岸—腹地”关系超过了13对。

吴松弟主编，樊如森著的《中国近代经济地理·第七卷·华北与蒙古高原近代经济地理》[④]，全书54万字，首次将长城内外的农耕和游牧两大民族聚居区纳入口岸开放与区域经济一体化的外向型经济框架，以丰富系统的多语言历史文献，梳理了近代华北与蒙古高原地区移民的商业渗透和农业垦

---

① 樊如森：《天津与北方经济现代化（1860—1937）》，东方出版中心2007年版。

② 吴松弟、樊如森、陈为忠、姚永超、戴鞍钢等：《港口—腹地与北方的经济变迁（1840—1949）》，浙江大学出版社2011年版。

③ 樊如森：《近代西北经济地理格局的变迁（1850—1950）》，台湾花木兰文化出版社2012年版。

④ 樊如森：《中国近代经济地理·第七卷·华北与蒙古高原近代经济地理》，华东师范大学出版社2015年版。

殖过程、口岸开放和蒙荒放垦过程、当地传统农牧业经济向市场化工业经济的转型过程，揭示出该区域以通商口岸特别是天津和青岛等沿海城市为节点、以传统与现代相耦合的立体交通为纽带、以商品进出口贸易为内容的近代外向型市场经济体系，剖析了当地主要经济产业的发展状况、时空差异与动力机制。该书所梳理的“口岸—腹地”关系更是超过了22对。

（二）对“港口—城市—腹地”关系的三维考察

近代“口岸—腹地”之间的经济互动，对于双方之间进出口贸易的发展，以及国内、国际两个市场的发育和整合，尽管不可或缺，但是事实上，如果缺少了二者之间的桥梁和纽带——城市的商品吸纳、加工和创新能力，相关区域外向型经济的成长就会大打折扣。

正是基于这样的学术逻辑，邹逸麟先生很早就在上海港口贸易研究的基础上，把对上海“港口—腹地”经济关系的二维关注扩展到对“港口—城市—腹地”经济关系的三维思考。他指出：“上海是一个港口城市。上海城市的兴起和发展是建立在港口发展的基础之上，而城市的发展又反过来促进了港口的发展。上海的历史充分体现了以港兴市、依市促港的历史过程。港口是一个点，城市则是由这个点兴起的稍大的面，而决定港口、城市兴衰的则是更大的一个面——腹地。港口、城市、腹地是三个相互依存、紧密关联的地理实体，同时也是上海发展整个过程中的三个重要部位。从整体角度深入细致地考察三者在上海发展过程中的相互关系，才能真正了解上海发展的内在因素和历史全貌。”而从上海城市史研究的学术发展历程来看，“以往上海研究的成果，大多侧重于一个方面，或着眼于上海港对外贸易的发展，或着重于上海都市经济、文化的发展，对上海港的腹地问题，多数著作都曾提及，但都没有进行过细致的考察”；除了在他指导下完成的戴鞍钢博士学位论文，“还没有看到过把港口与所在城市以及经济腹地作为一个整体加以综合考察的研究成果”。①

① 戴鞍钢：《港口·城市·腹地——上海与长江流域经济关系的历史考察（1843—1913）·序一》，复旦大学出版社1998年版，第1~2页。

戴鞍钢本人对港口、城市、腹地三者经济关系的理解，则在邹逸麟先生上述认识的基础上，通过博士学位论文的实证考察，又深入、具体了很多。他进一步指出："在人类历史上，港口的发展和繁荣，往往是河海沿岸城市发育成长的催化剂，而城市的繁荣拓展又对腹地经济的商品化产生强力的推动效应。一旦当腹地的经济演化为以商品经济为主要内容的构架时，必然又对作为商品集散地的港口城市的发展起着决定性的推力。近代上海作为长江流域乃至全国经济中心城市的崛起，首先得助于港口开发和口岸贸易对城市发展的有力推动。可以说，在上海成为中国商业、工业、金融中心和大都会历史进程的早期阶段，持续增长的港口贸易所产生的刺激效应，是最重要和最值得重视的驱动力。近代上海港的发展，在有力地推动其所在城市繁盛的同时，也对其经济腹地即长江三角洲和长江沿岸各地产生强力辐射，促成上海与这些地区间互补互动双向经济关系的架构，上海的经济中心城市地位更为凸现，长江流域在中国经济发展中的地位和作用因此也更加突出。"正是基于这样的历史考察过程和学术认知逻辑，其博士学位论文才"以港口为研究的切入点，全面考察近代上海与长江流域互补互动的经济联系，努力揭示近代上海以内外贸易为纽带与周边地区及内陆省份之间的经济交往，以期为当前长江经济带的建设提供历史的借鉴。迄今为止，学术界尚无将港口与所在城市及经济腹地作为一个整体综合考察的科学研究，对近代上海与长江流域互补互动的经济关系也乏专题论述"。①

进入21世纪后，吴松弟主编，戴鞍钢、林满红副主编的《中国百年经济拼图：港口城市及其腹地与中国现代化》②，作为该学术团队多年港口腹地经济关系研究的阶段性总结，也意识到了城市在其中不可或缺的地位和作用，但是除了上海，对中国近代其他港口、城市、腹地三者经济关系

① 戴鞍钢：《港口·城市·腹地——上海与长江流域经济关系的历史考察(1843—1913)·导言》，复旦大学出版社1998年版，第1~2页。

② 吴松弟主编：《中国百年经济拼图：港口城市及其腹地与中国现代化》，山东画报出版社2006年版。

的探讨，仍然没有深入、系统地展开。

从笔者目前的学术认识来看，对“口岸—城市—腹地”关系的三维考察、相较于对“口岸—腹地”关系的二维分析，不仅是在中间增加了一个新的“模型”参数，更是提供了一个全新的多维考察视角。它对某一区域经济地理时空进程的实证剖析要更加多元和立体，理论思考也更为全面和深刻，值得作为一种新的学术范式，进行大胆的尝试和探索。

实事求是地讲，无论是笔者早期的博士学位论文《天津港口贸易与腹地外向型经济发展（1860—1937）》，还是在此基础上修订增补的《天津与北方经济现代化（1860—1937）》一书，以及前述的几部相关著作，其学术研究的视角和立足点，都主要集中在港口地理学和商业地理层面对“港口—腹地”关系的二维考察，对“港口—腹地”之间的重要一环——城市的作用和地位，梳理得还很不系统和深入。这既不符合天津与三北地区近代经济地理格局的实际变迁过程，也无益于中国北方历史经济地理学科体系的完善，值得弥补和探索。

正是本着自我超越、不断创新的治学态度，笔者才在本书的框架结构上，学习借鉴了前辈学者特别是邹逸麟、戴鞍钢等有关近代上海“港口—城市—腹地”关系的研究进路，并结合自己多年北方经济地理研究的学术积淀，对近代天津港口、城市与腹地之间的经济关系重新进行了多维度的实证梳理和理论探索，以期把对天津和中国北方经济发展问题的研究引向深入。

第三节　本书运用的基本资料和内容框架

一、运用的基本文献资料

可资近代天津港口、城市与经济腹地研究利用的文献资料，种类和数量繁多，整体上可划分为直接资料和间接资料两大类。

（一）直接资料

直接资料，亦称一手资料，即近代历史时期内的人们对有关天津与

“三北”地区经济地理状况的直接记录和调查资料，如当时的英文海关资料、领事报告，中文地方志资料、个人或机构的实地调查和分类统计等。

鸦片战争后设立的中国新式海关，除管理对外贸易、征税、缉私等常规工作，还增添了轮船停泊、引水、灯塔和航标设置、航道疏浚、气象观测、疾病检疫等新职能，并临时负责新式邮政、准领事业务、华工出国、清偿赔款、参加世博会、改造同文馆、派遣留学生、协助使节出访、经办新式海军、购买军火、参与关税谈判等事项，角色十分重要。由此产生了总量庞大的海关文献，包括出版物、人物全宗档案与外交档案三大类；仅第一大类，即海关总税务司署造册处刊印的出版物，就有 7 大系列 1010 期之多，成为研究中国近代社会经济变迁的资料宝库。但由于当时编撰和出版这些文献的主要目的是便利海关工作而非向公众发售，所以如无特殊渠道，谁也不会拥有完整的海关文献；并且除非特殊需要，也没有谁会真正关心它们在国内外的收藏地点、存世种类、编写体例、内容结构、利用方法等细节。笔者所在的复旦大学“港口—腹地”学术团队，自 1999 年开始，就以“港口—腹地”为视角，从事中国近代经济地理格局变迁的研究，需要全面掌握近代所有通商口岸的进出口贸易数据，所以才会四处追寻这些散落、尘封的文档，包括远在哈佛大学图书馆、约占总量三分之二的 7 大系列旧海关出版物。经过我们多年的整理，这部分文献已由广西师范大学出版社以《美国哈佛大学图书馆藏未刊中国旧海关史料（1860—1949）》（283 册）为书名影印出版，成为继中国第二历史档案馆和中国海关总署办公厅编《中国旧海关史料（1859—1948）》170 册（京华出版社 2001 年版）之后，贡献给社会和学界的又一套旧海关资料出版物，大大充实了旧海关史料的总量。

据 1901 年签署的《辛丑条约》规定，此后海关附近 50 里的常关也归海关税务司节制，所以海关贸易报告里，又同时附有常关贸易报告。天津海关便附有 1902—1928 年的常关贸易报告，内容涉及本关税课、土货贸易、内地贸易、内港行船、沿海贸易、口岸城市与内地间的交通等，可与海关报告相参证。

为了保护本国商人的在华利益，西方各国都在各主要通商口岸建立了本国的领事馆，并每年向其上司上交报告，汇报当地政治、经济、文化和港口贸易等方面的发展状况。华北各主要通商口岸如天津、烟台的领事报告，卷帙浩繁，同样具有极为重要的史料价值。可惜这部分重要的历史资料，由于没有机构和个人着手整理、翻译，绝大多数还被尘封在相关城市的档案馆里，难以被学术研究利用。

另据米镇波著的《清代中俄恰克图边境贸易》① 介绍，莫斯科和圣彼得堡等地有很多中俄陆路贸易和蒙古贸易俄文档案数据，诚为非常重要的一手数据。可惜受外文水平的限制，笔者目前只能利用汉译版的俄文数据。

清代和民国时期编纂的华北和热、察、绥地区的地方志较为齐备，仅关于天津的方志，就有薛柱斗修、高必大纂的《天津卫志》②；李梅宾、程凤文修，吴廷华、汪沆纂的《天津府志》③；沈家本、荣铨修，徐宗亮、蔡启盛纂的《重修天津府志》④；朱奎扬、张志奇修，吴廷华、汪沆纂的《天津县志》⑤；吴惠元修，蒋玉虹、俞樾纂的《续天津县志》⑥；宋蕴璞编的《天津志略》⑦ 等，内容宏富，涉及当时、当地的自然和人文、政治和经济、风俗和文化等诸多领域。其中虽有不少照抄和重复的地方，也有很多夸张和溢美的成分，并且相关的数据记录也含混不清，但是由于它们多系当时或稍后的当地人所记载和整理，资料来源当比较丰富、真实，仍然是研究天津及其腹地经济发展不可或缺的一手资料。同时，1980 年以来，

① 米镇波：《清代中俄恰克图边境贸易》，南开大学出版社 2003 年版。

② 〔清〕薛柱斗修，〔清〕高必大纂：《天津卫志》，康熙十四年刻本。

③ 〔清〕李梅宾、程凤文修，〔清〕吴廷华、汪沆纂：《天津府志》，乾隆四年刻本。

④ 〔清〕沈家本、荣铨修，〔清〕徐宗亮、蔡启盛纂：《重修天津府志》，光绪二十五年重修。

⑤ 〔清〕朱奎扬、张志奇修，〔清〕吴廷华、汪沆纂：《天津县志》，乾隆四年刻本。

⑥ 〔清〕吴惠元修，〔清〕蒋玉虹、俞樾纂：《续天津县志》，同治九年刻本。

⑦ 宋蕴璞编：《天津志略》，蕴兴商行 1931 年铅印本。

各地陆续编著出版的大量“新”方志中，也有不少对近代内容的回溯，可视为较有价值的二手材料。

为了考察、规划和发展区域经济，清代特别是民国时期的中外各级政府机构、社会团体和个人，都对包括近代天津及其腹地在内的许多地区，进行了多形式、多层面、多渠道的实地调查。

如前所述，自1903年开始，日本中国驻屯军司令官、陆军步兵大佐仙波太郎就主持并组织了一大批熟悉中国情况的日本学者、来华的官员、官佐、技术人员、商人等，本着“各尽所长，广查实情，深究现状”的原则，着手全面调查天津、北京等北方地区的社会政治经济资料。其中，仅参加调查和编纂天津资料的就有30多人。该项工作于1908年2月完成。1909年9月，以《天津志》为书名，在日本出版发行。该书与下述日文调查资料一样，虽然其初始目的是刺探中国情报，为其在政治、经济乃至军事方面侵华服务，但是客观上，也成为后世研究近代天津及其腹地经济发展的重要文献。

此后，日本方面对华北地区的各种调查继续进行，规模比较大的如同样由日本中国驻屯军司令部主持、开始于1936年的冀东29个村庄的农村实态调查，其内容更加全面详尽，后来被整理出版为《冀东地区农村实态调查报告书》4册和《第二次冀东地区农村实态调查报告书》3册。自1939年10月开始，由日本东亚研究所承担、南满洲铁道株式会社予以配合的“华北农村惯行调查”分别在当时的河北顺义沙井村、栾城寺北柴村、昌黎侯家营村、良乡吴店村，山东历城冷水沟村、恩县后夏寨村等6个村庄进行，内容涉及家族、宗族、土地关系、村落管理之变化、宗教庙宇、节日民俗、家产遗产处理、日常农业经济活动等各个方面，调查资料结集为《中国农村惯行调查》6卷本，于1952—1958年和1981年在东京岩波书店陆续出版。① 而由中日两国学者魏宏运、三谷孝、张思等于

① ［日］顾琳：《华北农村“惯行调查”概述》，见吴松弟、樊如森主编《近代中国北方经济地理格局的演变》，人民出版社2013年版。

1990—1995 年所进行的后续系列调查与出版物①，亦不乏一定的比较和延伸研究价值。

另一方面，1900 年 5 月成立于南京、1901 年 4 月迁往上海的“东亚同文书院”，在 1901—1945 年的 40 余年，先后派出学生 5000 余人，对除西藏以外的中国所有省区、东南亚和俄国西伯利亚及远东地区，进行了密如蛛网般的旅行穿梭调查，线路多达 700 条。内容涉及中国各地的经济状况、经商习惯、地理形势、民情风俗、多样方言、农村实态、地方行政组织。调查项目包括地理（沿途形势、气候、都市、人情风俗、交通运输、税关）、经济（经济单位、资本家、劳动者、田园及住宅、农业、畜牧业、林业、矿业、工业、物价、生活水平、外人企业及势力）、商业（贸易状况、商贾、公会、度量衡、货币、金融、商品、商业惯例）、政治（现在政情及过去政情）；记述方式除文字外，还有图表、素描速写、照片等。这些见闻材料，又由学生整理成“调查旅行报告书”作为毕业论文，并开展宣讲报告活动。学校对调查报告的要求是严守实证，务求真实。②

其中，不少次调查内容涉及当时的山东、山西、河北、察哈尔、绥远等三北地区城乡的经济和社会状况，足资研究参考。

与此同时，中国各政府机构和学者也对天津与三北腹地的经济状况进行了系统深入的调查。如绥远省政府编的《绥远概况》③，行政院农村复兴委员会编的《河南省农村调查》④，全国经济委员会编的《山西考察报告书》⑤，察南政厅官记资料科编的《察哈尔省各县实况调查报告》⑥，建设

---

① 魏宏运、［日］三谷孝、张思主编：《二十世纪华北农村调查记录》，社会科学文献出版社 2012 年版。

② 冯天瑜：《东亚同文书院的中国旅行调查》，载《文史知识》2000 年第 1 期。

③ 绥远省政府编：《绥远概况》，绥远省政府 1933 年刊印。

④ 行政院农村复兴委员会编：《河南省农村调查》，商务印书馆 1934 年版。

⑤ 全国经济委员会编：《山西考察报告书》，全国经济委员会 1936 年版。

⑥ 察南政厅官记资料科编：《察哈尔省各县实况调查报告》，察南政厅官记资料科 1940 年版。

图 0.1　东亚同文书院旅行调查书目之一

资料来源：东亚同文书院《大旅行纪》，东京东亚同文会 1940 年版，爱知大学 2006 年影印（樊如森据关西大学图书馆藏书拍摄）。

总署水利局编的《华北河渠建设事业关系各县农事调查报告书》①，等等。其他团体和个人的调查，如金城银行总经理处天津调查分部编的《山东棉业调查报告》②，1921—1925 年金陵大学农经系主任卜凯（J. L. Buck）领导的对全国 7 省 17 县的农村经济与社会调查，其中包括对《河北盐山县一百五十农家之经济及社会调查》；20 世纪 30 年代，南开大学方显廷教授对

① 建设总署水利局编：《华北河渠建设事业关系各县农事调查报告书》，建设总署水利局 1942 年版。

② 金城银行总经理处天津调查分部编：《山东棉业调查报告》，金城银行总经理处天津调查分部 1936 年版。

天津针织业、地毯业、织布业以及高阳织布业的调查①；中华平民教育促进会李景汉主持的《定县经济调查一部分报告书》② 等，均相当专业、系统和深入。此外，陈希周的《山西调查记》③，李延墀、杨实编的《察哈尔经济调查录》④，李宗黄编的《考察江宁邹平青岛定县纪实》⑤，陈伯庄的《平汉沿线农村经济调查》⑥，曾鲁编的《山东省各县概况一览》⑦，崔宗埙编的《河南省经济调查报告》⑧，也有重要的参考价值。

为了修建铁路并加强其营运管理，各铁路部门也进行了卓有成效的区域经济调查工作，如陇海铁路车务处商务课编的《陇海铁路全路调查报告》⑨，平绥铁路车务处编的《平绥铁路沿线特产调查》⑩，铁道部全国铁路沿线出产货品展览会编的《中华民国国有铁路平汉沿线物产一览》⑪，中国国民党陇海铁路特别党部编的《陇海铁路调查报告》⑫，北宁铁路沿线经济调查队编的《北宁铁路沿线经济调查报告》⑬，等等。

---

① 方显廷编：《天津地毯工业》，天津南开大学社会经济研究委员会 1930 年版；方显廷：《天津之粮食业及磨房业》，天津南开大学经济研究所 1934 年版；方显廷主编：《天津棉花运销概况》，天津南开大学经济研究所 1934 年版；方显廷：《华北乡村织布工业与商人雇主制度》，天津南开大学经济研究所 1935 年版。

② 李景汉、余其心、陈菊人、郭志高、李柳溪编：《定县经济调查一部分报告书》，河北省县政建设研究院 1934 年版。

③ 陈希周：《山西调查记》，南京共和书局 1923 年版。

④ 李延墀、杨实编：《察哈尔经济调查录》，新中国建设学会出版科 1933 年版。

⑤ 李宗黄编：《考察江宁邹平青岛定县纪实》，正中书局 1935 年版。

⑥ 陈伯庄：《平汉沿线农村经济调查》，交通大学研究所 1936 年版。

⑦ 曾鲁编：《山东省各县概况一览》，新民会中央总会 1941 年版。

⑧ 崔宗埙编：《河南省经济调查报告》，财政部直接税署经济研究室 1945 年版。

⑨ 陇海铁路车务处商务课编：《陇海铁路全路调查报告》，陇海铁路车务处 1932 年版。

⑩ 平绥铁路车务处编：《平绥铁路沿线特产调查》，平绥铁路车务处 1934 年版。

⑪ 铁道部全国铁路沿线出产货品展览会编：《中华民国国有铁路平汉沿线物产一览》，铁道部全国铁路沿线出产货品展览会 1934 年版。

⑫ 中国国民党陇海铁路特别党部编：《陇海铁路调查报告》，中国国民党陇海铁路特别党部 1935 年版。

⑬ 北宁铁路沿线经济调查队编：《北宁铁路沿线经济调查报告》，北宁铁路管理局 1937 年版。

近年来，北方不少地区相继整理和再版了近代的区域历史数据，如胡大浚主编的《西北行记丛萃》（第1—10册），包括19世纪以来西北行记名作25种，如陈赓雅的《西北视察记》、周希武的《宁海纪行》、林鹏侠的《西北行》、方希孟的《西征续录》、陶保廉的《辛卯侍行记》、裴景福的《河海昆仑录》等。① 内蒙古图书馆也牵头编辑和出版了《内蒙古历史文献丛书》②，该丛书包括《哲里木盟十旗调查报告书》（上、下）、《西盟游记》、《侦蒙》、《东四盟蒙古实纪》、《东蒙古纪程》、《昭乌达盟纪略》、《鄂托克富源调查记》、《准郡两旗旅行调查记》、《伊盟左翼三旗调查报告书》、《伊盟右翼四旗调查报告书》、《伊克昭盟志》、《伊克昭盟概况》等。以上均属今人整理出来的近代区域历史数据，虽非一手资料，但方便了学者的学术研究。

民国时期的一些团体和个人，还就近代华北经济的某些方面编写过专门的论著。如池泽汇、娄学熙、陈问咸编纂的《北平市工商业概况》③，实业部国际贸易局编的《中国实业志·山东省》《中国实业志·山西省》，④ 廖兆骏编著的《绥远志略》⑤ 等，其内容上虽系数据整合性的时人著述，并非当时的一手资料，但对今天的相关学术研究仍有重要的史料价值。

（二）间接资料

间接资料亦称二手资料，即1950年后的“现代”人，对“近代”天津与三北腹地经济地理资料的整理、编纂和历史回忆。

---

① 胡大浚主编：《西北行记丛萃》25种，第1—10册，甘肃人民出版社2002年版。

② 赤峰市地方志办公室、内蒙古图书馆合编：《内蒙古历史文献丛书》第1—23辑，远方出版社2007—2012年版。

③ 池泽汇、娄学熙、陈问咸编纂：《北平市工商业概况》，北平市社会局1932年版。

④ 实业部国际贸易局编：《中国实业志·山东省》，实业部国际贸易局1934年版；《中国实业志·山西省》，实业部国际贸易局1937年版。

⑤ 廖兆骏编著：《绥远志略》，正中书局1937年版。

1950年后整理、编纂的经济资料有很多，其中不少都包括近代天津与三北腹地，如严中平等编的《中国近代经济史统计资料选辑》①，陈真、姚洛等合编的《中国近代工业史资料》②，李文治、章有义编的《中国近代农业史资料》③，中国人民大学工业经济系编著的《北京工业史料》④，彭泽益编的《中国近代手工业史资料（1840—1949）》⑤，姚贤镐编的《中国近代对外贸易史资料（1840—1895）》⑥，中国近代经济史丛书编委会编的《中国近代经济史研究资料》⑦，许道夫编的《中国近代农业生产及贸易统计资料》⑧，渠绍淼、庞义才编的《山西外贸志》上卷⑨，交通部烟台港务管理局编的《近代山东沿海通商口岸贸易统计资料（1859—1949）》⑩，日本满史会编著的《满洲开发四十年史》⑪，郑昌淦著的《明清农村商品经济》⑫，

① 严中平等编：《中国近代经济史统计资料选辑》，科学出版社1955年版。

② 陈真、姚洛等合编：《中国近代工业史资料》，生活·读书·新知三联书店1957—1961年版。

③ 李文治、章有义编：《中国近代农业史资料》，生活·读书·新知三联书店1957年版。

④ 中国人民大学工业经济系编著：《北京工业史料》，北京出版社1960年版。

⑤ 彭泽益编：《中国近代手工业史资料（1840—1949）》，生活·读书·新知三联书店1957年版。

⑥ 姚贤镐编：《中国近代对外贸易史资料（1840—1895）》，中华书局1962年版。

⑦ 中国近代经济史丛书编委会编：《中国近代经济史研究资料》，上海社会科学院出版社1984年版。

⑧ 许道夫编：《中国近代农业生产及贸易统计资料》，上海人民出版社1983年版。

⑨ 渠绍淼、庞义才编：《山西外贸志》上卷，山西省地方志编纂委员会办公室1984年版。

⑩ 交通部烟台港务管理局编：《近代山东沿海通商口岸贸易统计资料（1859—1949）》，对外贸易教育出版社1986年版。

⑪ ［日］满史会编著，东北沦陷十四年史辽宁编写组译：《满洲开发四十年史》，（内部交流）1988年。

⑫ 郑昌淦：《明清农村商品经济》，中国人民大学出版社1989年版。该书虽然是以学术专著的形式出版，但大量利用了明清时期内地18省的各种方志材料，从农具、工具、生活用品到棉麻丝葛、烟茶糖蔗、菜蔬瓜果、花卉、染料、树木、粮油肉蛋各种经济作物的生产与市场交换，无不尽可能地摘录下来，用来说明作者的观点。

刘娟、李建平、毕惠芳选编的《北京经济史资料（近代北京商业部分）》①，山西省史志研究院编的《山西通志·对外贸易志》②，台湾“中研院”近代史研究所编印的《中俄关系史料——东北边防与外蒙古》③，戴鞍钢、黄苇主编的《中国地方志经济资料汇编》④，吴弘明编译的《津海关贸易年报（1865—1946）》⑤，许檀编的《清代河南、山东等省商人会馆碑刻资料选辑》⑥ 等。

上述文献，虽然属于对近代经济资料的统计和整理，但是由于编辑目的和视野的局限性，不少数据还被整理者进行过主观性的剪裁和加工，因而无法全面反映当时的经济发展状况，研究者必须参照原始文献进行比对和鉴别。再者，由于上述整理者当年利用特殊身份才能看到的资料如海关文献等，今天已经解禁为普通的资料，每个人都能很方便地直接查阅，所以在研究天津港口、城市与经济腹地的过程中，能直接引用一手数据的，就尽量少引用二手资料。

1950 年后，华北、西北各地的各级政协机构，组织编纂了大量的“文史资料”，如《旅蒙商大盛魁》⑦《西北近代工业》⑧《高阳织布业简史》⑨

① 刘娟、李建平、毕惠芳选编：《北京经济史资料（近代北京商业部分）》，北京燕山出版社 1990 年版。

② 山西省史志研究院编：《山西通志·对外贸易志》，中华书局 1999 年版。

③ 台湾“中研院”近代史研究所编：《中俄关系史料——东北边防与外蒙古》，台湾“中研院”近代史研究所 1975 年版。

④ 戴鞍钢、黄苇主编：《中国地方志经济资料汇编》，汉语大词典出版社 1999 年版。

⑤ 吴弘明编译：《津海关贸易年报（1865—1946）》，天津社会科学院出版社 2006 年版。

⑥ 许檀编：《清代河南、山东等省商人会馆碑刻资料选辑》，天津古籍出版社 2013 年版。

⑦ 中国人民政治协商会议内蒙古自治区委员会文史资料研究委员会编：《旅蒙商大盛魁》，（内部发行）1984 年。

⑧ 政协甘肃、陕西、宁夏、青海、新疆五省（区）暨西安市文史资料委员会编：《西北近代工业》，甘肃人民出版社 1989 年版。

⑨ 河北大学地方史研究室、政协高阳县委员会编著：《高阳织布业简史》，（内部发行）1987 年。

等，对于近代天津港口城市和腹地经济地理的研究，也有重要的参考价值。不过这些类似于口述史的资料与当事人回忆，因受种种限制，在真实性和全面性方面尚存在一定局限。在作为二手资料使用时，应该注意和一手资料的印证。

另外，笔者还通过多次田野考察，陆续到天津及三北腹地进行实地调研和资料搜集工作，以印证文字材料和历史地理遗存的契合度，增强自身学术研究的多维度认知。

二、本书的主要研究框架

本书的基本内容，共分6个部分：

绪论，主要介绍本书的基本概念、相关的学术研究概况、运用的基本资料以及本书的基本框架和主要结论。

第一章，“天津近代港口——联结国内与国际两个市场的空间契合点”。天津港港势地位的上升和港口作用的发挥，并非与生俱来，而是随着当地河流水系的变迁、军事政治地位的提高、区域经济开发的推进、市场空间结构的整合过程不断地激发、壮大和完善起来的。1860年开埠通商以后，天津港已经兼具了对外贸易通商口岸的国家门户功能。到20世纪20年代，天津港已经发展成为河海码头并举、海陆联运通畅、腹地范围广阔、进出口贸易繁盛的北方最大口岸，成为联结天津城市与腹地近代经济发展所必需的、国内与国际两个市场的空间契合点。

第二章，“天津近代城市——港口与腹地新兴经济的产业孵化器”。随着时间的推移和国内外社会、经济与市场环境的变迁，天津的聚落形态逐步完成了从直沽寨到海津镇、从天津卫到天津府、从直隶省会到中央直辖市的转变，其城市功能也相应地由京畿门户、漕运枢纽上升为中国北方最大的口岸城市和近代工商业中心。而天津近代城市与传统城市的重大区别，就是其城市空间不仅超出了老城，还有了租界和新市区；城市功能不仅从府城升格为省城和特别市，还从国内传统工商业城市嬗变为国际现代工商业中心。在天津登陆和发展起来的城市工业企业，经过和中国本土传统经济基础和社会文化的碰撞与融合，孵化和萌生出一种适合中国国情的新型近代工业，这又带动了港口功能的提升和腹地新兴经济产业的萌生，推动了三北腹地经济的现代化转型。

第三章，“三北经济腹地——天津近代港口与城市的商品和劳力市场”。天津港区，从三岔口走向紫竹林、再从紫竹林走向塘沽海港的空间位移和发展壮大过程，其深层动力是腹地能够吸纳与提供的商品越来越多，迫使进出港船舶不得不提升其货物运力；天津城区，从老城扩大到租界、再由租界延伸到河北新市区的空间拓展，以及城市工商业由传统转向近代的产业升级过程，也与腹地农牧业商品化程度的提高、市场容量的扩大、离村人口的增加等密不可分。换句话说，离开了地处乡野的三北腹地，貌似很高大上的港口城市天津，无论是其清末民国北方首城的昔日荣光，还是此前此后寄北京篱下的配角地位，全部都会成为无源之水和无本之木。

第四章，“联通天津港口、城市与腹地的近代交通、商业与金融网络”。交通作为天津港口、城市与腹地之间的客货运输和信息传递环节，到20世纪30年代，初步形成了以近代铁路和公路交通为骨架，联通沿海和远洋轮船运输，辅之以传统内河和陆路交通方式的新的交通运输网络；它们共同组合成了该区域的立体交通体系，促进了三北地区近代外向型经济的发展与经济地理格局的演变。商业担负着港口城市与经济腹地之间的货物调剂任务，近代天津城市经济不断壮大的首要推动力就是港口进出口商业和城市商业的繁荣，以及遍布三北腹地的外向型市场网络的畅通。而不断发展的交通运输和日趋繁荣的商业，又都无法离开传统与现代金融的有力支撑。

第五章，“从卫城到首城——天津在近代中国北方经济地位的演变”。天津开埠通商以后，其港口与城市功能开始向经济功能为主转变，不仅自身的商业、金融、工业、外贸快速发展，而且成为包括北京在内的北方广大地区近代经济特别是外向型经济发展的龙头。到了 20 世纪 50 年代末至 60 年代初，由于国家计划经济政策的不断强化，天津原有的繁荣的商业、金融业、工业及辽阔的经济腹地等经济优势陆续丧失，加之北京的强势虹吸和天津自身定位与能动作用的不足，致使其近代北方经济首城的地位得而复失，这对天津和北方广大区域的经济发展而言，都是一个历史性的重大损失。

第一章　天津近代港口——联结国内与国际两个市场的空间契合点

地处海河五大支流交汇处并濒临渤海湾西岸的天津港，是中国北方自然地理条件和港口区位最为优越的水上交通门户之一。但是，其港势地位的上升和港口作用的发挥，并非与生俱来，是随着当地河流水系的变迁、军事政治地位的提高、区域经济开发的推进、市场空间结构的整合过程不断地激发、壮大和完善起来的。换句话说，作为水运枢纽而存在的传统港口，充其量也就是港口城市天津对外交流的水上门户；然而在1860年开埠通商以后，天津港就兼具了对外贸易通商口岸的功能，成为商品进出的一道大门。这是天津近代港口与传统港口的根本区别。因此，到20世纪20年代，天津港已经发展成为河海码头并举、海陆联运通畅、腹地范围广阔、进出口贸易繁盛的北方最大口岸，成为联结天津城市与腹地近代经济发展所必需的、国内与国际两个市场的空间契合点。

第一节　天津地区早期的港口与航运基础

一、海河水系的发育过程与早期航运活动

（一）河北平原的自然环境与水文状况

从较大尺度的地理空间来看，天津港所在的海河流域大体上位于北纬35°0′～42°42′、东经115°59′～119°36′，面积约有26.4万平方公里。它北倚蒙古高原南缘的燕山山脉，南界黄河，西起太行山脉，东临渤海，全流

域的山区面积约占54.1%，平原面积约占45.9%。[①] 地形上，其北部和西北部为山地，南部和东部为平原；地势上，其南部由西南向东北倾斜，北部则从西北向东南倾斜，由此在海河流域的中部地带和东部沿海造就出冈垄交错、洼淀密布、河流纵横的多姿地貌；众多河流的向心状汇集，虽然有利于内河航运与物资集散，但是不利于雨季河道排水的通畅，容易出现河流决溢和内涝灾害。

从气候上看，海河流域整体上的年平均降水量为400~650毫米，平原部分年平均降水量为600毫米，西、北部山区的东、南侧迎风坡年平均降水量为700毫米，西、北侧背风坡年平均降水量为500毫米以下。该区域降水的年内分布也不均匀，不仅70%~80%的降水集中在6—9月，而且多为暴雨，一次降雨可占全年总量的2/5以上，从而形成夏汛；加上降水年际变化的巨大差异（北京地区最大年降水量是最小年降水量的8.3倍），造成下游河道洪水宣泄不及。再加上愈到下游平原，泥沙愈容易大量沉积，使得河床被不断抬高，形成河流水体高于堤岸外侧地面的地上悬河，致使河水极易溃堤，水患时有发生。

而另一方面，丰富的降水也为本区域塑造出河流密布、沟通便捷的“北方水乡”景观，奠定了内河航运不可或缺的物质基础。

今天的水文观测资料显示，海河流域的年均径流量大约为211.6亿立方米。这些降水，最初表现为燕山、恒山、五台山、太行山的众多山涧溪流，后归并成流程10公里以上的300多条小河[②]，再汇集为浩浩荡荡的十几条大河，除滦河、蓟运河等独流入海，其余分别组成5条大的支流，在天津附近汇入海河，再一并由大沽口注入渤海湾。此外，还有不少由河流汇潴而成的洼地淀泊，如白洋淀（即俗称的西淀）、三角淀（即东淀）、宁晋泊、大陆泽、七里海等，其水域也很广阔。这些丰富的地表径流，在有

① 中国大百科全书总编辑委员会《中国地理》编辑委员会、中国大百科全书出版社编辑部编：《中国大百科全书·中国地理》，中国大百科全书出版社1993年版，第150页。

② 邹逸麟编著：《中国历史地理概述》，福建人民出版社1993年版，第46页。

助于各地农业生产和人们生活的同时，也奠定了该区域便捷内河航运的自然地理基础。

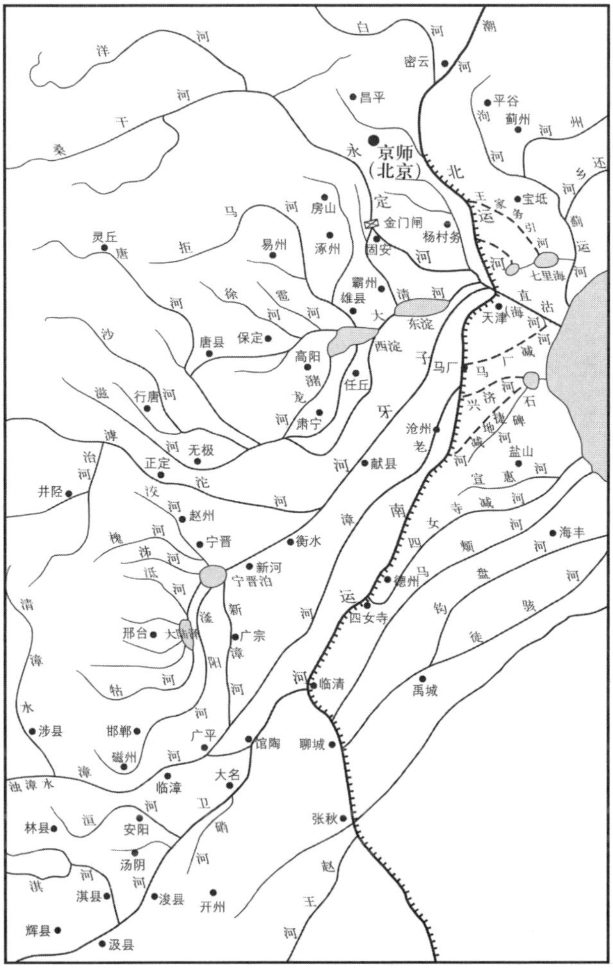

图 1.1　清代海河流域水系分布示意图

资料来源：据河北省水利厅水利志编辑办公室编《河北省水利志》，河北人民出版社 1996 年版，图 1－2－7 重新绘制。

在海河的五大支流中，以永定河的泥沙含量最高，所以又名浑河。它有两条上源，一是发源于阴山南麓的洋河，一是发源于山西洪涛山的桑干河，二者在河北涿鹿附近合流后，始称为永定河。“自此至三家店，河流在山谷中迂回曲折，坡度甚大，两岸石山壁立，流向随山脉而变。在西山一段，更两壁崎岖，深数百公尺，宛如峡谷。”三家店到卢沟桥的 20 余公里之间，河流虽已冲出峡谷，但因河床下切很深，河水尚可安流。“卢沟桥至双营 85 公里间，则河身日淤，河床高出陆地平均在 5 公尺左右。双营至屈家店约 50 公里，堤岸忽然展开，是为永定河下流之沙涨地。”①

第二大支流是大清河，它有白沟河、长流河、唐河、潴龙河四条上源，后三条均汇入东、西二淀，复出之后才称为大清河，它“自天津至保定水路 400 里，俗称上西河”。

第三大支流子牙河，则有滹沱河和滏阳河两个上源，两者在献县附近合流后始称子牙河，“自天津至新河县水路五百余里，俗称下西河”。

第四大支流南运河，以纳漳水而后东北流的卫河为上源，“至山东临清，注入南运河，为南运河水源之所自。临清以南，黄河以北一段称会通河，全由人工开凿而成，今已干枯，不能通航”。

第五大支流是北运河，其上源有两条，一是白河，一是潮河，它们都发源于“阴山南麓，穿长城，入平原，至密云县会合，始称北运河。船舶可自天津溯河而上，直达通县。昔日粮船由天津往京师，率由此道，今则多取陆路矣”②。

海河五大支流之外的滦河，由喜峰口外流入，至卢龙县境内合青龙河后水势乃大，东南流至乐亭县而分两支入海。“滦河水流畅通，可行舟楫，溯河而上，可达热河。”③ 一并成为河北平原内河水运网络的组成部分。

（二）海河水系发育的历史地理过程

不过，在不同的历史时段，该区域的自然环境和水文状况并非一成不变；作为其核心组成部分的海河水系，也发生过从彼此相关到河流名称的

---

① 张其昀编：《本国地理》，下册，南京钟山书局 1934 年版，第 43 页。
② 张其昀编：《本国地理》，下册，南京钟山书局 1934 年版，第 43 页。
③ 张其昀编：《本国地理》，下册，南京钟山书局 1934 年版，第 43 ~ 44 页。

诸多变动。究其原因，在自然方面是河流稳定性与地形地貌的相互制约；在人文方面则是人类对河流的大规模干预和不同记录者地理知识与社会观念的差异。这就需要历史地理学者做大量深入系统的考证与复原工作。

据邹逸麟先生考证，在海河水系形成以前，流经今河北平原的主要河流是黄河，只是由于人烟稀少，行洪道分散，处于漫流状态。大致在夏朝时，初步循着地势低洼的大陆泽—宁晋泊、白洋淀—文安洼、七里海—黄庄洼等东北向湖泊带，形成黄河的《禹贡》中的大河。战国中期以后，随着农业开发力度的增强，人们在黄河下游两岸增高加固了堤岸，大堤西北地区的支流开始逐渐脱离黄河水系，并且在源于太行山、燕山的地表径流接济下，演变成地方性的独立水系。因此，大体在公元前4世纪中叶之后，泒河（今沙河）、滱河（今唐河）、治水［也称㶟（lěi）水，今永定河］、沽河（今白河、北运河）、大清河均在今天津地区汇合入海。海河水系初步形成。这时，河北平原上除了黄河及其支流漳河，还有滹沱河、浭水（今州河）、濡水（今滦河）等水系独流入海。①

不过西汉中期的时候，在今渤海湾岸海拔4米的等高线附近，相当于今天的天津宁河、宝坻、武清、静海等区县和河北省黄骅一带，发生了一次奇异而持久的大海侵，使海岸线大幅度内缩，导致战国中期至西汉中期形成的海河水系瓦解，各河又恢复独流入海的状态。到东汉中期的时候，持续了两个世纪的海侵退去，海河水系又恢复了西汉初年的局面。

到了东汉末年，曹操为了从军事上征服盘踞在邺城（今河北临漳）一带的袁绍势力，着手兴修土木工程，以“遏淇水，开白沟，通清河下游”。又由于清河（今南运河）下游已经与滹沱河、漳河汇合，所以，为便于进攻东北地区的乌桓，“206年又开平虏渠（今青县至静海的一段南运河），沟通了滹沱河和泒河。于是清河、滹沱河、泒水、滱水、治（㶟）水、沽水等均汇合于天津入海。以后的五大水系汇合的海河水系基本完成”②。这

① 邹逸麟编著：《中国历史地理概述》，上海教育出版社2005年版，第57～58页。

② 邹逸麟编著：《中国历史地理概述》，上海教育出版社2005年版，第58页。

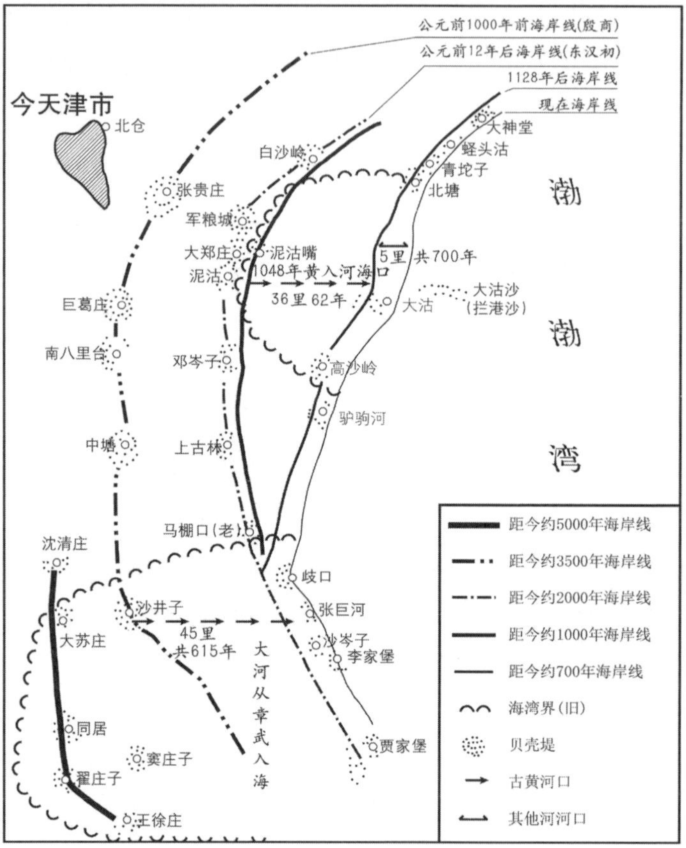

图 1.2　黄河北流与海河三角洲形成关系示意图

资料来源：据乔虹编著《天津城市建设志略》，中国科学技术出版社 1994 年版，第 4 页，图 1.2 重新绘制。

就为位于“九河下梢”的天津枢纽港的形成和发展，奠定了必要的自然地理基础。

（三）海河流域的早期航运活动

在海河水系尚未形成的独流入海时代，以及西汉中期到东汉中期的大海侵时期，地势低洼的今天津地区，沼泽遍布，斥卤弥望，农业生产落后，人烟稀少，担负长距离物资周转效用的内河航运自然也尚未发展起来。

东汉末年，曹操继在海河流域的南部引漳水入白沟以通清河，由清河

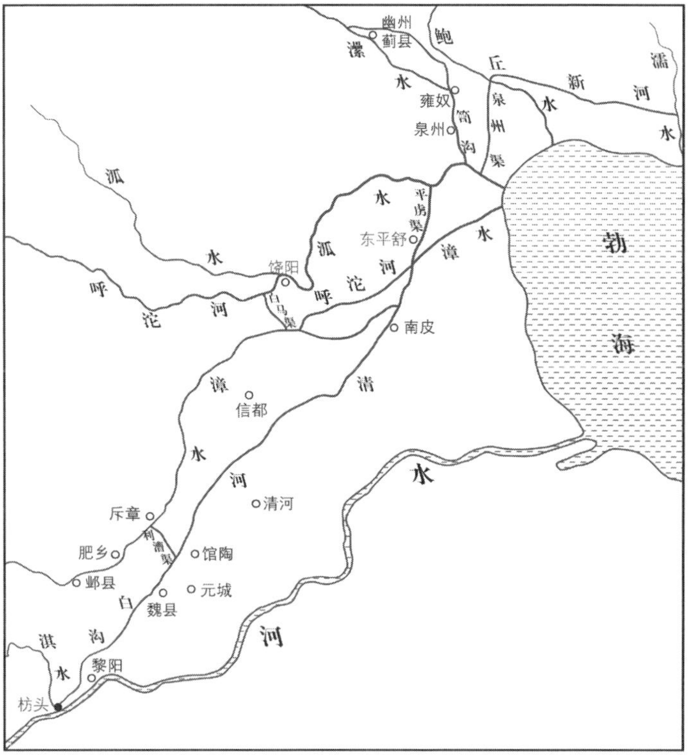

图 1.3　三国时期海河流域的运河系统示意图

资料来源：据邹逸麟《中国历史地理概述》，上海教育出版社 2005 年版，第 333 页，图 12－3 重新绘制。

向北开平虏渠以合泒水之后，又在海河流域的东北部，开凿了泉州渠、新河等运河。其中的泉州渠，南起泉州县境（今天津市武清区西南）清、沽（潞河）两河汇合处下游，向北流至雍奴县（今天津市武清区西北土门楼村）泃河口以东，入鲍丘水（今潮河）。新河则上承雍奴县东境的鲍丘水盐关口，向东与濡水（今滦河）汇合，连通了鲍丘、泃、湮、濡诸水，明显拓展了海河流域的水上运输网。

隋炀帝大业四年（608），政府又开凿了大运河北段的永济渠，将沁水引入，并在沁水东岸开渠，引沁水入白沟，以便北通涿郡（今北京城西南隅），使海河水系北含潮白河、永定河水系，南达清、淇流域，这就进一步改善了今河北平原上的水运交通条件。

同时，隋朝还在旧有天然和人工河道的基础上，将永济渠和通济渠、山阳渎、江南运河各段连通起来，使得船只可经今天津地区而北抵涿郡，南达余杭，从而奠定了后世京杭大运河的内河航运基础。

二、天津地区传统港口的空间位移与航运发展

从史料记载和考古数据中可以发现，早在西汉年间，渤海湾西岸的今天津地区，已经陆续存在过雍奴、泉州、东平舒等故城，说明当地的社会经济发展水平已达到一定的高度。此后200年的大海侵，则使这一带的经济开发出现了倒退。然而，曹魏开平虏渠、泉州渠、新河渠之后至隋朝开凿永济渠期间，海河流域东北部平原自然也会产生不少河运码头。但是，由于当时政治局势和航运业务的不稳定等原因，这些因陋就简的河港也就旋兴旋废了。

只有进入唐朝以后，当地的自然环境和社会人文环境都进入了一个相对稳定的历史时期，今河北平原、天津地区的内河航运和沿海航运事业才得到了日趋平稳而持续的发展。

（一）唐代的“三会海口”——军粮城

随着强有力的唐王朝政权的建立，幽州①节度使辖区在抵御突厥、回纥、契丹等草原民族政权侵扰、拱卫中原方面的战略地位得到了进一步突显。而为了巩固东北部的边防，唐朝中央政府也亟须把来自江南等地的粮草和其他军需物资源源不断地运送到这里来。这样，位于当时海河入海口北侧的军粮城一带，便形成了漕粮海运的枢纽转运港，时称“三会海口”。当然，就其当时所在的港区位置而言，该港尚属于一个内河港口而非真正的海岸港口。

而从军粮城转运的漕粮，又通过河、海两条运输线，运送到幽州地区。其中的一条是河路，即溯潞河（也称潞水，即后来的北运河）北上，

① 又名范阳，治所在今北京城西南，领有幽、蓟、檀、妫、易等州，约辖今河北怀来、永清，北京房山以东及长城以南地区。

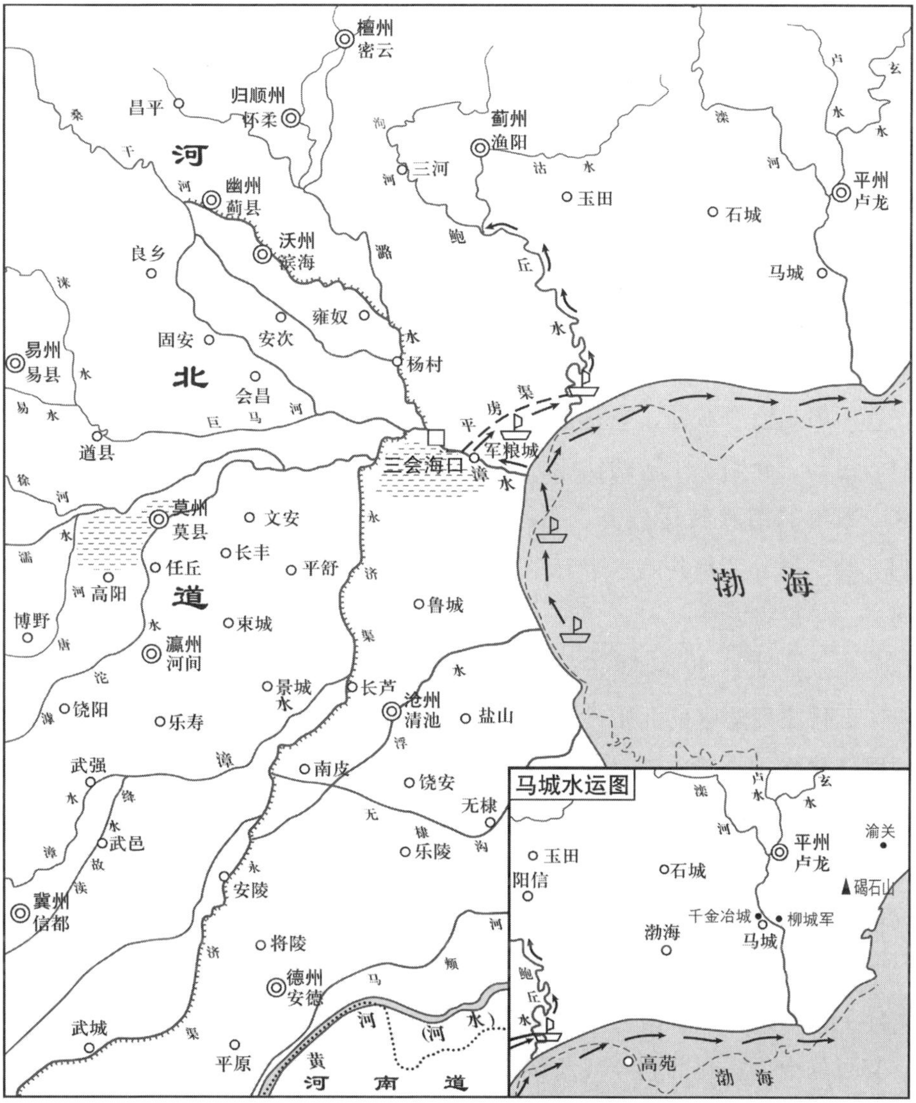

图1.4 唐代三会海口地区的漕运示意图

资料来源：据张树明主编《天津土地开发历史图说》，天津人民出版社1998年版，第47页，图四.3重新绘制。

运抵范阳；另一条则是海路，它又在“复出海河口后分为两线：一线沿渤海湾北上入鲍丘水（今蓟运河）溯至渔阳；另一路线沿渤海湾北上再东北行滦河口（今唐山沿海一带），沿滦河上溯至渔阳”。为了规避渤海湾西岸的海运险滩，唐朝人还在神龙三年（707），从军粮城向东北开凿了一条大体与海岸平行的新平虏渠，连通了海河与鲍丘水，直到军事重镇蓟州①。诗人杜甫在其《后出塞》诗中就曾经生动地描绘了这一地区的水运盛况：“渔阳豪侠地，击鼓吹笙竽。云帆转辽海，粳稻来东吴。越罗与楚练，照耀舆台躯。”②

从港口的功能与规模来看，军粮城临渤海湾，又处于海河入海口与新平虏渠的汇合点，所以能够成为海上船舶避风和停靠的理想码头。这样，它就不但是沿海城镇，更是漕船停泊和军粮屯储的军需重地了：“具有船泊、装卸、仓储、中转的功能，每年转运量50万石以上。”通常，为完成这一繁重的漕粮转运任务，沿线“沧、瀛、具（贝）、莫、登、莱、海、泗、魏、德等十州共差水手五千四百人，其中三千四百人海运，二千人平河，二年更替”。③

（二）宋、辽对峙下的“界河贸易”

五代之后建立的北宋并不是一个真正的统一政权，与它并存的还有其他民族建立的一些王朝，如契丹族建立的辽、党项族建立的西夏以及东北地区的金，西南地区的大理、吐蕃，西北地区的西州回鹘、喀喇汗国、西辽、于阗，等等。其中在当时的北方地区，就形成了北宋和辽对峙的局面。

北宋与辽对峙的边界在海河流域的白沟一线。白沟也称界河，其流路大体上沿今大清河及海河一线，参见图1.5。当时，北宋为了拒止马背民族契丹的南侵，在西起今河北保定，东经雄县、霸县、青县直至泥沽海口

---

① 治所在渔阳，今天津蓟州区，辖境相当于今天津蓟州区、河北三河、玉田、遵化等市县和唐山市丰润区等地。

② 杜甫《后出塞》诗一共有5首，其中第4首的全文是：“献凯日继踵，两蕃静无虞。渔阳豪侠地，击鼓吹笙竽。云帆转辽海，粳稻来东吴。越罗与楚练，照耀舆台躯。主将位益崇，气骄陵上都。边人不敢议，议者死路衢。”

③ 天津市地方志编修委员会编著：《天津通志·港口志》，天津社会科学院出版社1999年版，第66页。

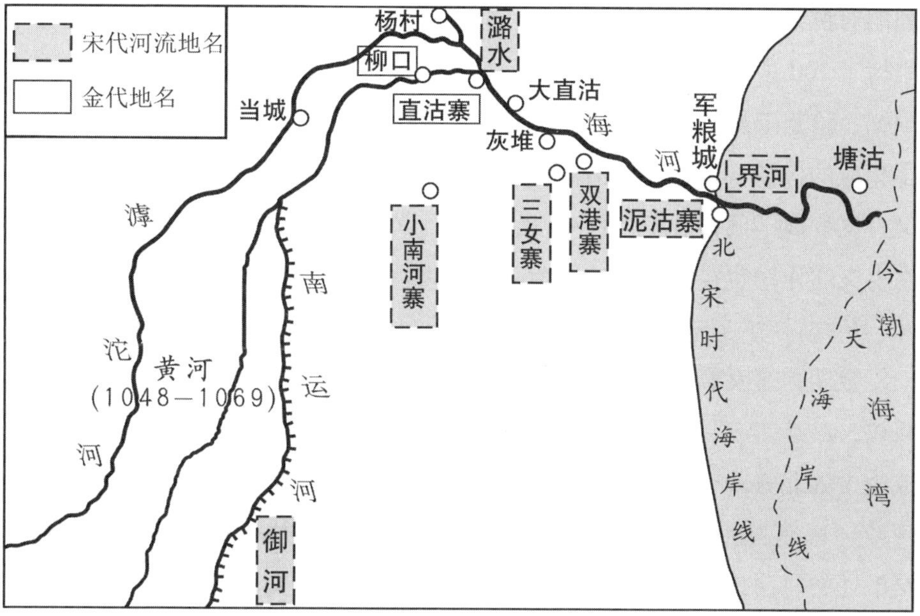

图 1.5 北宋后期至金代前期的界河东段示意图

资料来源：据李华彬主编《天津港史（古、近代部分）》，人民交通出版社 1986 年版，第 18 页；谭其骧主编《中国历史地图集》，中国地图出版社 1987 年版，重新绘制。

之间，构建起了一条绵延 900 余里的河流、淀泊防线，派兵船往来巡防，并设置了许多寨、铺。其中在今天津地区的，主要有泥沽寨、双港寨、三女寨、苇场港寨、小南河寨、沙涡寨、独流寨、钓台寨等。这些寨、铺的作用和地位，从宋代镇寨官的执掌便可约略得知："诸镇置于管下人烟繁盛处，设监官，管火禁或兼酒税之事。寨置于险扼控御去处，设寨官，招收土军，阅习武艺，以防盗贼。凡杖罪以上并解本县，余听决遣。"① 这样，海河流域一时变成了国防的前沿，使得位于南岸的泥沽寨和北岸的军粮城基本上失却了此前的港口转运功能。

不过，以牧业立国的辽和以农业立国的北宋之间，也并非一直处在激

① 〔元〕脱脱等修撰：《宋史》，中华书局 2000 年版，第 2666 页。

烈的对抗状态之中。特别是 1005 年“澶渊之盟”以后，双方之间大体上维持了 100 多年的和平时期。于是，北宋政权便在界河南岸的易州、雄州、霸州、沧州等地，设立了供宋、辽官方贸易的榷场；辽也在界河北岸设立了相应的榷场，以管理双方间的贸易；再加上民间层面的私人贸易，界河又一度变成了两国外贸的纽带。而泥沽、军粮城等界河沿线的港口城镇的水上交通作用也得到了一定恢复。

（三）金、元时代的直沽港

金朝，是女真人于 1115 年在松花江支流按出虎水建立的一个狩猎民族政权，1125 年灭辽，1127 年灭北宋，1142 年与南宋沿淮水一线罢兵议和，成为中国北方一个新的强大的政治实体。1153 年，金朝由上京（今黑龙江阿城）迁都燕京（改称中都，今北京市）。这样，位于潞水、御河、海河交汇处的三岔口地区，便重新成为海河流域的水运交通中心；而位于此处的新兴军事据点直沽寨（聚落之名最早见载于 1213 年），遂成为金朝都城漕粮转运的枢纽港。

据《金史》卷二七河渠志记载，直沽港的漕粮来源甚广，包括“旧黄河行滑州、大名、恩州、景州、沧州、会川之境，漳水东北为御河，则通苏门、获嘉、新乡、卫州、浚州、黎阳、卫县、彰德、磁州、洺州之馈，衡水则经深州会于滹沱，以来献州、清州之饷”；3 条航线的漕船，皆陆续集结在从柳口（今天津市西青区杨柳青）至直沽寨一带的内河港区，然后再择时溯潞河至通州，以供都城之需。京师漕粮的常年转运数量，一般在 170 万～180 万石①，由此可见金代直沽港水运规模之一斑。

忽必烈将元朝的都城迁到燕京之后，直沽港继续成为首都的漕粮转运码头。只是和金代有所不同的是，元代的漕船行走于河运和海运两条航线之上，运输规模也较前增大了。

从当时的整体情况来看，元政府每年征自全国的税收有半数来自江浙

---

① 李华彬主编：《天津港史（古、近代部分）》，人民交通出版社 1986 年版，第 19 页。

地区。据载，赋税当中的粮食部分，岁输京师者约有1350万石。而这其中，海运自江浙地区的约占十分之四，河运自河南一带的约占十分之二，另有湖广、陕西、辽阳等处占十分之二。“无论河运海运，直沽港始终是最重要的漕运枢纽港。”①

1. 河运

据明人陈邦瞻的《元史纪事本末》卷一二等史料记载，作为中国统一政权的元朝，其京师漕粮的来源地，要比作为区域政权的金朝广阔得多。最初，来自江浙、江西等南方行省的漕船要先经过长江及其支流进入江南运河和邗沟运河，再由夺淮入海的黄河向西向溯至中滦镇（今河南封丘西南的黄河北岸），再经陆运方式转运到淇门镇（今河南浚县），再由御河（今卫河和南运河）经直沽寨运抵大都附近。由于其间的水路环节繁多曲折，影响了漕粮的转运效率，结果一年只能运送30万石。

为了缩短内河水道的航程，至元二十年（1283）以后，元政府又先后开凿了济州的泗河，分汶水以入济水故道，再转东阿（今山东平阴东阿）旱道陆运至利津河入海，最后由海运至直沽；或由东阿陆运200里至临清，转入御河至直沽。后来，又在胶州湾和莱州湾之间开凿了胶莱新河，在横贯渤海后再溯海河而达直沽，使漕粮的年转运量达到60万石。1289年，又从汶水分流处向西北方向开凿运河，经东昌（今山东聊城）至临清以入御河，称为“会通河”，全长250余里。该段航道的开通，使余杭至大都的南北运河比隋代缩短了1800里②，内河漕运更加顺畅了。

2. 海运

为了弥补内河漕运的不足，元代还多次试行海运，航线也不断变化。据清代天津官员陶文毅的考述，至元年间（1264—1294）所辟的海漕通道已经很成熟了，故而一直为后世所遵循。其航线大致分成6段：

---

① 李华彬主编：《天津港史（古、近代部分）》，人民交通出版社1986年版，第25页。

② 李华彬主编：《天津港史（古、近代部分）》，人民交通出版社1986年版，第21页。

第一段，是从上海县城东门外的黄浦江岸边东北行50里，出吴淞口入洋；绕行宝山县的复宝沙，到达崇明县的新开河，计110里；又70里至十滧，称之为内洋；十滧可泊船，为候风放洋之地。

第二段，是从十滧开船而东，进入外洋；迤东180里至佘山岛，不能够停泊船只，但可以寄碇；再往东行驶，即大洋。

第三段，是自佘山驶入大洋，向正北微偏东行驶，至通州（今南通）吕泗场对出之洋面，约200里，水深10丈，可以寄碇；由此往北，即进入黑水大洋；至大洋梢对出之洋面，约140里；又北至如皋县对出之洋面起，至黄沙洋港对出之洋面，约260里；又北至泰州对出之洋面起，至黄家港对出之洋面，约220里；又北至关龙港对出之洋面，约200里；又北至射阳湖对出之洋面，约120里；又北至黄河口对出之洋面，约120里；又北至安东县淮河口对出之洋面，约90里；又北至海州赣榆县鹰游门对出之洋面，约180里。

第四段，自鹰游门对出之洋面往北，进入山东日照界，进入山东水师南洋汛界；又北至文登县之铁槎山，又名北槎山，自佘山至此才可以看见大的岛屿；以北至文登县马头嘴，经苏山岛至荣城县之石岛养鱼池，石岛居民稠密，可以寄泊；自鹰游门至石岛，共约600里。

第五段，石岛至俚岛洋面，约160里；俚岛至成山洋面，约140里；再从成山转头向西略北行，即进入北洋汛界；由此至文登县之刘公岛，约114里；又西至威海卫，100余里；又西至福山县芝罘岛100余里；又北至蓬莱县庙岛200余里，可以泊船。

第六段，自庙岛过掖县的小石岛，即入直隶天津海口，约900里；沿途试水深，在14～15托；等到试水为6托、水为黄色、水底为软泥时，即可抛锚，候潮进入大沽口；自天津海口逆流挽纤180余里，即抵天津东关外；自上海到天津的总水程，为4000余里。①

---

① 〔清〕吴惠元修，〔清〕蒋玉虹、俞樾纂：《续天津县志》，卷六，海防兵制附海道，同治九年刻本。

而据李华彬等人考证，事实上，元代早期的海运路线，并非一成不变。只是一般情况下是从长江口的刘家港，沿海岸北上，历经通州、海门、盐城、东海县（今连云港）、密州、胶州、成山，向西至天津杨村码

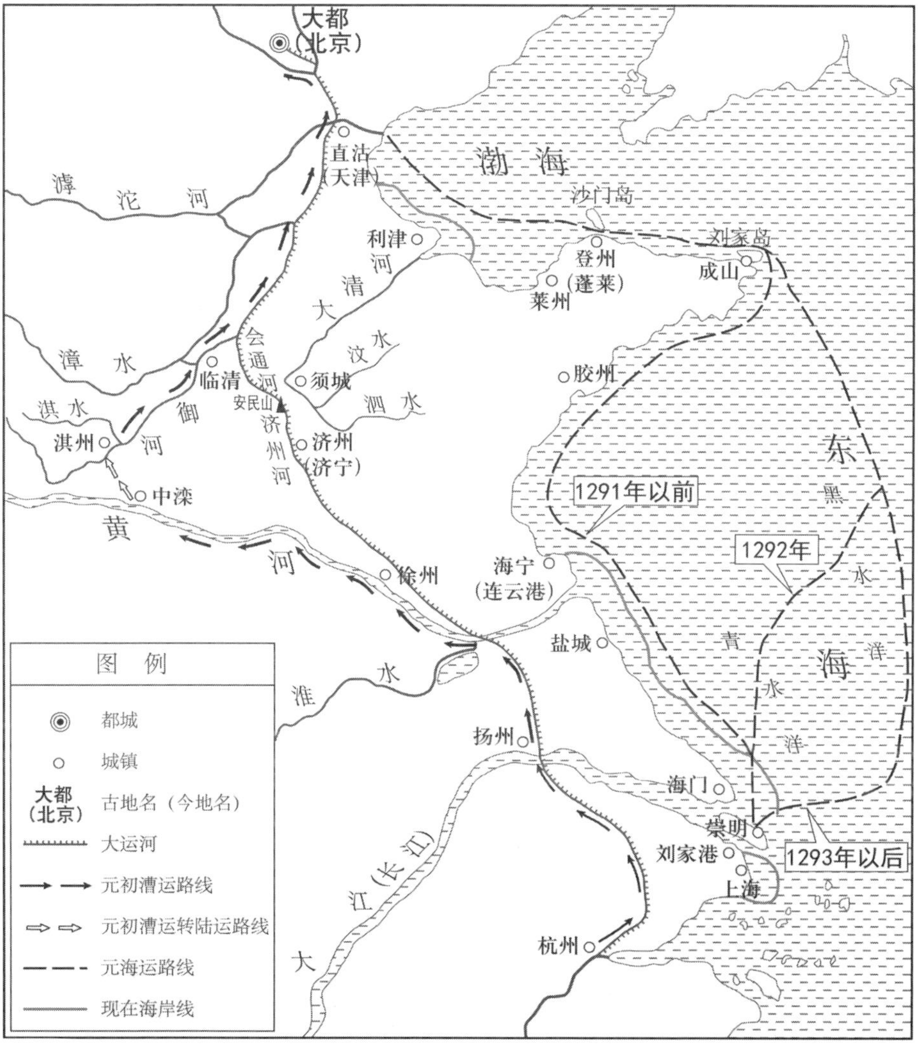

图1.6　元代直沽寨的河、海航运网络示意图

资料来源：据李华彬主编《天津港史（古、近代部分）》，人民交通出版社1986年版，第23页，图2－3－1重新绘制。

头，计6675公里（原文如此）。然而由于黄海沿岸沙滩连绵，海河航道又曲折壅塞，二者均易造成漕船的搁浅。1289年，元朝政府疏浚了杨村到北通州的河道，又进一步开凿了北通州至大都的运粮河——通惠河，结果使直沽港的漕粮转运量增加至150万石以上。①

1292年，元政府又尝试开辟了另外两条新的海运航线。一是“自刘家港至撑脚沙，转沙咀，至三沙、洋子江，过匾担沙、大洪，又经黑水洋至成山，过刘家岛（今威海市以北）至芝罘岛（今烟台岛）、沙门岛（今山东黄县以北），放莱州大洋（今莱州湾），抵界河口（今海河口），达直沽港”；二是“自刘家港入海，至崇明州，三沙，放洋向东行，入黑水洋，取成山转西至刘家岛，又至登州沙门岛于莱州大洋入界河”；当航船顺风北行时，漕船自浙西经直沽至京师不过旬日，比第一种航线的航期缩短三分之二。该年直沽港接运海漕粮140万石。1326年，经直沽港转运的海漕粮335万余石，为元代直沽港海漕之最高值。②

但是，受当时航海技术的制约，元代人对海运通道的利用并不轻松。时人臧梦解的《直沽谣》里就有不少表达对海洋航运忧心的诗句：“杂遝东去海，归来几人在？……风尘出门即险阻，何况茫茫海如许……北风吹儿坠海水，始知溟渤皆墓田。”③ 因此，内河航运一直是元代的漕运通道之一。

3. 码头区

以漕粮转运为主要功能的直沽港，并没有现代意义的固定码头区。可是元代的漕运制度规定，所有内河和沿海漕船，必须组成30艘为一纲的船队，俟“粮船齐足，方许倒卸”，因此，每逢四五月间的春运和八九月间

① 李华彬主编：《天津港史（古、近代部分）》，人民交通出版社1986年版，第22～23页。

② 李华彬主编：《天津港史（古、近代部分）》，人民交通出版社1986年版，第22页。

③ 天津社会科学院历史研究所《天津简史》编写组编著：《天津简史》，天津人民出版社1987年版，第25页。

的夏运时节，各式各样的漕船只能按照 2 ~ 3 排并靠停泊的形式，或从直沽寨向下延伸到 10 余里外的大直沽，或向上溯展到 10 余里外的柳口（今杨柳青镇）乃至 40 余里外的杨村，进而形成以直沽寨为中心的长达数十里的沿河码头区。

为了便利漕运，元政府还采取了很多相关举措。比如，为便于海船顺利通过海河入海口的沙洲，自 1317 年的漕运旺季开始，在龙王庙前的高地上竖立瞭望标，白天在高竿上悬挂布幡，夜间悬点灯火导航。再比如，为满足漕粮卸载和对京师的转运，还在从潞河到海河的岸边高地上，如通州、河西务、三岔口地区，建置了很多仓廒，其中直沽的粮仓，要占到该区域总数的 2/5。

除漕粮转运业务之外，位居渤海西岸的海河下游地区，也是重要的海盐产地和集散地。早在金代，这里就设有分管当地盐务的“沧州盐使司”和“宝坻盐使司”；元代又改设了大都、芦台、越支、三汊沽盐使司；至元二十二年（1285），又设了三汊沽、丰财（在今葛沽）、富国（在今咸水沽）、兴国（在今津南区高家庄）等 22 所盐场。① 这样，漕运和仓储事业的繁盛，沿海盐业的兴起以及海防区位的重要，均使直沽寨地区的交通、商业和军事地位变得日渐重要起来。于是，延祐三年（1316），元朝政府在这里设立了一个正式的建制聚落——海津镇，从而奠定了此后天津城市建设的历史、政治、地理基础。

（四）明、清时代的“天津港”

明朝建立特别是永乐十八年（1420）定都北平（改称北京）以后，朱棣钦赐的“天子过河的渡口”——天津，便承袭了元代直沽寨和海津镇的漕运、商业和军事职能。至清朝入关并定都北京后，天津港的航运地位又得到了进一步的巩固和发展。

1. 河道的疏浚

为了使京师和边防的漕运更加便捷，明初在继承元代河、海航运线路

---

① 乔虹编著：《天津城市建设志略》，中国科学技术出版社 1994 年版，第 11 页。

的基础上，又着力强化了对南北大运河的改造和疏浚。永乐九年（1411），朱棣派工部尚书宋礼负责，征调山东、徐州、应天、镇江等地民工30万人，由济宁至临清，大规模地疏凿元代旧有的会通河，将航路缩短70余里，河道加深至1丈3尺，宽度拓至2丈2尺，使其通航能力提高了10余倍。此后，明政府又疏浚了江淮地区的运河航道，增置了京师、通州等地的仓廒，使天津港的漕粮转运额于1432年达到了6742854石的峰值。①

进入清代以后，政府为了确保漕运，也对大运河沿线航道特别是北运河航道，进行了疏浚和整治；并通过修建水坝和开挖减河，以塌河淀、七里海吞吐夏秋洪水，最终保持了运河水量和漕运的通畅。在苏北黄河与运河交汇的地区，派遣水利专家靳辅，把兴修水利与发展农业生产结合起来，把治理黄河与保障漕运结合起来，通过修筑堤防，堵塞决口，开凿了中运河，引导黄河复归明代故道，努力保持黄河安流和运河畅通。与此同时，清代还沿袭明制，设置了漕运总督和巡漕御使等职，专司漕运管理。

2. 漕船的过驳

为京师运输漕粮的各类船舶，在航运技术、船舶样式和船舶规模等方面，都有很大差异。元代进出直沽港的海船，大者八九千石，小的也有千石以上。但由于海河口拦门沙的阻隔，特别是北运河直沽寨以上河道的浅狭，大型漕船难以全线通行。这就需要把抵达天津港的大海船上的漕粮，先卸到岸上的仓廒里，再改用吃水较浅的小船，过驳到上游通州乃至北京的官仓交卸。到了清代，北运河的淤浅更加严重，从运河来到天津三岔口的漕船，也必须换成更小的船只才能过驳到通州。这便是“漕运抵通及遇浅，皆须用剥船”的缘由。②

清朝初年，天津港的官属红驳船有600艘，乾隆六十年（1795）发展到1500艘。到道光六年（1826），直隶省的剥船“旧设二千五百艘，二百艘分拨故城等处，八百艘留杨村，余千五百艘集天津备用”；同时，还雇

① 李华彬主编：《天津港史（古、近代部分）》，人民交通出版社1986年版，第33～34页。

② 赵尔巽等编纂：《清史稿》志九十七，食货三，漕运，中华书局1998年版。

用了可以载粮250石的民船500艘，共同将天津仓储的漕粮陆续向通州驳运。① 天津港的驳运码头，不仅遍布海河两岸的新河口（今塘沽）、葛沽、东门外、东北角一带，而且丁字沽、北仓、杨村、蔡村、河西务以及南运河上的杨柳青、北大关等处，也都是繁忙的驳运地点。

3. 漕粮与土宜

往来沿海和运河的漕船，除了运载漕粮之外，也装运宫廷所需的建筑材料和日用百货。同时，为了照顾漕运军士的生活，自明代前期开始，准许漕船免税捎带一定数量的南北土特产，以便售后贴补家用。清袭明制，继续规定“凡漕船载米，毋得过五百石。正耗米外，例带土宜六十石，雍正七年，加增四十，共为百石，永著为例。旋准各船头工舵工人带土宜三石，水手每船带土宜二十石。嘉庆四年，定每船多带土宜二十四石”②。

表1.1　乾隆至道光年间天津部分进出口商船的货物运销概况

类别	年代	出发地	目的地	载运商货
进口商船	乾隆五年	福建	天津	糖
	十四年	福建漳州	天津	糖
	十四年	江南	天津	生姜
	二十五年	福建泉州	天津	杂货
	二十五年	广东	天津	货
	四十一年	江南	天津	茶叶
	五十年	广东澄海	天津	槟榔
	嘉庆二年	福建福州	天津	纸箱
	六年	福建同安	天津	杂货
	六年	广东	天津	红糖、白糖

① 赵尔巽等编纂:《清史稿》志九十七，食货三，漕运，中华书局1998年版。
② 赵尔巽等编纂:《清史稿》志九十七，食货三，漕运，中华书局1998年版。

（续表）

类别	年代	出发地	目的地	载运商货
出口商船	六年	广东东泷港	天津	红糖、白糖
	十八年	福建漳州	天津	砂糖、胡椒、苏木
	十八年	台湾	天津	乌糖、白糖
	道光元年	台湾	天津	大米
	道光四年	广东澄海	天津	糖货
	四年	台湾	天津	粮米
	十年	广东澄海	天津	糖货
	十年	台湾	天津	糖
	十年	广东凌水	天津	黄糖、白糖
	十六年	广东饶平	天津	糖
	乾隆四年	天津	苏州	红黑枣 1500 担
	二十五年	天津	广东	红枣
	嘉庆六年	天津	福建同安	红枣、乌枣、核桃、梨
	十八年	天津	福建	红黑枣、葡萄干、白米、白酒、小鱼干
	十八年	天津	福建	红枣
	道光四年	天津	广东澄海	高粱、乌枣、豆货
	四年	天津	福建同安	乌枣、豆饼
	十六年	天津	福建漳州	酒、豆、枣

资料来源：许檀《清代前期的沿海贸易与天津城市的崛起》，载《城市史研究》1997 年第 13—14 辑，表 2。

表 1. 1 显示，在开埠通商以前，天津港已不再仅仅是通过大运河转运漕粮的内河航运港，而是将内河航运和沿海航运、漕粮运输和商品运输结合起来，把其港口的贸易范围由南北大运河沿线地区逐步扩展到了北方内地和东部沿海的辽阔地区；往来船只所运载的商品类别，也超出了内河漕

运所限定的范畴。天津港在更广大地域商品流通中的桥梁作用得到了进一步加强。

随着黄河改道造成的运河淤废和太平天国起义的爆发，南方各省的漕粮被迫改折银两征收。漕粮改用海运后，漕运固有的各种积弊又纷至沓来。而天津与上海等地间中外各类轮船的频繁往来和以京、津为中心的北方铁路网的发展，又为广大地区之间巨额商品粮的运输，提供了必要而便捷的现代化水陆交通工具，促进了粮食流通的繁荣；也使清政府从耗费大量人力、物力、财力的漕粮运输中解脱出来，找到了一种新的可行性方案，即无论官粮、民粮，一律向市场求购。光绪二十七年（1901），清政府宣布，江、浙、鲁三省的漕粮全部改折银两征收。官俸和军饷，也一律发银。光绪三十年十二月（1905 年 1 月），漕运官署悉行裁撤，漕运制度遂告废止。①

第二节　天津开埠后的近代港口建设与海向位移

一、因应对外贸易发展的港口建设与海向位移

1855 年，黄河在河南省的铜瓦厢河段发生了重大的决溢和改道，由此前东流夺泗水入淮河、入黄海变为此后夺山东大清河东北流入渤海，从而淤塞了大运河山东济宁到临清段的航道。而就在同一时期，太平天国起义及其对长江中下游地区的占领，又让清政府无法像往常那样去疏浚和利用大运河航道。再加上沿海沙船和轮船运输业的日渐发达，大运河在山东西部的内河航线遂告废弃。天津至临清的南运河（也称御河）河段，水上运输却一直兴旺发达。加之海河各大支流水上运输业的持续发展，天津以三岔河口为中心的传统内河港区，依旧起着重要的作用。

---

① 樊如森：《清末至民国时期京、津的粮食供应》，载《中国近代史》2003 年第 7 期。

（一）三岔口的传统港区

通过对相关文献和著述的梳理，笔者发现，近代时期的天津三岔口，实际上应该有新旧两个地点，老三岔口靠近海河下游，而新三岔口靠近海河上游。原因是平原地区的河流流速缓慢，在自然状态下河道都较为蜿蜒曲折，所以三条河道交汇而成的三岔河口，大都不是直线交汇而成的平滑汇集点，而是一个多条河道并流的绵延汇集区。天津的老“三岔河口适当天主堂笔架式高楼之前，由天主堂向东折而向北，又向西与北直河道相接，河湾既曲而长，水流当然不能畅达”①。后来经过1920—1921年的第5次海河裁弯取直工程所形成的新三岔口，才成为河道较为顺直的码头区域。

从明代以后，作为首都漕粮海运和河运重要转运中心的三岔口港区，就成为天津最核心的水运码头。当地民谣吟诵道：

> 三岔口，停船口，
> 南北运河海河口；
> 货船拉着盐粮来，
> 货船拉着金银走；
> 九河下梢天津卫，
> 风水都在船上头。②

只是由于受航运技术的限制，时至清代后期乃至民国年间，三岔口港区的码头建设和装卸能力还是一如既往的传统和简陋。岸基仍为自然状态的泥土地，人员和货物上下船舶的中介物，通常是一块一端支在岸边、一端搭在船舷的狭长形厚木板。由货物搬运工人所组成的众多的“脚行”，

① 宋蕴璞编：《天津志略》，第一编概要，第九章河流，蕴兴商行1931年铅印本。

② 重阳：《三岔河口一带的民谣》，见贾长华主编《宝地三岔河口》，天津古籍出版社2004年版，第40页。

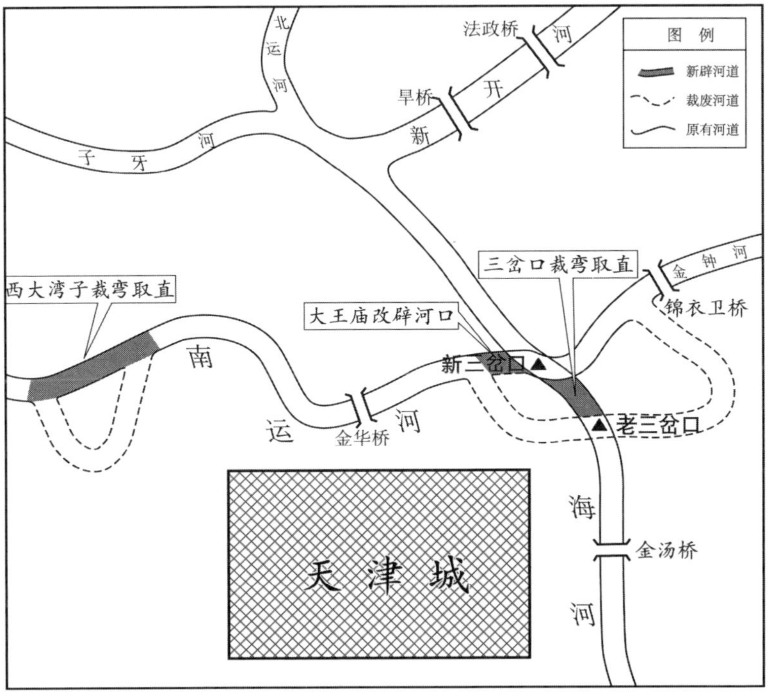

图 1.7　1920 年三岔河口天主堂一带的裁弯取直工程示意图

资料来源：据张树明主编《天津土地开发历史图说》，天津人民出版社 1998 年版，第 31 页，图三. 6 重新绘制。

则分工负责三岔口、针市街和海河两岸盐坨的水上装卸业务。当地的“每个脚行都有把头，自立帮口，各霸一方，从事码头和坨地的货物搬运。其脚力视搬运距离和货物多少言定，一般取十分之二三，这是天津港码头最早的装卸组织形式。这种装卸组织形式一直沿袭到 1949 年天津解放前夕”①。

（二）紫竹林的近代港区

天津开埠以后，英、法、美三国迅速在沿海河的紫竹林一带强行建立了各自的租界，作为他们对中国北方从事进出口贸易的桥头堡。为确保海

---

① 天津市地方志编修委员会编著：《天津通志 · 港口志》，天津社会科学院出版社 1999 年版，第 69 页。

上航运的畅通，他们又在各自的租界沿河地段相继建造了港阔水深的紫竹林码头区。

紫竹林原为天津城东南马家口海河西岸的一个村落，其对岸的大直沽本来就是清代大型漕船、商船的停泊地，自然也是各类海船进出三岔口港区的必由之路。这里河宽水深，满潮和落潮时的潮差达 2. 4 ~ 3. 4 米，便于大型轮船的进出和停泊；而岸边相对平坦开阔的地势，又具有建造码头和仓栈、发展港口的优越条件。因此，各国的洋行和航运企业都争相在这一河岸地段建造了仓库以及砖木结构或混凝土结构的近代码头。

19 世纪 70 年代后期的紫竹林租界码头，长 2 英里有余，由英、法工部局负责施工建设。码头的岸壁构造多用片石和厚木板，成垂直形，迫近河水，因而更便于轮船直接靠岸。早期的英租界码头共分为 5 处：第一码头长 60 英尺，第二码头长 200 英尺，第三码头长 420 英尺，第四码头长 350 英尺，第五码头长 60 英尺，共计 1090 英尺。法租界码头只有一处，长 90 英尺。为便于交通运输，1883 年开始，又专门铺设了一条从租界码头区通往天津城区的沿河石路。① 这样，许多大型轮船便可以停靠在紫竹林码头，只有较小的帆船才依然上溯到三岔口港区去装卸。由此，紫竹林码头区逐渐成为天津的水上航运中心，三岔口的漕运码头则走向了相对的衰落。

20 世纪初，天津的各国租界一直在扩大中。到 1903 年，共占地 23313 亩，沿海河两岸的长度达到了 15 千米之多。为了更好地发展航运贸易，各国都竞相整治河道，采取包括裁弯取直、加宽河面、修整堤岸、填平沼泽、构筑道路和扩建仓库等措施，从而使天津租界地区的近代化码头建设又有了较大的发展。

相关资料显示，1892—1901 年，英国人在原有码头的基础上，又修建了 1039 英尺长的新码头；至 1903 年，租界区的海河河道也普遍加宽到了

---

① 李华彬主编：《天津港史（古、近代部分）》，人民交通出版社 1986 年版，第 60 页。原文计量单位为“尺”，经笔者考证应为“英尺”。

图 1.8　1910 年前后天津紫竹林码头俄租界一侧的轮船

资料来源：天津中裕洋行《北中国写真帖》，1910 年前后内部发行。

259 英尺以上，为大船转头创造了条件；1910 年，英租界码头建立了第一架岸壁式钢结构固定起重机，便利了大件货物的装卸。同一时期，法租界也建设了货栈和 2900 英尺的码头。德、奥、比、俄等国租界的沿河地带也建了不少码头和仓库，使紫竹林租界码头奠定起天津近代化港区的基本轮廓。

只是由于清代中后期的天津对外贸易和中国其他口岸一样，都主要是面向欧洲市场展开的，所以，天津港的海上航线，也基本上被英国的怡和、太古两大轮船公司垄断经营。相应地，紫竹林港区的航行、航标、船检、引航等航政管理权，也主要掌握在了英国人手中。

（三）塘沽的旧港区

虽然作为“九河下梢”的海河具有相对充沛的水量，但是由于其上、中游支脉流经土壤松散的黄土高原和植被稀疏的太行山区，结果造成了很高的河水含沙量；其下游低平的地势，又迟滞了水流的速度，使得泥沙大量沉积在河床上，既壅塞了河道，又梗阻了航运。

所以，为适应船舶大型化的需要，克服由于海河淤塞而带来的航运隐患，中外航运企业又纷纷在位于海河口的塘沽改建和新建了一批码头和仓库，以便大型轮船能够在港区直接装卸。其中包括英国怡和、太古的东沽小码头，法国的仪兴码头，德国的东兴、德大码头，美国的美孚油码头，俄国的久大码头，中国的招商局、开滦矿务局、私人航运码头等，体现出天津居民顺应远洋航运趋势，使港区不断由浅水走向深水、从河港走向海港的时空发展轨迹。

图1.9　20世纪20年代的塘沽旧港区

资料来源：今明主编《津沽旧影——老照片》，天津社会科学院出版社1998年版，第30页。

然而事实上，当时出于防范风浪的需要和工程建设技术的限制等原因，塘沽旧港区的建设，依旧是在海河入海口内侧的两岸地段进行的，所以严格地讲，它仍系河港而非真正意义上的海港。因为在塘沽港以东的河海交汇水域，还有一道宽阔绵长的拦门沙，严重地制约着大型轮船进港靠泊。“大沽海口，宽一百五十丈，水深一丈五尺。拦江沙宽四里（引者注：原文如此。经考证，应为‘长四里’），落潮时水深一尺三寸，中间沟槽宽三十丈，深二尺五寸，此系九十月间，西北风大，刮槽较深。至春间，仅深一尺余寸。五、六、七月，水带泥淤沟槽，水深不及一尺。”① 那些载重更大、吃水更深的巨轮，虽然在天津港及其经济腹地的进出口贸易中至关重要，并且也能在中国沿海和远洋航运中大显身手，但是面对横亘在海河口的拦门沙，只能望而却步。折中的办法是先把巨轮停泊在大沽口外的离岸锚地，再将上面的货物拆卸到吃水较浅的小轮上，通过它们驳运到塘沽旧港或其他海河内河码头。结果，“在彼驳运货物既危险且又耗资。迄今到埠之船悉皆小吨位者，所卸之货多少有所损伤”②。

为了从根本上解决内河航运对天津进出口贸易的严重制约，天津各界可谓殚精竭虑，不辞辛劳。除了下文将要细述的各项航道治理措施，就是继续寻找深水码头，把港口区域再进一步下移到大沽口的拦门沙之外，建造真正意义上的海港——塘沽新港。

（四）塘沽的新港建设

塘沽新港，位于塘沽以东的海河入海处，是天津地区名副其实的现代化海港。它最早由侵华日军于1940年10月25日建设，中华人民共和国成立后进一步扩建而成。它标志着天津港口的建设真正由河港时代进入了海港时代。

按照日本人此前的实地勘察和规划设计，天津新港最初拟在大沽口拦门沙之外建造30公里的南北防波堤，开挖长13.4公里、宽200米的航道，建设码头12座，船闸1座，年吞吐量2700万吨，竣工时间为1947年。然

---

① 〔清〕沈家本、荣铨修，〔清〕徐宗亮、蔡启盛纂：《重修天津府志》，光绪二十五年重修。

② 吴弘明编译：《津海关贸易年报（1865—1946）》，天津社会科学院出版社2006年版，第80页。

而时至1945年日本投降，天津新港的主要工程仅完成了一半，包括填筑工程312万立方米，航道开挖2/3，南北防波堤11公里和一部分横堤，一码头完成700米以及二码头和驳运码头的护岸，船闸完成85%，修筑入港铁路11公里，公路17公里，添置了装煤机、船坞、水井、相关房屋等，共花费伪币8500万元。

此后，接管天津的国民政府，对日本人的原有工程进行了维护性建设，完成了船闸，深挖了航道，整修了库场，使大型船只能够靠岸装卸。只是由于解放战争一直在持续进行，使得天津新港的建设和航运事业起色都不大。

二、适应轮船运输需求的海河航道治理

汇集五大支流的海河，是北方水上运输最繁忙的河流水系。为便于航运，开埠以后，人们相继在海河的三岔口、紫竹林、塘沽海河入海口拦门沙以内地区，分别建立了3片码头区。但是，由于该河泥沙沉积严重（航道和港池的年均泥沙沉积量为500万立方米）、河道弯曲度高（1858年的测量数据显示，海河从三岔口到大沽口的直线距离是48.3公里，但由于弯曲严重，河道总长度竟达到了90.1公里①）、冬季结冰期较长（12月至次年2月），很大程度上阻碍了海河航运的畅通，也束缚着天津进出口贸易的发展。

在天津口岸开放之初的1861年，“有111艘平均吨位245吨的船舶在海河里航行，除了在急转弯时不断撞击河岸外，并没有遇到什么困难”。不过随着天津港进出口贸易的发展，轮船的数量、吨位、吃水深度也在逐渐增加，1870年天津抵达紫竹林港区的船舶，平均吨位增加到388吨，1880年则达到600吨。这样，海河航道就渐渐不能满足船舶吨位增加对吃水深度的要求了。况且，随着由上中游挟携而来的泥沙的淤积，河道也变

① 天津市地方志编修委员会编著：《天津通志·港口志》，天津社会科学院出版社1999年版，第118～119页。

得越来越浅。到1884—1886年，海河连续三年“淤塞更加严重，甚至最小的轮船也不得不经常在大沽沙洲就将装载的货物卸到驳船上。这对驳船业有利，但不利于贸易”。到了1896年，一年中甚至会“有7个月之久轮船不能开到租界河坝，而且‘形势之严峻，不仅外国人，就连中国人也开始感到恐慌了’”。1897年的情况更加严重，“海河已成为‘一条几乎无用的航道’了，因为在6个多月的时间里，水深仅在5英尺到8英尺之间。3月份以后只有一艘轮船到达过河坝。‘所有货物都不得不用驳船从河坝上运出运进，随之而来的是拖延，以及因损坏和盗窃而造成的损失’，这大大增加了货物的装卸费用。1898年，河道完全闭塞，全年没有一艘轮船可以抵达租界河坝”。①

为此，在各界的共同努力下，1897年成立了海河工程局，由津海关道、首席领事、招商局、开滦矿务局、外商轮船公司、各国租界领事、税务司以及商会的代表共同组成的海河工程委员会负责协调，尽可能利用当时国内乃至国际最先进的近代化航道疏浚技术，进行海河水量的保持、河道的裁弯取直、淤沙的开挖等工作。换言之，海河航道的治理，一时间成为天津港最主要、最迫切的工作之一。航道治理的目标在于增加航道的水深和宽度，主要措施包括大沽口拦门沙的深挖、浅窄河段的清淤、弯曲河道的取直、冬季航道的破冰、航标的设置、支线航道的治理等。

（一）大沽口拦门沙的深挖

由于潮水的顶托，海河的泥沙便在入海口处沉积下来，形成了一道宽阔的拦门沙——大沽口浅滩。而必须通过大沽口浅滩才能抵达大海的海河航道，由于受到泥沙沉积的干扰，时淤时通，给船舶进出天津港造成了很大的困难。史料显示，“目前（1909年前后）已伸长约有四海里，梗塞水路的通行。其水深逐年减低，最浅的地点干潮之时达不到一英尺。因此，

① ［英］雷穆森（O. D. Rasmussen）著，许逸凡、赵地译，刘海岩校订：《天津租界史（插图本）》，天津人民出版社2009年版，第88～89，91页。

即使在满潮之时，轮船的通过也很困难”①。长此以往，“不但轮船不能到紫（竹林），即驳船只装半船之货方能驶到，若不及时设法疏浚河道，诚恐日久本埠不但不得铁路之利益，即已有之贸易亦必减色”②。因此，自20世纪初开始，中外航运界就通过疏导、挖泥、开新漕等办法，对大沽口拦门沙航道不断进行治理，最终使通过大沽口的船舶吨位逐步增加，在一定程度上满足了天津港进出口贸易的需要。

深挖的办法有二：一是从欧洲购置大型挖泥船，二是用小轮拖带简易转耙。

简易转耙由津海关税务司费君妥玛潜心设计制造，其远期目标是“以人力挖一水道，将拦江沙底之泥掀动松腾，以便借水溜之力冲刷”，近期目标是在大型挖泥船抵达中国并正式运作之前，聊作其替代品。该器具“其形如轴，上有倒弯向后之铁齿，以小轮拖带于应挖处，来往鼓荡也。其先构思数月制造并一切办法，而实行时在西7月，始则小试其端，继则用小轮三只拖带，功效甚速，不久即显有小道”。按照这个办法开挖，成效显著，到了公历10月23日，开挖出来的“新路至少已宽有100（英）尺，其水较旧路约深1（英）尺半至2（英）尺之谱。是时所有轮船率皆经行新路”。③

到1914年3月，从荷兰订制的大型挖泥船终于抵达大沽口。该船长124.8英尺，宽33英尺，深10.8英尺，用德国钢材铸造，有弹水舱7处，船内有230马力的双曲柄机，每小时行驶8海里。该船除了能够从事沙滩的挖掘，还能把所挖泥沙用千尺长筒吹填到9800英尺之外的地方，1年就可采掘2000万方的海河泥沙。因此，仅从4月到年底，就把大沽口拦门沙

① 侯振彤译：《二十世纪初的天津概况》，天津市地方史志编修委员会总编辑室1986年版，第74页。

② 吴弘明编译：《津海关贸易年报（1865—1946）》，天津社会科学院出版社2006年版，第188页。

③ 吴弘明编译：《津海关贸易年报（1865—1946）》，天津社会科学院出版社2006年版，第254~255页。

航道加深了2～3英尺。①

整体而言，大沽口拦门沙航道的挖掘工作在各方努力之下，取得了很大成效。1920年，“吃水15（英）尺、16（英）尺之轮只，于水深时可以径行入港”②。而到了1922年，“吃水17（英）尺最深之船，向河上驶，以及吃水17（英）尺4寸深之船，向河下驶，均可畅行无阻”③。

（二）浅窄河段的清淤

流域内土质的疏松和植被的稀少，使得海河各大支流的泥沙含量都比较大，致使自然状态下，沉积在海河河床上的泥沙越来越多，对航道的影响也越来越大。津海关贸易报告显示：光绪二十年（1894）“海河淤泥已至潮平起度（检潮杆之零度），二十一年数日间即长至半尺（均指英尺），二十二年较起度又高1尺。至本年（二十三年），两月之久，又长高2.5尺。河底停淤年加一年，明如指掌，且河底淤高，河水自必加宽，以致不能刷带泥沙而下。泥沙不能下，河底自必更形浅滞”，能够直接抵达紫竹林的轮船越来越少，“出入货物皆用驳船来往塘沽运送，耽延日久，货物多被窃伤，各商且须另加驳费，是以吃亏甚大”；若不赶快“设法疏浚，否则2年后海河必系干涸断流”。④

从对海河淤积的“贡献”来看，又以善淤、善决、善徙著称的永定河（康熙中叶之前名曰“无定河”，又称“浑河”“小黄河”）最为突出。以1917年海河流域的大水期间为例，原本在“春初时，浑河积沙顺流而下，致将港口淤滞。有浚河船4艘，从事浚挖，渐次收效。讵于7月间，浑河洪水泛滥，复冲下淤泥甚多。其流湍激，以致港口轮船转头处之中间，于

① 吴弘明编译：《津海关贸易年报（1865—1946）》，天津社会科学院出版社2006年版，第321页。

② 吴弘明编译：《津海关贸易年报（1865—1946）》，天津社会科学院出版社2006年版，第375页。

③ 吴弘明编译：《津海关贸易年报（1865—1946）》，天津社会科学院出版社2006年版，第398页。

④ 吴弘明编译：《津海关贸易年报（1865—1946）》，天津社会科学院出版社2006年版，第188页。

48点钟内，浅至9尺，浚河几失其能力。8月间，北运河狂澜泛滥，激起浑河泥水与海汇流而下。其泻甚疾，其深则达9尺，至年终仍旧。大沽拦江沙口航路，本年逐渐壅淤"；3月间深有9尺，11月竟减至2.5尺，由此可见，其泥沙淤积的惊人数量与速度。①

尽管海河主航道和大沽口拦门沙航道的挖泥工作一直在持续进行，并且也明显加深、拓宽了航道，但是由于无法从根本上改变造成海河泥沙堆积的自然环境，所以河道的清淤工作也就不可能毕其功于一役。1924年，海河流域暴发了比1917年还要严重得多的洪水。"海河于8月中旬，每秒钟流出河水，已过英尺50000立方尺。水流之急，每秒钟竟达英尺5尺以上。"在这种情况下，"自上河及港内各处，随急流而下之泥土，始皆凝聚于灰堆湾以下，故轮船吃水深于14英尺者，一时不能驶过，直抵紫竹林。嗣后此凝聚之泥土，复被急流冲散，半多淤积于大沽口拦江沙间，以致该处航行之水道，较平常时之10英尺6英寸，浅至六七英尺之谱。当水流最高时，挖泥机未能工作者数阅月，河底淤积，无法排泄。迨至10月中旬，水流方渐趋迟缓，水量亦渐见减少"。② 只有保证对海河河道至大沽口拦门沙航道泥沙的常态化挖掘，才有可能维持天津港近代航运的相对正常进行。这既是近代天津作为内河港区的尴尬和短板，也是人们必须正视的客观自然地理环境和规律。

（三）弯曲河道的取直

由于平原水势较为舒缓和土质疏松的缘故，海河下游的河道便出现了很多自然弯曲，这不仅延长了航运的里程，也不利于泥沙的下泄和较大船只的驾驶。"昔时怨尤迭生之问题，乃是轮船难免与民船相撞。其时民船之阻塞河道已成惯例，碰撞亦发生于海河最难行船之诸

---

① 吴弘明编译：《津海关贸易年报（1865—1946）》，天津社会科学院出版社2006年版，第347页。

② 吴弘明编译：《津海关贸易年报（1865—1946）》，天津社会科学院出版社2006年版，第425～426页。

多弯道内。”① 因此，人们除用挖泥船加深河道外，还采用裁弯取直的办法来治理海河浅窄河段的河道问题。

资料显示，从 1901—1923 年，在海河的三岔口以下，施行过 6 次大的裁弯工程，共缩短航程 26337 米。裁弯取直工程，增加了海河的纳潮量，使其航道随之加宽、加深，便利了大型船舶的航行。以 1921—1923 年耗工、时最多的第 6 次裁弯为例，“此项工程，于航行及商务，皆大有利益也。查海河全河，以灰堆湾为最碍行船，今者该湾由下圈起，凿通第 2 段河身，及宋庄子水区，至第 3 段之杨庄子，已几乎成一直线矣。向日最弯曲之 4 处，皆已凿通，而原来河道甚浅，此时加深，与两面接近之水区相等，且将曲线改为直线，又将河道缩短 5000 尺”；至此，在当时的工程技术条件下，“凡海河上流之能修改者，此项开凿工程，已皆修治，而河道之深，亦达极点，无可复加矣”。②

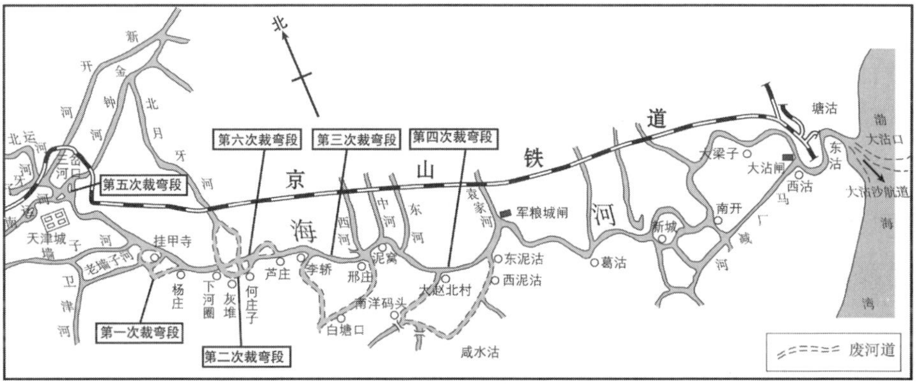

图 1.10　1901—1923 年的海河河道裁弯取直工程示意图

资料来源：据天津市地方志编修委员会编著《天津通志·港口志》，天津社会科学院出版社 1999 年版，第 119 页，图 2－20 重新绘制。

① 吴弘明编译：《津海关贸易年报（1865—1946）》，天津社会科学院出版社 2006 年版，第 68 页。

② 吴弘明编译：《津海关贸易年报（1865—1946）》，天津社会科学院出版社 2006 年版，第 412 页。

再加上大沽口拦门沙水道的有效治理，到1927年前，2000吨级及其以下的海轮均可以直接行驶到紫竹林港区进行货物装卸了。①

（四）冬季航道的破冰

地处中国北方的大沽口和海河航道，“封冻时期常常最早在12月的第一个星期，最晚在3月的第二个星期”，一般日期上的出入，“不过一个星期到10天”。② 冰层的厚度一般在5～20厘米，使得木帆船和轮船在这期间均无法正常航行，因此，民国以前的每年冬季，天津港几乎处于封港状态。这种状况在《天津志》中记载得更为详细：“白河每年有二个半月至三个月的结冰期，船舶往来为之杜绝。一般从十一月下旬结冰，至二月下旬解冻。封河在十二月下旬，开河在三月上旬。结冰最厚的时期是一月中旬，天津结冰的厚度达一尺五寸，越往下游结冰厚度越有增加。大沽口的结冰，层层相垒，高达数尺，往往把栈桥破坏。”因此，以往在封河时期，海河及其支流的内河航运功能基本断绝，当地百姓的变通办法是“用冰橇作为部分的交通工具。在良好的情况下，速度为一小时二日里（将近八公里）”。③

为从根本上解决港区和航道冰封对航运的制约问题，1913—1925年，海河工程局共先后购置了“通凌”“清凌”“没凌”“工凌”“开凌”“飞凌”6艘破冰船，从事从大沽口到天津内河港区间的航道破冰工作，并及时解救被冰围困的船只。其中的“没凌号”压冰船系上海江南造船厂制造，长127英尺，宽30英尺，深11.6英尺，载煤80余吨，吃水8英尺，初试动力894马力，1914年12月运抵天津。“海河工程，借该船之能力，至腊鼓催残，压冰尚操纵自如，谅嗣后平常严冬，大沽口与海河，船只行

---

① 冯国良、郭廷鑫：《解放前海河干流治理概述》，见中国人民政治协商会议天津市委员会文史资料研究委员会编《天津文史资料选辑（第十八辑）》，天津人民出版社1982年版，第25～38页。

② ［英］雷穆森（O. D. Rasmussen）著，许逸凡、赵地译，刘海岩校订：《天津租界史（插图本）》，天津人民出版社2009年版，第93页。

③ 侯振彤译：《二十世纪初的天津概况》，天津市地方史志编修委员会总编辑室1986年版，第73页。

驶，足堪畅行焉。”①

然而有的年份气温较低，河冰和海冰均较厚，也会给破冰工作带来很大困难。比如，1915 年 1—2 月，天津地区持续低温，强劲的东风将冰凌堆积在海岸，从大沽口一直向外延伸 60 海里之远，不少地方的冰层厚度达 7.32 米；从秦皇岛启航的“Kumakata 丸”被夹在 3 米多厚的冰层中达 1 个月之久才被发现并解救出来。1936 年 1—2 月，当地持续严寒，大沽口外被冰层围困的轮船众多，“没凌”“清凌”“飞凌”等破冰船轮番出动，竭尽全力才将它们解救出来。②

由于海河治理工程一年中有三季用以挖泥，一季用以破冰，使得航道维护工作进入了常态化和制度化的序列。尤其是冬季破冰工作的持续进行，在很大程度上打破了自然环境对北方港口航运条件的制约，使海河“即使在遭遇最严重冰冻的情况下，也能保持航运畅通，使天津港进入了一年四季通航的新时期”③。

（五）航标的设置

为了给从海上进入海河航道的船只引导航线并指示浅沙、险滩，自 1866 年开始在位于东经 118°30′39″、北纬 38°56′16″的曹妃甸，自 1878 年开始在位于东经 117°52′14″、北纬 38°56′29″的拦门沙外，各设立了灯桩和灯船，借以保障航行船舶的安全。

后来，航标设施又不断随航道的变化及时增减和改善，以便使导航信号更加有效。如 1905 年，津海关巡工司又设法在拦门沙、海河口外安装了新的浮桩灯船。“以海口往内而言，将原有浮桩移至新河口北岸，与黑桩平齐之处建一灯船，上挂第 6 号常明白光灯，并将深窝记号移去，

① 吴弘明编译：《津海关贸易年报（1865—1946）》，天津社会科学院出版社 2006 年版，第 321 页。

② 天津市地方志编修委员会编著：《天津通志·港口志》，天津社会科学院出版社 1999 年版，第 127～128 页。

③ 李华彬主编：《天津港史（古、近代部分）》，人民交通出版社 1986 年版，第 192 页。

另立新浮桩 2 根，上挂第 6 号常明红光灯一盏，7 号常明白光灯一盏，以备识认过深窝之路。现时将外红桩移去，设一灯船，河口北岸老炮台地方竖一灯杆，上挂第 6 号乍明灭白光灯一盏，此项灯光在本年开河时燃点。”①

（六）支线航道的治理

除海河干流航道的治理，与其相关联的支线航道的治理，也是海河水运网的重要组成部分，其航运价值也不容小觑。

以南运河为例，“当夫轮轨未通，转南漕以裕天仓，输百货以畅津埠，胥维斯水是赖，故号称南北交通孔道，亦海通以前，津市繁荣所由来也。自前清改漕粮为海运，又由海运而变为折漕，于是河道失修。每值伏秋大汛逼来，下游时有泛滥；而春夏雨少，又尝苦旱干；航路不通，农商交困。虽津浦路可资运转，但因由河输运，需费低廉，是以商货往来，仍以河运为便利，则此河之需要，盖可知矣”②。由此可知，无论天津开埠之前还是此后，南运河航运一直是天津海河水运网的重要组成部分，并一直发挥着对天津港口和城市集散货物的重要作用。为根治水患并疏通航运，1936 年，冀察政务委员会和河北省政府相关部门，组织实施了大规模的南运河疏浚工程，于 5 月 18 日兴工，7 月 13 日工竣。③ 整个疏浚工程统计每日做工者三万余名，动用农田水利基金约在三十四万以上，由是运、减两河之间，有百利而无一害。④

总之，对天津港区的建设和对海河航道及其支线的综合治理，显著促进了天津航运和进出口贸易的发展。结果使得海河“这一条曾经是这个商

---

① 吴弘明编译：《津海关贸易年报（1865—1946）》，天津社会科学院出版社 2006 年版，第 245 页。

② 河北省南运河下游疏浚委员会文牍股编：《河北省南运河下游疏浚委员会报告书》，天津益世报馆出版股 1936 年版，纪华序，第 1 页。

③ 河北省南运河下游疏浚委员会文牍股编：《河北省南运河下游疏浚委员会报告书》，天津益世报馆出版股 1936 年版，第 3 页。

④ 河北省南运河下游疏浚委员会文牍股编：《河北省南运河下游疏浚委员会报告书》，天津益世报馆出版股 1936 年版，第 57 页。

图 1.11　1936 年南运河杨柳青段疏浚情形

资料来源：河北省南运河下游疏浚委员会文牍股编《河北省南运河下游疏浚委员会报告书》，天津益世报馆出版股 1936 年版。

埠的‘妖怪’和‘地方慢性病’的河流，一条在 1898 年几乎成为不存在的河流，由于运用了实用的科学，人类的聪明才智和足智多谋，经过 26 年的努力，已成为中国沿海贸易的一个能停泊吃水最深的船只的现代港口。这真是天津历史上划时代的一章。鉴于海河工程局应对的自然环境特别反复无常，因此这一成就在水利和浚治工程的记载中当为名列前茅的，也是天津的一项不无理由值得骄傲也应当无限感激的成就”①。而开埠之后，进入天津港的船只数和总吨位不断增加，也正是航道治理成效和积极作用的最好说明。

① ［英］雷穆森（O. D. Rasmussen）著，许逸凡、赵地译，刘海岩校订：《天津租界史（插图本）》，天津人民出版社 2009 年版，第 209～210 页。

表 1.2　1861—1924 年天津港的船只进入情况

年代	船只数	吨位	年代	船只数	吨位	年代	船只数	吨位
1861	111	27161	1883	448	301120	1905	807	885515
1862	87	21921	1884	471	348655	1906	1016	1195830
1863	134	36276	1885	436	331121	1907	854	1092652
1864	185	45968	1886	526	389438	1908	786	975627
1865	209	60049	1887	598	443422	1909	952	1158928
1866	296	89259	1888	570	437630	1910	889	1150316
1867	262	81345	1889	582	457503	1911	1093	1359857
1868	299	109077	1890	585	449617	1912	907	1169639
1869	335	120410	1891	672	507464	1913	998	1244188
1870	258	100223	1892	649	509982	1914	1148	1449435
1871	316	124517	1893	637	512414	1915	980	1108543
1872	297	121905	1894	678	556119	1916	873	957149
1873	290	134343	1895	688	617449	1917	754	826379
1874	300	149054	1896	697	620655	1918	806	799694
1875	336	175303	1897	730	662926	1919	1060	1091440
1876	410	227554	1898	744	588558	1920	1161	1247233
1877	462	264154	1899	846	791879	1921	1449	1649601
1878	486	271037	1900	424	401142	1922	1406	1814315
1879	434	261051	1901	689	658403	1923	1450	1926916
1880	407	245765	1902	829	823778	1924	1521	2025033
1881	435	260949	1903	721	764161			
1882	422	267215	1904	721	767861			

资料来源：［英］雷穆森（O. D. Rasmussen）著，许逸凡、赵地译，刘海岩校订《天津租界史：插图本》，天津人民出版社 2009 年版第 22 章，“商业、经济与航运”，第 17 条，“天津港的航运”。

1937 年，日本侵略者占领并控制了天津的城市和港口。1941 年，太平洋战争爆发后，日本军队又接管了英、法租界，天津海关，天津招商局，外商以及私营航运企业在天津地区的大部分码头和库场。并且在特三区（原俄租界）新建了钢筋混凝土码头 650 米，新建和改造了仓库 14 座，在塘沽改建了华北交通码头 760 米，新河码头 660 米，北炮台码头 925 米。使得天津港包括紫竹林和塘沽港区，共拥有停泊岸线 14517 米，营运的 500～2000 吨级货运泊位 94 个（多系栈桥木质结构），仓库 79 座，拖轮 40 余艘，驳船 118 艘，员工 3200 多名，年均 1500 艘海轮和近千艘帆船进出的宏大规模，成为中国北方最大的内河外贸港口。①

三、20 世纪 50 年代后的天津新港建设

天津解放之初，天津港被解放军接管。1950 年 9 月，成立了交通部天津区港务管理局。1951 年收回太古、怡和等 6 家外商码头和仓库，在此前日本人和国民党修建的塘沽海港（新港）建设的基础上进行了大规模的修建，并将其改造成为万吨级码头，1952 年 10 月 17 日正式开港对外通航。1952 年天津市搬运公司码头办事处和塘沽运输公司均移交港务局。1957 年交通部天津区港务管理局改属河北省，1961 年又改为交通部直属。②

1949 年 10 月 17 日解放塘沽后，新的天津市人民政府对天津航政局、天津招商局、塘沽新港工程局、渤海仓库有限公司、政记轮船公司、大沽海军造船所、葫芦岛港务局、天津材料储运处、天津木工厂、天津钢铁配件厂等港航单位及 19 个码头、106 座仓库、163 艘各种船舶、1062 部机械设备和一批厂房设备实施接管，归属于华北航务局领导。1950 年 9 月 15 日，成立交通部天津区港务局，实行港航合一的管理体制，统辖港区的一

---

① 天津市地方志编修委员会编著：《天津通志・港口志》，天津社会科学院出版社 1999 年版，第 73 页。

② 天津市地方志编修委员会编：《天津简志》，天津人民出版社 1991 年版，第 587 页。

切航政、港政和仓储、装卸业务，成为天津港口史上第一个政、企合一的港务管理机构。

1951 年 9 月，天津新港进行了新中国时期第一次全面的港务工程建设，包括将第一码头的 4 个 3000 吨级泊位升级为 7000 吨级，第二码头安装浮码头 81 米，浚深新港航道至 -6 米，修补了防波堤、库场、道路，检修了装煤机和船闸，总投资人民币 1859 万元，新增港口生产能力 130 万吨，加速了天津港由河港向海港的根本转型。

1957 年 12 月 27 日，国务院批准的天津港区范围是：水域自海河解放桥以下到新港船闸，再到大沽锚地的高潮线为界；陆域包括天津市区海河河西、河东码头及仓库区，陈塘庄危险品仓库区，塘沽海河北岸自 8 号码头沿海河往下至 1 号公路为界，海河南岸自大梁庄往下至旧大沽修船厂，新港从卡子门以内至南、北防波堤，依然属于一个河、海码头兼备的现代化港区。①

此后的 1959 年和 1974 年，天津新港又分别进行了第二次、第三次大规模扩建工程。可惜 1976 年 6 月天津市在紫竹林以下河段修建了光华桥，直接隔断了海河的内河航运。原来的紫竹林码头区只好改建为海河公园，人为中断了天津港口历史上的城区河港时代，基本上完成了向塘沽海港的区位转移。

第三节　天津近代内河与海上航运业的发展

一、天津地区近代内河航运业的存续

和农业发达的河北平原西部地区相比，濒海的天津周边则是一个土地贫瘠、物产稀少、开发历史短暂、农耕欠发达的地区。但由于“其地滨渤海，夙擅鱼盐之利，又当京、通运道之冲，商贾辐辏，阛阓丰盈”，

① 天津市地方志编修委员会编著：《天津通志·港口志》，天津社会科学院出版社 1999 年版，第 73 ~ 75 页。

故而“诚畿南一大都会也”。[①] 这是天津在传统农耕经济和国内市场条件下，最终能够成为人口众多、商业繁荣的“京畿首邑”的历史地理基础。

1860年的口岸开放，使天津由一个为京师漕运和国内区域市场服务的传统港口城市，转变为同时面向国际市场和为三北腹地进出口贸易服务的近代口岸城市，从而为天津内河航运的发展开辟出一片崭新的天地。这一时期，天津港在现代技术条件下的新式泊位和航道治理，更为国内外航运业在天津的发展，创造了良好的物质和技术条件。此后，受国内外市场商品流通的强力拉动，天津地区的海上和内河航运都得到了空前发展。“其主要原因是，在外国资本主义加紧侵入和城市近代工业不断发展的形势下，天津与内地之间对交通运输的需求越来越大。当时，清政府严厉禁止在内河进行轮船运输。在铁路交通尚未起步，马车运输能力太小的情况下，传统的内河木帆船运输所具有的辐射面广、容易开发、运输量大、运输成本低的特点，便成为开发利用的最大优势，使得因漕运废止而一度衰落的内河民船运输，在客观上有了一个恢复和发展的机会。”[②] 当时，吃水深度较大的海船大都停泊到新建的紫竹林租界港区和塘沽港区，航行于海河各支流之上的大小木帆船则停泊在三岔口内河港区。

清朝末年的南运河，水量依然较为充沛，“在天津至临清478公里航段，可通行50~100吨的木帆船，每年航行期可达10个月”[③]；从临清再往上的河段则与卫河直接相连，将天津与河南、山西两省腹地的丰富资源集中到天津，成为城市居民消费、工业生产和港口对外贸易的重要商品。据1868年的津海关报告记载：“天津至豫省之彰德府行程17日，长达480里，而迄于豫省边界之全程几皆水路，是以商货之运费大为减少；鲁省之

---

① 〔清〕沈家本、荣铨修，徐宗亮、蔡启盛纂：《重修天津府志》，“重修天津府志”序，光绪二十五年重修。

② 王树才主编：《河北省航运史》，人民交通出版社1988年版，第99页。

③ 王树才主编：《河北省航运史》，人民交通出版社1988年版，第99页。

临清州及东昌府，去津有13日之路程，计长330里，其情形亦复如是。”①当时，“河南的药材、棉花，山西及河北磁州的煤、瓷器，河北南部的粮食、棉花及草编品，山东北部的棉花、羊皮、羊毛等，大部分通过南运河源源不断地运至天津”；其中仅河南的船队每年就有3000个航次；“运往天津的药材，最高年份达到30万海关两，少则也有13万海关两”，回运的主要货物则是销往河北南部、河南、山东地区的长芦盐。②

北运河自漕粮停运后，航道荒于疏浚，运力明显减少。“在天津至通州150公里航段，丰水期尚能通行载重25至35吨的木帆船，枯水期仅能由天津通至杨村或河西务。北运河的航行期也比其他各河为短，每年仅有6个月左右。”③

海河以及潮白河、滦河水系共同构成了天津地区稠密的内河航运网络。到1905年，由海河各支流装运棉花、小麦等农副产品到天津的船只共59909艘，货物运量为125568吨；由天津装运中外生产生活用品抵达海河水运腹地的船只为60115艘，货物运量达1260474吨。“水路运输的畅旺，促进了天津近代工商业的发展，它一方面需要南运河、滏阳河、子牙河流域盛产的棉花和小麦等农副产品为原料；另一方面它生产的生活日用品又要行销周围的城乡，这就加强了海河水系上下游的经济联系。”④

20世纪初期，随着轮船、火车运输的兴起，以木帆船为主要运输工具的内河水运在区域间的物资交流中所占的比重有所下降。1912年，内河航运占天津输往腹地商品运输总量的41.61%，占内地输往天津商品总量的45.87%⑤；到1921年，内河航运在天津与腹地间货物集疏总量中所占比

---

① 吴弘明编译：《津海关贸易年报（1865—1946）》，天津社会科学院出版社2006年版，第50页。

② 王树才主编：《河北省航运史》，人民交通出版社1988年版，第99~100页。

③ 王树才主编：《河北省航运史》，人民交通出版社1988年版，第100页。

④ 崔世昌：《三岔河口与天津航运》，见贾长华主编《宝地三岔河口》，天津古籍出版社2004年版，第22页。

⑤ 李洛之、聂汤谷编著：《天津的经济地位》，经济部冀热察绥区特派员办公处、结束办事处驻津办事处1948年版，第40页。

重下降到25.5%①，但由于内河航运的价格低廉、转运灵活，所以仍然不失为天津与其经济腹地间的一种重要交通运输手段。

表1.3 民国时期天津地区的内河航运概况

航线	航线状况	运输状况
南运河航线	1. 天津—临清539公里，河道较深，水量均匀，3～12月中旬均可通航100吨左右的木船，上航15—18日，下航10日左右。部分河段可行小火轮。2. 临清—道口340公里，可行60吨左右的木船。3. 经常航行的木船可达7000艘上下	河北、山东、河南沿线输往天津港的杂粮、煤、棉花等物产，可年达30万吨以上，约值10077307海关两；天津运往沿线地区的杂货，可达20万吨，约值5931431海关两
子牙河航线	1. 天津—臧家桥185公里，可行50～150吨木船与汽船（小火轮），通航期9个月。再分岔为滹沱河与饶阳河（也称滏阳河）。2. 滹沱河臧家桥—正定190公里，可行25～35吨木船，亦可行小火轮。3. 饶阳河臧家桥—邯郸马头镇，丰水期可以通航50～100吨的木帆船	联结河北南部，进而通往河南等省的各种农产品如小麦、棉花、高粱、豆类、花生、果物、家畜以及瓷器、煤炭等，年19万多吨；由天津运往上述地区货物11万吨
大清河航线	1. 天津—雄县128公里，枯水期民船亦畅行无阻；天津至保定200公里，4～5天可达。2. 支流赵王河张青口—十方院30公里，龙河白洋淀—定县159公里，府河白洋淀—保定49公里，新唐河臧家湾—望都62公里，南拒马河白沟镇—定兴42公里，均行木船。3. 天津—白沟镇在夏秋高水期可行100吨木船和120吨汽船	常年1000余艘各类木船，将各地农产品如小麦、玉米、棉花、豆类、苇等约9.7万吨运往天津；天津的面粉、砂糖、煤油、煤、火柴等约18万吨，运往大清河沿线。1912年，二者总值年约25049625海关两
北运河航线	天津—通州143公里，丰水期可通行25～35吨木帆船，全年通航期9个月，联结的腹地面积达9450平方公里	密云、怀柔、顺义、通县、武清、兴隆各县花生、大豆、杂粮、棉花、干鲜水果等，平绥、平汉铁路沿线之煤，年约4.9万吨运津；天津煤油、洋布、棉纱、纸张等，年约8.1万吨运沿线

① 吴弘明译，陈剑恒校：《天津海关十年报告书（1912—1921）》，见天津社会科学院历史研究所编《天津历史资料（第十三期）》，（内部发行）1981年。

（续表）

航线	航线状况	运输状况
蓟运河航线	也称东河。1. 北塘—五里桥，通航里程216公里。2. 支流中还乡河、箭杆河、洵河、金钟河、芦台运河、煤河等，均可行船	天津与蓟运河沿线间集疏的货物主要有棉花、谷物、煤炭、面粉、砂糖等；1912年天津向蓟运河沿线输入货物价值8883605海关两；1926年各类木船16997艘，总运量21万吨

资料来源：天津市地方志编修委员会编著《天津通志·港口志》，天津社会科学院出版社1999年版，第279页；李华彬主编《天津港史（古、近代部分）》，人民交通出版社1986年版，第165～170页。

上述五大内河航线上的船只大多停泊在大红桥、三岔口一带，它们所联结的内河航运腹地达22.5万平方公里，在天津与河北、山东、河南广大区域的物资交流和经济现代化进程中，发挥了非常重要的作用。因为天津与腹地间的物资和人员交流，往往采取船、车、畜等多种运输手段交互使用的方式。比如，晋商要把天津的进口洋布贩运回山西，往往先“以船只上溯滹沱河下游之子牙河，而运至距津有两日路程之小范镇。在小范镇装入每辆可载20包之大车，尔后沿陆路西向运往获鹿县城。该县城位于直、晋交界之山麓，因获鹿至晋省之路不通大车，故须在此更换交通工具。是故此时须以骡子或骆驼行完抵达太谷县之余程，唯最后四五十里之路，可借小骡车运送”①。

抗日战争全面爆发以后，由于战争频仍和中国人民的反抗，日本侵略者掌控下的天津内河航运网络不断萎缩，航道里程仅735公里，海河上游航线向南顺南运河仅至德州、临清，顺北运河向北仅达于通县，顺大清河向西仅抵于保定，顺蓟运河仅行至蓟县地区；海河下游顺流而东，仅到达

① 吴弘明编译：《津海关贸易年报（1865—1946）》，天津社会科学院出版社2006年版，第50页。

大沽口新港。①

中华人民共和国成立后，随着港务部门的强化管理和内河航道的整治，以及基本农田的水网化建设，天津地区的内河航运有了长足发展。到1958年，内河通航里程达到3095公里，其中与天津连通的机船航道也有1355公里，天津的内河航运发展到新的高度。然而，随着工农业和城市用水的快速增加，河北平原的地表径流日趋萎缩，内河航运自然随之衰退。1979年，天津地区内河航运里程仅剩457公里，常年通航者仅有100多公里。1985年，由于海河中游二道闸（位于今津南区的东泥沽村附近）的建成，连接天津港的内河航道只有39.5公里了。②

二、天津近代沿海与远洋航运业的发展

1860年之后，天津又在原有的内河和沿海漕运中心的基础上，发展成为中国北方最重要的对外贸易口岸，这就为天津港口、城市及其腹地经济发展的依托市场由国内市场拓展至国际市场打开了方便之门，同时也为水上运输业由传统的内河和沿海航运发展到远洋航运奠定了基础。

（一）天津港的近代沿海航运

天津开埠之前，虽然也有为漕运和普通商业服务的沿海航运业，但其规模和技术水平与开埠之后外资航运企业所经营的近代化沿海航运相比相差太多。天津港沿海航运业的发展不仅增强了天津与沿海口岸的经济联系，拓展了其国内市场空间，而且也为1905年之前天津港以上海和香港为主要中转地的国际贸易的发展奠定了必要的近代化海运基础。

开埠初期进入天津港的航运企业，主要是外国远洋航运公司或者它们在香港、上海创办的轮船公司。其中，对天津近代沿海航运业影响最大的是英国怡和洋行和太古洋行下属的航运公司。

---

① 天津市地方志编修委员会编著：《天津通志·港口志》，天津社会科学院出版社1999年版，第279页。

② 天津市地方志编修委员会编著：《天津通志·港口志》，天津社会科学院出版社1999年版，第279页。

怡和洋行是进入天津港的第一家外国航运企业，1867 年在紫竹林租界码头设立分行，拥有轮船 4 艘，经营天津至上海的航线。1881 年，正式成立了怡和轮船公司天津分公司，有轮船 6 艘。怡和轮船公司开辟的中国沿海航线，包括从天津港至上海、青岛、烟台、秦皇岛、营口的 5 条航线以及津沪、津穗 2 条定期航线。1890 年太古洋行在天津设立分行。到 1892 年，太古轮船公司共拥有在华航线 17 条，以天津为起点的专线有天津—上海、天津—广州 2 条，其他航线也大多挂靠天津。这两大英商航运公司除了拥有我国沿海、沿江的一些航线，还代理英印轮船公司从仰光经马来西亚、中国香港到天津的航运。

与此同时，美国、德国、法国、丹麦等航运企业也纷纷加入天津港的航运行列。另外，日本商人经营的日清轮船公司也开辟有天津、上海、广州之间的航线。1938 年，日本侵略者成立了天津浮船株式会社，独霸了对天津港的控制和管辖，垄断了海河的内河航运和驳运业务。1939 年，成立东亚海运株式会社，控制了天津港的沿海和近洋航线。并通过华北交通株式会社管制了天津的港政，直到 1945 年日本投降。①

受外国海上航运公司的影响和带动，中国人经营的沿海输运公司首推 1872 年由清政府官督商办的第一个近代化航运企业——轮船招商局，它在天津紫竹林租界南面的沿河地带建设了自己的仓栈和码头，从事天津与本国沿海、沿江以及日本、东南亚各港间的航运业务。光绪元年（1875），招商局"承领闽厂轮船八号，又添招股，分向英国续购两号，分往南北洋各海口及外洋日本、吕宋、新嘉（加）坡等处贸易，并装运江浙漕粮。三年，鸿章以局船往往为洋船落价挤跌，动辄亏赔，乃多运漕粮，以羡余补不足，并装载云南解京铜斤、四川木料及江浙采办官物、直晋购运赈粮，凡由海运者，均归招商局装载"。后来，又"频年添置船只，增设码头，驶行南北洋及长江各口岸。又拨轮船往来日本长崎及英属新加坡等处"。

① 天津市地方志编修委员会编著：《天津通志·港口志》，天津社会科学院出版社 1999 年版，第 291 页。

至清朝末年，“隶于招商局之船，曰新丰、新昌、新康、新铭、新济、安平、遇顺、广济、普济、爱仁、丰顺、海晏等号；其航路，则天津、牛庄、烟台、上海、福州、广东汕头、香港、南京、汉口、湖北、四川；其泊船码头，则英租界海河沿也”。①

此外，影响较大的还有张本政1906年开办的政记轮船公司，有船只20～30艘，专营天津港的沿海货运。华资的义泰轮船公司以俄租界海河沿岸为码头区，也在天津的沿海航运中占有一席之地。清朝末年，“其隶于义泰公司之船，曰胜利、新利、福利等号；其航路，则天津、牛庄、安东、大连”②。而虞洽卿在上海开办的三北轮船公司也于1918年成立了天津分公司，承办津沪间的货运业务。1920年成立的北方航业公司有大小船只10余艘，航线为中国沿海和长江沿岸。1911年，由直隶和山东商人合办的直东轮船公司经营天津至沿海口岸间的航运。整体而言，华资和外资轮船公司共同促进了天津港的沿海航运事业在20世纪二三十年代的繁荣；只是到了20世纪40年代，才因为日本的侵华战争和国内战事频发而急速衰落。

1923年前后的调查资料显示，经过第一次世界大战的打击，德国已经完全退出了中国的沿海航运事业，而能够在中国沿海进行定期航行的轮船公司只有华、英、日3方了。与天津有着航运业务往来的轮船公司和定期航线主要包括：中国轮船招商总局的上海（途经烟台）与天津间的航路，每星期2～3次；中国三北轮船有限公司的上海与天津间的航路，每月3次。英国太古轮船公司的上海（途经威海卫、烟台）与天津间的航路，每星期2次；怡和轮船公司的上海（途经威海卫、烟台）与天津间的航路，每星期1～2次。日本大阪商船株式会社的高雄（途经基隆、福州、上海、青岛、大连）与天津间的航路，每月2次；日华协信公司的上海与天津间的航路，每月2次。就天津与上海间航路上的运输能力看，中国的轮船共

① 〔清〕王守恂撰：《天津政俗沿革记·轮船》，1938年刻本。
② 〔清〕王守恂撰：《天津政俗沿革记·轮船》，1938年刻本。

9 艘，总吨位为 10645 吨；英国的轮船共 5 艘，总吨位为 5872 吨；日本的轮船共 3 艘，总吨位为 3846 吨。①

中华人民共和国成立以后，沿海货运实行统一管理。1951 年，由招商局轮船总公司改名的国营轮船总公司再次改称中国人民轮船公司，在天津设立人民轮船分公司。稍后，又将天津港的沿海货运隶属到交通部海运管理总局下属的北洋区海运管理局统辖，1953 年又改隶上海水运管理局属下运营。在这一过程中，不少天津港原有的沿海航线都得到了恢复，并于 20 世纪 50 年代陆续开辟出天津—青岛、天津—秦皇岛、天津—大连、天津—龙口等地的沿海货运和驳运航线，促进了天津与沿海特别是环渤海各地间的棉花、煤炭、海盐、钢铁等各类生产和生活物资的交流，也在一定程度上推动了南北方之间区域经济的发展。

表 1.4　1951—1960 年天津港的沿海贸易概况

单位：万吨

年份	流向	煤炭	石油	金属矿石	钢铁	矿建材料	水泥	木材	非金矿石	化肥	海盐	粮食	其他
1951	进口	3.6	0.9		6.2	1.9						12.1	10.5
	出口				1.2						0.9	3.5	20.1
1952	进口		1.8		0.9					1.8		5.6	9.2
	出口	3.4	2.1		0.6						2.1	2.3	7.6
1953	进口		2.1		0.8	0.8				0.8	1.2	4.7	14.9
	出口	6.2	0.6		3.2	0.2				0.1	4.8	1.5	10.7
1954	进口		2.6	0.1	0.4	0.2		0.01		0.2	9.9	13.3	14.8
	出口	37.7	0.03	0.03	1.6	0.3		0.1		0.2	5.7	1.8	10.3

① 佚名：《中国沿岸重要定期航路及中英日三国航业势力之比较》，载《中外经济周刊》1923 年第 6 号。

（续表）

年份	流向	煤炭	石油	金属矿石	钢铁	矿建材料	水泥	木材	非金矿石	化肥	海盐	粮食	其他
1955	进口		4.1	0.04	1.2	0.8				0.6	10.4	4.4	12.6
	出口	11.6		0.1	0.5	3.3		1.1		0.1	3.3	2.2	15.3
1956	进口		6.3	0.1	2.4	1.9		0.1		3.4	21.5	15.2	18.4
	出口	16.0	0.5	0.2	1.4	2.8		0.1		0.4	1.2	3.4	23.5
1957	进口		8.7	0.3	1.4	4.6		0.5		3.3	19.1	23.7	19.6
	出口	41.2	1.0		3.8	2.2				0.4	8.3	0.7	18.6
1958	进口		11.5	14.6	6.6	10.0	0.1	0.1	1.0	0.3	18.7	26.0	21.3
	出口	59.0	0.5	0.1	8.3	3.4	0.2		0.3	0.1	30.4	1.2	21.2
1959	进口		13.0	31.6	7.9	25.2		0.4	1.2		13.7	37.0	18.2
	出口	78.9	0.1		13.2	1.1	0.4	0.1	0.2	0.1	61.8	3.6	17.3
1960	进口	0.3	17.7	59.8	9.2	35.4	0.4	0.1	0.5	0.9	14.2	31.9	18.4
	出口	77.2		2.6	33.5	2.6	0.1	0.3	0.2	0.2	110.8	3.8	17.9

资料来源：天津市地方志编修委员会编著《天津通志·港口志》，天津社会科学院出版社 1999 年版，第 292 页。

（二）天津港的近代远洋航运

天津港之所以能够发展成为中国北方首屈一指的现代化大港，不仅得益于其内河航运和沿海航运的快速发展，更得益于近代口岸开放以后，以国际市场为依托的对外贸易和远洋航运的发展。

受区域自然地理环境和港口条件的制约，自唐宋明清以至 20 世纪初期，天津港就是一个以内河码头为核心的内河港口；直到 20 世纪 40 年代塘沽新港建设并投入使用，天津才真正拥有了自己的海港码头。也正因如此，天津港的主要职能便长期停留在内河和沿海航运上。当然这并不是说内河港口就绝对不能发展对外贸易和远洋航运业务，而是说受大型船舶吃水深度需求大的限制，沿海港区的航行和靠泊条件要比内河港区优越，更易于直接从事远洋航运罢了。

从天津港水上航运业务的发展历程来看，其远洋航运业务萌芽于1860年口岸开放之后，只不过当时承运天津港远洋货运业务的船只主要是由在上海成立的7家外国轮船公司，尤其是英国的怡和与太古组成。怡和轮船公司在天津的分公司成立于1867年，早期仅从事中国沿海和长江沿线的水运业务，后来才将航线延伸到香港、澳门，以至新加坡与印度的加尔各答，同时还代理了英印轮船公司由天津至香港、由马来西亚至仰光的航线。太古轮船公司天津分公司成立于1890年，航线主要分布在中国的沿海和内河，包括天津至香港的航线。自1886年开始，日本邮船公司开辟了天津至神户、长崎、横滨的远洋航线。

1873年成立的轮船招商局天津分公司，为打破外资轮船公司对中国航运的垄断，陆续在中国香港、长崎、横滨、神户、新加坡、槟榔屿、安南、吕宋等地设立分支机构，并开辟了远洋货运航线。

正是由于天津逐渐发展起来的近代远洋航运业，天津才自1905年之后逐步摆脱对上海和香港国际中转贸易的依赖，更大力度和更快速度地发展天津港自己的直接对外贸易，奠定了坚实的近代化环球海运基础。

至1931年，天津港的远洋货运航线已经通达世界100多个港口，主要涉及英国、法国、德国、美国、日本等国家。1937年日本侵占天津后，先后开辟了天津与大阪、神户、横滨、长崎、仁川、南洋等地的多条航线，并于1941年接管了英国怡和、太古轮船公司所开辟的航线，独霸了天津的远洋航运。①

1949年天津解放后，英国、美国、丹麦的轮船公司恢复了对天津港航线的运营，到该年年底，天津已经连通的海上航线包括天津至中国香港、新加坡、马尼拉、旧金山、西雅图、洛杉矶、纽约、利物浦等著名港口。

---

① 天津市地方志编修委员会编著：《天津通志·港口志》，天津社会科学院出版社1999年版，第296页。

1950年到1954年，天津港陆续开通了与波兰、捷克斯洛伐克、匈牙利、保加利亚、阿尔巴尼亚、罗马尼亚、朝鲜等国家港口之间的航线。1956年以后又开辟了与印度、巴勒斯坦、马来西亚、新加坡、印度尼西亚、叙利亚、埃及等国家港口之间的航线。到1965年，与天津港有远洋货运往来的国家和地区的通商口岸达50多个。①

三、水上运输工具和技术的进步

一般认为，中国古代的造船和海上航运技术，原本是世界领先的。“中国帆船很早便应用在平底船两侧加设‘船傍板’（又称‘闸水板’或‘拖水板’）的方法，使船只在迎风的情况下也仍能借风力扬帆行驶。而荷、英近海交通船只采用这种方法，却落后于中国好几世纪。像中国帆船那样侧舷弯曲、横梁宽大，省出甲板多留舱位的设计方法，一般称之为‘角楼式原则’（Turret Principle）。这样的设计原则直到1892年始正式出现在欧洲船只上，而中国华北各地早此几百年前，已能利用这样的原则建造三四百吨的五桅帆船。”正因为如此，7世纪以后“阿拉伯东来贸易商人返国时，常乘中国帆船至南印度，然后再换阿拉伯小舶返国。到十一、十二世纪时，中国帆船已进而发展为巨大海舶，装载乘客可达千人以上，当时中国造船业的进步是为众所称誉的”②。

此后再到郑和下西洋时期，“西方海洋木帆船业不论在规模、航程、船舶性能和载重量等方面均远不如中国。可是在两个世纪之后，当中国海洋帆船长期蒙受海禁的打击而日益衰退时，西方海洋帆船却在船舶性能、帆装和航海技术等方面有了长足的进步，且逐渐大型化，由几百吨发展到上千吨，而中国海洋帆船却由明初的数千吨减小到几百吨”。到鸦片战争前的1835年，中国沿海仍在使用着沙、卫一类的只能顺风行驶的旧式木帆

---

① 天津市地方志编修委员会编著：《天津通志·港口志》，天津社会科学院出版社1999年版，第296页。

② 聂宝璋编：《中国近代航运史资料 第一辑 1840—1895》，上海人民出版社1983年版，第42~43页。

船；而同一时期的欧洲海上强国如西班牙、葡萄牙、荷兰、英国，均已随着新大陆的发现和新航路的开辟，不断改进了原有海上航运工具，从多桅纵帆夹板船发展到在任何季风乃至微风中均能快速行驶、最高航速可达20余节的飞剪式帆船。①

“迨第一次鸦片战争侵略者武力征服清政府以后，外商在华船运势力急骤扩张，为船运服务的船舶修造业及新式轮运业，作为独立行业最早在沿海各口岸出现。迄十九世纪六十年代，在不到三十年的时间里，中国主要江海航线几乎全为外商轮运势力所垄断。”② 这样，中国的老旧沙船在与西欧新式帆船航运业的竞争中，不仅从南洋地区逐渐退缩，即便在中国的沿海沿江地区也趋于颓势。丁日昌指出：“夫沙船之所以日见少者，皆因夹板日见多之故。沙船船货皆有捐厘，而夹板无之，此其利息不如夹板也。沙船非顺风不能行驶，而夹板则旁风亦能开行，此其迅速不如夹板也。沙船有风涛之险，有盗贼之虞，而夹板则炮火齐全，船身坚固，皆无是虑，此其安稳不如夹板也。沙船之利，初则为夹板所分，继则为夹板所夺，阅日既久，遂成废弃。”③

不过，无论是中国老式的沙船还是西方新式的帆船，其主要动力还是来自自然界的风力。只有到1807年，美国机械工程师罗伯特·富尔敦才正式设计出用蒸汽机带动轮轴上浆叶拨水的“克莱蒙特号”轮船，并将其运用到定期运营的航线上。而奥地利人约瑟夫·莱塞尔1829年发明的新型船舶推进器——螺旋桨，又逐步替代了半露于水面的明轮，进一步提高了船舶的蒸汽动力利用效率，使得世界航运史迎来了真正革命性的变革。到19世纪上半期，在美国已经得到改进的浅吃水明轮或螺旋桨船，尽管在远洋航行方面的性能落后于英国轮船，在中国的沿海和内河水域却占据了优势

① 辛元欧：《中国近代船舶工业史》，上海古籍出版社1999年版，第5~7页。

② 聂宝璋编：《中国近代航运史资料 第一辑 1840—1895·序》，上海人民出版社1983年版，第1页。

③〔清〕丁日昌：《河运难复扩充海运情形疏》，见〔清〕康盛编辑《皇朝经世文续编》，卷四一，户政一八，漕运下，光绪二十三年刻本。

地位。据1865年的江海关贸易报告说，在长江航线的9艘轮船，有7艘都是美国制造的；同时，在中国宁波、中国香港和日本的几条航线上，也主要使用美制轮船。至于上海到天津的航线，1867—1872年，也主要由美国人的旗昌轮船公司支配。①

蒸汽动力轮船的加入，使得以季风为动力的中国老式沙船和西方帆船在中国沿海、沿江的水上航运事业中，逐步处在了劣势地位。只是在1878年，美国旗昌公司的轮船出让给中国的轮船招商局以后，各国船只在中国沿海和内河航运业中的地位又有了新的变动。

就天津地区航运技术的变革来看，进出天津港的中外船只也经历了一个由帆船到轮船的发展与更替过程。津海关1866年的贸易报告中说："在沿海贸易较为重要之业务中，洋轮并洋帆船现已将民船排挤殆尽；华洋商界咸因假洋船既能省时又少风险而均皆受益。"由此肇始，"华人不再崇尚本国之造船术"。以1890年为例，天津港该年的进出口船只共计585艘，其中包括轮船533艘，夹板船52艘；从国籍来看，悬挂英国国旗的大体上占了半数；中国轮船位居第二，为249艘；德国第三；日本排在第四。②

相关统计还显示，在19世纪60年代的时候，进出天津港的"帆船运输的吨数占了50%。很多列为轮船的船只其实是三桅或前樯横帆三桅辅助帆船。带有浪漫情调的帆船消失的虽然很缓慢，但是必然的，到1880年，帆船的数量不到总船数的1/3，总吨位不到1/6，即帆船共117艘，总计吨位36916吨，而轮船有292艘，总计吨位为209944吨。到1890年，只有52艘帆船，轮船却有533艘。到1900年只有4艘帆船，此后每年帆船之数大致相同，到1905年才升为12艘。1905年以后一艘帆船也没有了，直到1909年才有两艘帆船进入港口。从那时起，除了偶尔有一艘不定期的帆

---

① ［美］刘广京著，邱锡镲、曹铁珊译，陈曾年校：《英美航运势力在华的竞争（1862—1874年）》，上海社会科学院出版社1988年版，第1～2页，75页。

② 吴弘明编译：《津海关贸易年报（1865—1946）》，天津社会科学院出版社2006年版，第10，30，160页。

船抵达大沽口，或者码头上停泊着一艘游览帆船外，就没有帆船来到天津了”①。当然在内河水运航线上，木帆船依然起着重要作用。

表1.5　1905年前后周边民用木帆船进出天津码头的情况

内河航线	从内地到天津			从天津到内地		
	船只数	吨位数	占水运总量百分比（%）	船只数	吨位数	占水运总量百分比（%）
南运河	17273	471415	37.5	16719	453391	35.9
西河	17358	413631	32.9	17903	428043	33.9
北运河	8024	207978	16.2	8264	216413	17.3
东河	17254	162634	12.9	17229	162627	12.9
总计	59909	1255658	100.0	60115	1260474	100.0

资料来源：据侯振彤译《二十世纪初的天津概况》，天津市地方史志编修委员会总编辑室1986年版，第109页改编。

由于海河航道弯曲、水位浅显，尤其是大沽口拦门沙的阻隔，许多吞吐量巨大的远洋货轮不能顺利进入天津城区码头，这就应运而生了一些拖船公司和驳船公司。“查天津海口由紫竹林至大沽一带相距尚远，水浅路曲，原与他处口岸不同，若概照从前定章一律不准起剥货物，设有轮船夹板各商船搁浅，不能行驶，河面窄狭，竟被横阻，于中外商船均有未便，应如该税司所请，此项八士番得船往来拖带遇有搁浅船货，准其起剥，但不准于起剥搁浅船货外，私行夹带别项商货，以符旧章。”大沽口地区的拖驳船公司有招商局拖驳船公司、白河拖驳公司、大沽托驳公司等，前两者均于1889年前后转让给了后者。原因是“在大沽口，新老拖驳公司之间的竞争对于两家公司的股东们来说，已构成严重事件。驳运价格已从每

① ［英］雷穆森（O. D. Rasmussen）著，许逸凡、赵地译，刘海岩校订：《天津租界史（插图本）》，天津人民出版社2009年版，第259页。

图1.12　1910年前后的天津三岔口码头

资料来源：天津中裕洋行《北中国写真帖》，1910年前后内部发行。

担七分钱减少到了三分钱；拖船费用减少得更多。一个三四百吨的小帆船（Bark），在港口沙州减轻负荷后拖到塘沽卸货，然后再拖出海，全部费用只不过一百元墨西哥元"。①

除海河干流航道的船只拖驳业务，在海河支流航线上也出现了中外轮船运输业务竞争并存的局面。其中外资或与外资有关的内河轮运企业，1903年前后，有"英商北河小轮公司（一说系悬挂英国国旗的华商时利和北河小轮有限公司②）济安小轮，拖带民船，由津上驶，至杨柳青镇……

① 聂宝璋编：《中国近代航运史资料 第一辑 1840—1895》，上海人民出版社1983年版，第630～632页。

② 王树才主编：《河北省航运史》，人民交通出版社1988年版，第126页。

唐官屯”① 等。另外，还有法国商人的仪兴新记轮船公司，先以4艘蒸汽轮船拖带4艘木船，从事南运河天津至沧州段的客运业务；后来又添置“义丰”“义隆”等轮船拖带木船，从事西河天津至磁县、天津至保定段的客运业务。②

华商内河轮运企业则有“万能公司小轮，拖带民船，搭载行客，并推广航路。后闻尚拟在唐（塘）沽建立囤货栈代客运货，并多备小船，北行至通州，南行至道口，搭客运货”；“三全洋行在运河行驶小轮，拖带往来过客，与万能公司齐驱并驾”；“贾姓、张姓二商人，禀请创办直隶内河小轮船公司，专行驶南北运河，业经北洋大臣批准，非常奖励，且月给保护费三千金”。③ 此外，还有在大清河航线天津至保定间从事客运的津保轮船公司；承运官盐和粮食的南运河轮船公司；长芦转运局于1906年购置2艘内河轮船，拖带8艘木质货船，在芦台至天津间的金钟河和海河转运原盐；津浦铁路北段总局也于1908年购置了2艘小轮，在天津至德州间运送铁路建材。④ 而业务最发达、存续时间最长的，当属1914年正式成立的直隶全省内河行轮局（1930年更名为河北省内河航运局）。其最早筹备并投入运营的是津保线、蓟运线、栏沽线，后来又开设了津磁线和津沽线。

津保线于1914年6月启运，首航是天津至苏桥，营运尚属顺利。1915年3月，再由苏桥展至安新县新安镇，随后延伸至保定南关新闸，由大清河经白洋淀至府河，途经主要码头有杨柳青、高庄子、台头、石沟、左各庄、苏桥、苑口、药王庙、史各庄、十方院、王家寨、新安镇、保定南关，除每年冬季冰期停航及春夏之交枯水期和汛期稍有影响，每年的航行期均在9个月以上，年客运量5万~7万人次，运力相当可观。

---

① 聂宝璋、朱荫贵编：《中国近代航运史资料 第二辑 1895—1927》，上册，中国社会科学出版社2002年版，第289页。

② 王树才主编：《河北省航运史》，人民交通出版社1988年版，第127页。

③ 聂宝璋、朱荫贵编：《中国近代航运史资料 第二辑 1895—1927》，中国社会科学出版社2002年版，上册，第289页；下册，第1024页。

④ 王树才主编：《河北省航运史》，人民交通出版社1988年版，第125页。

蓟运线首航是由天津顺新开河至芦台，再沿蓟运河上行至宝坻县新安镇，途经宁河、丰润、玉田、宝坻等县，1915 年 2 月停止货运。

栏沽线从北京牛栏山至塘沽，旋停运。

津磁线即从天津沿子牙河、滏阳河至磁县，从天津上行至河间县刘各庄桥，再至献县臧桥，最远时经献县、武强、武邑、衡水到冀县李家庄，途经主要码头有天津、杨柳青、高庄子、独流镇、霸台、王口、子牙、姚马渡、南台埠、白洋桥、双摆渡、刘各庄桥、范家疙疸、念祖桥、沙河桥、康宁屯、沙窝桥、臧桥、贾庄桥、范屯桥、小范镇、赵桥、龙店、圈头、衡水、范庄、岭闸口、李家庄。船队由“河达”“安澜”等 3 艘轮船及 3 艘拖船组成，1915 年 5 月正式运营，每月往返 20 个航次，每年客运量 5 万 ~7 万人次。

津沽线即由天津东浮桥以下至东大沽之间的航运线路，由“河丰”“河裕”各拖带木船 1 艘组成，主要载客，亦承揽零担货物运输，每月往返 30 个航次。

这 3 条相对稳定的内河航线，总长度为 570 多公里，码头站点 55 个，每年客运量 20 多万人次。其所用轮船除“慈航号”“伏波号”，其余 9 艘及其拖带木船均由大沽造船所建造，发动机大多为 60 马力的二联式蒸汽机，以煤炭为燃料，配有卧式锅炉，轮船满载吃水 1.25 ~1.74 米，可载客 30 人左右，拖船满载吃水 0.67 米；可载客 280 人。①

1931 年以后，河北省内河航运局又增辟了南运河航线，主要在天津至德州航行，年客运量在 6 万 ~7 万人次，并开通了货运班轮。同时，恢复了蓟运河客运航线，即由天津至芦台、再由芦台到宝坻新安镇。另外，航运局还添置了 4 艘小型浅水拖轮，于 1935 年增辟了 3 条客运支线。其一是子牙河上游滹沱河上的沙吕支线，由河间县沙河桥至饶阳县吕汉镇，长 60 公里；其二是沿海河由天津至咸水沽的津咸支线，长 40 公里；其三是大清河由天津至霸县胜芳的津胜支线，长 50 公里。加上原有的 3 条线路，营运里程达 735

① 王树才主编：《河北省航运史》，人民交通出版社 1988 年版，第 133 ~137 页。

公里，营业站点90余处，构建起“以天津为中心的内河客运网”。①

1937年10月以后，原河北省内河航运局的7艘轮船和10艘木船均被日伪天津市治安维持会内河航运局接管征用；1939年后隶属日本华北交通株式会社，加上从天津市另外两家海河客运企业——天丰轮船公司、天来轮船公司强征来的轮船和木船，共296艘船只，日本重开了停运已久的原有内河客、货运输航线，并随时为侵华战争和掠夺资源服务。②

国共内战期间，政局混乱，内河航运虽没有完全中断，却也并不起色。中华人民共和国成立后，天津及其周边的内河航运事务收归新成立的华北内河航运管理局管辖，除掌控大量木船，还从天津招商局接收了19艘内河轮船，加之航道治理工作的有效展开，内河航运能力不断提升。河北省的内河客运班轮主要航行在子牙河和大清河，客流量最高的1962年达到80万人次。③

此后，由于环渤海城市群的快速成长，城市生活与工业生产的用水量与日俱增④，农田水浇面积有了成倍增加，结果以往“大河有水小河满”变成了“小河有水大河干”；而且“沿河村镇在无政府状态下建造的碍航桥等建筑也不断增多”，这样，海河流域“船舶航行中水少下浅和水多上浅的问题日渐突出。以1971和1961年的情况比较，这两年的平均降雨量基本相同，可1971年全省完成的客货运输量，却只有1961年的17%”。结果使得“河北省内河航运的发展优势已难以挽回，传统的水运物资在没有保障的情况下，已陆续改变运输途径，整个水运市场渐为迅速发展的公路交通所取代。到1979年，全省的通航里程已缩减到177公里，1980年只剩29公里。实际上，全省河道已处于常年干涸状态”。⑤

---

① 王树才主编：《河北省航运史》，人民交通出版社1988年版，第159页。

② 王树才主编：《河北省航运史》，人民交通出版社1988年版，第198页。

③ 王树才主编：《河北省航运史》，人民交通出版社1988年版，第320页。

④ 樊如森：《天津与北方经济现代化（1860—1937）》，东方出版中心2007年版，第310页。

⑤ 王树才主编：《河北省航运史》，人民交通出版社1988年版，第333，336页。

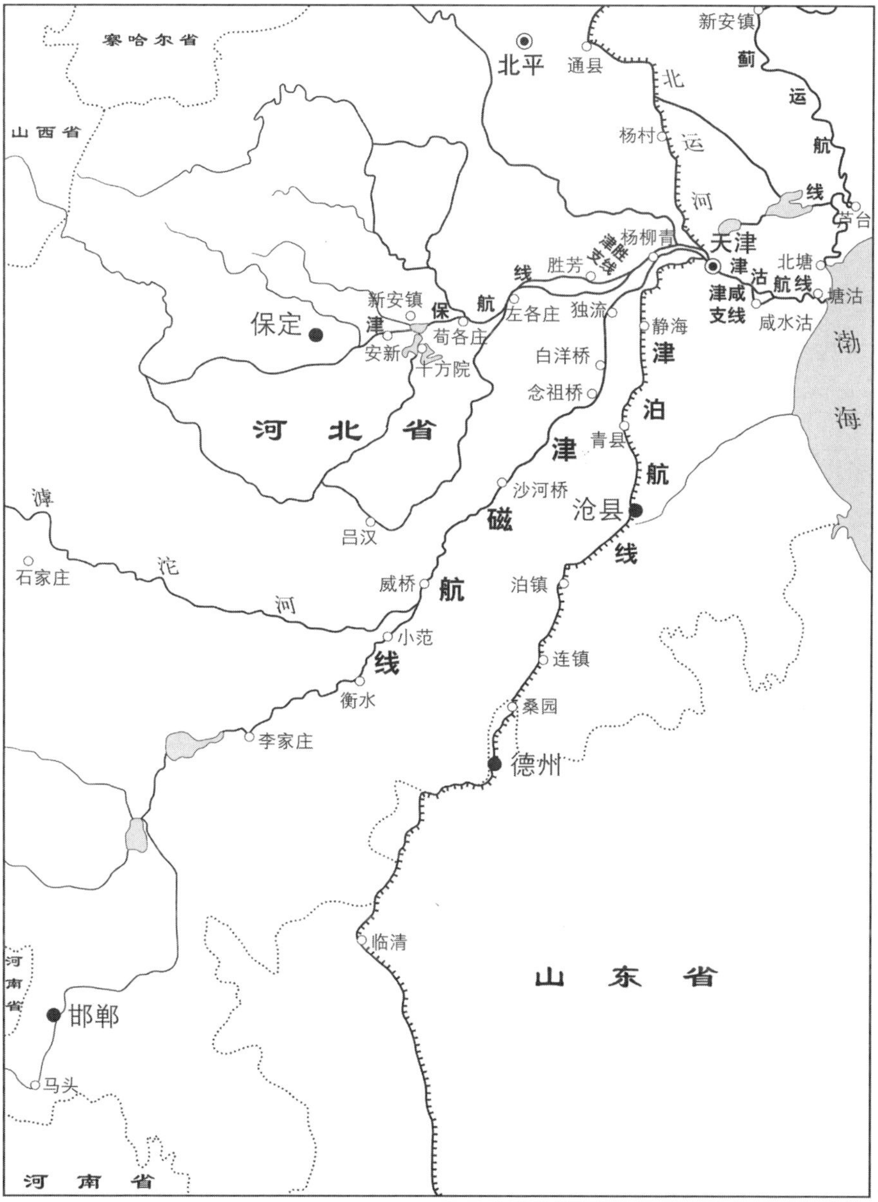

图 1.13　1937 年前后河北省内河航运局客运航线示意图

资料来源：据王树才主编《河北省航运史》，人民交通出版社 1988 年版，第 161 页，图 5.1.1 重新绘制。

表 1.6　1861—1960 年天津港的到港船舶概况

年份	船舶总数	总吨位	其中外轮数
1861	111	27161	111
1862	87	21921	87
1863	134	36276	134
1864	185	45968	185
1865	209	60049	209
1866	296	89259	296
1867	262	81345	262
1868	299	109077	299
1869	335	120412	335
1870	263	101100	263
1871	316	124517	316
1872	298	122063	298
1873	286	133780	265
1874	300	149054	261
1875	337	175613	278
1876	413	227811	314
1877	462	264154	260
1878	487	271168	320
1879	433	260920	260
1880	409	246860	244
1881	435	260337	276
1882	422	267215	242
1883	448	301120	288
1884	471	348665	365

（续表）

年份	船舶总数	总吨位	其中外轮数
1885	436	331121	375
1886	526	389438	339
1887	598	443422	399
1888	570	437630	367
1889	582	457503	355
1890	585	449617	335
1891	672	507464	383
1892	649	509982	343
1893	637	512414	358
1894	678	556119	479
1895	688	617449	534
1896	697	620655	396
1897	735	663737	400
1898	744	688588	387
1899	846	791879	438
1900	426	402146	262
1901	703	664704	666
1902	836	824052	598
1903	725	764576	533
1904	711	766390	464
1905	807	885518	575
1906	1017	1196156	287
1907	856	1095422	660
1908	788	977491	605

（续表）

年份	船舶总数	总吨位	其中外轮数
1909	952	1159178	730
1910	890	1150509	683
1911	1094	1360690	853
1912	908	1170854	741
1913	1001	1247767	783
1914	1147	1449688	906
1915	982	1124860	773
1916	867	961292	721
1917	756	829012	582
1918	803	798598	621
1919	1062	1090158	799
1920	1162	1247233	792
1921	1449	1649601	1029
1922	1406	1814315	1009
1923	1450	1926915	1027
1924	1521	2025032	1081
1925	1912	2420095	1035
1926	1872	2412887	1004
1927	1701	2296433	1239
1928	1791	2795893	
1929	1579	2813515	
1930	1812	2645124	
1931	1674	2500165	1242
1932	1998	2907836	327

（续表）

年份	船舶总数	总吨位	其中外轮数
1933	2163	3094685	248
1934	2139	3007376	642
1935	2103	2923382	720
1936	1878	2591918	1093
1937	1681	2206300	
1938	2899	2780707	2119
1939	2872	2705620	
1940	3175	2330740	
1941	2424	1736895	
1942	1676	1259193	
1943	1783	929119	
1944	1104	467122	
1945	681	134425	
1946	473	597747	111
1947	1128	1033701	116
1948	1246	1436908	114
1949	431	311000	192
1950	796	892000	325
1951	672	760000	146
1952	619	740000	176
1953	489	1360000	292
1954	514	1860000	286
1955	595	1620000	319
1956	792	2760000	436

（续表）

年份	船舶总数	总吨位	其中外轮数
1957	877	2890000	490
1958	1034	3700000	539
1959	1012	4550000	426
1960	1123	5220000	380

资料来源：据天津市地方志编修委员会编著《天津通志·港口志》，天津社会科学院出版社 1999 年版，表 4. 9、表 4. 12 改绘。

另据统计，随着天津港进出口船只和货运数量的不断增多，到 20 世纪 20 年代，天津港的远洋货运就已超过沿海货运的数值，并且，这种外贸大于内贸的货运比例，一直保持到中华人民共和国成立以后。① 这一“外重内轻”的航运和贸易格局，也反过来印证了天津港在北方经济外向化进程中的重要拉动作用。

第四节　口岸开放与天津港的近代对外贸易

1860 年中英《北京条约》的签订，使英法等西方列强一直渴望得到的近畿商埠——天津最终开辟出来。而天津的对外开放，在很大程度上成为广大“三北”地区与中国沿海市场特别是国际市场接轨的开端；此后，天津口岸及其腹地的近代对外贸易便随之发展起来。

一、天津港近代对外贸易的发展趋势

1860 年天津开埠到 1937 年抗日战争全面爆发，天津港的进出口贸易大致呈不断上升的发展趋势。

---

① 天津市地方志编修委员会编著：《天津通志·港口志》，天津社会科学院出版社 1999 年版，第 295 页。

表 1.7　1861—1937 年的天津港进出口贸易

年代	进口总额	出口总额	进出总值	指数
1861	5014071	461573	5475644	
1862	7095811	470491	7503302	
1863	6275225	913217	7188442	
1864	7645422	1710786	9356208	
1865	11852437	5819825	17672262	
1866	16583457	7262197	23845654	
1867	9252155	5468139	14720294	
1868	16437708	5734424	22172132	
1869	17127610	6924131	24051741	
1870	11935178	4985815	16920993	
1871	12331357	7436344	19767701	
1872	10564444	8470543	19034987	
1873	9886373	9649471	19535844	
1874	10557532	10003017	20560549	100
1875	8548490	11654479	20202969	98
1876	8956636	13219829	22176465	108
1877	7865774	19009350	26875124	131
1878	7913015	19536814	27449829	134
1879	13503506	15092316	28595822	139
1880	10399347	15562583	25961930	126
1881	10724918	14217796	24942714	121
1882	9634678	16305834	25940512	126
1883	10403543	15046631	25450174	124
1884	10685392	17065856	27751248	135

（续表）

年代	进口总额	出口总额	进出总值	指数
1885	12516208	17220656	29736964	145
1886	13996512	18393109	32389621	158
1887	13776608	20548864	34325472	170
1888	13641592	19082907	32724499	133
1889	15412710	19931824	35344534	172
1890	17177294	21550402	38727696	188
1891	18431290	23090010	41521300	202
1892	17890775	21537803	39428578	192
1893	24177204	19523181	43700385	213
1894	26318577	24278098	50596675	246
1895	28750065	29856863	58606928	285
1896	36235962	23510402	59746364	291
1897	39476103	25168108	64644211	314
1898	41784719	31182007	72966726	355
1899	53664238	34067985	87732223	427
1900	14801993	17832822	32634815	159
1901	27678545	23756217	51434762	250
1902	53659526	40090079	93749605	456
1903	37640343	33210408	70850751	345
1904	36840510	34981418	71821928	349
1905	60429673	39875425	100305098	488
1906	65198556	51053587	116252143	565
1907	61966162	36871625	98837787	481
1908	36748180	45796960	82545140	401

（续表）

年代	进口总额	出口总额	进出总值	指数
1909	45206807	57284798	102491605	498
1910	54038216	47485185	101523401	494
1911	53501039	64848927	118349966	576
1912	48544533	55488022	104032555	506
1913	71622439	63395600	135018039	657
1914	69770856	56338302	126109158	613
1915	55666045	74560299	130226344	633
1916	59804049	77133257	136937306	666
1917	69021197	76877335	145898532	710
1918	76028599	80001657	156030256	759
1919	86740924	104740675	191481599	931
1920	91482381	84731409	176213790	857
1921	116816632	111238543	228055175	1109
1922	125927122	122888695	248815817	1210
1923	104866551	136638933	241505484	1175
1924	105491888	149475727	254967615	1240
1925	110310133	180916555	291226688	1416
1926	108847447	172825555	281673002	1370
1927	131598145	198512626	330110771	1606
1928	139484603	213531687	353016290	1717
1929	148595467	198931216	347526683	1690
1930	135506151	182729696	318235847	1548
1931	137387954	216796940	354184894	1723
1932	104548979	62876524	167425503	814

（续表）

年代	进口总额	出口总额	进出总值	指数
1933	77520863	56785793	134306656	653
1934	62047646	52022258	114069905	555
1935	54659965	58537836	113197802	551
1936	46628646	75626844	122255490	595
1937	53954693	82716499	136671193	665

资料来源：津海关相关年份贸易统计，据姚洪卓主编《近代天津对外贸易（1861—1948）》，天津社会科学院出版社1993年版，附录表1整理。

表注：价值单位1861—1873年为津行化两；1874—1932年为海关两；1933—1937年原为法币元，表中已据1海关两＝1.558法币元的比率折算为海关两。

据表1.7可知，开埠之初也就是本表中进出口贸易的统计单位以当地通行的津行化两来计算的1861—1873年，天津港的进出口贸易增长缓慢，进口大于出口，进出口结构很不合理。1874年以后，海关贸易统计趋于规范，进口和出口的贸易数值趋于平衡。尽管这中间发生的几次重大人为和自然变故，如1894年的甲午中日战争、1900年的义和团运动、1911年的清朝覆灭、1914年的世界大战、1917年的特大洪水、1919年的严重干旱等，均在一定程度上冲击了天津港口城市及其腹地进出口业的发展环境，但并未真正改变其外贸政策的连续性，因而其贸易总值整体上还是不断向上攀升的。所以，如果以1874年的进出口贸易总值为指数100的话，1891年该指数就翻了一番，达到202；1899年又在1891年的基础上再翻一番，达到427；1918年在此基础上再翻一番，达到759；1927年又在此基础上再翻一番，达到1606；最高为1931年，指数为1723。排除货币通胀因素，进出口贸易总值比1874年增长了16倍多。

天津口岸不断增长的进出口贸易值，正是包括华北和蒙古高原在内的广大腹地在清末民国时期外向型经济不断发展、生产力水平不断提高、社会购买力不断增强的真实体现。

二、天津港近代进出口贸易的商品结构

天津港及其腹地的进出口贸易的发展，并非一帆风顺，而是曲折起伏的。从商品进出口结构的变化中，便能详细体察其中的曲折与艰辛。

表 1.8　1863—1903 年的天津进口商品概况

价值单位：1873 年前为津行化两，后为海关两

商品		1863 年	1873 年	1883 年	1893 年	1898 年	1903 年
生活资料	棉布	1018222	5054296	6322653	34915	453008	3797036
	糖	274645	12403	377573	931260	1711315	1714729
	其他	664732	1601779	1606489	679837	1071944	1800454
	合计	1957599	6668478	8306715	1646012	3236267	7312219
	百分比（%）	31.2	68.3	80.7	37.1	35.5	39.2
生产资料	棉纱	—	—	—	61408	1042524	2395548
	机器	—	—	56256	20599	351068	454562
	铁路材料	—	—	—	590763	2345756	3071210
	木材	—	70616	—	20552	—	—
	合计	—	70166	56256	693322	3739348	5925383
	百分比（%）		0.7	0.5	15.6	41.0	31.8
鸦片		2285651	301326	937966	11730	13500	2601
	百分比（%）	36.4	3.1	9.1	0.3	0.1	0.01
其他		2017368	2228259	989571	2082266	2067157	5386266
	百分比（%）	32.1	22.8	9.6	47.0	22.7	26.7
总计		6275211	9768679	10290571	4433290	9110272	18622406
	百分比（%）	100.0	100.0	100.0	100.0	100.0	100.0

资料来源：津海关相关年份贸易统计，据中国第二历史档案馆、中国海关总署办公厅编《中国旧海关资料史料（1859—1948）》，京华出版社 2001 年版。

由表1.8可知，在天津开埠初期，其进口商品中，生活资料类产品占了相当大的比重。1863年，以棉布、糖等为主的生活资料的进口值占了整个进口总值的31.2%，而到了1883年，这个比例增长到80.7%。与此同时，棉纱、机器、木材和铁路材料等生产资料类产品所占的比重却始终没有超过1%，反映出该时期腹地工业基础的异常薄弱。相反，英国人自己也认为“极不道德的”特殊商品——鸦片的输入量却很大。1863年，鸦片的进口值占到了整个进口总值的36.4%，仅此一项，要比该年全部正当生活资料的进口值还要多。所有这些，正是开埠初期腹地商品经济不够发达的体现。

19世纪90年代以后，天津港棉纱、机器特别是铁路材料等生产资料的进口，开始有了明显的增加。1893年，生产资料类产品的进口值占整个进口总值的15.6%；1898年，这个比例增长到了41.0%，其中棉纱占11.4%，铁路器材占25.7%；1903年，该比例虽然只有31.8%，但其实际进口值比1898年要多得多。这些状况反映出腹地近代工业和交通运输业的初步发展。

19世纪90年代末到20世纪初，天津港农产品、土副产品的出口值也有了明显增加，在整个出口总值中均占到了2/5以上。畜产品的出口，不仅种类增加了，而且出口值以及在整个出口总值中的比重也大大上升。1898年畜产品的直接出口值为92331关平两，占天津港直接出口总值的18.85%；1903年畜产品的直接出口值为451230关平两，为1898年的5倍，占天津港直接出口总值的39.33%。① 天津港出口业的发展，说明20世纪初年腹地农副业经济外向化程度的初步提高。

进入20世纪初，华北地区的铁路修建进程加快。北京至汉口的京汉铁路（1906）、北京至奉天（沈阳）的京奉铁路（1907）、正定至太原的正太铁路（1907）、北京至张家口的京张铁路（1909）、天津至浦口的津浦铁路（1912）等建成并通车。此后，京张铁路又向西继续延展，1921年延至

① 王怀远：《旧中国时期天津的对外贸易》，载《北国春秋》1960年第1～3期。

归绥，1923 年又延至包头。它们相互交织，最终形成了一个以天津港为出海口的现代铁路运输网络，改善了天津与腹地间的交通运输，促进了对外贸易的成长，使天津港商品进出口业务逐步独立，贸易结构更加合理。

自 1905 年之后，天津港的进出口贸易逐步摆脱了对上海港的依附。据海关 1906 年的统计，“进口洋货径由外洋购运，不由上海转批定者，本年比上年愈形踊跃。尤因日本与本埠各商直接之生意畅旺，本年洋货进口价值约增 9000000 两。于 1904 年洋货仅 4/9 系由外洋经运进口者，余则由上海或他口转运来津，1905 年则增至多半，而本年则占全数 8/13 矣”①。日本人的调查也指出：“天津的贸易，以前是经由上海的间接贸易。外国货物全都一律在上海卸货，然后从上海转卖到天津。可是，在近两三年以来，由于天津商人地位的提高，以及各种贸易机构的完善，结果过去经由上海进口的货物，大多从原产地直接向天津进口。以前，天津外来货物之八、九成，是经由上海而来；可是，在一九〇六年：外国直接输入额为四〇，一〇二，五五八两；经由上海的输入额为二五，〇九五，九九八两。二者成为八与五之比。”② 对外贸易的日益独立是天津进出口贸易走向成熟的重要表现。

同时，天津港的商品进出口结构日趋合理。从进口方面看，1908 年属于非正常生活消费品的鸦片在进口商品中已经销声匿迹，而各类正常生活消费品的进口比重迅速增长到了 52.86%，说明中外间的经济交流正逐步趋于正常，腹地的商品化程度和对外来商品的接纳能力也在提高。另一方面，生产资料如棉纱、机器、木材尤其是铁路器材继续大量输入，1908 年生产资料的进口值仍为 4357792 关平两，占整个进口总值的 22.20%③，反映出天津及其腹地的铁路建设和近代工业的发展。

出口方面，1908 年天津港狭义农产品的出口值虽不大，土副产品的出口

① 吴弘明编译：《津海关贸易年报（1865—1946）》，天津社会科学院出版社 2006 年版，第 250 页。

② 侯振彤译：《二十世纪初的天津概况》，天津市地方史志编修委员会总编辑室 1986 年版，第 239 ~ 240 页。

③ 王怀远：《旧中国时期天津的对外贸易》，载《北国春秋》1960 年第 1 ~ 3 期。

值却达总出口值的半数以上，1908 年天津港商品的直接出口总值为 1544678 关平两，土副产品为 879077 关平两，占总值的 56.96%。畜产品的出口值为 384094 关平两，占整个出口总值的 24.84%。① 天津港各类商品出口的增加是腹地外向化经济不断发展的表现。1914 年第一次世界大战爆发，进口到天津港的洋货迅速减少，总额由 1913 年的 95629651 关平两，降到 1915 年的 75192494 关平两；而天津港的出口总值由 1913 年的 37828623 关平两，增至 1915 年的 49859964 关平两。② 第一次世界大战期间天津港进出口贸易的这一变化，很大程度上刺激了腹地外向型经济的发展。

表 1.9　1919—1931 年的天津主要出口货物

价值单位：海关两

货物		1919 年	1927 年	1928 年	1929 年	1930 年	1931 年
狭义农产品	粮食/副品/油料	2460259	4247315	1656057	1441208	4591095	7234172
	蔬菜/水果/茶	900530	1987557	1768313	2268350	3321407	4027528
	烟草/麻/其他纤维	157206	6329885	6482455	5831956	4955735	4768752
	棉花	10725812	25941592	19602480	19479840	22901088	24231745
	合计	14243807	38506349	29509305	29021354	35769325	40262197
	指数	100	270	207	204	251	283
土副产品	鱼介类	42139	8741	3831	13496	13745	9181
	蛋类	668539	7301678	5638529	9163830	8565856	11451556
	草帽缏/其他编织	887441	985762	1320884	986435	537611	754843
	木制品	5995	54180	59903	88819	112542	126384
	合计	1604114	8350361	7023147	10252580	9229754	12341964
	指数	100	521	438	639	575	769

① 王怀远：《旧中国时期天津的对外贸易》，载《北国春秋》1960 年第 1 ~ 3 期。

② 王怀远：《旧中国时期天津的对外贸易》，载《北国春秋》1960 年第 1 ~ 3 期。

（续表）

货物		1919 年	1927 年	1928 年	1929 年	1930 年	1931 年
畜产品	牲畜	5803	12667	30160	41031	7783	13653
	肉类	87964	1278039	1442960	1778170	2192934	1894995
	猪鬃	229299	3007968	2538261	3761325	3041579	2558176
	其他动物原料	561104	1530726	1672489	1761003	1449279	2558176
	羊毛/驼毛	4262225	13966743	17577613	11821606	6028791	7875843
	各类皮张	2023172	10564646	16419776	18058708	14615879	14430376
	合计	7169567	30360789	39681259	37221843	27336245	29331219
	指数	100	423	553	519	381	409
工业品	矿物及其制品	111553	178051	68931	158866	278922	405700
	各种植物油、副品	1076280	1190937	549763	45465	844344	869835
	化工产品	6690	241580	296858	309670	327665	391397
	纸张	—	2738	869	448	689	3311
	棉布/棉纱/衣物	127268	207547	348867	201558	57946	67696
	各种金属及制品	101757	304694	305747	1439730	956196	929020
	机器及配件	305	5238	2134	3713	1035	387
	合计	1423853	2130785	1573169	2159450	2466797	2667346
	指数	100	150	110	152	173	187
总计		24441341	79348284	77786880	78655227	74802121	84602726
指数		100	325	318	322	306	346

资料来源：津海关相关年份贸易统计，蔡谦、郑友揆编《中国各通商口岸对各国进出口贸易统计》，第四部“主要土货各通商口岸对各国出口统计”，商务印书馆 1936 年版。

由表1.9可知，第一次世界大战后天津港狭义农产品的出口，无论在种类还是在整个出口结构中的比重，都比战前有了很大的提高。1919年，狭义农产品的出口值增长到14243807海关两，占该年整个出口总值的58.28%，此后出口值整体上一直处于上升状态，这既是天津港的出口结构进一步合理化的重要标志，也是腹地农业整体商品化、外向化的重要标志。另一方面，第一次世界大战后天津港畜产品的出口种类和数值也在不断扩大。1919年，畜产品的出口值已经增长到7169567海关两，此后其出口值一直占到天津港商品出口总值的1/3以上，成为天津港对外贸易的一大支柱。

这一时期，天津港进口方面的变化也有很多。

表1.10　1919—1931年天津主要洋货的进口情况

价值单位：海关两

货物		1919年	1927年	1928年	1929年	1930年	1931年
生活资料类	牛乳/蛋/蜜	104505	211208	221376	165872	124353	187794
	咖啡/香物	213804	254566	275386	235497	239459	260440
	米/面	33894	21631612	25601483	36648086	19911661	18509737
	糖	3132190	8787922	13030542	7068083	8350147	7724763
	酒/其他饮料	362202	608933	879901	448343	434254	327941
	香料	351904	587899	594072	365985	428327	342644
	纸	1419438	3604849	3465341	3356777	3975848	5403790
	各种棉布	15923553	14912895	15874360	10476245	14974065	17132088
	煤油	7606933	5178576	8374972	6642373	6902800	6786383
	其他	2891022	5405151	6864042	6373011	5707938	6057210
	合计	32039445	61183611	75181475	71780272	61048852	62732790
	占总值的百分比（%）	51.69	66.11	72.69	67.71	64.90	62.60

（续表）

货物		1919 年	1927 年	1928 年	1929 年	1930 年	1931 年
生产资料类	动物原料	10839	160323	483205	557342	94091	30825
	小麦	3	56	—	—	93	915102
	烟草	1245775	2283958	3109291	2461772	3432060	2958767
	煤/其他矿物	501759	1658388	1650208	1711432	1439656	1386212
	化工/医药器材	1249201	2888803	2170903	2836195	4398979	4687884
	各种木材	2220062	2471540	2363089	3305650	2295252	2737484
	人造丝	—	330460	942583	1598142	898052	802748
	棉花	13428	1796740	127756	2187075	3569969	2571704
	棉纱	10735529	2408736	985169	464784	257204	144752
	钢铁等金属	3845508	4266421	4710819	5541322	4502397	6160640
	机械设备	2339987	3486049	2142213	3580578	3744718	3540771
	铁路材料	4464424	1577582	1734646	1171079	2193818	2580300
	交通工具	717093	2250324	2274053	3026770	2106991	1977569
	其他	2500496	5635794	5526907	5712519	3985831	6952017
	合计	29844104	31215174	28220842	34154660	32919111	37446775
	占总值的百分比（%）	48.15	33.73	27.28	32.22	35.00	37.37
军械军火		100045	152266	32210	80443	98655	34545
总计		61983594	92551051	103434527	106015375	94066618	100214110

资料来源：蔡谦、郑友揆编《中国各通商口岸对各国进出口贸易统计》，第三部“主要洋货各通商口岸由各国进口统计”，商务印书馆 1936 年版。

与 20 世纪初相比，天津港第一次世界大战后生产资料的进口，在种类和数值上都有了很大的发展。1903 年，天津港进口的生产资料仅有木材、棉纱、机器、铁路材料 4 种，而到 1919 年，进口的生产资料除了这 4 种，还有动物原料、小麦、烟草、煤、其他矿物、化工器材、医药器材、人造丝、棉花、钢铁等金属、交通工具等。1903 年，天津港生产资料的进口值只有 5925383 海关两，而 1919 年生产资料的进口值为 29844104 海关两，1931 年达到了 37446775 海关两，分别为 1903 年的 5 倍多和 6 倍多，这在很大程度上反映出直接腹地近代工业的迅速发展。而且，生产资料在进口总额中所占的比重已大大上升，1919 年占了全部进口总值的 48.15%，此后虽有下降，但仍保持在 1/3 乃至 37% 左右。生产资料进口所占比重的大幅度提高，反映出天津及其腹地近代工业迅速发展的事实。

同时，天津港在第一次世界大战之后生活资料进口的种类和数值也显著增加了。1903 年，天津港进口的生活资料仅有棉布、煤油、糖等很少几种，而到 1919 年，进口的生活资料除了上述品种，还有纸、牛乳、蛋类、蜂蜜、咖啡、香物、米、面、酒、其他饮料、香料等；1903 年，天津港生活资料的进口值只有 7312219 海关两，而 1919 年生活资料的进口值为 32039445 海关两，1928 年达到了 75181475 海关两，分别为 1903 年的 4 倍多和 10 倍多。各种生活用品特别是米、面等食品的大量进口，既是天津等城市规模不断扩大、非农业人口大量增加的客观需要，也是腹地粮食作物种植面积减少、经济作物种植面积增加、农业商品化水平提高的物质保证；同时也是腹地农业商品化、外向化程度提高的体现。

总之，到 20 世纪 30 年代，天津港的进出口结构已经变得比较合理和完善了。进口方面，由以前受外国和上海的控制，到根据本地和腹地经济发展的需要而进口各种生产资料和生活资料；出口的商品，不仅数值比以前增多了，而且种类也更加齐全。除农、畜、土特产品原料，还有相当部分的工业制成品出口，如煤、矿砂及其制品、各种植物油及其副产品、化工产品、纸张、棉布、棉纱、衣物、各种金属及制品、机器及配件等，尽管数量有限，但这毕竟是天津港进出口结构进一步完善的良好开端。它既是腹地外向型经济迅速发展的集中体现，又反过来促进了其经济商品化与外向化的进程。

三、天津港成为城市和腹地联结国际市场的桥梁和纽带

天津等通商口岸对外开放以后，包括口岸城市和其背后腹地在内的中国北方广大地区，均由自给性很强的传统农、牧业经济，逐步向市场化工业经济转型。其中表现最为突出和直接的，就是以进出口贸易为主要表现形式的外向型经济在北方城乡的发展与壮大。于是，作为国内和国际两个市场空间契合点的港口，便成为口岸城市及其经济腹地洋货进口和土货出口的桥梁与纽带。

表1.11　1906年前后外商通过子口税三联单由腹地运到天津出口的土货数值

价值单位：海关两

输出地	三联单张数	商品价值	输出地	三联单张数	商品价值
直隶	2485	5597768	盛京	104	306172
山东	84	349231	蒙古	13	50977
山西	1039	3460295	黑龙江	44	104700
河南	99	332671	张家口外	630	2228833
陕西	5	9634	天津		19914
甘肃	28	96421	合计	4531	12556616

资料来源：侯振彤译《二十世纪初的天津概况》，天津市地方史志编修委员会总编辑室1986年版，第291页。

表1.11显示，尽管1906年前后，天津口岸与腹地之间的货物运输方式主要还是依靠传统的陆路和水路，但是，其对中国北方的经济辐射已经不限于周边临近省份，也涉及了距离相当广远的西北和东北边疆；并且仅通过三联单方式（还不包括中国商人运输的货物）输出的出口商品，就有近1256万海关两，显示出天津港口对腹地外向型经济的巨大拉动作用。

表1.12　1910、1912年天津港对城市和腹地进出口贸易的影响力

价值单位：千海关两

地域	1910年				1912年			
	转出口	百分比（%）	转入口	百分比（%）	转出口	百分比（%）	转入口	百分比（%）
华北三省	22262	77.9	9061	72.9	20956	79.6	12946	67.4
河北	15843	55.4	6157	49.6	14665	55.7	8671	45.2
山东	987	3.5	289	2.3	1244	4.7	1119	5.8
山西	5432	19.0	2615	21.0	5047	19.2	3156	16.4
河南省	1404	4.9	259	2.1	1892	7.2	459	2.4
东北地方	844	3.0	772	6.3	365	1.4	628	3.3
西北地方	4076	14.2	2235	18.8	3109	11.8	5161	26.9
甘肃	3352	11.7	952	7.7	2770	10.5	804	4.2
张家口	—	—	1204	9.7	—	—	4223	22.0
合计	28586	100.0	12426	100.0	26332	100.0	19194	100
百分比	69.7		30.3		57.8		42.2	

资料来源：李洛之、聂汤谷编著《天津的经济地位》，经济部冀热察绥区特派员办公处、结束办事处驻津办事处1948年版，第39页。

表注：华北三省包括河北、山东、山西，西北地区包括甘肃、张家口。

表1.12显示，包括天津城市在内的河北省，其商品的进出口贸易对天津港的依赖程度最高，出口占比过半，进口占比近半；其次是山西省，进出口均占近1/5；西北方面包括甘肃省（含独立建省之前的西宁府、宁夏府）和塞外名城张家口在内，比率也在1/10至1/5上下；河南省、山东省、东北地区也有所涉及，可看作天津口岸与其他口岸的交叉或边缘腹地。

1931年的九一八事变后，日本羽翼下的伪满洲国基本上切断了与天津的市场联系，天津的国内经济腹地明显缩小。而1937年七七事变后，日本

侵略者强行控制了天津海关，日本成为天津对外贸易的主要方向。1941 年太平洋战争爆发后，天津对欧美的远洋贸易完全中断，对日贸易更是变成了日本对中国战略物资的大肆掠夺。抗日战争胜利之后，天津的对外贸易市场又以美国为主。1946—1948 年，由美国进口的商品占天津进口总额的 65% 以上，主要是棉花、面粉、香烟、化妆品；天津对美国的出口商品，以皮毛畜产品、棉麻纤维、豆类油籽和蛋制品为主。①

四、20 世纪 50 年代的天津对外贸易概况

从对外贸易管理机构来看，1949 年 1 月天津解放后，天津市军事管制委员会设立了对外贸易接管处，接管了原输出入管理委员会天津办事处、天津海关和天津商品检验局，没收了官僚资本的外贸企业。1949 年 3 月 18 日成立华北对外贸易管理局和华北对外贸易公司，下辖 6 个专业公司，形成国营、私营、外商并存的局面。1951 年 1 月，华北对外贸易管理局改为中央人民政府贸易部天津对外贸易管理局，1953 年与天津海关合并，1955 年成立天津市对外贸易局。1956 年私营企业实行公私合营，由 128 家私营企业组成了 8 个公私合营外贸企业，清理了外籍商行。1958—1967 年，天津市对外贸易局以河北省对外贸易局和天津市对外贸易局的双重名称统管天津口岸和河北省的对外贸易。

从贸易方向上看，1949—1950 年，天津对外贸易的国际市场，仍以欧美和日本为主。1951—1962 年，“由于一些国家对中国实行经济封锁，故而将对外贸易转为以苏联和东欧为主，同时与亚洲、非洲、拉丁美洲新独立国家的贸易有所增长。1962 年以后，中苏关系发生变化，天津对苏联和东欧的贸易迅速下降；对香港、西欧、日本的贸易占主要地位，贸易往来的国家和地区日趋扩大”②。

---

① 天津市地方志编修委员会编：《天津简志》，天津人民出版社 1991 年版，第 694～695 页。

② 天津市地方志编修委员会编：《天津简志》，天津人民出版社 1991 年版，第 693 页。

从贸易内容上看，1950年以后，为充分利用私营进出口商的国外渠道和资金力量进口必要物资，华北对外贸易管理局采取灵活措施，简化了私营商行利用自备外汇进口商品的申报手续，使其进口比重占到了天津进口总额的52.68%。1953年底实行“公进私出”后，私营外贸行不再自营进口，只接受国营企业委托，代办进口业务，以便集中外汇，保证从苏联引进156项重点工程所需的资金。出口方面由于采取出口免税政策，使得天津1949年的出口总值额达到了2273.73万美元，1950年为15267万美元，1951年为14068万美元，1952年为19044万美元，居全国第一位。此后，天津出口贸易以每年7.6%的速度增长，至1959年出口总值达到36287万美元。受中苏关系和国内经济困难的影响，天津出口额1960年降至29809万美元，1961年再降为21581万美元。①

第五节　以天津口岸为核心的环渤海外向型市场结构的空间演进

近代天津的腹地范围，虽然一度覆盖至幅员辽阔的三北地区，但是其经济辐射力度最强、相互依存度最高的区域，还是现代交通（铁路、公路、电信）网络密集、区域经济市场化程度又很高的环渤海地区。② 并且自唐宋以降，中国经济的重心区就由黄河中下游转移到了江南地区；此后直到近代开埠通商之后，北方特别是环渤海地区的经济发展水平才逐渐赶上南方，成为与长三角、珠三角并驾齐驱的中国经济现代化程度最高的区域之一。正是在该区域港口城市和国内外市场的双重拉动下，环渤海经济

---

① 天津市地方志编修委员会编：《天津简志》，天津人民出版社1991年版，第696页。

② 本书所说的近代环渤海地区，是指环渤海的沿海贸易口岸，能够进行直接经济辐射的地域。其空间范围大致包括青岛以西、包头以东、长春以南、郑州以北的外向型经济区。

区的空间范围，由主要入海河流和简短陆路交通线两侧，逐步扩展到涵盖华北、东北、西北大部分地区的辽阔区域；其产业类型和发展水平，也由此前传统的农业、手工业、运输业，拓展为市场化、外向化、现代化程度较高的近代农业、畜牧业、工业、交通业，并从根本上带动和提高了北方广大地区的经济发展水平，一定程度上促成了北方经济在近代的崛起。①而厘清天津在其中起龙头作用的近代环渤海口岸与市场结构的时空演进，有助于深刻认识天津等港口城市在北方经济现代化和外向化进程中的重要地位。

一、天津口岸在环渤海对外贸易体系中的核心地位

天津原本是一个与漕运密切相关的军事卫所，后来升格为理疆治民的府城，口岸开放之前的经济功能，也主要是京师漕粮和南北土宜的河、海转运中心，正如许檀教授所指出的："天津的兴起以漕运为基础，清代沿海贸易的发展推动了天津经济的发展，使其作为商业城市迅速崛起，到清代中叶天津已是北方沿海最大的港口城市。"并且1860年天津作为通商口岸对外开放的基础也是"在清代前期奠定的"。② 但是，由于天津不是清代前期的四大海关所在地，所以其商业贸易的内容仍仅局限于国内贸易特别是沿海贸易方面。

只有在1860年成为对外开放的通商口岸之后，天津才真正从一个主要为大清帝国首都服务的内贸型港口城市，发展成为一个同时面向国内外市场的外向型工商业大都市，成为引领近代中国北方经济现代化转型的龙头。正是从天津港口和城市经济功能在近代前后的变迁过程中，才能够更清晰地发现，"在过去天津能够站立得住的基础就是对外贸易，天津的工

---

① 樊如森：《环渤海经济区与近代北方的崛起》，载《史林》2007年第1期。

② 许檀：《从北洋三口发展的历史脉络看中国近代化历程》，载《天津师范大学学报（社会科学版）》2005年第1期。

商业是靠着对外贸易繁荣起来的，所以首先应该提出‘天津经济与世界的关系’这问题来讨论，同时必须观察它与全国尤其华北贸易间的关联”①。也就是说，要找到近代天津在北方经济地位快速提升的秘诀，最根本的是要从它与外部世界的经济联系也就是天津在环渤海对外贸易体系中的地位入手。

（一）天津在“北洋三口”时代的主导地位

在天津开埠的同时，烟台、牛庄也对外开放，清廷在天津设立了管理北洋三口通商事务的大臣，环渤海地区的进出口贸易进入“北洋三口时代”。换言之，环渤海三港由此成为主导中国北方对外贸易的中心。

表 1.13　1875—1904 年环渤海三港的进出口贸易净值

单位：海关两

年份	天津	烟台	牛庄
1875	17058711	7786786	5513055
1876	18741493	6432272	6949125
1877	22942468	6101350	6877285
1878	20773479	9317441	9772963
1879	24365442	10963498	8214614
1880	21668434	9905815	6725036
1881	21606231	9575346	6080432
1882	22525267	9162607	6625182
1883	21667011	9332401	7012648
1884	23939057	10060516	7813494
1885	26242763	10583486	8298116

① 李洛之、聂汤谷编著：《天津的经济地位》，经济部冀热察绥区特派员办公处、结束办事处驻津办事处 1948 年版，第 4 页。

（续表）

年份	天津	烟台	牛庄
1886	27382445	11698857	8601216
1887	28582606	12579788	10356673
1888	27959017	11875904	9964868
1889	31245515	12666578	9447004
1890	34131668	12862382	14448281
1891	37048539	12800474	17064773
1892	35326854	13329147	16362923
1893	38570147	13067115	17659854
1894	44277054	14778676	16418604
1895	50175806	17495041	9353705
1896	51316367	19533953	22771346
1897	55059017	22051976	26358671
1898	63064148	26238774	32441315
1899	77447339	28153956	48357623
1900	31920658	27058328	22024643
1901	49411423	37660510	42262209
1902	89478464	35924413	42692135
1903	68729061	38183912	47632059
1904	68954694	34255175	41517878

资料来源：各口岸海关贸易统计，据交通部烟台港务管理局编《近代山东沿海通商口岸贸易统计资料（1859—1949）》，对外贸易教育出版社 1986 年版，表 1、附表 3 改绘。

表 1.13 的贸易统计显示，开埠前期，天津的对外贸易净值一直遥居另外两个主要港口之上，成为“北洋三口”时代无可争议的领导者。

（二）天津在后“三口时代”的核心地位

到20世纪前后，青岛、大连等港口城市也相继开埠，它们共同参与并分割了北方的腹地和市场，形成了环渤海对外贸易体系的众多支点。然而，这并未从根本上动摇天津在北方进出口贸易中的核心地位。

表1.14　1904—1913年环渤海五个主要港口的进出口贸易额比较

单位：海关两

港口	贸易额及其比例	1904年	1909年	1913年
天津	贸易额	71812928	102491605	135018039
	约占五港总额的百分比（%）	34.37	35.70	37.85
牛庄	贸易额	41600696	55173134	50217793
	约占五港总额的百分比（%）	19.91	19.22	14.08
烟台	贸易额	40644643	44319824	34950713
	约占五港总额的百分比（%）	19.45	15.44	9.80
大连	贸易额	36019921	44825434	76098288
	约占五港总额的百分比（%）	17.24	15.62	21.33
青岛	贸易额	18886198	40250929	60448850
	约占五港总额的百分比（%）	9.04	14.02	16.95
五港总额		208964386	287060926	356733683

资料来源：五个口岸的海关贸易统计，据寿杨宾编著《青岛海港史（近代部分）》，人民交通出版社1986年版，第93页。

由表1.14可知，随着青岛、大连的开埠，北方的港口城市格局开始发生一系列的变革。但是，在1904—1913年，天津的进出口贸易额，依然占这五港贸易总额的1/3以上，稳居各港口城市之首。

不过，近代的天津港毕竟是一个内河港口，随着北方对外贸易的发展、对港口吞吐能力要求的不断提高以及其他港口竞争力度的加大，天津港所固有的不利港口条件逐渐成为制约其进出口贸易进一步繁荣的瓶颈。

1917 年以后，天津在北方的主导地位开始受到来自大连的挑战。

表 1.15　1914—1931 年天津、大连两港的进出口贸易总值比较

单位：海关两

年份	天津	大连	年份	天津	大连
1914	123639776	78717791	1923	238407938	230549253
1915	125053458	83834162	1924	251695599	240672564
1916	133020399	99776790	1925	287704766	273709954
1917	142360661	135945240	1926	207574753	332078468
1918	153138643	165824207	1927	325339223	336372493
1919	189775934	210748036	1928	348250655	392076219
1920	173482542	203773599	1929	342631149	473665052
1921	224779202	210431265	1930	315113886	392154759
1922	244516332	220010135	1931	350229937	404283565

资料来源：天津、大连两口岸海关贸易统计，据交通部烟台港务管理局编《近代山东沿海通商口岸贸易统计资料》，对外贸易教育出版社 1986 年版，附表 3 改制。

表 1.15 显示，在 1914—1931 年这 18 年的进出口贸易总值统计中，大连港有 9 年超过或明显超过天津港。天津港地位下降或者说大连港地位上升的原因，一是大连港水深不冻的良好港口条件和优惠的自由港政策；二是 1925—1931 年是东北地区的主要经济作物大豆等在国内外市场上最畅销的时期，大豆的出口带来了大连出口量的猛增；出口的激增反过来增加了腹地居民的经济收入，大大提高了他们对纺织品、米面、砂糖、烟酒、麻袋等日用品的消费能力，进一步刺激了进口，扩大了大连港的商品进出口总值①；三

① 姚永超：《大连港腹地核心地域结构演变的研究（1907—1931）》，复旦大学 2004 年硕士学位论文。

是自中国恢复关税自主权以后，不断提高进口关税，导致日本以辽东半岛为基地、对冀东地区愈演愈烈的走私活动①，这也在很大程度上削减了天津港正常的进口贸易额。所有这些不利因素，都在降低天津在北方诸港进出口总额方面原有的主导地位。

但是，由于大连当时处在日本的直接控制下，进出口贸易的服务对象主要是日本和朝鲜地区，与中国本土的经济联系仅限于东北地区。② 所以，大连在中国北方近代经济发展当中的整体地位和影响，还是远不如天津。因为从全国整个的进出口贸易状况来看，直到 1924 年，“天津是中国第二大商埠，发展规模远远超过大连与汉口”③。

汉口尽管于 1861 年开埠之后，对外贸易总额也不断增加，并且在 1925 年曾达到 1. 31 亿元，一度在全国五大商埠中仅次于上海，居于第 2 位，但这已经是汉口近代经济发展的最高极限，绝非其常态。此后到 20 世纪 30 年代，由于国内外政治、经济条件的变化，特别是长江流域多达 19 个口岸的陆续开放和市场分割，汉口对外贸易由鼎盛走向了衰落。表现为其外贸值由 1928 年的 1. 22 亿元下降至 1936 年的 0. 47 亿元；外贸逆差日

---

① 国外特别是日本以大连为基地，对包括冀东地区在内的渤海沿岸至山东半岛的商品走私活动，原本一直存在，只是在 1935 年 8 月之后变得愈演愈烈了。原因之一，是南京国民政府恢复关税自主权后，进口税率提高，进口利润下降。1928 年，中国进口税的平均税率为 3. 9%，1930 年升至 10. 4%，1935 年更达到 27. 2%。原因之二，是 1935 年 10 月 14 日伪冀东防共自治政府成立后，为确保关税收入而将其合法化，走私品只要在留守营、南大寺、昌黎、北戴河 4 处指定地点卸载，并缴纳货物查验费后，即可由陆路有保障地“送至中心市场的天津。此项走私商品由天津更能运至华北各地，远则能运销至长江沿岸地区。此项走私商品倾销极畅，结果使全国物价额外减低致使一般正当贸易商亏累不堪”。原因之三，是根据 1937 年 6 月的“塘沽协定”，冀东地区划为非武装地区，国民政府更无取缔走私的能力。见李洛之、聂汤谷编著：《天津的经济地位》，经济部冀热察绥区特派员办公处、结束办事处驻津办事处 1948 年版，第 12 页。

② 姚永超：《大连港腹地核心地域结构演变的研究（1907—1931）》，复旦大学 2004 年硕士学位论文。

③ ［英］雷穆森（O. D. Rasmussen）著，许逸凡、赵地译，刘海岩校订：《天津租界史（插图本）》，天津人民出版社 2009 年版，第 246 页。

趋扩大，1936年逆差额高达2100万元，数倍于1929年的逆差额；外贸地位下降，在全国各大主要商埠中由1929年的第4位降至1936年的第5位；主要商品如棉花、茶叶、生丝、桐油、蛋品、猪鬃、苎麻等的出口数量均呈下降趋势。“汉口对外贸易的衰退是在多种因素的综合作用下形成的，主要包括自然因素（主要指天灾）、政治因素（主要指国内战争）和经济因素（主要指世界经济大危机和国内经济状况不佳）。”①

除了大连的竞争，天津与北方特别是华北地区的其他港口城市相比，还是居于非常突出的优势地位的。

表1.16　1932—1936年华北各港分别占六港进出口总额的平均百分比（%）

港口	出口	进口	总额	港口	出口	进口	总额
天津	59.31	57.73	58.73	龙口	1.99	1.24	1.55
青岛	27.07	34.14	30.76	威海卫	1.89	0.92	1.35
芝罘	6.13	4.22	5.00				
秦皇岛	3.63	1.76	2.64	六港总计	100.00	100.00	100.00

资料来源：李洛之、聂汤谷编著《天津的经济地位》，经济部冀热察绥区特派员办公处、结束办事处驻津办事处1948年版，第7页。

1931年九一八事变后，伪满洲国的建立和日本支持下的冀东大规模走私，迫使天津失去了东北市场；同时受1929—1933年世界经济危机的冲击，天津和华北其他口岸的对外贸易均严重受挫。1932—1937年的华北口岸进出口贸易额，和1928—1931年相比出现了明显衰落。② 不过截至1937年，天津的对外贸易额仍居全国第二。③ 尽管和处在首位的上海差距甚远，

① 陶良虎：《20世纪30年代汉口对外贸易衰退原因辨析》，载《江汉论坛》1996年第6期。

② 李洛之、聂汤谷编著：《天津的经济地位》，经济部冀热察绥区特派员办公处、结束办事处驻津办事处1948年版，第6页。

③ 李洛之、聂汤谷编著：《天津的经济地位》，经济部冀热察绥区特派员办公处、结束办事处驻津办事处1948年版，第7页。

但与青岛相比还是优势突出，因而天津能够继续保持其华北最大外贸口岸的地位。

表1.17　1935—1939年天津在全国（东北、西北除外）对外贸易中所占的百分比（%）

口岸名称	贸易类别	1935年	1936年	1937年	1938年	1939年
天津	贸易总额	11.75	11.53	11.86	24.74	18.99
	进口额	9.21	7.69	8.79	26.27	27.05
	出口额	15.82	16.67	15.36	23.05	8.69
青岛	贸易总额	6.65	6.44	6.01	4.73	7.46
	进口额	5.54	5.80	5.21	5.26	9.50
	出口额	8.43	7.29	6.92	4.12	5.09
华北合计	贸易总额	20.64	20.11	20.14	34.67	32.67
	进口额	16.24	14.92	15.25	35.82	41.96
	出口额	27.70	27.04	25.72	33.33	21.91
上海	贸易总额	53.08	55.56	51.00	30.05	49.84
	进口额	54.90	58.78	53.42	30.77	46.17
	出口额	50.14	51.26	48.25	28.37	54.09
华中合计	贸易总额	59.45	61.67	56.21	31.30	51.02
	进口额	93.50	67.51	61.90	31.79	44.23
	出口额	52.93	53.86	49.72	30.73	58.88
华南合计	贸易总额	19.91	18.22	23.75	34.03	16.31
	进口额	20.26	17.57	22.85	32.39	13.81
	出口额	19.37	19.10	24.56	35.94	19.21
全国总计	贸易总额	100.00	100.00	100.00	100.00	100.00
	进口额	100.00	100.00	100.00	100.00	100.00
	出口额	100.00	100.00	100.00	100.00	100.00

资料来源：李洛之、聂汤谷编著《天津的经济地位》，经济部冀热察绥区特派员办公处、结束办事处驻津办事处1948年版，第6~7页，第3表改。

表注：华北合计含天津、青岛，华中合计含上海。

二、开埠通商与环渤海“口岸—市镇”市场网络的发育

清代中期环渤海地区的经济发展，产业上处于以小农经济为主导的自然经济状态，市场格局上处于“都城—治所”主导下的封闭市场网络，区域经济的潜在优势还受封建政体的严格禁锢。

在第二次鸦片战争和太平天国起义的双重打击下，元气大伤的清廷在对外交往中日趋软弱；后来又经过中法、中日、八国联军侵华战争的多次挫败，清廷更加被动，只能依靠缔结更多条约、开放更多口岸来应付时局，这就是通常所说的“约开商埠”（Treaty Port）。与此同时，清朝和民国中央及地方政府，为争取开埠通商的主动权，也自行开放了一些对外贸易口岸，通常称之为“自开商埠”（Trade Port）。据笔者统计，截至1930年，中国对外开放的一级商埠总数为115个（约开82个，自开33个），其中环渤海地区共39个，占全国总数的33.9%。它们是1860年开放的天津、牛庄（实际为营口）、登州（实际为烟台），1897年开放的胶州（青岛），1898年开放的大连、威海卫，1901年开放的秦皇岛，1903年开放安东（今辽宁丹东），1905年开放的海州（今江苏连云港），1906年开放的济南、周村（今山东淄博）、潍县（今山东潍坊）、通江口、铁岭、法库门、新民屯（今辽宁新民），1907年开放的吉林、长春、辽阳、凤凰城（今辽宁凤城）、大东沟（今辽宁东港），1908年开放的沈阳，1909年开放的龙井村（今吉林龙井）、百草沟（今吉林汪清）、局子街（今吉林延吉）、头道沟（今吉林和龙），1914年开放的洮南、葫芦岛、多伦诺尔（今内蒙古多伦）、归化城（今内蒙古呼和浩特）、张家口，1915年开放的龙口，1916年开放的锦州，1917年开放的郑家屯（今吉林双辽）、赤峰，1921年开放的济宁、包头，1922年开放的郑县（今河南郑州）、徐州。它们共同构成了本区域经济功能日趋显著的“口岸—市镇”市场网络，成为环渤海地区外向型经济的主导力量。

自清朝末年开始，轮船、火车、汽车等新式交通方式陆续出现在环渤海地区，以发展现代工商业为目的的交通城镇也随之成长起来。其中，随

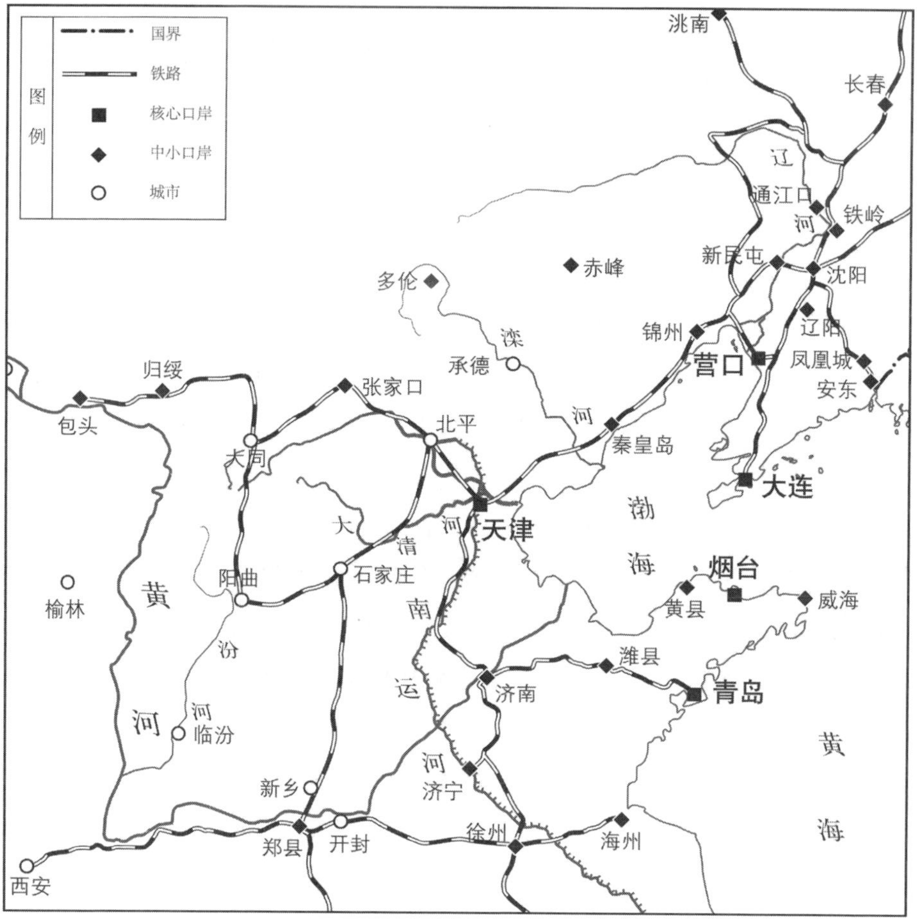

图 1.14　1930 年以前的环渤海通商口岸示意图

资料来源：据屠思聪《中华新形势一览图》，世界书局 1926 年版，重新绘制。

轮船运输业发展而崛起的城镇，主要是沿海的开埠港口城市，如华北的天津、秦皇岛、烟台、青岛、龙口、威海、海州，东北的营口、大连、安东、葫芦岛等。如大连 1898 年前还是辽东半岛东南角名叫“青泥洼”的小渔村；1899 年由俄国动工修建了港口；1906 年又被日本接管经营；到 1930 年，大连港可以容纳 3000～4000 吨级的海轮 40 艘，3 万吨级的大船也可近岸停泊，民船码头可备民船 100 艘停泊，75 处码头堆栈的货物容量共计50万吨①，成为东北地区南部最大的海港城市。

伴随着火车、汽车运输而兴起的交通城市也很多，如山东济南、青岛、周村、潍县，河北天津、北京、石家庄、邯郸，河南郑县、洛阳、开封、新乡，江苏徐州、海州，山西太原、榆次、大同，陕西西安、宝鸡，绥远归化城、包头，察哈尔张家口、宣化，辽宁大连、沈阳、锦州，吉林永吉、长春等。以石家庄为例，1900年前只是获鹿县一个800余人的小村子，1906年京汉铁路通车特别是1907年正太铁路在此与京汉铁路交会后，成为河北与山西沟通的现代交通枢纽，大量土洋货物在这里进出，商业日趋繁荣；同时，大兴纺织公司、振华洋火公司、荣裕玻璃厂、英美烟草公司、银行支行、钱庄分号等工商企业也在此得到发展；1926年，其城市人口已4万余人，1933年达6.3万余人。②

同一时期，不少近代工矿型城镇也随着轮船、火车以及工业生产对煤炭需求的增加发展起来。如河北唐山，19世纪70年代还是一个村庄，19世纪80年代开平煤矿建立后成为集镇；到20世纪30年代，开滦矿务局有工人3万余人，年产煤炭约600万吨，1922年以前，稳执中国煤矿产业之牛耳③；同时，相关工业企业也设立并发展起来，如启新洋灰公司、华新纱厂分厂等，使唐山成为一个现代工矿业城市；它“有交通大学、铁工厂、巡警局、矿务局、中国医院、矿务局养病院、铁路工厂、学校、新开市场，建筑宏敞，非内地县城所能比”④。另外，河南焦作、河北临城、山西大同、江苏徐州、山东淄博、辽宁抚顺等，也都是近代发展起来的环渤海工矿业城市。

与此同时，原有的“都城—治所”城市，也在基础设施和产业布局方

---

① 《海关十年报告（1921—1930）》大连部分，见中国第二历史档案馆、中国海关总署办公厅编：《中国旧海关史料（1859—1948）》，第156册，京华出版社2001年版。

② 白眉初：《中华民国省区全志》，第1册，北京求知学社1924年版，第45页。

③ 张其昀、任美锷编：《本国地理》，下册，南京钟山书局1934年版，第53页。

④ 白眉初：《中华民国省区全志》，第1册，北京求知学社1924年版，第35页。

面逐步向口岸城市看齐。如北京虽依然对北方城镇施加着巨大的政治影响，但其城内主要的近代化设施和生产生活内容都效仿天津，如铁路的大规模兴修、煤矿的近代化开采、邮政电报的运用、现代工厂的建立等；“北京许多最早的市政工程是由天津帮助进行的，北京早期一些小的工矿企业也有天津企业家的投资。……天津一些巨富还在北京市政建设和小企业中投资”①。

这样，众多以发展进出口贸易和现代工商业为主要职能的通商口岸城市、交通枢纽城市、工矿业城市，在环渤海地区交织成一张新的“口岸—市镇”网络，它们取代原“都城—治所”城市，成为主导该区域近代经济发展方向的新节点。到20世纪30年代，环渤海地区形成了以天津、青岛、大连为中心城市的新的区域市场网络体系。其中，中心城市作为一级市场，除直接辐射临近的乡村市场外，主要通过直接辐射下面的二级市场即中等城市的方式，间接影响整个区域市场网络；中等城市则直接辐射下面的三级市场即中小城市，间接影响次级区域市场网络；中小城市则直接辐射下面的初级市场，也称产地市场。

（一）以天津为中心城市的环渤海市场网络

在环渤海三大“口岸—市镇”市场网络中，以天津网络最为辽阔。其中天津为一级市场，下面辐射8个二级市场，即河南郑县（今郑州）、山西阳曲（今太原）、察哈尔张家口、陕西西安、绥远包头、甘肃兰州、新疆古城（今奇台县）、蒙古库伦（今乌兰巴托）。

1. 一级市场

作为中心城市的天津，起源于金元时期的直沽寨。1404年开始建立卫所城，清代雍正年间升为天津府。1860年开埠之前，其城市职能不过是完全依附于京师之下的一个漕粮转运站和有限度的区域性商业中心，经济腹地狭窄，主要以京畿周围的海河流域和山东济宁以北的大运河沿线地区为主，是海河流域水陆交通的枢纽和长芦海盐的营运中心，而且作为京城漕粮的转运

① 王玲：《北京与周围城市关系史》，北京燕山出版社1988年版，第111页。

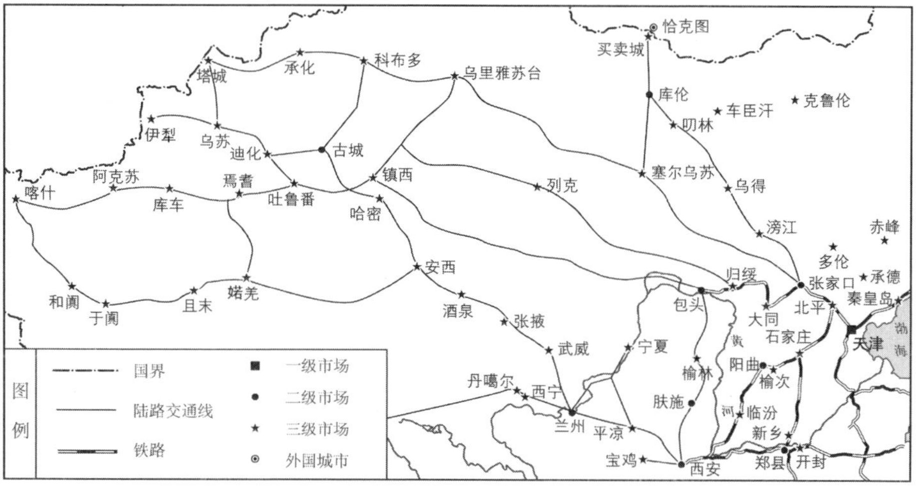

图 1.15　1934 年前后以天津为中心城市的华北、西北市场网络示意图

资料来源：据《中华民国分省地图》，申报馆 1933 年版，重新绘制。

站，它还成为漕船卸载南方洋广杂货和携带北方土特产的商品集散地。1855 年之前的天津，“地当九河津要，路通各省舟车，南运数百万之漕，悉道经于此。舟楫之所式临，商贾之所萃集，五方人民之所杂处，皇华使者之所衔命以出，贤士大夫之所报命而还者，亦必由于是。实水陆之通衢，为畿辅之门户，冠盖相望，轮蹄若织，虽大都会莫能过焉”①。

开埠之后，天津的经济面貌和实力发生了质的飞跃。它作为环渤海地区最早的 3 个通商口岸之一，让西方国家的先进生产方式和经营方式能够在这里迅速登陆，使天津获得了比华北其他城市都更为宽松的政策环境、更多的发展机会和更加广阔的国内外市场，成为北方最大的对外贸易中心城市。这主要表现为它在北方各口岸城市中拥有最为广阔的经济腹地，是北方主要商品出口数值最多的港口城市，不仅成为北方，而且成为全国最大的皮毛、草帽辫、棉花、蛋产品、麻类等商品的出口基地，商品的进出

① 〔清〕张焘撰，丁绵孙、王黎雅点校：《津门杂记》，天津古籍出版社 1986 年版，第 1 ~ 2 页。

口总值也在北方各港中名列前茅；在现代工业、金融领域里的各项主要指标，都仅次于上海，成为中国北方第一大工商业城市，其综合经济实力已成为近代北方无可争议的经济中心和龙头城市了。① 20世纪30年代的人认为："天津当河北五大河会流之点，贸易区域北至内外蒙古，西连山西、陕西、甘肃、新疆，南及河南、山东之北部，范围之大，除上海外，殆无其匹。人口七十五万，与武汉埒。天津为北方棉花集散地，加以接近开滦，煤炭丰富，纺织业极有希望。中国羊毛十分之九，由天津出口。"② 是北方经济地位最高的都会。20世纪40年代的人评价："天津由一个繁荣的商业都市，而成为一个进步的工业都市。……一天一天的增高了他在全国中所占的地位。七·七事变以前天津的贸易额仅次于上海，在工业都市方面也站在与青岛竞争第二的地位，七·七事变后，上海青岛的工厂都遭受惨重的牺牲，天津方面的工厂，不但未曾受到破坏，而且急速的增设了许多新的工厂，当时在工业都市中位居全国的首席。在贸易方面如果包含海关统计以外的数字，进口额也非其他商埠所可比拟。"③ 到20世纪20年代，天津已经形成了"以轻工业和出口加工业为主的工业体系，基本改变了传统天津仅仅是商业和手工业繁荣的商品集散转运中心的面貌，改变了传统城市以政治职能为主、经济职能为辅的格局，使天津成为以工业为基础，金融业和商业发达的具有先进的交通通讯的近代开放型城市"④，成为仅次于上海的中国第二大工商业都会。

2. 二级市场

郑县原本只是豫中地区的普通县城，京汉（1906）、汴洛（1909）两条铁路在此交会，奠定了它在中原地区现代交通中的枢纽地位。其工商业

① 樊如森：《天津——近代北方经济的龙头》，载《中国历史地理论丛》2006年第2辑。

② 张其昀：《中国地理大纲》，商务印书馆1930年版，第52页。

③ 李洛之、聂汤谷编著：《天津的经济地位》，经济部冀热察绥区特派员办公处、结束办事处驻津办事处1948年版，第2页。

④ 罗澍伟主编：《近代天津城市史》，中国社会科学出版社1993年版，第433页。

“繁盛街市为大通路、钱塘里、敦睦里、天中里、三多里、福寿街，皆在车站之东。经商多汉口、天津人，河南人竞争于商业者，颇不多见。工厂有豫丰纱厂、中华蛋厂、大东铁器厂、利济织布厂、省立郑县贫民工厂等”①。“河南、陕西、山西三省之棉花，多会集于此，然后转销于天津、汉口、上海等处。故郑县成为北方棉花大市场之一。”② 上海、天津、青岛等地的纺织厂，多到郑县坐地收购棉花。棉花运输业的繁荣，又促进了打包、纺织、金融、保险、货栈、转运等行业的发展。③

天津对山西经济辐射最强的是太原，早在清朝中期太原就是山西的经济都会。这里店铺林立，商业繁盛。以商品命名的街巷有剪子巷、帽儿巷、牛肉巷、米市街、估衣街、麻市街等；相关的商业行会也有粮行、油面行、布行、药行、干菜行、酒行、鞋帽行、典当行、杂货行、银钱行十大行。1907 年正太铁路通车后，太原和外埠特别是天津的商业贸易进一步扩大，销售进口商品的洋货行成为太原最活跃的行业。20 世纪初，太原商业进一步发展，商业区日益扩大，以经营天津进口商品为重要内容的开化市场成为太原最热闹的市场。20 世纪 20 年代，太原有各类商业店铺 2500 多家。太原的一些大商号，如主要从天津进货的义升厚棉布庄，除零售外还大量转批给太原市内以及晋中等外地的布匹销售商。④ 1937 年同蒲铁路的贯通，更提高了太原的经济地位，使它既成为山西“全省进出口之中心，亦天津商埠之尾闾”⑤。

---

① 吴世勋编：《河南》，中华书局 1927 年版，第 72 页。

② 崔宗埙编：《河南省经济调查报告》，财政部直接税署经济研究室 1945 年版，第 11 页。

③ 张学厚：《郑州棉花业的兴衰》，见中国人民政治协商会议河南省委员会文史资料委员会编《河南文史资料（第三十七辑）》，《河南文史资料》编辑部 1991 年发行。

④ 任步奎：《解放前太原的商业》，见太原市政协文史资料研究委员会编《太原文史资料（第七辑）》，（内部发行）1986 年。

⑤ 实业部国际贸易局编：《中国实业志 · 山西省》，实业部国际贸易局 1937 年版，第 31 页。

张家口自清中期后就成为华北地区对蒙古草原贸易的中心。1909 年京张铁路通车、1914 年自开商埠以后，张家口商业更加繁荣。1918 年，张家口至库伦通行汽车后，“输运愈便，商务尤盛，西沟‘外管’增至一千六百家，贸易额达一万五千万两，计进口八千万两，出口七千万两，是为张库交易‘鼎盛时期’；凡西沟‘外管’类多在库伦设立分号，不下六七百家，旁及恰克图、乌里雅苏台等处”①。

20 世纪初期的包头，不仅是河套及内蒙古高原甚至也是西北广大地区内外贸易的中心市场之一。“凡京、津、陕、甘、内外蒙古、新疆货物往来，均以此为转运之场，诚西北一大市场也。（1918）贸易额年五百余万”②，商店大小共 1200 余家。1923 年前后，这里仅绒毛一项每年就集散 2000 万～3000 万斤，占整个西北地区绒毛产量的 2/3 以上。③ 到 20 世纪 30 年代，包头“陆则有平绥路为吞吐之骨干，而平津各地遂为包头出入之尾闾，由包头可至西宁、肃州、五原、宁夏、兰州等地；至水路则有黄河之水流，用皮筏可由兰州至包头”，其商业腹地已包含河套地区的全部、蒙古地区（阿拉善、额济纳地区）、宁夏、甘肃及青海等。④

西安自陇海铁路通车后，进一步发展成为秦岭以北乃至西北地区商品输出入的枢纽和最大市场。从天津、上海、汉口等地输入的绸缎、布匹、油类、颜料、糖、纸烟及其他普通日用品，由火车运抵西安后，商人再用汽车、马车、牲畜、人力等转运到省内各中小市场销售。而过境到甘肃等地去的布匹、茶叶、鞋帽、颜料、肥皂及其他杂货，多由汽车沿西兰公路转运。这样，“西安已渐成为东南工商制造品输入及西北农畜产品输出之

---

① 黄奋生编：《蒙藏新志》，中华书局 1938 年版，第 786 页。引文中的外管，即从事对蒙古地区贸易的商号。

② 林竞：《西北丛编》，神州国光社 1931 年版，第 43 页。

③ 李绍钦：《古代北方各民族在包头地区的活动》，见中国人民政治协商会议包头市委员会文史资料研究委员会编《包头文史资料选编（第四辑）》，（内部发行）1983 年。

④ 廖兆骏编著：《绥远志略》，正中书局 1937 年版，第 269 页。

门户”①。随着铁路的通达和抗日战争后方基地建设的加速，西安的近代工商业也有很大发展，门类遍及钢铁、机器、化工、建材、印刷、棉毛纺织、制革、制药、火柴、面粉、酒精、榨油、碾米、打包等众多领域。②

兰州作为黄河上游的重要中心市场，“巨大商号林立于此，或收购内地（指甘、青地区——引者注）物产，如皮毛、药材等类，运销于外；或运入布匹、茶、糖、杂货等类，分销青海、河西及甘肃西南部各地。皋兰全县每年输出货物仅值九百余万元，输入一千七百余万元；过境货物则值一千三百余万元。而青海羊毛、木料之由黄河直运包头，由此经过而不发生商业关系者，为数尚甚多也。各类重要商业皆为陕西、山西，及天津旅居于此之商人所经营”③。兰州之下，尚有几个繁荣的中级市场，如河西走廊的张掖、陇东的天水和平凉、宁夏平原的宁夏、青海高原的西宁等。

古城“地居新疆北路之中枢，四塞灵通。秦、陇、豫、蜀、湘、鄂商人出嘉峪关经哈密而至，燕、晋商人由张家口、归化经蒙古草地而来，岁输入绸缎、茶叶、纸张、漆器及东西洋货，达三百余万。而归化来者，居十之六七。归化则又来自京津……至古城后，乃分布于天山南北两路各商镇，是古城者，实新疆输入内地货物之总汇也”④。

库伦于1861年开放为对俄贸易商埠，城市建成区分为三部分，核心商业区在东库伦，又名买卖城，有汉族商人开设的店铺数千家，贸易输出品以牛、马、羊、骆驼等为大宗，输入品以布、帛、杂货等为大宗。库伦的商业辐射范围，曾经向东到东三省，向南到热、察、绥等，向西到新疆，

---

① 铁道部业务司商务科编：《陇海铁路西兰线陕西段经济调查报告书》，（内部发行）1935年，第91页。

② 云章：《抗战以来之陕西工业概述》，载《陕行汇刊》1944年第1期。

③ 铁道部业务司商务科编：《陇海铁路甘肃段经济调查报告书》，（内部发行）1935年，第64页。

④ 林竞：《西北丛编》，神州国光社1931年版，第254～255页。

向北到西伯利亚。交通四通八达，最为利便。只是1924年以后，商业上的主导权，由以前的山西商人让位给了苏联商人；主要的对外贸易方向，由以前通过张家口、天津输往国际市场，到主要向北、向西直接输往苏联市场。①

3. 三级市场

二级市场通过辐射下面的三级市场，进而统领整个区域市场网络。如包头之下的三级市场有绥远，每年转销来自蒙旗以及甘肃、新疆等地来的羔皮细毛约值40万两，本地羊皮年销约20万张；洋商在该市所设的采买羊毛绒及牛、马皮的洋庄有十几家；众多的旅蒙商人还从这里贩运大量的砖茶、绸、布、棉花、米、面等物，分赴各蒙旗牧区交换牧民的驼、马、牛、羊、皮革、绒毛等物，“春夏去而秋冬归，岁以为常”②，另外，临河县的商品流通也很活跃，1931年前后的对外输出，以牛、马、骡、驼、羊、羊绒、粮米、皮张为大宗，年销售数值约400万元；输入品以茶、布、烟、酒、糖、纸等为大宗，年销售数值约300万元。③ 萨拉齐和乌兰脑包（在五原县东北50里）等地，也是该地区对甘、新、外蒙古地区及平、津等地进行商品交流的重要市场。④ 它们皆以包头为中心，构成了漠南蒙古西部地区的区域性市场网络。

山西省的大同作为张家口二级市场下的三级市场，早在明代嘉靖年间就设立了与蒙古地区通商的马市，内地的茶叶、布匹与草原的皮张、牲畜的交换相当繁盛。天津开埠以后，特别是20世纪初京绥铁路通车后，大同作为天津腹地的重要中级市场，“处山西之北陲，扼平绥铁路之中枢，西抵包头可通宁夏，蒙古诸省，东北至平津直通（南）京沪各地，为晋北进出口货物之总汇，其商业地位之重要，于本省列第二位。全市商铺林立，大小商号共

① 杨文洵等编：《中国地理新志》，中华书局1935年版，第28页。

② 廖兆骏编著：《绥远志略》，正中书局1937年版，第229～230页。

③ 吕咸、白保庄修，王文墀纂：《临河县志》，1931年铅印本。

④ 廖兆骏编著：《绥远志略》，正中书局1937年版，第229页。

计一千余家，商业市场，以南北大街，四牌楼，西街等处为精华荟萃之区”①。

其他如郑县二级市场之下的开封、许昌、洛阳、新乡等三级市场，太原二级市场下的交城，张家口之下的多伦等，功能也与大同类似。

4. 初级市场

介于各三级市场与各商品生产者和消费者之间的是广泛分布于三北地区的集市、庙会等产地市场，即所谓的初级市场。而根据其所在区域的自然环境、产业结构、商品性质等，又可以进一步区分为形式、规模不同的各种层次与类型的初级市场。在直隶、山东等省的沿海平原农耕区，初级市场的场地比较固定。它们数量众多，或在城镇，或在乡村，尽管其规模大小不一，但作为农副产品产地和基层市场的集散作用还是一致的。

规模较大、层次较高的初级市场往往集中在县城或当地主要商业集镇上。如津南平原上的泊头镇，地处津浦铁路与南运河的交会点。附近各乡、县的出产物大部分由此输出，当地农民大部分的日用品也都由此输入。1935 年，泊头镇有固定商店 230 余家，流动摊贩无算。输入品以面粉、火柴、棉纱、棉布、煤、煤油、洋广杂货、木材、纸、竹等制造品和日用消耗品为主；输出品以粮食、梨、枣、西瓜、麻、蜡烛、核桃、花生、柿饼等农产品为主。除了平时交易，主要靠定期的集市进行贸易。泊头镇每逢农历三、八日为小集，五、十日为大集。集市之日，农民一大早就背着口袋，或推着小车，套着大车，到集市上买卖物品。“集”一般设在镇上的开阔地带，摆上众多摊位，衣食、器物应有尽有。农民和商贩在集市上出售手中的商品，买回所需要的东西。②

三北地区各初级市场的存在形式和发挥作用的表现形式也存在着差异。蒙古高原游牧区初级市场的货物交易，是通过旅蒙商以“出拨子”（货郎）的形式进行的。他们以每年的阴历三月至五月、七月至九月为期，

---

① 实业部国际贸易局编：《中国实业志·山西省》，商务印书馆 1937 年版，第 75 页。

② 王干：《泊头镇一瞥》，载《工商学志》1935 年第 1 期，第 85～94 页。

将蒙古族人嗜好的日用必需品装载于牛车或驼背上，然后向内地进发。到达目的地后，或住在熟人家，或自搭帐篷，冠上蒙古文的店号，将携带的物品排列开来以招徕顾客。过上四五天或六七天再转移到别处。生意好的时候，也有长久地停留在一处的。附近的蒙古族人听到某号拨子来了，都争相用皮毛等物品换取他们所需要的日用品。等到携带的商品卖完，拨子们便把换来的皮毛、药材等，驮载在牲畜背上或牛车上，集运到归化城、包头等大市场去。①

在河套以北的农牧交错地区，也有每年一定时期才举行的集市和庙会。大旅蒙商在这些地方设立了一些杂货铺和皮庄。杂货铺大多用贩来的嗜好品及日用必需品换取蒙古族人的牲畜和皮毛等；皮庄的资本比杂货铺雄厚，它一方面“依据所在的市场，直接向蒙古人购取其皮毛产料，另一面又将出拨子从蒙旗中所换得的皮毛产料收买过来，每年探取某种时间的市场需要，输送到内地大市场或国外去”。这些店铺除了坐地收购周围集聚来的皮毛，还派遣众多的行商，以“出拨子”的形式深入牧区，直接换取牧民的皮毛等畜产品。与此同时，蒙古牧民为了换取日用必需品，也于每年初夏或初冬时，主动到定期举办的集市和庙会上，用他们所带来的牲畜或皮毛等，同汉族人店铺进行交易。② 另据 20 世纪 40 年代的相关资料记载，在青海北部的农牧交错区，蒙古族牧民于每年秋冬二季到湟源、亹源（今青海门源回族自治县）、大通一带互市，春夏二季则在本地定期举行集市贸易。这种集市的地点多选在旷野地带。集市期间，方圆数百里的牧民都来赶集，用当地的物产同汉族商人交换各种日用品，“交易由双方拣选估价至相当价值而止，每次凡二十余日乃散”③，“平时虽有交易，但不甚盛”④。

---

① 贺扬灵：《察绥蒙民经济的解剖》，商务印书馆 1935 年版，第 58 页。

② 贺扬灵：《察绥蒙民经济的解剖》，商务印书馆 1935 年版，第 55 ~ 64 页。

③ 许公武编著：《青海志略》，商务印书馆 1945 年版，第 80 页。

④ 高良佐编著，邵元冲审定：《西北随轺记》，建国月刊社 1936 年版，第 110 页。

5. 城市周边市场

天津作为三北地区外向型市场网络的一级市场，除了直接辐射 8 个二级城市、间接统领整个外向型市场网络，还有它自身直接辐射下的周边市场。这个周边市场的一级、二级市场都是天津，然后通过德县、临清、北平、唐山、清苑（保定）、石家庄等三级市场辐射初级市场，统领天津周边市场网络。这种情况，可以河北平原的棉花运输网络为例说明其市场结构。“最小原始市场与较大原始市场之关系，可以藁城县之实例说明之。在该县城北八里有谈下村，村中耕地 70% 为棉田。每年新棉收获时，村西部早晨有棉市。棉农将籽棉或花衣，担至市上出售。在谈下村西北八里有南董镇，为较大之原始市场。镇上有棉花店、轧棉店。花店中住有各地棉客，洋行代理。每日早晨，该镇都有人赴谈下村收买棉花。收买后，再运至镇上。未轧之子棉轧出，已轧者分类。惟该镇无打包设备，客人须将花衣运至石家庄或正定车站，实行打包后，再向外装运”①，销往沿海和国外市场，进而构筑起一张由“产地市场（谈下村、南董镇）—三级市场（石家庄）——、二级市场（天津）”组成的外向型市场网络。

和天津这个一级市场一样，二级市场、三级市场均有自己直辖的周边市场区域。城镇的市场层级越高，周边直辖市场的范围就越广阔。

然而，无论是天津港口进出口贸易的发展，还是其城市工商业的繁荣，都离不开广大腹地多领域、多层面的有力支撑。因为“在商埠方面无论进出口贸易额的多少，他的繁荣的条件完全系之于外国商品的输入运销，和土产的收买与出口。所以商埠必须是站在交通冲要及拥有广大的背后市场地点。这些条件天津全都具备着。铁路方面为津浦北宁两线的交叉点，由北宁线更可与平汉及平绥线取得联络，在水运方面华北全部的内河航路都集中于白河，因为水陆交通的便利，河北、山西、察哈尔、绥远及热河辽宁等省都成为他的直接市场圈，同时山东、河南、陕西、宁夏、甘

① 曲直生：《河北棉花之出产及贩运》，商务印书馆 1931 年版，第 98 页注 2。

肃、吉林、黑龙江诸省的一部分划归他的势力范围以内”①。离开了三北辽阔腹地的支撑，港城天津近代经济的发展，即使不致成为无本之木，也会严重缩水。20世纪50年代计划经济实施后，各地都强调建立独立的国民经济体系，天津原有的腹地市场大部丢失，致使其在北方区域经济发展中的首城地位基本丧失，从此之后相当长的历史时期内，其相对落后于多数北方城市。

（二）以青岛为中心城市的环渤海市场网络

青岛是山东大部、河南东部和江苏北部的国内终点市场。它的海上“航路，南可以到上海、香港，北可以达天津、大连，东可以通朝鲜、日本，交通便利，贸易发达，山东商业的集散地呀。输入品以织物、火柴、煤油、砂糖、染料等为大宗，输出品以煤、铁、盐、草帽缏、花生、豆油、麦、果实等为主要，每年的贸易额，竟达六七千万两；所以我国北方的商港，除掉天津、大连以外，就要推青岛了”②。同时青岛的纺织业、食品加工业、火柴业、面粉业等近代工业也非常发达，在北方仅次于天津。以青岛为中心城市的市场网络统领着烟台、济南、海州3个二级市场。

烟台原本是山东福山县的一个小渔港，后来逐渐有帆船停泊，商业逐渐兴旺。1862年设立东海关和19世纪70年代轮船海运业发达以后，烟台很快取代了登州的地位，成为19世纪后期山东地区最重要的港口城市。大约在1860—1910年的半个世纪，它在山东大部和河南东部广大区域的对外贸易中，居于无可替代的主导地位。只是后来由于青岛的崛起，烟台的地位才有所下降，经济腹地被压缩到山东半岛北部沿岸地区，处在青岛的间接辐射之下，但仍不失为山东半岛黄渤海沿岸的重要港口城市，成为山东省的特别市。1933年，烟台已经是一个人口数量达18万的中等城市。③

19世纪60年代以后的济南，政治上虽然是山东省会，经济上却处在

---

① 李洛之、聂汤谷编著：《天津的经济地位》，经济部冀热察绥区特派员办公处、结束办事处驻津办事处1948年版，第2页。

② 陈博文编纂：《山东省一瞥》，商务印书馆1925年版，第63页。

③ 郭岚生：《烟台威海游记》，百城书局1934年版，第28页。

烟台主导的外贸网络之下。它通过烟潍大道的延长线和大清河（即黄河山东段）、小清河，从烟台输入洋货。1904 年胶济铁路通车后，济南的主要贸易对象转向青岛。1906 年，济南自开商埠后，烟台、青岛的洋行纷纷到济南开业，20 世纪初有经营进出口贸易的洋商 25 家。经营棉花、粮食、畜产品等土产贸易的行栈商人也聚集在这里，年贸易额达 1200 万两①，在内陆地区的货物集散能力大大超过潍县、周村。同时，山东西部及河南、山西等省的土货，也顺黄河大量水运到济南，再转胶济铁路抵达青岛。济南成为青岛主导下覆盖鲁西、豫东的二级市场。

海州是苏北地区的重要城镇之一，因为粮食集散贸易发达，清康熙年间曾经设立江海关的子口于海州的云台山。1905 年，大浦港作为商埠开放后，海州设立了大浦分关，改隶青岛的胶海关。不过，由于历史上形成的金融和市场联系依然存在，连云港进出口贸易对上海的依赖性还很大。1936 年，连云港与青岛之间的贸易，占连云港贸易总额的 11. 1%；而连云港与上海的贸易，占其贸易总额的 49. 2%②，反映出海州在青岛市场网络中的边缘性特征。不过从青岛的角度看，海州依然是该市场网络辐射苏北和豫东地区的一个二级市场。

（三）以大连为中心城市的环渤海市场网络

大连是东北地区南部和内蒙古东部的国内终点市场，它“商业甚盛，海陆航运极为发达，其贸易额常占（全国——引者）第二位，次于上海，与天津相颉颃，贸易品出口以大豆、豆油、豆饼、野蚕丝茧为大宗，进口以棉织物、机械、烟草、煤油等为大宗”③。其下统领着营口、长春、安东 3 个二级市场。

与烟台和青岛一样，营口和大连的关系也经历了一个主次颠倒的过程。营口作为东北地区最早最大的通商口岸，在鸦片、棉纺织品、煤油、五金、

---

① 《济南之商工业》，载《中华实业界》1915 年第 5 期。

② 徐德济主编：《连云港港史（古、近代部分）》，人民交通出版社 1987 年版，第 112 页。

③ 王惠民主编：《新东北指南》，商务印书馆 1946 年版，第 62 页。

砂糖进口和豆货、皮毛出口中起了重要作用。从1861年到20世纪初，营口港的腹地范围从辽河平原两侧扩大到辽宁省西部和吉林、黑龙江两省的许多地区。20世纪初以后，营口才因为河港和铁路方面的劣势逐步屈居大连之下，成为二级市场。1907年，营口尚占有东北贸易总额的66%，1927年便下降到12%；而大连占有东北贸易总额的55%①，遥居第一。

长春以前是蒙古郭尔罗斯前旗的游牧草原，后来随着垦荒面积的扩大和人口的集聚才出现了聚落。升为长春府后，逐渐成为当地的农副产品集散中心。1903年以后，位于东清铁路干线和南满铁路支线交会点的长春，又成了铁路交通的枢纽；特别是1912年吉长铁路在此交会后，长春商业更加繁荣。“长春为吉省商业之中心点，输出入货物均集中于此，故市场至为宏阔，总计大小商铺一千二百余家，其规模较大者，计银钱号三十余家（指上市者而言，小钱铺尚多），当铺四家（质铺七十余家），烧锅四家，杂货行（绸缎、布匹以及茶、糖、油、酒之属无一不全）二十余家，粮栈三十余家……当铺、烧锅成本均在二三万元，杂货行则十万元或四五万元不等，粮栈成本较巨，十万乃至二三十万元，银钱号成本亦与粮栈相等。”② 长春成为取代原省城永吉的区域性中心城市。

安东（今丹东）濒临鸭绿江右岸，与朝鲜新义州隔江相望。根据中美《通商行船续订条约》开为商埠。辽东各地的农林产品均在夏季水涨时运抵安东，使其成为东北东南部的木材、柞蚕茧丝、粮食的出口贸易中心。其“贸易之繁衍，已见乎蒸蒸日上，殆不可遏。而日本与俄国通过东三省之贸易，亦达于美满之境，本口洵为其媒介之地点耳”③。安东港的贸易对象主要为日本和朝鲜，核心腹地为周围的凤城、岫岩和庄河以及鸭绿江沿

① 南满洲铁道株式会社庶务部调查课编：《满洲贸易详细统计（一九二六）》上，台湾文海出版社有限公司影印1988年版。

② 中国银行总管理处编：《东三省经济调查录》，（内部发行）1919年，第209～211页。

③ 《中华民国二年安东关华洋贸易情形论略》，见中国第二历史档案馆、中国海关总署办公厅编《中国旧海关史料（1859—1948）》，京华出版社2001年版，第167页。

岸的辑安（今集安）、通化、临江、长白等县，沿黄海的大东沟（今东港）、大孤山等港，也成为安东港的附属港，这进一步巩固了其东北东南部区域性中心城市的地位。

三、环渤海口岸国内市场圈层的拓展

随着“口岸—市镇”网络的发育，环渤海在不断完善以天津、青岛、大连为中心城市的本地市场网络的同时，也逐步开拓了区域外部的国内、国际两个市场空间。国内市场的拓展方向，首先是与之毗邻的西北地区，又细分为甘青高原、天山南北和漠北蒙古三个区域。

（一）环渤海向西北方向的市场拓展

受交通和市场化发展水平以及清朝的民族分化政策的限制，清代前期的西北和环渤海特别是华北地区之间，市场联系是非常稀疏的。一直到乾隆年间，清政府武力平定了多起边疆叛乱之后，才允许内地的汉族商人即旅蒙商人进入草原腹地，用内地的茶叶、布匹等日用品交换蒙古族牧民的细皮张或牲畜，双方间的经济联系才有所增多。① 清末民国以后，随着交通条件的改善、外贸口岸的增加和进出口贸易的发展，西北与环渤海地区的物资交流和市场联系进一步强化，其最主要的物流指向就是作为国内终点市场之一的天津。

津海关贸易报告显示，1865 年天津的出口货物中出现了归化城产的皮毛，1876 年天津出口的驼毛 95% 购自归化城，甘肃等地运到天津的大黄数量也较前增加，其中以西宁府所产者品质最优；甘肃、蒙古西部地区种植的鸦片，运到天津销售的也不少；同时，外来“洋货俱由本口运往河南、山西、陕西、甘肃等省销售”②。在宁夏地区，1919 年前后，每年对外输

① 樊如森、杨敬敏：《清代民国西北牧区的商业变革与内地商人》，见中国地理学会历史地理专业委员会《历史地理》编辑委员会编《历史地理（第二十五辑）》，上海人民出版社 2011 年版，第 353 页。

② 吴弘明编译：《津海关贸易年报（1865—1946）》，天津社会科学院出版社 2006 年版，第 158 页。

出的羊皮约36万张，羊毛1000余万斤，驼毛和羊绒约40万斤。[①] 包头“据西北中心，当水陆要冲，东由平绥路直出平津，以达内地，以通外洋，南连晋陕，西接宁、甘、新、青，北通内外蒙古，凡由内地运往西北各处之零整杂货及由西北各处运赴内地之皮毛、药材等货，均以包头为起卸转运之中枢”[②]，实属环渤海和西北市场联系的桥梁。骆驼商队从包头向西，穿越阿拉善蒙古草原，过居延海、镇西（今巴里坤）而至新疆古城（参见图1.15）。

自清代中期以后，漠北蒙古就通过汉族旅蒙商人，与内地发生了商业联系。该地区以恰克图—买卖城、库伦、乌里雅苏台、科布多等地为商业中心，通过大、小草地路，经由归化城、包头、张家口等地，通过天津口岸展开畜产品的出口贸易，并进口洋货和内地杂货。[③]

1925年前后，天津输出的羊毛，“青海、甘肃居其五成，山陕居其成半，蒙古居其二成半，直鲁约居一成”[④]。七七事变前，西北羊毛占天津该项畜产品出口总量的2/3以上，成为天津最主要的畜产品出口基地。[⑤] 到20世纪30年代，以天津为龙头，包含西北地区的兰州、古城、库伦3个二级市场的外向型市场网络基本形成，成为环渤海地区新的国内市场空间。（参见图1.15）。

（二）环渤海向东北方向的市场拓展

环渤海向东北方向的市场拓展，主要是沿着南满铁路由长春向北、以哈尔滨为中心、再顺东清铁路向东西两侧铺开。哈尔滨是内陆交通枢纽，

---

① 林竞：《西北丛编》，神州国光社1931年版，第235页。

② 铁道部财务司调查科编：《包宁线包临段经济调查报告书》，（内部发行）1931年，第8页。

③ 樊如森、杨敬敏：《清代民国西北牧区的商业变革与内地商人》，见中国地理学会历史地理专业委员会《历史地理》编辑委员会编《历史地理（第二十五辑）》，上海人民出版社2011年版，第352页。

④ 北京西北周刊社：《西北周刊》1925年第15期，第2页。

⑤ 李洛之、聂汤谷编著：《天津的经济地位》，经济部冀热察绥区特派员办公处、结束办事处驻津办事处1948年版，第36页。

陆上和海上运输都受苏联控制的东清铁路和海参崴海港节制。海参崴的主要作用是将东北地区的农林矿产品输往苏联，却并不大量输入苏联的洋货。结果哈尔滨洋货主要是大连输入的日本货。[①] 哈尔滨之下统领着齐齐哈尔、呼伦两个二级市场，它们虽属于以海参崴为尾闾的网络体系，但与环渤海联系也很密切。

哈尔滨也称滨江，土名烧锅子，因扼松花江航运与中东铁路枢纽，东通苏联远东大港海参崴，西通苏联西伯利亚，南达辽东半岛以至平、津，区位重要。该城1905年开埠后，工商业日渐发达。“哈埠市面之发达一日千里。考其原因，则在物产丰饶，交通便利，又值俄国多故，货物缺乏，物价奇昂，西伯利亚一带衣食生活，悉以哈埠为转运之根据地。而业输出入货物者，莫不利市三倍。兼之北满一带地利日辟，生齿日增，消费日大，以故商贾云集，贸易繁兴。综计大小商铺约四千余家，营业牌照共分十四等，其在六等以前者，计九百家之谱。内分钱粮汇兑三十五家，钱粮代理店九十五家，钱庄一百家，存放借贷庄一百三十家，机器火磨十八家，机器油坊二十一家，绸缎药店二十家，外国银行六家，本国银行十八家，金店首饰楼十五家，洋广杂货一百一十家，烧锅六家，当铺五家，货厂五十家，布匹皮货估衣店一百五十家，粮业栈店六十家，磁器芦席店十八家，洋烛洋胰制造厂二十家，铁工厂五家，洋酒工厂五家。”[②] 20世纪30年代，哈尔滨被列为中央直辖的特别市，并为后来松江省的省会，有“东方莫斯科”之称。城区“分道里、道外两区，人口战前为三十二万万余人，东北最大都市也（原文如此，与该书前谓沈阳为东北第一大都市相左）。工商业在北满为最繁盛”[③]。

齐齐哈尔又名龙江，位于嫩江东岸，随着中东铁路通车后发展起来，

---

① 东省铁路经济调查局编：《北满与东省铁路》，哈尔滨中国印刷局1927年版。

② 中国银行总管理处编：《东三省经济调查录》，（内部发行）1919年，第232页。

③ 杨景雄、李庆成绘制：《中华民国最新分省地图》，澄寰出版社1946年版，第30图说明部分。

并逐步成为铁路交通枢纽，商贸繁盛。“每年九、十月之交，贸易最盛，蒙古之马，嫩江之鱼，在此地集散”，新开的商埠区在省城西南 5 里，为嫩江沿岸的重要码头地带，是大豆、大小麦、黍米、荞麦、燕麦、狐皮、水獭、貂皮等大宗农畜产品的转运地。先为黑龙江省、后为嫩江省省会，政府机构和商店林立，为一大区域性市场。①

呼伦（今内蒙古呼伦贝尔），在海拉尔河左岸，土名海拉尔，周围水草丰美，是优良的天然牧场。“自中东路通，市街林立，商业甚盛”②，为蒙古东部草原地区的一大畜牧业产品集散地和进口货物的交易市场。后来为兴安省省会所在地。

（三）环渤海向东南方向的市场拓展

环渤海的山东、直隶、奉天地区，清代中期就与江南有一定的市场联系。主要渠道一是大运河的漕运，二是北洋沿海的海运。“清代康熙中叶海禁开放之后，环渤海地区与南方各省的贸易均有大规模的发展”，贸易内容是江南沙船和闽广商船运来的糖、茶、杂货、苏木、胡椒、大米、纸张、瓷器、棉花，输出山东、直隶、奉天产的豆类、豆饼、干鲜水果。③只是由于帆船航运易受冬夏季风的影响，致使沿海运输的作用未能得到充分发挥。

1855 年黄河于铜瓦厢改道后，济宁至临清间的大运河被堙。清政府正忙于平定太平天国起义，无暇疏通河道，漕粮被迫改行海运。同时，英美轮船公司的北洋航线有所发展，“中国人充分感觉到把他们的货物交由外国轮船运输能有迅速和安全的优点，他们知道外国轮船可以在任何季节和季候风里航行”④。1872 年后，中国招商局也加入其中，轮船运输的优势

---

① 王惠民主编：《新东北指南》，商务印书馆 1946 年版，第 57 页。

② 王惠民主编：《新东北指南》，商务印书馆 1946 年版，第 67 页。

③ 张利民、周俊旗、许檀、汪寿松：《近代环渤海地区经济与社会研究》，天津社会科学院出版社 2003 年版，第 25 ~ 46 页。

④ 聂宝璋编：《中国近代航运史资料 第一辑 1840—1895》，下册，上海人民出版社 1983 年版，第 1272 页。

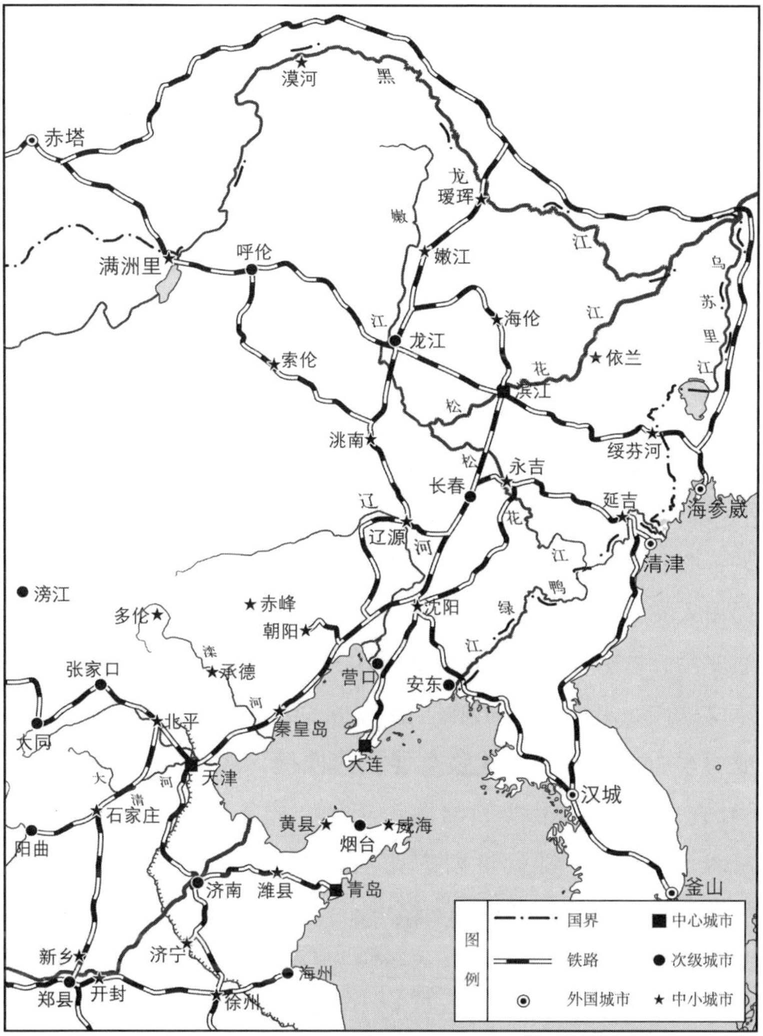

图 1.16　1931 年前后环渤海与东北北部的市场联系示意图

资料来源：据《中华民国分省地图》，申报馆 1933 年版，重新绘制。

日趋明显。统计显示，19 世纪 60 年代，天津港的帆船吨位占 50%；到 19 世纪 80 年代，天津港的帆船不到总数的 1/3、总吨位的 1/6；再到 1890 年，只有 52 艘帆船入港，轮船却有 533 艘；1905 年后，除了偶尔 1 艘不定期的帆船到大沽口，再也没有帆船来天津了①，轮船海运成为环渤海与南方物流的主要方式。大概在1905年之前，不仅环渤海大部分的出口物资和进口物资经过海上运输由上海转口，而且，双方之间的国内贸易也是靠它实现的。1881年，上海至营口间的木帆船货运航次约400艘，1891年仍有320～330艘。它们从上海北运土布、陶器、竹制品等，南返时运回大豆、豆油、烧酒等货物。不少外国轮船也从事这种运输。②“查与天津来往土货之口，计上海、汉口、福州、香港及广东等口为首，但几乎全数经由上海转运。”③ 往来于上海间从事土货贸易的青岛民船，1900年为637船次，1901年达678船次。④

需要说明的是，铁路开通前，环渤海与南方间的货物运输，虽以内河（大运河、淮河、汉水等）和沿海水路交通为主，但贵重货物仍由陆路运输。比如，“上海各皮商赴北方办货，其运回南方时，多走陆路，由京、津之镳局派人护送，以保安全……由京津直至苏州交货”；1880年，新式邮政开通之后，“各种细毛衣统由北方从邮局递寄”。⑤ 再到后来，北京至汉口的京汉铁路、开封至洛阳的汴洛铁路、天津至浦口的津浦铁路及其延伸线建成通车后，南北间的陆路交通更为便捷，还出现了水陆联运。以花生运销为例，陇海铁路沿线的河南产花生，先集中于郑州、开封、中牟、商丘、兰封，苏北及一部分鲁南的花生先集中于砀山、黄口、徐州等地，然后由陇海路运至海州，转招商局轮船运到上海；津浦路沿线山东各县产的花生，大部分先集中于平原、禹城、黄台桥（属济南）、泺口（属济

① ［英］雷穆森（O. D. Rasmussen）著，许逸凡、赵地译，刘海岩校订：《天津——插图本史纲》，天津人民出版社2009年版，第22章“商业、经济与航运”，第17条“天津港的航运”。

② 戴鞍钢：《港口·城市·腹地——上海与长江流域经济关系的历史考察（1843—1913）》，复旦大学出版社1998年版，第81页。

③ 吴弘明编译：《津海关贸易年报（1865—1946）》，天津社会科学院出版社2006年版，第160页。

④ 青岛市档案馆编：《帝国主义与胶海关》，档案出版社1986年版。

⑤ 工商部工商访问局：《上海皮货业之调查》，载《工商半月刊》1929年第1期。

南）、大汶口、泰安、邹县、滕县等火车站，小部分与苏北花生集中于徐州，由津浦铁路南运浦口，再转沪宁铁路运到上海；清江浦（淮阴）附近宿迁、窑湾（今邳州）等处的花生，则由运河水运至镇江，再由宁沪铁路运到上海。①

同时，新乡附近的“焦作之煤，由此分输南北；鸡蛋由此运往汉口，皆大宗货物”②。郑县“为全省产棉最大之散集市场。大部分运往汉口，而输出上海与天津市场者”③，相对较少。许昌附近的烟叶聚集后，大多运往汉口或转运至上海。④ 另外，传统的内河航运依然是南北商品运输的重要方式之一。镇江与北方之间货物的水路运输，是先向北沿大运河至淮阴、再向西逆淮河干支流而到达皖西北和豫东南地区。⑤ 汉口开埠后，各种洋货经汉水支流销往河南南部的唐、白河流域，而该地区的土特产，也经这一水上通道运销汉口。⑥

由于南方区域经济和港口运输的比较优势，环渤海在向南方拓展国内市场空间的过程中，显得比较分散和零乱，势头远不如在西北和东北地区那样坚定有力。相反，从南方的视角看，两大区域市场联系的主角，是南方而不是北方。至少在20世纪以前，包括环渤海在内的北方广大地区，不过是上海等南方口岸的间接经济腹地而已，北方向东南方向拓展市场的主动权很小。⑦

---

① 实业部国际贸易局编：《花生》，商务印书馆1940年版，第51～52页。

② 白眉初：《中华民国省区全志》，北京求知学社1924年版，第62页。

③ 周志骅：《中国重要商品》，上海华通书局1931年版，第8页。

④ 王秀文等修纂：《许昌县志》，卷六实业，1923年宝兰斋石印本。

⑤ 李必樟译编，张仲礼校订：《上海近代贸易经济发展概况（1854—1898）英国驻上海领事贸易报告汇编》，上海社会科学院出版社1993年版，第144页。

⑥ 李必樟译编，张仲礼校订：《上海近代贸易经济发展概况（1854—1898）英国驻上海领事贸易报告汇编》，上海社会科学院出版社1993年版，第515页。

⑦ 樊如森：《从上海与北方关系的演变看环渤海经济崛起》，载《史学月刊》2007年第6期。

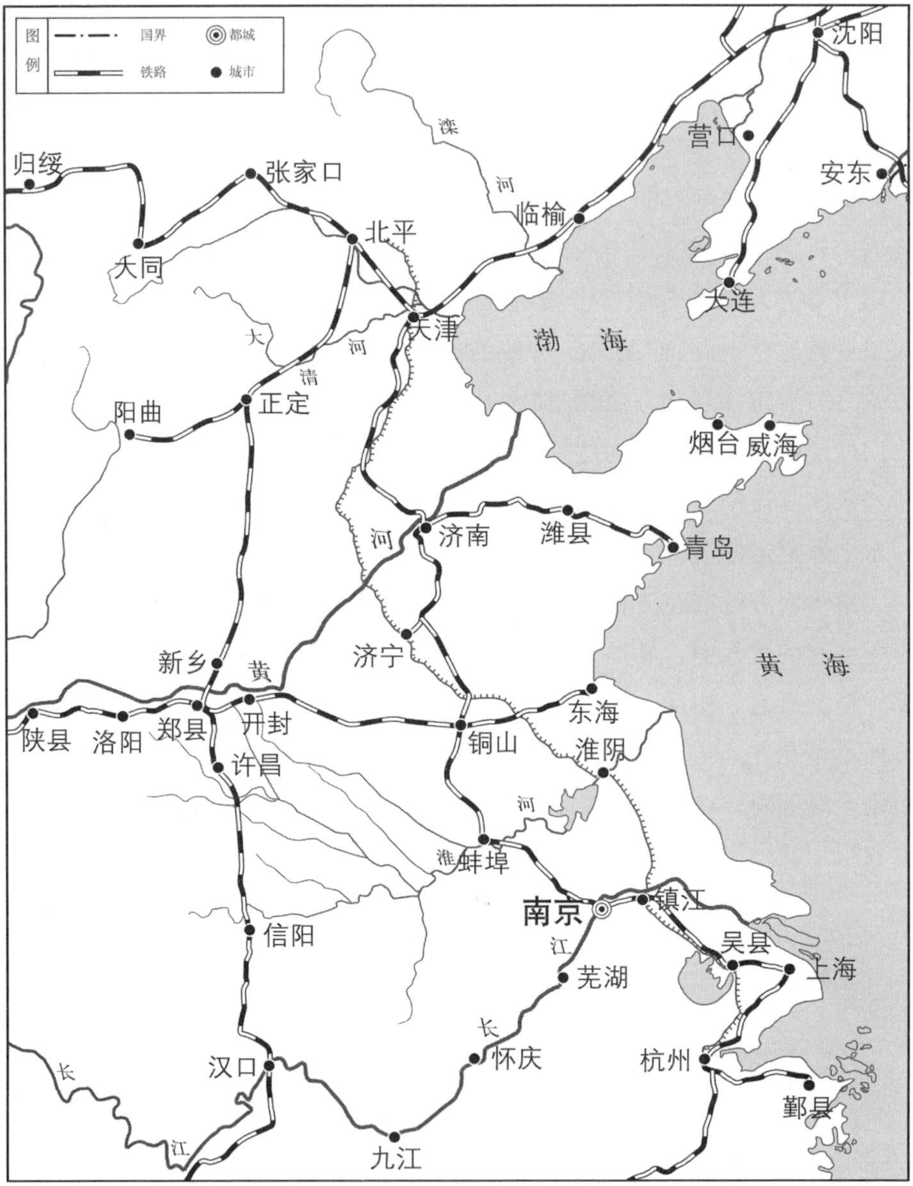

图 1.17　1930 年前后环渤海与东南地区的市场联系示意图

资料来源：据《中华民国分省地图》，申报馆 1933 年版，重新绘制。

四、环渤海口岸国际市场空间的多元化

清代中期至五口通商以后，南方销往北方的货物中出现了少量洋货，但尚不是环渤海直接参与国外贸易的结果。只有 1860 年北洋三口开放之后，对外贸易才成为环渤海口岸的经济职能之一，以当地洋行和买办为中介的进出口贸易才正式展开，国际市场才从无到有地开辟出来。后来，该区域又陆续增加了 36 个通商口岸，其与国际市场的经济联系更加密切。不过，该区域国际市场的开拓并非一蹴而就，从时间到空间上都有着明显变动。

（一）环渤海欧美市场的开拓

20 世纪以前，由于贸易基础、金融、航运等方面的限制，北洋三口及其腹地尚缺乏独立开拓世界市场的能力。这时，它与国外市场主要是欧美市场之间的进出口贸易，绝大部分是借助上海和香港的转运来实现的。这同中国整个对外贸易趋势是一致的。19 世纪 70 年代以前，中国主要的外贸对象国是英国和英属印度，进口常在 80% ~90%，出口常在 60% ~70%。此后，随着航运和电信事业的发展，中国对欧洲大陆的直接贸易扩大，对英国本土的贸易逐步下降。① 上海口岸的洋货进口统计显示，1856 年，上海约 2/3 的英国货从海路运到北方的牛庄、锦州、登州、天津等港；19 世纪六七十年代，上海的进口洋货很多转口到北方的烟台、天津、牛庄等港；“上海的重要性几乎全部应归之于它占有向北方和长江口岸转销的一个中心的地位，因为相对来说，上海本地区内的商品消费量是很小的”②。而据天津海关统计，1865 年天津所销的洋货“但皆仰给于上海”；1866 年，天津销场之洋货悉皆取给于上海，唯极小部分运自香港；到 19

① 上海社会科学院经济研究所、上海市国际贸易学会学术委员会编著：《上海对外贸易（1840—1949）》，上册，上海社会科学院出版社 1989 年版，第 32 页。

② 李必樟译编，张仲礼校订：《上海近代贸易经济发展概况（1854—1898）英国驻上海领事贸易报告汇编》，上海社会科学院出版社 1993 年版，第 16，97，397 页。

世纪80年代，这一状况依然没有改变。① 1893年，烟台直接进口的货物，“仅居十之三成，其七成则系由上海进口”②。

从出口方面看，1861—1891年，天津港的主要出口货物如“猪鬃、草帽缏、山羊皮褥、生山羊皮、绵羊皮、绵羊绒、山羊绒、驼绒为大宗，共价值银2572000余两。该货物系由津赴沪转运外洋”；一直到1899年，天津“土产运外洋者，皆需运至上海，再转运外洋，此处可毋庸赘述”。③ 时人指出：“中国商人一年甚于一年地倾向于把上海作为中国北方贸易的商业中心，他们把北方沿海港口和内河港口只是作为货物的上岸地点来使用。”④

表1.18　1870—1899年北洋三口与上海间的贸易关系

价值单位：海关两

年份	海关	土货出口			洋货进口			土货进口		
		出口国内总值	其中出口上海	上海占百分比（%）	进口总值	其中上海进口	上海占百分比（%）	进口总值	其中上海进口	上海占百分比（%）
1870	牛庄	1105738	339801	31	2308238	1919851	83	693176	262192	38
	天津	634694	569696	90	12082993	11004756	91	5200372	3128055	60
	芝罘	1574256	602193	38	4825263	3961502	82	1339354	460021	34

① 吴弘明编译：《津海关贸易年报（1865—1946）》，1865年、1866年、1885年津海关贸易报告，天津社会科学院出版社2006年版。

② 山东省地方史志编纂委员会编：《山东史志资料（一九八五年第二辑）》，山东人民出版社1986年版，第32页。

③ 吴弘明整理：《津海关年报档案汇编（1865—1911）》，天津社会科学院历史所、天津市档案馆1982年版，1891年、1899年津海关贸易报告。

④ 徐雪筠等译编，张仲礼校订：《上海近代社会经济发展概况（1882—1931）——〈海关十年报告〉译编》，上海社会科学院出版社1985年版，第34页。

（续表）

年份	海关	土货出口			洋货进口			土货进口		
		出口国内总值	其中出口上海	上海占百分比（%）	进口总值	其中上海进口	上海占百分比（%）	进口总值	其中上海进口	上海占百分比（%）
1880	牛庄	2514585	538873	21	2170996	1921133	88	1299721	858634	66
	天津	2374097	1747996	74	10399347	9208671	89	13003487	8872268	68
	芝罘	3259378	2169077	67	4383490	3732124	85	2511150	871129	35
1890	牛庄	6775622	2240902	33	4458568	4092437	92	2805508	2109663	75
	天津	4561037	3410291	75	17177294	15319440	89	16571758	7671403	46
	芝罘	4420095	3163484	72	5899229	5007986	85	2391413	1128313	47
1899	牛庄	11924515	3570209	30	21845598	16566413	76	5976674	4137958	69
	天津	14816974	10750244	73	39409029	25153820	64	32622387	15395644	47
	芝罘	8299700	5478164	66	13435027	6895256	51	5966064	2532623	42
历年平均值				56			81			52

资料来源：三口相关年份海关贸易统计，据中国第二历史档案馆、中国海关总署办公厅编《中国旧海关史料（1859—1948）》，京华出版社2001年版，相关年份统计数据编制。

由表1.18可知，19世纪末期，上海在北洋三口对外贸易中的中转作用非常强大。在洋货进口方面，经由上海转入的洋货，最低占三港洋货进口总值的51%，最高竟达92%，历年平均也占到了81%。在土货进出口方面，上海占到了北方三港土货进出口总值的半数以上。

20世纪以后，随着环渤海更多通商口岸的开放，港口设施的改善，轮船、铁路、电信交通的发展，沿海城市和腹地市场的壮大，该区域与国际市场之间的直接贸易能力得到了显著提升，对上海中转作用的依赖程度才逐步降低。江海关税务司墨贤里（H. F. Merrill）指出："上海享有的货物分发中心的地位，由于汉口、天津、胶州等对外通商口岸的进口商越来越倾向于直接同欧洲、美国打交道而不是从上海进货，已受到相当大的影响。”①

另外，“晚清时期香港与北方环渤海地区的贸易关系密切，东北地区通过牛庄口岸，山东及朝鲜通过烟台口岸，直隶及广大北方腹地通过天津口岸与香港展开了繁密的贸易往来。不同地区的洋货进口结构略有不同，而土货出口结构则差别较大，反映出区域经济发展的差异”②。然而，由于香港自1842年就被英国占领，所以，它与环渤海之间的贸易中转关系与上海有着本质的不同。环渤海经由上海的外贸转运属于国内埠际中转，上海是通往国外市场的门户；经由香港的外贸转运则属于国际中转，已经是国外市场的一部分了。

（二）对日贸易增长与环渤海国际市场的多元化

日本对中国的贸易经历了一个由少到多的发展过程。19世纪60年代的日本，也刚刚在美、英、俄、法、荷等列强的威胁下，被迫向西方开放了一系列通商口岸。1871年，中日两国签订《中日修好条规》和《通商章程》，中国对日本开放已经对西方列强开放的上海、镇江、宁波、九江、汉口、天津、牛庄、芝罘、广州、汕头、琼州、福州、厦门、台湾、淡水15个口岸，日本对中国开放已经对西方列强开放的横滨、箱馆、大阪、神户、新瀉、夷港、长崎、筑地8个口岸，从而打开了中日贸易和环渤海对日贸易的大门。1931年和1871年相比，中国对日本的出口额增长了224倍，日本对中国的出口额增长了155倍，60年间两国的进出口贸易总值增长了182倍，日本成为中国仅次于英国的第二进口贸易国，中国也成为日本仅次于美国的第二进口贸易国。③

具体到环渤海的对日贸易，1900年以后，无论是双方贸易的比重还是数值都有了很大提高。“直接从来源国而非从上海市场购买洋货的趋势在

---

① 徐雪筠等译编，张仲礼校订：《上海近代社会经济发展概况（1882—1931）——〈海关十年报告〉译编》，上海社会科学院出版社1985年版，第139页。

② 毛立坤：《晚清时期香港与北方环渤海地区的贸易关系》，载《安徽史学》2007年第5期。

③ 樊如森、吴焕良：《近代中日贸易述评》，载《史学月刊》2012年第6期。

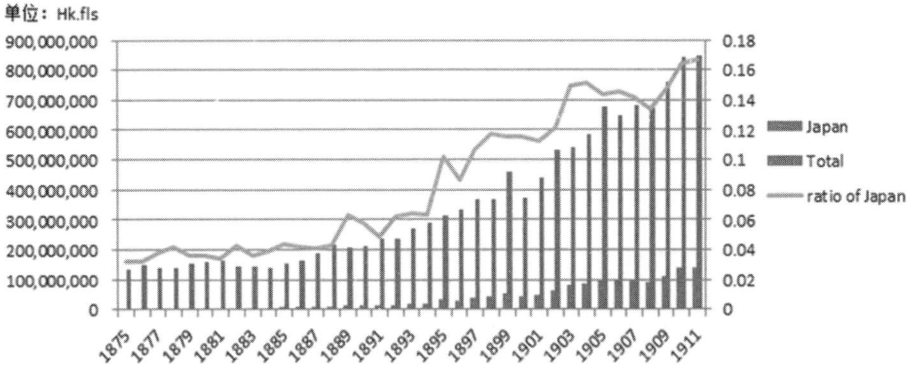

图1.18　1875—1911年日本对华贸易比重的变化

资料来源：据中国第二历史档案馆、中国海关总署办公厅编《中国旧海关史料（1859—1948）》，京华出版社2001年版，相关年份中日贸易统计。

1905年变得十分明显，在1906年更进一步得到巩固；这种增长趋势和对日直接贸易的巨大增长解释了直接进口值增长近900万两的原因"；而"直接进口总值（4000万海关两）中近1200万海关两价值归功于悬挂日本国旗的船只带来的商品，那实际上意味着达到这个量的进口来自日本，且主要由日本商品构成"①；如果"以国论之，则日本船只吨数并由日船运进之货为最"，以至于"进口洋货径由外洋购运，不由上海转批定者，本年比上年愈形踊跃。尤因日本与本埠各商直接之生意畅旺"，结果，洋货由外洋运津与从上海运津的价值之比，从原先的不足半数跃升到13∶8。② 其他口岸与日本间的进出口贸易也有快速增长。1905年，牛庄口岸"讨论得多的主题是与日本的贸易有一个增长繁荣和日本产品取代了欧美产品的地位"③。环渤海与日本直接贸易的增加，也在该区域同其他国家和地区直接

① 中国第二历史档案馆、中国海关总署办公厅编：《中国旧海关史料（1859—1948）》，第43册，京华出版社2001年版，第223页。

② 吴弘明编译：《津海关贸易年报（1865—1946）》，天津社会科学院出版社2006年版，第250页。

③ 中国第二历史档案馆、中国海关总署办公厅编：《中国旧海关史料（1859—1948）》，第41册，京华出版社2001年版，第208页。

进、出口贸易数值的升降中得到了显现。

表 1.19　1880—1903 年日本对环渤海五口的进口贸易

价值单位：海关两

港口	1880 年			1902 年			1903 年		
	从国外	从日本	日本/国外百分比（%）	从国外	从日本	日本/国外百分比（%）	从国外	从日本	日本/国外百分比（%）
胶州				3678690	1214567	33.02	5134229	2373685	46.23
芝罘	651366	53948	8.28	9572175	4441720	46.40	9651793	5620829	58.24
秦皇岛				392101	973	0.25	1170403	79467	6.79
天津	1190676	206373	17.33	18849234	5477257	29.06	18622406	5693021	30.57
牛庄	249863	6773	2.71	5346306	2160329	40.41	5850995	2466002	42.15

资料来源：环渤海五口相关年份海关统计，据中国第二历史档案馆、中国海关总署办公厅编《中国旧海关史料（1859—1948）》，京华出版社 2001 年版，相关年份统计数据编制。

表 1.19 和图 1.19 均表明，1895 年之前，日本、英国对环渤海口岸的洋货进口贸易比重，不仅远不如香港地区，而且起伏不定；虽然在 1883 年左右英国占比出现一个高位，但只是昙花一现。在 1895 年之后，日本对环渤海的洋货进口贸易比重开始急剧增长，香港地区所占的比重则迅速下滑。到 1898 年，日本已经成为环渤海港口最重要的直接进口来源国，并且此后日本的直接进口比例，长期稳定在环渤海直接进口总值的30% ~40% 。

在环渤海的出口贸易方面，也呈现出了这样一种趋势。

图 1.20 显示，1890 年之前，环渤海各口的土货直接出口对象是香港地区，而在 1891 年开始将日本作为了最重要的土货直接出口对象，并在 1891—1893 年特别是 1895 年之后，出现快速增长，使得日本成为环渤海港口土货直接出口的主要国际市场。

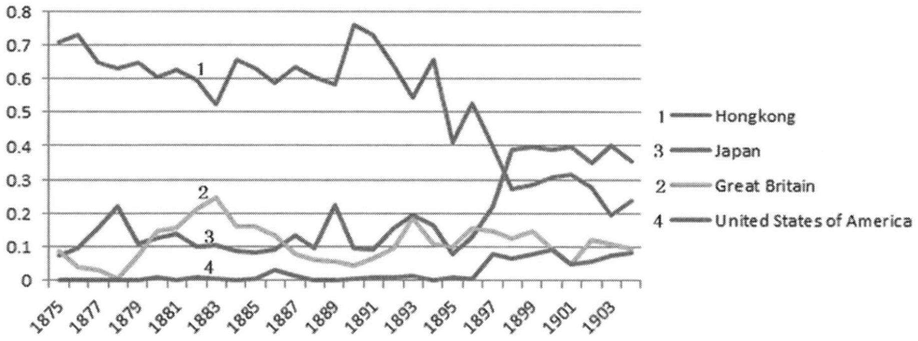

图 1.19　1875—1903 年环渤海主要口岸的洋货直接进口情况

资料来源：据中国第二历史档案馆、中国海关总署办公厅编《中国旧海关史料（1859—1948）》，京华出版社 2001 年版，相关口岸和年份进口贸易统计。

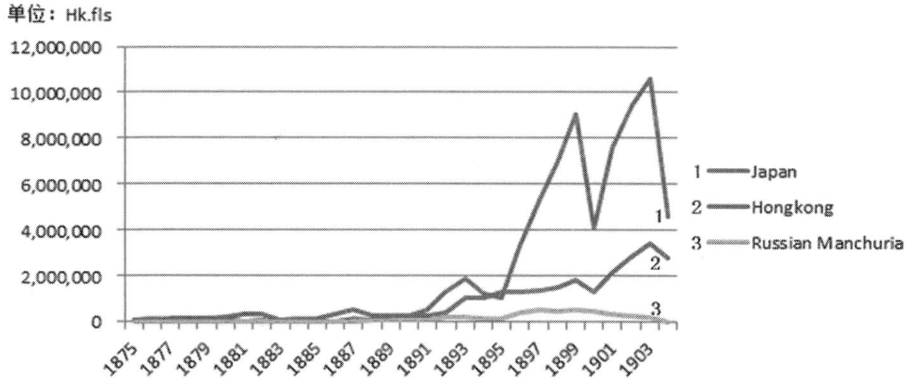

图 1.20　1875—1903 年环渤海主要口岸的土货直接出口情况

资料来源：据中国第二历史档案馆、中国海关总署办公厅编《中国旧海关史料（1859—1948）》，京华出版社 2001 年版，相关口岸和年份进口贸易统计。

1904 年，由于海关统计体例的变化，环渤海口岸详细的贸易对象国家和地区信息，难以得到系统连贯地体现。但是，从《海关贸易年报》和《十年报告》的文字记载和表述中，依然可以看出，日本市场在环渤海口岸对外贸易中的优势地位没有发生逆转。

1907年，牛庄的“土货直接出口中95%的目的地是日本”①。1909年，牛庄的“洋货直接进口的45%来自日本”，而更值得注意的是“日本占据了90%的直接出口份额，其仍然有更深入扩展的空间”。② 1908年，大连贸易中，“该年可查的洋货直接进口值为17215936海关两。日本当然地拥有该项贸易的最大份额，其贡献了总值的59%；美国的份额为32%，而余下的9%由下列各国构成，依次递减为朝鲜、英国、德国和符拉迪沃斯托克”③。1907年，天津和秦皇岛“在土货直接进口来源各国中，日本占有突出的位置，从日本进口总值为9424000海关两”④。1910年，大连的“洋货直接进口值从1909年的1220万上升到1870万，而沿岸洋货进口从290万下降到180万。日本（包含朝鲜）理所当然地拥有直接贸易的最大份额，总计达1430万”⑤。牛庄的“直接贸易（进口）中的日本占比从1909年的约45%增长到该年可查的超过50%”⑥。1910年，天津的进口中“32644289（海关两）表示与外国直接贸易，而20668748海关两的洋货是从中国各口（主要是上海）进口”⑦。1911年，天津的“国外直接进口值合计达33824371海关两，超过前一年115万两；而经上海转运来的总计为

---

① 中国第二历史档案馆、中国海关总署办公厅编：《中国旧海关史料（1859—1948）》，第45册，京华出版社2001年版，第191页。

② 中国第二历史档案馆、中国海关总署办公厅编：《中国旧海关史料（1859—1948）》，第49册，京华出版社2001年版，第251页。

③ 中国第二历史档案馆、中国海关总署办公厅编：《中国旧海关史料（1859—1948）》，第47册，京华出版社2001年版，第184页。

④ 中国第二历史档案馆、中国海关总署办公厅编：《中国旧海关史料（1859—1948）》，第45册，京华出版社2001年版，第207页。

⑤ 中国第二历史档案馆、中国海关总署办公厅编：《中国旧海关史料（1859—1948）》，第52册，京华出版社2001年版，第264页。

⑥ 中国第二历史档案馆、中国海关总署办公厅编：《中国旧海关史料（1859—1948）》，第52册，京华出版社2001年版，第287页。

⑦ 中国第二历史档案馆、中国海关总署办公厅编：《中国旧海关史料（1859—1948）》，第52册，京华出版社2001年版，第322页。

19676668海关两”①。到1931年，秦皇岛“本地市场上外国的和外国样式的商品中20%产于中国，40%产于日本，而剩下的40%产自其他国家”②。

表1.20　1913—1931年胶海关洋货直接进口概况

单位：百万海关两

国别	1913年	1921年	1922年	1931年
日本	10.40	30.00	39.07	40.50
德国	5.17	0.38	1.01	6.17
法国	3.46	0.58	1.23	2.06
俄国	2.50	0.24	0.45	0.20
中国香港	2.20	5.30	4.30	9.83
荷属东印度			0.50	1.63
意大利				0.83
澳大利亚				0.44
美国	1.10	2.70	5.59	14.55
英国	0.80	1.48	2.45	8.52
比利时	0.78	0.05		
荷兰	0.74	0.17	0.30	4.35
朝鲜		0.89	1.04	0.81
英属印度			0.10	1.38
加拿大				0.72
丹麦				0.61

资料来源：1913—1921年、1922—1931年胶州海关十年报告，见中国第二历史档案馆、中国海关总署办公厅编《中国旧海关史料（1859—1948）》，京华出版社2001年版，第156册，第219页；第159册，第450页。

① 中国第二历史档案馆、中国海关总署办公厅编：《中国旧海关史料（1859—1948）》，第55册，京华出版社2001年版，第248页。

② 中国第二历史档案馆、中国海关总署办公厅编：《中国旧海关史料（1859—1948）》，第159册，京华出版社2001年版，第337页。

由表1.20可见，尽管由于胶州中国同美国、中国香港、英国、荷兰、加拿大和澳大利亚的贸易产生了令人吃惊的发展，而日本占总值的份额从70%降到43%，仍然保持着其重要的——却非独领风骚的——地位①。

综上可知，进入19世纪90年代特别是1895年后，日本逐步成为环渤海口岸最主要的贸易对象国；日本这一优势地位在第一次世界大战中得到巩固，战后虽然有所下滑，但是直到1931年，日本依然是环渤海最主要的国际市场。

尽管大体上自1905年以后，环渤海的直接对外贸易比重开始超越上海对该区域的转口贸易比重，以上海为中介的欧美市场在该区域国际市场总量中的份额开始减少，日本市场在环渤海国际市场中的份额快速增加，并成为该区域最大的贸易对象国。但是这并不意味着上海在环渤海对外贸易中的中转作用彻底消失，以及欧美市场对北方的对外贸易完全丧失了意义。实际情况是，市场份额虽然缩小了，但此后环渤海对欧美市场的绝对贸易值还是在一直增加（当然，与日本间的贸易值更大）。例如，胶州“1905年埠际洋货进口总值为6458010海关两，而1906年达9995622海关两（主要来自上海），或者说是增长了55%”；而1907年，牛庄的洋货直接进口中“31%的洋货直接进口来自（中国）香港，31%来自日本，而27%来自美国”。② 天津的直接对外贸易也长时间没有超越转口贸易，1907年“总出口中，来自天津的17253000海关两和来自秦王岛的1429000海关两，只有来自天津的2071000海关两和来自秦王岛的66000海关两是直接出口到国外”③；到1910年，其“直接出口到美国、欧洲和日本总计为1845474，出口到国内各埠（主要是上海）为21836468，再重新装船至沿

① 中国第二历史档案馆、中国海关总署办公厅编：《中国旧海关史料（1859—1948）》，第159册，京华出版社2001年版，第450页。

② 中国第二历史档案馆、中国海关总署办公厅编：《中国旧海关史料（1859—1948）》，第43册，京华出版社2001年版，第277页。

③ 中国第二历史档案馆、中国海关总署办公厅编：《中国旧海关史料（1859—1948）》，第45册，京华出版社2001年版，第208页。

岸或国外”①。

由上可知，1905 年以后，伴随着各国在环渤海进出口贸易中比例的增减和地位的升降，该区域的国际市场在时间和空间上均发生了很大的变化，国际市场的范围由小到大，贸易对象国由单一到多元。

以天津口岸为核心的环渤海外向型市场结构的空间演进经历了“都城—治所”到“口岸—市镇”市场网络的转变，以天津、青岛、大连为中心城市的环渤海外向型市场网络体系发育，国内和国际市场拓展与市场份额升降的时空变迁过程。它使得当地原本封闭落后的经济发展环境，从内涵到外延的许多层面上都有了很大的改进和完善，是该区域经济的现代化和外向化水平均获得了显著提高的重要标志。同时，也成为近代环渤海对外贸易稳步发展、产业结构不断优化、在全国经济地位明显提升②的本底动力。

---

① 中国第二历史档案馆、中国海关总署办公厅编：《中国旧海关史料（1859—1948）》，第 52 册，京华出版社 2001 年版，第 322 页。

② 樊如森：《近代华北经济地理格局的演变》，载《史学月刊》2010 年第 9 期。

第二章　天津近代城市——港口与腹地新兴经济的产业孵化器

近代“口岸—腹地”之间的经济互动，对于双方之间进出口贸易的发展，以及国内、国际两个市场的发育和拓展，尽管不可或缺，但如果忽略了二者之间的桥梁和纽带——城市的商品吸纳、加工和创新能力，相关区域外向型经济的成长也会大打折扣。因为作为高级聚落形态的城市，其内部的物理空间、经济空间和社会空间是彼此关联并相互促进的，它们共同构成了近代天津得以存在、发展和延续的必要自然和人文环境。随着时间的推移和国内外社会、经济与市场环境的变迁，天津的聚落形态逐步完成了从直沽寨到海津镇、从天津卫到天津府、从直隶省会到中央直辖市的转变，其城市功能也相应地由京畿门户、漕运枢纽而上升为中国北方最大的口岸城市和近代工商业中心。而天津传统城市与近代城市的重大区别，就是其城市空间不仅超出了老城，而且拥有了租界和新市区；城市功能不仅从府城升格为省城和中央特别市，而且从国内传统工商业城市嬗变为国际现代工商业中心。而在天津登陆和发展起来的城市工业企业，经过与中国本土传统经济基础和社会文化的碰撞与融合，孵化和萌生出一种适合中国国情的新型近代工业，又带动了港口功能的提升和腹地新兴经济产业的萌生，推动了北方广大地区经济的现代化转型。

第一节　天津早期城市物理空间的成长

一、城市的基本概念与空间类型

作为人类聚落形态之一的城市，尽管有其客观和特定的自然空间形态和社会人文内涵，反映在不同人群的主观认知上，却呈现出旨趣各异的切入视角和概念表达，以至于直到今天，不同学科之间尚未形成被大家普遍认同的结论。如现代经济学者认为，城市是一个拥有各种技能的人口集团，通过制造业和商业等非农产业的劳动，来满足居民需要的地方；社会学则从结构、功能和社会特征方面，指出城市不过是一个人口密集的人群共同体，人们在其中从事着专业化和关联性较强的非农业职业，并且被一个正式的政治体系所管制着。①

而地理学对于城市的定义，又有自己特定的空间性内涵，即认为城市是规模“大于乡村和集镇的以非农业活动和非农业人口为主的聚落。城市一般人口数量大、密度高、职业和需求异质性强，是一定地域范围内的政治、经济、文化中心”②。它不仅是第二和第三产业的集聚地，而且包括居住在其中的产业劳动者及其家属即市民；而这些非农产业的生产空间和市民的生活空间，又组合成形式和内容各异的城市空间。③

就西欧城市中世纪以后的成长历程来看，它是伴随着工业革命的发生而完成的。由于大机器生产具有集中性的趋向，并力图摆脱土地对生产资料和劳动力的束缚，结果便选中了劳动力集中、交通便利、设施齐全、信息灵通的城市而非乡村。正如 E. L. 格莱泽（Edward L. Glaeser）所得出的结论那样，西方城市的存在，是为了尽可能地消除人、货物及思想的运

① 张仲礼主编：《近代上海城市研究》，上海人民出版社 1990 年版，第 1 页。

② 中国大百科全书总编辑委员会《地理学》编辑委员会编：《中国大百科全书·地理学》，中国大百科全书出版社 1990 年版，第 32 页。

③ 柴彦威：《城市空间》，科学出版社 2000 年版，第 1 页。

输费用。因为一方面，劳动力市场蓄积或营运分工模型很好地解释了城市在促进人口流动方面所起的作用；另一方面，城市还能促进个人之间和公司之间的思想流动，它不但可以让工人能够通过模仿各种各样的榜样和边看边学获得人力资本，同时也能促进公司的产品创新速度并优化其生产过程。当然，城市在消除货物运费上的优势，尽管很好地解释了西方的19世纪制造业城市的作用及其在区域增长中的地位，但是研究发现，20世纪70年代以后，随着运费降低和制造业从城市中撤离，西方城市的传统优势正在消失。①

从城市在中国悠久的发展历程来看，“城”与“市”原本是两个功能不同的空间概念。城，主要是指用于军事防御目的、以城墙环绕拱卫起来的、较大规模的聚落共同体，即所谓“内为之城”（《管子·度地》），“筑城以卫君，造郭以守民”（《吴越春秋》）。市，则是指人们进行货物交换的空间场所，即所谓“日中为市，致天下之民，聚天下之货，交易而退，各得其所”（《周易·系辞下》）。“城”与“市”这种彼此分离的状况，大概一直持续到北宋时期。当时，作为城里居民区的“坊”和商业区的“市”是严格分开的，坊、市之间设有坊墙和坊门，由专职人员把守，按时启闭，不得随便逾越。只是到了南宋年间，随着商品经济的进一步发展，两者之间的界限才开始被打破，城与市才真正地连为一体。正因为如此，所以，中国古代的城市又可以分为规模较大、以政治军事功能为主的都城治所类城市和规模较小、以经济功能为主的商业贸易类市镇两种。

进入近代，世界各国政府和学术研究机构为了便于管理和研究城市，逐步倾向于按照人口的职业内涵和数量规模两个标准，来划分城市之间的行政等级和聚落类别。② 如1953年，中国在进行人口普查时，就把常住人口在2000人以上（其中非农业人口占50%以上），或者市、地、县政府机关所在地的居民点列为城镇（town）；而把10万人以上的城镇，设为城市

① ［美］E. L. 格莱泽：《城市与区域增长的新经济学》，见［英］G. L. 克拉克等主编，刘卫东等译《牛津经济地理学手册》，商务印书馆2005年版，第84页。

② 赵冈：《中国城市发展史论集》，新星出版社2006年版，第2页。

(city)；另外还特别规定，凡是重要的工矿基地、省（自治区）级政府机关所在地、规模较大的物资集散地、边远地区的重要城镇，人口虽然不足10万，但如果确实有必要，也可以设置为城市。①

事实上，从城市的基本功能来看，它既是一定区域的人口集聚地，也是该区域的生产和销售中心；既是一定区域的政治和文化中心，也是该区域的经济和生活中心。也就是说，一个城市的政治、经济、文化、社会等多重功能，应该是并重或者互为主次的。但是，在清代中期以前，中央集权专制政体统驭下的中国城镇，绝大多数处在以"都城—治所"为核心的网络框架下，过分突显了其政治治理功能，而将城市的经济和其他功能都压缩到了相当次要的地位。只是随着商品经济的逐渐发展，清代中叶"华北已有不少行政级别较低的城镇在市场层级中处于较高的位置，这些商业城镇的崛起反映的正是发展中的市场体系对原有行政体系的突破"②。

不过总体而言，只有在进入近代之后，随着国内外政治形势、市场环境和交通条件的变化，中国的城镇功能才从内涵到外延均发生了根本性的变革，大批新兴的口岸城镇、交通城镇、工矿城镇以及转型中的老城镇均次第涌现出来，逐步形成了以"口岸—市镇"为核心、以发展经济特别是外向型经济为主要功能的新型城镇体系。从中国近代城市的建筑格局来看，如果说"都城—治所"型传统城镇的城市布局是以宫殿、府衙等政治功能区为城市中轴线或核心建成区的话，那么，"口岸—市镇"型新兴城镇的城市布局，则逐步转变为以车站、码头、厂矿、商场等经济功能区为其核心建成区了。

笔者认为，城市和其他事物一样，不可能脱离周边的自然与人文环境而独立地产生、存在和发展，因此，从这个意义上讲，城市空间也应该是由城市内部空间和城市外部空间两部分共同组成的。

---

① 《地理学词典》编辑委员会：《地理学词典》，上海辞书出版社1986年版，第511页。

② 许檀：《明清时期华北的商业城镇与市场层级》，载《中国社会科学》2016年第11期。

从概念的源头上看，空间原本是数学里的基本概念之一，包括有着直观边界的二维平面空间和三维立体空间，以及抽象形态的点、线、面、体与多维空间。后来，不同的学科又以此为基础，演绎出了内涵各异的空间表述形态。

例如，哲学将空间当作满足人类知识的东西，认为从空间和时间中可以分别获取有关自然界和社会人文的地理和历史知识。社会学从社会系统与空间的相互关系中阐述空间的生活、支撑、距离与表征内涵。建筑学则从空间知觉的角度，划分出游牧、路径、领域、广场、街道、理想等不同的空间类型。

而地理学所说的空间，最初只是指地球表面的二维地表空间，或称之为区域、地表、地方、地区、地带、领域、景观等。后来，又随着研究内容的拓展，遂在其中又加入了时间、人员要素，进而形成了一种三维乃至多维的空间形态。例如，根据研究对象和任务的不同，这些地理空间又可以再细分为经济空间、文化空间、社会空间、生活空间、感知空间和景观空间等。通常情况下，地理学对于每一类空间的研究，往往还要强调空间的构成要素、空间尺度、空间主体、空间过程和空间结构等 5 种基本属性。①

所有这些不同的空间表述，对于全面准确地理解城市内部空间的内涵，都有一定的借鉴价值。而在本书的论述中，笔者所认可的城市内部空间概念，基本上要包括以下 5 层含义："首先，城市是第二、第三产业的集中分布的地域；其次，城市地域上生活居住着就业于这些第二、第三产业的大量职工及其家属；第三，城市地域不是一个均质空间，有着复杂的内部空间结构；第四，城市地域主要由中心建成区和与其有紧密经济、社会联系的郊区组成；第五，城市地域及其空间结构是不断发展演化的。"②

鉴于城市空间是由自然地理空间、社会生产和生活空间所组成的，所

① 柴彦威：《城市空间》，科学出版社 2000 年版，第 9～10 页。
② 柴彦威：《城市空间》，科学出版社 2000 年版，第 13 页。

以，一般情况下，可以将城市内部空间划分为城市物理空间、经济空间和社会空间三大系列，其下再分别细分为建筑空间、开敞空间、道路空间、市场空间、工业空间、交通空间、感应空间、居住空间、行为空间等不同的城市内部空间形态。

在笔者看来，作为城市空间重要组成部分和表现形式的城市经济空间，既是城市成为各种非农产业集聚地并得以存在和发展的空间舞台，也是城市居民生活和社会活动的物质基础。它兼具广义和狭义之分。

狭义的城市经济空间包含于城市内部空间的范畴，既包括活动域场局限在城市建成区内部的各种经济产业和经济活动运行时所必须依托的城市内部物理空间，也包括人们进行产业空间布局和从事生产、流通、消费活动时，所体现出来的城市内部不同空间形态与空间结构。

广义的城市经济空间是隶属于城市内部空间和城市外部空间之和的范畴，即除了其狭义上的空间内涵，还要包括与该城市内部的经济产业和经济活动有密切关联的、城市外部的其他城乡地域空间，也就是能够为该城市的经济发展提供生产原料、生活物资和销售市场的外部经济腹地。

本书所说的近代天津城市经济空间，就兼顾了上述广义和狭义的双重空间内容。大致包括1860年天津对外开放后，在其城市建成区内部出现并不断拓展开来的工业、金融、商贸、地产、海洋等各类经济产业的运营空间；也包括天津城区外部，为上述经济产业提供交通、能源、原料、商品、资金、劳力、技术等方面支撑的国内外城乡市场。本章主要考量天津城市内部的物质和经济空间内容，其他经济空间内涵则分别在其余章节论述。

同时需要指出的是，在历史地理学看来，包括城市经济空间在内的世界万物，都会随着时间的推移和自然、人文环境的改变而在空间的内涵和外延上处在不断的变化中。

从整体上来看，天津和黄河及长江流域许多拥有数千年历史的古老城市相比，只是一座仅有600年发展史的年轻城市，并且主要是以首都门户和漕粮转运站的附属地位持续到清朝后期的。直到1860年开埠之前，天津依然是一座寄于北京篱下的普通府城和县城。“然而到了近代，天津却发生了惊人的变化，在辟为通商口岸以后仅仅几十年的时间，天津便脱颖而出，由一个近畿的府属县城，发展为仅次于上海的全国第二大工商业和港口贸易城市，在北方则首屈一指，显示出极大的内在潜力。”① 因此，系统考察近代天津城市经济空间的变迁过程，不仅有助于复原天津内部城市建设和工商业发展所依托的物理空间和产业空间结构，搞清该城市成长的特色和优势，总结其中的经验教训；而且对于厘清“三北”广大腹地的现代化道路，科学定位这些区域今天的开发模式与建设实践，也有着直接的理论和实证借鉴价值。

二、清中期以前的天津城市空间建设

（一）明代天津卫城——天津城市化的开端

从第一章相关内容的梳理中可知，自西汉经唐代以至宋辽时期，今天天津城所在的渤海湾西岸地区，就曾陆续出现过泉州、东平舒、军粮城、泥沽、直沽寨、海津镇等城镇、聚落形态。为了祈求海运平安，元朝在直沽一带的都漕万户府驻地先后修建过两座天妃庙。一个是较早在大直沽修建的东庙，一个是后来在小直沽修建的西庙，说明当时这地区已有相当数量的漕运聚落了。② 元代著名诗人张翥的诗句“晓日三岔口，连樯集万艘”，“一日粮船到直沽，吴罂越布满街衢”，既是对这一地区繁盛的航运和商业景观的生动写照，也是当地已出现初级城市聚落形态的直接体现。

以“天津”命名的城镇聚落，却是从天津卫城的建设才开始的。

按照明代前期的户部尚书兼华盖殿大学士李东阳的说法③，1402 年明

① 罗澍伟主编：《近代天津城市史》，中国社会科学出版社 1993 年版，第 7 页。

② 〔清〕薛柱斗修，〔清〕高必大纂：《天津卫志》，卷之三“寺观宫庙”，康熙十四年刻本。

③ 〔清〕薛柱斗修，〔清〕高必大纂：《天津卫志》，卷之四艺文（上）“修造卫城旧记”，康熙十四年刻本。

燕王朱棣率领“靖难军”经直沽南下时，曾赐该地名为“天津”（“象车驾所渡处也”）①，并于随后置建了天津卫。史载：“二年筑城置戍，三年调天津卫及天津左卫来治，四年又调天津右卫治此，设兵备道辖之。”② 因此，永乐二年（1404）卫城的修筑，可以看成是天津正式建城的开端。

明代天津卫城的建设，完全依照中国传统城市的规制进行，缺乏体现当地自然环境和文化特色的聚落个性。最初建设的卫城城墙，周长共有“九里十三步，高三丈五尺，开设四门，门上建楼。东去潞河二百二十步，北抵卫河二百步”③。因为该城东西长而南北短，所以俗称之为“算盘城”。由于城墙为土质，容易坍塌，所以地方政府曾多次修缮，并且于万历十四年（1586）进行了重修；入清以后，卫城又经过了多次的修葺，其形制才得以延续下来。

卫城的建立，使天津的军事价值得到了进一步突显，不仅巩固了其“京畿门户”的特殊地位，而且随着士兵的驻扎还保障了来自内河和海上的漕粮运输安全。同时，为储存和驳运漕粮而建立的大量沿河码头和仓库，也给三岔口地区集聚了更多的人气和财气。宣德年间（1426—1435），明政府在此前修建的1400所露囤基础上，再置3仓，分隶天津三卫。其中大运仓隶天津卫，共6廒30间，含官厅3间，门楼1座；大盈仓隶天津左卫，共9廒45间，含官厅3间，土地祠1所，门楼1座；广备仓隶天津右卫，共7廒35间，含官厅3间，关王庙1所，门楼1座。④

---

① 对此，后人认为事属附会：“明靖难，南下之师取道于此，以是旧有成祖临幸之说，然其时燕以藩服之亲称戈向阙，不得与天子省方问俗比也；迨既践大位，车驾往还南北，史不一书。而由陆由舟，于今无考。”参见高凌雯纂：《天津县新志》，卷首“巡幸”，1931年天津金钺刻本。以笔者浅见，若燕王挥靖难之师由直沽南下确属事实，时人在其贵为天子后，以“天津”之名追记，地名学上亦无不可。

② 〔清〕薛柱斗修，〔清〕高必大纂：《天津卫志》，卷之一“建置”，康熙十四年刻本。

③ 〔清〕沈家本、荣铨修，〔清〕徐宗亮、蔡启盛纂：《重修天津府志》，卷二三“舆地五·城乡”，光绪二十五年重修。

④ 〔清〕薛柱斗修，〔清〕高必大纂：《天津卫志》，卷之一“建置”，康熙十四年刻本。

另一方面，为了调动漕运军士的积极性，明政府还允许每人可随船捎带一定数量的各地“土宜”，即土特产（最多可达60石），以便在天津等地贸易获利，贴补家用。这样，就使得天津城外的东、北、西城墙至海河、御河的狭长地带，也和城内一样逐渐发展成为繁荣、稳定的商品贸易场所和非农人口聚居地，成为天津城市建成区的重要组成部分。

史料显示，明代弘治年间（1488—1505），在天津卫城中心的鼓楼与东、西、南、北门内、外地区，已经成立了宝泉集（鼓楼，初五、十五、二十五）、仁厚集（东门内，初三、十三、二十三）、货泉集（南门内，初六、十六、二十六）、富有集（西门内，初九、十九、二十九）、大道集（北门内，初八、十八、二十八）、通济集（东门外，初二、十二、二十二）、丰乐集（北门外，初十、二十、三十）、恒足集（北门外西，初七、十七、二十七）、永乐集（张官屯，初四、十四、二十四）、宫前集（初一、十一、二十一）10个旬日集，使得卫城内外，每天总有一个地方可以进行集市贸易；并且，在西门之外，还有一个每日市集——安西市。① 至天启年间（1621—1627），“津门商民，多居东、北二关”②。由此可见，到明朝末年，卫城内外均成为常态化的商业贸易场所和非农人口聚居区，天津的城市建置区已经逐步由城内拓展到了城外的关厢。也正是因为这一缘故，罗澍伟先生才说“天津是中国城市发展过程中出现的为数不多的筑有城垣的无城垣城市”，因为它主要的商业区、码头区和商业管理机构都在城垣之外的沿河地带，“明清时期的城垣，不过是军事、政治的统治中心和居民区”③，是基本上符合历史实际的（城内铺户相对较少，但非全无——笔者）。

---

① 〔清〕薛柱斗修，〔清〕高必大纂：《天津卫志》，卷之一“建置”，康熙十四年刻本。

② 毕自严：《抚津疏草》，卷一“班军土著当留疏”，转引自高福美《清代沿海贸易与天津商业的发展》，南开大学2010年博士学位论文。

③ 罗澍伟主编：《近代天津城市史》，中国社会科学出版社1993年版，第10，11页。

正是得益于持续不断的城市建设和商业集聚，才奠定起明代天津卫城日益突显的区域地位。

（二）清前期的天津府城——北方传统城市的缩影

天津卫属于军事建置，所以明朝曾经添设天津兵备道以统辖军民事务；军事上虽有天津三卫负责，民事上却并无主管官吏辖之。因为天津卫军事上的管辖范围虽然很大，东临渤海，南到山东德州，但其行政范围仅限于天津城区一隅；此外，即天津城西门、南门以外，属于静海县管辖；北门、东门以外，隔河属武清县范围。这种军事与行政区划的不统一，给天津城市的发展以及地方行政治理均带来了不少问题。再加上天津城市规模的扩大、人口的聚集和区域影响力的增强，到清雍正三年三月初七（1725 年 4 月 19 日），清廷遂决定改天津卫为天津州，州境仍为原卫所辖地，即仅有原天津卫城、卫城北城墙到南运河南岸、东城墙到海河西岸；天津州作为属州，隶属直隶省的河间府。

天津卫改属州之后，巡监御史莽鹄立于该年七月初八（1725 年 8 月 15 日）在给皇帝的《请正疆域以便吏治疏》中说："臣查天津一卫始于前明，散军屯田，分布各州、各县，自天津直至山东德州卫交界四百余里，津卫屯田皆与民庄错杂，因设守备治之。我朝定鼎以来，虽有卫备之官，而无屯田之军，纳粮当差，与民一体。现在改卫为州，实为画一，但天津所管屯庄俱在各州、各县，远有三四百里不等，津城附近，反无统属，西门、南门以外即为静海县地方，北门、东门以外仅隔一河，又系武清县地方。静海犹是河间府属，津道易于布置，武清则系顺天府属，兼辖于通永道员，而天津道驻扎于此，一有缓急，虽咫尺之民，呼应不灵，且州牧一官，征解钱粮、审理词讼、缉逃捕盗、修理城池仓库，以及传发公文、应差夫役，种种不一，皆有考成，乃所属屯民，远之在于三四百里，近之止于一城之地，欲其趋事办公，缓急有备也，难矣。仰请皇上敕下直隶督臣，详加妥议，将天津州改为直隶州，分武清、静海、青县三邑属之；至于天津旧辖之窎远屯民，即就近分隶于各该州县，其附近天津百里内村民，向为武清、静海所属者，查明丁户、地亩、钱粮，相度地势，俱归天津州管辖。”① 这一年的九月三十日（1725 年 11 月 4 日），清廷采纳了这一建议，决定升天津属州为直隶州，下辖武清、静海、青县 3 县。雍正四年（1726），又将武清划回顺天府通州。至于州境调整，至雍正八年（1730）才从武清县划入 143 村，东到军粮城；从静海县和沧州划入 119 村。原来散在各地的原天津卫属屯庄，就近划归各州县。天津州境包括原武清县、静海县、沧州两县一州的部分辖境。至此，天津才真正地由军事建置变成了行政建置，成为清廷地方行政区域的组成部分。

清雍正九年（1731），直隶总督唐执玉上奏朝廷：“天津直隶州系水陆通衢，五方杂处，事务繁多，办理不易，请升州为府……附廓置天津县……此新设一县同该州原辖之青县、静海二县及沧州、南皮、盐山、庆云一州三县，统归新设之府管辖。”这一年的二月二十三日（1731 年 3 月 30 日），该奏议经过吏部议覆后获准升天津直隶州为天津府，府治置于天津县，以原州界为县界。天津府正式建立，府衙设在城内北门里大仪门内。下辖天津、静海、青县、南皮、盐山、庆云 6 县和沧州。其行政区划的范围：东至渤海，西至顺天府霸州，南至山东省武定府乐陵县、北至顺天府宝坻县。地域最远距离：东南 160 公里，西南 125 公里，正南 130 公里。②

天津府的设立，进一步提升了天津城的行政级别和政治地位。这一变化，从对当地经济发展的直接影响来说，就是在中国古代传统的中央集权政治体制之下，治所城市行政级别的提高，也常常意味着其赋税总量、消费人群、市场辐射范围等经济影响力的相应提升。

然而与中国其他城市的空间发展过程或许有些不同，天津行政级别的提升与城市空间规模的扩大并不是如影随形的。这表现在升格后的天津虽然在城市管理职能和机构设置等内涵要素上充实很快，但在城市物

① 天津市地方志编修委员会编著：《天津通志·旧志点校卷（中）》，南开大学出版社 1999 年版，第 418 页。

② 天津市地方志编修委员会编著：《天津通志·民政志》，天津社会科学院出版社 1999 年版，第 65 页。

理空间拓展等外延方面，即在城墙内部并无明显的变化。因为此后很长一段时间，该城重建时依然限定在原天津卫城的城垣建制基础之上，这与其以行政治理而非以经济发展为主要职责的城市功能定位是密切相关的。史载雍正三年（1725），天津城、濠皆坏，当地官员接受盐商安尚义、安岐父子的捐资，“就旧基筑城浚濠，周围一千六百二十六丈六尺，垣高一丈九尺八寸，垛高四尺二寸，共高二丈四尺，基广三丈二尺，上广一丈九尺，共计垛一千四百五十有四”。城东西长 504 丈，合 2 里 8 分，南北长 324 丈，合 1 里 8 分 5 厘，周围 9 里 2 分，与明卫城的建置规模 9 里 13 步高度吻合。该城“东去海河二百二十步，北抵卫河三百步。旧城四门有楼，旧额曰镇东、曰定南、曰安西、曰拱北。康熙十三年，改曰东连沧海、南达江淮、西引太行、北拱神京，四角俱有楼，其东南角楼即魁星楼也”①。新城四门，东曰镇海，南曰归极，北曰带河，西门奉旨赐名卫安。

当然，天津在由卫升府之后，其城市功能的多元化也有了一定程度的体现，最明显的就是由单一军事卫所转变为区域性的多功能行政中心。表现为天津府和附郭县、天津县及其相应级别的衙署，均在同一个城池之内，这从成书于道光二十六年（1846）的《津门保甲图说》天津府城图可以直观看出。该座城市的中心点是鼓楼，城内由通往 4 座城门的东、西、南、北 4 条大街组成的十字形通道分割成 4 个长方形街区，其他次一级的街、巷和建筑物并不规整。除巡按盐课察院公署（后为三口通商大臣、直隶总督行署）建造于南运河北岸的旧饷道衙门基址，当时主要的行政、军政机构，均置于城内。如总督河道都察院公署，在东门内大街；天津钞关公署，在户部街前；天津镇总兵官公署，在钟鼓楼西大街；分巡天津河道公署，在西门内原天津同知公署；长芦盐运使司公署，在天津城内鼓楼东街；天津府知府公署，在大仪门西旧卫署；天津府经历司公署，在府署

① 天津市地方志编修委员会编著：《天津通志・旧志点校卷》，南开大学出版社 1999 年版，第 9 页。

东；天津海防清军同知公署，在大仪门西；天津县知县公署，在鼓楼东北旧仓廒基址。①

天津府时期天津城市经济功能的增强和城市经济空间的拓展，主要不是从城内而是从城外关厢聚落的发展体现出来的。从城市外围的聚落布局来看，天津府时期比天津卫时期的关厢区域要宏大和充实得多，这又与以三岔口为核心港区的内河航运和地方经济的日渐繁荣直接相关，从而反映出天津作为运河码头城市的显著地域特色。

据康熙《天津卫志》记载，明弘治年间兴起的 10 个旬日集市，到康熙年间已经全部消失，代之以分布更加密集而交易更加常态化的街市店铺经营模式，即东、北、西 3 个城门之外，分别抵达海河和南运河的关厢商业街区的发展。城外的横街均顺着河道的走向平行排列，纵街则多由城墙（城门）呈放射状纵贯，直抵河岸码头。这种纵横交织的网状交通与聚落分布模式，在很大程度上体现出天津府城因漕运而兴起，又因航运而繁荣的地理区位与港、城互动关系。

根据《津门保甲图说》里的统计，专业从事商业贸易的铺户，数量已经相当大。就其空间分布而言，以北门外的铺户数量（3196 户）最多，铺户占分区居民总户数的比重（48.17%）也最高；按铺户数量的多少，依次是府城内、东门外、西北城角、西门外、东北城角、南门外。就商业氛围而言，尤以作为商品直接集散地的北门外（近南运河三岔口港区）和作为政治军事中枢的府城内最为突出。北门外商业区是天津贸易最兴盛的地方，这里汇集了天津城市最为著名的商业街，如估衣街、竹竿巷等。北门外地区尤以东部地区最为发达，这里俗称“侯家后”，南部为贸易区，靠北则为娱乐区。东门外地区亦是天津较为发达的商业区，尤以天后宫附近为最，最繁荣的两条街市为宫南和宫北大街。商业地位显赫的浙江会馆、闽粤会馆、山西会馆、延邵公所、济宁会馆、怀庆会馆、江苏会馆等，均

① 〔清〕李梅宾、程凤文修，〔清〕吴廷华、汪沆纂：《天津府志·城池公署志》，乾隆四年刻本。

集中在府城之外的所谓关厢地区。①

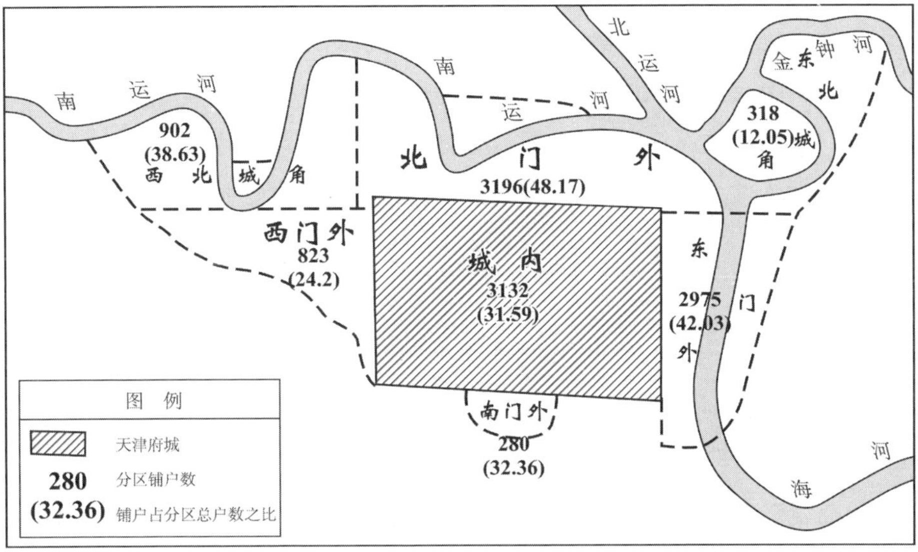

图 2.1 1846 年前后天津府城内外的商业铺户分布示意图

资料来源：〔清〕佚名《津门保甲图说》，据章英华《明清以迄民国中国城市的扩张模式——以北京、南京、上海、天津为例》，载《汉学研究》1985 年第 2 期，图 5.4 重新绘制。

图注：该底图中，有关三岔口地区河流交汇关系的表述不确，参见图 1.7。

不过，由于明代至清中期的漕运以内河的木帆船航运为主，所以这一时期，以运河为主要航道的南运河、北运河、海河交汇处的三岔口地区，便成为天津城市建置区的主要拓展方向和商业繁盛区域。换言之，这一时期的天津城市建成区，不仅包括城垣以内，还应包括城外沿南北运河、海河两岸的商业街区。而在此范围以外的海河东南方向以及府城以南地区，依然是一派乡村荒野景观。

而上述旧商业区的兴旺和新商业区的拓展，造就出了漕运时代天津府

① 〔清〕沈家本、荣铨修，〔清〕徐宗亮、蔡启盛纂：《重修天津府志·舆地六·公廨》，光绪二十五年重修。

城内外的经济繁荣。时人咏赞道：“畿南巨镇此称雄，都会居然大国风。百货懋迁通蓟北，万家粒食仰关东。市声若沸鱼虾贱，人影如云巷陌通。记得销金锅子里，盛衰事势古今同。”又云：“潞卫交流入海平，丁沽风物久闻名。京南花月无双地，蓟北繁华第一城。柳外楼台明雨后，水边鱼蟹逐潮轻。分明小幅吴江画，我欲移家过此生。”① 天津古代经济史的研究成果表明，大体“到清代中叶，天津已成为华北最大的商业中心和港口城市了”②。

第二节　天津开埠与城市物质、经济空间的拓展

一、中国古代陆上与海上“丝绸之路”并重的对外贸易轨迹

以物质资料的生产和再生产为主要内容的经济活动，因为人类所处资源环境的差异，而形成了工序各异的农、牧、工、商四大基本产业，造就出使用价值各异的琳琅商品，培育出需求迥别的中国和全球大小市场，驱使人们通过穿行于各地之间的短途和长途贸易活动，不断将其潜在价值衍生成现实财富。③ 横亘并绵延于古代中国和世界其他区域之间的陆上和海上贸易商路——“丝绸之路”，正是人类经贸活动由潜质到实现的物质纽带。

中国自古既拥有辽阔的陆上疆域，又濒临浩瀚的大洋西岸，是一个水陆领土兼备的伟大国度。中国古人依靠自己的勤劳和智慧，因地制宜地发展各地的区域经济和域外贸易，使得国内经济体系中，既有繁荣的陆地农、牧业，也有发达的海上渔、盐业；对外贸易方面，既有源远流长的

---

① 〔清〕张焘撰，丁绵孙、王黎雅点校：《津门杂记》，天津古籍出版社 1986 年版，第 2 页。

② 许檀：《清代前期的沿海贸易与天津城市的崛起》，载《城市史研究》1997 年第 13—14 辑。

③ 樊如森：《中国历史经济地理学的回顾与展望》，载《江西社会科学》2012 年第 4 期。

"陆上丝绸之路"，也有远涉重洋的"海上丝绸之路"，二者从不同方向诠释了中华文明的博大与精深。

（一）"陆上丝绸之路"的兴替

有关中国"陆上丝绸之路"的研究表明，早在张骞西域"凿空"之前，由中原通往西亚和南亚地区的商旅大通道就已经出现；只是此后又有了不断的发展，并且到隋唐时期更加繁盛罢了。①

《后汉书·西域传》中，详细叙述"陆上丝绸之路"主干道的开辟过程与繁盛景象："西域风土之载，前古未闻也。汉世张骞怀致远之略，班超奋封侯之志，终能立功西遐，羁服外域。自兵威之所肃服，财赂之所怀诱，莫不献方奇，纳爱质，露顶肘行，东向而朝天子。故设戊己之官，分任其事；建都护之帅，总领其权。先驯则赏籝金而赐龟绶，后服则系头颡而衅北阙。立屯田于膏腴之野，列邮置于要害之路。驰命走驿，不绝于时月；商胡贩客，日款于塞下。其后甘英乃抵条支而历安息，临西海以望大秦，拒玉门、阳关者四万余里，靡不周尽焉。"② 而至唐朝贞观四年（630）后，地处中原的东部农耕区和地处西北的回鹘游牧区之间的草原丝路就更加繁荣了。为了维护这些新拓商路的畅通，中央政府在通往瀚海草地和燕然都督府的"参天至尊道"沿线，均设置了大批便于商贸交通和商旅生活的邮驿设施。太宗皇帝"乃诏碛南鸊鹈泉之阳置过邮六十八所，具群马、湩，肉待使客，岁内貂皮为赋"③。

（二）"海上丝绸之路"的延展

惜乎自唐安史之乱以至宋辽时期，随着中国政治版图的再度分裂，农耕经济的重心已由黄河中下游的"三河"古地向江南新区转移，结果"在中国古代对外贸易中，陆路贸易（即丝路贸易）地位日趋下降，而海路贸

① 析侠：《陆上丝绸之路与汉唐边贸事业》，载《郑州大学学报（哲学社会科学版）》1995 年第 2 期；李明伟主编：《丝绸之路贸易史》，甘肃人民出版社 1997 年版。

② 《后汉书·西域列传》，中华书局 1965 年版，第 2931 页。

③ 《新唐书·回鹘列传上》，中华书局 1975 年版，第 6113 页。

易逐渐占据优势，基本上处于主导的、支配的地位”①。其具体表现为，“由于造船技术、航海技术的大幅提高，原本中国对外交流的主要渠道‘丝绸之路’，逐渐有东南的海路与之分庭。此外，西夏、回纥政权在西北的割据，也造成中原与西域间交通的阻隔。在此背景下，西北的长安等城，其对外交流中心地位不复存在，而东南沿海城市逐渐成为中国对外的重要门户。据《岭外代答》《诸番志》等书记载，和南宋通商的国家有五十多个，南宋商人泛海去贸易的，也有二十多个国家。除扬州、杭州、广州等城市外，泉州、明州（宁波）、钦州、廉州、密州、秀州、温州等城市，均成为重要的外贸港口城市”②。其中，南宋时期的泉州港已发展成为中国最大的对外贸易港口，成为海上丝路的重要起点之一。③

当然，五代至宋时期的西北陆上丝路，只是在东南海上丝路蓬勃发展的映衬下显得相对衰败，但远未达到“断绝”的境地。研究表明，此时的西北丝路，又以不同于此前的贸易路线、方式、主体而继续延续下来，成为中国“陆上丝绸之路发展史上的一个重要阶段”④。尽管如此，唐宋以后，在中国的整个对外贸易结构中，西北陆路外贸比重的下降和东南海路外贸比重的上升，却成为无可更改的客观史实了。出现这一转变的根本原因，大致有以下两点：

其一，作为中国对外贸易重要通道之一的海上丝路，有着与陆上丝路同样悠久的客观合理性和历史发展轨迹。

这是因为，从其所处的自然环境和地理区位上来看，中国不仅是一个

---

① 蒋致洁：《唐宋之际丝路贸易与海路贸易的消长变化》，载《社会科学战线》1993年第5期。

② 唐晓峰：《城市重心的东移与江南市镇的繁荣（宋辽金）》，见邹逸麟主编《中国历史人文地理》，科学出版社2001年版，第334页。

③ 吴松弟：《宋代东南沿海丘陵地区的外贸港口、出口物资和泉州港繁盛的主要原因》，见复旦大学中国历史地理研究所编《历史地理研究（2）》，复旦大学出版社1990年版，第234页。

④ 杨蕤：《五代、宋时期陆上丝绸之路研究述评》，载《西域研究》2011年第3期。

幅员辽阔的大陆国家，同时也是一个濒临太平洋的沿海国家。从南到北拥有的数万公里海岸线和数百个优良港湾，为对外贸易提供了丰富的海上航线和市场潜能。所以，自先秦开始，中国沿海地区的百姓，就熟练地穿梭于南北沿海各地的市场；而历代中央和地方政府也都利用海上运输的物流便利，开辟出不少沿岸和海外贸易通道。包括丝绸在内的各类中国商品，“早在公元前就分陆海两路向外传布”；此后历经唐、宋以至元、明、清，既有经东海（今黄海）输往朝鲜半岛和日本列岛的海上航线，也有经南海输往东南亚、南亚、西亚和欧洲的海上航线；并且愈到后来，海上外贸的范围愈发广阔，规模也愈发宏大；中国海外贸易的方式，“已不像前一时期只是采取消极的招邀和奖励外商来华进行贸易，而是主动地派高级官员，率船队往海外各国访问，并以丝绸、瓷器等为主进行贸易交换。民间海商往海外贸易的空前活跃，并发展到吕宋乃至拉丁美洲进行丝绸贸易，郑和率船队七下西洋，标志着海上‘丝绸之路’已发展到极盛时期”①。

其二，自南宋开始以至明清，不仅中国的政治、经济中心向东部沿海转移，世界上不少国家沿海地区的经济也发展起来，使得以海洋为商贸纽带的区域和全球市场一体化进程徐徐地拉开了帷幕。

研究表明，在中国东部沿海地区，以海上贸易为重要内容的区域日渐扩大，枢纽性港口也从福建的泉州和月港逐渐向商品经济更加繁盛的江南地区位移，从而为鸦片战争以后“襟江带海”的上海成为全国最大的沿海和对外贸易港奠定了腹地条件和经济基础。② 在西方世界，“从 14—15 世纪以来，先进的封建国家走向高度繁荣，而在这繁荣的背后，世界又孕育着新的生机——资本主义生产关系在悄悄萌芽、发展。这时，世界各部分开始摆脱孤立状态，形成为一个相互联系、相互依存的真正意义的世界。世界航海贸易对此起了开拓性的作用。在此期间，北大西洋各国船队相继

① 陈炎：《略论海上“丝绸之路”》，载《历史研究》1982 年第 3 期。

② 吴松弟：《明清时期我国最大沿海贸易港的北移趋势与上海港的崛起》，载《复旦学报（社会科学版）》2001 年第 6 期。

闯入太平洋，使其航海贸易受到剧烈震荡，并给太平洋沿岸各国带来了灾难、动荡，也有挑战和良机”①。

换句话说，自五代以至清前期，随着康熙二十三至二十四年（1684—1685）闽（厦门）、粤（广州）、浙（宁波）、江（上海）四大海关的先后设立，中国的沿海和远洋贸易又有了新的发展，并与欧美世界的西方海上贸易大潮相汇合，逐步奠立起中国“海上丝绸之路”不断前行的历史地理基础。而近代开埠通商以后，中国从沿海到沿边、再到内陆115个对外贸易口岸的出现，和从港口城市到内陆腹地的外向型市场网络的构建，更是进一步奠定起从陆地到海洋的深厚历史经济地理基础。

二、开埠通商与近代“港口—城市—腹地”外向型经济格局的形成

进入清代中期以后，中国北方的经济发展环境出现了前所未有的重大改变，其经济发展模式也开始了一个由传统向近代的转折时期，在产业结构上，由此前以自给性农、牧业经济为主导，向以市场化工业经济为主导；市场结构上，由此前以“都城—治所”为节点的内向型国内市场网络，向以“口岸—市镇”为核心的外向型国际市场网络转化。其重大契机，便是包括天津在内的北方59个通商口岸的对外开放，以及对其腹地经济辐射能力的不断提高。

（一）清中期之前的北方经济概况

以中国北方的政治和经济重心区华北而言，时至清代中期，依然是以自然经济和国内区域贸易为主的内向型市场网络。而同一时期的全国许多地方，城乡市场网络体系的发育均较明代有了很大进步，出现了由流通枢纽城市、中等商业城镇和农村集市构成的三级市场网络，贸易范围覆盖数省或十数省且为中央一级税关所在地的流通枢纽城市，由明代的八个增加

① 艾周昌、许斌：《试论16至18世纪中叶太平洋航海贸易》，载《史学月刊》1989年第6期。

到清中期的20多个，但是唯有华北地区，依然只有原来的首都北京（崇文门）、州城临清和府城天津（河西务）三个而已。“北京市场上的商品绝大部分都是从外地输入的，其中较大宗的主要有粮食、绸缎、布匹、纸张、茶叶、糖、瓷器、洋广杂货以及毛皮、牲畜等等。这些输入的商品除满足本城居民的消费之外，也有相当一部分转销华北和西北，特别是西北的新疆、内外蒙古与俄国”；临清是冀、鲁、豫三省的粮食调剂中心；天津虽然成了北方最大的沿海港口，以集散东北粮食和南方洋广杂货为主要职能，但绝大部分还是为转运北京服务，本地消费和销往直隶各府的只有很小一部分。除了这三个经济辐射范围较大的枢纽城市，其余则是贸易范围仅覆盖一两个府十来个县的地区性商业中心，如山东省的济宁、德州、胶州、聊城、益都、泰安、莱阳、黄县、潍县、博山、张秋、周村、烟台。它们是本地区农工商业产品的大宗集散和调剂地。河南省的开封、洛阳、朱仙镇等，也属于此类商业中心。至于更基层的、在农民和小工商业者间调剂产品余缺的乡村集市，华北地区的数目虽然众多，却以每旬开市两次的最为普遍。其集市密度和开市频度，均比江南和广东地区落后。①

这就是说，直到清代中期，华北经济还处在“都城—治所”主导下的内向型市场网络格局中，区域经济的潜在优势还为自然经济和封建专制政体严格禁锢。不过，随着商品经济的逐渐发展，清代中叶“华北已有不少行政级别较低的城镇在市场层级中处于较高的位置，这些商业城镇的崛起反映的正是发展中的市场体系对原有行政体系的突破”②，为此后华北市场格局由“都城—治所”结构向“口岸—市镇”结构的转变做了前期铺垫。

（二）对外通商口岸的大量开放

在太平天国起义和第二次鸦片战争的双重打击下，元气大伤的清政府不得不放松了对华北地区的政治禁锢，被迫于1858年的《中英天津条约》

---

① 许檀：《明清时期城乡市场网络体系的形成及意义》，载《中国社会科学》2000年第3期。

② 许檀：《明清时期华北的商业城镇与市场层级》，载《中国社会科学》2016年第11期。

和1860年的《北京条约》中，允许于1860年开放了华北的天津、烟台；此后，又通过条约开放和自主开放的方式，先后开放了青岛（1897）、威海卫（1898）、秦皇岛（1898）、海州（1905）、济南（1906）、周村（1906）、潍县（1906）、龙口（1915）、济宁（1921）、郑县（1922）、徐州（1922）等13个对外贸易的通商口岸，其中，条约商埠4个，自主开放9个。与此同时，在后来成为天津经济腹地组成部分的西北和东北地区，也相继开放了46个约开和自开口岸。北方这59个外贸商埠，共占到了1930年全国一级商埠总数115个的11%。①

这些口岸与当地国内贸易网络相联通，构建起完整通畅的外贸网络，打破了当地市场原有的封闭状态。这些新兴口岸城市的主要职能，自然就是发展区域经济和对外贸易。

（三）新式交通和矿业城镇的快速兴起

进入清朝末年，轮船、火车、汽车、电报、电话等新式交通通信方式陆续出现在环渤海地区，以发展现代工商业为目的的交通城镇也随之成长起来。随轮船运输业发展而崛起的城镇，主要是沿海的开埠港口，如华北的天津、秦皇岛、烟台、青岛、龙口、威海、海州，东北的营口、大连、安东、葫芦岛等。随着火车、汽车运输兴起的交通城市也很多，如山东济南、青岛、周村、潍县，河北天津、北京、石家庄、邯郸，河南郑县、洛阳、开封、新乡，江苏徐州、海州，山西太原、榆次、大同，陕西西安、宝鸡，绥远归化城、包头，察哈尔张家口、宣化，辽宁大连、沈阳、锦州，吉林永吉、长春等。

同一时期，不少近代工矿型城镇也随着轮船、火车以及工业生产对煤炭需求的增加发展起来。如河北唐山、河南焦作、河北临城、山西大同、江苏徐州、山东淄博、辽宁抚顺等，也都是近代发展起来的环渤海工矿业城市。

---

① 吴松弟主编，樊如森著：《中国近代经济地理·第七卷·华北与蒙古高原近代经济地理》，华东师范大学出版社2015年版，第84页。

（四）“都城—治所”城市功能的渐次转变

与此同时，原有的“都城—治所”城市，也在基础设施和产业布局方面逐步向口岸城市看齐。如北京，虽然依然对北方城镇施加着巨大的政治影响，但其城内主要现代化设施和生产生活内容都效仿天津，如铁路的大规模兴修、煤矿的现代化开采、邮政电报等现代化通信方式的运用，各种现代化生产和生活物资的进口等；从对区域经济发展的贡献来看，20 世纪 30 年代的天津，已经发展为北方最大的对外贸易、现代工业、现代金融中心，成为仅次于上海的中国第二大工商业都会和近代北方经济的龙头。① 而同一时期的北平，还依然是北方最大的消费城市；“经济很不发达，工业极端落后，近代工业出现较迟，多为手工业生产。直到抗日战争胜利以后，北京工业中手工业仍然占 80% 以上，在全国工业产值中的比重甚小，只占 1. 93%”；直到 1948 年，“北京工业发展极其缓慢，没有真正的机器制造工业，没有基本化学工业，不能纺纱，不能炼钢。企业的规模狭小，设备简陋，技术落后；产品成本高，质量低；原料和市场多依赖外国和外地；而本市所需用的产品却仰赖于洋货或津、沪供给”②；不要说在全国，即便在华北，经济辐射功能也很弱小了。

（五）以天津为中心城市的三北外向型市场网络

包括三北地区在内的中国经济地理格局从传统向近代的演变，既呈现在上述产业结构、市场结构、空间结构 3 个层面，也表征于由以国内区域市场为依托的内向型经济向以进出口贸易为导向的外向型经济转型的过程中。而衔接传统与近代两种经济模式的纽带和途径，莫过于 50 余个通商口岸的对外开放和“港口—城市—腹地”经济地理格局的形成。因为当时光推移到 19 世纪中期，用现代工业武装的西方列强，带着为机器工业寻求更大市场的愿望，用坚船利炮频叩中华国门的时候，产业落后、市场封闭的

---

① 樊如森：《天津——近代北方经济的龙头》，载《中国历史地理论丛》2006 年第 2 辑。

② 中国人民大学工业经济系编著：《北京工业史料》，北京出版社 1960 年版，第 1，4 页。

中国，便只好被动或主动地对外开放了115个贸易口岸，以因应汹涌而来的全球经济一体化浪潮。这一过程在中国北方的实践，就是1850年之后，西北、华北、东北地区陆续对外开放了伊犁、塔尔巴哈台（今新疆塔城）、芝罘（今山东烟台）、牛庄（今辽宁营口）、天津、库伦（今蒙古国乌兰巴托）、喀什噶尔（今新疆喀什）、迪化（今新疆乌鲁木齐）、古城（今新疆奇台）、肃州（今甘肃酒泉）、乌里雅苏台（今蒙古国扎布哈朗特）、科布多（今蒙古国吉尔格朗图）、吐鲁番、哈密、青岛、大连、威海卫、秦皇岛、南苑（今北京市）、奉天府（今辽宁沈阳）、安东（今辽宁丹东）、大东沟（今辽宁东港）、凤凰城（今辽宁凤城）、新民屯（今辽宁新民）、通江口（今辽宁昌图）、法库门（今辽宁法库）、吉林府（今吉林省吉林市）、宁古塔（今黑龙江宁安）、三姓（今黑龙江依兰）、铁岭、辽阳、长春、哈尔滨、珲春、齐齐哈尔、呼伦、瑷珲、满洲里、海州（今江苏连云港）、潍县（今山东潍坊）、周村（今山东淄博）、济南、绥芬河、葫芦岛、局子街（今吉林延吉）、龙井村（今吉林龙井）、头道沟（今吉林和龙）、百草沟（今吉林汪清）、海拉尔、归化（今内蒙古呼和浩特）、多伦诺尔（今内蒙古多伦）、赤峰、张家口、洮南、龙口、锦州、济宁、郑县（今河南郑州）、徐州共59个通商口岸，占全国商埠总数的52%①；再加上近代交通城镇、工矿业城镇的兴起和“都城—治所”城市的转型，北方各地涌现出了众多以发展进出口贸易和现代工业为主要职能的“口岸—市镇”城市，并渐次整合成东部地区以天津、青岛、大连、哈尔滨为中心城市的外向型市场网络，强化了中国北方内部市场的联系。②

同时，与中国北方相关联的国际市场，结构上也趋于多元化。在东部地区，早期的主要贸易对象国是欧美列强；1895年后，日本市场的地位得

---

① 樊如森：《近代北方城镇格局的变迁》，见天津社会科学院、天津市社会科学界联合会主办《城市史研究（第二十五辑）》，天津市社会科学院出版社2009年版，第3～4页。

② 樊如森：《近代环渤海经济一体化及其动力机制》，载《学术月刊》2011年第7期。

到提升，并长期占据该区域直接进口总值30%～40%的份额。[①] 在西部的新疆和漠北蒙古地区，俄国是最主要的进出口贸易市场。1917 年前，新疆对外贸易的十之八九为俄国人操纵，绝大部分畜产品原料、半成品以及工业制品的输出入对象也都是俄国[②]；1925 年后，新疆生丝、羊毛、皮张的输出继续以俄国市场为主、天津等内地市场为辅，与英属印度的贸易只占很小一部分[③]；1933 年前后，在漠北蒙古地区的市场上，“中、俄商品之比较，苏联占总商品百分之八十，仅百分之二十为中国（内地）之商品”[④]。

这样，随着口岸开放后西方机器工业品和生产方式的引入，以及本地传统农牧业产品的对外输出，北方各地的间接性和直接性工业化经济都有了一定发展。只是由于对外开放水平、市场发育状况、交通便利程度等主客观差异，造成了不同区域工业化水平的空间落差。新疆和外蒙古地区的口岸开放时间尽管早于华北和东北，但前者在现代交通和金融方面的便利程度、工业人才和技术方面的充裕程度等都逊于后者，所以其传统产业的工业化转型也慢于后者。至于中部内陆的陕甘宁青地区，自然条件则更为艰苦，交通运输更为闭塞，市场发育更为单一，文化教育更为落后，所以其市场化、工业化经济以及近代主导经济的发展水平也在北方最低。[⑤] 这使得近代口岸开放以后，中国北方地区形成的“港口—城市—腹地”对外贸易格局呈现出以向东的“海上丝路”为主、向西的“陆上丝路”为辅、内引外联的良性互动景象。

---

① 樊如森、伍伶飞：《近代环渤海市场结构的时空演进》，见中国地理学会历史地理专业委员会《历史地理》编辑委员会编《历史地理（第二十八辑）》，上海人民出版社 2013 年版，第 262～281 页。

② 村之：《西北商务衰落之原因及其救济之方策》，载《西北》1929 年第 10 期。

③ 刘穆：《最近新疆经济状况》，载《西北》1929 年第 8 期。

④ ［日］吉村忠三著，李祖伟译：《外蒙之现势》，商务印书馆 1937 年版，第 71 页。

⑤ 樊如森：《中国北方近代经济的市场化与空间差异》，载《江西社会科学》2015 年第 2 期。

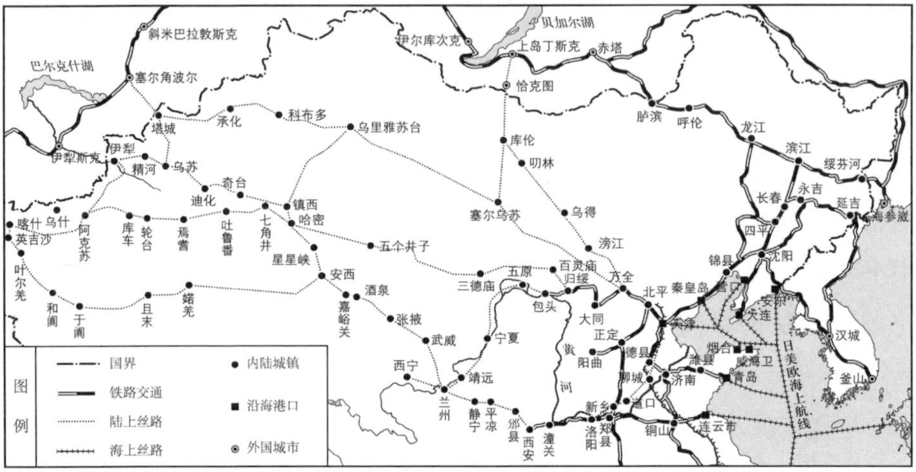

图 2.2　1933 年前后中国北方的陆海丝绸之路示意图

资料来源：据丁文江、翁文灏、曾世英编《中华民国新地图》，上海申报馆 1934 年版，重新绘制。

另一方面，中国其他区域近代外向型经济的发展概况，也印证和照应了北方地区近代对外贸易格局的上述变迁趋势。

表 2.1　1895 年、1931 年中国各区域（西北对俄贸易口岸除外）对外贸易值及占全国百分比

单位：海关两

	1895 年海关进出口贸易值		1931 年海关进出口贸易值	
	进出口贸易值	占全国百分比（%）	进出口贸易值	占全国百分比（%）
东北地区	5442414	1.7	669687400	17.0
华北地区	17214281	5.2	674535994	17.1
上海	168839947	51.1	1344803490	34.2
长江流域	6849187	2.1	540502461	13.7
华南地区	131797542	39.9	705908802	17.9
全国合计	330143371	100.0	3935438147	100.0

资料来源：相关年份中国各口岸海关贸易统计（不含西北对俄贸易统计），吴松弟等《中国近代经济地理·第一卷·绪论和全国概况》，华东师范大学出版社 2015 年版，第 90 页。

三、天津作为通商口岸对国际市场的开放

天津既不是近代中国也不是北方地区最早的开埠口岸，它之所以能够从清代中期众多的府城县治城市中脱颖而出，并快速成长为中国北方最大的近代工商业大都市，一个重要的历史契机就是中国古代海上丝绸之路与世界近代海洋经济发展大趋势的重合；也是清代前期四大海关设立后，中国海上进出口贸易的新发展同欧美工业革命后亟待拓展海外市场总需求的对接。

当然，东、西两大海洋贸易趋势彼此接轨的过程，并非平和而顺利的，主要原因是西方列强的殖民扩张政策与中国维护主权尊严的坚强意志发生了激烈而广泛的冲突。1757 年，英国的殖民贸易公司——东印度公司的职员佛林德（James Flint，中文名洪任辉）因不满宁波浙海关实行的贸易制度和关税额度，私自北上天津并试图进京上访。结果在乾隆二十四年(1759)，清政府为防止类似英国人擅入京津事件的再次发生，自该年起，只允许欧美商人到远离京城的广州一个口岸进行通商，但并未禁止另外三个口岸对日本和南洋的贸易。这就是西方列强大肆渲染的中国“一口通商”与“闭关自守”的政策，它让欧美列强在亚非拉其他地区恣意妄为的殖民掠夺和海外通商政策，撞在了东方帝国厚重的铁板上。为了达到自己的政治、经济目的，英国对中国展开了一系列先礼后兵的外交攻势，力图打开中国的国门和市场。

规模较大、较早的外交攻势发生在乾隆五十八年（1793），时任英国国王的乔治三世，派遣曾任驻俄公使的乔治·马戛尔尼（George Macartney）率领庞大的使团，以给乾隆皇帝祝寿的名义访华。这次访华的经济目的主要是减轻对广州贸易的限制和税收，允许英国商人到宁波、舟山、天津等地自由通商。这些要求被中方拒绝后，正处于对外扩张阶段的英国，遂从一个极端走向了另一个极端，即把对付其他弱小民族的武力征服政策运用到清廷的身上。时机就选择在中国国力已经衰弱并且又发生了太平天国起义的当口。通过发动多次武装侵华战争，最终迫使清廷对外开放

了一系列条约口岸和自开口岸。天津正是在英法联军发动的第二次鸦片战争以后，根据双方 1860 年 10 月 24 日签订的《中英续增条约》（亦称中英《北京条约》）第四款的规定而开放的："续增条约画押之日，大清大皇帝允以天津郡城海口，作为通商之埠。凡有英民人等至此居住、贸易，均照经准各条所开各口章程，比例画一无别。"①

如果说第一次鸦片战争后五口通商的经济内涵，不过是在中外关系不利于中方的新形势下，把原来只有广州一口对欧美贸易的特例，重新扩展到另外四口而已（福州原为厦门的分关）；那么，第二次鸦片战争后十口的开放，即牛庄（实为营口）、登州（实为烟台）、汉口、九江、江宁（即南京）、镇江、台南、淡水、潮州（后为汕头）、琼州，以及天津的开埠，则极大加深了中国沿海、沿江、沿边（伊犁、塔尔巴哈台 1851 年开放）地区的对外通商力度。

因为至少在 19 世纪 40 年代之前，中国在经济层面上还是一个中央集权、君主专制的政治经济国家，而不是一个市场经济国家；经济发展的主导因素是国家政治统治的需要，而不是市场的需求。和中国其他区域相比，地处京畿重地的环渤海地区，政治主导经济的气氛要更加浓厚一些，最为明显的表现：一是环渤海市场的物流指向，主要是以都城和省府州县治所为中心的；二是中国对国外贸易的地点，均远离环渤海特别是北京和天津，并且要受到清廷的严格控制。例如，在中国的北方，虽然早在 1689 年的《尼布楚条约》和 1727 年的《恰克图条约》里清廷就已向俄国商人开放了边境贸易口岸尼布楚和恰克图，并且还允许俄国商人可以越过边境直接到北京进行贸易，但是清廷对俄国商队的经商活动进行了各种各样的严格限制，如贸易周期为 3 年 1 次，商队规模不得超过 200 人，来京途中不得进行零星的交易；到达北京之后，只准在俄罗斯馆内摆摊销售，并且在 80 天之内必须回国，沿途往来也必须由清兵

---

① 〔清〕沈家本、荣铨修，〔清〕徐宗亮、蔡启盛纂：《重修天津府志·舆地六·公廨》，附租界，光绪二十五年重修。

护送（监视）。这个例子说明，若非两次鸦片战争尤其是太平天国起义严重削弱了清朝国力，要想让中国在短期内对外开放这么多重要城市，是根本不可能的。

然而，不管怎样，天津对国外市场的开放，还是在从政治到经济的多个层面上，逐步而显著地提升了天津在华北乃至全国的地位，成为天津城市发展史上的重要里程碑。此后，在天津府和附郭县天津县的辖境内，不仅有清廷的传统行政区域，还有西方列强陆续开辟并实际独立于中国行政区划之外的九国租界区，再后来又从天津府发展到天津特别市的行政变革；与此相适应，天津县、府、市辖区和城市建成区的空间范围也随之发生了明显变化。这都给天津城市物理和经济空间的成长带来了巨大而直接的影响。

四、近代天津城市物理和经济空间的逐步拓展

（一）近代天津行政区划的变迁

光绪二十八年（1902），八国联军退出天津后，天津县以北运河为界，划分为南、北两段：金钢桥以北至北站、西站和西窑洼为北段地区，金钢桥以南至城厢及附近一带为南段地区。此时天津县的行政辖区面积仅为16.5平方公里，包括外国租界区的9.9平方公里。光绪三十一年（1905），将东、西、南、北4乡划入天津县境。宣统二年（1910），将天津南、北段区划，改设为东、西、南、北、中5个大区，下设29个分区，另辖4乡8所。宣统三年（1911）春，又将5个大区重新划分南、北两段，由巡警道与新练军分治。

1912年3月，天津县被撤销，保留天津府。1913年4月，又撤销天津府，重建天津县，天津县的四境并无变动，隶属北洋政府的直隶省管辖。县的行政长官称县知事，衙门称县知事公署。撤销天津南、北两段区划。恢复东、西、南、北、中5个区和东、西、南、北4个乡的区划。①

① 天津市地方志网，行政区划沿革。

1926年前后，天津城区同时并存的各级各类（行政）管理机构主要有："直隶督军公署（西窑洼、金钢桥北首）、交涉公署（东窑洼）、天津县公署（南马路）、盐运使署（城内、仓门口后）、海关监督署（河北金华桥西侧）、财政厅（东窑洼五经路）、津海关（法租界河滨）、天津钞关（东马路）、警察厅（东门外金汤桥南首）、京奉铁路总局及津浦铁路总局（天津总站附近）、直隶实业厅（河北种植园）、直隶教育厅（河北公园）、高等地方审判厅（西窑洼）等。至各国租界内，有英国工部局、法国工部局、意国工部局、日本租界局、大比国租界局等，各设有自治公会，管理租界内之行政事务。"①

1928年6月，阎锡山的国民革命军占领天津。当时的政府根据《行政法》，在天津原城厢及其周围地区设立"天津特别市"，隶属南京国民政府行政院，这是天津设立现代市级行政建置的开始。天津设市后，将原东、西、南、北、中5个区改名为公安一、二、三、四、五区，另有3个特别区（由第一次世界大战后收回的原德、奥、俄3国租界所改）和4个乡区，8个所及英、法、日、意、比5国租界。

1930年6月，依照市组织法规定，天津特别市改为天津市，仍直属于南京国民政府行政院管辖。是年11月，因河北省省会由北平迁至天津，天津市改为省辖。1931年1月，收回比租界，定名为特别第四区。1933年，天津市行政辖区面积为99平方公里，人口107万。1934年，天津市、县划界，原4乡组成的天津县实行分治，原乡区所辖的大直沽、土城、东楼、谦德庄、李七庄等划入市区，并增设第九公安区。市、县勘界后，市区面积不断扩展，东至牛圈，东南至吴家嘴，南沿津浦支线，西至西营门，西北至黑塔寺，北沿北宁铁路。

1935年6月，河北省省会迁往保定，天津又恢复旧制，成为由国民政府行政院直辖的院辖市。1937年7月，日军侵占天津，建立日伪政权。

---

① 喻守真等编著：《全国都会、商埠旅行指南》，中华书局1926年版，第42页。

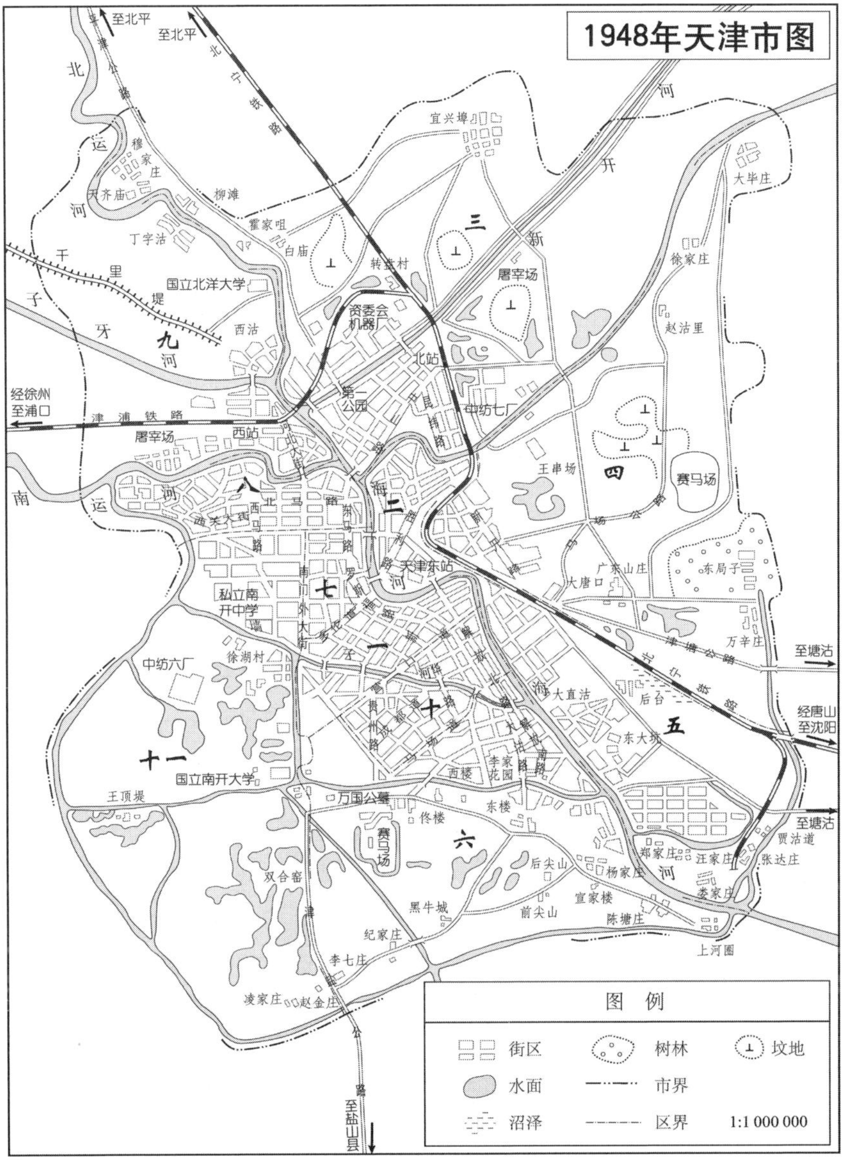

图 2.3　1948 年天津市的行政区划范围示意图

资料来源：据天津市地方志编修委员会编《天津简志》，天津人民出版社 1991 年版，第 11 页，图 1.2.2 重新绘制。

1945 年 8 月，日本投降后，伪政权垮台，国民政府恢复了天津建置，将全市8个区重新调整为10个区。1947年8月，因第七区过大，划出一部增辟为第十一区，同时对市、县划界又做调整，使天津市辖区扩展至151.34平方公里，其范围：东至东局子、万新庄，南界陈塘庄、李七庄，西临王顶堤、穆家庄，北至宜兴埠，直至天津解放。1949年1月15日，天津解放，成立天津市人民政府，天津市定为中央直辖市。下设11个行政区，总面积仍为151.34平方公里。

1958年2月11日，第一届全国人民代表大会第七次会议通过决议，天津直辖市变为河北省省辖市，省会由保定迁至天津。1958年8月，经河北省人民委员会决定，实行以城市带郊区的新区划。天津市行政区划为8个区12个县，即和平、河东、河西、河北、红桥、南开、塘沽、汉沽区、武清、霸县、静海、黄骅、任丘、河间、沧县、盐山、宁津、献县、交河、吴桥。1960年6月，天津市汉沽区划入唐山，蓟县、宝坻划入天津市。市面积约33000平方公里，超过历史上任何年代。1967年1月，天津市再次恢复为中央直辖市的行政建置。①

在笔者看来，尽管和民国时期相比，天津市的行政区划范围获得了一定扩展，但是由于计划经济体制已经严格实施，各地又都强调要建立独立的国民经济体系，所以天津影响和控制的腹地市场实际上是大大缩小了。这也是导致天津在北方的经济地位快速下降，并且至今无法恢复原貌的重要原因。

（二）近代天津城市建成区的空间扩展

天津最早的城市建成区是1404年开始兴修的天津卫城。史载卫城城墙的周长为9里13步，折合面积为2430市亩，即1.64平方公里。此后，经过多次重建，特别是晚清至民国时期的行政变革和市区扩建，建成区不断向卫城以外地区扩展，天津的城市物理空间遂出现了许多新的变化。

---

① 天津市地方志编修委员会编著：《天津通志·民政志》，天津社会科学院出版社1999年版，第69~75页。

表 2.2　1404—1949 年天津城市建成区的空间拓展

面积单位：平方公里

年代	1404	1840	1900	1911	1918	1928	1937	1945	1949
面积	1.64	9.4	13.4	16.2	19.3	36.2	37.7	49.7	50.3

资料来源：乔虹编著《天津城市建设志略》，中国科学技术出版社 1994 年版，第 82～84 页。

早期的天津地图是清道光二十六年（1846）《津门保甲图说》的附图，它显示天津当时的市区范围约为 9.4 平方公里，东至今新货场街、建国道，东南沿海河西岸至今和平区的合江路附近，东北至今河北区锦衣卫桥大街，北至金钢桥北窑洼一带，西北至邵公庄，西至红桥区习艺所一带。人口约 19.8 万人。

第二次鸦片战争后，英、美、法 3 国首先在天津城东南的海河西岸开辟租界，德、日继之于后。八国联军侵华后，俄、意、奥、比 4 国也在海河东岸建立了租界。天津市区遂沿着海河向下游发展，在海河西岸扩展到海大道（今大沽路）以东地区，在海河东岸则自老龙头车站（天津站）以下至大直沽一带。同时，上游沿白河向北扩展，将白河至北运河两岸的西沽、西于庄、辛庄、堤头等村落纳入城市建成区。据光绪二十九年（1903）德国地质调查队测绘出版的《天津全图》估算，此时的天津城市建成区面积约 13.4 平方公里。

从 1900 年到 1911 年辛亥革命前夕，英、法租界向海大道以西地区扩建，日租界向芦庄子一带发展，意租界沿旧盐坨一带建设，俄租界沿六纬路至十三经路一带开发。此外，南马路以南、南门外大街以东，毗连日租界的洼地，也由国内军阀、官僚、贵族收买并筑路建房，形成了南市。而河北区自金钢桥大经路（今中山路）直达北站也进行了开发。据日商中东石印局 1911 年出版的《天津地图》估算，当时天津城市建成区面积为 16.2 平方公里，人口增加到约 40 万人。

从 1912 年到 1918 年，天津虽遭到军阀混战影响和 1917 年大水灾的冲击，但由于水陆交通便利、天津成为河北省会城市、第一次世界大战期间工商业快速发展等利好原因，市区继续向外扩展。英、法租界向墙子河（今南京路）外扩展。南市、河北新区又出现了许多新建筑；河东的新官汛、郭庄子一带也开始建设。据《京津两市图》（天津）所示，天津城市建成区面积达到19.3平方公里，人口增长到80万人。

从1919年到1928年，是天津市区变化较大的一个时期。主要表现在利用疏浚海河吹泥填垫了旧城西南部分，以及东南墙子河以外的坑塘、洼地；扩建了河北新区，使其延伸到北站以外，并自发地建设河东区地道外与新开路之间的沈、王、郭、旺等劳动人民聚居区。据《天津特别市现行区域图》统计，1928年天津城市建成区面积为36.2平方公里，人口开始接近100万人。

从1928年天津成为特别市到1937年“卢沟桥事变”期间，由于日本加紧军事侵略中国，华北吃紧，天津处于国防前哨，政治和社会均不安定。加之1929年到1933年世界经济危机的破坏，天津工业萎缩，除商业向中心市区的租界转移外，城市建成区并无大的发展。1937年，城市建成区面积仅为37.7平方公里。

从1937年7月到1945年8月，天津沦陷，成为日本侵华的军事基地，日伪在天津塘沽开发新港，加上1939年河北省发生大水灾，大批难民流入天津，致使天津市建成区面积扩大到49.7平方公里，人口增加到171.1万人。新扩展的市区有：日本为侵略战争而修建的军仓库（新仓库），以及在郑庄子、谦德庄、佟楼、西广开、新开河北岸一带修建的简陋房屋。

日本投降后，国民党政府接收了天津，处于国共内战中的天津市政府，除了下大力气修筑城防工程，在城市建设上毫无建树，据《天津全图》统计，1949年1月，天津城市建成区面积仅为50.3平方公里。

1949年1月15日天津解放后，天津城市建设进入和平发展的历史新时期，天津城市建成区面积不断扩大。从1952年开发中山门等7个工人新村起，先后开辟东南郊、陈塘庄、土城、西营门外、北仓、铁东、北站

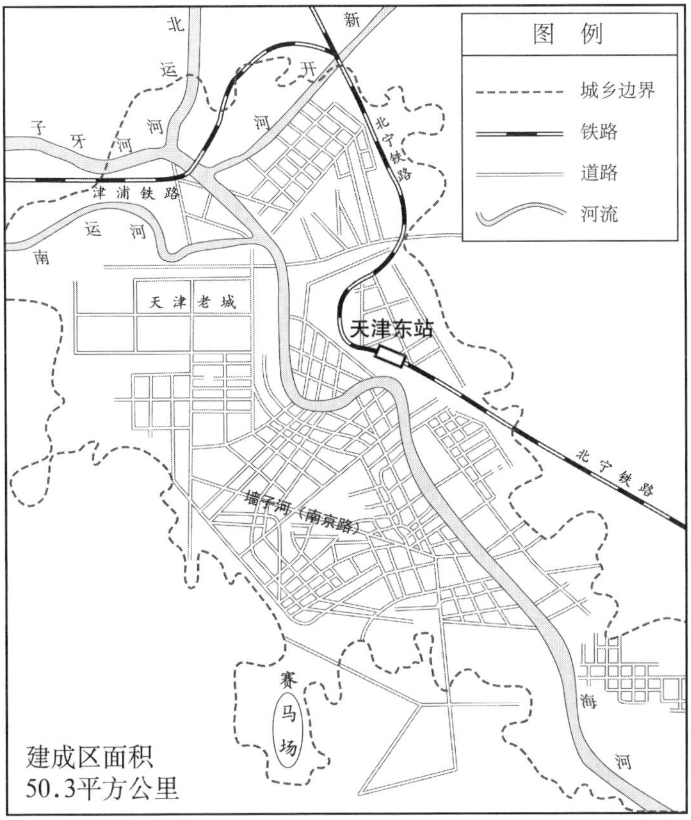

图2.4　1949年天津城市建成区的空间范围示意图

资料来源：乔虹编著《天津城市建设志略》，中国科学技术出版社1994年版，第86页，图7.9重新绘制。

外、新开河等10个工业区。到1980年，天津城市建成区的面积达到了161平方公里。①

建城特别是口岸开放以后，天津城市建成区面积的拓展，不仅扩大了该城市的核心物理空间，为城市交通、市民生活和城市工商业的发展提供了必要的实体空间场所；同时，也为城市人口规模和市场容

① 乔虹编著：《天津城市建设志略》，中国科学技术出版社1994年版，第82～84页。

量的扩大，以及港口城市对腹地经济辐射能力的提高，奠定了坚实的地理空间基础。

五、天津老城区的相对衰落与现代化转型

开埠之前，地处南运河和海河夹角处的天津府城及其关厢地区，作为与三岔口内河港区货物集散功能相适应的天津城市建成区的核心部分，肩负着发挥九河下梢传统政治、军事、漕运和经济中心功能的重任。不过，随着国内外政治和经济形势的变化，天津老城区在整个天津城市发展进程中的功能定位发生了较大改变，体现在老城区的相对衰落与现代化转型，以及新城区—租界区、南市及河北新区的快速崛起等方面。而发生不同城区功能定位转变的根本诱因，一是运河漕运衰落和海上航运勃兴，二是口岸开放与对外贸易发展。

（一）运河漕运的衰落与海上航运的勃兴

航海技术的时代局限，使得开始于元代的漕粮海运时常遭遇障碍。因为尽管“海道运漕，较河运费省而功捷。然大洋浩瀚，风信不时，非善辨水色，熟谙沙礐，则不能计时而达；且触礁搁浅，在在堪虞”①。并且，明、清两代一度实行的海禁政策又使清中期以前的北洋海运时断时续，未能成为朝廷主要的漕运方式，而内河水运一直是漕粮抵京的主要通道。史载，自永乐十二年（1414）“浚会通河……由是，海、陆二运皆罢”②，只留下河运漕粮一种途径。这也是天津卫城和三岔口码头区得以长期存在和发展的客观依据。

然而，以“闸河”形式存在的京杭运河，要完成巨额漕粮和附带土宜的运输任务，面临难以克服沿途水资源短缺和人力、物力严重消耗的现实困境，因而在这期间，海运漕粮的呼声不绝于耳。同时，清初严厉的海禁

① 〔清〕吴惠元修，〔清〕蒋玉虹、俞樾纂：《续天津县志·海防兵制附海道》，同治九年刻本。

② 〔清〕沈家本、荣铨修，〔清〕徐宗亮、蔡启盛纂：《重修天津府志·经政四·海运》，光绪二十五年重修。

政策也迫使众多商船借助运河水道运输商品，进而使运河中除漕船还有大量油船、茶船、杂货船等商船，加剧了航道拥挤程度。所以自康熙末年开始，政府和民间就不断探索、增加海运的途径，其中较有成效的海帆船运输，是天津经渤海湾往返奉天的东北杂粮贸易和天津往返于江浙、闽广地区的洋广杂货贸易。① 一般认为，大规模的“奉天海洋贩运始于乾隆四年。其实康熙年间，郑世泰奏准后，贩运者已不乏人，如郑尔端、蒋应科、孟宗孔等，其最著者也。自奉乾隆四年谕旨后，贩运者益伙矣。从前不过十数艘，渐增至今，已数百艘。不独运至津门，即河间、保定、正定，南至闸河，东至山东登、莱等口，亦俱通贩矣”。漕粮海运则始于道光五年（1825），因“上年江南高堰漫口，清水宣泄过多，高宝至清江浦一带河道节节浅阻，漕船大有妨碍”，乃将江苏之苏、松、常、镇，浙江之杭、嘉、湖等府的部分漕粮，试用沙船沿海北运。初次海运漕粮 120 万石，获得成功。② 而同治《续天津县志》所载的时间节点更加明确：“我朝自定鼎以来，岁运南漕粮米，俱由运河抵津，达通至京仓，章程具详旧志。道光五年，高家堰决口，河道阻滞，始用苏抚陶文毅公议，于道光六年试行海运。二十八年复行之，钦命大臣分赴津、通，会同仓场侍郎验收。此后，自咸丰二年起至今，岁以为常。”③

另一方面，1853 年太平天国定都天京，人为切断了传统的河运漕粮通道。特别是咸丰五年（1855），善徙善决的黄河又突然改变了自 1128 年后一直往东南方向夺淮河入海的河道，而在河南境内的铜瓦厢向北决溢，夺占了山东境内的古济水即大清河河道，再次往东北方向由渤海入海。于是，大量的黄河泥沙迅速淤塞了济宁至临清之间的大运河河道，使得原本就屡浚屡埋

① 高福美：《清代沿海贸易与天津商业的发展》，南开大学 2010 年博士学位论文。

② 〔清〕沈家本、荣铨修，〔清〕徐宗亮、蔡启盛纂：《重修天津府志 · 经政四 · 海运》，光绪二十五年重修。

③ 吴惠元修，〔清〕蒋玉虹、俞越纂：《续天津县志 · 海防兵制附海运》，同治九年刻本。

的漕运动脉，再次被大自然的力量强行切断。而这一时期的清政府，正在倾尽全力与太平天国政权进行殊死搏斗，并且还要时刻应付趁火打劫的英、法侵略军讹诈，根本无暇顾及对运河河道的及时疏浚。

同一时期，中国沿海运输业却在发生着根本性的变革。英、美等西方帆船和轮船公司在中国北洋航线的运输事业有了较快发展，使得“中国人充分感觉到把他们的货物交由外国轮船运输能有迅速和安全的优点，他们知道外国轮船可以在任何季节和季候风里航行”①。于是，清廷也趁机将原由运河运输的漕粮，部分改由海轮装载，以北绕山东半岛进入大沽口，再溯海河达于通州。统计显示，自同治十二年（1873）到光绪三年（1877），以上海沙船为主要运输工具的海上漕运，占漕粮海运的80%左右，轮船仅为20%。到光绪四年（1878），轮船承载则占到了40%；再至光绪后期，轮船成为漕粮海运的主力，上海沙船则退出了漕运行业。与此同时，从事海运的粮船，仍准挟带商货；所带货物的则例仍照从前，即“以八成装米，二成带货免予输税，如带有洋药及二成之外，另带余货，仍照章程纳税。其二成货物按米石计算，百二十斤为一石。今轮船运米均应援照办理”②。至此，天津从漕粮到一般商货的水运渠道已基本转向了海路，原有的运河商路迅速衰落，海路运输占据了主导地位。

地方税收额度的变化，也清晰地印证了这一转变趋势。在清代前中期，天津常关税收中，海上贸易份额占一半左右，每年大概有五六万两的税额来自海路贸易；嘉道年间已占三分之二左右，税额为九、十万两左右；咸丰年间漕粮改由海运后，天津常关税收基本来自海路，合计海上贸易所纳税额则在十三四万两左右；1861年，天津新海关成立后，天津海上贸易又跨上新台阶，合计每年的海路商货贸易税额达到了七八十万两至几

---

① 聂宝璋编：《中国近代航运史资料 第一辑 1840—1895》，下册，上海人民出版社1983年版，第1272页。

② 高福美：《清代沿海贸易与天津商业的发展》，南开大学2010年博士学位论文。

百万两不等。①

对“因港兴市”的港口城市天津而言，一旦经由海河而沟通渤海和大洋的海上运输变成了天津最主要的对外水运通道，也就意味着三岔口港区所在的天津老城区，失却了作为该城市核心区的原有物质基础和区位优势。此后，天津城市建成区的空间拓展方向，也就自然转向了紫竹林码头所在的租界地区。

（二）口岸开放、外贸发展与港区位移

1860 年的开埠通商，在天津城市发展史上具有里程碑性的转折意义。因为此后，英、法、美 3 国援引上海等先例，要求允许英国商人在各通商口岸自由贸易，并且“听便居住、赁房、买屋、租地，起造礼拜堂、医院、坟茔等事”②，胁迫清廷将天津城南沿海河的紫竹林地区辟为租界区。1895 年以后，德、日 2 国又挟甲午战争余威，在海河南岸分别获取了租界。1900 年，八国联军侵华后，俄、奥、意、比 4 国，也在海河北岸分别攫取了各自的租界，最终使天津成为近代中国外国租界设立国别最多的通商口岸。正是借助中国北方洋务中心的特殊地位，天津才逐步终结了北京“门户”和漕粮转运站的龙套角色，转而踏上了中国北方最大工商业都市的豪迈征程。

天津被辟为通商口岸后，面向沿海和国际市场的进出口贸易和新式工商业逐步成为天津城市经济发展的支柱产业；海上航运也逐步代替运河航运，成为天津对外进行人员和物资交流的主要通道。这样，原来浅狭的三岔口内河码头区，已经无法适应进出口贸易快速发展和海运船舶大型化的新需要。于是，英、法、美、德、日、俄、奥、意、比 9 国列强和天津各界人士，在河宽水深的紫竹林一带海河两岸陆续修建了仓库以及砖木或混凝土结构的新式码头区，并使之成为天津港口和城市建设的新增长点。

---

① 高福美：《清代沿海贸易与天津商业的发展》，南开大学 2010 年博士学位论文。

② 〔清〕沈家本、荣铨修，〔清〕徐宗亮、蔡启盛纂：《重修天津府志·舆地六·公廨》，附租界，光绪二十五年重修。

（三）天津老城区的相对衰落

航运中心和城市建设中心区的转移，削弱了天津老城区原有的政治和经济优势。一方面，掌握天津及直隶地区政治权柄的直隶总督兼北洋大臣衙门，在与老城一河之隔的河北地区扩建，使天津的传统政治中心出现位移。另一方面，紫竹林租界区的建立，使洋人势力和中外交涉的权力中心也溢出了老城区。这从政治功能区的削弱层面加速了老城区的衰败程度。肩负着刺探天津政治、军事情报使命的日本间谍曾根俊虎，形象地记录了天津老城区当时的败象："城内有十字大道，通向四门，中央有鼓楼，北边有圣庙，有诸衙门。鼓楼东北，人户稠密，但西北极为简陋，只有穷困之家。现今四个城门的楼上都变成拉屎放尿之地，城墙上过半都是干粪。城内买卖比上海、杭州等地萧条冷清，这是因为大商家都在城外北边开店的缘故。"①

1900 年以后，作为老城区重要组成部分和传统功能象征的城墙被八国联军的都统衙门悉数拆毁，进一步扫除了老城区与天津其他城区的物理障碍，客观上使地势低洼的城南一带得到了开发；而北马路、东马路以及大胡同等旧城东北角的传统商业也得到了继续发展。同时，随着租界区的持续建设和进一步繁荣，天津的工商业重心开始快速地向该区域转移。因为"开埠之初，东门外宫南、宫北大街因接近租界，而租界一时不能建设起来，不少洋行设在这里，还能保持一时的繁荣。可是随着租界的不断发展，天津的经济中心逐渐向租界转移，而且由于清王朝的灭亡，城里的众多官署不复存在，租界人口却日益增加。再加上国内军阀混战，局势不稳。昔日繁华的东门外和北门外商业区，遂逐渐转移到日租界的旭街、法租界的梨栈和英租界的小白楼，老城里渐渐萧条"②。

然而，天津近代经济地理的客观发展过程，有着更加丰富、曲折、复杂的时空内涵。其城市经济重心区向租界的转移，也不是一蹴而就、单线

① ［日］曾根俊虎著，范建明译：《北中国纪行》，中华书局 2007 年版，第 7 页。

② 罗澍伟：《话说天津老城》，见《天津老城忆旧》，天津人民出版社 1997 年版，第 12 页。

条进行的，而是有一个从点到线再到面的多维进程；老城区的衰落也并非断崖式的下跌，只是天津城市重心区此消彼长、优势互补的相对过程。加之其绵长的历史积淀和腹地传统产业的有力支撑，天津老城和三岔口地区，依然维持着传统商业闹市区的固有景象。不但传统的钱业、典当业以及汇兑业均有较大发展；而且，各类新式银行也相继在老城区一带设立；为城市物流服务的旅馆、行栈数量也不断增多，餐饮、娱乐业亦有了很大发展。①

所以事实上，随着天津对外贸易持续增长的拉动、腹地经济不断发展的支撑、城墙拆除后城市交通的便利、近代化公交线路的铺设，天津老城地区的人们也纷纷与时俱进，与租界和河北新区进行了全方位对接，进而纳入天津城市现代化的轨道，成为近代天津城市建成区不可分割的重要组成部分，反过来又促进了老城地区商业经济在民国时期的新增长。当时的史料表明，在北门外针市街的隆顺里、耀远里、永德里、公议栈、曲店街的同茂栈、北门外的集祥公司等处，常年设有杨柳青“大营客”接收新疆货款、销售新疆货物、采购京津土洋杂货并运往新疆的办事处，国内外贸易相当红火。②

今人王绣舜、张高峰通过细部梳理史料和社会调查相结合的方法，也间接证明了天津商业中心由老城向租界转移的最后完成时间是 1931 年之后而不是更早；此前，老城地区的近代商业依然相当繁盛。当时，“以北门外大街为中心的天津早期商业中心，呈蜻蜓形状。南北向的北门里大街是头部，北门外大街是身躯，河北大街是尾部，东西向的估衣街、锅店街、侯家后大街、洋货街、竹竿巷、针市街是翅膀”。其中，“北门里大街多是金店、当铺。北门外大街最热闹，两旁的百货店、鞋帽店、杂货店、海味

---

① 高福美：《清代沿海贸易与天津商业的发展》，南开大学 2010 年博士学位论文。

② 樊如森、杨敬敏：《清代民国西北牧区的商业变革与内地商人》，见中国地理学会历史地理专业委员会《历史地理》编辑委员会编《历史地理（第二十五辑）》，上海人民出版社 2011 年版，第 361 页。

店、烟酒店、鲜货店、糕点店、药店、饭馆等鳞次栉比。洋货街、针市街、竹竿巷多是票号、钱庄以及国药、茶叶、棉纱、布匹、竹货、洋广货等批发商。估衣街、锅店街多是绸布庄、皮货庄、估衣铺、眼镜店、南纸局等零售商的门市”。此外，“东门外靠海河沿的娘娘宫前的宫南大街与宫北大街，也是天津早期商业的繁华街道。那时一条街分为两段，长达一里多路，沿街全是商店，有银号、钱庄以及土产杂货、竹藤檀木、酱菜、香蜡纸张、儿童玩具、绒绢纸花等商店”。①

当然，由于时代和史料的局限，王绣舜、张高峰把老城商业向租界转移的原因片面地归结为单一的政治、军事事件；然而他们所说的时间节点并非全无根据。如1912年，曹锟发动“壬子兵变”，纵兵洗劫北门外、宫南大街、宫北大街，对老城商业破坏巨大；1920年的直皖战争、1922年和1924年的直奉战争，又使北大关与宫南大街、宫北大街一带再连遭兵燹掳掠，让当地商家对老城区的经营安全感到担忧，进而向往外国人保护下的租界，出现了商店迁往临近日、法租界的浪潮。原北门内大街的恒利、物华楼等大金店，迁至日租界旭街；老九章、大纶等绸布、呢绒店也由估衣街迁到旭街；银钱号则几乎全搬到法租界的四德里；正兴德、成兴两大茶庄，乐仁堂、大仁堂、隆顺榕等国药店，德华馨、同升和等鞋帽店，也都到法租界第二十一号路一带（中国人习称为梨栈街）设立了分店。1931年的沈阳九一八事变和天津“便衣队暴乱”，更使得老城区商家惶恐不安。“北门外大街、宫南北大街一带的殷实商店纷纷缩小业务，把资力向新兴的法租界梨栈一带商业区转移，开设新店或分支店，所以天津的早期商业中心更有显著的衰落。当年车水马龙的估衣街、锅店街、针市街、竹竿巷、宫南北大街，现在绝大部分是居民住宅，几户商店屈指可数。至一九三七年抗日战争（全面）爆发前，法租界梨栈一带已经形成天津近代商业

① 王绣舜、张高峰：《天津早期商业中心的掠影》，见中国人民政治协商会议天津市委员会文史资料研究委员会编《天津文史资料选辑（第十六辑）》，天津人民出版社1981年版，第61～62页。

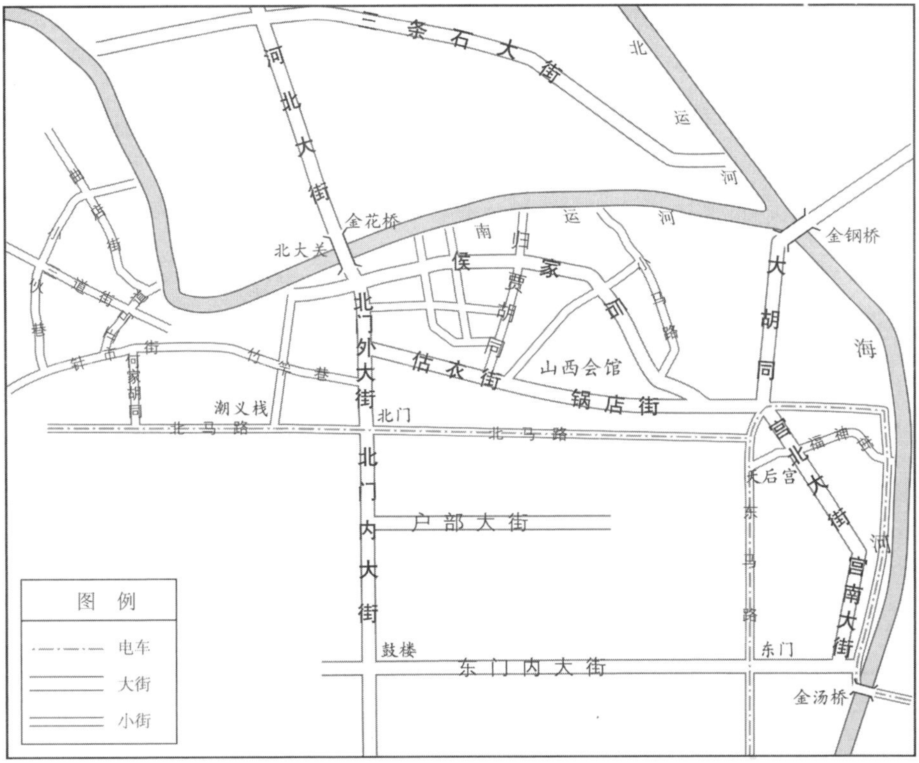

图 2.5　1936 年的天津老城商业区示意图

资料来源：据王华隆编著《最新天津全图》，地学研究所 1936 年版，重新绘制。

中心。”①

（四）天津老城区的现代化转型

事实上，1912 年以后，老城区的商业虽然比不上租界区，但还是在原有基础上向前发展。以大胡同为例，它不像北门内大街、北门外大街、河北大街、估衣街、锅店街、侯家后大街、洋货街、竹竿巷、针市街、宫南北大街那样，早在清代中期乃至更早就已经商铺林立了，而是到了 1902 年袁世凯开

① 王绣舜、张高峰：《天津早期商业中心的掠影》，见中国人民政治协商会议天津市委员会文史资料研究委员会编《天津文史资料选辑（第十六辑）》，天津人民出版社 1981 年版，第 72 ~ 73 页。

发河北窑洼，尤其是1918年旧三岔河口裁去北运河金家窑洼一弯和南运河侯家后一弯，将旧浮桥废为平地之后，才同侯家后商区各街道直接连通起来，进而将老商业区向北延伸的。“到20世纪的二三十年代，大胡同成为繁华的商业街，店铺门类齐全、知名者也多。鞋帽店有德华馨、北德馨、茂昌兴，中药店有万和堂、天元堂，饭馆有慧罗春、真素园，旅馆有大东旅社（现长途汽车站）、金山旅馆（现大胡同旅馆）、文华宾馆、凄云宾馆，澡塘有温泉浴池，糕点铺有一品香、祥德斋，南味店有稻香村，百货店有成德厚，还有大陆银行和金银首饰店等，而最多的，是一些书局、纸局和文具店。书局有南洋、华洋、华新、新华、江东、东亚、中华、世界和商务印书馆，纸局有全记、玉记和梦花室书画文具店等，一时有‘半条’书店街和文化街之誉。”①

在租界引进西方城市建设理念和设施，进行城区现代化建设的影响下，天津老城区也开始了新式改造。特别是1912年以后，“天津城尤其是在卫生、道路与警务等方面取得了显著的进展。天津城市政当局还与海河工程局合作，利用专门征用和重新划拨土地的办法，调直了河道，从而减少了洪灾的危险。他们还加宽道路，在主要道路上铺筑碎石路面，并为大天津城区未来系统的发展制定了规划，同时还开始在白河上架设一座华北最好的现代化开启桥（即金钢桥，也称衙门桥——引者）。总之，在各个方面都尽可能获得令人满意的发展”。此前“曾经是城墙矗立的地方，现在是铺筑良好的宽广大道，路名按照各条道路所取代的城墙方位，分别命名为东马路、西马路、北马路和南马路。现代化的电车，作为大电车交通系统的一部分，在四条马路上往来行驶，每天运载数千乘客”。②

同时，作为县政府管理机构之一的警察局，下设公共工程处与消防

---

① 王之驷：《大胡同》，见贾长华主编《宝地三岔河口》，天津古籍出版社2004年版，第90～91页。

② ［英］雷穆森（O. D. Rasmussen）著，许逸凡、赵地译，刘海岩校订：《天津租界史（插图本）》，天津人民出版社2009年版，第333页。

图 2.6　1930 年前后的大胡同城市景观

资料来源：王之骃《大胡同》，见贾长华主编《宝地三岔河口》，天津古籍出版社 2004 年版，第 89 页。

队，前者负责修桥、垫平洼地和河道裁弯取直工程，此外兴办了招收贫困儿童的免费学校。防疫局也称卫生局，“负责天津城及其周围地区的卫生与保健，一切都按照最为公认的现代方式，并在接受过外国教育的中国医生的监督下进行。有关卫生的措施，他们只要做出决定就要执行，必要时由警察协助。因为没有现代下水道排污系统，他们对污水处理的规定就非常严格，违章者立刻报警方处理”①。天津老城区的生活用水也废弃了此前直接取用海河河水的做法，而是由设在南运河南岸芥园的“济安自来水公

① ［英］雷穆森（O. D. Rasmussen）著，许逸凡、赵地译，刘海岩校订：《天津租界史（插图本）》，天津人民出版社 2009 年版，第 335 页。

司直接供给，水管与水龙头都铺设到普通小用户的附近”①。天津老城区用电，则由比国电车公司直接向个人用户供应，该公司也同样为天津老城区的街灯提供照明用电。

到1924年，天津老城区道路拓宽工程已经取得了很大进展，“许多主要街道已经显著加宽了，侯家后街已从原来的16英尺加宽到26英尺，归贾胡同从6英尺加宽到22英尺，河北大街从21英尺加宽到30英尺，春泽大街（Chun Tze Ta Chieh）从10英尺加宽到20英尺，台亭大街（Tai Ting Ta chieh）从10英尺加宽到30英尺，大胡同从10英尺加宽到30英尺。其他现已加宽的街巷有，青天胡同（Ching Tien Hutung）从6英尺加宽到22英尺，花子胡同（Hwa Tsu Hutung）从10英尺加宽到20英尺，鞑子庙大街（Ta Tze Miao Ta Chieh）从13英尺加宽到30英尺，宫南北大街从15英尺加宽到22英尺。已经完成的加宽道路工程，总长度达三四英里左右。每条加宽的道路，都重修了路面，铺上了碎石”②。天津老城区的城市现代化建设，业已取得了很大的成绩。

由此可见，随着租界和河北新市区等区域城市建设进程的加快，老城区也逐步完成了原有的改造，成为整个天津城区现代化的重要组成部分，同样为天津港口、城市和三北腹地近代经济的发展做出了很大贡献。那种将老城和新城、传统和现代、东方和西方、政治和经济主观对立起来的做法和说法，是不符合近代天津城市发展的客观实际的。

六、天津租界——西方近代城市建设的样板

（一）天津租界的设立与扩展

1860年，天津被开辟为通商口岸后，英、法、美3国立刻援引上海等口岸先例，胁迫清政府将天津城东南沿海河的紫竹林地区辟为租界。其

---

① ［英］雷穆森（O. D. Rasmussen）著，许逸凡、赵地译，刘海岩校订：《天津租界史（插图本）》，天津人民出版社2009年版，第335页。

② ［英］雷穆森（O. D. Rasmussen）著，许逸凡、赵地译，刘海岩校订：《天津租界史（插图本）》，天津人民出版社2009年版，第336页。

中，“英界东至海河，西至海大道，南至招商局东栈，北至法界毗连”；“法界东至海河，西至紫竹林大街牌坊，南至英界毗连，北至海河”。① 载诸史志即所谓“咸丰庚申，北洋开埠通商，津郡实为总汇之区，东、西各国皆设领事以辖其商民，于是朝廷特设三口通商大臣以镇抚之，所以辑睦邦交，绥怀民志，责綦重也”②。

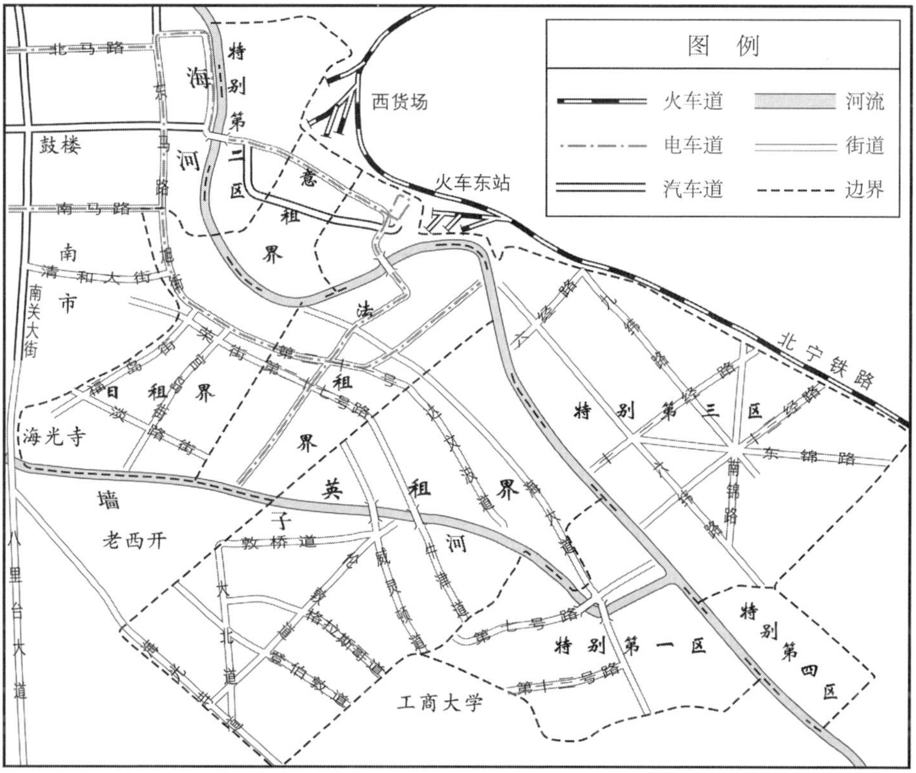

图 2.7　1936 年的天津外国租界城区示意图

资料来源：据王华隆编著《最新天津全图》，地学研究所 1936 年版，重新绘制。

图注：1. 特别第一区：原德租界。2. 特别第二区：原奥匈租界。3. 特别第三区：原俄租界。4. 特三区属地，又名特别第四区：原比利时租界。

---

① 〔清〕沈家本、荣铨修，〔清〕徐宗亮、蔡启盛纂：《重修天津府志 · 舆地六 · 公廨》，附租界，光绪二十五年重修。

② 〔清〕沈家本、荣铨修，〔清〕徐宗亮、蔡启盛纂：《重修天津府志 · 序》，光绪二十五年重修。

1895 年至 1900 年，德、日、俄、奥、意、比 6 国，又分别在海河两岸建立了各自的租界。各国列强特别是英、法、德、日，还在已获取的“合法”租界外，又利用甲午战争、八国联军侵华等事件给清廷造成的严重困境，趁火打劫地进行了多次大面积的租界拓展，致使 9 国租界及其扩展以后的总面积达到 23350. 5 亩，相当于天津旧城区的 8 倍。[①]

表 2. 3　1860—1947 年天津外国租界的沿革情况

面积单位：亩

租界国别	设立时间	收回时间	最大面积	地理区位	最大时的四至
英国	1860	1947	6149	海河右岸紫竹林村一带，后三次扩张	东临海河，南自博目哩道沿马场道至佟楼，西自海光寺大道，北沿宝士徒道与法租界接壤
美国	1860	1947	131	紫竹林一带	东临海河，西至海大道，北迄博目哩道接英租界，南至开滦胡同。1902 年并入英租界
法国	1860	1947	2836	东临英租界	东北临海河，南沿宝士徒道与英租界接壤，西迄西小埝，北沿秋山街与日租界接壤
德国	1895	1917	4200	北临英、美租界	东临海河，北到克森士道，南自小刘庄之北沿小路至海大道，西至马场道
日本	1898	1945	2150	东临法租界	东临海河，东南沿秋山街迄墙子河向西抵海光寺，北起闸口，沿旭街向南，至福岛街向西抵海光寺
俄国	1900	1924	5474	海河左岸自老龙头火车站沿海河向南	东北自火车站沿北宁铁路向东南至大直沽，西临海河，西北沿意俄交界路与意租界接壤

① 天津市政协文史资料研究委员会编：《天津租界·前言》，天津人民出版社 1986 年版。

（续表）

租界国别	设立时间	收回时间	最大面积	地理区位	最大时的四至
意大利	1902	1943	771	东临俄租界	东沿北宁铁路，西南临海河，西北沿意奥交界路与奥租界接壤，东南接俄租界
比利时	1902	1931	740.5	西临俄租界	东穿大直沽村，南迄小孙庄，西临海河，北与俄租界接壤
奥匈帝国	1903	1917	1030	东临意租界	东沿北宁铁路，西临海河，东南接意租界，北至金家窑

资料来源：天津市政协文史资料研究委员会编《天津租界》，天津人民出版社1986年版，第3~153页；天津市地方志编修委员会编《天津简志》，天津人民出版社1991年版，第7~8页。

（二）天津租界城区的现代化建设

事实上，由图2.7可知，地处天津老城东南、海河下游两岸的租界及其周边地区，晚清时期依然是地势低洼的荒野景观。与之相连的城南南开洼，潦水弥望，“每遇大雨，积水难消。又西界则有运河漫水，东界则有海河漫水，灌注洼中。水一入洼，难于宣泄，长年不涸，种植难施。追溯从前，雍正三年之水，直至雍正五、六年，方得一涸；雍正九年之水，直至雍正十一年，方得一涸”①。当年新开设的英、法租界地区也“尽是一些帆船码头、小菜园、土堆，以及渔民、水手等居住的茅屋，而这些破烂不堪的肮脏茅屋彼此之间被一道道狭窄的通潮沟渠隔开，沟渠两边是荒芜的、无人管理的小道。两个租界地区是一些肮脏又有害健康的沼泽地，沼泽四围干燥一些的地方分布着无数座好几代人的坟墓”。英租界内部则是“一片很长的菜园，在现今中街（Victoria Road）稍西一点儿，是一片片破烂不堪的土房；从那儿到海大道，主要是一些高粱地、水坑和一些坟地。

① 〔清〕吴廷华总修，〔清〕汪沆分修：《天津县志·艺文》，请修天津海河叠道议，乾隆四年刻本。

戈登用铅笔在这一带未开化地区画出河堤大道、马路，以及建筑用地块等”。而租界地区城市化建设的结果，是“天津的房屋一盖好，就会马上租出去并立刻住上人，很多房屋还远没有竣工就有人预订了。海大道以外和墙子河之间的土地，大部分由于工部局董事长德璀琳的远见，而被英国工部局收买了。这些土地很快就被外国商行和投机家认购，刻着多少有些神秘的姓名首字母的界石，如雨后春笋般到处钻了出来。无需大胆的想象，事实是租界与海光寺之间的大片坟地，使那些被葬于地下的居民得以消逝，取而代之的是居住舒适而愉快地生活在世的家庭。……不管未来会怎样，现在的天津侨民有充足的理由为他们亲眼看到的进步而庆贺。……填平传播疾病的沼泽，已经连续进行了很多年，这一工程最近又在有魄力的房屋建造商手中得到了有力的促进”。①

正是在这种荒芜的乡野土地上，英、法、美等国列强通过全面移植西方先进的城市建设理念、技术和管理模式，通过房屋、道路、排水、交通、照明②等近代城市基础的建设，使之呈现出与传统的中国城区迥然不同的现代城市风貌。到19世纪80年代初，租界地区已经“街道宽平，洋房齐整，路旁树木，葱郁成林。行人蚁集蜂屯，货物如山堆垒，车驴轿马，辄（彻）夜不休。电线联成蛛网，路灯列若繁星。制甚得法，清雅可观，亦俨如一小沪渎焉”③。由此可见，天津之所以能够成为北方腹地城市现代化的样板，很大程度上是与租界地区现代化的城市建设理念以及与中国传统城市迥乎不同的公共设施和管理模式密不可分。

1. 英（美）租界

---

① ［英］雷穆森（O. D. Rasmussen）著，许逸凡、赵地译，刘海岩校订：《天津租界史（插图本）》，天津人民出版社2009年版，第34，35，57页。

② 天津租界区街道的路灯，在1889年到1890年冬季之前，从日落到日出用煤油灯照明；1889年到1904年之间，用煤气灯照明；此后用电灯照明。［英］雷穆森（O. D. Rasmussen）著，许逸凡、赵地译，刘海岩校订：《天津租界史（插图本）》，天津人民出版社2009年版，第79页。

③ 〔清〕张焘撰，丁绵孙、王黎雅点校：《津门杂记》，天津古籍出版社1986年版，第121~122页。

具体说来，各国租界区的城建举措和发展过程又不尽相同。其中，以英国租界的开始时间最早，城区建设的内容也更加具体和全面。

首先，通过中英两国政府之间的条约规定，以及英国公使卜鲁斯同直隶总督恒福、三口通商大臣崇厚之间的交涉，划定了天津英国租界的大致范围，1860 年先期占地 460 亩，后通过诈骗和强占等手法 3 次扩张，至 1903 年共达 6149 亩（不包括 1902 年合并的美租界 131 亩）。为了取得对这些土地的自由使用权和经营权，英租界当局一方面要向天津的中国地方政府缴纳钱粮（地租），英租界每亩每年 1500 文①；另一方面，也要从那些主动或者被动出让土地的当地居民手中购买。“英国民人在各口并各地方，意欲租地盖屋，设立栈房、礼拜堂、医院、坟墓，均按民价照给，公平定议，不得互相勒措。”② 在天津开埠初期，英租界的地价是每亩 30 两银子，有的还要另外加 10 两的迁移费；当然，这些土地经过多年的开发建设，地价升值非常快，一般由最初每亩 30 两左右猛涨到几十年后的最低价格 5000 两以上③，从而极大地刺激和带动了包括地产业在内的天津城市经济的发展。

其次，在英租界最高决策机关董事会之下，设立了行政管理机构工部局，其下再设财政、工程、警务、电务、水道等处及卫生医官，主要从事各城市建设项目的具体监管和执行工作。在筹划和修筑维多利亚道、河坝道、海大道、墙子河两侧道、马场道等主干道的同时，还通过洋行创办了煤气公司、自来水公司、电灯公司、金融机构、中外女子学校、报社、饭店、旅馆、夜总会、赛马场等生产、生活、娱乐机构和设施，服务于城市经济和社会，以牟取利益。以作为城市现代化标志之一的下水道系统构建

① 天津市政协文史资料研究委员会编：《天津租界》，天津人民出版社 1986 年版，第 6 页。

② 〔清〕沈家本、荣铨修，〔清〕徐宗亮、蔡启盛纂：《重修天津府志 · 舆地六 · 公廨》，附租界，光绪二十五年重修。

③ 天津市政协文史资料研究委员会编《天津租界》，天津人民出版社 1986 年版，第 17 页。

为例，足见当年英租界工部局城建工作的缜密与科学。“新开发地区的排水与排污系统是根据老租界区工部局多年取得的经验规划和铺设的。首先，在墙外推广界划定的区域内，化粪池是必需的基本卫生设施，但是在老租界区，早些时候建造化粪池还是非强制性的。在新开发地区已经部分执行的计划中，还包括一项逐渐加粗的干管系统。从海光寺附近的最远端开始，直径为12英寸，逐渐增加到18英寸、27英寸等等，到墙子河的排水出口处时直径已达五六英尺。化粪池中的污水以及道路上的雨水都会从与房屋相连的排水管和道路的排水沟流入排水干管。流入墙子河的污水，很快就会被排入海河。这个地区排水管道的高度比周围地区的正常地平面还要高一些，这就使污水很顺畅地流入总管。这种现代的、有效的而且有利于卫生的下水道系统，将使墙外推广界成为华北最适宜居住的住宅区之一。天津已经获得了公众普遍享有健康的令人羡慕的声誉，特别是近年来更是如此。现在，即将结束的一年，又创造了传染病与流行病统计数字最低的纪录。现代科学、社会福利标准以及工程技术，为这个建立在曾经是寄生虫与害虫滋生地的沼泽之上的繁荣、健康和进步的城市奇迹作出了贡献。”①

再者，利用其主导下的海河工程局，加大了对海河航道的整治力度，促进了英租界港口区的建设，吸引和便利了大型商船和军舰的靠泊，为租界繁荣提供人流、物流基础。同时把“来自海河中的淤泥，经过埋在原订租界道路下面的长长的管道，用水泵抽送到需要填垫的地区，从管道中注入池内。淤泥在池内沉淀，水分经过蒸发和渗透而消失”。这样的“吹泥填地工程几乎每年以20万到25万土方的速度持续进行”。洼地填垫带来了环境的改善，促进了英租界拓展区地价的飞速增长。“十年前300两一亩的土地，现在已经价值3000两了。”②

---

① ［英］雷穆森（O. D. Rasmussen）著，许逸凡、赵地译，刘海岩校订：《天津租界史（插图本）》，天津人民出版社2009年版，第291页。

② ［英］雷穆森（O. D. Rasmussen）著，许逸凡、赵地译，刘海岩校订：《天津租界史（插图本）》，天津人民出版社2009年版，第289页。

另外，又通过先农公司等一些房地产公司的运作，开发房地产。房地产是英租界外国银行、洋行和教会垄断投机的重要产业，主要房产公司有先农、仪品、兴隆、德兴、兴业等。以先农为例，集资办法最早是通过发行债券套取资金，再不断以新债券赎回旧债券的办法筹集更多流动资金；后来通过任职于工部局的董事，提前搞清市政规划动向，低价购买荒地、洼地，等地价上涨后即可获取厚利；同时通过房产抵押放款和出租土地筑造房屋的途径，重利掠夺了一万五千余间房产，著名的花园大楼、先农大楼、新泰兴大楼、先农大院、荣华里、耀华里，以及开封道、徐州道、大沽路、建设路一带的许多房屋都属于先农公司所有，占全天津市外国人房产的44%左右。①

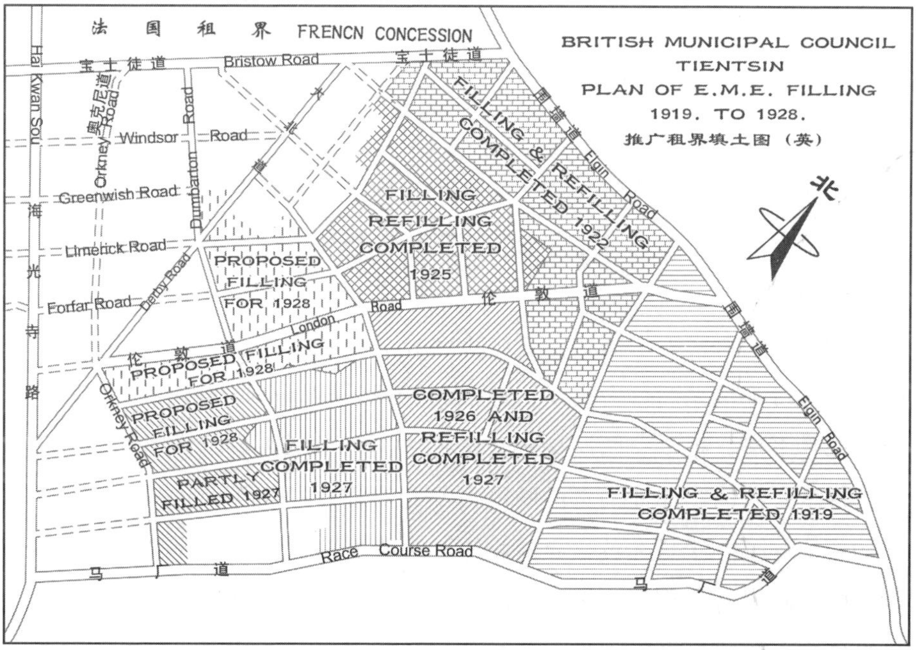

图2.8　1919—1928年天津英租界拓展区吹填规划示意图

资料来源：据天津市城市规划志编纂委员会编著《天津市城市规划志》，天津科学技术出版社1994年版，图2.1.6重新绘制。

---

① 天津市政协文史资料研究委员会编：《天津租界》，天津人民出版社1986年版，第19页。

正是由于采取了上述各种措施，英租界才得以从原来的河边地区向围墙道外更远的地方推进，并逐步把拓展区大片荒芜的沼泽地变成一个拥有现代化的房屋、花园和林荫道的花园城市区，客观上直接扩大了天津城市的物理和经济空间。到1924年，“这片低洼地有1/3已经填平，随着为填垫新土而筑起的高大宽阔的堤埝逐渐向开阔地推进，几乎新土还未来得及沉淀压实，跟着就出现了道路、公共设施，接着是房屋和花园”①。

2. 法租界

其他国家在天津的租界区建设，虽然不如英租界先进和全面，但是也各具特色，它们在客观上共同推进了天津城区的现代化，为近代工商业的发展奠定了良好的城市物理和经济空间基础。

法租界在很多方面的建设是跟英租界齐头并进的，有不少地方甚至还超过了英租界。这是“由于法租界比英租界更接近铁路与电报通讯中心，而且航运船只停泊条件相同，因此法国租界——1860年设立的——就成为商人都非常想要建立商行与住宅的理想之地了。尤其是对那些在过去一二十年内成立的商行来说更是如此，因为在英国租界，一切可利用的、适合的主要地点都被成立时间较长的英国商行占据了，而且这些商行的策略是，除非他们自己迫切需要，否则不会建造任何设施。英国租界的有价值的中心地带都被老商行占据了，他们为处理日常事务的需要而建造的事务所大都是平房，很少有两层楼的。这些占据了最适中的商业地带的小型建筑，多少年来简直连他们自己的需要都无法满足，更不用说用来安置商业上的新伙伴了。于是在英租界河坝道、中街、海大道以及与这些道路交叉相连的道路两旁，都是许多小型的商行事务所以及建在事务所旁边的大仓库。新来者只得到别的地方去寻找他们所需要的容身之处，而在这一方面法租界却能提供甚至更令人满意的场所。美国商人在他们的前辈一度参与这里的商业活动之后，中断了三四十年的光景，如今又回到东方，却发现

① ［英］雷穆森（O. D. Rasmussen）著，许逸凡、赵地译，刘海岩校订：《天津租界史（插图本）》，天津人民出版社2009年版，第288～289页。

英国租界已无容身之处，于是他们在法国租界建起了商行，他们的出现对法国租界的发展作出不小的贡献。美丰洋行（China American Trading Co., Inc.）、慎昌洋行（Andersen, Meyer & Co.）、美孚石油公司（Standard Oil Company of New York）、协隆洋行（Fearon Daniel Company）、德泰洋行（China and Java Export Co.）、公懋洋行（E. W. Frazar Company）以及其他洋行所拥有的大片地产就是这种情况不言而喻的见证"①。

除了发展城市现代工商业的优越地理区位，法租界工部局还主动人为地规划和改善了原定辖区和拓展区的环境与基础设施，以便对市民居住和置业产生更为强大的吸引力。"为了适应美国人对租界经济的推动以及法国本国贸易发展的需要，法国工部局的董事们在过去一二十年中实施了颇具法租界特色的非凡的发展计划。在法国河坝与墙子河之间，现在的法租界地区有一半在十年以前还是未开发的荒地。在连接通往天津城的主要干道以及英租界达文波道的杜总领事路以外的地带，分布着一些大的死水坑，此外就是少量的中国人房屋和木材场以及荒地。可是到了今天，这片荒芜之地好像被仙女的魔杖点化了一样，已经变成一个现代化的住宅区，那里有华北最漂亮的公园和游乐场，街道布局合理，道路两旁有最新式的住宅建筑，住宅中安装有最新式的卫生与取暖设备。在曾经是一片死水坑的中心地带，现在是绿草如茵、鲜花满地的花园和一个可供成百名儿童游戏的漂亮的娱乐场。法国工部局早已预计到这种发展，大约在14年以前就已经铺设了分布广泛的排放洪水与污水的排水管系统，这些排水管的建造形式是便于下泄的污水和雨水从河坝流入海河。"为方便居民生活，还在租界北面建立了一个现代菜市场，其"位置对一切消费者都很适中，同时距离商品供应的货源——河里的木船也比较近，这些商品大部分是这些木船从海河上游运来的。这个菜市场得到所有喜欢清洁的人们的赞赏，在任何情况下，市场都有食品出售和展示功能兼具的设备，而且货摊每天都要

① ［英］雷穆森（O. D. Rasmussen）著，许逸凡、赵地译，刘海岩校订：《天津租界史（插图本）》，天津人民出版社2009年版，第300～301页。

及时彻底清洗”。与此同时，法租界工部局的管理者们还“计划在今后五年内将过时的碎石路改造成现代柏油路。早在1917年时，他们就把大法国路铺上了一层柏油，这条漂亮的平坦大道恰好显示了用柏油铺筑的路面的潜力。虽然如今已经使用了七年之久，大法国路却毫无损坏的迹象，几乎不用维修”。①

3. 意、俄租界

1901年才从清政府那里获得租借权的意大利租界，原来同样是“一个破烂不堪的中国村庄，四周全是浅的臭水坑、空地和垃圾堆，东北面以铁路路基为界，西南濒临海河，处在原奥国租界与俄国租界的中间。该租界的地平面平均比天津任何租界都低，在某些地方甚至比目前该租界的地面低20英尺”。该租界早期缺少市政管理机构，主要是靠费雷梯上尉组织人拉土填垫而成，“最终，整个意租界填垫后的地面比1917年大水时的水平面还要高出5英尺”。在此基础上，费雷梯“建立了公用事业，创办了警察、消防队、菜市场，还为他的同胞建立了一所俱乐部和一座美丽的花园”。另外，费雷梯还于1914年修筑了天津第一段柏油路。到1924年，“意大利租界几乎全部修成了漂亮的柏油路，到处是整洁而又设施现代化的住宅和办公大楼。除了河坝的一小部分土地留作工业区之外，工部局所有的土地均已出售给私人业主，甚至于保留的那一小部分土地也租给了木材商和其他商人用于商业贸易”。②

面积广大的俄租界于1901年建立于中国的两个村庄——大王庄和大直沽的低洼地块上，因而地面垫高也是一项基础而重要的内容。只是由于俄国国内政局的动荡和租界面积的广大，使其租界区的城市化进程较其他租界缓慢许多。至1924年，该区域（中国政府收回后称特别第三区）已修建了10000多米长的碎石路、6000多米长的混凝土下水管道、1000英尺长

① ［英］雷穆森（O. D. Rasmussen）著，许逸凡、赵地译，刘海岩校订：《天津租界史（插图本）》，天津人民出版社2009年版，第301，303页。

② ［英］雷穆森（O. D. Rasmussen）著，许逸凡、赵地译，刘海岩校订：《天津租界史（插图本）》，天津人民出版社2009年版，第305~306页。

的沿海河永久性码头、105亩大小的俄式花园等。不过，由于俄租界的经济和交通区位非常重要，即战略上“处于铁道与其他租界之间的战略位置，而且它占据了法、英租界以及前德租界对岸的整个沿河地带，并位居万国桥的一端，扼住整个交通系统的咽喉”；经济上“俄租界的一边有二三英里长的地带与京奉铁路为界，而另一边又有差不多同样长度的地带濒临海河，从而使这一地区扩展工业的有利条件非常之多”；所以，这里便成了各国势力竞相渗透和角逐的地方，“俄租界已开发地区70%以上的土地被英、美、日三国的利益集团所拥有，因而该租界的处境对其他国家的侨民更加至关重要，该地区能否在牢固的经济原则基础上发展就成为天津未来工业繁荣的关键”。因此，“已经有几家大的工业企业在该地区选定了厂址，而且已经有几条铁路支线铺到最大企业的大门前面。一些公司在这一地区建起了大型的厂房，如美孚石油公司、亚细亚石油公司（Asiatic Petroleum Company）、大英烟草公司（British Cigarette Company）、青岛冷藏株式会社（Tsingtao Cold Storage Company）、一家大型中国火柴厂、开滦矿务局以及最近建立的礼和洋行（Carlowifz & Co.）、顺发洋行（Faust & Co.）、美最时洋行（Melchers & Co.）和其他洋行的仓库和打包厂。即使已经建起了这些厂房，可能也没有占用它一半的土地资源，因为虽然占用了沿河地带，但是几乎整个靠近铁路线的地带还都没有被开发利用”，其发展现代工商业的潜力仍然非常巨大。①

4. 日、德租界

1895年划定并于1900年得到扩张的日租界，“作为日本对华北大量贸易的中心”，1924年前后居住了4924位日本侨民，“是各国租界中侨民最多的”，因而比其他任何列强都更急切地扩展和建设租界。“租界设立后几乎立刻就开始了迅速发展的计划，修筑道路，铺设下水道，并按照对未来发展需要的预期制订总体规划。公园、市政厅、学校、运动场以及其他公

① ［英］雷穆森（O. D. Rasmussen）著，许逸凡、赵地译，刘海岩校订：《天津租界史（插图本）》，天津人民出版社2009年版，第308，311页。

共设施都已规划好，并立即投入建设和进行维护工作。”日本租界局不仅垫平了旭街以西区域的洼地，“修筑了道路，铺设了下水道，而且除了少数几亩地以外，大部分土地上都已建起了住宅、工厂和仓库”。所有这些公用设施“都经过极为精心的设计，并考虑到未来发展的需要，而且由于它的管理者的功劳，这些公用设施都已承受住了迅速发展的租界社会的严峻考验。租界强制执行的卫生制度要求利用化粪池处理家庭污水，不得直接排入下水道内。下水道的排放能力与其他租界相同，通往海河与墙子河的排泄管道直径均从5英尺到5.5英尺”。他们对生活和生产用电的需求也非常巨大，“每年增加的数字为前五年的30%到100%”。①

1896年设立的德租界，“以其邻近的英租界的经验为榜样，再加上他们在城镇建设方面所具有的天赋能力，因而能够将该租界规划建设成为令人钦佩的居住中心区。现在这个地区还只是一个住宅区，除了河坝码头有几家航运营业所以及一两家日用品商店外，还没有如何在商业上利用这一地区的趋向。德国人非常聪明，他们知道商业和银行聚集分布形成中心的好处，因此他们在英租界英国商业金融机构的附近，建立德国人的洋行与银行”。中国政府收回并把它改为特别第一区后，相关发展计划是“垫平海大道与墙子河以西地区，重建新码头，并用柏油铺筑道路”，还计划重新建设海河沿岸的新码头，“码头将以深水桩作基础，混凝土浇筑的石砌护岸，工程将于两年内完工”。②

5. 比、奥租界

1902年开始设立的比利时租界，一直到1913年“比利时国会始终无意发展租界，却在保留租界还是把租界交还中国之间犹豫不决”，所以在很长时间内，它“几乎一直处于近乎停顿的状态，现在才要开始其期待已久的发展”。不过，“由于有沿河地带以及与之相连的铁路交通设施的便利条件，使

① ［英］雷穆森（O. D. Rasmussen）著，许逸凡、赵地译，刘海岩校订：《天津租界史（插图本）》，天津人民出版社2009年版，第314～317页。

② ［英］雷穆森（O. D. Rasmussen）著，许逸凡、赵地译，刘海岩校订：《天津租界史（插图本）》，天津人民出版社2009年版，第320～323页。

得比租界成了建立商业仓库和工厂厂房的最适宜的地区。如今，所有其他海河沿河地带都已经被占用，比租界成为最后剩下的可利用的被保护地区了。而且，对于发展工业而言，最佳的必要条件是直接交通运输，对于这一点，除了俄国租界以外，其他任何租界都不具备比租界这样的优势”。① 1931 年，比利时租界被中国政府正式收回，改为天津市特别第四区。

相比较而言，1901 年设立的奥国租界是发展最慢的租界区。“该租界偏处白河一隅，天津城的对岸，位于各外国租界的最北面，既无方便之交通也无任何运输之便利条件，加之又太靠近中国人的聚居地，对外国侨民说来真是一个极不舒适也不卫生的地方。”市政董事会虽“将主要道路做了调整并改铺成碎石路。但是，该租界几乎没有进行填地工程，因此其地势比其他租界都低”。中国政府将其收回并设立特别第二区后，“发展多少有些放任自流，除了一般的道路养护以及卫生和警务外，几乎什么也没有做。租界没有铺设下水道，因此臭气冲天的粪车与粪桶还是那里主要的卫生设备。居民用水直接由济安自来水公司供给，用电以同样方式由法国电灯公司供给。总的说来，前奥国租界没有像她的姊妹租界那样取得显著的发展，也不可能成为未来天津发展的重要因素”。②

表 2.4　天津租界区主要道路的古今名称对照

区位	旧名	今名	旧名	今名
英租界	河坝道	台儿庄路	宝士徒道	营口道
	维多利亚道	解放北路	领事道	大同道
	海大道	大沽路	广东道	唐山道
	马厂道	马场道	怡和道	大连道

① ［英］雷穆森（O. D. Rasmussen）著，许逸凡、赵地译，刘海岩校订：《天津租界史（插图本）》，天津人民出版社 2009 年版，第 318 ~ 319 页。

② ［英］雷穆森（O. D. Rasmussen）著，许逸凡、赵地译，刘海岩校订：《天津租界史（插图本）》，天津人民出版社 2009 年版，第 325 页。

（续表）

区位	旧名	今名	旧名	今名
英租界	马开内道	安徽路	巴克斯道	保定道
	达文波道	建设路	宝顺道	太原道
	戈登道	湖北路	博罗斯道	烟台道
	内比尔道	四川路	马开内道	青岛路
	红墙道	新华南路	麦达拉道	济南路
	盛茂道	河北南路	咪哆士道	泰安道
	利斯克目道	山西南路	博目哩道	彰德道
	公学道	耀华路	董事道	曲阜道
	克森士道	开封道	狄更生道	徐州道
	围墙道	南京路	开滦胡同	开封道
	香港道	睦南道	小河道	南京路
	新加坡道	大理道	怡丰道	湖北路
	克伦坡道	常德道	泰安道	香港路
	爱丁堡道	重庆道	西德尼道	澳门路
	剑桥道	重庆道	牛津道	新华南路
	都柏林道	郑州道	摩西道	南海路
	达克拉道	洛阳道	威灵顿道	河北南路
	伦敦道	成都道	西芬道	湖南路
	福发道	岳阳道	三安道	山西南路
	伯斯道	长沙路	马耳他道	衡阳路
	匹伯利道	苍梧路	加的夫道	长沙路
	益世滨道	柳州路	孟买道	潼关道
	约克道	南宁路	敦桥道	西安道
	大北道	贵州路	克兰特道	芷江路

（续表）

区位	旧名	今名	旧名	今名
英租界	林莫克道	沙市道	培思类道	襄阳道
	格林威道	宜昌路	德列道	广西路
	文赛道	汉阳道	体伯瑞道	汉口道
	格拉斯哥道	桂林路	格拉斯哥道	武昌路
	登百敦道	云南路	康伯兰道	昆明路
	奥克尼道	昆明路	海光寺道	西康路
法租界	海大道	大沽北路	七月十四日路	长春道
	石教士路	黑龙江路	葛公使路	滨江道
	巴黎路	吉林路	杜麦路	安东路
	狄总领事路	哈尔滨道	大法国路	解放北路
	巴斯德路	赤峰道	水师营路	赤峰道
	古拔路	松江路	领事馆路	承德道
	宝总领事路	合江路	圣鲁易路	营口道
	克雷孟梭广场	承德道	威尔顿路	承德道
	柏公使河坝	张自忠路	大法国河坝	张自忠路
	拉大夫路	哈尔滨道	杜总领事路	和平路
	泰伟路	菜市街	毕格海路	兴安路
	窦总领事路	长春道	梅大夫路	辽宁路
	福煦将军路	滨江道	樊主教路	新华北路
	马诺河路	安东路	沙大夫路	山东路
	贝拉扣路	哈尔滨道	德大夫路	河北北路
	丰领事路	赤峰道	一坡城路	河南路
	佩丹路	承德道	萨工程师路	山西北路
	苏莫河路	安东路	狄米得城路	陕西路

（续表）

区位	旧名	今名	旧名	今名
法租界	李泽河路	辽宁路	甘总领事路	南京路
	霞飞路	花园路	教堂前大街	西宁道
	明德堡	独山路	苗圃路	兰州道
	贩商路	贵阳路	喷井路	宝鸡道
	砖瓦商路	昆明路	越南兵路	拉萨道
	煤炭商路	康定路	西大埝	四平西道
	西小埝	新兴路	大和街	兴安路
	大和街	海拉尔道	扶桑街	海拉尔道
	桥立街	北安道	福岛街	多伦道
	桃山街	归绥道	伏见街	万全道
	西伏见街	万全道	吾妻街	佳木斯道
	宫岛街	鞍山道	西宫岛街	鞍山道
	浪速街	四平道	西浪速街	四平道
	松岛街	哈密道	蓬莱街	沈阳道
	秋山街	锦州道	山口街	张自忠路
	闸口街	辽北路	寿街	兴安路
	新寿街	兴安路	曙街	嫩江路
	旭街	和平路	常盘街	辽宁路
	荣街	新华北路	花园街	山东路
	小松街	热河路	芙蓉街	河北路
	桔街	蒙古路	春日街	河南路
	吉野街	察哈尔路	明石街	山西路
	香取街	林西路	须磨街	陕西路
	石山街	宁夏路	淡路街	甘肃路

（续表）

区位	旧名	今名	旧名	今名
法租界	加茂街	青海路	三岛街	新疆路
	兴津街	西藏路	住吉街	南京路
	海光寺路	新兴路	大马路	建国道
	二马路	民主道	三马路	进步道
	四马路	光复道	五马路	自由道
	东圆圈	自由道	西圆圈	民族路
意租界	六马路	博爱道	河沿	中心广场
	意俄交界路	五经路	北东马路	民生路
	南东马路	民生路	北西马路	民族路
	南西马路	民族路	意奥交界路	北安道
	栅栏路	自由道	意中交界路	兴隆街
	小马路	民权路	营盘小马路	光明道
	医院小马路	光明道德	Wilhelm Str.	解放南路
	Ufer Str.	海河西路	Mumm Str.	徐州道
	Rohrscheidt Str.	蚌埠道	Club Str.	江苏路
	Denkmal Str.	浦口道	Schreyer Str.	镇江道
	Kanal Str.	南京路	Emden Str.	杭州道
	Drtring Str.	绍兴道	Rump Str.	宁波道
	Falkenhayn Str.	奉化道	Zimmerman Str.	温州道
	Zimmerman Str.	琼州道	Schul Str.	台湾路
	Seckendorff Str.	台北路	Parallel Ⅲ	福建路
	Parallel Ⅳ	闽侯路	Taku Str.	大沽南路
	Strasse 2	厦门路	Strasse 1	江西路
	Strasse 3	南昌路	Strasse 4	九江路

（续表）

区位	旧名	今名	旧名	今名
意租界	Strasse 5	广东路	Strasse 5	汕头路
	Strasse 5	马场道	Strasse E	合肥道
	Strasse F	芜湖道	Strasse B	苏州道
	Strasse D	徽州道	Strasse D	金华道
	Strasse D	九龙路	Strasse D	废除
俄租界	俄罗斯路	一经路	拉普切夫路	二经路
	莫斯科路	三经路	夫拉季沃司托克路	四经路
	北长路	北长路	波哥拉尼路	五经路
	哥洛司托夫路	六经路	托姆路	七经路
	伊尔库茨克路	八经路	李涅夫卡路	九经路
	伏尔加路	十经路	领事路	十一经路
	花园路	十二经路	亚历山大罗夫路	十三经路
	阿列克谢也夫路	十四经路	科斯特罗马路	废除
	贝加尔路	十五经路	新纬路	新纬路
	彼得堡路	建国道	波哥基洛夫路	进步道
	哈尔滨路	自由道	河岸路	海河东路
	五纬路	废除	尼古拉路	六纬路
	波别路	七纬路	乌拉尔路	八纬路
	克里木路	九纬路	高加索路	十纬路
	阿穆尔路	废除	西伯利亚路	废除
	罗曼诺夫路	西锦路	罗曼诺夫路	西锦路
	苏沃洛夫路	废除	苏沃洛夫路	废除

资料来源：据天津市政协文史资料研究委员会编《天津租界》，天津人民出版社1986年版，第270～285页，附录“租界路名对照表”改绘。

表注：1. 英、法、意、俄租界的原外文路名从略。2. 今路名，截至1986年。

由于租界便利的交通、先进的设施、宽松的环境，吸引了工商企业界人士纷纷在这里设立商店、银行、工厂、货栈，引起了天津城内部工商业中心的扩展和转移。不仅外资的洋行、商店集中在这里，以进出口商品和洋货为主要经营内容的华资商店也大量转移到租界地区。天津城市居民居住的生活空间与工商业发展的经济空间都有了进一步扩大。

图2.9　1910年前后的天津日租界景观

资料来源：天津中裕洋行《北中国写真帖》，1910年前后内部发行。

图注：中间是日租界建设前的农田景观，四周是建成后的城市景观。

（三）天津租界的作用和历史地位

关于租界的作用和历史地位，学术界历来评价不一。早年的评价多从中国革命史的立场强调了租界作为帝国主义侵华的桥头堡作用。“位于海河两岸的外国租界，不仅把持了航运要道，而且扼制了从海口通往北京的战略要地。各国租界侵占的时间，最长的达八十多年，最短的也有十七年。天津的外国租界，可以说是帝国主义妄图瓜分中国的一个缩影。帝国主义国家在租界里推行殖民主义政策。他们享有独立于中国法律之外的政治特权，设有不受中国政府统辖的行政机构，长期派驻军队，单独设置警察和监狱，任意买卖土地和征收捐税，俨然‘国中之国’。帝国主义即以租界为基地，对中国肆无忌惮地进行军事、政治、经济、文化侵略，干涉中国内政，剥削和掠夺中国人民的财富。租界也是那些被推翻的清王朝逊帝、王公、贵族、官僚，以及下野军阀、政客，还有买办、富商等剥削阶级的庇护所；他们以搜刮人民之所得，在租界里筑造安乐窝，过着穷奢极欲的寄生生活。帝国主义还在租界里豢养一批汉奸、匪徒、流氓等民族败类，作为侵略中国的工具，经常唆使他们进行阴谋破坏活动，制造干涉中国内政的借口，为中国人民带来许多灾难。”①

然而，到1978年中国实行改革开放政策后，经济建设成为国家压倒一切的中心任务，学界对近代租界的评价遂趋于客观和温和。

费成康通过对中国租界史的系统梳理和分析，认为租界是中国古代就已经存在过的外国人居留区域的近代延续，但它在近代发生的最大变化就是古代居住在里面的所有外国人都由中国政府来管理；到了近代，不仅居住在其中的外国侨民要受租界市政当局的管辖，就连其中的中国居民也要受其统治。租界起过复杂的历史作用，它们对中国社会的发展产生过正反两方面的影响，具体而言，他倾向于认可其导师陈旭麓的相关说法。② 陈旭麓在《上海租界与中国近代社会新陈代谢》一文中专门论述过租界的性质和作用：“租界是非正义的，是侵略者的产物，然而上海公共租界，它有值得学习之处，它送来了资本主义及其先进事物，我们为什么不敢去正视它、学习它、认识它？这究竟是谁吃亏呢？租界是反动的，这样说是容易的，但关键是如何认识。我们没有把新的先进的事物变为己有，把应该吸取的事物变为自己的，这就是我们的落后处。租界里确有一些值得注意值得学习的事物，我们还要不远万里到海外去吸取。现在人家送来了，难道不应该认真去学习，去认识吗？1914年陈独秀的《爱国心与自觉心》一

① 天津市政协文史资料研究委员会编：《天津租界·前言》，天津人民出版社1986年版，第2页。

② 费成康：《中国租界史》，上海社会科学院出版社1991年版，第9，397页。

文曾说租界是中国最安全的地方，是最安静的地方。1919 年‘五四’运动时，孙中山也说上海是自治区域的模范。这些人都是反帝、反侵略的，但看到和发现了自己所需要的事物。祸兮福所倚；福兮祸所伏。罪恶的事物里可能含有不罪恶的事物；神圣的事物里可能含有不神圣的事物。我们对租界的研究，承认其中有值得吸取的东西，不是长他人的威风，灭自己的志气。我们中华民族有很大凝聚力。但不应仅看到它的勤劳、勇敢，还应看到保守、愚昧、落后的另一面。百年来，中国所以落后、吃亏，原因之一，便是夜郎自大的虚骄性。如果不除掉民族的虚骄性和愚昧性，那么将很难取得进步，走出一条自己的现代化道路。”① 这些论述对于客观评价天津租界也有一定的借鉴意义。

近年来，天津学术界对天津租界的作用也有了新的认识。张利民指出，租界区对近代天津经济和社会发展所带来的客观优势和吸引力，体现在很多方面。“在交通上，有漫长的河岸线和方便的公共交通，有利于建立近代银行、商场、工厂、大宗货物的集散运输和交易场所；公共电车和人力车也方便了老城区、新市区以及各租界之间的联系。政治上，各租界都实行有别于中国的立法、司法和执法的行政管理机构，使租界成为国中之国，形成中国法律不能起作用的‘安全岛’。于是，被通缉的政党要员、官僚、触犯中国法律的‘不法分子’等等，在租界内不仅可以居住，还可以出版发行报纸、杂志和各种宣传品，组织各种活动。在战争期间，租界是天津以及外地许多有地位和经济实力的绅商、甚至一般难民的避难场所。在居住上，租界有比中国城区方便的电力、自来水、供暖、卫生、医疗等设施，可以建立近代式住房，享受洋式生活方式，能够为下野军阀、官僚、清朝遗老、遗少提供舒适的生活环境。在文化上，租界的西式文化娱乐设施，如电影、话剧、赛马、体育、西式饭店和宾馆等可以满足人们娱乐的需求。租界里有众多的报纸、杂志等传播媒体，有实行西式教育的大中小学校，是西方文化思想传播和中西文化冲撞、交流的场所，这些条

---

① 陈旭麓：《陈旭麓学术文存》，上海人民出版社 1990 年版，第 714 ~ 715 页。

件吸引了众多社会名流、政治家、社会活动家、文人墨客前来。在社会上，由于租界的政治、经济、文化等环境比较适合社会人际交往，所以军阀、官僚、政客、工商、金融界人士和有近代意识的知识分子等多选择租界作为社会活动的理想之地。”①

在笔者看来，尽管天津租界作为西方列强对华政治和军事侵略桥头堡的结论毋庸置疑，但是，由于近代中国事实上并不是完全意义上的殖民地社会，所以，中国的领土和主权尊严，即便是在租界这样的特殊区域内，也还是得到了部分的体现。这就决定了西方列强在天津租界的很多城市建设活动，事实上并非一切乱来，而是有一些规矩必须遵循的。以其最核心的土地租赁问题为例，除一部分土地是各国领事们在八国联军侵华等特定历史条件下通过欺诈和豪夺手段取得的，其他大部分时期获得的地块，还是考虑到了其在华根本利益的巩固、当地社会秩序的稳定等现实因素，因而在实施过程中尽量顾及了天津当地的土地交易习惯和市场规律。

以法租界为例，“无论法国何人愿租地若干，必须呈明领事官与地方官查指，要租地基何处，量地亩若干。本大臣与领事已经拣选，法国人等可租地基界内地基”。地块的全部租金其实包括两部分，一部分是交给中国天津地方政府和法租界领事的公共费用，它要求租地的法国人必须于每年的十二月十五日，将来年应付的“每年每亩永远租钱二串文”即2000文交给法国领事官；其中的1000文，转交给清朝天津地方官“入官”；另外一半作为法国租界“修造道路、沟渠、桥梁、埠头等处工程，并巡查衙役工食”。第二部分则是要付给该地块上中国个人所有者的租金。租金的多少，根据所在区位的不同，又分为两类。一类是濒临海河的地块，每亩要交纳60两银子；其中30两支付给中国的土地主人，另外30两交给法租界领事官署，作为租界“修造道路、沟渠、桥梁、埠头等处工程，并巡查

① 张利民：《天津的城区人口》，见周俊旗主编《民国天津社会生活史》，天津社会科学院出版社2002年版，第18～19页。

衙役工食”。另一类是非沿河的地块，租金为 30 两，只需交给中国的土地主人即可。如果所租地块上有中国人的房屋，还需要再支付给原住民每户 10 两银子的搬迁费；同时，还应根据原有房屋的质地，如草房、草棚、厂棚、过道草棚等，再分别给予原房主相应数目的补偿款。① 所以，即便仅仅是出于租金和地价等因素的考虑，租界的拓展也会首先选择地价低的荒滩洼地，然后才是耕地和良田。况且，清廷在各口岸准许开辟租界的地段，除了满足列强濒临航道的要求，基本上都选择在不便耕作的荒野或沼泽地区。如经过 20 余年的建设，到 1888 年，法国租界“现在（1888 年）市面繁荣，人烟稠密，规划优良，壮丽堂皇，从前却是一片肮脏的地区，到处是水坑、白菜园、贮存水果和蔬菜的暖窖，而且那儿的人也是一些暴徒、罪犯之流”。并且“无论何时，任何人想在英国租界或法国租界建造房屋，他都得要他的承建商购买好多车土来把建房的地基填平、垫高。承建商要从‘比海大道还远’的地方买土。排成长队的手推车运来含有疟疾病菌的泥土，倒在地基上，让它晾干。一旦泥土表面干燥了，建房工程就开始了，常常是地面垫平了，新立的墙基也砌好了”。即便单纯从改善城市环境的角度看，其积极意义也相当明显，因为法租界里的那些“曾经满处是深沟大洞、充满淤泥和垃圾的水坑，使人恶心和可怕的道路……被垫平、取直、铺筑、加宽，并设置了路灯，使人畜都感到便利。与此同时，城壕里堆积了好几个世纪，恶臭难闻又无人过问的垃圾也被清除掉了”。②

同样出于成本考虑，租界用来填平洼地的土方也尽量使用海河治理中“裁弯取直”和疏浚河道过程中产生的泥沙，而非强行毁坏良田沃土。“最初疏浚河道时，挖出的泥沙全部抛入深河道中，任其冲入渤海。1906 年以后，开始利用疏浚、裁弯取出的淤泥、河沙填垫低洼土地。先是用平底载

---

① 〔清〕沈家本、荣铨修，〔清〕徐宗亮、蔡启盛纂：《重修天津府志·舆地六·公廨》，附租界，光绪二十五年重修。

② ［英］雷穆森（O. D. Rasmussen）著，许逸凡、赵地译，刘海岩校订：《天津租界史（插图本）》，第 41，51，66 页。

泥船装运淤泥填垫英租界，结果耗资大而效益低，1907 年，开始用埋设管道吹泥，填垫法租界扩展界的水坑。民国以后，尤其是20 年代，疏浚海河与城市建设同步发展，相得益彰，显示了现代城市如何通过技术改造环境。1920 年后，填垫城南洼，随后便是南市的兴起。最为典型的则是英租界墙外推广界，也就是今天所称‘五大道’地区的建设工程。”所以租界扩展的过程，很大程度上是将荒地改造成可用地、使土地增值的过程，而“英租界推广界的建设，是改造城市环境的成功范例。现代工程技术的应用，将海河治理与城市建设结合在一起，在低洼的土地上成功地建起了新城区。现代花园城市规划理念的引入，分区制的施行，使这一新建城区建成最适于居住地区。……天津在某种程度上说，正是建筑在洼淀之上城市”①。法租界的情况也是如此，“随着法租界商业的发展，人口的集中，梨栈一带的地皮飞速涨价。1900 年这里的地皮最便宜的 3—4 两银子 1 亩，最贵 10 两左右，可是 10 年后，竟上涨十倍、百倍，变成‘寸土寸金’了”②。

因此，从天津城市空间拓展的角度看，租界的设立和发展，事实上成了天津城市由传统向近代转型的重要引擎。它既是西方先进城市建设经验在中国的实践基地，也是天津传统城区乃至中国北方其他城市走向现代化的样板。无论是近代天津港口、城市、三北经济腹地进出口贸易的发展，还是现代工业和金融业的繁荣，都离不开天津租界区的客观引领和主导作用。忽视了这一客观史实就很难厘清近代天津在城市功能和区域定位方面区别于古代天津、近代三北地区的深层历史诱因，以及近代北方各区域之间在经济现代化水平方面的地理空间差异。

---

① 刘海岩：《空间与社会：近代天津城市的演变》，天津社会科学院出版社 2003 年版，第 24 ~25 页。

② 张高峰：《劝业场一带是怎样发展为繁华区的》，见中国人民政治协商会议天津市委员会文史资料委员会编《天津租界谈往》，天津人民出版社 1997 年版，第 90 页。

七、新市区开发与西方城市建设理念在中国的实践

西方人在天津租界区的建设成就和新鲜做法，也为天津其他区域的城市建设指明了前进方向和可行路径。南市和河北新区的开发，就是中国民间和政府两个层面分别向租界学习的不同版本。

（一）民间层面的南市开发

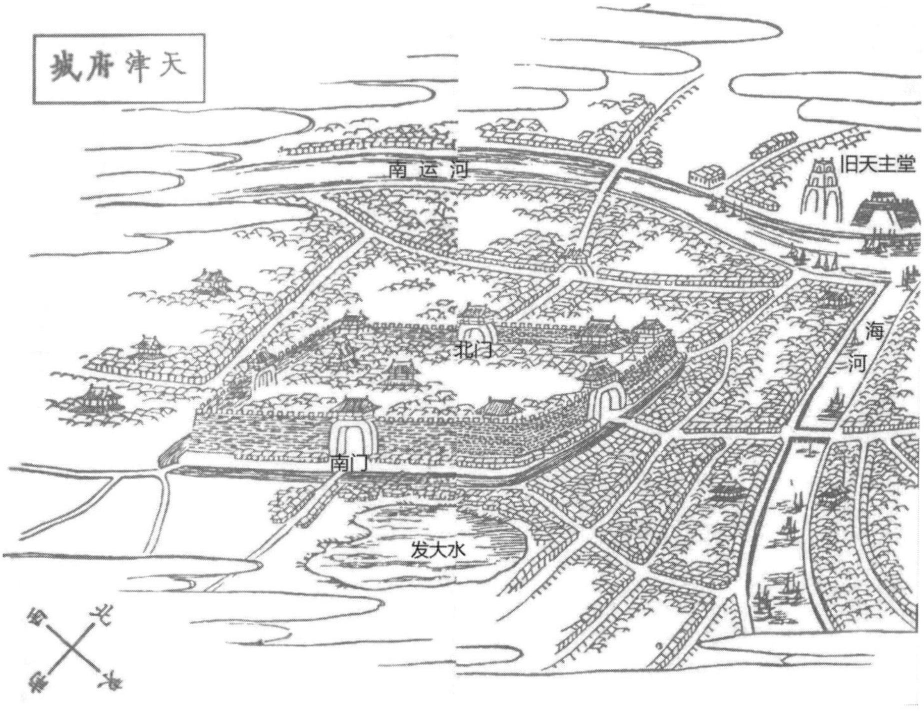

图 2.10　1875 年的天津府城及周边形势临摹图

资料来源：据［日］曾根俊虎著，范建明译《北中国纪行》，中华书局 2007 年版，插图 18，19 叠合而成。

由图 2.10 可直观看出，位于天津老城南门外的南市一带，晚清时期依然是一片地势低平、水洼弥望的乡野景观。据该图作者曾根俊虎描绘，在老城南门外，有一片面积辽阔的大水洼，名之“发大水”。在天津城外这样的地方，“行走在路上，便会觉得臭气冲鼻，一堆堆污秽的垃圾让你见

了眼睛生疾”；而且“此地树少风多，没有一个能让人赏心悦目的花园或可以散步的地方”。①

这种情形大致到1900年八国联军攻陷并拆除天津旧城墙以后才发生了明显变化。当时，老城和城北、城东等老商业区由于受到战火的严重冲击，不少富裕的商家纷纷迁到租界重新开业，贫者则暂时避至与租界毗邻的城南洼地摆地摊以糊口谋生，从而出现了连绵的露天市场。由于这里地处城南门外，东临海河，不少当地农民或者船工也聚集到这里寻求解决吃、穿、住等生活问题，以致此地人气和商业内容渐多渐旺，商业也随之繁荣起来，人称“南关市场”，简称“南市”。② 后来，人们又将天津城南北起南马路，南至日租界福岛街即今多伦道，东起日租界旭街即今和平路，西至南门外大街，处于天津老城区和租界区之间的洼地，统称为南市地区。

根据王守恂的记载，时至清朝末年，天津“南门外一望荒凉，向多积水。自庚子后，外人租界地遍至东南城角及海河东岸，歌楼酒肆，丛错其间。有工心计者，在日本租界毗连地辟三街，曰南市大街，曰广益大街，曰荣业大街。自东南城角至南门外直街，繁华美饰，与租界地相上下。此与河北经纬路，皆人迹罕到之处，今则肩摩毂击也。昔时，天津店肆，建筑朴实，视京师之金碧辉煌，瞠乎后也。今则争新斗巧，尽皆新式，风俗固日漓矣。然肩挑背负之人，及挟技谋食之辈，借以资生者，不可胜记”③。由此可见，这一介乎天津老城、日租界和法租界之间的“三不管”地带，在租界城市建设和商业繁荣的感召下，在政府参与尤其是民间的自主开发下，已逐渐由乡间荒野转为繁盛闹市，日益成为近代天津城市建成区不可或缺的重要组成部分。

在南市的城市建设方面，从1902年起，荣业房地产公司修筑了荣业大

---

① ［日］曾根俊虎著，范建明译：《北中国纪行》，中华书局2007年版，第6～7页。

② 来新夏主编，郭凤岐编著：《天津的城市发展》，天津古籍出版社2004年版，第28页。

③ 〔清〕王守恂撰：《天津政俗沿革记·舆地·坊巷》，1938年刻本。

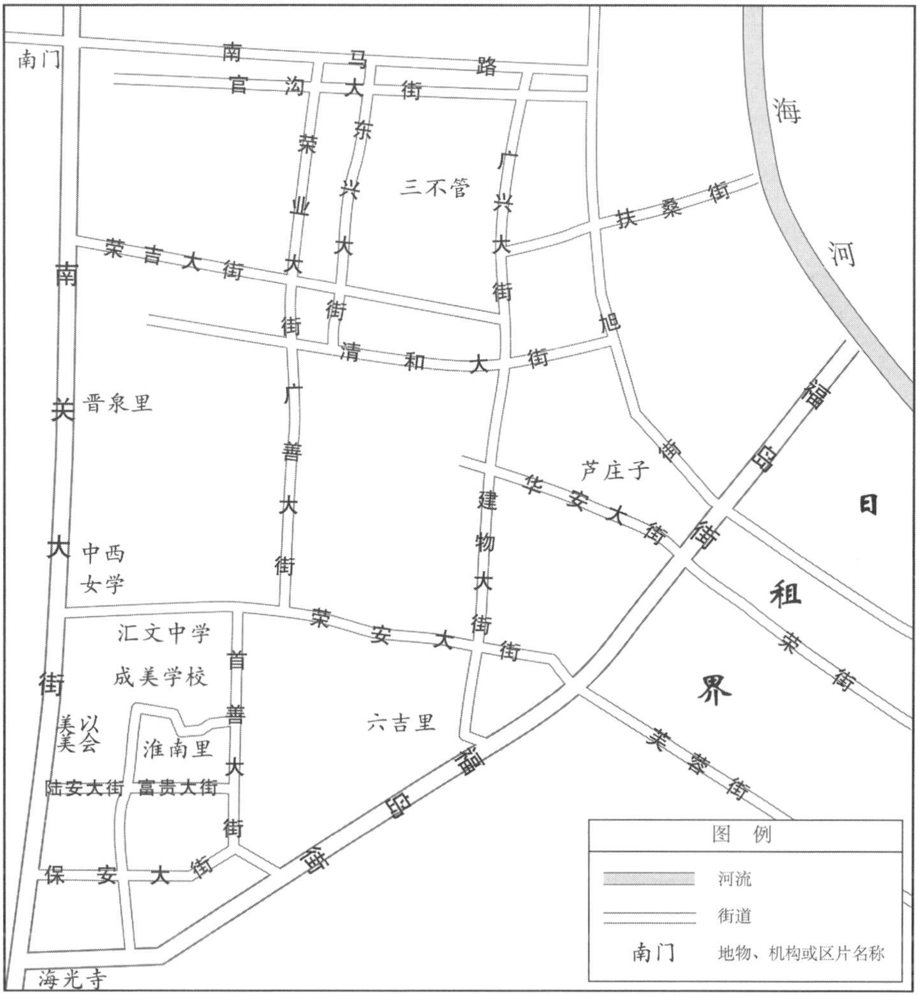

图2.11 1936年前后的南市发展状况示意图

资料来源：据王华隆编著《最新天津全图》，地学研究所1936年版，重新绘制。

街的南马路至荣吉大街路段，并以该公司命名。1913年，清和大街路段的清河被天津市政当局填平，正式命名为清和大街。同年，修筑了升安大街。建物大街则为日本建物株式会社自1895年开始修建的，至1913年已修筑至清和大街路段，并以该株式会社名称命名。至1913年，荣吉大街已修筑了旭街至东兴大街之间的路段，此时名为南市大街。1921年，东兴房地产公司在清和大街之南至日租界福岛街之间，修筑了首善大街和广善大街，且均为土质路面。1923 年，一些官僚买办也于南市一带建设房屋，并逐步将东兴大街、荣业大街、清和大街等修缮为渣石路。至 1927 年，东西走向的荣吉、清和、华安、荣安、陆安、保安大街，以及南北走向的建物、广兴、荣业、广善、首善大街，已经构成了主路面完整的城区网络。①

与此同时，由于受到租界地区奢华现代生活、繁荣工商业和巨额经济利润的诸多引诱，南市一带相对优越的经济区位和空间资源也得到了不同程度的开发利用。清末至民国初年，一些有钱有势的社会上层人物，如江苏督军李纯、江西督军陈光远、福建军务帮办王永泉、清朝遗老荣源等人，便在这里无序地占地填坑、修路建房，并陆续出资兴办了诸如"东兴、荣业、慎益、福顺、清和、两益、永安、聚福等房产公司。到 1920 年，南市已建成大小街道 25 条，各种商店、饭馆、旅馆、澡堂、戏院、茶园、书场、当铺、烟馆、赌场、妓院等多处，形成了一个繁荣的新区域"②。

（二）政府层面的河北新区开发

天津地方政府学习西方城市建设经验，从事河北新区开发的实践活动，早在李鸿章任直隶总督时就开始了。光绪二十四年（1898），深受李鸿章器重的大买办吴懋鼎，就在金钟河上的锦衣卫桥附近建立了近代化的北洋硝皮厂。袁世凯继任直隶总督后，以 1902 年批准建设的天津火车新站（也称总站、北站，即今天津北站；以别于东站即老龙头火车站，即今天津站）为开端、以《开发河北新市场章程十三条》为纲领，进行了大规模、系统化的中国近代城区建设。这次建设一反中国传统的城市规划理念和布局，全面学习和借鉴天津租界的西方现代城市建设规划与市政管理经验，建设了包括新式火车站、道路、桥梁、公园、邮局、工厂、学校和市

---

① 侯凯：《天津南市地区市井空间及市井文化研究》，天津大学 2010 年硕士学位论文。

② 天津市地方志编修委员会编：《天津简志》，天津人民出版社 1991 年版，第 756 页。

政管理机构在内的现代城市要素，使该地区成为天津华界地区新的政治、文化中心，是天津重要的现代经济开发区之一。

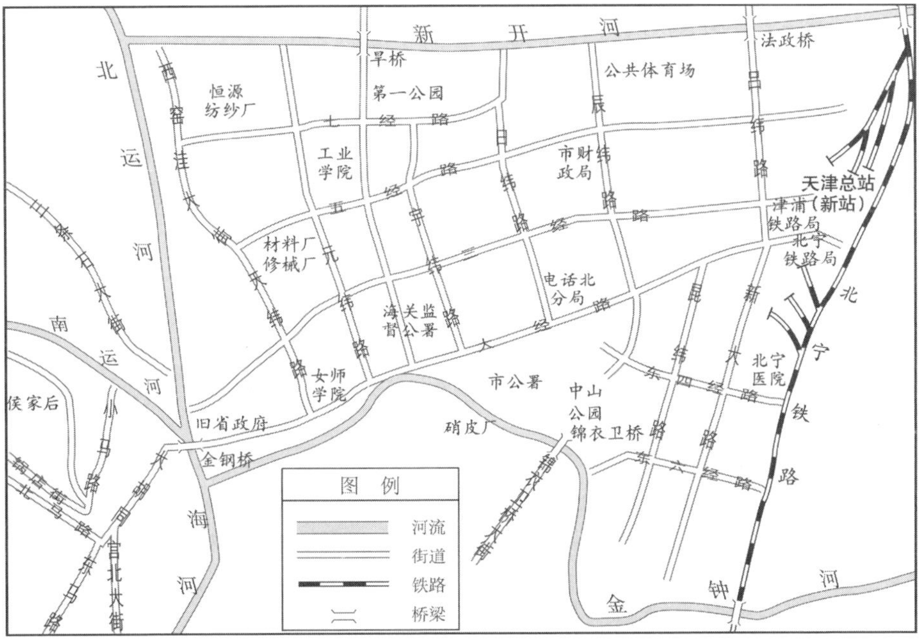

图 2.12　1936 年前后的河北新区建设示意图

资料来源：据王华隆编著《最新天津全图》，地学研究所 1936 年版，重新绘制。

河北新区的开发范围，东至北宁铁路，西至北运河，南至金钟河，北达新开河，经 1903 年新修的金钢桥（原为窑洼浮桥）与天津老城区连接。其基本规划和实施举措包括：“自总督衙门到新车站开辟大经路，以大经路为新区轴线，规划两侧路网。平行轴线道路为马路或经路，以编号分之；垂直轴线道路为纬路以天地、元、黄、宇、宙、日、月……命名，形成方格网式的路网格局。轴线两旁，安排建设政府衙署和各种大型公共建筑，有商贸建筑、学校建筑等。”经过努力，大经路（即今中山路）很快发展成为道路宽阔平直、商业繁华的新市街。“除直隶总督衙门外，直隶省公署、交涉使署、天津海关监督署、长芦盐运使署、省财政和实业各厅等省、市级机关均先后新建与迁入该新区内。以后民国初年的河北省政府、天津市政府等亦均设于此。”①

河北新市区开发过程中对租界城区的学习，是西方经济和城市文明在中国实践活动的扩展和深化。虽然由于种种原因，没有实现袁世凯等人扭转天津近代工商业和交通中心向租界区转移的目的，但是，它从主观和客观两个方面，扩大了天津近代城市建成区的物理空间和经济空间，并从整体上提高了天津港口和城市的现代化水平，进而有利于三北腹地经济的现代化转型。

八、天津城市物理空间建设对经济空间拓展的促进

（一）城区物理空间建设的成就

随着天津新旧港区的建设、租界的设立、新市区的开发，天津的城市建成区面积逐步扩大。这一点，从清代后期天津城区街（坊）、巷（胡同）数量的增加和延伸过程中，都可以得到非常直观的时空认知。清代中期之前，天津最主要的建置街巷均集中在卫城（府城）内部和临近的城厢地区，“城中建鼓楼，四面开衢，即今所谓北门大街、东门大街、南门大街、西门大街。北门内有横街，一曰户部街，即原裁户部饷司之旧址也。街西有所谓宜门口者，相传即户部饷司衙署之宜门也。鼓楼西有神机库者，明卫所时造也。北门外迤东，环城开衢，随河弯曲，至东门南隅，曰估衣街、曰锅店街、曰单街、曰宫北、曰宫南。所谓宫者，天后宫也。曰东新街、曰闸口。北门外迤西，环城开衢，随河弯曲，曰竹竿巷、曰针市街、曰太平街、曰双街口，均市店丛集之区也”。老城及城厢之外，街巷扩展迅速，“北门外直至卫河，渡河向北，曰河北大街。北门外东北角之三岔河迤西，渡河向北，曰大胡同者，从前一巷耳。今辟为直街，店肆之繁，亚于估衣街、锅店街，有驾而上之者。向北再渡河，光绪间，袁世凯督直

① 天津市城市规划志编纂委员会编著：《天津市城市规划志》，天津科学技术出版社1994年版，第46页。

时辟为大经路，直抵京奉路，所谓新车站。又横辟纬路，以天、地、元、黄、宇、宙、日、月等字别之；此间经路、纬路，皆从前荒墟弃壤也。西门外街市久已荒废，店肆亦皆微小，今稍繁盛，然视东、北两门不若也。其南门外一望荒凉，向多积水。自庚子后，外人租借地逼至东南城角及海河东岸，歌楼酒肆，丛错其间。有工心计者，在日本租界毗连地辟三街，曰南市大街、曰广益大街、曰荣业大街，自东南城角至南门外直街，繁华美饰，与租界地相上下。此与河北经纬路皆人迹罕到之处，今则肩摩毂击也”。自1900年“县城废后，辟为东、西、南、北四马路。东、北两马路日即繁盛，东马路北接金华桥，南至日租界，与大胡同相埒矣”。①

据测算，1840年前后，天津的城市建成区面积约为9.4平方公里，到1934年，城市建成区面积已经达到54.8平方公里，扩大了5倍。就作为衡量城市化水平的另一重要指标城市人口而言，1840年，天津城市人口不足200000人；1906年，天津城区人口达到424556人；到1936年，城区人口猛增到1254696人，仅次于上海和北京，居全国第3。②

天津是北方地区传统城市向现代城市转型的样板，也是北方经济现代化水平的突出代表。天津对广大腹地城市现代化所起的辐射与带动作用，就是以自身现代化的做法、理念、成就，作为腹地城市发展的蓝本和方向。当然，腹地城市由于各自基础和任务的不同，所达到的水平也不尽一致。相关情况和过程，参见本书第一章第五节，兹不赘述。

（二）对近代天津城市经济空间拓展的促进

天津租界地区和新市区便利的水陆交通和生活环境、有序的市政管理和社会组织、完备的金融机构和生产条件，吸引工商企业界人士纷纷在这里居住，并相继设立商店、工厂、货栈，引起了天津城内部工商业中心的扩展和转移，从而相应地拓展了天津城市的经济空间。

---

① 天津市地方志编修委员会编著：《天津通志·旧志点校卷（下）》，南开大学出版社1999年版，第10页。

② 罗澍伟主编：《近代天津城市史》，中国社会科学出版社1993年版，第455～456页。

以天津城市工商业发展对现代化电气动力的需要为例，“就像在现代世界其他地方一样，电力在照明和动力方面展现出的魔力，吸引这里的人们在工业生产和家庭中使用它。英国租界工部局电务处过去几年的经历，是天津发展的最明显的一个标志……在发电厂刚开办时，实际与供电干线相连接的用户，其负荷总数恰好是1000千瓦，但是现在已经增加到3000千瓦。而且，这更加能说明天津真正的发展状况，因为所增加的需求量中大部分来自工业的需要。……这种需求量将会使这家新的供电厂负担过重，因为特别是在冬季，洗毛与打包厂正处在最繁忙的季节”①。

商业发展方面，大体在1900年以前，天津的中心商业区是在老城及城东北的三岔口一带，如针市街、侯家后、河北大街等地。1900年以后，城墙为八国联军的都统衙门所拆，中心商业区遂向东渐次扩展到北马路、东马路以及大胡同等旧城东北角。此后，随着租界区的建设和进一步繁荣，商业中心迅速向该区域转移，不仅外资的洋行、商店集中在这里，以进出口商品和洋货为主要经营内容的华资商店也大量转移到租界地区。

表2.5　1926年前后天津城区的商店及其空间分布

国别	类别	名称	地址
中国	绸缎庄	瑞林祥	估衣街
		瑞盛锦	估衣街
		敦庆升	估衣街
		元隆	估衣街
		庆丰成	估衣街
		老九章	日租界旭街
	银楼	恒利金店	日租界旭街
		物华楼	日租界旭街

① ［英］雷穆森（O. D. Rasmussen）著，许逸凡、赵地译，刘海岩校订：《天津租界史（插图本）》，天津人民出版社2009年版，第287页。

（续表）

国别	类别	名称	地址
中国	药铺	万全堂	估衣街
		仁育堂	估衣街
		瑞芝堂	针市街
		宝心堂	针市街
		同心堂	针市街
	茶商	大有号	估衣街
		义盛泰	估衣街
		裕升号	北马路
		天华泰	北马路
		祥聚	河北天街
		万兴恒	河北天街
		泰昌祥	河北天街
	洋货店	范永和	估衣街
		庆丰成	估衣街
		聚源成	针市街
		文益成	北马路
	布庄	合记号	日界
		华洋	英界
		隆聚	竹竿巷
		隆顺	竹竿巷
	南货店	兴盛德	锅店街
		三和成	锅店街
		裕兴昌	锅店街

（续表）

国别	类别	名称	地址
中国	衣庄	九恒源新衣庄	锅店街
		文盛号估衣铺	估衣街
		铭利生洋衣庄	东马路
	靴鞋铺	北德馨	大胡同
		同盛制帽厂	宫北街
		日升斋鞋铺	毛贾伙巷
		文记军帽庄	河东小开
	纸店	成记纸局	北马路
		敬记纸局	肉市口
	书局	中华书局	大胡同
		商务印书馆	大胡同
	古玩铺	博雅斋	东马路
		后古斋	东马路
外国	钟表店	亨达利	法租界
		乌利文	法租界
		樫村洋行	日租界
	杂货店	福利公司	英租界
		公易公司	英租界
		西宾馆	法租界
		武斋洋行	法租界
		山玉号	日租界旭街
		玉井洋行	日租界旭街
	书籍印刷	天津印字馆	路透电报管理店
		中东石印局	日租界

（续表）

国别	类别	名称	地址
外国	运输业	太古洋行	英租界
		怡和洋行	英租界
		西比利铁路公司	法租界
	输出入业	立兴洋行	法租界
		松昌洋行	日租界
		武斋洋行	日租界
		仁记洋行	英租界
		瑞记洋行	英租界
		阜商洋行	英租界
	照相馆	利华照相馆	英租界
		武斋照相馆	法租界
		河野照相馆	日租界旭街
		中裕照相馆	日租界旭街
	药房	利亚药房	北马路
		天津回春大药房	北马路
		屈臣氏药房	英租界
		济生堂药房	日租界
		广济堂大药房	日租界
		博信堂大药房	日租界

资料来源：喻守真等编著《全国都会、商埠旅行指南》，中华书局1926年版，第44～45页。

至1934年，设立于租界的华资大商店有136家，其中法租界67家，日租界47家，英租界22家。① 天津城内现代工商业活动的经济空间进一

① 天津市市志编纂处：《天津市概要》，百城书局1934年刊行。

步扩大了。

工业发展方面，随着城市人口的增加、腹地农业和乡村工业的发展，无论是具有历史传统的老式作坊，还是具有现代工艺的新式工厂，在老城、新区、租界各地都有很多的布局和发展。以与城乡居民生活和工业生产都关联密切的五金企业为例，除原来分布就比较集中的河北三条石大街、东马路地区，又从老城区扩展到新区和租界，并从生产规模、生产内容到生产技术上都有了很多新的改变。这既拓展了天津的城市经济空间，也壮大了天津自身的工业经济实力和对其经济腹地的产品、技术的辐射能力。前者如1884年，广东人罗三佑在毗邻租界的海大道附近创办的德泰机器厂，能修理轮船及矿山机器；1886年，英租界又出现了另一家万顺铁厂，“专做造酒铁锅、钱铺贮银铁柜、时式器具、中西马车，以及轮船铜铁机器等。显然，这些铁工厂的建立，与租界和城市的不断发展有密切关系，可以及时发挥城市发展急需的修配服务的作用”①。后者如第一次世界大战前，“中国工厂使用的动力织机都是进口的，天津三条石的铸铁作坊很快开始模仿铁轮织机的机械装置，铁轮织机及其部件的制造成为天津铸铁业的重要组成部分。两家日本贸易商行与三条石的工厂建立业务关系，由三条石工厂生产织机及其部件，冠以日本的品牌来出售。高阳的纺织业者是新织机的重要客户，高阳地区批发商之一杨木森为鼓励三条石的织机生产，投资于郭天祥工厂。另一个商号的账目显示了1908—1910年间业务的扩展，仅1910年就制造了1500多台织机。到20世纪30年代中期，高阳工业区拥有大约2700台铁轮织机，其中大多为天津制造”②。

---

① 罗澍伟主编：《近代天津城市史》，中国社会科学出版社1993年版，第256页。

② ［日］顾琳著，王玉茹、张玮、李进霞译：《中国的经济革命——二十世纪的乡村工业》，江苏人民出版社2009年版，第25～26页。

第三节　天津城市近代工业体系的初步建立

清代中期之前的北方工业，被普遍认为是从属于农、牧两大主导经济产业之下的手工副业。尽管从细部来看，它包括自给自足型的手工业和以满足市场需要为目的的商品化手工业两种类型，但限于市场需求和技术水平，它在当时当地的产业结构中，依然处于次要地位。

进入近代，北方的传统手工业发生了明显的质变。其根本诱因，是作为英国工业革命成果的市场化工业产品及其生产方式、管理方式在北方通商口岸城市登陆，并逐渐发展成为引领区域经济发展方向的主导型产业。在新型现代工业的冲击与带动下，北方的传统工业发生严重分化，生产成本高昂且技术低下的自给自足型手工业很快衰落，学习和运用新材料、新技术和新设备的市场化手工业，则在不断地嫁接、改造和调适中曲折前行。此即所谓的直接型近代化工业生产（间接型的近代化工业生产，是指三北腹地通过农牧产品的出口为中国沿海和国外现代工业的发展提供原材料，间接成为现代工业生产的一个链条和组成部分。参见本书第三章第二、三节）。

从传承关系上，天津及其腹地的直接型近代化工业生产，可分为中国传统工业的现代化转型和西方新式工业企业的创立；从生产场地的地理区位上，可分为城市工业与乡村工业；从集约化程度和管理模式上，可分为工厂型工业和作坊型工业；从生产原料上，可分为矿产品加工业和农产品加工业，等等。其中，以天津等通商口岸为代表的城市工业，是近代北方现代工业的主体；以高阳棉纺织业为代表的乡村工业，是近代华北现代工业的重要组成部分；而内陆腹地的畜产品加工业，也有了一定程度的发展。市场化工业经济的发展，成为北方近代经济发展的中心线索和前进方向。① 经过开埠

① 樊如森：《中国北方近代经济的市场化与空间差异》，载《江西社会科学》2015 年第 2 期。

后一个世纪的建设，天津初步建立起了以轻工业为主的城市近代工业体系。

一、天津城市近代工业发展的时代背景与简要历程

（一）时代背景

且不论以军事卫所身份诞生的明代天津，还是此后以漕运枢纽地位发展的清代前期天津，其经济上充其量只是一个中等商业城市。天津城市地位在近代的进一步提升，即政治上由府城而为省城，由省城而为中央直辖市，经济上由区域型商业市镇上升为中国北方首城，究其根本原因和历史契机，一是随着开埠通商而拓展开来的国内外市场和进出口贸易的发展，二是由传统商业市镇向近代工业城市的功能嬗变。也就是说，近代化工业的发展壮大，不仅扩大了天津的经济总量，更提升了天津经济的创新、创造能力。

只是由于时代环境的局限，天津城市近代工业的发展经历了曲折而艰辛的历程。“天津是一个商业都市，原本不是工业都市。因为外国贸易而繁荣起来，工业不过是附随着贸易而发达的……在天津经济发达的过程上来看外国资本的工商业是占在绝对的优位，而民族资本的工商业不过是从属的地位。所以天津的工业也是以材料、原料的加工工业为经，幼稚的国内需要为对象的轻工业为纬，一直存续到现在。”[①] 造成这一反差的重要原因，就在于无论是产业的生产规模、技术水平、管理水平，还是产品性能、产品开发力、市场占有率方面，天津的民族工业与欧美国家的城市工业甚至与外资在华投资的工业企业相比，都长期不在一个层级上。最早诞生于天津的近代工业，首要目的是“对于出口物资简单的施以加工或半制以调整出口的标准，检定商品品级”，由外国出口商成立的打包（农产物、皮毛、猪鬃等）鞣皮、冷冻（鸡蛋）等小型工业

① 李洛之、聂汤谷编著：《天津的经济地位》，经济部冀热察绥区特派员办公处、结束办事处驻津办事处1948年版，第3页。

企业。其次是随着外商进出口商业而出现的买办商业资本以及其他中国资本所从事的进口替代型产业资本投资，主要是“趋向于最单纯容易创办的或在国内需要最多的工业生产方面，如火柴、纺织、盐业、制粉工业等等。其次是开始对于以前支配于小规模、手工业程度产业部门的改良”①。这些数量众多的工厂，大都是从属于对外贸易和居民日常生活需要的短平快型轻工企业，与事关国家经济基础的支柱型重工业相距甚远。

表2.6　1928年天津城区（租界除外）各类工业类别的资本构成

资本单位：元

工业类别	资本额	百分比（%）
纺织工业	19346210	83.42
化学工业	1699925	7.33
饮食品工业	1253500	5.41
服用品工业	122350	0.53
机器及金属品制造业	410200	1.77
土石制造及建筑业	148800	0.64
竹木骨角制造业	20200	0.09
造纸及印刷业	46000	0.19
文具及运动品制造业	18600	0.08
精整工业	127120	0.54
总计	23192905	100.00

资料来源：天津市社会局编《天津市工业统计（第二次）》，天津市社会局1935年版，第41页。

表注：1. 纺织工业资本构成里，纺纱占93.98%，织布占1.81%。2. 化学工业资本构成里，火柴占35.29%，制革占34.99%，制皂占13.45%。3. 饮食工业资本构成里，酿酒占26.59%，面粉占63.82%。

① 李洛之、聂汤谷编著：《天津的经济地位》，经济部冀热察绥区特派员办公处、结束办事处驻津办事处1948年版，第2页。

从包括租界在内的整个天津城市工业的资本构成看，外资企业整体上还是占据主导地位的。中国的民族资本，无论是买办、军阀、官僚资本，还是普通民间资本工业，均处于一种从属地位，“这不仅在资本力方面，就连经营技能或生产技术方面也都要稍逊一筹的。尤其是需要多额固定资产的重工业部门。不能发达的原因也正因为以上诸点科学的技术，熟练劳动力的缺乏及国内市场的狭隘”，以及国外物美价廉工业品的竞争等，都成为中国民族工业顺利发展的客观障碍。当然，外国资本对中国资本的显著优势也并非始终如一。如1914年第一次世界大战在欧洲爆发以后，1930年中国取得关税自主权以后，以及1945年中国抗日战争取得胜利以后，列强资本对中国的控制能力还是有了短暂的削弱，这就为中国民族工业的快速发展赢得了较多机会和市场空间。① 只是在很多情况下，天津民族工业发展的社会环境并不轻松，尤其是1931—1945年日本侵华期间，所受到的种种压制更多更甚。因为“九一八事变使天津丧失了东北的市场，感觉到很重大的打击。随着七七事变沦陷区内的天津，更丧失了他的自主性，民族资本或者是被强制的与日本的侵略战争协力，或者是装着最小限度协力的态度，这两个里面非择其一不可，而且这也是由日本按着必要性来决定，并非随自己自由选择的。天津经济也就在这种强权之下，参加了日本帝国主义的侵略战争。但是在这个期间，民族资本不但没有灭亡，在统制经济的缝间高利贷的商业资本的活动，更雄厚了他的资力。民族工业的大多数因为受了日本经济的、技术的援助，得了适当的利润。而且天津的工业因为当时负有日本华北的军需基地的使命，由日本巨额的投资建设了多数新兴工厂，犹其为以前所缺少的重工业、化学部门加重的建设起来，使工业都市的天津的面目焕然一新。在资本方面或是在工业生产力方面比之从前增加了以前数倍乃至数十百倍的实力”②。

---

① 李洛之、聂汤谷编著：《天津的经济地位》，经济部冀热察绥区特派员办公处、结束办事处驻津办事处1948年版，第3页。

② 李洛之、聂汤谷编著：《天津的经济地位》，经济部冀热察绥区特派员办公处、结束办事处驻津办事处1948年版，第4页。

不仅天津近代工业的资本构成如此，作为近代中国最大工业城市的上海，也具有同样沉重的历史命运。因为在近代上海的各类现代工业中，棉纺织工业是中外资本投资最多也最集中的产业，它代表了上海现代工业的发展水平和方向。而日本对近代上海的工业投资，正是对棉纺织业的投资。据上海特别市社会局1928年的统计，在近代上海的全部现代工业资本构成中，以日本注入的资本最多；就单个工业企业的平均资本而言，又以日资工业企业的平均资本额度最大。① 当时上海共有华资纱厂24家，拥有纱锭776388个，出产棉纱470560包；日资纱厂32家，拥有纱锭1010000个，出产棉纱470771包；英资纱厂3家，拥有纱锭153320个，出产棉纱129522包。② 从投资种类和技术层面上看，日本在上海的企业投资，不仅有政府和财团背景的规模巨大、技术先进的“国策企业”，也有经营灵活、遍布几十个产业领域的250多家私人小工业。而能够详知其创立年份和资本额度的也在120家以上，它们分别是酿造业的鸟喜酱色厂、小玉酱油厂、滩屋造酒厂、大和造酒厂、东方制冰厂、日支鸡卵公司、明华制糖厂，烟草工业的联华烟草公司、东亚烟草株式会社，饮食品工业的吉田洋行、渡边洋行工厂、河野工厂、罐头食品厂、瑞新公司工厂，纺织业（纱厂除外）的东亚制麻、康泰绒布会社、东华织厂、开大洋行、瑞和毛巾公司、小林纱带厂、中华染色厂、日华手染厂、美华印染厂、中和染织厂、田中印花厂、上海制造绢丝公司、公大三厂绢绸部三厂、上海漂白厂、中华染色整炼公司、日华蚕丝公司、济宁丝织厂，陶瓷及玻璃业的宝山玻璃厂、宝成玻璃厂、三公料器厂、中华陶瓷厂、藤村陶瓷厂、兴业玻璃厂、金泰冷热水瓶厂、美芳热水瓶厂、人和热水瓶厂、全生热水瓶厂、泰宝工厂、宝生工厂、中兴料器行、中国灯泡厂、大华玻璃厂，皮革业的江南制革厂、中华皮革厂、恒业皮带厂，橡胶业的泰山橡皮厂、正泰橡皮厂、义生橡皮厂、大新橡皮厂、庆经橡皮厂、公大橡皮厂、大中国橡皮厂、同孚橡

① 上海特别市社会局编：《上海之工业》，中华书局1930年版，统计图表5上海中外工业资本比较图。

② 上海特别市社会局编：《上海之工业》，中华书局1930年版，第5页。

皮厂、泰元宽紧带厂，火柴业的上海燧生火柴厂，化妆品业的瑞宝洋行、欧茂肥皂工厂、京都第一工业会社、上海油脂工业、前田洋行，制纸业的上海纸业公司、岗岛纸器工业厂、恒诚纸器工业厂、秋叶纸器工业厂、协泰纸器工业厂、清华纸器厂，铁工业的公兴铁厂、公和铁钢厂、美享厂、加藤电线厂、泰昌机器厂、中华金属精炼厂、大阪制品公司上海工厂、安川电器厂、须藤电器店、和兴炼铜厂、上海锉刀厂、大阪机械制作所上海工厂、田中铁工厂、上海坩埚公司、公和电工厂、大丰铁厂、黄浦铁厂、三鹤工业厂、明华机器厂，木材工业的野村锯木厂，造船业的东华造船株式会社，砖瓦业（石在内）的涓海石厂，其他工业类的新光工厂、安住蚊香工厂、佐野伞骨厂、佐藤洋行、上海懋龙伞骨厂、三川商店上海分厂、大华制帽厂、完丽制帽厂、协新制帽厂、日本木管会社、千代田木管工厂、协怡化工公司、东洋油墨制造公司、中国橡皮印刷公司、庆德橡皮厂、万国化学染料厂、淡海洋行、日本水管会社工厂、备后屋洋行、泰丰卫生材料厂、上海印刷株式会社、芦泽印刷所、瑞祥洋行、作新社、顺治雕刻厂、申泰汽车厂、中华雕刻厂、上海雕刻厂、第一公司工厂，等等。① 它们“作为近代工业的开辟者，很多日厂不仅为民族工业树立了模仿和追求的榜样，促进了民族工业的诞生和成长，而且客观上还成为近代工业技术输入、展示、传播的窗口，将先进技术带进了上海，促进了民族工业对近代技术的掌握和技术革新”②。

这就是包括天津在内的中国城市近代工业艰辛而曲折的客观发展环境。

（二）简要历程

据天津社会科学院经济研究所工业经济研究室的梳理，1860 年天津被辟为通商口岸后，西方列强不仅陆续在这里设立了租界和洋行，而且建立了近代化的工厂。最早是英国商人于 1860 年设立的隆茂洋行打包厂，年打

① 张肖梅：《日本对沪投资》，商务印书馆 1937 年版，第 68 ~ 76 页。

② 许金生：《近代上海日资工业史（1884—1937）》，学林出版社 2009 年版，第 306 页。

包羊毛、驼毛十万担左右；到 1894 年，天津类似的外资打包工厂已有 6 家。《马关条约》签订后，外国正式获得了在中国通商口岸开设工厂的特权，至 1913 年，外资在天津建立的加工厂和电灯房等工业企业达到了 15 家。

天津最早的民族近代工业企业，是清廷于 1866 年创办的天津机器局，1870 年又扩充为东、西两局，有工人两千余人，产品主要有子弹、火药、水雷、轮船；1893 年该局又建立了一座小型炼钢厂。1879 年和 1887 年，清廷还分别建立了大沽造船所和天津造币厂两个近代官办企业。

中日甲午战争前后，天津的一些买办、商人、地主、官僚等，也陆续开办了新式的民用工业企业，如天津造胰公司、北洋烟草厂、北洋火柴厂、华昌火柴厂（后改丹华）、万益制呢厂、中西制药厂，以及铁器、面粉、榨油、造纸、针织、织布等工厂。

第一次世界大战爆发后，天津迅速建立起了一大批规模较大的民族工业企业。1914 年至 1925 年，资金在万元以上的工业企业有 20 余家（战前只有 10 余家）。其中，占主要地位的是纺织工业和面粉工业。第一次世界大战前，天津只有一个 5000 枚纱锭的官办直隶模范纱厂，占全国纱锭的 1% 强。1916 年至 1922 年，建立了华新、裕元、恒源、裕大、北洋、宝成 6 个纱厂，天津新增加的棉纺织业投资占全国同期新增投资的 30% 强，新增纱锭占全国新增纱锭的 31%，是棉纺织业发展最快的城市之一。到 1922 年，天津已成为全国仅次于上海的第二大棉纺织工业城市（此项统计，应该未含外资棉纺织厂——引者），有职工 11560 名。天津的面粉工业也从 1878 年建立第一座机制（石磨）面粉厂后，1906 年、1912 年又建立两家小厂，1916 年则建立了较大的寿星面粉公司。1920 年至 1925 年，共建立了 9 家面粉厂。除了纺织、面粉工业，这一时期还建立有久大盐业公司，永利化学公司，盛锡福、同升和鞋帽厂，华北制革厂，东方油漆厂，振华造纸厂以及玻璃料器工厂等。铸铁、机械修理、车具等行业也获得了发展，手工业的地毯、针织、糖果作坊也大量增加。只是在 1922 年之后，由于日、美面粉大量进入，天津面粉业受到了很大的冲击，到 1929 年只剩下

4 家；纱厂发展也进入低谷，除裕大被日资接管，恒源于 1934 年被迫停工，裕元、宝成也于 1935 年停工。

此外，英商于 1914 年在天津建立了英美烟草公司（后改名颐中烟草公司），日商在 1917 年建立了天津东亚烟草工厂，1918 年建立了中华火柴厂，1921 年建立了东华搪瓷厂，1923 年和 1924 年建立了兴光化学工业公司和金钢公司。天津的裕元、华新纱厂都有一部分日资贷款，裕大纱厂则全部是日资贷款。1931 年九一八事变后，日商又在天津开设了肥皂、火柴、榨油、味之素、制冰、酿酒等 10 余家工厂。其他外国资本也在第一次世界大战后新建了一些工厂。

到 1933 年，天津市共有工厂 1213 家（不包括英、法、日、意租界内的工厂），约占上海、天津等 12 城市工厂数的 13%，全年工业总产值 96779750 法币元。工人有 36703 人，约占 12 城市工厂数的 8%。上述工业中，30 人以上并使用动力设备的工厂有 100 家，占 12 城市工厂数的 8.24%；足 30 人无动力设备和有动力设备不足 30 人的小厂共 338 家，占 12 城市工厂数的 27.84%；不足 30 人无动力设备的作坊 775 家，占 12 城市工厂数的 63.92%。

1937 年至 1945 年，天津工业被直接统治和控制在日本帝国主义之下，使天津工业为其侵略战争服务，从原料采购、分配，到产品的销售、贩运、消费，均进行全面的严格控制。日本对全市稍具规模的工厂企业都实行了军事管制，有些较重要的民族资本工厂还被日军强行占据。1941 年后，日本又接管或没收了英、美、法等国在天津的全部工厂和企业，其中包括英、法、比的发电厂，英商的颐中烟草公司、山海关汽水厂，美商的美孚石油公司等有重要影响的工厂和企业。日本在控制了天津原有工业的基础上，出于侵略战争的需要，也投资兴建了一些企业，日本在天津的工矿投资总额 1936 年是 4775.2 万日元，1938 年就增加到 12886.2 万日元，增加 1.7 倍。1937 年后，日本侵略者还建立了华北纤维统制总会，全面控制了华北地区的棉花的生产、销售和分配，同时增加了对天津纺织工业的投资，1936 年日本在天津纺织工业中投资2557万日元，1938年增加到6977.9万日元，增加1.7倍多，占天津日本投资总额的一半以上。而且还在天津新建了裕丰、上海、双喜、大康4个纺织厂。到1940年，天津棉纺织业一度达到纱锭555952枚，布机10281台，其中日资厂占有纱锭的80%多，占线锭、布机的90%多。天津纺织业超过了青岛，居华北第一位。同时，日本帝国主义在机电、冶金、化工、轻工等行业也建立了一些工厂。到1945年，日本投资的工厂共222家，从业人员47517人（包括日本人3283人），固定资产总数是161.6亿法币元，流动资产51.3亿法币元。纺织业占固定资产总数的53.6%，机器、汽车装修、电气3个行业占有固定资产总数的25.84%。机器、汽车装修、电气3个行业有车床1242台、电动机754台（7233.3马力）。日本占有的这些工厂，是当时天津工业的最主要部分。

全面抗战胜利后，国民党政府接收了原来属于日、伪政权的260多家工厂企业，此后3年多的时间，天津工业生产先是有一段时期处于瘫痪状态，后多数工厂于1946年陆续恢复生产，有一些工厂到1947年才恢复生产。1947年是国民党统治时期天津工业生产发展水平最高的一年。到1949年前，多数工厂处于停工半停工状态，有的工厂企业已经倒闭。1947年天津工业生产总值为50397万元（人民币，按1957年价格计算），较1936年的35634万元，增加14763万元，即增加41.43%。从产业行业看，1947年主要是纺织业生产增加了。

从19世纪60年代到1949年前，天津近代工业已有约90年的发展历史，是我国老工业基地之一。到1947年，天津的工厂数、工人数都仅次于上海，占中国第二位。①

天津社会科学院经济研究所工业经济研究室认为，1949年前天津工业的特征主要体现在以下4个层面：

---

① 这一数据的出处，原文没有交代。据笔者判断，应该来源于严中平等编：《中国近代经济史统计资料选辑》，科学出版社1955年版，工业，表8“上海等十二个城市的工业”。统计当中，未含外资企业的相关数据。

第一，外国资本和本国官僚资本在天津工业中占垄断地位。第一次世界大战前，英国资本在外资中占第一位。从第一次世界大战开始，日本资本逐步取代英国资本的地位，到抗日战争期间，日本资本更取得独占地位。中国的官僚资本一直依赖外国资本，成为外国资本的附庸。在天津工业产值中，外国资本和本国官僚资本企业所占的比重，1936 年是 32.7%，1947 年是 61.84%。

第二，近代天津工业主要是加工工业和装配工业。如打包厂就是把中国的原料和农副土特产品经过简单的选择包装，出口国外市场，而羊毛、皮张、肠衣、猪鬃、桐油、松香、杏仁等，都曾经是我国的大宗出口商品。装配工业就是用外国的零部件或半成品装配为成品。当时电工器材厂生产的收音机，所有的零件从真空管到螺丝钉、铜线，都是从美国运来的，图样安装说明书也是在美国印好了的，天津工厂实际是美国无线电工业的代理店。日本为了在中国倾销自行车，也曾把大批零件运到天津组装。

第三，近代天津工业生产资料生产部门异常薄弱，工业内部发展不平衡。当时天津虽然居全国工业城市之第二位，但全市工业只拥有金属切削机床 3000 多台，技术与动力设备非常有限，那些有限的机器设备，特别是主要的机器设备几乎全部由国外进口，技术资料也是外国的。生产资料生产占旧天津工业生产的比重，1936 年是 10.84%，其中金属加工是 4.75%，机器制造仅 0.35%；1947 年占 10.97%，其中金属加工是 4.56%，机器制造仅 0.96%。仅有的机械工业无法独立制造重要工业的设备，1/3 的机械厂只能做一些维修活，为机器的保全、修配、零部件补充而生产，有几十家机械厂只能生产自行车零件。此外，能生产一些简易的粮油加工机械，轧花、弹花机械、织袜机、切面机、小农具等。

第四，近代天津工业小型企业占绝大多数，手工劳动依然占优势，技术水平和经营管理落后。据当时调查，全市私营工业有 9800 多家，职工 71000 多人，平均每家工厂只有 7.3 人。在总户数中，有机器设备的仅 2900 家，约占30%；手工业作坊6900多家，占70%多。职工在1000人以上的大企业只有十几家，就是这些较大型的工厂也都在建厂时从国外进口了一批设备，投产以后，几乎没有更新过，许多设备技术已经落后。①

天津城市近代工业的上述历程，在李洛之、聂汤谷合著的《天津的经济地位》一书中也有相关印证。“天津是一个商业都市，原本不是工业都市。因为外国贸易而繁荣起来，工业不过是附随着贸易而发达的。而且封建的高利贷的商业资本和外国经济力的压迫，自然的阻止了由商业资本的转换与民族工业的发展。不过因为中国的工业不发达，提高（了）天津工业在全国中所占的地位，所以相对的可以说天津是一个工业都市。在天津经济发达的过程上来看外国资本的工商业是占在绝对的优位，而民族资本的工商业不过是从属的地位。所以天津的工业也是以材料、原料的加工工业为经，幼稚的国内需要为对象的轻工业为纬，一直存续到现在。”② 这表明天津的工业成长路径，正是由商业特别是进出口贸易发端，进而渐渐产生进口替代工业，并始终由外国资本企业占据主导地位。

同样稔知天津近代工业状况的方显廷也指出，包括天津等北方地区在内的“中国工业化之现象，二十年前，即渐具雏形。大战之时，欧美之制造品，输入锐减；吾国各种工业，因之相继勃兴，发达之征，遂得由微而著。虽尚未脱离幼稚之状态，然其影响于国人之经济生活，已大非昔比矣”③。即从具体发展时段上说，天津的近代工业经济起步于清末以天津为中心的北方洋务工业的创立，繁盛于第一次世界大战后民族工业的勃兴。

现代学者宋美云和罗澍伟等的研究结论是，到1911年前，各类民族资

---

① 以上概况内容，均参考天津社会科学院经济研究所工业经济研究室：《解放前的天津工业概况》，载《天津社会科学》1984年第2期。

② 李洛之、聂汤谷编著：《天津的经济地位》，经济部冀热察绥区特派员办公处、结束办事处驻津办事处1948年版，第3页。

③ 方显廷编：《天津地毯工业·自序》，天津南开大学社会经济研究委员会1930年版，第1页。

本企业已达107家，涉及门类近20个，表明天津的民族近代工业已初具规模。① 到1928年，天津的中国城区共有中国人开办的工厂2186家，资本总额3300余万元，其中制盐、碱、棉纱、面粉、火柴等17家大型工厂资本额合计2900余万元，占资本总额的93.3%。另外，各国租界内还有中外工厂3000多家，从而共同构筑起天津以轻工业为主的近代工业格局。②

综上可知，作为洋务运动北方中心的天津，是在开埠通商以后才成为受西方现代工业品和生产方式冲击最大、最直接的地方，直到这时，天津作为中国北方最大通商口岸和工商业都市的历史地理基因才被充分激活。也正是从此时开始，清廷中一些“开眼看世界”的新官僚，才为了革新图强，本着“师夷长技以制夷”和“中学为体，西学为用”的原则，在天津投资建设了一批现代化的军事和民用工业企业，从而造就出北方最早的民族近代工业；它们广泛分布在军工、航运、工矿、电信、铁路等领域。同时，外国人也在天津投资创建了包括轮船驳运公司、羊毛打包厂、印刷厂、煤气厂、自来水厂、卷烟厂等轻工企业。还有中国的许多官僚、军阀和其他民间资本也在天津投资建设了许多现代轻工企业。

表2.7　1935年前后的天津城市工业发展概况

单位：家

工业类别	工厂	小工厂1	小工厂2	作坊	合计	百分比（%）
纺织	32	65	21	566	684	56.43
化学	13	1	37	24	75	6.18
饮食	4	2	51	22	79	6.51

① 宋美云：《北洋军阀统治时期天津近代工业的发展》，见中国人民政治协商会议天津市委员会文史资料研究委员会编《天津文史资料选辑（第四十一辑）》，天津人民出版社1987年版，第134页。

② 罗澍伟主编：《近代天津城市史》，中国社会科学出版社1993年版，第418页。

（续表）

工业类别	工厂	小工厂1	小工厂2	作坊	合计	百分比（%）
服装	6	2	7	15	30	2.47
机器及金属制造	27	1	99	43	170	14
土石制造与建筑	7	5	9	10	31	2.55
竹木骨角制造	0	0	0	36	36	2.97
造纸及印刷	4	1	5	8	18	1.48
文具及运动用品制造	1	0	0	6	7	0.58
精整工业	6	1	31	45	83	6.83
总计	100	78	260	775	1213	100
百分比（%）	8.24	6.42	21.42	63.92	100	

资料来源：天津市社会局编《天津市工业统计（第二次）》，天津市社会局1935年版，第11页。

表注：工厂是指工人满30人，使用机器动力的工业企业；小工厂1是指满30人无动力的工业企业；小工厂2是指虽使用动力但不满30人的工业企业；作坊是既无动力又不满30人的工业企业。租界工厂不在统计之内。

表2.7的统计数据显示，1935年已经成为北方最大现代工业城市的天津，中国城区的工业以轻工纺织类的比重最大，占到56.43%，机器动力的使用率为53%，现代化的程度最高；新兴化学工业其次，整体比重和机器动力比率分别为6.18%和50%；能够使用机器动力的工厂，整体比率仅为29.66%，反映出天津大部分的城市工业企业仍处在手工生产阶段。如果加上各国租界区的工厂，特别是日据时期投资的一些大型工厂，天津工业现代化的程度可能还要再高一些。即所谓“至最近沦陷8年间，固有民族工业虽萎靡不振，在津敌伪工业畸形飞跃的进展，其投资贸易之激增正如前各章所述。我国胜利，此等投资工厂建设，概归我方，作为赔偿，此是一种大变化。如果敌伪所遗留的工业设备，紧接着彼等败退，从速整理而充分利用，则对于我国华北工业化问题上，准能有显著的补助；以及贡

献于全面经济建设上者当不在少”①。

二、棉纺织、面粉、火柴——天津近代工业的三驾马车

由于资金、技术设备和市场环境等方面的差异，天津各主要工业领域的发展进程和发展水平又存在很大的差距。其中，走在天津城市工业化进程最前列的，当数棉纺织、面粉、火柴工业。

（一）棉纺织工业

据方显廷研究，在中国的近代化工业企业中，以棉纺织企业的发展最为突出。中国第一家新式棉纺织企业，是李鸿章于1890年在上海创办的上海机器织布局。此后，作为该行业领头羊的上海，一直走在中国近代棉纺织工业的最前列。就发展历程而言，中国近代棉纺织业经历了1890—1904年、1905—1913年、1914—1925年3个较快的发展阶段，而以后者的成就最大。“1925年以后，中国棉纺织业入于衰颓时期。”② 和上海相比，天津近代棉纺织业的发展较晚，始于第三个时期。从全国棉纺织业的空间分布来看，江苏省占据了中国棉纺织业的首位，湖北省次之，山东省后来居上，河北省位居第四；而具体到各工业城市来说，“1930年上海纺锤数占全国总数55.79%，青岛为7.88%，武汉为7.33%，天津为5.70%，通崇海为4.42%，无锡为3.36%”③，天津位居全国第四位（此项统计里应该含外资企业的数据——引者）。

天津最早的棉纺织工厂是1916年设立、1917年出纱的裕元纱厂，全称为裕元纺织股份有限公司，厂址在特别第一区（原德国租界）的小刘庄。该厂的资本总额为国币5600000元，工厂面积约230亩，工人数量最多时曾逾6000名，1934年前后共有技师4人。其组织系统包括：总经理处之下设业务、工务2部；业务部下分5科，即计务科、商务科、会计科、

① 李洛之、聂汤谷编著：《天津的经济地位》，经济部冀热察绥区特派员办公处、结束办事处驻津办事处1948年版，第360页。

② 方显廷：《方显廷文集》第1卷，商务印书馆2011年版，第14页。

③ 方显廷：《方显廷文集》第1卷，商务印书馆2011年版，第20页。

仓库科、检查科；工务部下分5厂4科，即原动厂、第一纱厂、第二纱厂、第三纱厂、织布厂，修理科、工人科、工账科、统计科。设备方面，第一纱厂有细纱机88台，每台288锭；第二纱厂有纱机76台，每台304锭；第三纱厂有纱机72台，64台320锭，8台304锭；布厂有合股线机4台，每台244锭，织机1000张；此外尚有开包机、打尘机、和花机、开花机、弹花机、缩花机、理条机、粗纺机、细纺机、纬纱机（打梭）、经纱机（络经）、浆经机、砑光机、折叠机、4座420马力的水管式锅炉（带动功率不等的4架发电机）；每天用煤75～80吨，用电57000～60000瓦特。其工作程序大致为："将买进成包之棉花，先用开包机启包，而后用打土机去尘；更经过吸筒，而入和花机，和花之后，则入开棉机；再后，则为头道清花及二道清花，经过清花机后，则入钢丝机，而行梳棉工作；经过钢丝机后则入练条机，棉花既经成条之后，即可行纺的手续。普通粗纱——在三十二支以上者纺三道，即始纱、练纱及细纱是；但在三十二支以下者，则行纺四道；成纱之后，再浸水中，以使其湿润，且增光泽；再后即为摇纱而打包。"裕元纱厂的产品包括：第一纱厂出产的16支纱和20支纱，第二纱厂出产的10支纱、16支纱、32支纱，第三纱厂出产的13支纱、15支纱、17支纱；其中10支纱和16支纱占全部总产量的95%；织布厂出产的10磅口袋布，11磅、13磅、16磅粗布，12磅粗斜纹。裕元的产品商标，棉纱为松鹤牌，棉布为松鹤和飞虎牌。在产品的销路方面，九一八事变前，多运往山海关外销售；此后棉纱仅销冀北、冀东地区，棉布仅销平绥铁路沿线。所用原料大部分为河北、山西、山东的国产粗绒棉，纺细纱时才用一小部分美国棉或印度棉；前者每担38元左右，后者每担41元左右。棉纱每包425磅，纳税8.67元，16支纱每包售价180元左右。该厂每年出产棉纱55000包，棉布60万匹。①

和裕元纱厂先后创立的是位于河北西窑洼的恒源纱厂。稍后，还有华

---

① 杜文思调查：《平津工业调查》，北平市立高级职业学校1934年印行，第12～15页。

新、裕大、北洋、宝成纱厂的设立。除裕大纱厂的债权人为日本人，其余皆为中国民族资本。这5家华商纱厂的资本总额为20021900元，共有纱锭191800枚，线锭3000枚，布机1310台，每年共出产棉纱120000包，产布（裕元、恒源两家纱厂）700000匹。而裕大纱厂有纱锭35000枚，出品多为32支纱和42支纱，产量15000包，商标为八马牌，主要销售市场为天津市和河北省各县。①

进入20世纪30年代以后，包括天津在内的棉纺织工业企业，一反此前蓬勃发展的势头，纷纷进入不景气的状态。究其原因，一方面是1929—1933年世界性经济危机造成的经济大萧条的影响，占中国近代棉纺织业95%份额的日商在华企业的竞争，以及中国国内税收政策与社会环境的制约。更关键的一方面还在于企业自身存在的种种问题。“第一即为资本薄弱，第二则为组织欠妥，第三则为设备不良。产业落后，家庭手工业尚在普遍的中国，纺纱厂之资本，虽动辄数百万元，似不为不巨，但较之外国纱厂及在我国境内之外商纱厂，实嫌太少。盖在工厂制度机器生产下之纺纱事业，本为大资本企业，与家庭手工业迥不相同也；更加以历年赔累之亏折，其资本当更属低微矣。因资本薄弱之故，致虽有时发现已装就的机件，或设置之不经济，亦无力改装；虽有时得知效率更大之新式机器，亦不能添设，是在工具方面（成本的一部分），已不能得到经济的便利。于成本方面——原料成本及利息等，当然更有巨量的损失。在花贱时，则无力多购以备用；在花贵时，又不得不照买以免停工；在纱贱时，亦不能停拍以待时，其捉襟见肘‘患得患失’之情形，亦堪称可怜可畏也！华商工厂在组织方面，弊端尤多。厂所有如衙署，职员俨似官僚，大小职员，非亲即友，有者技师与工头，斗角勾心……如此如彼，至成‘一塌糊涂’之‘糟糕’现象，论及机件之改良，工人之管理，出品之设计，销路之开辟，又岂彼此推诿，‘不闻不问’所可尽形容？老实说来，大概也是‘未曾理

① 杜文思调查：《平津工业调查》，北平市立高级职业学校1934年印行，第21页。

会'，甚至'根本不理'罢。在设备方面，亦殊欠佳，即以纺机而论，华商各纱厂之锭子，多为十支纱及十六支纱者，如此之粗纱，在制作时，需要成本较重（以同数锭子而言）；在出售时，则又获利较少；在销路上，市面更不欢迎。如此之工厂有如此之设备（关于制作出品的设备设计），又焉有不赔钱之理哉？"①

1937 年，日本军队占领天津之后，包括棉纺织业在内的现代工业，大部分都被侵略者接管和兼并。不过为了因应侵华战争对棉纺织品等军事物资的大量需求，日本人还是在投资规模和技术上花了些本钱的，从而使得天津的棉纺织工业在 20 世纪 40 年代有了新的发展。

表 2.8　1941 年前后的天津现代棉纺织工业概况

企业名称	组织形式	设立年	1941 年资产总值	华人职工	生产设备	产品	1940 年产量	1941 年产量
公大第六厂（钟纺）	株式［日］	1918	34000000	5065	精纺机 98632 锭、捻丝机 5376 锭、普通织机 3015 台	棉纱、棉布	纱 5880、布 1391142	纱 7900、布 1125890
公大第七厂（钟纺）	株式［日］	1918	29000000	2331	精纺机 60123 锭、捻丝机 5720 锭、普通织机 1530 台	棉纱、棉布	纱 2236、布 684986	纱 4540、布 551945
裕丰纺织株式会社天津工厂（东洋纺）	株式［日］	1936	40000000	3824	精纺机 112384 锭、捻丝机 7200 锭、自动织机 2021 台	棉纱、棉布	纱 4687、布 1149896	纱 8012、布 1193557
天津纺织公司	株式［日］	1922	19000000	2900	精纺机 56849 锭、捻丝机 2520 锭、普通织机 748 台	棉纱、棉布	纱 17116、布 275088	纱 20990、布 399753

① 杜文思调查：《平津工业调查》，北平市立高级职业学校 1934 年印行，第 23～24 页。

（续表）

企业名称	组织形式	设立年	1941年资产总值	华人职工	生产设备	产品	1940年产量	1941年产量
裕大纺织股份有限公司	株式（华）	1921	10000000		精纺机49672锭、捻丝机2400锭	棉纱	10911	12505
双喜纺织株式会社（福岛纺）	株式［日］	1936	15000000	1402	精纺机38040锭、普通机织700台	棉纱、棉布	纱7453、布245538	纱6739、布271500
上海纺织株式会社天津支店	株式［日］	1937	8339052	1277	精纺机29948锭、捻丝机1445锭、自动织机700台、麻纺织设备1套	棉纱、棉布	纱6321、布199705	纱5779、布178460
大日本纺织株式会社津工厂	株式［日］	1937	7131186	892	精纺机30000锭、自动织机500台	棉纱、棉布	纱4116、布82148	纱5765、布126372
恒源纺织股份有限公司	株式（华）	1930	13302253	1354	精纺36592锭、自动460台、普通150台	棉纱、棉布	纱7945、布174490	纱7796、布194765
北洋纺织股份有限公司	株式（华）	1920	12757404	1386	精纺机37632锭	棉纱	13173	15064
达生制线厂	合资（华）	1932	1906188	473	精纺机9072锭	棉纱	3548	3532

资料来源：郑会欣主编《战前及沦陷时间华北经济调查》（下），天津古籍出版社2010年版，第403～404页。

表注：原表资产总值、产量单位缺失。核诸相近表格，资产总值单位为千元，产量单位为米、板、担、吨等不一。

除了表2.8所列的大型棉纺织企业，日本侵略军占领天津期间，天津城内还有不少中小型的各类纺织及相关企业。主要包括泰安织布厂、河原绵行、山口玄株式会社、日本染业株式会社、永大制网株式会社、泰兴纺织厂、天津叠材料输入配给股份公司、日本绷带材料厂、天津制绒株式会社、东洋纤维工业株式会社、松本洋行制绵工厂、山西纤加工再生工厂、协和袜子工厂、藤本绵店、华北实业工厂、吉冈帆布工厂、荣大制绵工厂、东兴染工厂、裕华洋行、联蚨洋行、平安工厂、三福被服工业工厂、日本衣料工厂、成兴产业合资、弘友针织工厂、天津莫大小株式工厂、新兴纤维工业工厂、滨口俊介商店天津出张所、系冈实业株式会社、三喜洋行等。①

全面抗战胜利后，国民党政府将原来由日本人经营的 7 个工厂接收并组建为中国纺织建设公司天津分公司，简称“中纺”，其他中国民营纱厂照常经营。

1949 年 1 月 15 日天津解放后，人民政府没收原官僚资本，将原中纺一至六厂改为国营棉纺一至六厂，原中纺七厂改为国营印染厂，天津的棉纺织工业继续向前发展。到 1949 年底，天津国营和私营棉纺厂共有纱锭 36.5 万枚，布机 7939 台，总产值 15489 万元，棉纱产量 3 万吨，棉布产量 1.3 亿米，在全国各省市中居第四位；1957 年，总产值 25832 万元，棉纱产量 4.8 万吨，棉布产量 1.9 亿米。②

（二）面粉工业

光绪三十年（1904）十二月，漕运制度全面废止以前，天津虽然是京师漕粮的转运枢纽，但是所能截留充饷的漕粮并不多，因此，由市场自发调节的民粮系统一开始就充当了当地粮食供应的主角。大约从 19 世纪 50 年代开始，天津已初步形成了三大粮食市场：一是集结南运河沿岸粮食的西集；一是集结大清河、子牙河等西河沿岸粮食的北集；一是集结北运河沿岸粮食的丁字沽。粮食主要由粮贩子通过经纪人从海河五大支流沿岸的集市上收集而来，再经零售商对粮食的磨制、加工后转销给各类用户。

---

① 李洛之、聂汤谷编著：《天津的经济地位》，经济部冀热察绥区特派员办公处、结束办事处驻津办事处 1948 年版，第 347～348 页。

② 谷书堂主编：《天津经济概况》，天津人民出版社 1984 年版，第 119 页。

1885年以后，天津的粮食购销机构发展得更加完善，出现了集粮食采购、运输、存储于一体的斗局。斗局所采购的粮食，不仅遍及五大支流沿岸，而且还包括海帆船从辽东等地收购而来的杂粮。1900年以后，天津的粮食市场在斗局体系的基础上进一步完善，出现了正式从事粮食批发业务的大型商号。由于它的主要业务是从经营大米开始的，所以称之为大米庄。大米庄经营的内容，既有北方的小麦和杂粮，也有南方与国外的大米和面粉。天津购入的小麦全部用来磨制面粉。①

近代天津的面粉工业类型，从生产设备和加工技术上可以区分为3类：第一类是用人力或畜力拉动石磨（“使之旋转，将麦粒自上磨之孔注入，借上下两磨摩擦之力，磨成细粉”）的磨坊；第二类是用电力代替人力或畜力的电力磨坊；第三类是机器动力的面粉厂。1916年前，天津城区尚有石磨作坊400余家，石磨2000台；至1927年，石磨作坊已剩200家，石磨700台。电力磨坊只是在生产动力上用电力取代了人力和畜力，但“所用工具及制造方法与磨坊略同。其出品较之磨坊所出者为细白，生产力亦大，然较之机器面粉厂相差多矣。天津此种电力磨坊为数不多，亦无详确之统计”。三者中以机器面粉工厂“所出面粉细匀白洁，生产力极大，固非磨坊所能比拟，电力磨坊亦相差远甚”。②

在中国近代新式工业中，面粉业是仅次于棉纺织业的第二大类型的现代工业企业，天津情况也是如此。天津最早的改良化磨面厂，是朱其昂1878年在紫竹林创办的贻来牟（Element）火磨面粉公司，其以蒸汽机为动力带动由德国进口的石磨，技术水平上大体等同于上述第二类的电力磨坊。天津使用磨粉机器磨面的机制面粉厂，是1915年成立的寿星面粉公司，其出现时间明显晚于上海（1896年的德商增裕面粉公司）、哈尔滨（1900年的俄商机器面粉厂）。据1928年的一项统计，上海有机器面粉厂

① 樊如森：《清末至民国时期京、津的粮食供应》，载《中国近代史》2003年第7期。

② 董昌言编：《天津面粉工业状况》，河北省立工业学院工业经济学会1932年版，第1～2页。

27 家，哈尔滨有 29 家，天津为 14 家。①

天津最早的机器面粉厂寿星面粉公司系中日合资企业。至 1925 年，天津又陆续成立了华资的民丰面粉公司、大丰机器面粉公司、涌源机器磨面公司、嘉瑞面粉公司、庆丰面粉公司、福星面粉公司、裕和面粉公司、乾义面粉公司、三星面粉公司、三津寿丰面粉公司（寿星改组、华资经营）共 10 家公司，其中民丰和大丰资本均在 100 万元之上。该时期不仅赢利颇丰，而且大量出口国外市场，这是天津面粉工业发展的黄金时期。后来由于进口洋粉和上海申粉的竞争等原因，天津的面粉厂亏累严重，歇业、改组、分流甚快，时至 1929 年，天津仅存寿丰、永年、民丰、福星 4 厂；到 1934 年，仅剩寿丰和福星两家了。②

1934 年前后，寿丰面粉公司有 3 个分厂，共有资本 170 万元。第一厂系此前的三津寿丰面粉公司，厂址在意大利租界河沿马路，有工人 87 名，每昼夜出产面粉 6300 袋，牌号为绿桃、红桃、佛手等；第二厂即此前的三津永年面粉公司，厂址在西头赵家场，有工人 86 名，每昼夜出产面粉 6200 袋，牌号为鹤鹿、封侯等；第三厂即此前的民丰面粉公司，厂址在西头梁家嘴，有工人 80 名，每昼夜出产面粉 4200 袋，牌号为绿斗、红斗等。该厂的生产原料为中麦、洋麦掺用；面粉销路为唐山、北平及平汉线北部沿线地区。寿丰面粉公司的设备，包括原动部及附属设备，即原大号动力马达 1 座，实发马力 490H. P；小号电力马达 4 座，实发马力 135H. P；附设大号变压器 2 架，共 1140KVA；小号变压器 1 架，160KVA，以上设备皆瑞士 B. B. C 厂出品，由天津电车电灯公司供给高压电流。主要制面机器设备有：麦楼净麦机器包括麦筛 3 架，洗麦机 1 架，草子机 1 架，打麦机 2 架；第一厂粉楼机器产量 1400 桶，有大磨 20 个，平筛 7 个，圆筛 8 个，清粉机 8 个；第二厂粉楼机器产量 350 桶，有大磨 5 个，平筛 2 个，圆筛 2

① 董昌言编：《天津面粉工业状况》，河北省立工业学院工业经济学会 1932 年版，第 6 页。

② 杜文思调查：《平津工业调查》，北平市立高级职业学校 1934 年印行，第 2 页。

个，清粉机两个。麦楼和第一厂的粉楼机器皆美国 wolf 厂制造；第二厂的粉楼机器，为该厂修械厂自制。附属设备包括防火龙头、水龙带及机枪 1 套，修械厂有旋床 2 架，刨床 1 架，钻床 1 架，磨辊洗光床 2 架，磨辊拉齿床 1 架，提取井水洗麦的汽压机 1 架。①

福星面粉则有 2 个分厂，资本额共 80 万元。总厂地址在西头大伙巷，有工人 60 名，临时工 90 名，每昼夜出产面粉 5000 余袋，牌号为福星、绿蝠、红蝠等。其第二厂在河北堤头村，即此前嘉瑞面粉厂旧址，有工人及临时工 157 名，每昼夜出产面粉 5500 袋，牌号为绿牛、红牛、蓝牛及白袋，生产原料全部使用中国自己出产的小麦。②

日本侵占天津期间，除寿丰、福星残喘度日，日本人还投资建设了其他一些相关的粮食或食品运营和加工企业，如东亚制粉天津支店、天津米谷统制会、大仓食品工业所、华北水产畜产协会、长冈公司天津出张所、天津水垣食品工厂、八里台农场、八里台精粮公司、志成水饴工厂、金牛斋牧厂、大川清凉饮料、福泉食品工业公司、大洋酿造工厂、东洋清酒天津工厂、滨口兴业食品工厂、国光食品河北工厂、北方食品工业所、Glyco 天津工厂、华北森永食粮工厂、日本制果公司、天津二菱酱油株式会社、日本酱油酿造工厂等。③

1945 年后，天津的面粉厂并无明显起色。寿丰和福星 2 厂 1946 年年产面粉 100 万袋，1947 年为 60 万袋。从 1948 年 4 月开始，国民党为了保障南京、上海、广州、北平、天津 5 大城市计口授粮政策的实施，将部分进口的美国小麦在天津加工成粉，使寿丰、福星、东亚（即恒大）、福丰、益泰、正达等 10 余家面粉厂得以维持生产；并使天津的粮食加工企业如面

---

① 董昌言编：《天津面粉工业状况》，河北省立工业学院工业经济学会 1932 年版，第 18 页。

② 杜文思调查：《平津工业调查》，北平市立高级职业学校 1934 年印行，第 4 页。

③ 李洛之、聂汤谷编著：《天津的经济地位》，经济部冀热察绥区特派员办公处、结束办事处驻津办事处 1948 年版，第 348～349 页。

粉厂增加到 21 家、机米厂增加到 14 家。

到天津解放以后，恒大等旧的国资企业收归新的人民政府工业部门领导，私营各厂自主经营或由国家委托加工。1950 年，八一面粉厂建成投产，此时全市面粉产量为 10.24 万吨；1952 年，寿丰面粉一厂因粉尘爆炸烧毁，此时全市面粉产量为 27.69 万吨；1953 年，国家实行粮食统购统销政策，私营工厂一律由国家委托加工；1956 年，全行业公私合营，成立粮谷工业公司，统一管理全市的粮食加工企业，并将中小型面粉厂迁往郊区或迁入粮库，实行厂仓结合的生产经营方式；1965 年，天津全市的面粉产量达到 53.65 万吨。①

（三）火柴工业

由于与百姓生活息息相关的近代火柴工业所需要的设备相对简易，所需要的资本也不是很多，所以，能够位列中国近代最有成效的工业部门之一。“我国近来最呈繁荣状况之现代工业，厥惟纺织、面粉、火柴三者。其在天津一隅之状况亦然。”②

中国较早的火柴工厂应该是 1890 年叶澄衷在上海创办的燮昌火柴厂（后来在苏州、汉口均建有燮昌火柴厂分厂），以及 1894 年在汉口官办的聚昌、盛昌火柴厂。光绪三十年（1904）后才陆续有北京的丹凤火柴厂（后为丹华火柴厂北京分厂）、天津的华昌火柴厂（后为丹华火柴厂天津分厂）、北洋火柴厂的设立。民国年间，中国的火柴厂发展很快，按省份论，以广东、山东最多；按城市论，以天津、青岛、上海、重庆、广州最多。

1928 年前后，天津共有丹华、北洋、荣昌、中华、三友 5 家火柴厂，共有资本约 150 万元，其中北洋占 60 万元，丹华（津厂）占 25 万元。前 4 厂全年产额为 8 万箱火柴，除海路输出，余则由陆路销往冀、鲁、豫、晋等省，“天津火柴工业殆已居全国之主要地位”③。

---

① 天津市地方志编修委员会编：《天津简志》，天津人民出版社 1991 年版，第 385 页。

② 吴瓯主编：《天津市火柴业调查报告》，天津市社会局 1931 年编印，第 1 页。

③ 吴瓯主编：《天津市火柴业调查报告》，天津市社会局 1931 年编印，第 7 页。

1934 年前后，天津共有火柴厂 5 家，其中 2 家为日商、3 家为华商。日商火柴厂之一名曰大生，为中华火柴厂改组而成，厂址在海光寺；之二为三友，在日租界，2 厂每日出产火柴 50～60 箱，牌号为鱼头、钟表、僧帽等。华商火柴厂中，历史最悠久的是 1909 年创办的北洋火柴公司，厂址在西头芥园大堤，1919 年于南开马场道增设第二厂。南厂有工人 200 余名，每日出产火柴 24 箱；西厂有工人 700 余名，每日出产火柴 41 大箱（每大箱 1440 包），牌号为延年、鱼缸、大印、状元等，销往天津本市及保定、正定、河南、山西等地。天津规模最大的火柴厂是 1911 年成立、1917 年与北京丹凤火柴厂合并为丹华火柴厂的华昌火柴厂，即丹华火柴厂天津分厂。该厂有长工、短工 1000 人左右，每日出产火柴 60 大箱，牌号有玉手、大安手、狮子、电扇、汤壶等，销路东至唐山、秦皇岛，南至沧县，西往河南等地。①

火柴虽为化学工业品，但除"配药"外均属机械作业，操作上并不复杂，创业门槛并不算高。其制作程序，大致"将杨木杆先行浸水，然后用机器剥去其皮，旋成正圆木轴，再定好厚度，旋成木片；'成片'之后，置于切条机上，劈切成条，其宽度即等于柴轴之长；'成条'之后，更置另机上行切轴工程，切好的'轴'，便是普通所谓的'火柴棍'了"；切好的轴经过干燥之后，"便到'理轴房'去行理轴工程，理轴机是一种颤动的筛子样的机器，木轴经过此机作业之后，便很顺序的全盛在'轴槽'里了。理好的轴，要送到'排轴房'去行排轴作业，木轴经过此机工作，便一根根的全立定在轴板上了，好像是许多的小木棍全以等距离钉在轴板上"；接下来的工序便是将轴板送到蘸蜡部蘸蜡，以便于点燃，然后才是"'蘸药'。所谓药者，期中含有松脂、皮胶、绿酸钾、硫化磷、硫化锑等，蘸完药之后，则置烘干房中干燥之；既干燥后，置卸轴机卸下，即成为火柴了。再经过选条机，将双头（即并条）者筛出，以按重量廉价散售，平

① 杜文思调查：《平津工业调查》，北平市立高级职业学校 1934 年印行，第 51～52 页。

津附近四乡之担担卖散火柴者，即此种廉价残货；其完整者，再经‘装盒’‘包包’‘打箱’，便是成品了”。①

1945 年后，日资的中华和三友火柴厂被国民党接办为公营火柴厂，日伪合营的被充作敌产拍卖处理。1949 年后，原国民党公营的火柴厂，被人民政府接收并改组为国营企业；私营火柴厂生产盲目，造成产品大量积压。“天津市解放初期共有 18 家火柴厂，产品有 70% 销往外地。后来东北火柴大量入关。东北接近木材产地，成本低于天津，使天津产火柴大量积压。1950 年 5 月底，天津的火柴厂停工或倒闭 10 家。”1954 年起，国家对部分私营火柴厂实行产品包销，改善了他们的经营状况；同时，丹华等私营火柴厂在国家政策的引导下，开始提出公私合营的申请。到 1956 年 1 月起，包括天津在内的“所有公私合营火柴厂都实行了定息制度，即按私股股额由国家给资本家以固定的年息 5 厘的股息。这样，资本家的生产资料实际上转变为国家所有，企业基本上成为社会主义企业。全国火柴行业对生产资料私有制的改造到此已基本完成”。②

三、毛纺织、制革、地毯——天津城里的畜产品加工业

（一）毛纺织工业

如果说天津近代工业的整体水平要比北京（北平）高出很多的话，那么一些小型新式工业的发展，如在毛纺织和地毯工业方面，后者也有不甘人后的地方。二者相互映衬和补充，使得平津共同成为北方近代毛纺织工业的中心。

中国最早的近代毛纺织厂是左宗棠于光绪四年（1878）在兰州创办的甘肃织呢总局；平津第一家近代毛纺织企业则是光绪三十三年（1907）在北京清河镇官商合办的溥利呢革公司（后改为官办，称陆军部织呢厂）；

① 杜文思调查：《平津工业调查》，北平市立高级职业学校 1934 年印行，第 54 ~ 55 页。

② 中国日用化工协会火柴分会编：《中国火柴工业史》，中国轻工业出版社 2001 年版，第 61，75，77 页。

次年，吴懋鼎亦在天津河东创办了北洋呢革公司；同时，北京工艺局也成立了毛织科。1914 年前后，北京工业专门学校添设机织系，着手从事毛纺织的教学和试验；1917 年，北京设立了织床毯和地毯的开源呢绒地毯工厂；1923 年，天津成立海京纺毛厂；1932 年，天津成立东亚毛呢纺织公司，北平成立恒兴工厂、力资毛业社等。北平经营较好的毛纺织工厂，有开源呢绒地毯工厂、长兴织染工厂、恒兴织染工厂、宜有织毛工厂、力资毛业社、北平大学第一工学院毛织训练班、华北工业改进社毛织训练班、利济纺毛工厂。①

1934 年前后，天津除了以棉、毛为原料的地毯工厂，尚有毛纺织工厂 5 家，即东亚（华商）、仁立（华商）、五三（官办）、海京（中外合资）、倪克（美商）。以位于意租界 15 号路 58 ~ 61 号的东亚毛呢纺织公司为例，该公司创立于 1932 年 4 月，有资本 23 万元，营业兴旺，产品供不应求。设备方面有打土机 1 架，洗毛机 1 架，去水机 2 架，烘干机 1 架，撕毛机（小梳毛机）3 架，梳毛机 1 架，钢丝机 6 架，大纺车 2 台，双筒梳条机 4 架，双锭梳条机 4 架，头道练条机 2 架，二道练条机 2 架，三道练条机 2 架，叉锭精纺机 4 架，帽锭精纺机 2 架，缩练机 2 架，精练机 4 架，合股机 4 梳，摇线机六七架，此外并有磨钢针机、起绒机等数架，及水楼、锅炉、染槽等。由于工厂初期的生产计划集中于纺造毛线，待发展至一定规模后再增加织呢或织毯业务，所以产品主要包括四股手工毛线 3 种（100 号、200 号、300 号），四股机织毛线 2 种（8 号、6 号），双股毛线 2 种（24 号、32 号），以及驼绒纱（800 号）和毛毯线（1200 号）。其分管华北区域销售的总经理家为天津北马路的国货售品所股份有限公司，负责该厂在山东、山西、河南、河北、陕西、甘肃、热河、察哈尔、绥远、内外蒙、新疆等处的委托经销业务。东亚毛纺厂每天可生产手工毛线 4000 余磅，呢绒毛线 800 余磅，地毯毛线 400 余磅，商标为抵羊牌，正式工人

① 杜文思调查：《平津工业调查》，北平市立高级职业学校 1934 年印行，第 29 ~ 38 页。

300 余人，临时工人 80 余人。该厂还有专职人员负责广告宣传，以及国外毛业技术与市场行情的翻译和研究工作，并通过开办毛衣编织训练班等途径扩大产品的宣传与销售。①

从整体上看，平津各处的毛纺织企业，在技术水平和产品花色方面均存在很大的差异。出产手工编织毛线的只有东亚和军政部织呢厂；出产织呢绒线的，有军政部织呢厂、东亚、力资、仁立、海京、倪克 6 家，但只有东亚和倪克的产品大量供应市场，其余仅供自用；上述 6 厂也出产供织地毯和床毯的毛线，市场供应以东亚和仁立最多，倪克和海京次之。同时还生产地毯的厂家，有军政部织呢厂、开源、仁立、海京、倪克 5 家（专织地毯的众多工厂不计）；生产哔叽的，仅军政部织呢厂和海京 2 家；生产呢绒的，有军政部织呢厂、长兴、恒兴、宜有、海京、燕京大学社会学系清河试验区。所用生产原料，除倪克承认使用一部分澳洲羊毛，其余均坚称为国产羊毛。"但据记者由各方调查之结果，并不如是。在华北及西北各省虽富产羊毛但质均甚粗，不适于纺较细毛线之用。在冀南、山东、河南等处，虽产有名寒羊毛者，但为量无多。是凡出较细毛线之各厂，莫有不掺用澳洲毛者；至于织物方面，则织哔叽、花达呢等之毛线，即无论矣；即平津各织呢厂所用之普通毛线，亦杂有外国毛或外国毛线也。"② 究其根本原因，是以国内市场为主要销售地的厂商，为了迎合国人提倡国货的心态，不思进取（如改良设备、技术、羊种等），舍本逐末的一种销售手法。

1937 年，日军侵占天津后，日商建立了满蒙毛织株式会社和泰兴纺织厂。1941 年，日商钟渊纺织株式会社公大七厂增设毛织场。全面抗战胜利后，均为国民党接收，但生产并未有明显起色。至 1949 年 1 月 15 日天津解放时，天津毛纺织业只有仁立、东亚和天津毛织厂 3 家，职工 1600 余

① 杜文思调查：《平津工业调查》，北平市立高级职业学校 1934 年印行，第 42 ~ 45 页。

② 杜文思调查：《平津工业调查》，北平市立高级职业学校 1934 年印行，第 48 ~ 49 页。

人，毛纺锭11844枚，产值1116.6万元。此后，天津毛织厂归属地方工业局企业公司领导，到1952年，3家毛纺厂共有纺锭1.59万枚，产值2306万元，毛锭数在全国各省市中居第二位。

整个20世纪50年代，国家投资新建和改建了克勤、勤俭、和平、友谊、友好、毛条等一批毛纺厂，全市共有毛纺厂7家，产品包括毛条、精纺、粗纺、毛针织、毛毯、毛毡、工业呢、驼绒等。1958年以后，先后归属天津市毛麻丝局、天津市纺织工业局、天津市毛麻丝纺织工业公司管理。①

（二）制革工业

尽管中国皮革加工业的发展历史非常悠久，使用西式鞣皮方法进行皮革加工的新式制革工厂却是在1878年才第一次出现在上海。而作为近代中国北方皮毛最大集散地的天津，其最早的西式制革工厂，当为1908年由吴懋鼎创立的北洋硝皮厂。1912年以后，中国的近代制革工业获得了快速发展，“就全国各大都市言之，其制革业最发达者，当首推上海，其次则为天津，再次则为汉口、北平、杭州、成都、济南、福州等埠”。而到1934年前后，平津地区“其规模完备者，为北洋硝皮厂及一大制革公司，惜该两厂今皆已停工矣；以现存之革厂论之，则华北名望较大，恒利面革最佳，鸿记底革较著，是为天津方面之大概情形；若北平，则以盛兴、善成之底革较著，裕仁之面革较著，永增之英软最著，而以后起之振北规模最为宏备”②。

制革的工序大致分为预备、施鞣和整理3个工程。

20世纪30年代初，平津两地的近代制革工厂尚有50多家，其中天津比较有影响的制革工厂，一是1915年创办于三条石大街的华北制革股份有限公司，资本20万元，工人50余人；厂房分东、西两院，西院为花旗鞣

---

① 天津市地方志编修委员会编：《天津简志》，天津人民出版社1991年版，第334页。

② 杜文思调查：《平津工业调查》，北平市立高级职业学校1934年印行，第59页。

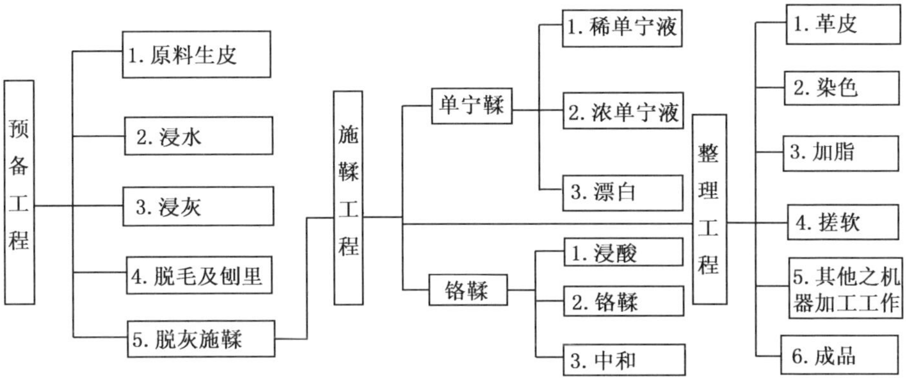

图2.13　20世纪30年代天津制革工厂的皮革加工程序

资料来源：据杜文思调查《平津工业调查》，北平市立高级职业学校1934年印行，第64~65页内容绘制。

制所，东院为总厂；有东、西两楼，东楼为营业室及员工宿舍、餐厅，西楼为各工序的工作场所。各工作程序使用的主要设备大致包括灰池20个，铬鞣槽20个，直径不同的转鼓9个，刮毛刨里用的木案10余个，摆式辗轧机3台，平式辗轧机1台，锤皮机1台，铜轴挤水机1台，刮里机1台，磨里机1台，轮带伸展机1组，薄皮轧光机两台，鞣软机1台，印纺机1台，空气压缩机1组，喷枪1具，动力协和片皮机1台，轮具刀1具，小片皮机2台，压端机2台，复带压挤机1台；该厂的产品主要有花旗、法蓝、轮带、两色、面皮及羊皮，商标为象牌。二是华洋制革厂，创办于1931年，厂址位于北洋纺纱厂的南面，有资本3万元，工匠学徒共10余人。三是恒利硝皮厂，1920年前后创立，厂址位于南开大街平和里傍，资本5万元，工人学徒共24人。四是南开中学对过的华美鑫制革厂，资本不多，共有工人学徒10余人。五是位于海光寺的五洲制革厂，资本不多，工人学徒共20人。六是位于西广开的乾大制革厂，有资本5万元，工人学徒共20人。七是位于海光寺的鸿记硝皮厂，有资本10万元，工人20余人。八是位于南开皮作坊胡同的祥茂硝皮厂，有资本5万元，工人学徒共20余人。九是位于河北公园后花园子的利生工厂制革部，产品均为制作体育用品的球皮。十是位于西广开华家场的鑫华茂硝皮厂，有资本 3 万元，工人学徒 10 余人。十一是位于西广开菜园的河北硝皮厂，有资本 4 万元，工人学徒 14 人。①

天津解放初期，皮革工业有制革厂、制鞋厂、皮件厂、制皮球厂等 300 余家。1956 年，均归属新成立的皮革鞋帽工业公司管理；1958 年后，规模较大的企业改隶第一轻工业局日用化工处，小型企业下放到各区工业局；1959 年起，再归属于新成立的皮革工业公司管辖。②

（三）地毯工业

地毯工业作为以毛类加工为主要生产内容的畜产品工业生产门类，早在 3000 年前就存在于游牧经济发达的天山南北地区。只是由于原料、用途、市场等方面的限制，地毯编织技术传入内地的速度非常缓慢。一直到清朝末年，天津口岸的地毯出口也只有 60750 海关两，仅占天津出口总值的 0.22%。

民国时期，河北省的地毯工业中心是天津与北京。1920 年，北京有地毯工人 5000 人；1923 年，地毯工人则达 6834 人，有工厂 206 家。20 世纪 20 年代末的天津共有大小地毯工厂 303 家，工人 11568 人，织机 2749 架。平津尤其是天津，成为全国地毯工业的生产和出品中心，因为“二地之产量，约居全国总产量百分之九〇”。只是这些工厂的规模和现代化程度相当参差不齐。如在天津的 303 家地毯工厂中，符合《工厂法》中“工厂”定义的，即使用工人在 30 人以上的机器动力工厂仅 105 家，共雇佣工人 8519 人，占全市地毯工人总数的 74%；其余 198 家使用工人在 30 人以下的工厂实际上仅具有作坊性质。不过，无论其规模大小、生产技术的高低，在经营管理制度上，它们均已经实行了近代化的商人雇主制度，即工厂所需要的生产原料、工人工资、相关开支以及产品的销售都由投资商包

---

① 杜文思调查：《平津工业调查》，北平市立高级职业学校 1934 年印行，第 67～72 页。

② 天津市地方志编修委员会编：《天津简志》，天津人民出版社 1991 年版，第 352 页。

揽，使地毯生产成了天津城市近代工业的重要组成部分。①

整体来讲，20世纪20年代是天津地毯工业最繁盛的时期。华资地毯厂比较有名的是三顺永、玉盛永、协立永、义盛公、庆生恒等。外资地毯厂比较有名的是德商乾昌，美商倪克、海京，英商安利，日商井泽等。当时，地毯曾经占到天津出口产品的第二位，占全国地毯出口的90%。“抗日战争爆发后，地毯工业衰落，到1946年，天津地毯的产量还不足二十年代的20%。”②

1954年之后，天津市政府陆续将以前的地毯工厂公私合营，分别合并成全民所有制的天津市地毯一厂、三厂和集体所有制的二厂，主要生产70道、90道、120道栽绒地毯以及艺术挂毯。1965年，天津地毯“在德国莱比锡国际博览会上荣获金质奖”。③

四、电力、机械、冶金——天津工业近代化的基石

（一）电力工业

天津对电力的使用开始于1888年，当时德商世昌洋行在英租界伦敦路（今泰安道）维多利亚花园旁边的绒毛加工厂安装了一台小型的直流发电机供照明使用，并且还为附近的荷兰领事馆安装了总计1000支烛光（耗电力约1000瓦）的照明电灯。1894年，大沽造船厂安装了一台47.5千瓦的直流发电机，供自身照明之用。1902年，法租界公议局在万国桥（今解放桥）附近，兴建了天津第一座营业性的直流发电厂，以向法租界地区供电；1910年，法商电力股份有限公司在狄总领事路（今哈尔滨道）建立了交流发电厂后，关闭了原直流电厂。1904年，比利时商人成立了电车电灯公司，在金家窑建立了发电厂，并从中国政府手中获得了为以鼓楼为中心

① 方显廷编：《天津地毯工业》，天津南开大学社会经济研究委员会1930年版，第91~92页。

② 谷书堂主编：《天津经济概况》，天津人民出版社1984年版，第95页。

③ 天津市地方志编修委员会编：《天津简志》，天津人民出版社1991年版，第364~365页。

的3公里半径区域内供电的经营权。1906年，英商仁记洋行获准经营为英租界配电的业务；1920年，英租界工部局收回经营权，自行向法商电力股份有限公司购买电力；1923年，自建了发电厂。1906年，日租界当局特许日商天津工业组合，经营为日租界配电的业务；初期向法商电力股份有限公司购买电力；1926年，改由日本居留民团经营，自设发电厂。1908年，德租界设立了200千瓦的直流发电机为区内供电；1917年，中国收回德租界，并成立特别第一区水电股，经营中国自己的电力供应事业；1927年，成立中、比合营的北辰电业公司，接管比商超过3公里半径的供电权；1928年，收回北辰电业公司，由天津市政府财政局电业监理处经营，对外称天津电业新公司。1920年以后，天津的华资纺织、化工企业，也陆续建立了自备发电厂，总数约有28家，装机总容量约32650千瓦。①

表2.9　1922年前后天津城区的电灯公司及电器行

名称	地址	名称	地址	名称	地址
电灯房	河北金家窑	东亚	宫北	法国电灯房	法界
森记	陈家沟	利亚	东南城角	慎昌荣记	法界
瑞华成	北大关	穆氏	西南城角	华立	法界
同聚	河北大街	交通部驻津电科分处	闸口	华星	法界
庆和	北马路	瑞丰	荣业大街	玉华成	法界
蔚明甡	北马路	和记	荣业大街	和兴	法界
华隆	北马路	新昌	南市	振记	法界
元利成	锅店街	华兴昌	南市	日本电灯房	日界
永生	锅店街	中美	建物大街	徐永兴	日界

① 天津市地方志编修委员会编：《天津简志》，天津人民出版社1991年版，第429～430页。

（续表）

名称	地址	名称	地址	名称	地址
中亚	东北城角	电灯公司	河东奥界	富春	特别二区
亚美	东北城角	英国电灯房	英界		

资料来源：古蘅孙《天津指南》卷下，天津新华书局1922年版，第43～44页。

日军侵占天津后加大了对电业的投资。至1945年，日本投资的电气企业有15家，资本总额为59871075元，中国职工1998人，日本职工290人。包括中华汤浅电池株式会社、华北电线株式会社、大和电机工业株式会社、岩崎电线株式会社、太平电线制造株式会社、富士电池株式会社、北支电机株式会社、日本电信电话工事株式会社、住友电信工业株式会社、高砂工业株式会社、东光电气株式会社、东京芝浦电气株式会社、太阳电极制造株式会社、义昌洋行。①

1949年3月，天津市区共有5个公用发电厂，即大王庄第一发电厂、黄家花园第二发电厂、金家窑第三发电厂、小于庄第四发电厂、哈尔滨道法商电力有限公司发电厂，总装机容量为6.96万千瓦。还有9个自备发电厂，即棉纺一厂、棉纺二厂、棉纺三厂、第一毛纺厂（恒源）、四新纱厂（北洋）、天津造纸总厂、天津食品一厂、天津卷烟厂、天津碱厂，装机总容量为2.8985万千瓦。1949年后，天津的电力工业获得了新的发展，1949年底，天津市区共有白炽灯路灯11545盏，低压路灯线路474公里。1952—1961年，完成了第一发电厂的扩建工程，发电能力得以提升。②

（二）机械工业

为天津城乡的工农业生产和居民生活制造各种器具的手工业作坊由来已久，但规模狭小，工艺设备也比较简陋。而洋务运动中兴办的一些军工

① 李洛之、聂汤谷编著：《天津的经济地位》，经济部冀热察绥区特派员办公处、结束办事处驻津办事处1948年版，第323，328页。

② 天津市地方志编修委员会编：《天津简志》，天津人民出版社1991年版，第431页。

企业，规模较大，技术水平也较为先进，被视为天津近代机器工业的开端。

天津最早的机械工业企业是同治六年（1867）在城南海光寺创办的天津机器局，俗称西局子。次年又在城东贾家沽建立了分局，俗称东局子。设有化工、铸工、金工、木工等工场和小型炼钢，购置国外机器，聘请英国技师，共有工人2700人，生产火药、枪弹、水雷和小型战船。光绪二十九年（1903）建立的直隶工艺总局，其所属直隶高等工业学堂专设机器学科，培养机器制造人才；所属北洋劝业铁工厂，1907年有工匠和学徒221人，生产造胰机、造火柴机、榨油机、弹棉机、石印机、铁轮织布机、手摇纺纱机、煤矿起重机、车床、刨床、钻床等27种机械产品和电风扇等23种杂品。

集中设立于三条石大街的一些小作坊，有的从1900年左右陆续发展为机械制造工厂，较为著名的是金聚成铁厂和郭天成机器厂。至1925年，三条石地区已有铸铁厂和机器厂45户，产品有轧花机、弹棉机、织布机、织袜机、草帽机、切面机、榨油机、小型柴油机、蒸汽机、简易车铣床等。①

不过整体而言，这些华资的民营机械工业企业，设备和出品都较为简单，“多织布机、石印机、挂面机、轧糖机、提花机，及农具等类。可供本津及华北各省工厂之用”。择其要者，主要有（1）吉祥顺铁工厂，设于东马路，出品为宽面织平布铁轮机、石丸织大连铁轮机、窄面织布铁轮机、弹花弓全机、轧棉机、大小各式铁柜、双轮切棉机等；（2）华兴厚铁工厂，设于东马路，主要出品有切面机、轧花机、铁坐柜、弹花机等；（3）信昌提花机厂，设于东一区，出品有提花机、花台等；（4）老生记袜机工厂，设于荣业大街，出品有平口袜机、自动袜机、套帽机、围巾机、背心机、毛衣机等；（5）鸿泰袜机行，设于荣业大街，出品有丝袜机、线袜机等；（6）永茂铁工厂，设于普乐大街，出品有切面机、帽机等；（7）

---

① 天津市地方志编修委员会编：《天津简志》，天津人民出版社1991年版，第258页。

德利兴铁工厂，设于三条石大街，出品有石印机、切印机、旋床子等；（8）孙恩吉铁工厂，设于东马路，出品有各种机器等；（9）郭天成铁工厂，设于三条石，出品各种织布机等。①

表2.10　1922年前后天津城区的铁工厂和五金作坊

企业名称	地址
金聚成铁工厂	河北三条石
华顺生铁工厂	三条石
永茂铁厂	三条石
福裕铁工厂	三条石
万兴恒五金行	东马路
德兴五金行	东马路
吉祥顺铁工厂	东马路
福大五金行	东马路
裕丰和记五金行	东马路
万兴恒五金行	东马路
德兴五金行	东马路
郭天成铁厂	北马路
长胜号五金行	北门西
慎毅昌五金行	北门东
福聚成五金行	北门外
义聚成铁工厂	南马路
文记号五金行	南马路
义大铁厂	东南城角

① 宋蕴璞编：《天津志略》，蕴兴商行1931年铅印本，第164～165页。

（续表）

企业名称	地址
李华记五金行	东南城角
福兴成五金行	东南城角
有兴铁工厂	西南城角
广利合铁厂	南门内
长胜涌铁工厂	西马路
万德栈铜铁厂	河北大街
义成兴铜铺	侯家后
福聚昌生铁厂	营门东
峻源永铁厂	营门内
开泰祥铁庄	小洋货街
公聚德五金行	小洋货街
祥发号五金行	金汤桥下
祥发五金行	老车站
长盛五金行	东浮桥
聚兴德煤铁号	东浮桥
北洋劝业铁工厂	河北窑洼
义丰铁厂	新车站
恒大铁工厂	李公祠东
同茂铁工厂	河北
德顺铁工厂	河北铁工厂
义丰铁工厂	河北大经路
永大铁工厂	河东大口
义和顺铁庄	大口
慎泰五金行	大口
庆源隆五金行	大口

（续表）

企业名称	地址
瑞生铁厂	大口
兴发成铁厂	柴家大院
辅业铁工厂	仁寿里对过
华盛铁厂	西开
裕升五金行	广益大街
益昌源五金行	南斜街
万庆泰铁厂	闸口大街
慎余五金行	闸口
三益泰铁厂	闸口
源庆恒五金行	闸口
大广铁厂	闸口
永盛恒铁厂	闸口
裕昌公铁工厂	意界铁道外
德泰铁厂	英界
广德记五金行	英界大沽路
松记铁厂	特别二区
启新铁厂	特别一区
同兴利铁工厂	特别一区
德义顺铁铺	法界
铨镒鑫五金行	法界
新仲记五金行	法界
裕盛承铁厂	法界
聚兴成五金行	法界
嘉泰五金有限公司	法界
元合玉五金行	日界

（续表）

企业名称	地址
鸿记铜铁厂	日界
恒康泰五金行	日界
普育铁工厂	日界
老仲记五金行	日界
兴昌隆五金行	日界
鸿昌德五金行	日界

资料来源：古蒨孙《天津指南》卷下，天津新华书局1922年版，第3~5页。

1860年，天津开埠通商以后，外商也在租界和华界开办了一些规模较大的机器工厂，如英商开办的东方铁工厂、德商开办的西沽机器厂、法商开办的义善实业铁工厂等。1937年，日军侵占天津后，为把天津建设成支撑其全面侵华战争的华北工业基地，又相继建立了恒生铁工厂、丰田自动车工业株式会社、华北机械工业株式会社等机械工业企业，总数超过76个。具体情况见表2.11。

表2.11　1945年8月15日前的天津日资机器和汽车修理工业企业

厂名	厂址	出品
安原公司工厂	三区东经四路36	工作机器、土木机
大和造机株式会社工厂	第一区兴津街；第二区伏见街	铁工制品
大和工机制作所	三区新大路庆记东里76	工作机器、运输用机
兴一重工厂	东门外磨盘街1	电气熔接机
株式会社东和工厂	第五区九经路413	工作机器、农具、纺毛机
北支大信天津铸铁工厂	第一区南营门外万德庄	铸铁、工作机器、酒精机器

（续表）

厂名	厂址	出品
富原铁工厂	第三区东七经路1	工作机器、矿山用机、农具
合资会社水府机器制作所	东三区四经路50	铁工及修理汽车
昭和制作所	第三区五经路15	电气用裹皮、汽车零件
藤原铁工所	三区五经路29	橡皮制造用机零件
日华兴业天津铁工所	第四区唐家口村东小马路	铁工机械
瑞昌洋行工厂	三区律纬路17	铸铁、锻造、农具
天津昌和制作所	小孙庄	兵器、汽车、压延机器
华北自动车工业天津工厂	第七区庆余里路1	汽车代用燃料机
升恒机器工厂	三区七经路19	兵器机器、矿山机
华北机械工业会社工厂	第三区小王庄	兵器、矿山、土木机器
东洋铁工厂	第六区山西路23	纺织机、工作机器、农具
三昌机械株式会社工厂	第一区南营门外六里台	铸造、迫击炮弹、农具
天津大谷制钢所	五区七纬路126	制造煤气、螺丝钉
朝日制作所天津支店	第一区伏见街18	铁路信号机
兴亚钢业株式会社	第六区二所陈唐庄	钢索、亚铅镀线、有刺铁线
日本打字机天津工厂	第三区小于庄	印子机、印刷机
兴和制作所	一区福岛街42	车辆及内燃机零件
安宅精机工厂	南营外六里台	工作机器、矿山机
村田工厂	小于庄	工作机器、锻造、纺织机
石丸制作所	第三区吕纬路19	兵器、锻造、矿山土木用机
大中铁工所	第三区大经北路	兵器、矿山、土木、运输机器

（续表）

厂名	厂址	出品
日本军需品商会天津工厂	南营门外永宁大街10	普通军装品
北支丸石公司第一工厂	第三区辰纬路20	运输用机
谦宝铁厂	第六区花园路12	工作、矿山、运输机器
三和工业所	南马路东门东252	铸造工作机器装配
东光铁工所	南北内大街86	农具、制缶、汽车零件
三井铁工所	五区六纬路62	锅炉、内燃机修理
大陆工厂	二区西马路65	农具、制炼铅机
立垣铁工厂	五区九经路35	制缶、纺织机
华北重石矿业会社	第四区唐口大街104	制钢、重石、满俺钢
金钢洋行工厂	第三区东六经路连兴里5	钣金加工
北支蹄铁工厂	第三区小于庄	蹄钉
天津可锻铸铁制作所	第六区小刘庄	可锻铸铁
中岛洋行天津出张所工厂	第三区新大路东七经路11	铜块、铅块
大本铜熔解工厂	三区宇纬路5	熔解非铁金属
新京建材社天津工厂	第七区南斜街19	自来水用具、消火器、熔接机
兴亚合金工业会社工厂	第二区金汤八街9	工作机械、制粉机
华北精工厂	第六区64号路130	精密机械、医疗机械
末广商会工厂	第八区大口治河马路170	修理汽车
国际修理汽车工厂	第五区八纬路普宏里54	修理汽车
东洋工厂	三区大经路260	修理汽车
千代田洋行工厂	第二区金汤二马路17	修理汽车
信益洋行工厂	一区明石街25	修理汽车
北支丸石公司工厂	第三区大经路432	修理汽车

（续表）

厂名	厂址	出品
中央兵器天津出张所	第七区大经中路222	修理汽车
国际放热器工厂	三区元纬路7	修理汽车
山本制钢所	第三区北五经路36	压延、伸线、螺钉、揾钉
同和化学工业会社工厂	第一区三岛街9－9	熔接棍
东亚螺钉工厂	第五区六纬路55	揾钉、螺钉
天津制钢所	第五区小孙庄	压延、伸线
天津制鋲所	小孙庄	揾钉、路轨附属品、建筑五金
东亚钢业所	第二区粮店前街大口胡同	钢管、铁管
和信制线会社工厂	第七区永宁大街	伸线、洋钉、有刺铁线
泰冶铁所	三区大经路170	制缶、锅炉
津田胜洋行工厂	三区水产学校前	伸铁
北洋五金制造会社	第三区日纬路五经路62	伸线、亚铅镀金
松下铁工厂	日纬路3	架线铁具、建筑用铁具
象牌工具会社工厂	六里台	铁镐、铲子
华隆工厂	第一区住吉街1－5	伸线、装订
根津工业天津分工厂	第三区五经路北头18	瓦斯熔接机
日东产业天津工厂	第三区三经路永丰里3	炮金、自来水用具
共和工业所	东马路袜子胡同	医疗机器
天津白光舍工厂	第三区五经路52	信号灯、照前灯、投光机
大西光学工厂	六区十二经路	千里眼、测量机
渤海铁厂	六区四五路4	锅炉、水管用品
新北华工厂	二区金汤八街9	工作机器、磨面机
昭和铁工所	第三区大经路达仁里12	纺织机、农具

资料来源：李洛之、聂汤谷编著《天津的经济地位》，经济部冀热察绥区特派员办公处、结束办事处驻津办事处1948年版，第329页，第429表。

1947 年，天津全市机械工业总产值共 484 万元（折合人民币 1957 年不变价），为全市工业总值 50397 万元的 0.96%。该年全市共有私营机械工厂 363 户，职工 2000 余人；5 人以下的厂 174 户，占 50.8%；有 1～5 马力设备的厂占 64%。

1949 年天津解放初期，私营机械工厂得以继续营业，原国民党公营的机械工厂则改为政府国营。1952 年，全市工业总产值比 1949 年增长 1.6 倍，其中机械工业增长 3.6 倍。1953 年至 1957 年，天津新建和扩建的机械工厂有天津拖拉机厂、动力机厂、天津市机床厂、锻压机床厂、工程机械厂、起重设备厂等，使机械工业在全市工业产值中所占比重由 1952 年的 8.96% 增加到 1957 年的 17.16%。到 1956 年 1 月 15 日，天津全市的私营机电企业共 1638 户，共有从业人员 27680 人，全部实行了公私合营，合营后在天津市机电工业局领导下，组建成 8 个产品方向不同的工业公司。①

（三）冶金工业

天津最早的近代冶金企业是 1867 年成立的天津机器局炼铁厂。1887 年，又在机器局内部建立了机器铸造局，铸造光绪制钱。1893 年，从英国引进了西门子马丁炉，建立了炼钢工厂。同一时期，三条石大街一带也出现了一些手工冶炼工厂和作坊，其中 1897 年开办的金聚成铸铁厂拥有一个简易的化铁炉和一个 4 人拉的大风箱，生产铁锅、铧犁、车轴等。其他陆续建立的小型轧延和五金制品工厂，主要生产小型钢材、铜材、铁丝、铁钉、窗纱、罗网等产品。1935 年开办的天兴制铁所是当时唯一的私营轧钢厂，有一台轧钢机和一台 200 马力的电机，以废钢为原料轧制扁钢，年产量 1000 吨左右。到 1937 年，天津共有华资冶金工厂 21 户，从业人员 468 人。

1937 年后，日本在天津先后建有 10 个钢铁企业和配套工厂，共有从业人员 1200 人，其中规模最大的是中山钢业所。先后建成了镀金板工厂、制钉用铁丝工厂、刺铁丝工厂、小型轧钢厂、平炉炼钢厂，有 25 吨马丁炉 1 座，

① 天津市地方志编修委员会编：《天津简志》，天津人民出版社 1991 年版，第 258～259 页。

轧钢机1套、拉丝机110台。[1] 而表2.11中所统计的日资天津可锻铸铁制作所、北支大信天津铸铁工厂等就既是机械工业企业，也是冶金工业企业。

经过1945年国民党政府对日伪冶金企业的接收，和中华人民共和国对国民党冶金企业的接收，天津市的现代冶金工业得到了一定发展。1950年至1952年，全市新增私营冶金企业72户，职工总人数达5946人，工业总产值达6574万元，钢产量为69781吨，比1949年增长11.2倍；钢材产量为88879吨，比1949年增长18倍。1955年，先后有13个较大的私营冶金企业实行了公私合营；1956年1月，又有私营冶金企业244户，从业人员3575人加入，从而实现了全行业的公私合营。1957年，天津冶金工业的职工为15380人，固定资产净值3989万元，钢产量21.06万吨，钢材39.43万吨，实行按行业管理。[2]

五、造胰、久大、永利——天津化学工业的三大名片

化学工业是指利用化学反应改变物质结构、成分、形态等，生产化学产品的工业生产部门。天津的近代化学工业是天津机器局1874年兴建的淋硝厂，设有铅室法工艺生产硫酸的设备，1876年投产后，日产硫酸2吨。[3] 规模最大也最有成就的民族化学工业，当数宋则久创办的天津造胰公司、范旭东创办的久大精盐公司和永利碱厂。

（一）天津造胰公司

胰皂也称肥皂，作为一种洗涤日用品，在中国古代不乏代用品，如碱性植物皂荚。但是开埠通商之后，欧洲生产的化工肥皂越来越多地销售到了中国的城市和乡村，且销量日增，从而刺激了西法造胰工厂在中国的设

---

① 天津市地方志编修委员会编：《天津简志》，天津人民出版社1991年版，第406页。

② 天津市地方志编修委员会编：《天津简志》，天津人民出版社1991年版，第407页。

③ 天津市地方志编修委员会编：《天津简志》，天津人民出版社1991年版，第296页。

立。光绪二十三年（1897），“德商布拉克德商会在上海设立肥皂工厂，从事制造，风行全国。继有日人于天津闸口设桑茂胰厂，将出品行销华北”。而中国人“自行开厂制造肥皂者，自天津实习工厂开始”；该厂于1902年由天津道台周学熙用官款设立，“内设胰皂科，制造黄条白条肥皂”。

设立最早、成就最大的私人造胰厂则是宋则久于1903年创办的天津造胰公司，其初始资本5000元，厂址在黄姑庵东老公所胡同；1908年后，扩张资本至2万元，聘任从日本归国的严慈约为经理，还聘请了荷兰技师司陶克，主要制造肥皂、香皂和药皂，产品日益精良；至1916年，已将资本扩张至20万元，营业日趋发达。①

1912年后，中国的造胰工业发展迅速。仅就华商经营的肥皂企业而言，如果说在南方以上海的五洲固本皂药厂（最初系德商经营）最为著名的话，那么“在北方则以天津造胰公司为最宏大”②。

20世纪30年代初的天津造胰公司有股本20万元，厂务组织分为总公司、天津工厂、北平工厂、营业部及北平支店等。该公司的天津工厂在河北邵家园子，占地10亩，有工人30余人，设备包括五节卧式锅炉1具，削片机1架，干燥箱1具，石制三轮磨2架，单螺丝电热出条机1架，足踏式打印机4架，转旋打印机2架。所用原料为牛油、羊油、麻子（蓖麻）油、花生油、豆油等，香皂中掺有椰子油；除在天津本市收购，也有外地客商送货上门；火碱以前用英商卜内门制碱公司的产品，后来用天津永利碱厂的；香料、色料则用进口的外货。生产工序方面，香皂较为复杂，洗涤用皂相对简单。后者在碱化完全之后，只需加入色料及香料冷凝即成；香皂制作则需要“将相当配合量之油脂，用碱液完全碱化成皂后，即行盐析工程，以分离其甘油部分及过量之碱；然后再溶煮、冷定而切成条块；将此条块经过削片机，即完全削为较小之薄片，而放入干燥箱中，以蒸发其水分；至相当含量时，并加以香料，搅混，而使之经过轮磨，在轮磨上反复

① 沈树基主编：《天津造胰工业状况》，河北省立工业学院工业经济学会1935年刊行，第8~9页。

② 杜文思调查：《平津工业调查》，北平市立高级职业学校1934年印行，第87页。

辗轧以便匀合；然后入于挤条机，并加以相当之低温（温度高则香料即将挥发），以便于成形；皂屑经过此部工程后，即成为圆柱形；然后更经过切截、削边、入模、打印、包装等，即成为售品矣”。产量方面，每天出产肥皂3万磅，香皂1500磅。①

表2.12　1935年前的天津主要造胰工厂概况

资本单位：元

类别	名称	厂址	成立年份	资本
资本制工厂	天津造胰公司	河北邵家园子	1903	200000
	中昌	北开新街	1919	16000
	隆兴	西仙源里	1920	15000
	恒达	北营门西	1929	5000
	福兴	南马路丁公祠	1933	12000
	兴业	西关大街	1920	5000
	华成	和顺当后街	1931	6000
	信记	侯家后	1933	5000
	大业	北马路	1931	5000
	华北	河北大街	1933	2000
手工厂	光润	特三区十经路	1922	12000
	生记	特二区于厂刘家大院	1919	3000
	老天利	特三区六纬路	1926	2000
	大康	西北城角	1929	2000
	合记	大楼东胡同	1906	5600
	华光	后台街	1932	500

① 杜文思调查：《平津工业调查》，北平市立高级职业学校1934年印行，第88～89页。

（续表）

类别	名称	厂址	成立年	资本
商人雇佣制工厂	元春兴	特三区于厂大街	1918	4000
	中华造胰厂	三马路三益里	1927	700
	隆华	杨家花园	1926	1000
	瑞光	特二区福安街	1933	3000
家庭制工厂	长泰号	东马路袜子胡同	1912	500
	太平	西头三益兴后	1933	800
	北洋	梁家嘴	1934	500
	春记	梁家嘴	1934	600
	保孚	梁家嘴	1934	600

资料来源：沈树基主编《天津造胰工业状况》，河北省立工业学院工业经济学会1935年刊行，第26~27，31页。

实际上，如果按照1929年《工厂法》的规定，从使用机器和雇佣工人在30人以上等标准来看，天津造胰工业的现代工业化水平是很低的，大约只有天津造胰公司符合，其余绝大多数不是这里不合格就是那里不合格。为了便于进行更细致的考察，表2.12相关内容的调查者，从企业运营的组织形式上，对25家造胰企业进行了4类划分，认为天津造胰公司等10家企业属于资本制工厂，合记等6家企业属于手工业工厂，瑞光等4家企业为商人雇佣制工厂，长泰号等5家企业属于家庭制工厂。尽管除天津造胰公司经营时间较为悠久、资本规模也较为雄厚，其余各厂规模都不大，不过，由于造胰所需技术和设备简便，产品与生活密切相关，且面向当地及国内周边市场，因此受国际市场特别是1929年至1933年世界经济大危机的冲击不太明显，表现为造胰工厂空间范围广泛，无论在租界、新区还是老城都有分布；创立时间较为均匀，清末到民国的各个时期都有新厂设立，1929年后新设的肥皂厂竟然占到了总数的52%。

所以，总体来讲，从无到有、从少到多的“天津造胰工业，在生产上，在对外贸易上，仅较上海为次，而且天津为华北重要商埠，市场宽大，需要甚多，将来如能就本身加以改良，是可以与上海并驾齐驱的！”①

（二）久大精盐公司

中国人利用海水煮盐的历史悠久，食盐的国家垄断经营即引岸专卖制度也行之久远。但是，海水煮盐所产之盐均属粗盐，品质不佳。留学日本京都帝国大学理学院应用化学专业的范旭东，1912 年学成回国后，因为受到洋盐质优利厚的刺激，兼怀实业救国之志，遂萌发了在长芦盐基地——塘沽，创建精盐工厂的壮志。1914 年，范旭东创立了久大精盐公司；1915 年 6 月，他在塘沽建厂，该年 12 月正式投产，商标为海王星。

图 2.14　久大精盐公司

资料来源：今明主编《津沽旧影：老照片》，天津社会科学院出版社 1998 年版。

久大精盐公司成立的目的和目标，在筹备会给盐务署及长芦盐运使的呈文中表述得透彻无遗：“为设立久大精盐公司，恳请准予立案以挽利权而重卫生事。窃查食盐为人生必要品，关系生命之健康。我国制造粗劣，或掺苦卤，或混泥砂石膏等杂物，大有碍于卫生。从前海禁未开，无外盐

① 沈树基主编：《天津造胰工业状况》，河北省立工业学院工业经济学会 1935 年刊行，第 19 页。

输入以为比较，人民亦安之若素。自中外通商以来，外人居留我国者日多，虽洋盐禁止入口，载在条约，而外人因我国盐质之粗劣，有碍卫生，多自外洋输入精制罐洁盐以供食用，其初仅供外人自食，尚属无几，然喜精厌粗，好美恶恶，人之天性，中外皆同，通商大埠，风气先开，我国人见外盐价廉物美，亦纷纷购买，海关虽未列入册报，而历年进口之数，已逐渐增加，不但通商口岸，即内地洋货铺中，亦触目皆是，若不及时改良，设法挽回，不但盐税大受损失，我国制盐之生计亦将绝迹。等有见于此，纠合同志，组织久大精盐公司，先在塘沽设立精盐厂，聘请专门技师，利用新式机械，制成纸包粉盐及砖盐。出厂之时，遵照就地税则，贴用印花，行销通商口岸，以冀挽回利权于万一。惟是此等纸包粉盐及砖盐，我国自来所未有，试办之初，耗本必巨，一旦欲与无税之洋盐竞争于市场恐难制胜。伏祈钧署逾格提倡，以示奖励。查从前棉纱厂、面粉厂创办之始，均有减免税厘之成案，此项精盐，事同一律。可否援照成例，准予试办，三年内减轻半税。又查纱棉两厂成例，距离若干里内不得添设，以免攘夺。本公司事同一律，拟请在本精盐厂距离百里以内他人不得设立同一盐厂，以示保护实业之意。除另禀长芦盐运使外，附呈公司章程暨招股章程及纸包样盐各一份，即请钧署准予批示，俯赐立案，实为公便。谨禀。”①

久大精盐公司的主要生产工序是：“利用纯碱溶液，去其不纯物质，同时收回副产精制之盐。导入沸卤锅内，用化学方法，去其少量之有机物，再导入烤盐机内，十分烘烤之。如此所制之精盐，其色洁白，颗粒均匀，氯化钠可保证在九十五分以上，水分不到二分，比旧法所制者，有过之无不及，实开中国盐业界之新纪元。”② 所以，久大精盐公司生产的精盐一经出售，就在天津获得了广泛欢迎，但也因此触犯了传统盐商和外国商

---

① 赵津主编：《范旭东企业集团历史资料汇编——久大精盐公司专辑》，天津人民出版社 2006 年版，第 6 ~ 7 页。

② 赵津主编：《范旭东企业集团历史资料汇编——久大精盐公司专辑》，天津人民出版社 2006 年版，第 137 页。

人的利益，遭到了他们多方面的非法刁难。如将久大精盐的行销店严格限制在天津东马路，不许灶户向其供应粗盐原料，呼吁政府禁止其继续生产，理由是“芦盐之良，通国皆知，虽色不甚白，而味自香美，调和食品，不在色而在味”；声称若不将久大精盐公司取缔，“则以一公司之力，可以破坏长芦全纲，而并及于两淮两浙各纲”；① 他们甚至还运用英国军舰来阻止久大精盐公司的运盐船出港。为了摆脱困境，范旭东不得不从政治上进行攻关，设法把产品送到了袁大总统的餐桌上，以此获得了袁世凯的认可和支持，使久大精盐不仅巩固了在天津的地位，而且取得了长江中下游口岸的部分销售权，为企业的发展壮大打牢了根基。

据 1919 年 5 月前后的资料记载，全国范围内设有久大精盐销售支店的地方越来越多，包括：天津（东马路）、汉口（前花楼）、江宁（下关二马路、西门内油市大街）、张家口（堡里）、芜湖（望江门）、沙市（拖船浦）、武昌（大朝街）、九江（西门外正街）、长沙（城内太平街）、岳州（上街河口）、安庆（大南门外）、湘潭（九总正街）、常德（大高山巷）、苏州（阊门外万人码头）、上海（英租界浙江路延吉里）、浦口、秦皇岛、济南 18 个城市。② 到 20 世纪 30 年代，久大精盐的销路已遍及河北、湖南、湖北、安徽、江西等多个省份，并销往南洋、朝鲜、日本等国际市场。从原来资本只有 5 万元、年产额 3 万担的小公司发展成为资本 250 万元、年产额 50 万担的全国最大精盐生产企业。1936 年，范旭东又在淮盐的核心产地——连云港附近的大浦，创办久大大浦分厂，并将久大精盐公司改组为久大盐业公司。

（三）永利碱厂

范旭东认为，“建国的基本化学工业是‘制酸’和‘制碱’”，所以，在精盐厂生产顺利并获得丰厚资金的基础上，范旭东又开始向化工生产的

---

① 赵津主编：《范旭东企业集团历史资料汇编——久大精盐公司专辑》，天津人民出版社 2006 年版，第 381～382 页。

② 赵津主编：《范旭东企业集团历史资料汇编——久大精盐公司专辑》，天津人民出版社 2006 年版，第 149～150 页。

真正高地制碱业进发了。1918 年 11 月，范旭东创立了永利制碱公司，并顶住国际制碱业龙头老大英国卜内门公司的各种压力和诱惑，经过反复试验，终于在 1926 年 6 月 29 日生产出洁白的合格产品，使碳酸钠的含量超过了 99%。为区别于土法生产的“口碱”和进口的“洋碱”，范旭东将其产品取名为“纯碱”，并确定了“红三角”牌的产品商标。由于品质纯正，该产品 1926 年 8 月在美国费城万国博览会上获得金质奖章。1930 年，又在比利时工商博览会上荣获金奖，产品的国际市场随之顺利地开辟出来。

永利碱厂“自发端以达完成，凡历八年之久，可谓竭尽惨淡经营之能事。迄今巍立于黄河之滨（原文如此——引者），匪特为东亚第一制碱厂，且可进与欧美争衡，亦云盛矣!”该厂设备包括水管式锅炉 3 座，发电机 2 座，汽机 1 架；制造部除石灰窑外，还有碳酸压缩机、蒸铔塔等机器；另外还有真空机、空气压迫机等百余架。原料为盐和石灰石等，出口除纯碱，还有烧碱、洁碱；除畅销国内市场，还有 41% 的产品运销日本市场。①

在永利碱厂的影响下，至 1933 年，天津共建立了永利、兴华、渤海 3 家碱厂，年产碱 73 万吨，占全国总产量的 89%。其中永利产纯碱 60 万吨，占全国纯碱总产量的 98%。② 至 1937 年，又增加了老天利天津分厂、合记化学工业制造公司、维新化学工业天津工厂（日资）。③

在永利纯碱制造成功之后，范旭东又努力创办制酸厂。④ 他在实业部的支持下，将永利制碱公司更名为永利化学工业公司，并于 1937 年 2 月 5 日建成了南京硫酸铵厂并正式投产，计划年产硫酸铵 5 万吨，日产硫酸 200 吨，硝酸 20 吨。但因抗日战争全面爆发，未能有效地发挥该厂

① 宋蕴璞编：《天津志略》，蕴兴商行 1931 年铅印本，第 161～162 页。

② 陈树生主编：《天津市经济地理》，新华出版社 1988 年版，第 36 页。

③ 李洛之、聂汤谷编著：《天津的经济地位》，经济部冀热察绥区特派员办公处、结束办事处驻津办事处 1948 年版，第 68 页。

④ 1934 年，天津已有 3 家酸厂，年产酸 34310 担，占全国总产量的 14%，为北方最大的产酸基地。陈树生主编：《天津市经济地理》，新华出版社 1988 年版，第 36 页。

的作用。

日本人占领天津后，为把这里建设成全面侵华和大东亚战争的后方基地，日本兴中公司在日本军队的大力支持下，于1937年12月强行接管了部分留守在天津的永利化学工业公司和久大精盐公司技术人员及生产设备。① 到1939年8月，永利化学工业公司的纯碱产量为34285吨，烧碱产量为1483吨；而久大的精盐产量1938年为25.3万吨，1939年增加到59.5万吨。②

与此同时，日本侵略者还有意识地在天津投资建设了一批新的化学工业企业，客观上提升了天津化工业的生产规模和技术水平。资料显示，1937年至1945年期间，“天津的化学工业（广义的）有造纸工业（东洋造纸、兴亚造纸、协和造纸、小南造纸、利用造纸、东洋加工纸、同和河北工厂），制盐电解工业（华北盐业、永利化学、东洋化学、渤海化学），燃料化学（‘北支那’燃料化学、华北酒精、日本油脂工厂、三菱酒精、中华酒精、辉芳化学酒精、东亚化学工业），火柴工业（中华火柴、三友洋行火柴工厂），橡皮工厂（怡丰橡皮、福助橡皮、大和橡皮、东亚橡皮、西长胶皮、兴满胶皮、泰山胶皮、濑口胶皮、天津化学工厂），牛骨处理工业（内外化学、武斋产业工厂），油脂工业［兴元化学、正华油厂、天津油厂、天津肥皂工厂、共进社油漆、大阪合同天津工厂、三星化学、花王肥皂天津工厂、内外化学（兼营牛骨处理）、武斋产业（兼营牛骨处理）、东亚油漆、北支日本油漆、中华油漆工业、天昌化学工业、诸星化学工业、大日本油墨、三菱塘沽植润工厂］，染料工业（维新化学工业、大清化学工业、福美洋行），药品、化妆品工业（武田制药、北支参天堂、

---

① 抗日战争全面爆发后，具有强烈民族自尊心和爱国情操的范旭东及其部分同事，拒绝了日本侵略者的合作要求，将部分技术人员和生产设备内撤到了四川后方，在犍为县建立了新的碱厂并投产（高寒：《“化工之父”的实业救国路——民族实业家范旭东的成功之道》，载《宏观经济管理》2011年第8期），为中国人民的抗日战争事业做出了重要贡献。

② 居之芬、张利民主编：《日本在华北经济统制掠夺史》，天津古籍出版社1997年版，第91页。

若素制药、田边公司制药工厂、三共制药、顺天堂制药所、天地制药、协和制药、天松制药、藤泽药品工业、天津化学工业、柳韩洋行、稻畑产业天津工厂、金山制药、松本化学药品、三正药用葡萄酒、太阳化学、北支化学工业、天津工业、北支狮子、精泰化学），皮革工业［华北皮革、公大天津皮革厂、亚细亚拟革（归杂工业内）］，窑业［片仓窑业、东华烧磁、德华烧磁、德永硝子（硝子是日文说法，中文称之为玻璃——引者注）、泰兴硝子、谦信炼焦厂、海外木工工厂、馥义公司、大西硬质硝子、天津耐火器材、大同制管］，其他［天津理化学工业、高田化学工厂、亚细亚化学、利中制酸、清明化学、天津应用理研工厂、太阳电极（归电气机器工业内）、光陆化学工业、大光洋行、三美洋行工业所、福留赛璐洛、村田防水］，计 95 工厂"①。

中华人民共和国成立后，天津的化学工业经过不断改造、扩建、新建，又得到了新的发展。1950 年至 1982 年，天津化学工业总产值年平均增长速度为 15.1%，超过全市工业的增长速度，而且产品种类较为齐全，产品质量也随之提升。②

六、造纸、搪瓷、针织——不可或缺的天津小工业

造纸、搪瓷、针织等传统与近代参半的小工业，规模不大，技术不高，但其产品与民众生活息息相关，国内市场容量持久而广大，因此，能够较快兴起并成为天津城市工业和城乡人民生活不可或缺的重要组成部分。

（一）造纸工业

尽管中国是世界上最早发明造纸术的国家，但长期以来，造纸设备和技术都较为传统。中国比较新式的机器制纸工业以上海最为发达。该地的造纸工厂有 20 余家，以天章、龙章、竟成、江南几家最大。其他地区如苏

① 李洛之、聂汤谷编著：《天津的经济地位》，经济部冀热察绥区特派员办公处、结束办事处驻津办事处 1948 年版，第 336 页。

② 谷书堂主编：《天津经济概况》，天津人民出版社 1984 年版，第 78 页。

州、杭州、嘉兴的机器造纸工业都比平津地区先进。不过，这毕竟属于天津近代工业不可或缺的组成部分和发展成就，因此略做叙述。

20世纪30年代初，平津两市城区的机器造纸工厂共有3家，包括北平的初起纸厂、燕京造纸厂，天津的1929年前后成立、厂址位于火车新站铁道外小于庄的新成造纸厂，该厂的生产设备有圆网式纸机2台，碾4台，30马力的蒸汽机2台，手摇裁切机2架，德国产裁电报纸条机1部，共有工人30余名，出品有宣纸、书皮纸、包装纸。除本市也销往保定、青岛、济南等地。① 到解放前夕，天津共有17家造纸厂，但最高年产量只有3.78万吨，6个品种，在产品质量上全都是“黑、粗、厚”的低档产品。②

1949年，天津共有21家造纸厂，分属天津制浆造纸公司、利民公司和联合造纸公司。1950年，天津纸及纸板总产量为20940吨，产值为2912万元。到1955年，天津纸及纸板总产量增加到57261吨，产值增加到7250万元。1956年，天津市造纸工业公司成立，天津纸张产品开始出口。③

（二）搪瓷工业

搪瓷，也叫珐琅铁器，是把介乎陶瓷釉与玻璃之间的一种熔合氧化物即珐琅涂料附着于成形的薄铁板上烧制而成。20世纪30年代初，中国最大的搪瓷工厂是上海的铸丰和华丰。

同一时期的天津搪瓷工业企业有4家，其中历史最久、规模较大者是1928年创立的中成搪瓷厂，厂址在三条石普乐大街，工人学徒共50人，设备有旋床、钻床、切铁机、卷铁机等10余架，电焊装置2套，铁球磨4个，熔料炉1座，熔窑2座；产品有脸盆、汤盘、痰盂、肥皂盒、口杯、号牌等，除平津并销往石家庄、太原、张家口等地。此外，还有1930年创

---

① 杜文思调查：《平津工业调查》，北平市立高级职业学校1934年印行，第86页。

② 谷书堂主编：《天津经济概况》，天津人民出版社1984年版，第112页。

③ 天津市地方志编修委员会编：《天津简志》，天津人民出版社1991年版，第357页。

办、位于南市首善大街的三同搪瓷厂，有工人40余人，产品有斗锅、饭勺、口杯、皂盒、便桶等，销往平津两市。1932年创办、位于海光寺西万德庄的大华搪瓷厂，有工人10余人，产品有电灯盘、号牌等，仅销津市。1933年创办、位于西开公义里的德记搪瓷厂，有工人学徒50余人，产品有口杯、皂盒、便桶、水罐等，销往平津两市。此外，尚有日商经营的京华搪瓷厂，位于日租界伏见街，产品颇为畅销。上述4厂，除中成搪瓷厂的瓷料自己加工制造，其余各厂连同所需铁皮一起均由国外进口①，反映出该产业进口替代水平即国产化的相对低下。

1954年至1956年，成立于1934年的天津市搪瓷厂先后与几家私营搪瓷厂公私合营，从而使该企业成为华北和东北地区搪瓷工业领域的领头羊。②

（三）针织工业

所谓针织，就是"利用纱线，以针编织成物之技艺也"。该项工业又分为手工针织和机器针织两类。前者本属于一种家庭工业，在天津地区早已有之，即下文中提到的散处工人，他们所用的织针依据所织物品的不同，在长、短、粗、细上皆有不同；后者则皆用机器编织，工作均在工厂内进行，不仅效率较高，而且可织平形、圆形各种制品和花纹，动力方面人工、电力均可，通过人工运转的针织机称为笨机，依靠电力驱动的针织机称为自动机，但当时以笨机为多。

针织工业是近代天津的几类小工业，如地毯业、提花业、针织业当中，工业组织最富伸缩性的代表。"多数小针织作坊，其组织之改变，多不随时间为转移，而以市场之盛衰消长为标准。主匠既皆自备作坊，自置机器，自购原料，以便聚家人姊妹于一处，暇时从事针织；当销路畅盛之时，又可添雇工人，增加出产。盖针织机价既廉，招雇短期工与学徒，亦

① 杜文思调查：《平津工业调查》，北平市立高级职业学校1934年印行，第96页。

② 天津市地方志编修委员会编：《天津简志》，天津人民出版社1991年版，第372页。

甚易易。成品之出售，又不需多费时日，资本之周转甚灵。故当市场需要增加之时，主匠仅需稍加资本，或向亲友贷借转子钱，即可扩张其营业矣。及商业一入衰落时期，主匠又可辞退短期工人，仅留学徒，缩小其营业范围；并可向其大作坊领取原料，代为制造，以便利用闲置机器。同时主匠家属，又可分出一部或全部时间，代其他作坊从事缝袜工作。换言之，昔之主匠，现已降为散处工人及中间人矣。所以谓之中间人者，以其代表商人雇主，分散工作于其家属及学徒故也。自主匠变为散处工人或中间人，及自散处工人或中间人变为主匠，不过天津针织业改变组织之一例而已。此外如作坊营业发达，主匠又可在数年之内，扩张其营业范围，一跃而为正式工厂主人。简言之，一人在不同之经济状况下，可以为作坊之主匠，可以为商人雇主之中间人，可以为工厂之厂主，实行三种工业制度。"①

天津最早的针织工业，发端于 1912 年英商捷足洋行高价兜售针织机器。中国人不仅因此学习了织袜技术，还学习了制造针织机器。1913 年，王济中创立了第一个华人针织厂；1914 年，又设立了针织机器制造厂。此后，针织工厂的数目日益增多，该项工业也大为发展，至 1929 年，天津的针织工厂已达 154 家，工人有 1610 人。这些工厂的规模都不大，主要实行主匠制和商人雇主制的经营方式，谈不上正规的工厂制度。"天津一五四家针织厂中，有五厂未聘工人。所谓一六一〇工人，全为其余一四九厂所雇，每厂平均约为一一人。不过实际每厂雇工之数，以自六人至一〇人者，为最普通，其数有五五厂。是业资本，亦甚单薄，合计仅一八〇、一四〇元，其中一〇六〇〇〇元（百分之五九），为十四厂所有，其他一三六厂，共有资本七四一四〇元，平均计算，每厂资本不过五六〇元而已。以言各厂所用针织机器之数，则一五四厂共有一二六五架，平均一厂可得八架。不过普通以一架至五架为多，计有七八厂。由此可见天津针织业之资本、人工及机器，皆极欠缺。其产量之不大，从可知也。"② 天津针织业

---

① 方显廷编：《天津针织工业》，天津南开大学经济学院 1931 年版，第 24 页。

② 方显廷编：《天津针织工业》，天津南开大学经济学院 1931 年版，第 77 ~ 78 页。

所用的原料，以棉纱为最多，毛线次之，人造丝很少。针织企业生产出来的产品，主要是袜子，包括棉袜、毛袜和人造丝袜，此外为手套、套帽、围巾、背心、毛裤、汗衫。在销售方面，销往各省的产品，由各地商人直接到津厂求购，或者到厂方设在各地的分号直接交易；在天津本地销售的，除了由厂方营业部直销，其余均为洋广货店代售，或批发给小贩的袜摊销售。

在针织工业雇佣的所有工人中，学徒的比重为72%，这在天津各类小工业中占比是最高的。不过，无论是工人还是学徒，均主要是河北、山东两省的农家子弟，天津本市的人员很少。在年龄结构上，工人年龄大小不一，最长者44岁，最幼者15岁，但以19~27岁的最多，占84%，且大部分未婚；学徒中长者25岁，幼者13岁，以14~18岁最多，占86%。“入厂之时，无论学徒、工人，必经人介绍。此人或为雇主之戚友，或为其乡党，或为其邻里，或为其师兄弟，凡与雇主有关系者均可。”入厂之后，工人工资平均每月13.1元，工作成绩优良的可以继续保持职位，否则每逢旧历三节（端午、中秋、春节）即可解雇。① 由此可以非常清晰地看出，天津针织品等城市小工业的发展，主要是建立在对周边腹地农民廉价工资的剥削基础上才得以盈利和生存下来的。尽管它解决了部分农村居民非农就业、农闲收入和商品需求的问题，但毕竟属于一种低技术、低成本、低层次的简单工业再生产状态，因此反映出天津近代工业低水平的一面。

天津针织业中的第一家织袜厂是1912年创办的郭有恒袜厂，有自动袜机7台，笨机5台。1914年，又先后成立了义生、聚华顺、崇华等袜厂。天津针织缝纫业首家是1930年成立的永昌家庭缝纫作坊，设备有平盘缝纫机2台，后来添置罗纹机1台，棉毛机2台，起毛机1台，以经营加工绒类针织品起毛为主，兼营针织布料。天津第一个纬编针织厂是1931年建立的光道成针织漂染厂，设备包括日本单面棉毛机5台，轧光机1台，缝纫机4台，包缝机1台，后该厂逐步发展成为具有织、染、缝的全能厂。至

① 方显廷编：《天津针织工业》，天津南开大学经济学院1931年版，第80页。

1937 年，该厂已发展成为拥有资本 9.5 万元，针织机 61 台，缝纫机 26 台，电染机 5 台，织袜机 53 台，起绒机 2 台的中型工厂。产品包括绒衣、绒裤、汗衫、棉毛衣裤、背心、裤衩、运动帽等，年产量 39 万件。①

日本侵占天津后，相继在天津开办规模较大的针织工厂，如丸松、莫大小、三和、昭和、昭康、弘友等，原有华资针织厂除少数代日商加工，多数靠从“黑市”购买棉纱维持生产。天津解放前夕，共有针织企业 178 家。1954 年，政府对针织工业进行统购包销，当时共有私营企业 745 户，包括针织缝纫 352 户，织袜 254 户，染线 13 户，线衣 78 户，针织 42 户，鞋带 6 户，多数属于手工作坊。1956 年，通过公私合营对私营企业进行规划合并，按地区并成 17 个全能企业（针织厂 6 个，织袜厂 7 个，手套厂 1 个，针织机械 1 个，制针厂 1 个），统一组织管理。1956 年，天津针织业总产值 8000 万元，1958 年增加到 1.6 亿元。②

表 2.13　1935 年前的天津城市工业空间分布

企业名称	地址	创立时间	产品类别	资本额（元）	电动力（瓦特）机动力（马力）	工人数（人）
裕元	小刘庄	1915.11	纱厂	5560350	电 2050	3929
宝成	盐坨地	1920.4	纱厂	3000000	电 1500	1265
北洋	挂甲寺	1930.11	纱厂	200000	电 1800	1247
裕大	郑庄子	1921	纱厂	3000000	电 1400	1600
华新	小于庄	1916.8	纱厂	2421900	电 1800	1915
恒源	西窑洼	1920.5	纱厂	4000000	电 2000	2768

① 天津市地方志编修委员会编：《天津简志》，天津人民出版社 1991 年版，第 329 页。

② 天津市地方志编修委员会编：《天津简志》，天津人民出版社 1991 年版，第 329～330 页。

（续表）

企业名称	地址	创立时间	产品类别	资本额（元）	电动力（瓦特）机动力（马力）	工人数（人）
福星	大伙巷	1920.9	面粉厂	8000000	机 400	155
嘉瑞福记	堤头村	1932.7	面粉厂	8000000	机 500	157
寿星二厂	河北赵家场	1933	面粉厂	8000000	机 700	96
寿星三厂	大伙巷北口	1933	面粉厂	8000000	机 1000	85
丹华	西沽	1909	火柴厂	250000	机 200	1200
荣昌	河北赵家场	1929.10	火柴厂	20000	机 5	220
北洋总厂	西头芥园	1909	火柴厂	3300000	机 18	595
北洋分厂	南开马厂道	1919	火柴厂	—	机 10	271
大德隆	三区三所华家场 36 号	1917	提花厂	6000	机 12	60
兴记	西营门街德山里 27 号	1922.2	提花厂	4000	机 1	40
利顺兴	三区三所九成里 4 号	1921.1	提花厂	8000	机 2	63
聚成义	三区三所张家祠旁	1916	提花厂	6000	机 2	130
永盛公	张家大门 14 号	1912	提花厂	20000	机 6.5	50
庆华	侯家后中街 67 号	1912.1	提花厂	10000	机 1.5	118
利源恒东记	二区三所华家场 7 号	1926.3	提花厂	3000	机 3.5	90
元兴	南市闸口西街 11 号	1930	织布厂	8000	机 4	64
振华兴记	西头民丰公司后	1932	织布厂	10000	机 8	50
华兴	小杨庄河沿 3 号	1932	帆布厂	10000	机 6	40
立兴	福神街 12 号	1915	帆布厂	15000	机 7	30
德记	学务处西中亚胡同 8 号	1923	毛巾厂	5000	机 5	76
亚纶	三区五所信义里 3 号	1919	毛巾厂	4000	机 3	40
利和	北闸新街 65 号	1921.10	线毯厂	30000	机 15	130

（续表）

企业名称	地址	创立时间	产品类别	资本额（元）	电动力（瓦特）机动力（马力）	工人数（人）
新民	聂公祠前 18 号	1922	线毯厂	18300	机 5	80
春年	南竹林村高家大门 2 号	1929	针织厂	4000	机 4	30
瑞生祥	四区六所仁安里 4 号	1925	针织厂	5000	机 8. 5	41
丹凤	西北城角 16 号	1932. 10	针织厂	10000	机 13	118
华铭	宫北二道街 9 号	1922. 1	针织厂	7000	机 4	52
义生	金家窑唐家胡同 1 号	1914	针织厂	28000	机 13. 5	70
生生	西站东荣茂里 5 号	1923	针织厂	32500	机 8	85
全记	新大路 156 号	1931. 3	织绒厂	5000	机 2	90
福庆	特二区粮店前街 15 号	1931. 10	织绒厂	3000	机 8	46
华茂	东七经路 19 号	1923	织绒厂	30000	机 3	57
福盛东	三区二所二道街	1925	栏杆厂	6000	机 10	35
华光	南关大街 59 号	1926	地毯厂	18000	机 15	200
福东	特三区大马路	1929. 5	制帽厂	10000	机 40	32
振亚	西南城角兴树里	1932. 4	制帽厂	5000	机 11	43
振业	聂公祠前 17 号	1921	凉席厂	10000	机 3	60
永丰	河北新车站西	1919	凉席厂	5000	机 3	47
北亚	河北金家窑大街 22 号	1920	纽扣厂	12000	机 9	40
天生玉	河北三马路三阳里 2 号	1930. 6	牙刷厂	8500	机 10	112
乾大	广开双烟筒北 2 号	1931. 1	制革厂	30000	机 16. 5	33
利生	东八经路菜园内	1921	制革厂	10000	机 10. 5	100
华北	河北大王庙后街 1 号	1917	制革厂	100000	机 20	34
三同和记	南市首善大街	1933	搪瓷厂	2000	机 3	30

（续表）

企业名称	地址	创立时间	产品类别	资本额（元）	电动力（瓦特）机动力（马力）	工人数（人）
中成	普乐大街 24 号	1928. 5	搪瓷厂	15000	机 15	50
华兴	特三区九经路	1929. 10	泡花碱	45000	机 3. 5	37
老天利	特三区六纬路	1926	制皂厂	2000	机 12	110
兴业	二区三所联兴里 77 号	1920. 1	制皂厂	5000	机 15	46
博明	粮店前街 20 号	1926	医药材料	20000	机 58	15
同顺裕	西营门街德山里 29 号	1928. 8	腊光	8000	机 53	60
润记	一区五所头道沟 16 号	1931	腊光	1000	机 10	30
义同泰	三官庙大街陈家胡同 1 号	1918. 1	浆染	4000	机 5	50
生记	华家场 10 号	1927. 3	浆染	12000	机 12	50
福聚昌	北营门东街 86 号	1919	镕化	400	机 3	38
春光	东兴大街 5 号	1929. 3	卡纸	2000	机 7. 5	41
北方	河北北营门西大街 7 号	1930	料器	1500	机 2	34
中华魁	河沿马路 119 号	1929	料器	8500	机 3	57
长发顺	南市东兴市场内	1924	料器	1000	机 1	60
天然	南市荣业大街	1932	料器	2000	机 3	50
克明	北营门外	1928. 6	料器	3000	机 4	45
瑞记	东八经路 1 号	1926	石棉	1000	机 4. 5	50
神州	特三区北锦路	1932. 12	瓷业	80000	机 17	75
义利	东南城角	1920	印刷	10000	机 3	55
寰球	金店胡同 4 号	1927. 4	印刷	500	机 3	34
协成	南马路荣业大街 79 号	1917	印刷	5000	机 9	50
新成	河北铁道外小于庄	1931	造纸	3000	机 50	34

（续表）

企业名称	地址	创立时间	产品类别	资本额（元）	电动力（瓦特）机动力（马力）	工人数（人）
春合	中国马场道华兴里 16 号	1921. 5	运动用品	12800	机 9. 5	157
志达	展家花园 2 号	1923	机器	2000	机 3	50
鸿记	狮子胡同 14 号	1918. 5	机器	1500	机 3. 5	45
永大	特二区大口胡同 14 号	1932. 6	机器	14000	机 12	69
久兴	北小道子 14 号	1918	机器	2000	机 7	70
郭天成	三条石大街东口	1912 年前	机器	2000	机 10. 5	30
义聚成	南开大街	1924	机器	14000	机 19	30
郭天成	三条石大街 166 号	1923	机器	6000	机 3	50
德利兴	三条石大街 180 号	1924. 4	机器	10000	机 6	100
春泰	南大水沟东 117 号	1921. 2	机器	1500	机 2. 5	35
振大	东马路 77 号	1929	铁厂	500	机 4	40
永信	西东站东	1926	铁厂	1000	机 3	40
福兴生	三条石东口内	1927	铁厂	1500	机 3	47
协泰	三义庄	1928	铁厂	800	机 3. 5	60
全盛德	三区三所三条石大街	1921	铁厂	2000	机 3. 5	30
恒泰协记	小刘庄厚德里	1924	铁厂	3500	机 3. 5	45
发记	丁公祠胡同 23 号	1932. 2	铁厂	1000	机 3	40
成立合	河北大街福泉里西口	1928	桅灯	3000	机 3	30
三合成	张公祠旁 10 号	1923. 1	桅灯	9000	机 12	70
广大	东门外磨盘街	1929	桅灯	7000	机 10	60
日久	河北望海楼三条胡同	1928	袜针	3000	机 1	56
裕仁	三区一所江叉胡同 22 号	1932. 7	袜针	2000	机 2	46

（续表）

企业名称	地址	创立时间	产品类别	资本额（元）	电动力（瓦特）机动力（马力）	工人数（人）
东和	闸口大街31号	1929	制钉	5000	机35	30
和济	特三区大马路	1931	制钉	10000	机5	32
明星	粮店前街7号	1930.1	印铁制罐	32000	机17	110
志成	北门内大街112号	1932.4	印铁制罐	10000	机15	82
北洋	小西关57号	1932.6	造钟	20000	机8.5	105
大昌隆	三经路34号	1928	罗底	8000	机20	40

资料来源：天津市社会局编《天津市工业统计（第二次）》，天津市社会局1935年，附录，第247～267页。

表注：表中所统计的工厂标准，“择其工业较著，设备较大，使用动力，并工人人数在三十人以上者”。

在表2.13统计的100家各类工厂中，位于特二、特三区即旧奥租界和旧俄租界的仅有7家，其余93家均位于包括老城区、南市区、河北新区在内的华界区域。结合后述表4.15，传统金融机构81.5%也都在老城区的统计数据可知，华界是天津传统商业和近代工业的中心，而租界是现代商业特别是进出口贸易的中心。这既反映出不同城市物理空间的经济功能差异，也反衬出天津近代工业资金规模的狭小和生产技术的落后。

不过从整体上讲，和乡村工业相比，城市工业企业依然具有规模庞大、资本雄厚、设备先进、技术能力强的优势，因而成为华北工业现代化的主导力量。

在中国北方近代最大通商口岸和工商业都市天津的带动和辐射下，广大腹地城镇的近代工业也有了一定程度的发展。从工业门类上讲，主要包括一般制造工业和采矿工业两大类。

经过开埠通商和洋务运动以降近百年的建设，天津已经初步实现了由传统手工业作坊到工厂化大生产的转型，陆续建立起数量众多、门类比较齐全的、以轻工业为主的城市近代工业体系。与此同时，一些重工业也有了萌芽，为天津产业结构的完善和区域经济的进一步发展，奠定了必要的历史地理基础。

表 2.14　1949 年天津主要工业部门情况

项目	企业数（个）	人数（个）	固定资产原值（万元）	固定资产净值（万元）	产值（万元）
全市总计	4708	112086	30107	22424	60323
冶金	87	3320	415	363	1213
电力	2	986	1961	1928	1338
煤炭及炼焦	0	0	0	0	0
石油	0	0	21	20	0
化学	337	7936	2458	1619	3343
机械	938	19327	2647	1807	3354
建材	94	2080	67	67	171
木材加工	251	1653	383	264	2047
食品	776	13338	5666	3706	18307
纺织	1322	44188	13870	10294	28509
缝纫	406	3770	66	55	1098
皮革	133	863	30	30	361
造纸	16	1987	1305	1305	1271
文教艺术品	188	6100	1007	778	2233
其他	158	6538	211	188	2078

资料来源：天津市地方志编修委员会编《天津简志》，天津人民出版社 1991 年版，第 246 页，表 8.1.1。

表注：1. 产值按 1980 年不变价格计算。2. 企业数包括个体手工业户。

第四节　天津城市工业对腹地城乡工业的拉动

近代开埠通商以后，随着西方近代工业生产方式的登陆，天津城市近代工业获得了长足发展。而在天津生根、发芽、开花、结果的西方工业企业，经过与中国本土传统经济基础和社会文化的碰撞与融合，孵化和萌生出一种适合中国国情的新型近代工业，也称出口替代工业，进而为三北腹地城乡之间的移植与存活做了必要的物质和技术铺垫。

北方近代工业之所以最早产生和发展于口岸城市天津，并且形成了相对腹地其他城镇和乡村工业的产品和技术优势，进而位居区域工业产业链的高端位置，主要得益于其较早抢占的时空先机。因为“一个工业都市的成立不仅是原料方面的问题，他应该具备的条件还有：必须易于购置机械设备、副原料及工业药品的地点，资本金融方面及制品贩卖等有利的地点，最紧要的是可以避免内战的安全地带，所以工业都集中于商埠，尤其是在安全的外国租界里面”①。而近代工业产生的这些优势和充要条件，正好都集中在了天津而非其他城镇与乡村，从而形成了前者对后者的拉动。当然，天津与腹地之间的这种工业发展关系并不是单线条和单方向的，而是双向互动的。越到后来，这种相互依存关系越明显，相互间的依存程度也越高。

一、天津对三北腹地城镇近代工业的拉动

天津对三北腹地其他城镇近代工业的拉动，明显遵循了“近水楼台先得月，向阳花木早逢春”的时空就近原则。

唐山是天津周边地区最早可以火车直达的城市，更是与天津近代工业的发展息息相关的城市。开平煤矿机器化开采的直接诱因，就是为了

---

① 李洛之、聂汤谷编著：《天津的经济地位》，经济部冀热察绥区特派员办公处、结束办事处驻津办事处 1948 年版，第 2 页。

满足通商口岸日益增多的轮船用煤；而其后大规模的发展又反过来满足了天津日益增长的火车机车与工业锅炉用煤，成为天津近代交通和城市工业不可或缺的能源供应基地。与此相联系，唐山也得以乘着近代工业发展的春风，成为天津之外现代工业企业最为集中的城市。其中的开平煤矿、启新洋灰公司都是中国早期为数不多的著名工业企业。此外，唐山华新纱厂更直接关联着天津市内的其他纺织企业。这些企业在资金、技术、管理、市场等方面要受天津的控制，往往被看作是天津工业的组成部分。①

图2.15　1924年前后位于咪哆士道上的新开滦矿务局大楼

资料来源：［英］雷穆森（O. D. Rasmussen）著，许逸凡、赵地译，刘海岩校订《天津租界史（插图本）》，天津人民出版社2009年版，第53页。

① 王玲：《北京与周围城市关系史》，北京燕山出版社1988年版，第257～265页。

北京作为全国的政治、文化和商业中心，一直是北方最大的消费城市而不是生产城市，民国时期亦然。尽管资料记载说，民国时期的北平有“700余工厂，7万余工人”①，生产的象牙雕刻、景泰蓝、地毯、宫灯、日用小商品和中成药等产品亦远近闻名，从其生产规模和技术水平上讲，像样的现代工业企业却很少，如最为知名的石景山钢铁厂，1937年以前并未正式投入生产；清河制呢厂的年产量也只有7000米。城市现代工业的落后，使得偌大的北京连普通的牙膏、香皂、钉子也要靠天津等地来供应。②另据考证，新中国成立前的北京，“经济很不发达，工业极端落后，近代工业出现较迟，多为手工业生产。直到抗日战争胜利以后，北京工业中手工业仍然占80%以上，在全国工业产值中的比重甚小，只占1.93%”；1949年以前，“北京工业发展极其缓慢，没有真正的机器制造工业，没有基本化学工业，不能纺纱，不能炼钢。企业的规模狭小，设备简陋，技术落后；产品成本高，质量低；原料和市场多依赖外国和外地；而本市所需用的产品却仰赖于洋货或津、沪供给”。③ 较为有名的近代轻工企业如丹凤火柴厂，也是在同天津的华昌火柴厂合并为丹华火柴厂之后才有了更大发展的。

清苑（保定）与天津的交通和政治关联密切，曾一度与天津轮流担任河北省的省会，因而受天津的信息和经济辐射非常直接，近代工商业经济也相对繁荣一些。在西关车站有1913年成立的庆兴蛋厂，资本1万元，专门制造蛋黄粉面和蛋清干片，通过天津出口而销售到欧美各国，“营业颇佳”。1928年，每天出品1300余斤，设备包括“火力一架，蛋黄制造器一套，蛋清发酵器桶二百个”。西关十字街南有1923年成立的广业制革厂，资本9000元，出品有法兰皮、花旗皮、英软皮，每天出皮5张。西关外还

---

① 池泽汇、娄学熙、陈问咸编纂：《北平市工商业概况》，北平市社会局1932年，第1页。

② 北京市社会科学院编：《今日北京》，北京燕山出版社1986年版，第90页。

③ 中国人民大学工业经济系编著：《北京工业史料》，北京出版社1960年版，第1，4页。

有育德中学附属工厂，资本2万元，出品有水车、织布机、弹花机、切面机、轧花机、棉花榨包机，所用木料购自保定附近，生铁来自鞍山及获鹿杨子，熟铁多英美货，销路为平汉铁路全线附近，设备包括“旋床四，铣、刨床各一，煤油机二，锅炉一，汽机一”。①

1905年前的石家庄，虽然还只是一个有800人的小村子，但是京汉、正太两条铁路在这里交会并通车后，便逐步发展成为河北平原南部区域性工商贸易中心，其与天津进出口贸易和近代工业相关联的本地城镇工业也有了一定的发展。如它拥有“近代化的三大‘商家’，即正太铁路总机厂、炼焦厂、大兴纱厂”，除此之外，“还有发电、火柴制造、肥皂制造、粮食加工、机械加工、铁器加工、蛋品加工、轧棉加工等，诸多中小型工业和手工业企业”。②

作为天津二级市场的太原，是山西省最大的工业城市。中国近代洋务工业的重要人物张之洞、胡聘之都曾主政山西，并通过从天津招募技工等途径，为当地近代工业的发展做出过贡献。③ 加之1928年曾占领过天津的阎锡山在本省近代实业发展方面的种种努力，使得“机制工厂逐渐加多。以境内全体工业计算，作坊工业家数虽较机制工厂工业为多，但在资本、职工、产值方面比较，后者占极对优势”；“太原机制工厂，共三十七厂，可分纺织、面粉、卷烟、化学、陶瓷、造纸、火柴、制革、电气、印刷、机器、修理、铸造、水压机、洋灰、窑及农工器具制造等十七种。其中大部分系由公家经营，厂数占五九．六%，资本占七九．〇%，职工占八二．八%，年产值占六九．〇%；私营事业所占之成分甚少。公营事业中，尤以西北实业公司所经办之厂为多，省公营者则仅占一二

---

① 河北省政府建设厅编：《调查报告 第四编 工商》，河北省政府建设厅1928年版，第10～11页。

② 李惠民：《近代石家庄城市化研究（1901—1949）》，中华书局2010年版，第109页。

③ 山西省史志研究院编：《山西通史·近代卷》，山西人民出版社2001年版，第101～109页。

厂而已”。[1] 在这37家新式工厂之外，尚有不少手工业工厂，主要包括丝线、针线、毛巾、打毡、地毯、榨油、磨面、肠衣、硝皮、酿酒、醋、酱、酱油等多家工厂。[2]

作为天津重要畜产品出口腹地的蒙古高原，虽然自古便有与游牧业相结合的手工业生产，但毕竟工业化程度低下。直到连通天津的平绥铁路1921年通车至归绥、1923年通车至包头后，当地具有近代性质的工业才开始萌芽。其中，绥远电灯股份有限公司，资本40万元，1929年接收塞北电灯公司，继续办理，内置瑞士造透平式蒸汽发动机1座，马力540匹；发电机1座，发电总容量400基罗瓦特，发电总度数1728000度，有电灯17000盏。附属面粉厂刚刚成立，尚未投产。包头电灯面粉股份有限公司成立于1930年，资本8万元，内置德制卧式蒸汽发动机1座，马力130匹，发电机1座，有电灯4500余盏。附设面粉厂每天用小麦40石，可出头等粉120包，二等、三等粉各40包，每包计重49磅。产品大多在本地和五原、临河销售，宁夏（银川——引者）销量很少。包头晋源西油粮面粉公司成立于1928年，资本10万元，每天用小麦25石，可出二等粉130包，三等10包，四等和次面各5包，每包计重40斤。销路与前者同。包头永茂源甘草公司成立于1930年，资本3000元。生产100斤甘草膏需用甘草350斤，产品主要销往天津。除了上述工厂系机器，其余皆为手工业，以栽绒毡、毛毡为大宗。[3]

同样作为天津二级市场的张家口，至20世纪30年代，也只有加工粗细皮的作坊188家，资本总额170420元；加工皮革的作坊57家，资本总额9480元；制造皮靴的作坊23家，资本总额8810元；销售地域多在当地或漠北蒙古地区。拿其最好的毛织工业来说，“张家口有大通工厂，其成品盖系将原料运至天津，设总厂，招雇工人，制成毛衣等物，再运张垣分

---

① 实业部国际贸易局编：《中国实业志·山西省》，商务印书馆1937年版，第14～15页。

② 周宋康编：《山西》，中华书局1939年版，第147页。

③ 绥远省政府编：《绥远概况》，绥远省政府1933年刊印，第1～11页。

厂销售。据询该厂执事者云，本地无此项技术工人，故不得不如此也。印刷业亦如是”①。再稍后，“本省规模稍大的工厂，只有省城公记面粉公司一家”，总算聊胜于无，有所进步；其余如制毡，鞣皮，制铜佛像，制作奶茶、奶豆腐之类的手工作坊，一仍其旧。②

除此，港口城市天津近代化工业和交通运输业的发展，也带动了唐山之外其他地区近代采矿尤其是采煤工业的发展。从20世纪初开始，连接天津和北方广大地区的京奉、京汉、京张、正太、道清、津浦等铁路相继通车，运输成本大大降低，各地煤矿的革新步伐也随之加快。除开滦之煤大量运津外，逐步使用机器动力采煤的京西各煤矿通过京奉铁路，直隶井陉煤矿由正太铁路转京汉铁路再转京奉铁路，直隶临城煤矿由京汉铁路再转京奉铁路，河南清化的福公司煤矿由道清铁路转京汉铁路再转京奉铁路或由道清铁路运至道口再用船经卫河、南运河水运，将其质优价廉的煤炭运到天津市场或沿海各地市场，大大拓展了天津的煤炭来源和腹地煤炭工业现代化的空间范围。③

表2.15　1901—1937年天津煤炭的出口状况

单位：吨

年份	一般用煤	船用煤	焦煤
1901	43295	16109	
1902	19165	30454	
1903	3271	23700	
1904	900	28056	

① 李延墀、杨实编：《察哈尔经济调查录》，新中国建设学会出版科1933年版，第107～108页。

② 杨文洵等编：《中国地理新志》，中华书局1935年版，第七编热察高原，第三章察哈尔省。

③ 吴弘明编译：《津海关贸易年报（1865—1946）》，天津社会科学院出版社2006年版，第284～292页。

（续表）

年份	一般用煤	船用煤	焦煤
1905	2235	22948	
1906	1643	23030	
1907	8180	23822	
1908	9125	38871	
1909	24678	52645	
1910	43684	52000	
1911	83098	59317	
1912	44172	45009	
1913	61267	52571	
1914	59613	63618	
1915	61490	70806	
1916	49805	59939	
1917	28938	54417	5575
1918	38092	50923	26596
1919	83436	59528	15055
1920		235366	6481
1921		304665	10694
1922		193502	8816
1923		284281	7563
1924	165005	75172	5331
1925	81297	68129	2053
1926	96039	69459	2068
1927	42601	79900	2098
1928	48234	57031	170

（续表）

年份	一般用煤	船用煤	焦煤
1929	26960	72610	1321
1930	116264	95384	5320
1931	230162	77930	8730
1932		398157	10012
1933		449215	4127
1934		373730	5459
1935		383338	4875
1936		455050	7354
1937		286929	5823

资料来源：中国第二历史档案馆、中国海关总署办公厅编《中国旧海关史料（1859—1948）》，京华出版社2001年版。

表注：数量单位自1933年起为公吨。

由于天津是华北地区最大的港口城市和现代工商业中心，对煤炭的消费量和集散量都非常巨大，所以周边各煤矿为了强化与市场的联系，纷纷把运营机构设在了天津城区。

表2.16　1922年前后在天津设立的矿务局

名称	地址	名称	地址	名称	地址
通裕烟煤总局	河北	中立煤矿公司	老车站	井陉煤矿公司	特别一区
万益公矿务局	河北	官硝总局	望海楼	开滦矿务局	英界
井陉宝昌煤矿公司	河北	中兴煤矿公司	意界	锦西煤矿公司	日界
民兴煤矿公司	河北三马路	益昌煤公司	日界	兴业煤矿局	俄界
磺矿局	河北二马路	宝兴煤矿公司	日界		

资料来源：古蓨孙《天津指南》卷下，天津新华书局1922年版，第1页。

与此同时，随着城市经济繁荣而日益增加的天津城市人口和工业企业也成为腹地煤炭的重要消费者。因此，以周边煤炭为主要销售商品的煤厂也在天津各城区陆续设立，进而促进了腹地采煤工业的发展。

表 2.17　1922 年前后天津城区的煤炭销售企业

煤厂	地址	煤厂	地址
祥茂煤厂	河北地纬路	天兴诚灰煤厂	河北大经路
华昌信煤厂	河北大经路	生记煤厂	河北新车站
通裕烟煤总局	河北厚德里	长盛煤厂	河北二马路
茂隆煤厂	河北三马路	钰记焦炭公司	河北宇纬路
庆丰煤厂	河北狮子林	合兴长灰煤厂	狮子林
集义炭厂	堤头	富升煤厂	堤头
平升炭厂	堤头	万利煤厂	堤头
乾兴煤厂	堤头	益昌煤厂	堤头
富源煤厂	堤头	魁升炭厂	堤头
源兴厚煤炭厂	狮子林电灯房前	德承益煤厂	狮子林望海楼
通顺煤栈	辛庄	义峰煤厂	辛庄
广德隆煤厂	辛庄	集义兴煤厂	河北窑洼
隆兴号煤炭厂	三条石	镒生煤炭厂	河北杨桥
玉记煤厂	新车站	源记号煤厂	新车站
聚兴售煤处	天后宫戏楼后	义聚和煤厂	三岔河口
振元焦炭公司	南阁东	涌兴顺煤厂	肉市口
瑞记煤厂	西头吕祖堂	钰记灰煤厂	西门外
聚兴煤厂	西南城角	联记煤厂	老车站
成兴顺煤砂石厂	老龙头材料厂	大有号灰煤东厂	老车站
中立公司总售煤处	老车站西闸楼	义峰煤厂	老车站

（续表）

煤厂	地址	煤厂	地址
德胜窑焦炭厂	河东陈家沟	福源灰煤厂	南门外鱼市旁
协李煤厂	荣业大街	福兴顺煤厂	南开大街
天成煤厂	南市	顺利煤厂	法界马家口
民顺煤厂	法界紫阳里	成兴顺灰厂	法界
长兴煤厂	法界	泉兴煤厂	法界
三井洋行	法界	乾兴煤厂	俄界大王庄
新记灰厂	俄界	开平栈煤厂	俄界矿务局院内
成兴顺灰煤栈	意界	复兴煤厂	意界
四合顺煤厂	意界北	德润生煤厂	特别二区
裕元煤厂	日界旭街	义顺煤厂	英界小白楼

资料来源：古蒨孙《天津指南》卷下，天津新华书局1922年版，第34～36页。

二、天津对三北腹地乡村工业的拉动

“中国北方经济发展到近代，从内容到形式、从时间到空间，都呈现出与传统时代显著不同的内涵。产业结构上，此前以承自本土的自足性农、牧业为主导，此后以源自英国的市场化工业为主导。市场结构上，此前以本地和国内市场为依托，此后纳入到全球经济一体化的世界市场之中。空间结构上，此前以中原农耕区为经济重心区，视东部沿海和西北边疆为经济边缘区，此后市场化工业经济发展，以东部沿海水平最高、西北边疆次之、中部内陆最低。市场化工业经济的不断壮大，成为中国北方近代经济的中心线索与前进方向。”其实现途径“一是通过完善国内市场结构和开放对外通商口岸，把北方各地的农牧业产品输出到中国沿海和国际市场，为国内、外的机器工业提供生产原料，进而实现当地传统产业的间接性工业化；二是通过国内物流或进口贸易网络，引入中国沿海或西方国家的机制工业产品、机器设备和经营模式，在当地开办新式工厂，进行直接性工业生产。”①

经过开埠通商后外来机制工业品的强力冲击，三北腹地那些不适应市场新需求的传统手工业门类遭到了淘汰；而适应市场新需求的传统手工业，在对生产原料、生产技术、制造工艺和产品进行了一定的调适后，不断地向前发展。它们和城市的工厂、作坊一起，构筑起天津及其腹地的近代工业体系。从发展规模和水平上看，可以分为以农产品为原料的一般农牧产品加工工业和以机制棉纱为原料的乡村织布工业两大类。

（一）农牧产品加工工业

在天津腹地的乡村工业中，直接以农牧产品作为原料的，如蛋类加工、草帽辫加工、榨油、猪鬃加工、针织、发网、花边加工、皮毛加工等，也因为国际市场的需求而有了前所未有的发展，从而成为天津出口业的重要内容和现代工业在北方乡村的重要组成部分。其中，又以蛋类、草帽辫、皮毛加工业的成就最大。

1. 蛋类加工业

天津腹地的禽蛋加工业，在技术、设备和生产规模方面，都随着国际市场需求的变化不断地发展提高。

表2.18　1904—1937年天津蛋类产品的出口

单位：鲜、皮、咸蛋（个）、干、湿、冻、蛋白、黄（担）

种类年份	鲜、皮、咸蛋	干、湿、冻蛋白	干、湿、冻蛋黄
1904	1517500		
1905	1810320		
1906	2461872		
1907	3406600		

① 樊如森：《中国北方近代经济的市场化与空间差异》，载《江西社会科学》2015年第2期。

（续表）

种类年份	鲜、皮、咸蛋	干、湿、冻蛋白	干、湿、冻蛋黄
1908	7738210		
1909	7909780		
1910	21665950		40
1911	39937761		396
1912	47697616	251	2196
1913	74646520	793	4474
1914	84067550	2360	9358
1915	98886800	3875	18993
1916	99488790	8604	41713
1917	58474770	7605	30039
1918	64212024	3217	10114
1919	81918663	12664	55347
1920	206403000	28421	
1921	346545000	35041	
1922	264016000	48748	
1923	385644000	42015	
1924	365326000	13675	47775
1925	295104000	12044	47905
1926	261702000	12623	55706
1927	171482000	21106	49445
1928	93007000	18135	38415
1929	75550000	32059	66890
1930	82130000	25662	59898
1931	131905000	38268	67247

（续表）

种类年份	鲜、皮、咸蛋	干、湿、冻蛋白	干、湿、冻蛋黄
1932	76674000	34047	76868
1933	94547000	20558	52463
1934	128161000	17673	50400
1935	169523000	21345	52416
1936	99734000	28937	77214
1937	51400000	22945	50440

资料来源：中国第二历史档案馆、中国海关总署办公厅编《中国旧海关史料（1859—1948）》，京华出版社 2001 年版。

表注：1. 干、湿、冻蛋白、黄的数量自 1933 年为公担。2. 黄、白不分之干、湿、冻蛋品本表未统计在内。

由于将禽蛋初加工成蛋白、蛋黄后出售的价格略高，所以一些禽蛋商贩便将天津城的打蛋厂部分地“移植”到了禽蛋产地，这既适应了出口需要，便利了运输，也增加了农户和从业者的收入，从而促进了腹地禽蛋加工和出口业的蓬勃发展。

1909 年，经常往来于禽蛋产地与天津之间的商贩兼船户越忠发，在河南新乡北关阁门外开办了裕兴蛋厂，每天可以打蛋万余个，产品运往天津出口。后因资金短缺和外商竞争等因素而停业。1913 年，新乡商人张殿臣等又在裕兴蛋厂旧址集资开办裕丰蛋厂。由于“一战”期间外商竞争减弱和国际市场需求增加，新乡的蛋厂大为盈利，生意非常红火。因此，自 1914 年至 1919 年，新乡人不仅在本地设立了中本、祥太、恒裕、德昌、裕新、福义、慎康、三和成、顺记、隆聚等 10 余家蛋厂，还在河南的周家口、道口、许昌、洛阳、漯河、开封、安阳、孟县、郑州，河北的龙王庙、石家庄、邯郸，山西的太原、大同，安徽的亳县，山东的兖州等地开设了蛋厂。这些蛋厂的产品，大都通过蛋业经纪人以预期售货的方式卖给天津的洋行或进出口公司。①

山西省的“鸡蛋出产甚多，除鲜蛋出口外，省内尚有蛋厂数家，专制蛋黄、蛋白，由天津运销外洋”②，全省“蛋业有资本金约二万元，流动资本约三万元，职工三百人左右小规模的蛋厂，有三十一家，其数较河南省多，由此可知斯业之盛。蛋厂出品的销路，以国外为主，均由天津输出，干蛋白的输往地，为美、英、德、日、比、荷兰及丹麦等国，二十三年（1934）的输出量，计五七六、五六五斤，共值八六五、八四七元。干蛋黄的输往地，为美、英、德、日、丹、荷各国，二十三年出口量，共一、四五七、二九五斤，共值五一〇、〇五三元”③。

蛋制品作为天津的大宗出口货物，由各地输往天津并出口至英、美、法、日等国的鸡蛋数量每年都在10亿个以上，价值600余万两关平银。天津经营鸡蛋贸易的华商有福记、华利、奎记、德元等，每年的交易量约在百余万元；洋商以英商和记洋行为最，日商正华、清喜、武斋、植松各洋行、日本鸡卵公司，德商美最时、礼和，法商永兴洋行等次之。交易四季皆有，只是以春、秋两季最为兴盛，夏季次之，冬季又次之。④

蛋类产品加工业的广泛发展，是乡村农副业产品出口深加工的重要组成部分，为腹地乡村近代工业的发展做出了重要贡献。

2. 草帽辫加工业

北方地区是我国重要的产麦区，有着丰富的麦秆资源。然而，这种原本只是用来喂牛、烧火的杂物，随着天津的开埠和国际市场对草帽辫的需求，也逐步变成重要的出口工艺品原料。“考海关贸易册所载麦秆辫之出

---

① 政协新乡市委秘书处：《解放前新乡蛋厂业发展情况》，见中国人民政治协商会议河南省委员会文史资料研究委员会编《河南文史资料（第五辑）》，河南人民出版社1981年版，第135～136页。

② 周宋康编：《山西》，中华书局1939年版，第99页。

③ 周宋康编：《山西》，中华书局1939年版，第112页。

④ 樊如森：《天津港口贸易与腹地外向型经济发展（1860—1937）》，复旦大学2004年博士学位论文。

口，始于前清咸丰初年，以后递年增加。”① 据津海关贸易报告：“1869 年草帽缏首次载入出口货中，其时出口量为 85 担，估值关平银 1280 两。草帽缏之出口骎骎日盛……此商品之需求量益形增多，农村因之财源茂盛或者多所盖藏，成千上万之男人及妇孺无不编制帽缏，冬令益复如是。”而天津口岸“草帽缏之主要产地，计有直省之兴济、阳信、黄花店、苏济、玉田以及豫省之南乐，上述各地之帽缏半为在津洋行之代理商所购，半为自立门户之华商所买，该华商将其运交并求售于本埠之帽缏经营者”。②

表 2.19　1869—1906 年天津草帽辫出口状况

单位：担

年份	数量	年份	数量	年份	数量	年份	数量
1869	85	1876	5888	1883	26000	1898	31000
1870	385	1877	5945	1884	42160	1902	32000
1871	382	1878	9216	1886	45183	1903	35000
1872	1422	1879	10973	1887	76358	1904	26000
1873	1859	1880	19961	1888	31297	1905	31000
1874	1456	1881	17324	1889	37125	1906	38361
1875	2952	1882	19116	1897	43000		

资料来源：吴弘明编译《津海关贸易年报（1865—1946）》，天津社会科学院出版社 2006 年版，第 57～162 页。

由表 2.19 可知，开埠以后，草帽辫已成为天津重要的出口商品之一。但“在胶济、津浦两路未成以前，草帽辫出口之中心点，当推烟台。此后草帽辫营业，乃大部分配于天津、青岛两地。天津则尤占重要”③。此后，

① 彭泽益编：《中国近代手工业史资料（1840—1949）第二卷》，生活·读书·新知三联书店 1957 年版，第 403 页。

② 吴弘明编译：《津海关贸易年报（1865—1946）》，天津社会科学院出版社 2006 年版，第 104 页。

③ 彭泽益编：《中国近代手工业史资料（1840—1949）第二卷》，生活·读书·新知三联书店 1957 年版，第 700 页。

特别是1912年以后，天津的草帽辫出口得到了进一步发展。

表2.20　1908—1937年天津草帽辫出口状况

单位：数量（担）　价值（海关两）

年份	数量	价值	年份	数量	价值	年份	数量	价值
1908	11378		1918	41674	2322852	1928	22571	1507510
1909	14388		1919	81049	4787570	1929	20347	1041040
1910	7455		1920	38235	2423250	1930	11906	617120
1911	11156		1921	33899	2133130	1931	13893	827703
1912	12006		1922	52118	3139990	1932	14492	2194302
1913	7677	467220	1923	56416	3440030	1933	6347	1506625
1914	5526	357516	1924	52411	3306451	1934	6114	1554605
1915	25906	1258980	1925	32535	2197260	1935	8127	1881747
1916	33047	1666354	1926	29073	1966058	1936	6924	1874471
1917	11886	1424924	1927	16829	1246886	1937	4876	1416158

资料来源：中国第二历史档案馆、中国海关总署办公厅编《中国旧海关史料（1859—1948）》，京华出版社2001年版。

表注：1. 草帽辫的种类包括白草帽辫和花草帽辫。2. 自1932年起，价值单位为金；自1933年起，数量单位为公担。

表2.21　1925—1927年天津草帽辫出口在全国草帽辫出口总量中的比重

单位：担

商埠	1925		1926		1927	
	白草辫	花草辫	白草辫	花草辫	白草辫	花草辫
全国	35362	37411	31946	25207	26433	20249
天津	19857	12678	18413	10660	8183	8646
天津占全国比重百分比（%）	56.15	33.89	57.64	42.29	30.96	42.70

资料来源：工商部工商访问局编《工商半月刊》1929年第11期。

由表2.21可见，天津一埠草帽辫的出口即占全国草帽辫出口总量的三分之一以上。“惟近年胶州以胶济铁路之交通便利，草帽辫之从此出口者，日益加多，几与天津相抗衡矣”，但青岛并未取代天津在全国草帽辫出口中的重要地位。①

3. 皮毛加工业

皮毛加工业，在东部农耕区和西北游牧区皆存在。东部农耕区的皮毛加工如猪鬃加工业比较普遍，但与西部牧区的皮毛加工业相比，规模上要小很多。“皮张、毛绒、猪鬃等类，有未能将原产之货径运来津者，必先于中途一处将生者熟之，不洁者净之，复行装捆而后运津，缘天津一区水质较硬，于熟皮一事极不相宜，于细毛尤甚。惟本省之张家口、晋省之交城县同为熟皮之中心点，山羊皮均熟于张家口，羔皮咸熟于交城。山羊皮亦有自出产之区收集后运至张家口，拣选、剔净、缝之而成被褥，方可运津。其余运津之各项皮张，亦皆于内地缝之为袍、为褂。……绒毛一项，全数先运晋省之包头镇、或本省之张家口等处。猪鬃，亦必先运至丰润，然皆须拣选剔净后方可装运来津。”②

虽然西北牧区乡村工业整体上比东部农区要更原始，自给自足性也更强，但是具体到皮毛加工一业，不遑多让。史料记载，蒙旗本无工业可言，有之则仅系单纯的原始工艺品而已；而出品的原料只是就其本身牲畜生产所有，加以人工制造，备为自己的最低生活的需要；如毛毡及牛乳、羊乳、奶油、奶豆腐、奶酒、奶茶等。这在纯游牧区如此，在半农牧区的伊盟也是如此。③ 在套西阿拉善蒙古牧区，“手工业有两种情况，一为作为家庭副业的手工业，如：缝制衣服、鞋、靴、熟皮子、缝帐篷、缝连蒙古包毡子等，多由牧民家庭妇女从事；外一种情况是专门的手工业匠人，

---

① 工商部工商访问局编：《工商半月刊》1929年第11期。

② 吴弘明编译：《津海关贸易年报（1865—1946）》，天津社会科学院出版社2006年版，第281页。

③ 边疆通信社修纂：《伊克昭盟志》，边疆通信社1939年版，第5章第5节“工艺”。

如：擀毡、织毛口袋、木匠、铁匠、铜匠等，这些手工业几乎都是民勤一带的汉人手工业者从事，只有个别的匠人较长期的住在牧区，绝大多数是游动的、季节性的来牧区做工。还有些民勤牧工，他们专做短工，放牧以外还盖房子，修砌畜圈”。牧区里面没有专门从事手工业的蒙古族匠人，即便有也是兼职的。他们“以畜牧为主，附带做些手工业”。①

察绥蒙民所生产的乳制品，大部分也用于消费。据日本人的调查，热察绥地区的乳制品产量和商品率如下：干乳品630000斤，商品率5%，消费95%；乳酪1232000斤，商品率6%，消费94%；乳酥3664000斤，商品率4%，消费96%；酸乳346000斤，消费100%；鲜乳无确数，消费100%。其“原因一方面因为蒙古交通工具的落后，不能很便利的运销到市场来；另一方面蒙人囿于迷信，禁止牛羊乳向外买卖。现在蒙古一般人都以乳为主要的饮料，即就榨出的原状，渗茶少许饮之”。②

在察哈尔和绥远的其他区域，蒙古族人民所从事的工业，也是“极单纯的，原始的，而其自作的出品，整个的只能就其本身畜牧生产本位所得的原料，而加工制造其生活最低度的需要品，如毛毡，及牛乳、奶油、奶豆腐、奶荣、奶酒，等等。这些工业制造的方式，完全表示游牧社会的初期作业状态”③。

西北牧区出产的皮毛很丰富，但是蒙古族人对此只能做些原始性的加工整理，如剪毛和洗毛，以利于更好地通过天津港出口到国际市场。绵羊大概每年剪毛两次，大羊每只可得毛3斤多，小羊每只可得1斤或两斤，骆驼每只每年可剪毛4～5斤，每当5月春季换毛时，不用剪而用手拔。驼毛剪后多不洗涤，只经简单的抖落就出卖给行商或市场。蒙古族人在皮张加工方面的工业性，就是“只会做毛毡及蒙包的幕盖铺盖，等等，大部分察绥的毛织业，是把握在汉人的手里”。蒙古族人制作毛毡的方法，是以

① 内蒙古自治区编辑组：《蒙古族社会历史调查》，内蒙古人民出版社1986年版，第102页。

② 贺扬灵：《察绥蒙民经济的解剖》，商务印书馆1935年版，第39～40页。

③ 贺扬灵：《察绥蒙民经济的解剖》，商务印书馆1935年版，第39页。

羊毛、羊绒、牛毛为原料，先以筛箩除去毛上的尘埃，再用明矾溶液洗涤，然后在日光下曝晒。等毛干燥后，“施以轻松作业，形成一种密致的物体。接着就用力使用弓弦，弹成柔块。这样反复又反复，把它弹得轻松极了，于是取用六七斤，薄薄的铺盖在幅三尺长六尺许的木板上，形成一种长幅的形式。一会儿注以热水，用足踏蹂至相当程度后，轻轻地移搁在竹簧上。再从竹簧上之一端，把它卷成一束，用绳子两条紧缚起来，挂在天井或壁间。又用足力蹂踏后，然后渐次把它展开，注以热水，整理其边缘；又从竹簧之另一端逆卷过来。这样反复三四次或五六次的结果，才把稀薄的糊水撒在面上，使之晒干，便成毡块了”。①

蒙古族人加工皮张，技术上也很初步，并且容易使皮料的品质受到损坏，不能长久使用。因此，为了保障质量，汉族商人或外国洋行的商人常常“从蒙古内地收买活畜入口，或就地自己加工鞣皮”。而蒙古族人加工的皮张，就只能自产自销了。其基本做法是，在夏季的时候，“先以羊皮侵入于酸乳中，至七八月间才取出，用清水洗涤干净后，再把它牵张起来，一俟干燥，为去其臭味，就焚烧干草以熏之，熏后复吊起于竖立的木杆上，用刀将其皮肉上的脂肪除去，再用手竭力将它揉软，就成为蒙古人所披用的衣服或贴铺的材料了。现在一般蒙古人民所穿贴的，多是用这种鞣皮法以制成的，不过王公及富有者，因嫌其粗陋不美观，还是以畜物或货币向城市中购用汉人或外商所制造的皮料”。② 这显然是指来自天津或者国外的近代皮革加工厂的精美制品。

（二）乡村棉纺织工业

早在明代，华北农村就有了棉纺织手工业。嘉靖年间，京师附近真定府藁城县所织的“布，有平机、细布、粗布三品”③。到了清前期，家庭棉纺织手工业在华北地区已相当普遍。所织之布，除供农家自用，还作为一

---

① 贺扬灵：《察绥蒙民经济的解剖》，商务印书馆 1935 年版，第 44 ~ 46 页。

② 贺扬灵：《察绥蒙民经济的解剖》，商务印书馆 1935 年版，第 47 ~ 48 页。

③ 〔明〕李正儒纂修：《藁城县志·财赋志·土产》，嘉靖十三年刻本，1934 年铅字重印本。

种重要的商品，销售到本地或外地的市场。乾隆年间，直隶正定府“西鄙资布帛之用，郡近秦陇，地既宜棉，男女多事织作，晋贾集焉。故布甫脱机，即并市去，值视他处亦昂”①。山西蒲州府虞乡县，“布皆妇女所为，自衣被外，折价贸易白银，以供官赋”②。开埠通商以后，英国现代机器所织的洋布和所纺的洋纱开始进入天津腹地市场。由于机制棉纺织品的生产效率远远高于手工，所以，即便加上运输和其他方面的费用，其价格还是比中国的土纱、土布便宜，这样，中国传统的棉纺织业所面临的巨大冲击便不可避免了。

不过，从天津腹地乡村棉纺织业在近代的发展历程来看，洋纱、洋布对土纱、土布的冲击力度和效果，还是有不小区别的，不能混为一谈。事实上，这种冲击最大最明显的，是洋纱对土纱的巨大冲击。据临近口岸牛庄（营口）的相关记载，1887 年，每 300 斤 1 包的洋纱，售银 57 两，而同样数量的土纱要售银 87 两。③ 双方的这种比价在天津及其腹地，应该也相差不大。生产效率和价格方面如此悬殊，其市场竞争的结果，只能是使北方的手工纺纱败下阵来。天津口岸洋纱的进口数量，自 1881 年的 1510 担，一直上升至 1916 年的 620774 担；1917 年以后，随着天津城市本身现代纱厂的兴办，洋纱进口的数量开始下降，但一直到 1937 年，天津口岸仍有 251832 担洋纱的进口量。而天津周围农村的情况，也说明了这一点。“畿辅深冀诸州，布利甚饶，纺织皆女工。近来（一九〇〇年前——原注）外国布来，尽夺吾国布利。间有织者，其纱仍购之外国。”④ 直隶南宫县的相关情况，亦复如是。“昔日家庭皆以纺织为正业，通商以来，为洋布、洋线所挤，不敷工本，相率休其蚕织。”⑤

---

① 〔清〕郑大进纂修：《正定府志·风物下·物产》，乾隆二十七年刻本。

② 〔清〕周大儒纂修：《虞乡县志·地舆志·物产》，乾隆五十四年刻本。

③ 严中平：《中国棉纺织史稿》，科学出版社 1955 年版，第 77 页。

④ 彭泽益编：《中国近代手工业史资料（1840—1949）第二卷》，生活·读书·新知三联书店 1957 年版，第 217 页。

⑤ 贾恩绂纂修：《南宫县志·掌故志·谣俗篇》，1936 年刻本。

乡村织布业的情况则有较大的不同。津海关税务司狄妥玛（Thomas Dick）指出，“中国广植棉花，黎民以之织成结实之粗布，该布比英国华而不实之机织布，更合农民与劳工之所需”①，所以影响了洋布的销售量。不过，洋布的优势明显存在：“洋布今已赢得普遍赞誉并广为使用，盖其稍介于土布与较粗绸缎之间；虽不及土布耐用，但较美观；虽不如绸缎高雅，却较低廉。”② 所以，天津腹地的手工织布业，还是受到了越来越大的冲击。

以河北高阳地区农村织布业的发展为例，这一地区以前盛产以土纱为原料的家庭纺织的窄面土布，除了自给还有一部分销往山西、内蒙古一带。随着洋纱、洋布的输入，高阳原有的土纱、土布纺织业深受打击。为了扭转传统纺织业的不利局面，1906 年以后，高阳商会在反省和调查的基础上，毅然决定从天津购买大批新式织机，培训人才，改良技术，试办工厂；并且不再利用本地自纺的土纱而是购买天津中外纱厂出产的“洋纱”来纺织宽面的“洋布”。熟悉织布方法的贫民，可以在找人担保之后，先向布庄交纳织机价格一半的资金，领取织机与棉纱，从事织布；剩下的一半机价，等布织出来后，用其所应得的工钱抵扣，这样，贫民织布数十匹就可以得到一部织机。另外，由于织布所用原料也由布庄供给，所以即便是毫无资本的人也可以从事织布的工作。那些积累工资稍多的人，可以由领纱织布变为购纱织布的自由营业者。这些措施推行以后，“高阳布业之基础乃渐趋于巩固，大利所在，织布者日多，经营布庄业者亦如风起云涌。宣统二、三年间，制品之销路仅及于附近各县及山西榆次、太原，民国元、二年间扩充至北京、济南、汉口”③。

高阳织布业正是在外来机制洋布的巨大冲击下，改良旧有的织机，采

① 吴弘明编译：《津海关贸易年报（1865—1946）》，天津社会科学院出版社 2006 年版，第 14 页。

② 吴弘明编译：《津海关贸易年报（1865—1946）》，天津社会科学院出版社 2006 年版，第 37 页。

③ 经济讨论处编辑：《高阳之布业》，载《中外经济周刊》1926 年第 195 期。

用机制洋纱，淘汰使用土纱和土机的老式手工织布工艺，逐步实现了向使用机纱和半机械化的铁轮机的新式织布工艺过渡，在很大程度上完成了由传统手工织布向现代化机器织布的转型，使乡村织布工业在经历了痛苦的蜕变之后走出了低谷。不仅高阳的织布业经历了这样的变迁过程，“宝坻手织工业之兴起，即系受新式织布机及洋纱输入之影响”①。另外，“访闻直隶河间、顺德、正定、保定各属，并京东、乐亭、宝坻等县，向产棉花，既多且佳。近年（1908 年）民间织布，其线大都买自东洋”②。上述改良，促进了直隶乡村新式织布业的蓬勃发展。海关 1912—1921 年的十年报告里说：“在高阳、饶阳和这两处地方半径五十里以内的无数村庄，共有织布机一万五千架进行织造，每一人家至少有一架织布机，有的人家有四五架。而且有种种迹象表明，这些家庭手工业正在渐次成为工厂的组织。织布用的棉纱，质量是较好的，估计每年要消费六万包，其中大部分都是洋纱。这些织布机，估计可产布十万包，每包二十匹，即每年产布二百万匹，这种布普通都称为高阳爱国布，分销河南、山西、直隶、蒙古、甘肃、山东、湖北等地。许多产品质地都非常优良，足可以与机织洋布媲美。”③

此后，因受国内外布业的竞争，高阳地区平面布的市场占有率开始缩小。于是，他们又及时从天津引入新的纺织机器——提花机，采用新的纺织原料——人造丝，纺织新的产品——明华葛（或称为人造丝布、麻布），从而造就了高阳织布业的第二次兴盛，同时带动了临近地区织布业的新发展。

据《高阳县志》记载，1912 年以后，高阳爱国布的销路相当广远，

---

① 方显廷、毕相辉：《由宝坻手织工业观察工业制度之演变》，载《政治经济学报》1936 年第 2 期。

② 彭泽益：《中国近代手工业史资料（1840—1949）第二卷》，生活·读书·新知三联书店 1957 年版，第 229 页。

③ 彭泽益：《中国近代手工业史资料（1840—1949）第二卷》，生活·读书·新知三联书店 1957 年版，第 629 页。

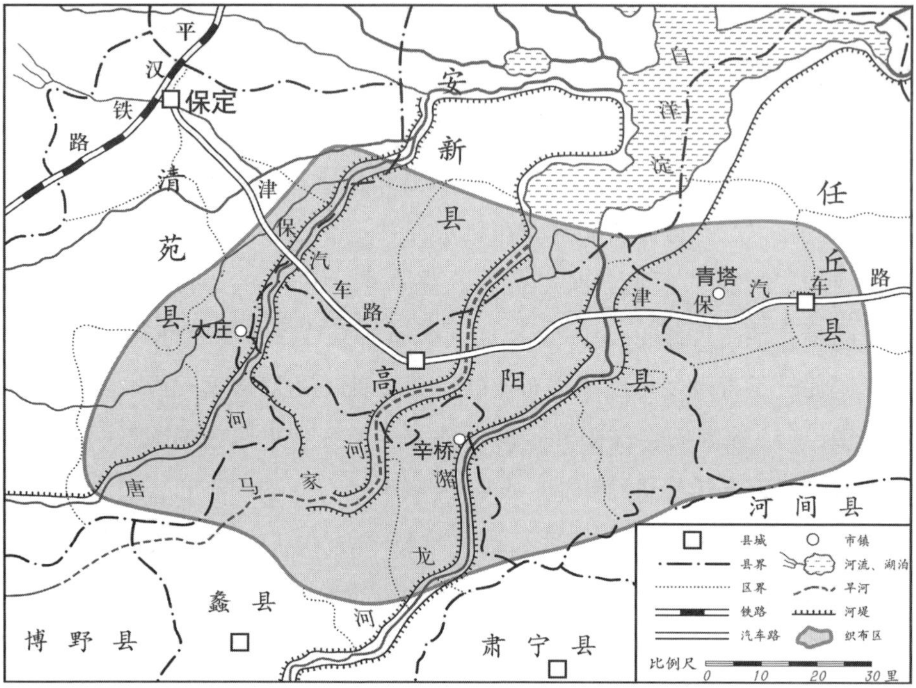

图2.16　20世纪30年代高阳织布区的地域范围

资料来源：据吴知《乡村织布工业的一个研究》，商务印书馆1936年版，第5页图重新绘制。

“绥远之包头，甘肃之兰州、凉州，东三省之哈尔滨，外蒙之库伦，河南之洛阳、郑州、开封、信阳、漯河、许州各地，（黄）河北之彰德、新乡、卫辉各处，山西之全省，山东之邹兖、临沂一带，江苏之徐州、海州一带，无不有本县营布业者之足迹”；进入20世纪20年代，麻丝提花布出产以后，“销路亦大加扩充，如江苏之上海，福建之福州、厦门、汕头，广东之澳门，安徽之蚌埠、芜湖，湖北之汉口、武昌、宜昌、沙市，湖南之长沙、岳州、宝庆，四川之重庆等地，均有高阳之销售麻织品者”。①

① 李大本修，李晓泠等纂：《高阳县志·实业》，1933年铅印本。

表 2.22　1915—1930 年高阳织布区各类织布机的数量

单位：张

年代	高阳		蠡县		安新		清苑	任丘	总计	
	平面	提花	平面	提花	平面	提花	平面	平面	平面	提花
1915	1756	49	2088	4	872		661	296	5673	53
1916	2210	54	4023	6	1200		932	1326	9691	60
1917	2698	71	4659	6	1518		1875	2356	13106	77
1918	3188	91	5258	7	1924		2089	3387	15846	98
1919	3663	172	5877	7	2168		2735	4420	18863	179
1920	4082	202	6523	8	2475		3162	5452	21694	210
1921	5047	240	7315	26	2741		3387	5097	23587	266
1922	5250	289	7506	41	2826		4044	4742	24368	330
1923	5618	394	7932	73	3220		4471	4387	25628	467
1924	6129	531	8197	99	3064		4213	4032	25635	630
1925	6863	734	8411	128	2505		4379	3677	25835	862
1926	7838	1354	8779	290	2699		4994	3322	27632	1644
1927	7692	1900	8461	486	2533	122	4431	2967	26084	2508
1928	8056	2195	8073	1696	2367	165	4466	2613	25575	4056
1929	8465	2219	7509	1976	2199	129	4468	2259	24900	4324
1930	8043	1762	7296	1237	2029	90	4195	1905	23468	3089

资料来源：彭泽益《中国近代手工业史资料（1840—1949）》，生活·读书·新知三联书店 1957 年版，第二卷，第 632 页；第三卷，第 197 页。

表 2.22 反映了高阳织布区棉织工业的蓬勃发展。其实，在河北省的其他地区，棉织工业也相当繁荣。“河北省一百二十九县中，凡八十九县有棉织工业。以民国十八年论，八十九县的布匹总产额约为二五六九〇九二三匹，总值约为八一三六〇五九七元，占全省各种重要乡村工业总值一〇八五〇四九二三元（的）百分之七十四”；按 1929 年的产额，“西河区棉

织工业占总额百分之六十六，御河区百分之六，东北河区百分之二十一，冀南鲁边区百分之七；以产值论，西河区占总产值百分之七十一，东北河区百分之二十，御河区百分之三，冀南鲁边区百分之六”；“高阳及宝坻两处总产值占河北省八十九县总产值百分之四十六，占四十四县纱布产值百分之六十三”。①

在进口洋纱、洋布的冲击下，山西省的乡村织布工业也发展起来。平遥县以前并不产布，1916 年左右，祁县的益晋公司将提花织布技术传授到该地后，织布业遂得以兴起。进入 20 世纪 20 年代后，形成了一个包含平遥，毗连介休、汾阳的织布区。所用原料来自榆次晋华纱厂、石家庄以及天津的各个纱厂，“布匹之销路，除山西本地外，多由碛口镇渡河运往陕西之榆林、米脂、绥德州，甘肃之安边、定边、宁夏、西宁等处。本地有布庄数十家，专营贩卖业”。②

尽管河北、山西等地的乡村织布业，一直到 20 世纪 30 年代还处于不尽如人意的工厂制和商人雇主制水平③，但是，它代表了三北腹地乡村传统工业近代化转型的最高水平，是北方现代工业的重要组成部分。

第五节　西北经济近代化进程中的天津因素

开埠通商之后，天津港口进出口贸易和城市近代工业的发展，不仅对距离较近的华北腹地有显著的经济拉动，而且通过传统的水陆交通方式和商业贸易网络，尤其是现代铁路、公路运输，对遥远的西北内陆也形成了越来越强有力的经济辐射，成为西北近代经济外向化进程中不容忽视的重

---

① 毕相辉：《高阳及宝坻两个棉织区在河北省乡村棉织工业上之地位》，见方显廷编《中国经济研究》，下册，商务印书馆 1938 年版，第 664～675 页。

② 佚名：《平遥县之生计状况与织布业》，载《中外经济周刊》1926 年第 185 期。

③ 方显廷：《华北乡村织布工业与商人雇主制度》，天津南开大学经济研究所 1935 年版。

要因素。

一、天津开埠前西北地区的经济发展概况

受气温特别是降水等因素的制约，地处干旱半干旱带的西北地区非常不利于农业经济的发展。在河流沿岸和泉水涌出的狭小区域才有点、线状的农耕区存在，此外广袤的西北大地，不是荒漠就是牧区了。换言之，畜牧经济是西北地区的主导产业。

不过，19 世纪 50 年代以前的西北牧业，尚处于一种自给性强而商品性弱的封闭落后状态。据乾隆年间的志书记载，天山以北的准噶尔人居住区，尽管“全境不乏泉甘土肥、种宜五谷之处，然不尚田作，惟以畜牧为业，择丰草绿缛处所，驻牙而游牧焉，各有分地。问富强者，数牲畜多寡以对。饥食其肉，渴饮其酪，寒衣其皮，驰驱资其用，无一事不取给于牲畜”①。甘肃凉州府（今武威）的“番族，依深山而居，不植五谷，惟事畜牧，磨面和乳以为食，果其腹者，畜类也”②。青海“蒙、回生计以牧为主，牧以群名，或百为群，或数百及千为群。有牛羊者，往往自炫其富，互相竞胜，牧产几何，商本几何，问之必告”③。蒙古草原上的人民，也“不谙播种，不食五谷，毡房为家，游牧为业，分布散处。人户殷繁，牲畜遍满山谷。富者驼马以千计，牛羊以万计，即赤贫之家，亦有羊数十只，以为糊口之资。冬则食肉，夏则食乳。以牛、羊、马乳为酒，以粪代薪，器具用木。至代烟、砖茶，尤为要需，家家时不可少。男女皆一律冠履皮靴、皮帽，冬用皮裘，夏着布衣，富者间或亦用细缎。不使钱文，鲜需银两。至日用诸物，均向商民以牲畜皮张易换”④。陕西省西安府耀州

① 〔清〕傅恒等修，〔清〕褚廷璋等纂：《钦定皇舆西域图志·风俗·准噶尔部·畜牧》，乾隆四十七年增修。

② 〔清〕张之浚等修：《古浪县志·风俗志·番夷回类附》，乾隆十五年刻本。

③ 〔清〕徐珂编：《清稗类钞·农商类·青海蒙人重牧》，中华书局 1984 年版，第 2276 页。

④ 佚名修纂：《乌里雅苏台志略》，转引自陈桦《清代区域社会经济研究》，中国人民大学出版社 1996 年版，第 208 页。

（今耀县），乾隆年间“居民务稼穑，尚蓄积，近又能种木棉，事织纺，然为布无多，不能出村落也”①。可见，该地区虽已开始种棉织布，但仅限自给，不用以交换，其农副业经济的商品化尚未起步。

西北畜牧经济的封闭状态，不但缘于落后的生产力，而且缘于长期紧张的民族关系。历代中原王朝对西北游牧民族进行有效防范的方式，一是军事上的强力对抗，二是经济上的严格限制。直到康熙年间，清政府依然极力限制边境地区民族间互市的时间、地点和规模，严禁内地汉族商人到草原深处自由贸易；草原民族到内地交换商品，也必须在蒙古王公的严密组织下才能进行。② 只是到了乾隆年间，清政府挫败了边疆地区的几次大规模武装叛乱之后，才逐步放松了对西北商业的限制，允许持有“龙票”的山西旅蒙商人贩卖内地的茶叶、布匹或其他日用品，到草原上与牧民交换牲畜、皮张和药材。③

所以，西北“各族虽次第属于中国，但历代只求臣服之名，并不利其富源，化其人民，故毫无政治、经济、文化之设施，地方任其榛莽，人民任其愚蔽，交通任其迟滞，久之一切隔绝”④。因此，在西方近代资本主义经济势力通过东方的天津和西方的伊犁、塔城等地而波及西北地区以前，除少数交通枢纽的商品经济尚称发达，很多地方的经济交流都局限于狭小的区域范围，处于一种自给自足的状态。

二、天津开埠与西北经济外向化的开端

1860 年天津开埠，一方面使西方列强的商品倾销到我国北方，另一方面也为北方广大地区的商品进入国际市场打开了一扇大门，广大的西北地

① 〔清〕汪灏修，〔清〕钟麟书纂：《续耀州志·田赋志·风俗》，乾隆二十七年刻本。

② 卢明辉、刘衍坤：《旅蒙商——17 世纪至 20 世纪中原与蒙古地区的贸易关系》，中国商业出版社 1995 年版，第 27 页。

③ 中国人民政治协商会议内蒙古自治区委员会文史资料研究委员会编：《旅蒙商大盛魁》，（内部发行）1984 年。

④ 马鹤天：《开发西北与中国之前途》，载《西北问题》1935 年第 3 期。

区也不例外。不过，开埠初期，天津港的进出口业务处于消极被动的状态，其腹地经济也缺乏相应的必要准备，再加上交通运输和营销方式的落后，西北地区与天津间的经济联系并不强。从1865年天津海关的贸易报告可知，这一时期西北地区运往天津出口的货物，除归化城一带的少量皮毛，别无他物。① 与此同时，天津的进口货物运销到西北去的也不多。只"有少许货物销运陕省之西安府，同州府（治今大荔县）及兴安府（治今安康县），余则销往蒙古之西南部"②。

随着时间的推移，西北地区同天津之间的物资交流逐渐增多。一方面，西北地区输往天津的商品数量和种类有所增加。1876年，天津驼毛的95%购自归化城。③ 药材方面同样如此，如来自陕西、甘肃等地的大黄，不仅数量较前增加了，而且西宁府所产者还被视为类中精品。④ 此外，陕西、甘肃、直隶种植的鸦片，运销到天津去的也不少。⑤ 另一方面，天津洋货输往西北的也较前增多。1890年，外来"洋货俱由本口运往河南、山西、陕西、甘肃等省销售"⑥。仅陕西一省，1902年由天津输入的洋货就达34000两，1903年为65000两，1904年为60000两。

1906年前后，西北运往天津的羊毛，以甘肃省的宁夏府、兰州府、西宁府、甘州、凉州和山西省归化城、包头一带最为集中⑦；鉴于西北地区

---

① 吴弘明编译：《津海关贸易年报（1865—1946）》，天津社会科学院出版社2006年版，第4页。

② 吴弘明编译：《津海关贸易年报（1865—1946）》，天津社会科学院出版社2006年版，第49～50页。

③ 吴弘明编译：《津海关贸易年报（1865—1946）》，天津社会科学院出版社2006年版，第95页。

④ 吴弘明编译：《津海关贸易年报（1865—1946）》，天津社会科学院出版社2006年版，第115页。

⑤ 吴弘明编译：《津海关贸易年报（1865—1946）》，天津社会科学院出版社2006年版，第129页。

⑥ 吴弘明编译：《津海关贸易年报（1865—1946）》，天津社会科学院出版社2006年版，第158页。

⑦ 侯振彤译：《二十世纪初的天津概况》，天津市地方史志编修委员会总编辑室1986年版，第291页。

已逐步发展成为天津进口货物销售市场和出口货物来源地，时人呼吁“津埠必须筹划将商务向西推广，缘甘肃、陕西两省每年购运洋货者实繁有徒也”①。到1908年，山西（包括归绥一带）、甘肃、陕西和蒙古等地消费的洋货，主要从天津输入，而土产出口亦需经天津外运。② 单从范围上讲，天津口岸的腹地覆盖范围，已占了山西和内蒙古的全部，陕西、甘肃和新疆的各二分之一。③ 史料记载，1911年前后，天津洋行“在甘肃各地设庄的很多。中宁有仁记洋行、新泰兴洋行，中卫有平和洋行、瑞记洋行”④。在河州（今甘肃临夏市）收购畜产品的天津洋行有9家，他们将收购到的羊毛、皮张、肠衣、药材、猪鬃等，先雇用皮筏子沿黄河水运至包头，再通过陆路将其运到天津出口。兰州是甘肃和青海的皮毛集散中心，每年经兰州运出的羊毛11000余吨，皮货170余吨。⑤ 青海商业“以湟源、玉树、都兰、西宁等地为中心，凡汉番货物莫不总汇于此”；“汉商贸易以河北、山西、陕西人为多，资本颇巨，多设庄行，收购皮毛土产运销于天津，再由天津贩运洋货布匹销售于青海”⑥；青藏高原外销的皮毛，大多先用牦牛、骆驼或骡车转运到西宁，再用皮筏由湟水入黄河至兰州、包头，转乘平绥铁路、北宁铁路而抵达天津港口。⑦

随着双方物资交流的日趋频繁，西北地区与天津间的经济联系日益密切。到1908年，天津人在新疆设立的商号有100多家，经济实力位居旅居

---

① 吴弘明整理：《津海关年报档案汇编（1865—1911）》，天津市档案馆、天津社会科学院历史所1982年版，1907年报告。

② 侯振彤译：《二十世纪初的天津概况》，天津市地方史志编修委员会总编辑室1986年版，第243页。

③ 侯振彤译：《二十世纪初的天津概况》，天津市地方史志编修委员会总编辑室1986年版，第269，291页。

④ 中国人民政治协商会议甘肃省委员会文史资料研究委员会编：《甘肃文史资料选辑（第八辑）》，（内部发行）1980年，第180页。

⑤ 铁道部业务司商务科编：《陇海铁路甘肃段经济调查报告书》，（内部发行）1935年，第87页。

⑥ 许公武编著：《青海志略》，商务印书馆1945年版，第80页。

⑦ 顾执中、陆诒：《到青海去》，商务印书馆1934年版，第183页。

新疆的各内地商帮之首，商号遍及新疆南北大小城镇，其中又以迪化（今乌鲁木齐市）和古城（今奇台县）最集中。不仅如此，远在新疆的天津帮还在天津建立了许多分庄，以便利天津与西北特别是新疆间的物资交流。①就连以前商品经济比较落后的甘肃平凉府固原州，到宣统元年（1909）时，也已经能够把大宗的羊皮和羊毛通过华商运到天津或上海，再转售给洋商出口。②

这一时期，天津与西北地区（新疆）往返的交通要道主要有三条：西伯利亚路、中路和草地路。西伯利亚路即从满洲里乘沙俄的火车，沿西伯利亚铁路转阿尔泰支线到俄国的斜米，然后乘马车到我国新疆的塔城，再到迪化，共需 1 个月左右的时间。该路虽最省时，但费用浩大，故商人多避走此路。中路也称大路，即从天津西行，沿着太行山东麓的旧驿道向南出河北至河南中部，再向西穿陕、甘而进入新疆，全程一万余里，徒步要走五六个月。该路关卡林立，往来者亦不多见。草地路又分为大草地路和小草地路，大草地路约从张家口往西北跨蒙古大草原，经乌里雅苏台、科布多至新疆古城等地；小草地路即从归化城往西，经阿拉善草地进入新疆东部的古城。由于此路关卡较少，商人多往来于此。经由大、小草地路的货物，主要依靠骆驼运输。③ 当时，西北与天津间的交通运输，水路段主要靠木船或皮筏，陆路段主要靠骆驼或马（牛）车，不仅运量有限，而且行进迟缓。据统计，骆驼队“由古城至归化，平常七十日可达，运货则至少非半年不可，盖任重道远，不能终日行走，或遇骆驼疲乏，则耽搁数月，亦往往有之”④。非但如此，“骆驼一年只秋冬二季为强壮之时，春夏

① 王鑫岗、郭希斋、李墨芗：《天津帮经营西大营贸易概述》，见中国人民政治协商会议天津市委员会文史资料研究委员会编《天津文史资料选辑（第二十四辑）》，天津人民出版社 1983 年版，第 171～188 页。

② 〔清〕王学伊纂修：《新修固原直隶州志·庶务志·商务》，宣统元年铅印本。

③ 王鑫岗、郭希斋、李墨芗：《天津帮经营西大营贸易概述》，见中国人民政治协商会议天津市委员会文史资料研究委员会编《天津文史资料选辑（第二十四辑）》，天津人民出版社 1983 年版，第 172～175 页。

④ 林竞：《西北丛编》，神州国光社 1931 年版，第 406 页。

全身脱毛，疲敝无力，不能运货，故春夏必须休息，谓之下厂。秋冬起运，谓之起厂”①。而水路方面，从包头运货到宁夏府（今银川）1058 华里的里程，上行的木船，至少需要 1 个月，长则需要五六十天才能到达，这还不考虑黄河每年长达 5 个月的封冻期。② 而且，货物从甘、青、宁、新运到归化城或包头等地后，还需要再消耗大量的时日才能转运到天津；反之，由天津运货去西北，所费时日之长短亦然。西北地区与天津间的路途如此遥远，货物运输又只能依靠原始的车拉、驮运或船载等方式，这同天津与西北地区之间需要进一步加强经济联系的客观要求显然是极不协调的。换言之，落后的交通运输状况，已成为西北近代经济进一步外向化的重大障碍。

三、京张（平绥）铁路通车后西北经济的快速外向化

为了更加便捷地沟通京师和天津口岸及各地的交通联络，20 世纪初，清政府以京、津地区为中心，陆续修筑了数条铁路。以京、津为中心的北方铁路网的初步建成，特别是正太铁路和京张铁路、京包铁路、同蒲铁路、陇海铁路的陆续通车③，客观上改善了西北腹地与天津间的交通运输状况，密切了双方间的物资交流，加快了西北近代经济外向化的步伐。

林竞在 1918 年的游记里写道：“包头地居口外，处东西两路之冲，陆有平原车驮之便，水有黄河舟楫之利。凡京、津、陕、甘、新、内外蒙古、新疆货物往来，均以此为转运之场，诚西北一大市场也。贸易额年五百余万……商店大小共一千二百余家。……洋布、海菜、火柴、煤油、茶

---

① 林竞：《西北丛编》，神州国光社 1931 年版，第 255 页。

② 马廷诰：《包头交通运输业梗概》，见中国人民政治协商会议包头市委员会文史资料研究委员会编《包头文史资料选编（第五辑）》，（内部发行）1984 年，第 101 页。

③ 1906 年，北京至汉口的京汉铁路通车；1907 年，正定至太原的正太铁路通车；1909 年，北京至张家口的京张铁路通车；1923 年，京张铁路延展至包头并通车；1932 年，汴洛铁路向西延展至潼关，称陇海路；1935 年，陇海铁路延展至西安，1937 年延展至宝鸡；1937 年，大同至蒲州的同蒲铁路通车。

叶及各种杂货，来自京津，而转销于蒙古、甘、新、陕北一带。”[①] 京绥铁路延伸到包头以后，其中介作用体现得更加明显。“大约西路进货的百分之七十，由这里经铁路转运到京、津地区。”[②] 由此可见，这一时期的包头，对绥远、陕北、宁夏、甘肃、青海、新疆等广大地区的商品交流及其经济的外向化都有着重大而直接的影响。

在古城从事新疆与天津间商品交流的著名大商号，津商有8家，晋商有6家。[③] 附近的乌鲁木齐，与天津间也有着非常紧密的贸易关系，城内的商务均由津帮商人主宰。[④] 各商号成为新疆东、北部地区联络天津口岸的经济中心。

兰州作为甘肃省会，“消费特多，而又有水烟之特产，以及青海等处之货物过往；故其市场甚为重要。巨大商号林立于此，或收购内地物产，如皮毛、药材等类，运销于外；或运入布匹、茶、糖、杂货等类，分销青海、河西及甘肃西南部各地。……各类重要商业皆为陕西、山西及天津旅居于此之商人所经营，当地商人仅有小规模之营业而已”[⑤]。输入的洋货、布匹等大宗货物，大部分由天津用火车运至包头，再由骆驼运至兰州；输出的皮毛等大宗货物，大部分也运到天津去。[⑥] 到20世纪30年代，兰州已发展成为这一时期甘、宁、青广大地区经济商品化与外向化的一个重要中心。时人描述这一状况时说：“甘、青、宁三省地居黄河上流，在商业上俨然自成系统，而以兰州为最大焦点。附近复有焦点6处，为各地商业中心，如陇东区之平凉，陇南区之天水，洮西区之临夏，湟中区之西宁，

---

① 林竞：《西北丛编》，神州国光社1931年版，第43～44页。

② 马廷诰：《包头交通运输业梗概》，见中国人民政治协商会议包头市委员会文史资料研究委员会编《包头文史资料选编（第五辑）》，（内部发行）1984年，第101～102页。

③ 林竞：《西北丛编》，神州国光社1931年版，第407页。

④ 经济讨论处编：《中外经济周刊》1925年第103号。

⑤ 铁道部业务司商务科编：《陇海铁路甘肃段经济调查报告书》，（内部发行）1935年，第64页。

⑥ 高良佐编著，邵元冲审定：《西北随轺记》，建国月刊社1936年版，第181～183页。

河西区之张掖，宁夏区之宁夏（今宁夏回族自治区银川市），皆以兰州为其枢轴。言水运，上起西宁，下达包头；言陆路，东起潼关，西至迪化，皆为其贸易区域。上述平凉之6镇以外，复有若干城镇，以河西区为例，张掖以外，武威、酒泉、敦煌三城，商业亦称殷盛。若以兰州比于太阳，甘州之类犹行星，敦煌之类犹卫星，甘、青、宁三省自成一太阳系，构成伟大之商业网。”①

西北地区其他城镇的商业规模虽然比不上包头、古城、兰州，但它们在与天津进行物资交流、促进西北地区近代经济的商品化与外向化方面，也起着不容忽视的作用。据时人记载，宁夏府的磴口（今内蒙古自治区磴口县），一方面转销来自天津的洋广杂货，一方面又把收购到的皮毛转运到天津。② 凉州也大量转销由包头、宁夏来的京津洋货。③ 甘州也是既将来自青海等地的皮毛转售给天津各洋行，也转销来自天津的洋货到青海等地。④ 肃州的情形也大致如此。⑤ 湟源一方面吸纳来自天津的洋货，另一方面也是青海羊毛的主要集散地，最兴盛的时候，每年集散羊毛400余万斤。其运输渠道是先用牦牛、骆驼或骡车转运到西宁，再用皮筏由湟水入黄河至兰州，再从兰州装皮筏顺黄河而运至包头，转乘平绥铁路、北宁铁路而抵达天津港。⑥

总之，随着西北地区与天津间经济联系的进一步深入和加强，西北地区的商品经济尤其是外向型经济获得了空前的发展，并逐步发展成天津港最重要的经济腹地之一。

另一方面，天津在西北经济发展中所占的地位也越来越重要。本来，就新疆而言，天津在其对外贸易中所起的作用是不如俄国的。“新疆省在

---

① 任美锷、张其昀、卢温甫：《西北问题》，科学书店1943年版，第6~7页。
② 林竞：《西北丛编》，神州国光社1931年版，第216页。
③ 林竞：《西北丛编》，神州国光社1931年版，第311页。
④ 林竞：《西北丛编》，神州国光社1931年版，第326页。
⑤ 林竞：《西北丛编》，神州国光社1931年版，第336~337页。
⑥ 顾执中、陆诒：《到青海去》，商务印书馆1934年版，第183页。

俄国十月革命（1917）以前，一切经济，什九为俄所操纵。所有该省所产原料品，及半制成品，及日用之工厂制品，都是由俄输出入。每年由包头输出入者，仅为皮毛，及杂色布匹、干果等数种。”①

表 2.23　1930—1932 年由新疆往天津运销的皮毛

价值单位：元

类别	货物	数量	价值	货物	数量	价值
每年由新疆运到绥远并转运天津出口的货物	羊肠子	3000000 根	2400000	扫雪皮	700 张	28000
	羔庄皮	150000 张	750000	灰鼠皮	30000 张	24000
	库车黑羔皮	64000 张	224000	猞猁皮	1200 张	21600
	古城黑羔皮	20000 张	26000	野狸子皮	25000 张	37500
	油汉獭皮	450000 张	405000	野猴子皮	3000 张	1500
	狐皮	30000 张	270000	狐腿子	22000 对	17600
	狼皮	4000 张	48000	鹿茸	4000 斤	80000
	貂皮	300 张	13500	羚羊角	450 斤	270000
每年由新疆用骆驼直接运到天津出口的货物	马鬃马尾	120000 斤	84000	驼毛	250000 斤	125000
	巴哈白羔皮	45000 张	40500	白羊毛	820000 斤	16400
	库车白羔皮	30000 张	24000	杂羊毛	1150000 斤	172500
	古城白羔皮	22000 张	19200	干鹿角	4000 斤	2000
	哈萨红羔皮	64000 张	25600	贝母	65000 斤	13000
	青山羊皮	2500 张	2500	枸杞	13000 斤	4200
	山羊板皮	14000 张	4200	蘑菇	20000 斤	18000
	狗皮	3000 张	5100	白宰羊皮	24000 张	36000

资料来源：陈赓雅《西北视察记》，上海申报馆 1936 年版，第 11～16 页。

① 村之：《西北商务衰落之原因及其救济之方策》，载《西北》1929 年第 10 期。

表2.24　1933—1935年每年由天津、绥远驮运至新疆的主要货物

价值单位：元

货物	价值	货物	价值
卷烟	760000	皮件成品	6800
上等呢绒	68800	鞋帽服着品	99000
中等呢绒	35750	青蓝市布	12000
普通绸缎	126000	次等卷烟	42000
次种绸缎	97600	汉烟	6720
麻丝匹头	285200	普通文具	3000
棉料绒呢	93000	国产笔墨	4500
中等西药	31600	国产陈设品	2240
国产丸散	28080	国产细瓷	1560
中等化妆品	14100	粗细药材	27500
书籍印刷品	60000	次等丸散	7800
毛线及成品	10400	次等西药	21350
丝线及成品	4800	次等化妆品	14250
米心茶	460000	油墨颜料	1200
红茶	208000	五金	2160
三九大茶	195000	海味	4100
龙井香片茶	3200	细纸张	3200
普洱茶	2652	总计	2743562

资料来源：陈赓雅《西北视察记》，上海申报馆1936年版，第15～18页。

表2.23、表2.24的数据显示，1917年以后，由于俄国的政局一直处于动荡状态，对新疆经济的控制力大为减弱。于是，天津与新疆间的经济联系便进一步加强并很快超过了俄国。虽然1928年以后，由于受新疆政局连年动荡以及世界经济危机等方面的影响，新疆对天津的货物输出与输入

量都减少了，俄国对新疆的影响又超过了天津，但是，天津在新疆商品对外贸易中的重要地位是无可替代的了。

与此同时，西北其他地区与天津间的双向物资交流也十分频繁。据绥远省政府1933年的统计资料，包头的21家皮毛店，每年从青海、甘肃、陕北、内蒙古等地采购的各类绒毛约600万斤，各类皮张11万张，均销售到天津等地，共值250万元；销于本地及西北广大地区的洋广杂货、布匹、茶、糖、烟等，绝大部分来自天津。① 据宁夏民政厅统计，该省每年运销到平、津去的各类皮毛很多，仅不太景气的1933年就达648538元。② 1934年，兰州由天津等地输入的货物总值为515328304元，向天津等地输出的毛皮、水烟、药材等货物总计316286873元。③ 西宁所销售的洋广杂货，大多来自天津；其皮毛等货物，也多运往天津出口。④ 陕西北部的榆林、绥德、延安等地，由于受平绥铁路特别是包头、归绥两地的直接经济辐射，同天津间的物资往来一直比较密切，这里的皮毛等土产主要集中到包头后再转售天津，所消费的洋货等也主要是通过包头自天津转运而来。南部的关中地区，由于受陇海铁路修建缓慢、沿线关卡林立、社会秩序时常动荡等不利条件的制约，与天津间的经济联系不如西北其他地区密切。据陕西实业考察团1932年的调查，在西安金融界、商界影响比较大的外省银行，上海有4家，天津只有2家，在陕西南部的影响更是微乎其微。⑤ 这说明天津在西北各地经济外向化过程中所起的作用也有着一定的不平衡性。

总体来看，虽然仍受交通状况不尽如人意、社会秩序一再动荡、苛捐

---

① 绥远省政府编：《绥远概况》，下册，绥远省政府1933年刊印，第67～71页。

② 高良佐编著，邵元冲审定：《西北随轺记》，建国月刊社1936年版，第407页。

③ 高良佐编著，邵元冲审定：《西北随轺记》，建国月刊社1936年版，第187页。

④ 顾执中、陆诒：《到青海去》，商务印书馆1934年版，第322～326页。

⑤ 章有义编：《中国近代农业史资料 第三辑 1927—1937》，生活·读书·新知三联书店1957年版，第150页。

杂税有增无减、人民负担日益深重、世界经济危机阴魂不散等不利条件的制约，20 世纪 30 年代西北地区与天津间双向的物资交流已不如 20 世纪 20 年代末时那样繁盛，并且各地与天津间的经济联系还存在着某些差异，但是天津在西北外向化经济发展中所占的重要地位是难以动摇的；与此同时，作为天津重要经济腹地之一的西北地区，再也无法自异于天津的整个外向型经济体系之外了。

第三章　三北经济腹地——天津近代港口与城市的商品和劳力市场

港口城市与经济腹地双边关系的核心意涵，从空间层面看，是指无论是以进出口货物为主要职能的港口，还是人口与产业大规模集聚的城市，均离不开其背后经济腹地在商品、市场、人员、交通等方面的鼎力支撑。从时间层面理解，是指传统与近代不同时期的经济腹地，在市场涵盖范围和货物吞吐总量上不可同日而语。天津港区，从三岔口走向紫竹林，再从紫竹林走向塘沽海港的空间位移和发展壮大过程，其深层动力是腹地能够吸纳与提供的商品越来越多，迫使进出港船舶不得不提升其货物运输力的结果；天津城区，从老城扩大到租界，再由租界延伸到河北新市区的空间拓展，以及城市工商业由传统转向近代的产业升级过程，也与腹地农牧业商品化程度的提高、市场容量的扩大、离村人口的增加等因素密不可分。换言之，离开了地处乡野的三北腹地，貌似很高大上的港口城市天津，无论是其清末民国北方首城的昔日荣光，还是此前此后寄北京篱下的配角地位，全部都会成为无源之水和无本之木。

第一节　三北腹地农业经济的商品化与外向化

一、天津周边地区的自然环境与农业概况

就农业经济发展的自然条件来看，天津是一个优势明显而劣势亦然的

地区。优势是这里地势平坦，土层深厚，水资源丰富；劣势是其滨海平原成陆较晚，又是众多河流的入海尾闾，不仅地势低洼，沼泽广布，而且盐碱弥望，在清代民国的历史条件和生产技术之下，根本不适宜一般性的农业种植。诚如乾隆年间《天津县志》所坦言："天津斥卤之区，于地为瘠，然啬于陆者富于水，又内河外海舟楫交会之境，百货麇至，于民为不贫。夫舍其本业，艳于末利，虽地势使然，亦习俗之移人也。"①

从天津的自然生态环境上讲，"直到近百年前，天津附近洼淀星罗棋布，常水多于陆，蕴藏着极丰富的生产力，特别是广阔的浅水滩涂是各种经济水禽以及多种生产资源的广阔栖生地，有充足饵料和湿地植物，能容纳更多的种群繁殖，尤为重要的沿海滩涂盐场为天津的盐化工业创造了条件"。有人苦中作乐地认为，这些动植物和水生物，都是当地居民丰富的生活资源；正如道光年间的诗人崔旭所描绘的，"居民顿顿饱食虾，炒食飞蝗野味夸。一物终难勉呕吐，未缘习俗近虾蟆"。② 然而从人类社会不断追求进步的长时段和高标准来衡量，当年这种较低水准的渔猎采集，实在难以与精耕细作的现代农业相媲美。

正是由于上述自然条件和农田技术的制约，所以自明代官员徐贞明、万世德、汪应蛟开始，一直到清代官员蓝理、僧格林沁、崇厚、李鸿章，无不争相建言在天津等地屯田垦种，但结果均不尽如人意。诚如李鸿章等人所言，整个直隶地区"明代所营之田，非导山泉，即傍海潮，绝不引大河无节制之水，以资灌溉。即如天津地方曾饬周盛传试垦水田，此在潮汐可恃之地，若于腹地，大河经流，多分支派，穿穴堤防，恐欲富民而适以扰民，欲减水患而适以增水患也。开垦水田，只可因地制宜，以收一隅之益，断难全力大举，贪迂远无成之功"③。

---

① 〔清〕朱奎扬、张志奇修，〔清〕吴廷华、汪沆纂：《天津县志·风俗物产志》，乾隆四年刻本。

② 张树明主编：《天津土地开发历史图说》，天津人民出版社 1998 年版，第 516～517 页。

③ 〔清〕王守恂撰：《天津政俗沿革记·营田》，1938 年刻本。

只有在天时地利均可的较小区域垦种，才略有薄收。“光绪元年，李鸿章奏令防军试垦稻田，称新旧营田均就荒废，因就咸水沽、新城一带试办屯田。其屯基在县治迤东，新城迤西，咸水沽迤南，在咸水沽口南流一里，建有大桥一道，曰通济桥。再二里有桥，曰问津桥。再六里有大闸一道，曰宣惠闸。闸东为水师营屯地、庄房、仁军屯地，西为盛字右军屯地。十二里至新农镇有闸曰肥兴闸，桥曰履丰桥。又东十里有桥曰观稼桥。又十五里有闸曰福润闸；又十里河分支，北流通南开，曰南开闸。又东行二十里有闸曰东安闸；距大沽三里，地名三里坟。闸下即通海河。新农镇西河距镇十里，至中塘洼有闸曰富民闸。计开营田、民地十三万六千五百八亩五分，周围挖有界沟并筑长堤，与民地隔绝。每方格为二里，以线分军民界；线以内系营垦地，线以外为民地。”①

此后的光绪三十年（1904），曹嘉祥、郑翼之等又集资 54 万两，创办了天津福兴垦务有限公司，在天津、静海、沧州三县交界处购买荒地 33 万亩，从事农业种植和畜牧业开发。1917 年，周学熙、朱启钤在宁河、茶淀一带购买土地 4 万余亩，创办开源公司，改良碱地，种植水稻和杂粮。1935 年，公司将土地委托给河北省棉产改进会经营，成为植棉基地。日军侵占天津后，成立了华北农垦公司和米谷统治协会，共在天津附近设立了 134 个农场，占地 1364814 亩。1946 年，国民党在天津成立的河北省农垦局，接管了日据时代的 14 个农场，总面积为 200590 亩，大部分租给了当地农民耕种，场方只负责农业技术的改进。同年，国民党还在天津成立了农林部河北垦业农场，主要业务是以灌溉工程改良碱地，并用新式农具拓荒。其下属的 7 个农区、69 个农场，共占地 362280 亩。1948 年，国民党河北省政府将河北省合作农场实验所与河北省小站农田局合并，成立河北省农田局，除继续管理军粮城、张贵庄、小站、津郊、八里台 5 个农区农场，还将小站农田局所属农田改设肥水、惠元、清河、中和 4 个农场，土

① 〔清〕王守恂撰：《天津政俗沿革记·堤坝二·围田》，1938 年刻本。

地总面积为171515亩。①

1949年1月15日天津解放后，农林接管处将原国民党政府的9个农林牧场接管合并。4月1日成立了津沽区农垦管理局，下属10个农区并直属7个农牧场，土地总面积1068772亩，其中耕地247277亩，荒地821493亩。

表3.1　1949年天津津沽区农垦局土地分布概况

面积单位：亩

农场	水田	旱田	园田	荒地	总面积
津郊	892	1700	632	31908	45071
张贵庄	19131	15073		43678	77883
军粮城	29071	7260		50060	86391
茶淀	8720	14077		148128	170927
任凤庄	7940	4513		87041	99495
芦台	9879			33345	43224
高里	5029	12200		47760	65000
小站	67969	11788	800	47065	127623
军粮城农场试验场	520				520
天津农牧场	130	661	150	103	1045
津南农场	2150	294			2444
柏各庄	14326	2418		332401	349145
合计	165707	79988	1582	821493	1068772

资料来源：张树明主编《天津土地开发历史图说》，天津人民出版社1998年版，第183～184页。

① 张树明主编：《天津土地开发历史图说》，天津人民出版社1998年版，第113～116页。

天津周边洼地和盐碱地的大规模改造是在1955—1958年进行的，主要针对的是南运河以东、马厂减河及独流减河之间800平方公里的大三角洼地。为此专门成立了天津地区洼改办公室，洼改办法是“在洼地边缘建泵站，在洼内开挖排水渠道，排除咸水，使土地脱盐，再引甜水冲洗盐碱，种植稻田。后因水源贫缺的困扰，不得不改水（田）为旱（田）”。1955—1956年改造的是314平方公里的团泊洼地，地面高程仅为2～4.5米，土地盐碱严重，地下水埋藏较浅，矿化度高，水、旱、涝、盐碱、蝗虫灾害频发，当年粮食亩产仅17斤。通过划分6个灌区和1个鱼苇区，开挖渠道和修建321座闸、涵、桥等建筑物，1956年就种稻3.4万亩，亩产300斤以上。1959年团泊洼稻田发展到9万余亩，1963年特大洪水冲毁相关建筑后，被迫改种旱田。①

由上可见，整个近代历史时期（含此前），天津周边的种植业对天津城市生产和居民生活的直接贡献是非常有限的。

二、华北其他农耕区粮食作物商品化程度的提高

1. 近代华北农作物种植结构的改变

明清时期，除天津滨海地区等不适宜农业生产的盐碱区域，华北其他宜农地区的农业种植结构得到了进一步优化，先进的两年三熟制已成为其核心的粮食种植结构，由此提高了粮食作物的商品率。② 天津等北洋三口开埠后，粮食作物特别是商品化程度较高的小麦等品种，在该区域的农业种植结构中占据了重要的地位。

现代学者的研究发现，从19世纪后半期至1914年，在华北地区粮食作物的种植中，“小麦略有扩展，玉米、甘薯有较大的增长，而一些次要作物则有相应缩减”；此后，在冀、鲁、豫三省粮食作物产量结构中占主

---

① 张树明主编：《天津土地开发历史图说》，天津人民出版社1998年版，第184页。

② 许檀：《明清时期区域经济的发展——江南、华北等若干区域的比较》，载《中国经济史研究》1999年第2期。

导地位的作物是小麦、小米、高粱、玉米、甘薯、大麦等；小麦的产量大约占到粮食作物总量的1/3，它是华北平原地区上最重要的粮食作物。①

表3.2　20世纪20—30年代冀、鲁、豫三省小麦的播种面积与产量

地区	1924—1929年			1931—1937年		
	面积（千市亩）	总产量（千市斤）	亩产量（市斤/亩）	面积（千市亩）	总产量（千市斤）	亩产量（市斤/亩）
河北	28820	3645145	126	32211	3651900	113
山东	45713	7259234	159	51213	7170500	140
河南	54766	7397566	135	58455	8136700	139

资料来源：从翰香主编《近代冀鲁豫乡村》，中国社会科学出版社1995年版，第276页。

表3.3　1931—1936年华北的粮食生产估计

单位：千市担

省份	稻谷	小麦	杂粮	总计	省份	稻谷	小麦	杂粮	总计
察哈尔		2719	16777	19469	山西	126	17311	49152	66589
河北	3776	41240	121384	166400	山东	246	74676	152429	227369
河南	5002	85343	132777	223122					

资料来源：吴传钧编《中国粮食地理》，商务印书馆1943年版，表六。
表注：杂粮主要包括高粱、小米、大豆、玉米、燕麦等。

由表3.2、表3.3可知，到20世纪30年代，包括冀、鲁、豫三省在内的华北地区，粮食作物特别是小麦的种植，一直相当普遍。据当时铁路部门的调查，“我国产麦本以鲁、豫二省为最盛，境内（胶济铁路沿线地区——引者）则以平度、诸城、寿光、泰安、历城五县产量最丰，各在一

① 从翰香主编：《近代冀鲁豫乡村》，中国社会科学出版社1995年版，第248～255页。

百万担以上”；其商品化程度较高的原因，在于“小麦虽为主要食品，然一以内地人民节俭，不轻食麦粉，二以面粉盛行，所有小麦多运至面粉厂林立之都市销售，经制成面粉后，再分销各地。故除胶东各县及淄（川）、博（山）、新（泰）、高（苑）等县出产太少，不能输出外，其余各县皆有巨额运销济南，以备各面粉厂之用。间亦有由青岛装船输出者”。① 可见对农产品的工业加工，是带动小麦等粮食作物商品化的因素之一。天津周边的情况，亦复如此。

2. 粮食作物商品化程度的提高

“粜精籴粗”行为的普遍化以及现代面粉工业的发展，不仅使小麦而且使其他杂粮的商品化程度相应提高了；粮食商品化的市场范围也不再仅限于当地，而是扩展到了相当广泛的地域空间。② 不仅冀省的小麦大多输往城市人口和近代面粉工业都高度集中的天津③，而且，山东德州、济宁、枣庄等产粮区的小麦也多运往天津④。不仅华北平原就连塞北的河套高原也卷了进来。平绥铁路沿线之绥远、察哈尔出产的小麦，每年有46000吨以上输出，除供应沿线的各面粉厂生产面粉，大部分运往北平；如果天津的售价比较高，也运往天津销售。⑤

除小麦外，高粱、小米、豆类等杂粮的商品化程度，也随着华北城市化进程的加快而显著提高。20世纪30年代的调查显示，除当地出产的粮食，京、津一带所消费杂粮，主要来源于“北宁（铁路）之关外段与平绥（铁路）之察绥两省之沿线各地。平汉（铁路）沿线人口稠密，

---

① 胶济铁路管理局车务处编：《胶济铁路沿线经济调查报告总编》上，（三）农业，胶济铁路管理局车务处1933年版。

② 从翰香主编：《近代冀鲁豫乡村》，中国社会科学出版社1995年版，第276～277页。

③ 吴传钧编：《中国粮食地理》，商务印书馆1943年版，第75～76页。

④ 朱仙洲：《天津粮食批发商业百年史》，见中国人民政治协商会议天津市委员会文史资料研究委员会编《天津文史资料选辑（第二十八辑）》，天津人民出版社1984年版，第78页。

⑤ 平绥铁路车务处编：《平绥铁路沿线特产调查》，平绥铁路车务处1934年版，第9页。

粮食无多，鲜有输出能力，据二十一年统计，该路尚由北平运入杂粮四万吨，即其明证。在九一八以前，东北高粱、大豆，畅销于关内，平津附近及滦东市场，几全部为其垄断。本路所产粮食，除胡麻、菜籽为特种出口产物，他路难与竞争外，其能畅销者，不过小米一项，高粱及豆类，则不能与关外所产者，竞争于市场。自九一八后，关内外经济关系几同断绝，东北粮食，仅少数得由海道输入，据北宁报告，二十二年八月至今年（1934 年——引者）三月，输入数量不过三万余吨，较诸曩昔，实隔霄壤。本路（平绥铁路）粮食因得源源运出，据二十二年统计，输出数量约三十万吨，大部分销于平津两地，是本路对于平津粮食之供给，实占最要之地位”①。“满铁”的调查也证实，1936 年前后，天津市场上各类杂粮的来源，主要是冀东、天津周围、冀中及津浦铁路沿线地区，后扩展到陇海铁路沿线。②

尽管华北地区粮食的商品化程度有所提高，但由于这里人多地狭，本地的粮食生产一直不敷所需，灾荒年间尤甚。这就需要靠发育良好的天津三大粮食市场，从长江流域甚至国外市场输入大米、杂粮和面粉。③

粮食作物商品化程度的提高，为外向化经济作物种植面积的扩大奠定了基础。河北南部“沿卫河之龙王庙，大名府一带，为产麦名区；天津面粉厂到此采购小麦，恒载高粱入乡，与之相易。其高粱则来自关外或平绥沿线。故此处麦区，其夏间或种商品作物，或休息地力以增冬麦之产，均无不可”④。1923 年“正定一带居民，类皆以产棉为主要之职业”，“农民对于其耕作地，十分之八皆为植棉之用”，“故食料一项不得不仰给于山西

---

① 平绥铁路车务处编：《平绥铁路沿线特产调查》，平绥铁路车务处 1934 年版，第 22～23 页。

② 满铁北支经济调查所编：《天津を中心ごする北支谷物市场》，南满洲铁道株式会社调查部 1943 年版，第 38 页。

③ 樊如森：《清末至民国时期京、津的粮食供应》，载《中国近代史》2003 年第 7 期。

④ 陈伯庄：《平汉沿线农村经济调查》，交通大学研究所 1936 年版，第 18～19 页。

及临近各省矣”。①

当然，华北地区不时发生的人祸和天灾，还是会给天津腹地农业生产的发展，包括农产品的商品化进程带来一定的影响。比如1917年的大水灾，使得“直隶人口最稠密的15000平方英里地区都遭到了水淹，大水从天津一直漫延到保定府。农民们乘着木船，企图在水下收割，以挽救他们的一些收成。他们中的年轻人穿着单薄的衣服，手里拿着镰刀，潜入10英尺左右的清澈的水中直到水底，砍断几根茎秆，然后浮出水面。他们用这种费力而又缓慢的方法，抢救了一小部分作物，而总的损失估计达到1亿元。有8万处住宅区以及大小村庄被毁了”。然而仅仅过了两年，灾害又一次降临，“从1919年下半年到1920年，华北地区遭受了长时间的干旱，导致1919年严重歉收，1920年的秋季作物几乎颗粒无收，给这个地区造成了无论从严重程度还是受灾范围上都是前所未有的严重饥荒。灾情遍及直隶、山东、河南、陕西与山西五省，受灾地区面积大约145000平方英里。依据保守的估计，灾区人口大约为2500万人”。② 不过从长时段来看，灾荒对于天津腹地农业经济的市场化进程并没有根本性的影响。

三、华北大面积商品棉种植区的形成

随着中国沿海工业和国际市场对中国农产品原料的需求，华北地区的不少农产品，由以前国内民众的生活消费品演变为近代工业生产所必需的原料，使农业生产主动或被动地成了工业发展链条上的一个环节，这一过程可称之为农业的间接工业化。

近代华北农业工业化的一个重要表现就是经济作物的种植在农业种植结构中的比重得到了快速提升。其中最突出的经济作物，是种植面积最

---

① 章有义编：《中国近代农业史资料 第二辑 1912—1927》，生活·读书·新知三联书店1957年版，第133~134页。

② ［英］雷穆森（O. D. Rasmussen）著，许逸凡、赵地译，刘海岩校订：《天津租界史（插图本）》，天津人民出版社2009年版，第254，256页。

大、市场化程度最高的棉花。

1. 开埠前华北的棉花种植

据从翰香研究，华北推广植棉始于明代，清中叶前后又有较大发展。明清两代北棉南运现象固然已开始引人注目，但是当时的棉花主要作衣被填充物和制作土布的原料，而且产量有限。因此，直至清末以前，华北各地棉花的集散活动，大多分布于产地县城和乡村市集之上。①

山东自明代中叶就已经普遍种植棉花，东昌（今聊城）、兖州、济南三府，已初步成为棉花的集中产区；到了清代中叶，山东棉花则基本形成了以高唐、临清为中心的鲁西北棉区，以滨州为中心的鲁北大清河棉区，和包括郓城、曹县等在内的鲁西南棉区。② 乾隆年间，“郓城县地广衍饶，沃土宜木棉，贾人转鬻江南，为市肆居焉，五谷之利不及其半”③。

道光时期，直隶栾城县，“地四千余顷，稼十之四。所收不足给本邑一岁食，贾贩于外以济之；棉十之六，晋、豫商贾云集，民竭终岁之勤，售其佳者以易粟，而自衣其余”④。邻近的河南棉花种植也相当广泛。归德府（今商丘）宁陵县“地沙瘠，宜木棉，附城郭多为圃”⑤。山西的棉花种植也非常多，乾隆年间，蒲州府（今山西永济）的虞乡县，已经是“境内皆种”⑥ 棉花了。

2. 天津开埠后华北棉花种植的增加

天津开埠后华北棉花的种植已相当普遍。但是，由于棉花当时的主要

---

① 从翰香主编：《近代冀鲁豫乡村》，中国社会科学出版社 1995 年版，第 146 页。

② 许檀：《明清时期山东商品经济的发展》，中国社会科学出版社 1998 年版，第 42 ~ 48 页。

③ 〔清〕周尚质修，〔清〕李登明纂：《曹州府志·食货志·风土·郓城县》，乾隆二十一年刻本。

④ 〔清〕桂超万、李钤修，〔清〕高继珩等纂：《栾城县志·食货·物产》，道光二十六年刻本。

⑤ 〔清〕陈锡辂等修，〔清〕查岐昌纂：《归德府志·地理略·形胜》，光绪十九年据乾隆十九年刻本重刻。

⑥ 〔清〕周大儒纂修：《虞乡县志·地舆志·物产》，乾隆五十四年刻本。

用途仅限于作为家庭手工棉纺织和被褥填充的原料，从而直接限制了棉花生产和销售规模的扩大，经由天津港出口的也不多。

表 3.4　1862—1910 年天津的棉花出口及其在全国的地位

单位：担

年份	天津输国外	天津输国内	全国输国外	天津占全国输国外百分比（%）	年份	天津输国外	天津输国内	全国输国外	天津占全国输国外百分比（%）
1862		74			1887		452	69227	
1863		2366			1888		344	202546	
1864	27457	67282			1889	733	2258	504420	0. 1
1865		63758			1890		90	298887	
1866	630	136177			1891		3	355584	
1867	1395	25153	29391	4. 7	1899	274	3777	229220	0. 1
1868		9698	38141		1900	629	26263	711882	0. 1
1869	237	237	69274	0. 3	1901		760	290865	
1873		68	25349		1902	12	551	774536	
1875		2016	31610		1903		238	759521	
1876		113	42976		1904	2940	10597	1228588	0. 2
1881	478	7764	22908	2. 1	1905	7213	11649	789273	0. 9
1882	1793	6962	41690	4. 3	1906	1447	10634	769542	0. 2
1883	1015	7694	22074	4. 6	1907	475	7933	988055	0. 1
1884		5559	53572		1908		3824	613509	
1885		192	61850		1909	164	25128	633687	
1886	63	63	47572	0. 1	1910	23906	125226	1247304	1. 9

资料来源：据方显廷主编《天津棉花运销概况》，天津南开大学经济研究所 1934 年版，第 40 页，第 17 表改绘。

从表3.4可以看出，开埠前期天津的国内外棉花运输，经历了相当大的起伏与波折。1862年运输尚不足百担，1866年猛增到10余万担，但这一势态并没有一直保持下去。当时的津海关税务司查尔斯·汉南（C. Hannen）认为，天津“棉花之出口，1866年因美国内战而增至136000担者，在1869年已跌至1000担。1867年与1868年内南方因所进印棉转销英国而使北省棉花乃有销路。本年（1869）对南方之出口既已停止，我亦未闻出口将次恢复”①。也就是说，这一时期华北地区的棉花种植虽已相当普遍，但作为商品尤其是出口商品的竞争优势尚不明显，大部分也只是运到了南方的国内市场。

3. 大面积商品棉种植区的形成与市场化程度的提高

进入20世纪以后，随着国际市场以及沿海城乡地区棉纺织工业原料需求的不断增加，北方黄河流域棉花的种植面积和产量有了新的提高。到20世纪20年代，黄河流域的产棉量已经占到了全国总量的54%。产棉省份以直隶为第一。直隶省会天津，作为和上海、汉口并驾齐驱的三大棉市，不但集散直隶所产的棉花，陕、豫、晋、鲁各省棉花，也有相当大的一部分来自天津本地。② 随着棉花市场化程度的提高，河北、河南、山东、山西、陕西等省的种植面积进一步扩大，形成了大面积的棉花种植区。

以河北棉区为例，按棉花的种类和运输路线划分为三大产棉区：西河（大清河为上西河、滹沱河为中西河、滏阳河为下西河）区域，御河（南运河）区域和东北河（滦河、北塘河、北运河）区域。

西河区域的主要产棉县份：大清河沿岸的有完县、满城、清苑、定县、高阳、蠡县、安国等；滹沱河沿岸的有获鹿、正定、藁城、晋县、束鹿、高邑、元氏、滦县、赵县、深泽等；滏阳河沿岸的有磁县、邯郸、永年、沙河、曲周等。

御河区域的主要产棉县份：以山东临清为集散中心的临清、馆陶、冠

---

① 吴弘明编译：《津海关贸易年报（1865—1946）》，天津社会科学院出版社2006年版，第64页。

② 曲直生：《河北棉花之出产及贩运》，商务印书馆1931年版，第2页。

县、夏津、高唐、武城、邱县、清平、堂邑、恩县、博平等；以直隶吴桥为集散中心的吴桥、宁津、东光、南皮、阜城、景县等；以南宫为集散中心的南宫、清河、威县等。

东北河区域有三个棉花集散中心：一是以丰润县小集镇为中心的丰润、滦县；二是以武清县杨村为中心；三是以玉田县窝洛沽镇为中心。①

上述海河三大支流地区，形成了河北棉花的三个主要生产区。

1910年前后，河南的产棉区域比以前有了进一步的扩大，豫北的安阳、临漳、武安、孟县、内黄、获嘉，豫西的洛阳、灵宝、阌乡，豫东的商丘、虞城、兰封、通许、项城、西华、尉氏，豫中的汜水、荥泽、鄢陵、洧川，豫南的汝阳、新野、罗山、睢州、商水、邓县等地，都有大面积的棉花种植。② 天津、汉口、济南、青岛、上海等口岸城市都成为河南棉花的重要销售和出口市场。

表3.5　1914—1937年北方主要产棉区的棉花种植面积

单位：千市亩

年份	山西	河北	山东	河南	陕西	年份	山西	河北	山东	河南	陕西
1914	1544	4124	1592	1608	2106	1923	811	3362	3405	2494	1521
1915	5103	3940	1354	1610	2633	1924	568	2841	2764	2479	1521
1916	541	3706	2188	1808	11261	1925	699	2681	2870	2765	1219
1918	427	3615	11189	10128	6269	1926	1303	2253	3041	2668	1340
1919	450	5924	2980	1313	—	1927	1202	2306	2938	2608	1336
1920	570	4066	397	—	1189	1928	879	1948	3072	1451	1188
1921	644	4361	2161	793	2228	1929	290	2377	3925	841	171
1922	777	4030	3273	2822	1729	1930	254	2731	6060	2482	1119

① 曲直生：《河北棉花之出产及贩运》，商务印书馆1931年版，第2~6页。

② 李文治编：《中国近代农业史资料 第一辑 1840—1911》，生活·读书·新知三联书店1957年版，第426页。

（续表）

年份	山西	河北	山东	河南	陕西	年份	山西	河北	山东	河南	陕西
1931	323	2734	7384	2667	1518	1935	989	5849	1668	1663	3386
1932	280	4763	6338	3171	1308	1936	1921	9659	5659	5619	3940
1933	1214	5669	4961	3433	1951	1937	2287	13852	5575	6463	4825
1934	1663	7230	5087	3789	3436						

资料来源：许道夫编《中国近代农业生产及贸易统计资料》，上海人民出版社1983年版，第203～210页。

棉花种植的普及带来了市场供应总量的提高。天津市场上的棉花，主要来源于河北、山东、山西、陕西、河南等地。除一部分用于天津当地的

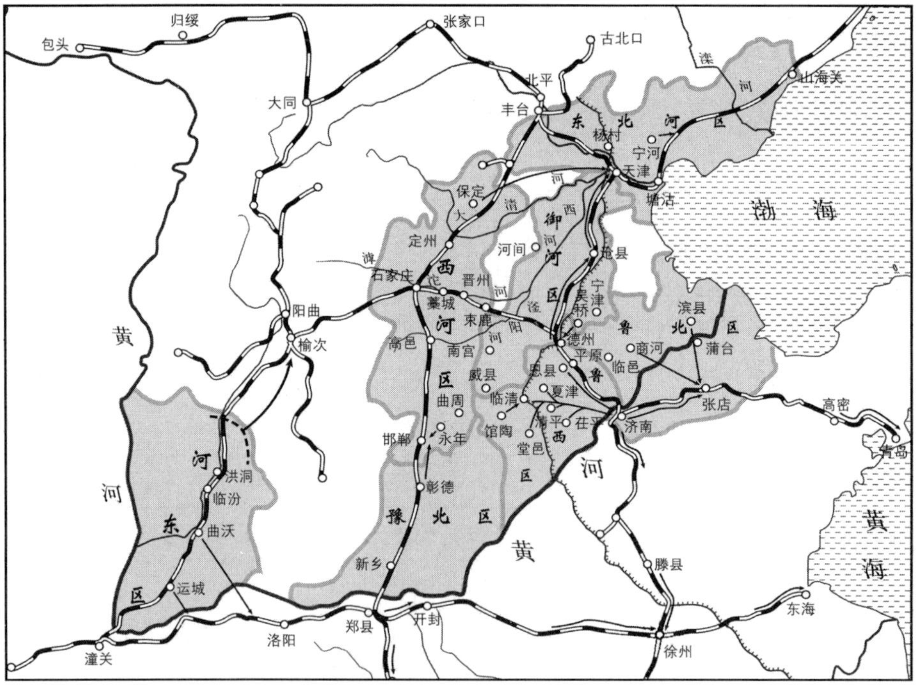

图3.1　1937年前的天津棉花腹地示意图

资料来源：据李洛之、聂汤谷编著《天津的经济地位》，经济部冀热察绥区特派员办公处、结束办事处驻津办事处1948年版，第32页图重新绘制。

生产、生活所需，大部分经天津出口到了沿海和国际市场，成为腹地农业的重要出口物资。1933—1935 年，天津从河北省收集到的棉花大约为 70 万担，占该省棉花总产量的 31%，占该省商品棉总量的 44%，其中占西河商品棉的 43%，御河商品棉的 33%，东北河商品棉的 70%；从山西省收集到 7 万担，占其棉花总产量的 15%，占其商品棉总量的 22%。不仅山东省所产的商品棉全部聚集到青岛，就连河北省御河和西河流域的商品棉也大部分通过济南流往青岛。①

表 3.6　1930—1936 年天津棉花出口在该港出口总值中的地位

价值单位：国币元

年份	出口总值	棉花出口值	棉花在总出口中所占百分比（%）
1930	122690623	41431782	33.8
1931	138196596	46623563	33.7
1932	97961625	30173147	30.8
1933	88472265	19801947	22.4
1934	81070043	12033839	14.8
1935	91201950	13504373	14.8
1936	117826623	23275420	19.8

资料来源：王怀远《旧中国时期天津的对外贸易》，载《北国春秋》1960 年第1～3 期。

表注：1930—1931 年包括国内转口。

由表 3.6 可知，直到 20 世纪 30 年代初，棉花依然是天津的支柱性出口商品。此后，随着国内棉纺织工业对棉花需求量的增大，以及腹地其他商品出口比重的增加，棉花出口在天津出口总值中所占的比重有所下降，但它依然是天津的重要出口商品之一。

① 李洛之、聂汤谷编著：《天津的经济地位》，经济部冀热察绥区特派员办公处、结束办事处驻津办事处 1948 年版，第 30，33 页。

表3.7　1911—1933年天津的棉花出口及其在全国的地位

单位：担

年份	天津输国外	天津输国内	合计	全国输国外	天津占全国输国外百分比（%）
1911	111708	275722	387430	877744	12.7
1912	172432	248857	421289	805711	21.4
1913	125533	210851	336384	738812	17.0
1914	119988	118703	238691	659704	18.2
1915	238301	206431	444732	725955	32.8
1916	121180	161319	282499	851137	14.2
1917	49877	108315	158192	832463	5.6
1918	226629	99401	326030	1292094	17.5
1919	340502	190379	530881	1072040	31.8
1920	145390	113178	258568	376230	38.6
1921	390079	64819	454898	609481	64.0
1922	478088	70885	548973	842010	56.8
1923	465035	100070	565105	974574	47.7
1924	284313	131228	415541	1080019	26.3
1925	418749	131295	550044	800786	52.3
1926	579733	47777	627510	878512	66.0
1927	762451	48208	810659	1446950	52.7
1928	653416	183631	837047	1111558	58.8
1929	608745	19555	628300	943786	64.5
1930	715659	115370	831029	825545	86.7
1931	706089	162672	868761	789862	89.4
1932	619293	231735	851028	663264	93.4
1933	456956	293262	750218	723632	63.2

资料来源：据方显廷主编《天津棉花运销概况》，天津南开大学经济研究所1934年版，第40页，第17表改绘。

由表3.7可以看出，1912年以后，天津对国内外的棉花出口整体上呈上升趋势。1912—1933年，天津输往国际市场上的棉花，在半数以上的年份里都占到了全国棉花出口总额的50%以上，1932年竟达93.2%。由此可见腹地棉花等农业经济作物，对天津城市工业发展和港口出口贸易的重要支撑力度。

四、从经济视角看三北地区的鸦片种植

单纯从种植与销售的角度讲，鸦片的种植，与近代华北其他农业经济作物并无太大的差异。它在华北近代农业商品化与天津城市的货物流通中，同样起到了不可忽视的作用。

事实上，排除人们厌恶毒品的感情色彩，单纯从投入与产出多寡的经济理性而言，鸦片和烟草、酒类等一样，都是价值和收益很高的奢侈消费品，也都为社会创造了财富，为民众创造了就业机会。华北近代经济发展的客观实际也充分显示：“严禁鸦片几乎是不可能的，因为这样将会影响到太多人的经济利益，包括那些因鸦片贸易而获得各种非法收入的官员。穷人借贷、富人变卖家财以从事鸦片贸易，而英美商人也决不会放弃他们因之而获得的巨额利润。”①

1. 清代中期以前的鸦片问题

罂粟本来是一种非常美丽的草本药用植物，唐朝初年由阿拉伯人传入中国。由于它的花朵硕大，又有红、黄、白、粉、紫等不同颜色，因而成为人们喜爱的观赏性植物。

进入宋代以后，罂粟的医用价值开始得到认知和应用。明代著名医学家李时珍，在其《本草纲目》中，详细描述了罂粟的采集方法和药用价值：“罂粟结青苞时，午后以大针刺其外面青皮，勿损里面硬皮，或三五处，次晨津出，以竹刀刮，收入瓷器，阴干用之。”生食罂粟少许，可以

① 林满红著，詹庆华、林满红等译，林满红审校：《银线——19世纪的世界与中国》，江苏人民出版社2011年版，第84页。

治疗各种泻痢、风瘫、百节病、正头风、痰喘、久咳、劳咳、吐泻、噤口痢、热痛、脐下痛、小肠气、膀胱气、血气痛、胁痛、噎食、女人血崩、血不止、小儿慢脾风等20余种病痛。从这个意义上讲，医疗用的罂粟算不上毒品。

然而，“在漫长而寂寞的古代、中世纪，后来被判定为毒品的鸦片、大麻等东西，都曾为人类的繁衍、进化提供过帮助。古柯曾为印第安人创造了无比灿烂的文化与建筑助过一臂之力。而由罂粟果熬成的鸦片，作为良药的历史比作为毒品的历史要长得多。即使是后来人们谈虎色变的吗啡，也是至今为止，人类最能信赖的镇痛药物。但是，人类由发现鸦片的止痛疗疾作用而进一步享用成瘾后，便自尝恶果了。尤其是在中国”①。

此种祸源，可以上溯到17世纪前期苏门答腊人把鸦片由生食变成熟吸。这样做的结果是增强了鸦片的毒性，开发出能够使人忘却烦恼、遁入欢娱的麻醉与致幻效用，使人不自觉中染上毒瘾，欲罢不能。“瘾至，其人涕泪交横，手足委顿不能举，即白刃加于前，豸虎逼于后，亦唯俯首受死，不能稍为运动也。故久食鸦片者，肩耸项缩，颜色枯羸，奄奄若病夫初起。”②

吸食鸦片的方法于明末传入中国，清代趋于流行。乾隆时普用烟枪，吸食更加方便，由此造成的社会问题也日趋严重。为此，自雍正七年（1729）开始，清政府便禁止鸦片的销售。以后的乾、嘉、道各朝，亦严令禁止。只是由于吏治的腐败与贩毒集团的破坏，禁烟成效不大。到道光初年，贩毒网络已遍布内地18省。林满红认为，中国一直到1805至1820年，才试图突破技术困难，开始生产吸食用鸦片。③

---

① 苏智良：《中国毒品史·前言》，上海人民出版社1997年版，第1页。

② 中国史学会编：《鸦片战争》，第1册，上海人民出版社1957年版，第318页。

③ 林满红：《清末自产鸦片之替代进口鸦片（1805—1906）》，见［日］中村哲主编，王玉茹监译《东亚近代经济的历史结构——东亚近代经济形成史（二）》，人民出版社2007年版，第63～124页。

19 世纪初，全国鸦片的走私中心在广州湾和珠江口，北方最大的鸦片贸易市场则在天津。① 据记载，早在 1800 年，英国的非法鸦片就已经流入天津海岸。闽、广船只夹带鸦片到达大沽口以后，便由天津当地的毒贩接运到城内，屯入潮义、大有、岭南等货栈转售。“山陕等处商贾，来津销货，即转贩烟土回籍。”道光十八年（1838）十月，“天津镇道等在大沽口一带金广兴洋船上，查获烟土八十二袋，计重十三万一千五百余两，并查获烟具、军械无数。其余停泊在大沽口外的一百二十三只洋船，起碇逃跑”。作为北方鸦片转销中心，天津本地首当其冲遭受其毒害。结果“烟馆很多，烟具陈列街头”②。

可见开埠之前的天津转售的洋货，除闽、广船只带来的一般南洋特产，即属英国东印度公司贩运来的印度鸦片。1858 年《天津条约》明确规定鸦片属于“洋药”，每担缴纳 30 两的进口税后，即成为合法的商品。这使有着巨额利润的鸦片成为天津开埠早期最主要的进口商品。

2. 天津开埠通商后的鸦片进口与销售

1860 年天津的开埠，为“洋药”鸦片的合法进口大开方便之门。

表 3.8　1861—1910 年天津开埠早期各类鸦片进口情况

单位：担

年代	数量	年代	数量	年代	数量	年代	数量
1861	1482	1867	7895	1873	4957	1879	5246
1862	3699	1868	7422	1874	5331	1880	3219
1863	3714	1869	5423	1875	3908	1881	3421
1864	2805	1870	7161	1876	3635	1882	2508
1865	5654	1871	7090	1877	4034	1883	2525
1866	9163	1872	4624	1878	4030	1888	1783

① 苏智良：《中国毒品史》，上海人民出版社 1997 年版，第二、四章。

② 天津市历史研究所地方史研究室编：《天津史大事记》，转自李华彬主编《天津港史（古、近代部分）》，人民交通出版社 1986 年版，第 85～86 页。

（续表）

年代	数量	年代	数量	年代	数量	年代	数量
1889	1799	1897	906	1906	272	1910	43
1890	1510	1898	903	1907	150		
1891	1401	1899	1344	1908	153		
1896	1146	1903	308	1909	152		

资料来源：吴弘明编译《津海关贸易年报（1865—1946）》，天津社会科学院出版社2006年版。

表注：进口鸦片的种类主要有白皮土、公班土、喇庄土、波斯土、土耳其土、熟药膏等。

从表3.8中可知，开埠以后，天津口岸的鸦片进口数量增长迅速。由1861年的1482担，快速增加到1866年的9163担，6年的时间增长了6倍有余。19世纪80年代以后，鸦片进口数量有所下降，但直到19世纪90年代，依然维持在1000担上下。

由于鸦片是一种质轻而值重的特殊商品，利润极端丰厚，在不平等条约的保护下，中外商人对鸦片的进口和销售更是趋之若鹜。以1863年的进口情况为例，这一年，天津鸦片的进口数量为3714担，比1838年增加了46倍。如果从进口值上做一个比较，那么，1863年的鸦片进口值占到了天津该年全部洋货进口总值的36.4%，仅此一项，要比天津全部正当生活资料的进口值还要多。

19世纪80年代以后，随着各界的禁烟努力特别是国内土产鸦片的大面积种植，进口鸦片的数量开始下降。津海关20世纪初期的十年报告里说："1910年白皮土进口减少到19担，公班土减少到24担，而且到1911年时，已无鸦片进口了。"其原因可归结为"地方当局采取有力的措施去实施颁布的禁烟规章，甚至有时变本加厉，这就是洋药消费迅速减少的原因。实际上，目前消费的只是土烟，而且数量非常有限"。①

① 许逸凡译：《天津海关十年报告书（1902—1911）》，见天津社会科学院历史研究所编《天津历史资料（第十三期）》，（内部发行）1981年，第35页。

其实从海关资料看，此后鸦片的进口数量虽然很少，但并没有绝迹。民国年间较为严厉的禁烟运动，一方面迫使鸦片进口商避过海关从事走私，另一方面则用其他毒品来代替鸦片。

表3.9　1912—1921年天津海关及地方查获的毒品数值

种类＼数值	折合银两	折合盎司
生鸦片	155076	206768
精制鸦片	1182	1576
吗啡	16658	22210
古柯碱	1308	1744

资料来源：吴弘明译，陈剑恒校《天津海关十年报告书（1912—1921）》，见天津社会科学院历史研究所编《天津历史资料（第十三期）》，（内部发行）1981年。

津海关民国初期的十年报告指出，虽然“既无外国的也无中国的鸦片向海关报税。但鸦片及其衍生物的走私规模非常庞大。鸦片是经由北宁线从满洲向关内走私的，最近四五年间，满洲种植了鸦片；而吗啡及古柯碱，则是从日本运来的，并且数目不断增加”，“因为海关毕竟是税收机关而非辑私机关，它并不自称能经常发现数量较大的走私”。①

各种毒品的源源流入，进一步毒害了中国人民的身体和社会风气。如河北省广宗县，“自鸦片流入，吸食者众。清末明令禁烟。迄于民国，代以金丹（其原料均购自日本，内有吗啡，以机器制为丸，如梧桐子大），吸食者倾家亡身。近年，又代以料子（其原料不外海龙英、吗啡等物制为细粉），吸食较鸦片金丹为便，并可鼻嗅。日须数元乃至数十元，倾家亡身者前后相望”②。

① 吴弘明译，陈剑恒校：《天津海关十年报告书（1912—1921）》，见天津社会科学院历史研究所编《天津历史资料（第十三期）》，（内部发行）1981年。

② 姜榓荣修，韩敏修等纂：《广宗县志·风俗略》，1933年铅印本。

3. 鸦片的“禁”与种

如前所述，中国北方自唐初以降就有罂粟的种植了。但是，直至明代，它也是以观赏和药用目的为主而且种植得非常零散。

进入清代中期，随着鸦片割制和吸食方法的普遍，以生产鸦片为目的的罂粟种植便扩展开来。西北的甘肃、陕西和华北的山西等地都是这一时期罂粟种植最为广泛的省份，它们均由四川传播而来。

具体到国内罂粟广泛种植的原因，就农民而言自然是为了取利，就官府而言则是为了收税。所以即使在禁烟相对严厉的清道光时期，弛禁的呼声依然高涨，理由是“种植罂粟花，取浆熬烟，其利十倍于种稻”，“鸦片之利，数倍于麦，其益于农者大矣”，“内地之种越多，夷人之利日减”①，上下相通的结果，致使禁烟令始终难以得到有效的贯彻执行。鸦片战争以后，洋烟进口的藩篱完全撤除，土烟种植的禁令自然也就形同虚设了。“自咸同以后，烟禁已宽，各省种植罂粟者，连阡接畛，农家习为故常，官吏亦以倍利也，而听之。”② 在这种情况下，鸦片作为北方各地的特殊经济作物遂得以广泛种植。

华北地区的罂粟种植面积很广。自“太行以西南渐曹、亳、徐、泗，往往种罂粟取利，旁近数百里间，颇染其俗”③。山东肥城“鸦片为本境之特产，在未行减种以前，土商之贩运于外境，及直隶、东三省等处，大商至本境购买者，约进银十万余两。近则日就萧疏矣”④。宣统元年（1909）前后，山东各地罂粟种植进一步扩大，“东省种烟地亩，以兖、沂、曹、济四属为最，固由罂粟利厚，倍蓰稻粱；而习染风从，相率私种，几于无地蔑有。则又以近接苏豫，都为著名产土之区。故除武定一府，地滨斥卤，土性不宜，虽登州枕海环山，砂石相错，亦复多有种者。其余如济

① 〔清〕文庆等编：《筹办夷务始末》（道光朝）卷一，第64页。

② 中国史学会主编：《鸦片战争》，第1册，上海人民出版社1957年版，第300页。

③ 〔清〕吴汝纶撰：《深州风土记·物产》，光绪二十六年刻本。

④ 〔清〕李传煦等纂修：《肥城县乡土志·商务》，光绪三十四年石印本。

南、东昌、泰安、临清、青州、莱州、胶州，种者亦居十之四五”[①]。山西省也广泛种植罂粟，“最盛者二十余厅州县，其余多少不等，几于无县无之，旷土伤农，以致亩无栖粮，家无储粟”[②]。山西广灵县，“自洋药弛禁以来，小民无知，因见栽种罂粟之利较五谷稍厚，遂视为利薮。始而山坡水湄偶尔播种，近则沃土肥田种植日广，以致粮食渐缺，粮价是增”[③]。而据民国年间的山西人回顾，“罂粟普种在清季咸丰年至宣统间，止五十余年，人民已大受其害。光绪三年，邑遭大祲，饿殍载道，非粮价之昂，实因上地尽种罂粟，粮无来源耳。当光绪中叶，沁源全县按少数计算，种罂粟之地亩约在四百顷以上”，因此，仅“以山西一省言之，真不可以数计”。[④] 另据台湾地区现代学者李孝悌所查到的资料，山西的鸦片产地遍布境内各州县，以太原、榆次、交城、文水、代州、归化等处最盛。省南以霍州、洪洞、赵城、汾阳、永宁、交城、文水等州县为最多，夏县、曲沃、河津、长子、长治、潞城等县次之；省北以代州、河曲、浑源、丰镇、归化、萨拉齐各厅州县为最多，五原、托克托城、五台、繁峙、崞县等处次之。[⑤]

清末至民国年间的内蒙古地区种植了相当多的罂粟。一个重要原因是“绥远地方军阀特别是傅作义任省主席的时候，曾经打着筹集军费的名义，允许在本省公开栽种鸦片，然后好向其课以重税”[⑥]。绥远的烟田集中在土

① 李文治编：《中国近代农业史资料 第一辑 1840—1911》，生活·读书·新知三联书店1957年版，第464页。

② 张之洞：《张文襄公奏稿》卷三，转引自李文治编《中国近代农业史资料 第一辑 1840—1911》，生活·读书·新知三联书店1957年版，第462页。

③ 〔清〕杨亦铭等纂修：《广灵县补志·政令志》，光绪七年刻本。

④ 孔兆熊、郭蓝田修，阴国垣纂：《沁源县志·农田略》，1933年铅印本。

⑤ 李孝悌：《清末的禁烟运动》，转引自林满红《清末自产鸦片之替代进口鸦片(1805—1906)》，见［日］中村哲主编，王玉茹监译《东亚近代经济的历史结构——东亚近代经济形成史（二）》，人民出版社2007年版，第63～124页。

⑥ ［日］中村信：《蒙疆の经济》，有光社1941年版，第88页。

默特川、河套、后山三大产烟区[①]；仅托克托县1915年的烟田就达500顷。[②] 热河1928年的烟田面积在10000顷以上，其中凌源、赤峰、朝阳、丰宁等县的烟田均在700顷以上。[③] 每年农历六月割烟的季节是塞外农民最忙的时候，山西北部的农民纷纷到烟区打短工；城里的商人也赶到各个种烟的乡村，或购置烟膏，或出售衣物食品，因为这个时候的当地人最为富有，所谓“穷半年，富半年，单等六月割洋烟”[④]。丰镇县的“庙前广场上，百货陈列，最触目惊心者为鸦片烟灯枪及盛烟膏之罐，大批的在发售。几乎无摊无此物”[⑤]。结果，不仅汉族人吸食鸦片，向守清规的蒙古族人也染此恶习，“庙中驻有蒙古游击骑兵一小队，似为维持治安者，其中过半有鸦片嗜好”[⑥]。

河南省关于罂粟种植的材料，虽较他省零散，但仍可以洞悉一二。据1910年《国风报》的禁烟调查，河南“归德府许州全属，为河南产烟最富之地。前年之秋，早已下禁种之令，然请求展期者不绝于道，陕州各处，私植尤多”[⑦]。

各地广泛种植的土产鸦片，以其低廉的价格和成本，在国内鸦片市场上所占有的份额越来越大。《天津海关1892—1901年十年调查报告书》对这一趋势的分析是：“在好些十年报告与年报中提出了预言，经常提到的

① 牛敬忠：《近代绥远地区的社会变迁》，内蒙古大学出版社2001年版，第139页。

② 屠义源：《绥远政坛见闻琐记》，见中国人民政治协商会议内蒙古自治区委员会文史资料委员会编《我的经历见闻 内蒙古文史资料（第三十一辑）》，内蒙古文史书店1988年版。

③ 章有义编：《中国近代农业史资料 第三辑 1927—1937》，生活·读书·新知三联书店1957年版，第48页。

④ 刘绍仁供稿，李维章整理：《萨县种植鸦片及其恶果》，见中国人民政治协商会议土默特右旗委员会文史资料委员会编《土默特右旗文史资料（第三辑）》，（内部发行）1989年，第39页。

⑤ 郑振铎：《西行书简》，凤凰出版社2009年版，第43页。

⑥ 长江：《中国的西北角》，天津大公报馆1936年版，第354页。

⑦ 李文治编：《中国近代农业史资料 第一辑 1840—1911》，生活·读书·新知三联书店1957年版，第906页。

外国鸦片贸易下降的趋势说明了外国鸦片的最后命运，这一点在本埠过去十五年的记录中得到了部分的证实。在一八九二年与一八九八年间，鸦片进口额减少一半，并且，从那个时候起，除一八九九年外，进口额一直减少，直到现在只不过比先前总数十分之一稍多一点儿”；究其原因在于，“本地商人毫不犹豫地把洋药的这种变动归之于印度鸦片的涨价，以及由于这样而造成的价格悬殊，因而外国鸦片无法同土产鸦片竞争”。而天津市场上所销售的大部分土烟，来自山东、河南、陕西、甘肃与直隶的永平府。甘肃鸦片依其出产地不同而分成甘州（今张掖）土与凉州（今武威）土，每当产地的一家商店准备好大量的鸦片时，就先派出前哨买通沿途关卡，然后便经由归化城与张家口等地顺利东来了。①

1912 年以后，虽然北京、南京等地不时出台禁烟措施，但效果甚微。如陕西宜川县，“清光绪初，陕督左宗棠、陕抚谭钟麟迭加严禁。光绪十年，知县樊增祥莅任，履行原野，拔弃烟苗，禁种禁吸，同时并举……尔后清政不纲，禁令时弛。民国初年，军队派种收款，地方毒卉，又复故态。（民国）七八年间，政府严禁，雷厉风行，几经绝迹。后复日久玩生，驻军派种如前”②。甘肃镇原县，“清政府于光绪三十二年与英人订立专约，期以十年禁绝。在此期内，洋药则递年减进，土药则递年减种。至宣统二年，又以土药充斥，吸者过多，若不早为筹备，恐难达十年禁绝之目的，遂复缩短年限，拟于宣统三年年底一律禁绝。……乃民国二年，又复大种特种，饮鸩止渴”③。直到 1953 年，中国才将鸦片罂粟铲除干净。④

由此观之，洋鸦片大量进口的原因，一是天津开埠初期，腹地经济的自给自足性较强，正常的生活消费品和生产资料需求量小，致使远道而来

---

① ［英］派伦著，许逸凡译：《天津海关 1892—1901 年十年调查报告书》，见天津市历史研究所编《天津历史资料（第四期）》，（内部发行）1965 年，第 58 ~ 59 页。

② 余正东等纂修：《宜川县志・卫生志・禁烟》，1944 年铅印本。

③ 钱史彤、邹介民修，焦国理、慕寿琪纂：《重修镇原县志・外交志・烟禁》，俊华印书馆 1935 年铅印本。

④ 苏智良：《中国毒品史》，上海人民出版社 1997 年版，第 470 页。

的西方列强无法通过普通的商业贸易获利。[①] 二是中国土产鸦片的数量和质量，不能满足中国相关需要。1900 年以后，随着腹地经济外向化程度提高所造成的正常进出口贸易的发展，鸦片这种连英国人自己也认为是极不道德并给中国人民带来巨大摧残的毒品，就很少进入北方市场了。当然，这也与其他类型毒品的进口，以及中国人自己广泛种植的土产鸦片大量充斥于北方毒品市场有关。

五、花生、干果和麻类的生产与运销

花生、干果和麻类等，同为三北腹地的重要经济作物，也是当地农业经济外向化和工业化的重要内容。

1. 天津腹地花生的生产与运销

和棉花、罂粟一样，花生也是近代华北地区广泛种植的重要农业经济作物。花生喜欢沙质土壤，对水分的需求不大。而地处黄淮海平原的河南、河北、山东地区，正好具备这些自然条件，因而能够成为中国花生的集中产区。

花生在明末时传入中国，清代已经有了较多的种植。光绪后期，河北、河南、山东的花生种植面积已经分别占到了农田种植面积的 10%、10% 和 1.5%。只是由于当时交通落后、市场狭窄，花生贸易的规模与交易范围受到了很大的限制，反过来限制了生产。当时花生主要输出香港、俄国远东地区和日本，直到 1908 年后，华北的花生才大批进入欧美市场。

进入清末民国以后，华北地区的铁路、公路、轮船等近代化运输方式日渐发达，交通条件大为改善；加上欧美市场对中国农产品的大量需求，

---

① 五口通商初期，签订中英《南京条约》的英国全权公使即断言，中国市场的开放，肯定能为英国机制工业品的销售带来巨大的赢利空间："以至虽罄其兰开厦之纺织厂，以织造长袜，亦不敷其一省之用。"而中国相关消费市场极度狭小的实际，让乘兴而来的英国商人大失所望。（吴弘明编译：《津海关贸易年报（1865—1946）》，天津社会科学院出版社 2006 年版。）当然，英国人对中国的鸦片倾销早已有之，以此作为对华进口毒品的理由，实属狡辩。但是，当时北方经济自给自足性很强所造成的消费市场狭小，也是正常贸易难以开展的客观经济环境。

华北花生的种植和运销也得到了快速的发展；华北内地的花生集散网络也随之兴起，以青岛、天津、烟台、上海等口岸为国内终点市场的华北花生运销系统逐渐形成。①

表 3.10　1914—1937 年山东、河北、河南三省的花生生产概况

面积单位：千市亩　产量单位：千市担

	1914—1918		1924—1929		1931—1937	
	面积	**产量**	**面积**	**产量**	**面积**	**产量**
山东	2367		3758	14970	4395	12557
河北	1658		2550	7554	3571	8516
河南	675		2119	5192	2384	5383
华北 3 省合计	4700		8427	27716	10350	26456
17 省合计	13902		16809	50845	22512	53804
华北占 17 省百分比（%）	33.8		50.1	54.5	46	49.1

资料来源：许道夫编《中国近代农业生产及贸易统计资料》，上海人民出版社 1983 年版，第 195～196 页。

由表 3.10 可见，华北三省的花生种植和产量占据了中国花生生产的大半个江山。因此，华北花生的运输和销售，也决定着中国花生贸易的兴衰。

天津腹地的花生，作为天津出口的大宗农产品，主要为河北所产的花生。到 20 世纪 20 年代，河北的花生运销主要有四路货源：

东路货，即抚宁、昌黎、滦县、迁安、永平、丰润、卢龙、玉田一带所产花生，主要依靠京奉铁路运往天津，另一部分花生则由芦台装船运到天津。北路货，指天津、北京间平谷、遵化、顺义、昌平、密云、大兴、宛平、固安、霸县、永清等县所产；其中蓟县、平谷、遵化所产花生由平

① 陈为忠：《近代华北花生的运销体系（1908—1937）》，载《中国历史地理论丛》2003 年第 1 辑。

谷码头运到天津，顺义、昌平、密云等由铁路或运河来天津；这一带的产量很大，因运费昂贵，运到天津的较少，主要供应北京的消费；其他大兴、宛平、固安所产花生由铁路运到北京或天津。西路货，是指正定府无极、正定，顺德府任县、邢台、巨鹿、南宫、饶阳、深州、河间、广平等地所产花生；定州、正定离河较远，水运不便，主要依靠铁路运往天津；广平、南宫、饶阳、河间的花生则水运天津。御河货，是指河北大名府各县及山东省御河流域的德县、恩县、夏津、临清、馆陶、平原、禹城等地所产花生；德县附近各县花生由运河水运天津，每年大约60万担；临清附近的花生在临清集中后，由运河水运天津；大名濒临与运河相接的卫河，是河北省南部农产品的集散中心，高粱、落花生、小麦等在此集结，然后水运天津。

表3.11　1901—1937年天津的花生出口

单位：担

年份	数量	年份	数量	年份	数量	年份	数量
1901	242518	1911	369027	1921	165981	1931	183238
1902	338402	1912	481323	1922	266634	1932	391490
1903	99742	1913	451623	1923	392760	1933	584991
1904	248061	1914	452983	1924	322805	1934	401450
1905	183601	1915	272774	1925	158862	1935	487092
1906	211443	1916	86563	1926	192020	1936	471715
1907	133427	1917	22829	1927	235183	1937	447036
1908	157815	1918	44352	1928	133759		
1909	151216	1919	118694	1929	146721		
1910	215397	1920	135004	1930	179117		

资料来源：中国第二历史档案馆、中国海关总署办公厅编《中国旧海关史料（1859—1948）》，京华出版社2001年版。

表注：1. 自1918年起，含花生仁在内。2. 自1933年起，单位为公担。

2. 干果的产销

干果主要包括杏仁、红枣、黑枣、核桃、瓜子、栗子等，既是华北农村的重要物产，也是天津口岸开放后，该区域大量出口到沿海和国际市场的重要商品，是华北农业经济市场化、外向化的组成部分。

表 3.12 1861—1900 年天津的干果出口

单位：担

年份	黑枣	红枣	年份	杏仁	黑枣	红枣
1861	3422	2989	1881	22902	28916	
1862	2434	11530	1882	19756	21901	
1863	5583	14852	1883	6022	8241	24517
1864	998	3607	1884	7536	8994	37226
1865	7102	7558	1885	6600	27569	32830
1866	15301	21502	1886	5645	37080	19577
1867	8028	18344	1887	10004	40251	36638
1868	3257	20894	1888	5580	50855	55301
1869	16065	31590	1889	8908	56852	52895
1870	4260	26047	1890	8285	31753	27592
1871	1861	13511	1891	7011	66555	49054
1872	10500	17739	1892	5164	82220	42947
1873	14262	19995	1893	10707	48063	34320
1874	8352	15126	1894	6043	40305	26865
1875	12848	19467	1895	10323	22857	26418
1876	19133	19791	1896	8498	78160	31531
1877	6421	26236	1897	9447	50813	38804
1878	10199	19554	1898	8079	33736	27441
1879	25742	20201	1899	7443	70620	55662
1880	14218	22992	1900	3512	14455	12881

资料来源：中国第二历史档案馆、中国海关总署办公厅编《中国旧海关史料（1859—1948）》，京华出版社 2001 年版。

由表3.12可知，随着时间的推移，腹地干果经由天津出口的数量和种类都有了明显的增加。而进入20世纪以后，随着天津及其腹地经济环境的改善，干果出口的数量也进一步增加了。

表3.13 1901—1937年天津的干果出口

单位：担

年份	杏仁	黑枣	红枣	瓜子	核桃	核桃仁	栗子
1901	10902	42466	32885				
1902	10098	47315	44820				
1903	8605	47484	44404				
1904	12303	65676	54968				
1905	11131	60491	40670				
1906	11404	59148	61346				
1907	12770	75779	70661				
1908	11140	94678	68512				
1909	13226	78170	97668				
1910	11977	61544	64758	35888	23675	6928	20072
1911	21157	33138	34625	68472	39523	2362	22253
1912	36009	44723	41401	41461	33774	1603	20225
1913	33440	38414	84799	58167	47560	8850	27157
1914	23521	64223	84735	51890	68497	8684	24543
1915	54388	58151	83979	63305	58649	3958	24852
1916	27860	63500	70904	55618	87475	10044	26796
1917	19703	19228	33913	25097	36475	7266	20169
1918	21596	34318	64091	44178	23842	18569	26117
1919	22970	39900	58286	28609	90749	41315	26954
1920	19703	93431	31100	34309	18067	37808	

（续表）

年份	杏仁	黑枣	红枣	瓜子	核桃	核桃仁	栗子
1921	23714	155164		30180	105208	29410	46951
1922	28218	176719		18825	40814	24045	68341
1923	19440	178555		39678	40264	15748	48783
1924	29643	57994	145096	16800	65929	29438	52891
1925	54347	52047	82596	20788	65430	39710	45224
1926	53647	80875	99333	29440	74619	54961	59309
1927	48795	43824	85605	24418	49523	55998	41247
1928	45440	58405	92307	25501	55727	47819	37462
1929	51801	38730	94234	21955	41023	58591	52526
1930	56676	49713	164354	12717	24485	85313	60059
1931	52347	63255	179421	67103	26256	80046	78551
1932	49974	46877	124886	42690	24570	48199	69065
1933	41464	41695	99367	49865	25848	32434	64224
1934	27438	29789	62037	17195	19228	10561	44552
1935	45456	31777	60468	12526	18497	36107	42248
1936	48050	35988	76759	12120	10907	41736	34870
1937	48837	14214	41258	8053	11010	51532	24893

资料来源：中国第二历史档案馆、中国海关总署办公厅编《中国旧海关史料（1859—1948）》，京华出版社2001年版。

表注：自1933年起，单位为公担。

到20世纪20年代，干果已成为天津口岸出口量仅次于皮毛的大宗土货。①

3. 麻类的产销

① 工商部工商访问局编：《工商半月刊》1930年第19期，第37页。

内蒙古的河套平原，山西省的潞安、清源、徐沟等县，河北省的顺德、望都、正定、晋县、磁县，河南省的彰德，山东省的泰安等地，是主要的大麻产地；河北、山东、河南、山西等省的低湿地带，又是青麻的主要产区。它们作为北方重要的农业经济作物，在天津口岸的出口贸易中也占有很高地位。

表 3.14　1933—1937 年天津麻类的出口及在华北六港的地位

单位：吨

年代	港口	大麻	青麻	年代	港口	大麻	青麻
1933	六港	936.3	3551.0	1936	天津	4322.7	6136.9
	天津	907.7	3551.0	1937	六港	2212.6	4339.1
1934	六港	1684.6	3275.7		天津	2199.0	4338.4
	天津	1579.3	3274.7	6 年平均	六港	2867.7	4350.9
1935	六港	5172.6	4451.7		天津	2823.2	4349.6
	天津	5107.7	4451.7	天津/6 港		98.5%	99.9%
1936	六港	4333.2	6137.4				

资料来源：据李洛之、聂汤谷编著《天津的经济地位》，经济部冀热察绥区特派员办公处、结束办事处驻津办事处 1948 年版，第 35 表改绘。

表注：华北 6 港是指秦皇岛、天津、龙口、芝罘、威海卫、青岛。

第二节　三北腹地畜牧业经济的市场化和外向化

如果说农业是以种植（采集）植物作为主要生产内容的基本经济产业，那么牧业应当就是以饲养（狩猎）动物作为主要生产内容的另一个基本产业部门。尽管二者在地域空间、生产过程、生产技术等方面都有显著不同，但都是中国北方从古代至近代，最重要的两大主导性地域经济产业。

中国北方牧业经济的主要活动域场，包括西部高原和东部平原两大地理空间，生产过程又分为流动放养和固定饲养两种不同形态，进而形成分别隶属于游牧和农耕两大主导经济产业的物质文化类型。虽然它们都是通过调节动物的数量和质量，为人们提供肉、蛋（奶）、脂肪和纤维等物质产品的，但是在近代前后，其发展的内涵和外延还是有不少变化。比如，此前华北农区和西北牧区尽管也是中国北方畜牧业的主要产区，但牧业生产的自给自足性还是比较浓厚的；口岸开放以后，随着越来越多的畜产品输送到沿海和国际市场，北方牧业的市场化和外向化程度大为提高，成为天津口岸对外贸易的支柱之一，工业化成分也开始渗透其中，并改变着其原有的产业和产品结构。而作为农业副业的华北地区的家庭养殖和野外捕猎（捕捞）业，也在近代有了明显的发展，并成为北方牧业经济外向化的重要组成部分。

从20世纪20年代的调查来看，中国羊毛的主产地，“以内外蒙古、甘肃、山西、直隶、山东、河南诸省为主”①。就其销路而言，则以“天津为我国羊毛最大市场，西而陕、甘，北而蒙古所产，多汇集于此，更转输国内外各地”②。从天津口岸输出的羊毛，能占到中国羊毛出口量的九成上下。这些羊毛，均来自上述各个腹地的牧区，“自甘肃、陕西方面，出归化城至张家口，合外蒙产，而会萃于天津；内蒙所产，自赤峰、锦州而入奉天，其大宗由京奉路运津；直隶、河南方面所产，由京汉路（运津）；山东方面，由津浦路运津”③。而从时人对1937年之前天津口岸畜牧产品出口腹地空间范围的梳理情况来看，也大体如上所述。“我国最大羊毛类产地为西北边疆与中原地方”；民国以后，这些畜产品“运销到中原地方必须经过的是平绥路的包头、归绥、张家口，最末的市场就是天津，由此再合流于世界经济的大动脉上。1921年以来，外蒙、新疆受到苏联的政治、经济的势力的束缚，运销货物到东方的出路，几乎全呈闭塞的状况，一直延长到现在”；然而，“天津虽失去外蒙、新疆方面的来源，但仍继续

① 佚名：《中国之羊毛》，载《中外经济周刊》1923年第6期。
② 佚名：《民国十一年天津羊毛市况》，载《中外经济周刊》1923年第4期。
③ 佚名：《中国之羊毛》，载《中外经济周刊》1923年第6期。

确保着华北方面羊毛类的一大收集市场独步的地位，也就是天津是羊毛类收集分散交易的心脏部分的存在”；同时，“皮革、皮货类以及其他附随的畜产品，大体与羊毛类经过同一样的路径，同一样的情形吸引到天津来”。①

一、清代中期以前西北地区的游牧业

和对农业问题的关注一样，中国对牧业生产的记载也非常早。传说黄帝时期，就已经“淳化鸟兽虫蛾”（《史记·武帝本纪》），《周礼·夏官·司马》第四中也有对当时各种适宜饲养的牲畜的叙述。北方作为中国牧业经济的重要发展区域，其主要活动域场尽管包括西部高原和东部平原两大地理空间，生产过程又分为流动放养和固定饲养两种形态，但是相对来讲，“内地以牧草不便，羊之生产遂受限制”②。所以北方牧业经济的主体区域，还是在西部高原牧区。这里作为我国北方最主要的牧业基地，一直是各族牧民生息繁衍的家园，放牧牲畜是他们的主要生产事业，进入近代亦然。不过，一直到清代前期，当地牧业生产的水平都很低，产品的自给自足性也很强，畜产品的交换范围和程度还相当有限，整体处于一种相对封闭的状态，“蒙古人对于商业之观念，不甚注意，此皆由其本身生活之关系所致也。盖蒙人生活之简易，五口之家，有牛羊数头，即可维持矣。因是，则蒙古内地之商业，几为汉人所独占也”③。

清朝入主中原以后，虽然延续了前朝的宗藩贡赐贸易和边境互市贸易，但牧区内部的商业封闭性依然相当浓厚。天山以北的卫拉特蒙古准噶尔部、蒙古地区的喀尔喀蒙古各部、青海地区的和硕特部等蒙古王公，均与清朝中央政府之间保持着密切的贡赐贸易关系。边境互市贸易，则安排

① 李洛之、聂汤谷编著：《天津的经济地位》，经济部冀热察绥区特派员办公处、结束办事处驻津办事处1948年版，第36页。

② 彭作桢等修，刘玉田等纂：《完县新志·食货第五》，1934年铅印本。

③ 内蒙古地方志编委会总编室：《内蒙古旧志整理（第一辑）》，内蒙古地方志编委会1985年版，第394页。

在张家口、归化城、肃州、巴里坤、乌鲁木齐、伊犁、塔尔巴哈台等地进行。不过，两种贸易方式的商业辐射能力仍十分有限，结果使得清代前期的蒙古族，基本上还是一个游牧民族，畜牧业在其社会生产中占据主导地位，农业、手工业、商业只占有很小的比重，社会经济整体上还处于自给自足状态。①

不过，清朝的满族作为一个崛起于塞外的牧猎民族，在入主中原以后所实行的民族政策，与前代还是有很大不同的。他们接受中国北部长期对峙的历史教训，开始尝试通过同化和控制相结合的手段，将长城内外融为一体，以图从根本上解除草原民族对内地的军事威胁。政治上在牧区推行盟旗制度，严厉分割、封禁和控制蒙古各部；经济上仅让持有照票的内地商人到指定的盟旗从事贸易，并严格限定了停留时间。使原来仅限于边境的互市贸易，转向了牧区腹地的照票贸易。无论是汉族商人随军贸易“赶大营”，还是普通贸易“出拨子”，都必须持有时间长度不等的照票，从而客观上加强了牧区与内地间的商品交流，提高了西北高原牧业经济的市场化程度。

二、西北游牧区近代牧业经济的发展

进入近代，西北高原地区的牧业经济又有了新的发展。主要表现在牲畜数量的增加和畜产品市场化程度的提高两个方面。

1. 牲畜数量的增加

随着近代以后国内、外市场对西北高原畜产品需求的日益增加，牧民们纷纷增加各类牲畜的放牧数量，直接促进了该区域牧业经济的发展。

据农商部 1917 年对绥远、察哈尔地区蒙古人所养（不含当地汉族人所养——引者）主要牲畜的数量统计，其马的数目分别为 56107 匹和 81828 匹，牛的数目分别为 97296 头和 125269 头，羊的数目分别为 706228

① 陈桦：《清代区域社会经济研究》，中国人民大学出版社 1996 年版，第 207 页。

只和716003只，驴的数目分别为14466头和25073头。① 克拉米息夫20世纪30年代初的统计则显示，当时，蒙古高原地区主要牲畜为马、牛、骆驼、绵羊、山羊5种，其放养量分别为：马1840817匹，骆驼365824匹，黄牛、犂牛、犏牛共计1725451头，绵羊和山羊共计11500808只。②

另外，对草原上野生动物的狩猎，也在蒙古族人民的生活和生产中占据着重要地位，是牧业生产的主要副业之一。据苏联学者20世纪30年代初的记载，蒙古高原牧民狩猎的主要野生动物有Tot（原文如此，不知中文应该对应何种动物——引者）、松鼠、臭鼬、狼、大野猫、熊、牡鹿、黑貂、银鼠（又称伶鼬、白鼠——引者）、鼬鼠（又称为旱獭、土拨鼠、雪猪——引者）等，每年输往俄国、或经由张家口输往内地销售及天津出口海外的数量很多。③ 套西阿拉善蒙古牧民所猎取的野兽则与上述种类有所差异，主要为狼、黄羊、大头羊、青羊、狍、兔、沙狐、草狐等。④

2. 畜产品市场化程度的提高

进入19世纪50年代以后，西北高原相继对外开放了一些贸易口岸。包括1852年开放的伊犁、塔尔巴哈台，1861年开放的喀什噶尔、库伦，1881年开放的迪化、吐鲁番、哈密、古城、肃州、科布多、乌里雅苏台，1914年自开的归绥、张家口、多伦诺尔，1922年自开的包头等。在这些口岸经济的辐射和带动下，当地畜牧业经济原有的相对封闭状态被打破，西北畜牧业经济获得了很大发展，畜产品的国内市场进一步扩大，国际市场也逐步开拓出来。西北地区畜产品的对外贸易，有东、西、北三个方向。其中，向西、向北输往俄国，向东则辗转通过天津口岸出口到欧美、日本等国际市场。

---

① 贺扬灵：《察绥蒙民经济的解剖》，商务印书馆1935年版，第75页。

② ［苏］克拉米息夫著，王正旺译：《中国西北部之经济状况》，商务印书馆1933年版，第5~6页。

③ ［苏］克拉米息夫著，王正旺译：《中国西北部之经济状况》，商务印书馆1933年版，第9页。

④ 内蒙古自治区编辑组：《蒙古族社会历史调查》，内蒙古人民出版社1986年版，第32页。

据相关史料记载，天津开埠以后，外国洋行即通过天津及其腹地的市场网络，来收购西北等地的畜产品进而出口到国际市场。早期的津海关贸易报告指出："天津特有之出口货计有毡、毡帽、马毛、各色皮货、骆驼毛、绵羊毛、山羊毛、牦牛尾、水牛角及水牛皮。所有此类商品，除毡及毡帽率由直省所制者而外，均产于蒙古。"① 把西北的畜产品从产地运销到天津洋行的中间人，则主要是活跃在牧区、各中级市场上的山西旅蒙商人与直隶顺德（今河北邢台）商人。从事皮毛收购业务的旅蒙商人，除了小部分属于个体经营，大部分是由各大商号派出的，其采购方式则以"出拨子"的形式进行。拨子们把所换来的皮毛驮载在牲畜背上或牛车上，运销到归化城、多伦诺尔（今多伦）、张家口等皮毛中级市场上去。这些城市都有很多规模较大的商号和洋行，它们从事皮毛的购销业务，成为联结草原初级市场和天津终点市场的桥梁。②

1892 年，天津的英商仁记洋行及其买办最早来到包头，他们以山西人开办的恒义德牲畜皮毛店为落脚点，收购了抓毛二三十万斤，雇用骆驼运经张家口，抵达天津口岸。接踵而来收购皮毛的，是天津的英商新泰兴洋行及其买办。为了便于经营，他们稍后还在包头设立了自己的皮毛商号，有天长仁、天聚德、天泰合等。20 世纪以后，天津其他洋行也纷纷到包头设立分庄，如俄商隆昌洋行，英商平和洋行、慎昌洋行、怡和洋行、聚立洋行、成记洋行、安利洋行，以及日商、德商洋行。洋行和买办在绥远及西北广大地区的商业活动，一是把进口的洋货运进来销售，一是把当地的皮毛等土货运出去出口，双重赢利。一般情况下，洋行在春节过后就把现银预付给恒义德、明远堂、广恒西、义同厚等二三十家皮毛店，皮毛店再用这些钱支付给旅蒙商（走后山的）和伊盟七旗的商人以及毡房，由他们去具体收购皮毛。到了六月份，毛贩及毛店便把收购来的皮毛按照洋行认

① 吴弘明编译：《津海关贸易年报（1865—1946）》，天津社会科学院出版社 2006 年版，第 85 页。

② 樊如森：《天津开埠后的皮毛运销系统》，载《中国历史地理论丛》2001 年第 1 辑。

可的价格交付，由洋行雇佣车马（后来是火车）运回天津出口。①

表 3.15　1936—1939 年洋行在包头每年收购的皮毛数量

单位：皮（张）、毛（斤）

商品名称	数量	商品名称	数量
驼毛	1200000	狐皮	100000
羊毛	10000000	扫雪皮	3000
山羊板皮	200000	猞猁皮	2000
山羊拔绒皮	150000	狗皮	30000
狼皮	20000	牛马大皮	100000

资料来源：贾曦、白玉《洋行掠夺包头皮毛见闻录》，见包头市地志史编修办公室、包头市档案馆编《包头史料荟要（第七辑）》，（内部发行）1982 年。

西北高原地区的畜产品出口，成为天津对外贸易的重要组成部分。

表 3.16　1864—1906 年天津皮毛出口数量

单位：毛鬃（担）、皮（张）

概况 / 年份	绵羊毛	骆驼毛	年份	绵羊毛	骆驼毛	猪鬃	山羊皮褥	生山羊皮
1864	114	428	1885	19700		326014		
1865	134	738	1886	25189	20939	546093	2217	
1866	946	638	1887	35302	14739	452041	2824	
1867	430	462	1888	37125	24473	462508		1151
1868		309	1889	62579	25681	519173		
1869		303	1890	80600		474000	4100	

① 贾曦、白玉：《洋行掠夺包头皮毛见闻录》，见包头市地方志史编修办公室、包头市档案馆编《包头史料荟要（第七辑）》，（内部发行）1982 年。

（续表）

概况 年份	绵羊毛	骆驼毛	年份	绵羊毛	骆驼毛	猪鬃	山羊皮褥	生山羊皮
1870		702	1891	80000	10000	519000	5000	648000
1871	46	125	1893	88000		791000	7200	
1872	971	1935	1894	207574			8500	700000
1875		4071	1895				9100	1700000
1876		9824	1897	188000	23000		10000	1690000
1877		13384	1898	98000	17000		13000	1700000
1878		11592	1899	218000	41000		14000	2600000
1879		9802	1901	93000			11000	1353000
1880		16442	1902	165232	15271		15000	3000000
1881		9772	1903	118000	15528		15000	2155000
1882	2327	14951	1904	178000			15000	1186000
1883	8015		1905	165801			11000	2140000
1884			1906	269114			15103	2521507

资料来源：吴弘明编译《津海关贸易年报（1865—1946）》，天津社会科学院出版社 2006 年版，第 10 ~ 264 页。

进入 20 世纪以后，以京津为中心，修建了较为密集的北方近代化铁路运输网，使蒙古地区、东北、西北等地的皮毛可以通过近代化的运输方式抵达天津。而第一次世界大战爆发后，交战各国对畜产品需求的大幅增加，也为西北高原牧业的外向化带来了更加辽阔的国际市场，天津与其腹地间的皮毛运销更加繁盛。西北高原成为天津畜产品出口的主要基地，畜产品的出口已经在天津进出口总值中占据了举足轻重的地位。

表 3.17　1924—1926 年天津口岸主要出口商品的价值及百分比

单位：千关平两

商品		1924 年价值	百分比（%）	1925 年价值	百分比（%）	1926 年价值	百分比（%）
畜产品农业经济作物	羊皮毛及加工品	25233	29.05	24470	24.12	17370	19.37
	其他皮毛等	9367	12.08	11546	11.15	9519	9.94
	合计	34600	41.13	36016	35.27	26889	29.31
	棉花	15063	17.25	20008	19.93	21335	22.31
	麻类	193	0.32	1651	1.49	1310	1.36
	油料作物	2528	3.07	1469	1.14	2593	2.60
	绿豆	929	1.11	676	0.59	2800	2.92
	药材及干果	2295	2.83	3408	3.11	4357	4.20
	合计	21008	24.58	27212	26.26	32359	33.39
蛋类及其他		31969	35.44	36620	36.32	36336	37.97
总计		87567	100.00	99938	100.00	95630	100.00

资料来源：据王怀远《旧中国时期天津的对外贸易》，载《北国春秋》1960 年第 1～3 期，“1924—1926 年天津口岸主要出口商品价值量表”改绘。

表 3.18　1927—1931 年天津畜产品的出口状况

价值单位：海关两

畜产品	1927 年	1928 年	1929 年	1930 年	1931 年
牲畜	12667	30160	41031	7783	13653
肉类	1278039	1442960	1778170	2192934	1894995
猪鬃	3007968	2538261	3761325	3041579	2558176
其他动物原料	1530726	1672489	1761003	1449279	2558176
羊毛/驼毛	13966743	17577613	11821606	6028791	7875843
各类皮张	10564646	16419776	18058708	14615879	14430376
合计	30360789	39681259	37221843	27336245	29331219
占出口总值的百分比(%)	38.26	51.01	47.32	36.54	34.67
1927—1931 年出口总值	79353865	77791137	78659854	74811836	84601150

资料来源：蔡谦、郑友揆《中国各通商口岸对各国进出口贸易统计》，商务印书馆 1936 年版，第 355～599 页。

表3.18显示，1928年时天津的畜产品曾占到了出口总值的51%，其他年份所占的份额也都在三分之一以上，说明到20世纪二三十年代，畜产品已成为天津出口业的一大支柱。

畜牧业外向化程度的提高，促进了西北高原牧业经济的市场化和外向化。一方面，随着外部商品的输入，牧民原来食肉衣皮的单一消费结构中，增加了茶叶、布匹、卷烟、食糖等新式生活日用品；另一方面，牧区原来用途很小甚至是被视为废物的羊毛、羊肠、骨头等，则变成了可以换取货币或其他日用品的重要商品，且出口值日渐增大。1924年，天津港羊肠的出口值为867000关平两，1925年为1314000关平两，1926年为1024000关平两，其主要的来源地就是西北高原等西北地区。① 经济收入的增加，生活质量的改善，直接刺激了广大牧民多养牲畜、养好牲畜的积极性，使蒙古高原畜产品对外输出的品种和数值一直呈现上升的态势。

当然，相关史料显示，西北草原畜产品的外向化在天津开埠以后，虽然有了持续发展，但是其市场化程度还不高，经营的规范性也有待提升。比如19世纪"70年代后期到80年代初期，在天津交运的大量掺沙的羊毛造成了很大的麻烦。在现代化的洗毛与打包的方法引进天津之前，从内地运来的羊毛被直接装船运走，结果是羊毛在国外清洗后分量短缺，使本地洋行遭到很大的损失。有时羊毛掺沙量达到总重量的50%，平均也有30%～40%。为了解决这个问题，外国出口商在天津建立了他们自己的洗毛与打包厂，以洗净与打包后的重量收购羊毛。由于各家洋行是通过各自的买办进货的，这个人随时可以进入洗毛打包厂，也可以核对重量单。这种办法虽说本地商人由于要为沙子支付运费而遭到一定的损失，但是一直实行到今天，并不是因为他们想要欺骗外国买主，而是因为它是'老习惯'。本地商人估计运费的损失为百分之三四十，而且他们

① 天津工商业丛刊之十：《天津市皮毛肠衣业经营的方向》，天津进步日报社1951年版，第19页。

推断，即使他们运送没有掺沙的羊毛到天津，外国人还是要扣去百分之三四十”①。所有这些出于产业习惯或规则而产生的损失与不信任感，均在一定程度上阻碍了天津港及其腹地畜产品进出口贸易的专业化及其国际竞争力。

图3.2　20世纪40年代蒙古草原放牧的马群

资料来源：［日］中村信《蒙疆の经济》，有光社1941年版。

集散到天津的畜产品，虽以西北游牧区为主，但东部农耕区以家庭副业形式存在的家畜（家禽）饲养业也广泛存在，并成为天津畜产品贸易和对外输出的重要组成部分。

① ［英］雷穆森（O. D. Rasmussen）著，许逸凡、赵地译，刘海岩校订：《天津租界史（插图本）》，天津人民出版社2009年版，第249页。

表 3.19　1937 年前天津羊毛类畜产品的收集数量及其运输路径

数量单位：万斤

来源地		数量	主要产地和市场	主要运输路径
内蒙古地区	包头（西路）	2000	甘肃、宁夏地方，最盛时的 50%	平绥铁路—天津
	绥远（西口）	250	甘肃、陕西、山西、蒙古一带，最盛时的 25%	
	张家口（东口）	500	贝子庙、西苏尼特等地，最盛时的 1/3	
	合计	2750		
河北省	顺德	180	河北省南部，含河南、山西的产毛	平汉铁路—天津 大清河—天津 津浦铁路—天津 御河—天津
	辛集镇	33	河北省西南部（寒羊毛）	
	大营	13	河北省南部、山东省南部（寒羊毛）	
	思蔡镇	15	附近（寒羊毛）	
	泊头	7	津浦铁路天津—济南之间地带	
	合计	248		
山西省	寿阳	80	附近	绥远—包头—天津 正太铁路—天津
	交城	80	附近	
	丰镇	200	附近	
	合计	360		
山东省	周村	40	附近	津浦铁路济南—天津
	博山	260	青岛收集 30 万斤，其余运往天津	胶济铁路—青岛 津浦铁路济南—天津
	临清			
	东平			
	泰安			
	蒙阴			
	沂州			
	合计	300		
东北（锦州）		200	热河	北宁铁路—天津
合计		3858		

资料来源：李洛之、聂汤谷编著《天津的经济地位》，经济部冀热察绥区特派员办公处、结束办事处驻津办事处 1948 年版，第 36～37 页。

三、华北家庭养殖和野外猎捕业的发展

作为华北地区农业生产重要补充的家畜家禽饲养业产生很早。近代口岸开放以后，又一直广泛存在并有了新的发展。不过，其主要生产方式，还是农民在从事农业之余的分散喂养，集中专业饲养的很少。和前述西北牧区把狩猎作为一项重要副业，并且经常有狼皮、扫雪皮列入对外贸易统计的情况相比较，华北地区野外猎捕的专业性则很一般。

不过在近代，华北的家畜饲养倒很普遍，各类史书也不乏记载。胶海关记载："牛、驴、骡、马在本省是当作负载货物和牵拉工具的牲口使用的，并且在省内得到大量繁殖。猪在育肥后大量出口，羊是为外国人消费用的。每年四、五月间，湾内的河流和沿海一带都有大批的鱼群，这里能捕到的鱼类、贝类、软体动物类有鳎、鳕、鲐、刀鱼、海蜇、海参、蟹、虾、鳗、蛤、淡菜和一种味道可口的牡蛎。关于野兽方面，有野猫、香猫、狼（据说崂山深处有零星狼只）、狐狸、獾、鼬，等等。野味鸟兽类有野兔、红足鹧鸪、各种野鸟（在春秋季节都群集在胶州湾浅水海滩上）。初秋期间有鹬和鹌鹑，每年四月和十月有大批候鸟山鹬迁徙过境。"① 山西"民间多饲养驴、骡、牛、羊杂畜。晋南自汉代引进苜蓿，运城、临猗依靠苜蓿为饲料，培育了黄牛良种，自汉至今一直著名。东南和晋中地区也都重视养牛。《马首农言》载：'养犊最为农家之利'，'邑志云，产牛特高大，以耕作负重胜于常产，四方争贩易焉'。驴、骡和羊的饲养都很普遍，尤以山区为多。寿阳用催肥法使羊在短期内增肥，名曰'栈羊'"。②

1. 作为农家副业的家畜养殖业

华北地区农家对马、骡、驴、牛、羊、猪等大型家畜的饲养相当普遍，只是其饲养目的和用途有所差异。

据20世纪30年代人的回顾，山西省各地多丘陵，气候温和，草木畅

① 青岛市档案馆编：《帝国主义与胶海关》，档案出版社1986年版，第77页。

② 黎风编著：《山西古代经济》，山西经济出版社1997年版，第124页。

茂，河流纵横，农业经营粗放，森林培育天成，所以在1912年之前，全省宜于放牧牲畜的地方“十居八九”，中产以上农家皆养家畜。所饲养的家畜、家禽种类，以牛、羊、猪、鸡最多，马、驴、骡次之，骆驼、鸭、兔“间亦有焉”。各种家畜及产品，“除本省互市借供应用外，并可行销邻省各地，调剂农家经济。惟人民狃于积习，不图改进。饲养大动物之牛驴骡马骆驼，仅供农家役使。如马骡之国防能力，牛之乳用肉用，概未提倡改良。中动物之羊、猪，家禽中之鸡、鸭，多作副业营养。羊之毛皮，只作粗制之毡毯、鞋帽、皮衣等物。对于品质之改善，产量之增加，究少规划。尤其对于种畜之选择，疾病之防治，交配、繁殖、饲养、管理等方法，殊少学理上之研究，未能尽其性能而发挥之”。1918—1920年，阎锡山组织购买了美利奴牝牡羊1040只，荷兰种和艾尔夏种牝牡牛7头，亚拉伯种及伊犁种马数十匹，创立善群公司，改良本地马、牛、羊。后来又引进巴夏克种猪和来抗种鸡，改良家畜、家禽。结果，使牛的产乳量、羊的产毛量、猪的产肉量、鸡的产蛋量，以及马的体魄，都得到了明显的改善。“各种畜产，除供给本省应用外，并可行销邻省河北、河南等地。至潞安之猪，间有销于武汉。北部之牛，时亦售于青岛。以及羊毛、鸡蛋之运销海外。”①

河北省的牲畜业也很发达，满城县“畜牧以猪为最多，羊次之。猪则农人家家畜之，利用其粪肥田，兼可获利；羊惟近山各村畜之，借粪肥田，每年扒毦剪毛，亦可获利”②。张北县“以农为正业，以畜牧为副业。然近年以来，农村破产，所赖以生活者，端赖牧畜”③。邯郸县“农家十之八九多饲一豕或二豕，端午、中秋两节，辗转买卖，利获倍蓰。……通常饲猪，率多预备年关，分别售卖、留食，既免市脯，且不伤财，盖亦家常普通计划也”④。

---

① 晋阳日报卅周年纪念特刊：《三十年来之山西》，晋阳日报社1936年版，第108页。

② 陈宝生等修纂：《满城县志·县政三·实业·农家副业》，1931年铅印本。

③ 陈继淹修，许闻诗纂：《张北县志·物产志·动物》，1935年铅印本。

④ 杨肇基修，李世昌纂：《邯郸县志·实业志·农家副业》，1940年铅印本。

图3.3　20世纪20年代北京城外的家庭养羊业

资料来源：［日］后藤朝太郎《中国行脚记》，东京万里阁昭和二年（1927）发行。

河南各地都有马、骡、驴、牛、羊、猪等大型家畜，并以牛最为突出。清末所列的十大产牛省份中，河南居于首位，在“出产尤多”的三地中，信阳又居首位。汝阳还是全国四大水牛产地之一。而产于豫西南泌阳、唐河、社旗、方城、南阳、邓州、叶县、舞阳、襄城、遂平、西平等地的泌阳驴，为全国四大优良驴种之一。禹州的骡马会，开始于晚春，结束于秋天，持续半年之久，以西关为中心，扩展至附近乡村，形成了一个方圆7～8里的大牲畜市场，“招客北抵燕代，西极秦陇，凡马、牛、骡所聚，一望如林”①。这种状况在民国年间一直持续下来。“豫北农民耕种田地及运输货物，多用马力；而豫南农民则多用牛力，因此全省牛、马甚多。其他家畜数目亦巨。”②

① 程民生：《河南经济简史》，中国社会科学出版社2005年版，第289～291页。

② 崔宗埙编：《河南省经济调查报告》，财政部直接税署经济研究室1945年版，第32页。

和大型家畜相对应，华北农家对一些小型家畜的饲养，包括产蛋和肉食用的鸡、鸭等家禽，以及蚕、蜂等经济类昆虫，也很普遍，并有着较好的经济收益。喂养鸡、鸭等家禽，既是全国、也是华北农村传统而普遍的家庭副业。不过近代以前，除自外，农民们多将其拿到附近的集市上出售，略补家用。由于禽蛋自身存在易碎、利薄、保鲜困难和市场需求不大等不利因素，因而，将其从产地长途运销到天津并出口海内外市场，便成了商人们避而远之的事情。所以，一直到20世纪初年以前，天津海关的贸易报告和相关的华洋贸易情形论略中，都没有关于蛋类产品贸易的记述。有关天津蛋类产品贸易的较早记载，出现在20世纪初年日本人所编纂的《天津志》中。

表3.20　1904—1906年天津市场禽蛋的输出入状况

单位：个

输出入情况	1904年	1905年	1906年
由内地输入	17593730	54741260	39731892
由民船向大沽及北塘输入	104010	169135	16539
从大沽及北塘由民船输出	130000	1254770	1029600

资料来源：侯振彤译《二十世纪初的天津概况》，天津市地方史志编修委员会总编辑室1986年版，第288～290页。

养鸡作为河南农民的家庭副业，几乎每家皆有，“少则几只，多则十余只，故全省人烟稠密之地，皆产鸡之区。自铁路修通后，蛋粉厂成立，制成蛋粉，输至外国”①，市场化程度的提高，又反过来促进了养鸡业的发展。

山东农村养鸡很多，20世纪30年代的统计是“全省共有鸡二四、五九三、一三五只，平均每户约有五只，每县二三〇、一六六只。其中以泰安为独多，计二、〇九五、五三五只，其余在五〇、〇〇〇只以下者，计

① 崔宗埙编：《河南省经济调查报告》，财政部直接税署经济研究室1945年版，第32页。

八县；在五〇、〇〇一只至一〇〇、〇〇〇只者，计十九县；在一〇〇、〇〇一只至五〇〇、〇〇〇只者，计七十九县；在五〇〇、〇〇一只以上者，计三县”。农户养鸡，主要是用其肉、蛋换钱，贴补家用。大宗活鸡和鸡蛋的销售市场，“除本省各大都市如青岛、济南、烟台外，复盛销天津、徐州、南京、上海等处”①。

北平市场上出售的鸡，主要来源于三个方向，“最多者为（北）平东之三河、兴隆、蓟县、昌平、玉田各县。次为北口鸡，即从平绥（铁）路沿线各地运来者。第三为保定、高碑店一带，由平汉（铁）路运来。数量每年约十七八万。民（国）十三时达二十七八万。运输则平东各县，有由人用筐担来，有用大车运来，亦有以驴驮来者。北口鸡及西路大都由火车运来”②。

鸭子也是华北农村较为普遍的一种家庭饲养动物。因为历史，特别是市场需求等原因，北平城郊农民养鸭得更为普遍。“北平郊外的鸭户，大别之为二种，一是以鸭为专业的，一是以养鸭为次要工作的，换言之，即以养鸭为副业的”；以养鸭作为专业的农户，“全家从事养鸭工作，所有庭院，大部是拿来为养鸭用的，鸭栏本用草，后改为用砖，栏内垫以稻草，依鸭之大小而分栏，小鸭则置于竹篓中，内院并专盖有一土屋以藏鸭，喂鸭另有饲场，即以砖砌成四方形的小广场，中垫以芦席，喂时便将鸭从栏内驱入于此广场中，再抛掷食料与之食，食完后便驱入水池中令之洗浴。水池即在食场之对面，用木板筑成，池旁有一井，用水即由井内吸上再灌入池中。池底有阴沟，秽水可由之以放出，浴完后，便将鸭驱回栏中”。“北平西郊鸭户所养的鸭数，多是甚少的，在五十只以下的鸭户，竟占鸭户总数中四三．三三%，而一千只以上的鸭户不过一〇%”。③

---

① 实业部国际贸易局编：《中国实业志·山东省》，实业部国际贸易局 1934 年版，第 477 ~478 页。

② 张景观、刘秉仁：《北平鸭业调查》，见千家驹编《中国农村经济论文集》，上海书店出版社 1990 年版，第 455 页。

③ 张景观、刘秉仁：《北平鸭业调查》，见千家驹编《中国农村经济论文集》，上海书店出版社 1990 年版，第 444 ~451 页。

北平生产的鸭子，除了销售本地，还售往国内外市场。国内的主要销售市场包括四个方向：（1）天津，其商贩“于一、二、三月河结冰后，便来北平贩运，多由火车载运东去，营业佳时，每月可去二三千只，不佳时只二三百只”；（2）上海，其商贩“每若干月贩运一次，用船载运，但运到时死亡甚多。二十三年度中曾运过六七次，每次约一百多只”；（3）大连，“每年五月至七月来北平收货，年运二次，每次约百余只”；（4）奉天，“每年交易四五次，每次百余只”。①

华北农家饲养的家畜，自然也为天津城市人口提供了肉蛋来源。但在同时，其相关产品也和西北牧区的畜产品一样，成为天津对外贸易的组成部分。例如，北平地区生产的鸭子，除当地销售，对国外的输出则主要由总行设在天津的和记公司经营，他们将宰杀好的鸭子装箱运往天津，再用冷气船运往各国，特别是英国。②

2. 华北畜牧业的市场化与外向化

口岸开放以后，随着沿海工业和国际市场对中国畜产品需求量的增加，华北地区畜牧业的市场化与外向化，也有了一定程度的提高。因为天津作为中国最大的畜产品出口口岸，不少出口商品就是来自华北农家饲养业。

河北省枣强县的大营镇，是冀南地区皮毛集散地之一。“该镇商号共计百余家，皮货店约占十分之七……该镇与顺德、遵化、辛集并称河北四大皮货市场。”③ 束鹿县辛集镇所集散的“羊皮由保定、正定、河间、顺德及泊头、周家口等处陆路输入，每年计粗细二色约三十万张，本境制成皮袄、皮褥等货，由陆路运至天津出售。羊毛由归化、城西、泊头、张家口及五台、顺德等处陆路输入，每年均计约有四五十万斤，本境制成织绒、

---

① 张景观、刘秉仁：《北平鸭业调查》，见千家驹编《中国农村经济论文集》，上海书店出版社1990年版，第456～457页。

② 张景观、刘秉仁：《北平鸭业调查》，见千家驹编《中国农村经济论文集》，上海书店出版社1990年版，第457页。

③ 天津国货研究所：《国货研究月刊》1932年9月号。

毡毯、帽头等货，由陆路运至天津、湖广等处出售”①。

山东省饲养的山羊和绵羊，“其目的不专在取毛，故羊毛之品质殊不一律”，一个重要的原因就是这些羊毛多由商贩从各家各户零星收集、并掺杂混合而成。全省产量约36680市担。其中，昌邑为8000市担，单县6800市担，蒙阴6000市担，滕县2100市担，临沂2000市担，沂水1800市担，肥城1250市担，滨县1050市担，夏津1000市担，其余各县数量少而不等。除部分自用外，约32040市担外销县外，占总产量的87%有余。山东羊毛的“省内市场之主要者为青岛、济南、济宁三处，省外行销天津为最多，亦有由青岛、徐州而至上海者”。羊皮的“外销总数，共计一八一九二○张，行销地点与羊毛同”。山东省养猪头数约为3959930头，大多在当地消费，县外销量为860800头，仅占总产量的22%弱。“本省行销地点，除邻县外，以济南、青岛、济宁、烟台、博山为止，省外北销天津，南销徐州、南京、上海。”②

禽蛋类产品的出口数据，最早出现在津海关1904年的贸易统计中。不过该记录也仅为鲜蛋一个品种对中国沿海口岸的输出数据，对国外输出数据则为零。国外市场对鲜蛋出口的统计数据，出现在1905年。到1910年，在蛋类的出口行列中，出现干蛋黄这种禽蛋初加工产品。此后，各类新的蛋类加工产品，如皮蛋于1911年；咸蛋于1912年；干、湿蛋白，干、湿蛋黄，白、黄不分的干货于1914年；白、黄不分的湿货于1917年；冻蛋品于1924年，陆续加入天津的出口商品名单。

3. 野外猎捕（捕捞）业的商品化

除家庭养殖，华北地区还存在处于区域经济发展补充地位的野生动物猎捕，包括对陆地野生动物的狩猎和对水生动物的捕捞。其中，对陆地野生动物如野兔、黄鼬的狩猎和对河湖淡水鱼虾的捕捞，多属农民农闲时补贴家用的副业，具有明显的零散随机性，在区域经济发展中的影响较小。但是，华北地区原野广大，野生动物资源丰富；河湖遍布，淡水渔业资源

① 〔清〕李中桂等纂修：《光绪束鹿县志》，台湾成文出版社1968年版，第153页。

② 实业部国际贸易局编：《中国实业志·山东省》，实业部国际贸易局1934年版，第458，463，470页。

也有很多；海岸线漫长，海水鱼类的捕获量也很大。

据20世纪30年代初的调查，山东省内河淡水鱼类的常年产量约66651担，仅占全省捕捞总量的4%，“由此可见，山东渔业以沿海为主，内河渔业并不十分重要”①。销售方面，“内河各县所获之鱼，类多销售县内各大集镇，或销至邻县集镇；沿海各县所获之鱼，则除销售邻县及县内外，更有销至外省外埠者”；“其集散之地点有三：一为青岛，二为烟台，三为威海卫”。② 民国年间山东沿海渔业的产销技术，有了一定发展。“渔业有日本渔船竞争，亦增购汽船，技术设备日臻完善，渔、盐前途大有可观”；渔船储藏鲜鱼所需要的冰块，主要来自冬季的地窖藏冰；后来，购用大连生产的机器碎冰；再后来，青岛、烟台、威海卫也有了机器冰的生产。另外，还利用当地丰富的海盐，腌制咸鱼、干鱼，运往更远的省内腹地市场，以及大连、天津、江苏、浙江等地销售。③ 尽管与日本相比，山东渔业生产及其运销尚属初级水平，但是和天津渔业相比，要出色很多。

山东省淡水湖泊众多，较大者如微山、昭阳、南阳、独山、蜀山、处山、南望等湖，较小者如东平、麻大泊、清水泊、洰定、大明等湖，所产淡水鱼类有鲤鱼、鲫鱼、白扁鱼、黑鱼、鲶鱼、小虾、鲘鱼、鲹鱼、鳝鱼、毛刀鱼、蟹子、泥鳅等；濒海之地，北起渤海湾的无棣县，南至黄海之滨的日照岚山，均有种类繁多的海水鱼类出产，如黄花鱼、刀鱼、鲞鱼、鲅鱼、比目鱼、鳕鱼、加吉鱼、鳣鱼、红鞋鱼、黄古鱼、鲨鱼、河豚、鲮鱼、鱼子鱼、对虾、虾、海参、海螺、干贝、鲍鱼、海蜇、蟹子等。1935年，全省海产品的产量为500万担左右，1949年为1569460担左右。④

---

① 实业部国际贸易局编：《中国实业志·山东省》，实业部国际贸易局1934年版，第46页。

② 实业部国际贸易局编：《中国实业志·山东省》，实业部国际贸易局1934年版，第55，56页。

③ 胶济铁路管理局车务处编：《胶济铁路沿线经济调查报告总编》上，胶济铁路管理局车务处1933年版。

④ 《民国山东通志》编辑委员会编：《民国山东通志》，第二册，台湾山东文献杂志社2002年版，第1158页。

当然，与天津市场密切相关的，主要还是河北省尤其是天津周边的出产。“天津地濒渤海，渔业号称繁盛。产鱼最多之处，为东、西两沽，海河沿岸。渔船千百，专事捕鱼，不务他业。其人均无水产专门学识，而渔捞方法都无不合，亦犹我国农人，昧于学理而娴于农法者然也。所惜者无大规模新式渔船，不能经营远海渔业耳。该地有鱼店多家，坐候收买，故渔船捕获之鱼，无难售之虑。设有过剩，则用法咸制，以避馁败，俟时以为出售。”天津地区出产的鱼类，分为海鱼、河鱼两种。海鱼有黄花鱼、鲙鱼、铜罗鱼、大头鱼、梭鱼、面鱼、刀鱼、针鱼、比目鱼、鲈鱼、对虾、海蟹、蛤等；河鱼有鲤鱼、鲫鱼、鳜鱼、鲇鱼、黄瓜鱼等。① 1922 年前后，天津渔业公司有四家，一是地处劝业所的渔业总公司，另外三家分别是地处陈家沟、大红桥、龙王庙的渔业公司分局。②

由于水产品加工技术和保鲜设备上的差距，天津地区的淡水和海水鱼类产品的流通范围还很有限。短距离地供应天津城市居民所需尚能胜任，长途运销特别是对外出口贸易的记载则极端缺乏。通览津海关贸易报告，水产品的出口几乎没有见到，水产品的进口倒是时常见诸记载。贸易报告进口洋货下，即有“鱼介及海产品”专栏，它们和动物产品、罐头食品及杂货列入一起统计，“此项物品及日本麦粉，按照军用品进口者，厥数殊多，惟不列于统计之内耳”③。1938 年，津海关的“鱼介及海产品进口价值，由客岁之 500000 元，跃为 2300000 元，内日货占 87%”④。1939 年，津海关进口的“鱼介海产品，无不激增，内以日货最伙”⑤。

① 河北省政府建设厅编：《调查报告 第三编 农矿》，河北省政府建设厅 1928 年刊行，第 21 ~ 23 页。

② 古蓨孙：《天津指南》卷下，天津新华书局 1922 年版，第 1 页。

③ 吴弘明编译：《津海关贸易年报（1865—1946）》，天津社会科学院出版社 2006 年版，第 509 页。

④ 吴弘明编译：《津海关贸易年报（1865—1946）》，天津社会科学院出版社 2006 年版，第 512 页。

⑤ 吴弘明编译：《津海关贸易年报（1865—1946）》，天津社会科学院出版社 2006 年版，第 517 页。

华北地区畜牧业经济商品化程度的提高，厚植了当地市场经济的土壤，成为农民增收的有效路径，一定程度上增强了近代北方经济的综合实力。

第三节　腹地成为天津港口与城市的商品销售市场

三北腹地不仅为天津口岸的出口贸易提供了上述丰富的农、牧、土、特产品，而且也成为天津口岸输入的沿海、国际进口商品以及天津城区商业集聚、工业生产的商品销售市场，成为天津港口进出口贸易繁荣、天津城市商业发展以及工业再生产的关键链条和坚实后盾。

一、腹地是天津港进口商品的重要销售地

天津之所以能够较快地发展成为近代中国北方最大的港口城市和通商口岸，是与其所依托的天津城市和三北腹地日趋提升的商品消纳能力密切相关的。下表是清朝末年腹地各省通过子口税三联单的贸易方式，对天津口岸进口洋货的吸纳和销售情况：

表 3.21　1906 年前后外商通过子口税三联单由天津运到腹地销售的进口洋货数值

价值单位：海关两

输出地	商品价值	占总值百分比（%）	输出地	商品价值	占总值百分比（%）	输出地	商品价值	占总值百分比（%）
直隶	22120293	61.14	陕西	152465	0.42	吉林	3531842	9.76
山东	1420579	3.93	甘肃	1453153	4.02	蒙古	700	—
山西	6578933	18.18	新疆	138188	0.38	黑龙江	2049	—
河南	1165426	3.22	盛京	857416	2.37	恰克图	34270	—

资料来源：侯振彤译《二十世纪初的天津概况》，天津市地方史志编修委员会总编辑室 1986 年版，第 274～275 页。

表注 1：史料给出的该年“子口单”输往腹地的进口洋货总值为 36178019 海关两（原文如此）。表注 2：表中各项商品价值总计为 37455314 海关两，比表注 1 给出的数据高出 1277295 海关两。

尽管腹地各省对天津口岸洋货吸纳的实际情况要比表3.21的数据高出许多，因为该表并未包括中国商人贩运到内地去的洋货数量，但是，它毕竟也大致反映了北方各地对天津口岸进口商品的销售概况，基本勾勒出了清朝末年天津港出口腹地的地理空间范围。

在进口商品的销售方面，天津港口与腹地之间的商贸关系，也并不是单向的索取，或者说并不是港口单纯地需要腹地来购买它进口的产品，以便完成其最后的赢利环节；同时，腹地也在利用港口的中介作用，来满足自身在生产和生活方面的物质需求。例如，天津开埠通商以后，为了满足沿海口岸城市和国际市场对中国北方农、牧、土特产品，尤其是工业原料产品日益增长的需求，腹地农民逐步调整传统的农业种植结构，越来越多地种植那些机会成本小、比较优势大、经济收益多的棉花、花生、大豆、烟草、罂粟、麻类、果木、蔬菜等经济作物，这就需要不断提高和维持土地的肥力。于是，各地农民除了尽量增施土杂肥料，还自“一战”之后逐步使用了工业肥料——肥田粉（硫铵）。而这种化学肥料的取得，又是通过港口城市天津的进口和运销环节来完成的。由此可见，港口和腹地之间，其实也是一种相辅相成的互利互动关系。

表3.22 1933—1937年天津在华北肥田粉进口中的比重

数量单位：吨　数值单位：千元

年份	华北六港		天津		
	数量	数值	数量	数值	数值百分比
1933	3996	563	3992	563	100
1934	3741	422	2468	281	67
1935	7768	737	5094	479	65
1936	21667	2348	13036	1339	57
1937	26200	2861	11198	1247	44

资料来源：李洛之、聂汤谷编著《天津的经济地位》，经济部冀热察绥区特派员办公处、结束办事处驻津办事处1948年版，第49页。

据表 3.22，1933 年天津一个港口所进口的肥田粉数值，就几乎占据华北进口总量的全部份额。至 1937 年，由于华北其他口岸的竞争，天津港口所占华北进口总量的比重仍然近乎一半，进而也折射出该港对腹地农业生产的重要贡献。

表 3.23　1938 年天津口岸进口的肥田粉在腹地市场的空间分配

数量单位：吨

地域空间	数量	百分比（%）	地域空间	数量	百分比（%）
大冀东地区	9748	42	天津塘沽间	150	
冀东地区	1500		天津市内（批发）	2115	9
塘沽附近	81		天津附近津浦铁路沿线	307	1.3
唐山附近	780		北宁、平汉铁路沿线	2500	11
北宁铁路沿线	7387		河北、山西省	1400	6
天津、冀东地区	6950	30	其他	100	1（未满）
北宁铁路沿线	4200		合计	23130	100
天津市及冀东	2600				

资料来源：李洛之、聂汤谷编著《天津的经济地位》，经济部冀热察绥区特派员办公处、结束办事处驻津办事处 1948 年版，第 50 页。

表 3.23 显示，全面抗战爆发后，天津进口的肥田粉仍然主要供应农村经济相对繁荣的冀东地区，但天津市内也有对其他地区的批发销售业务，平汉铁路沿线和山西地区也有了一定程度的推广。至少说明，这些地区的农民也已经意识到了，使用由天津口岸进口的洋肥料是提高经济作物产量的有效途径之一。

二、腹地也是天津城市商业集聚品和工业生产品的倾销市场

由于资料统计的限制，在由天津销往腹地的众多商品中，很难分清哪些是作为通商口岸的天津港口从海外或中国沿海商埠进口和转口来的，哪

些是作为商业中心市场的天津城市通过各类商品运输渠道商业集聚来的，哪些又是作为近代工业都市的天津从位于城区的工厂里自己生产出来的。例如，排在华北市场消费品首位的纺织品，就存在这种来源成分异常复杂的情况。

表 3.24　1936 年、1938 年港口城市天津主要纺织品的来源渠道占比（百分比）

年度	织品类别	天津生产	直接进口	冀东进口	转入口	合计
1936	棉纱	35.1	0.2		64.7	100.0
	本色棉布	9.1	0.1	3.7	87.1	100.0
	加工棉布		4.1	73.5	22.4	100.0
	人造丝		0.9	99.1		100.0
	人造丝绸缎		2.9	96.1	1.0	100.0
	总计	17.2	0.7	29.8	52.3	100.0
1938	棉纱	74.5	0.4	0.4	24.7	100.0
	本色棉布	52.9	16.2	5.5	25.4	100.0
	加工棉布		37.4	30.4	32.2	100.0
	人造丝		73.3	21.3	5.4	100.0
	人造丝绸缎		46.7	52.8	0.5	100.0
	总计	51.4	15.6	8.5	24.5	100.0

资料来源：李洛之、聂汤谷编著《天津的经济地位》，经济部冀热察绥区特派员办公处、结束办事处驻津办事处 1948 年版，第 42 页。

表 3.24 主要呈现出前后两个变化，一是冀东进口即武装走私和其他口岸转进口的比重均明显下降，天津城市直接进口和自己生产的比重明显上升。这反映出，日军侵占天津以后，通过强行接管天津海关，整顿和恢复了其相对正常的外贸秩序。另一方面也反映出，日本人通过兼并和扩大对纺织企业的投资，提高了天津城市工业企业自身的产出能力。1936 年，天津自身的棉纱产量是 62725 包，本色棉布产量是 303400 匹；1938 年的产

量分别是142695包和2755835匹，分别增长了2.27倍和9.08倍。

那么，这些通过天津港口进口而来，以及由天津城市商业集聚、工厂直接生产的各类纺织品，在腹地的各个地域空间上，又是如何销售的呢？

表3.25　1936年、1938年港口城市天津主要纺织品的销售区域占比（百分比）

商品	年份	天津及其近郊	北平及其近郊	冀东	高阳、保定地区	西河、御河地区	山东地区	西北地区	其他共计
棉纱	1936	15	5	35	30	5	5	3	100
	1938	19	15	42	7	4	10	2	100
人造丝	1936	17	10	—	37	—	30	—	100
	1938	35	5	—	10	—	40	—	100
本色棉布	1936	22	12	7	14	15	—	20	100
	1938	25	18	17	15	5	—	13	100
加工棉布	1936	26	12	9	9	13	—	20	100
	1938	20	15	12	12	17	—	12	100
人造丝绸缎	1936	30	24	1	18	—	17	3	100
	1938	30	25	10	10	—	14	1	100
合计	1936	18	9	18	25	7	8	8	100
	1938	23	16	26	11	6	6	8	100

资料来源：李洛之、聂汤谷编著《天津的经济地位》，经济部冀热察绥区特派员办公处、结束办事处驻津办事处1948年版，第43～44页。

表3.25表明，一直到抗日战争全面爆发以后，港口城市天津的进口、集聚和自产工业品，其销售腹地依然涵盖除东北地区的北方辽阔区域。其中，腹地在七七事变前后，对纺织品的吸纳强度是有所变化的。天津及其近郊从1936年的18%增加到1938年的23%，北平及其近郊从9%增加到

16%，冀东从18%增加到26%；相反，高阳和保定地区从25%减少到11%，西河和御河地区从7%减至6%，山东地区也从8%减至6%；只有西北地区的销售比重维持不变。

出现较大波动的区域有两个，一是原本以天津进口和生产棉纱为主要原料的、以高阳县为中心的清苑（保定）、安新、任丘、蠡县等高阳布生产区，在此之后既失去了原有的东北市场，也失去了其他传统市场，即“华中、西北等抗战力量强大的地方，在抗战时期，受了很大的影响”。而天津、北平近郊以及冀东以宝坻等7县生产所谓“东八货”的区域，由于此前就在伪冀东防共自治政府和《塘沽协定》划分的“非武装区”辖境内，通过正常贸易和走私贸易的方式，与日本和伪满洲国在经济与市场方面有着这样或那样的联系，因而一直得到日伪政权的另眼相待，所以能够在“事变勃发不久，就化为沦陷区，所受的经济破坏程度比较轻，容易恢复”；并且，其产品的“贩路是平津及东北，根本并未受到影响”；再加上“事变勃发前后，由天津边境农村地带迁入到天津的织布工厂，为数很多（北平方面也有此现象）”，所以这一地区的乡村织布业自始至终均能够得到顺风顺水的发展。换句话说，“在沦陷区的经济里面，天津无论占着如何重要的地位，如果麻痹了它与腹地农村间有机的经济交流关系（这当然是敌军使然的），是不能期待它的繁荣的”。①

火柴是天津仅次于纺织、面粉的第三大城市工业，也是三北腹地城乡人民的生活必需品。1936年的生产量为34304火柴吨，占全市总供给量34744火柴吨的98.73%；1937年生产量占总供给量的99.92%；1938年生产量占总供给量的88.05%，已经成为天津进口替代工业发展的成功典范之一。当然，这一成功的背后，自然也是腹地市场对其工业品所提供的强力支撑。

---

① 李洛之、聂汤谷编著：《天津的经济地位》，经济部冀热察绥区特派员办公处、结束办事处驻津办事处1948年版，第44页。

表3.26　1938年、1940年天津火柴的腹地市场分布

单位：火柴吨

地区	1938年		1940年	
	数量	百分比（%）	数量	百分比（%）
河北	36795	52.8	84700	43.3
天津			13800	7
北平			12000	6.1
平汉沿线			16550	8.5
津浦沿线			6600	3.4
冀东			9000	4.6
渤海			2400	1.2
冀中			22550	11.5
冀西			1800	0.9
山东	16169	23.2	600	0.3
河南	8632	12.4	6600	3.3
平汉沿线			3600	1.9
西御河沿线			3000	1.5
山西	2433	3.5	—	—
察哈尔	620	0.9	9000	4.6
绥远	4651	6.7		
新疆	—	—	3600	1.9
安徽	200	0.3	—	—
江苏	185	0.2	—	—
合计	69685	100.0	195800	100.0

资料来源：李洛之、聂汤谷编著《天津的经济地位》，经济部冀热察绥区特派员办公处、结束办事处驻津办事处1948年版，第50～51页。

表注：1火柴吨＝100罗＝14400小盒＝2箱。

由表3.26可见，尽管生产企业已经直接处在日本的军事占领下，但是，作为生活日用品的天津火柴，还是能够冲破重重阻力，把其销售范围拓展到华北、西北的辽阔地区，足见天津这一港口城市深厚的传统影响和辐射能力。

表3.27　1936年、1938年天津进口和自产商品在北方地区的销售状况

价值单位：国币千元

主要商品	1936年				1938年			
	天津消费		腹地消费		天津消费		腹地消费	
	金额	百分比（%）	金额	百分比（%）	金额	百分比（%）	金额	百分比（%）
棉纱	6207	15	35175	85	11225	19	46277	81
本色棉布	5477	22	19418	78	14429	25	43288	75
加工棉布	2557	26	7277	74	3359	20	13437	80
人造丝	3386	17	16529	83	1969	35	3657	65
人造丝绸缎	341	30	797	70	1381	30	3223	70
面粉					37493	54	31939	46
煤油					696	15	3945	85
化学肥田粉					102	9	1028	91
火柴	348	25	1042	75	1479	20	5917	80
糖	2583	39	4032	61				
合计	20899	20	84270	80	72133	32	152711	68

资料来源：李洛之、聂汤谷编著《天津的经济地位》，经济部冀热察绥区特派员办公处、结束办事处驻津办事处1948年版，第52页。

表3.27所列的10种天津进口和自产主要商品中，除面粉在本市消费占了半数略高，其他9种占总供给量的65%～91%以及10种商品总供给量的平均68%～80%，都销售到了天津城市以外的广大三北腹地，进一步

反衬出腹地对天津近代工商业繁荣的重要意义。

因此，无论是在出口货物的收集，还是在进口和自集、自产商品的销售方面，港口城市天津对它的经济腹地都有着很强的依赖关系。“在收集物资方面，天津把握着华北农村商品化经济的2成。相对应的，天津以华北农村为主要贩路，供给物资来维持它的繁荣；没有华北农村的繁荣，天津是不会繁荣的。与国内外物资的交流上，天津市不是一个生产都市（工业都市），而近于商业都市的性格。”① 换言之，相对于经济腹地而言，天津的功能定位，首先是一个港口和商业市场，然后才是近代工业的生产中心。

第四节　腹地对天津城市工商业的劳动力供应

经济活动的本质，是人类所特有的物质生产和再生产活动；它最核心的要素就是人能动的生产劳动。换言之，作为全部社会生产行为基础和主体的人口，既是物质资料的消费者，也是生产者。离开人口现象去谈论城市经济的发展问题，很多原本丰富生动的物质生产和运销环节就会变得模糊而空洞。

况且，天津本身又是一个以外来人口为主体的移民城市，从它的出现、成长，到发展壮大的每一步，都与其人口数量、人口结构的变化有着极为密切的关联。一方面，天津吸纳了周边各地的人口，解决了农村人口的社会就业问题；另一方面，周边人口也为天津城市工商业的发展提供了组织者和劳动者，并反过来成为周边腹地市场的商品生产者和运销者，进而把天津港口—城市—腹地三者联结起来，带动了北方城乡外向型经济的共同发展。因此，从很大程度上讲，深度考量天津不同历史时期人口数量的多少、增长的快慢、素质的优劣，既是衡量天津城市工商业经济发展规模和繁荣程度的根本指标，也是考察其对腹地经济带动

---

① 李洛之、聂汤谷编著：《天津的经济地位》，经济部冀热察绥区特派员办公处、结束办事处驻津办事处1948年版，第52页。

能力强弱的重要体现。

再者，近代天津的民族工商业特别是民族工业，之所以能够在激烈的国内外竞争中占有一席之地，靠的绝不是其价高质劣的土特产品和手工产品，而是来自周围乡村的廉价劳动力供应，节省了城市工业生产的成本。①这一点，从天津城市工业特别是中小工业企业人力资本的构成中大量使用学徒，并且其工资报酬又极低的普遍现象中，就可以肯定腹地作为天津城市廉价劳动力蓄水池的重要地位了。“言及工人，则以学徒为最多，占百分之七十二。天津之手织工业如地毯、织布及针织业，皆用学徒；而雇用最多者，则为针织业”；至于“工人工资，大率低贱，平均每月连膳宿费仅一三.一元，而工作时间则极长，一日十二时者极其普通。学徒之工作时间与工人同，但付与工资者，仍不多见。仅有时为图增进工作效率计，及延长学徒习艺之时间时，亦破例与以缴资，以事奖励。学徒之习艺时间，普通为三年，亦有三年零四月者”。②

一、清代中期以前的天津人口概况

葛剑雄通过对西汉元始二年（公元 2 年，中国最早的、系统的人口统计）之后近两千年间人口史的研究，发现了中国人口自然增长率的一个大致规律，即“在社会比较安定、经济得到发展、自然灾害不大严重的情况下，较长时期的人口年平均增长率可以达到 5 ~ 7‰”③。也就是说，如果一个城市或者地区的人口年平均增长率明显高于或者低于这一标准，那么就可以推断有大量区域外人口的移入，或者突然发生了严重危害社会稳定和经济发展的事件，从而改变了当地人口正常的发展进程和结构。征诸大量历史资料，可以发现，近代天津人口快速增长的主要因素属于前者，即随着天津城市地位和功能的改变，从周边地域吸纳来各类腹地人口。

---

① 李洛之、聂汤谷编著：《天津的经济地位》，经济部冀热察绥区特派员办公处、结束办事处驻津办事处 1948 年版，第 3 页。

② 方显廷编：《天津针织工业》，天津南开大学经济学院 1931 年版，第 80 页。

③ 葛剑雄：《中国人口发展史》，福建人民出版社 1991 年版，第 262 页。

1. 明朝时期的天津城市人口概况

天津城市人口数据的滥觞，应该源自当地元代聚落海津镇。当时“初宅此者仅七姓”①，居民人数明显不多。至明初建卫之后，天津的城市人口才有了一定数量的增加。永乐四年（1406）的天津，共设有三卫，按当时的兵制，每卫足额兵员 5600 人，共 16800 人，再加上辅助人员即一比一配的余丁，以及部分家属等，明代天津卫城的人口当更多。按照高艳林的分析和考证，当时卫所的兵员并未足额，因此，“明初的天津三卫人口数，亦即永乐初年天津三卫军户移民数，大约应在 40760—59733 人之间”②。

这些作为军事移民的官兵来源地域很广，包括今天的安徽、江苏、山东、河北、河南、浙江、湖北、湖南、陕西、山西、福建、广东、贵州、江西、云南等省，且以南方人居多。这些军籍世袭的官兵，除了从事戍卫漕船、粮仓等相对集中的军事活动，就是分散在各地屯田耕作，家属也随之居住下来，进而他们变成了天津当地人口的主体部分。

此外，尚有为数众多且又依附漕运和卫城的非军事人口，包括大小粮商、日用品商贩、水手、码头装卸和搬运夫、造船工匠、铁匠等。到明代后期，随着卫所和军籍制度的废弛，天津三卫官兵的身份和职业也日益世俗化，如除了屯田种地，政府也允许漕运的官兵可随船挟带一定数量的土货进行买卖，有的官兵则从事造船工作，这些导致了天津城市职能、性质由军到民的转变。高艳林指出：“明代天津三卫军队人口，由于越来越多地从事某一种经济活动，他们的身份发生了变化，这是由军人向生产者的变化，经济活动越是深入及专业化，他们的职业性质变化就越彻底。这种天津人口主体的性质变化，不言而喻要对其时天津城市性质的变化发生重大影响。加之，有明一代，不属军队的其他行业的居民，一直在天津增加着，这对天津城市军事性质的削弱也有推波助澜的作用。这样，天津人口的经济活动在其全部活动中所占比重日益增大，从而使天津逐渐从一个军

① 〔清〕王守恂撰：《天津政俗沿革记·户籍》，1938 年刻本。

② 高艳林：《天津人口研究（1404—1949）》，天津人民出版社 2002 年版，第 8 页。

事城堡向经济的、商业的新型城市转变。”①

2. 清代前期的天津城市人口概况

进入清代以后，朝廷变革了包括天津在内的旧有兵制，将原卫所的官兵除一部分转为绿营兵，大部分变成专职屯田种地的当地农民。由于绿营兵主要由本地人充任，所以，作为明代天津移民重要组成部分的卫军及其家属，不再是清朝该地区外来人口的主要来源。从此，非军事身份的普通外来移民，以及当地居民的自然繁衍，反倒成为天津人口增长的基本内容。这就进一步冲淡了天津的军事城堡内涵，促使其向普通行政和工商城镇转型。

正是在这一背景下，雍正三年（1725），朝廷决定改卫为州，将新设的天津州直接隶属于河间府，并下辖武清县、青县、静海县三县。雍正九年（1731），再将天津州擢为天津府，辖天津县、青县、静海县、南皮县、盐山县、庆云县、沧州即六县一州，并将天津府治、天津县治、天津道、总兵、长芦盐运司等行政、军政机构，均驻扎到天津城，从而前所未有地提升了天津城在周边广大区域的政治、军事、经济、文化地位，增强了天津的人口凝聚力。此即所谓“逮清初，以水路津通，五方杂会，维时以商贾宦幕初或侨居于此，数世之后，子孙孳息，而户口始密也如”。②

不过，由于中国古代的人口统计主要目的是征收赋役，而康熙五十二年（1713）之后，又规定在康熙五十年（1711）的基础上，滋生人丁，永不加赋；雍正二年（1724）之后，又将丁银并入地粮征收，结果致使自乾隆三十七年（1772）之后，五年一次的丁册编审制度也停止了，这样，除了知道天津全县雍正九年（1731）“二千九百四十六丁”、乾隆二年（1737）“二千一百四十丁”③ 的丁银数，其他便无从确知天津城市人口的

① 高艳林：《天津人口研究（1404—1949）》，天津人民出版社2002年版，第41页。

② 〔清〕王守恂撰：《天津政俗沿革记·户籍》，1938年刻本。

③ 〔清〕朱奎扬、张志奇修，〔清〕吴廷华、汪沆纂：《天津县志·田赋志》，附户口，乾隆四年刻本。

具体数量了。

好在为了稳定社会，清代“自是［乾隆三十七年（1772）——引者］而后，兴办保甲，确查户口，上以故事行之，下以故事应之”①，从而为考察天津城市人口的数量提供了方便。据《津门保甲图说》的调查，天津城内及四乡人口共分为绅衿、盐商、铺户、负贩、烟户、应役、佣作、船户、土住、乞丐、僧道、医卜、寡居、窑户、捕鱼、税局、种园17类。其中，天津的城市人口状况大体如表3.28所示。

表3.28　1846年前后的天津城市人口及职业状况

单位：户

区域	绅衿	铺户	土住	佣作	船户	乞丐	盐商	烟户	应役	负贩	医卜	僧道
城内	288	3132	257	30	19	25	159	2887	1139	1935	11	32
	共9914户，其中大口30750口，小口64601口，总计95351口											
东门外	129	2975	113		200	22	110	1975	383	1330		29
	共7266户，其中大口23044口，小口11060口，总计34104口											
西门外	39	823	197		327	7	4	1526	156	465		15
	共3599户，其中大口9132口，小口2068口，总计11200口											
南门外	2	280	31			2		418	19	102		4
	共858户，其中大口1935口，小口881口，总计2816口											
北门外	103	3196	31		131	11	52	1426	427	799	11	
	共6187户，其中大口24290口，小口7204口，总计31494口											
东北城角	36	318	78		192	14	13	1087	95	762		17
	共2612户，其中大口9131口，小口4077口，总计13208口											
西北城角	56	902	39		94	9	34	658	119	318		8
	共2237户，其中大口6815口，小口3727口，总计10542口											
总计	653	11626	746	30	963	90	372	9977	2338	5711	22	105
	共32633户，其中大口105097口，小口93618口，总计198715口											

资料来源：〔清〕佚名《津门保甲图说》，道光二十六年刻本。

① 〔清〕王守恂撰：《天津政俗沿革记·人口》，1938年刻本。

《津门保甲图说》统计的各色人等中，天津城乡明确经营商业的人户占天津总人口的51.2%；肯定与商业有关以及可能与商业有关的人户约占天津总人口的46.23%；这一时期从事商业活动的人户应该占到了天津人户总数的65.7%，即三分之二的高比重。①

同时，如上所述，1406年，天津的城市人口为4万至5万人，按照5～7‰的人口自然增长率，到1846年，这一数据应该在12万人左右。表3.28的统计却显示，开埠前的天津非农产业人口已经达到了20万人，这充分说明有大量的外地人口移居到了天津府城及关厢地区。

就外来移民而言，人数较多的是来自全国各地的商人。因为清代前期，地处渤海湾西岸河运和海运中心的天津继续作为都城北京的漕粮和其他物资转运站以及长芦盐的产销中心，所以城市的商业辐射范围和商品集散能力也随之得到逐步增强。最引人注目的是广帮和宁波帮的出现。广帮泛指广州、潮州、福建三地的南货商人，他们大概在康雍年间就已抵津贸易，至乾隆年间初具规模。由于他们习惯用原籍人做帮手，所以带动了更多粤、闽人来津经商，至咸丰年间，在津的广帮商人已5000多人，算上家属就更多了。他们的到来，不仅增加了天津城市人口的数量，而且促进了天津商业和贸易的繁荣。其中，仅广帮贩运到天津的货物，就有缝衣针、铜纽扣、白铜烟筒用具、金箔、锡箔、锡制热碗、酒壶、漆杠皮件、象牙雕刻品、玉器、藤织品、栲绸云纱、翎羽、鹅毛扇、葵扇、草席、苏木、茴香、八角、樟油、红糖、橙柑等；回程时又将天津周边的土特产品，如花生、大豆、杏仁、红黑枣、山干货等销往南方市场。② 宁波等外地商帮的情况也大体类似。

总之，到开埠之前，“天津已成为一个地地道道的商业城市了。这是明代末期以来天津人口性质长期变化的结果，这是天津历史发展中的意义

① 高艳林：《天津人口研究（1404—1949）》，天津人民出版社2002年版，第83页。

② 杨仲绰：《天津“广帮”略记》，见中国人民政治协商会议天津市委员会文史资料研究委员会编《天津文史资料选辑（第二十七辑）》，天津人民出版社1984年版，第45～46页。

极为重大的一项转变，标志着天津已迈入了一个崭新的历史阶段”①。

二、近代时期的天津城市人口数量

天津城市人口更为迅速地增加，以及周边移民的迁入，则是1860年天津开放为对外贸易通商口岸、近代工商业和城市建置区不断拓展之后的事情。

不过开埠早期，由于天津最主要的商业和政治、文化中心还集中在老城及其关厢地区，租界尚属城东南郊外的荒野乡村，因而，不仅各地的商人及其商会组织驻扎在城中心、城北和城东北的繁华街区，就连洋行也设在这一带，以利于商品集散和商业发展。“最初，在条约批准后，只有几个外国商人和两三名基督教传教士住在天津老城区，即东城墙与从现在的‘奥国’桥绕过河湾到前总督衙门和东浮桥（窑洼浮桥——译者）一段海河之间的地区。多数洋行都在宫北街设行，该街把这一地区一分为二，大街与河道平行，距河岸有一个街区，与中街情况类似。传教士住在城里靠近城中心的房子里，但不久，有些传教士就在法、英租界建造小房子。”②外国人和一部分中国人才逐步向租界地区扩散和转移。

由于统计口径、统计时间和覆盖区域的差异，不同著作所列的天津城市人口数量也大不相同。据1926年前后的一项调查，“天津全市之人口约为七十五万左右。其中外人约一万六千四百（英人五三五一、法人四七四五、比国人一三〇四、意大利人五四七九、日人约八一三五）。国人除常住者以外，春季则经商于各地，冬季归本地者，约有三万云”③，情形相当复杂。

据张利民研究，到1906年，天津城区总人口达到74340户，42.5万人；其中，中国城区为35.7万人，租界区为6.8万人。此后，天津城市人口总数进一步增加，1910年为601432人，1928年为112万人，1936年为

① 高艳林：《天津人口研究（1404—1949）》，天津人民出版社2002年版，第83页。

② ［英］雷穆森（O. D. Rasmussen）著，许逸凡、赵地译，刘海岩校订：《天津租界史（插图本）》，天津人民出版社2009年版，第36页。

③ 喻守真等编著：《全国都会、商埠旅行指南》，中华书局1926年版，第41页。

125.5万人，1948年更跃升到了191.4万人。① 这种增长速度，即便在政治、经济、社会均相对稳定的年份，如1906—1928年，也足以令人惊叹不已。因为短短23年间，天津城市人口的增长率为164.37%，年平均增长率达到了45.18‰，人口总数一跃成为当时中国仅次于上海、北平的五大超百万城市之一。②

表3.29 1900年前至1953年的天津人口

单位：千人

年代	1900年前	1912年	1917年	1928年	1935年	1940年	1949年	1953年
总人口	198.7[1]	886.5	1047.9	1361.7	1237.3[2]	1503.1	2431.5	2939.6
市区	—	601.4	719.9	939.2	—	—	1895.7	2317.3
郊区	—	285.1	328.0	422.5	—	—	535.8	622.4

资料来源：张利民《近代华北城市人口发展及其不平衡性》，载《近代史研究》1998年第1期。

表注：1. 此为1840年统计数值，范围包括城关，不含四乡。2. 1934年天津市、县划界，此后统计范围均为市区人口，不含四乡。

表3.30 1860—1948年的天津市人口概况

单位：人

年份	人口	年份	人口	年份	人口	年份	人口
1860	198715	1929	884226	1937	1132263	1943	1524365
1903	326552	1930	864477	1938	1114029	1944	1800039
1904	377634	1933	1110567	1939	1232004	1945	1759513
1905	339871	1934	1021671	1940	1274792	1947	1710910
1906	356503	1935	1071072	1941	1210150	1948	1860818
1928	869139	1936	1081072	1942	1426098		

资料来源：高艳林《天津人口研究（1404—1949）》，天津人民出版社2002年版，表4.4，其中1860年为估算数据。

---

① 张利民：《天津城市人口的形成和发展》，载《天津经济》2004年第2期。

② 沈汝生：《中国都市之分布》，载《地理学报》1937年第1期。

表 3. 29 与表 3. 30 人口数量的差异，主要是在统计的口径上，前者包含了四乡人口，而后者基本仅为市区人口。

造成天津城市人口增长率持续高涨的原因，并非本地人口的自然繁衍，而是由外地人口短时间内的大量迁入。张利民认为，造成天津城市人口快速增长的移民因素主要有三个，一是大量农民为逃避战争和灾荒躲进城市和租界，二是军、政方面控制力度的增强，三是战争状态下城市工商业的畸形繁荣。① 高艳林也在实证研究后指出，就整个近代时期而言，“天津市区之向外扩展对周边农村土地的蚕食，使土地上的农民转为城市居民，这是一个缓慢的、并非经常的城市人口增长过程，而以这种方式使城市人口增加的总量并不很大，它不是天津市人口增加的主要途径。人口自然增长也不是这一时期天津人口增长的原因……人口的移入是这一时期天津人口增长的主要途径。造成这一时期大量人口移民天津的原因很多，而从根本上讲，在于移民者为了通过移居天津寻找新的职业，摆脱原来的贫困生活或进一步改善其处境。其移民天津的时机，或为趁资本主招工的机会，或在灾荒、战争时盲目流入”②。另外，天津当局开放性的人口政策，也有利于移民的移入，它规定：“中华民国人民无论男女，在市区域内继续居住一年以上，或有住所达二年以上，年满二十岁，经宣誓登记后，为该市之公民。”③

三、近代天津城市人口的职业与地域结构

天津作为近代中国仅次于上海的近代工商业城市，其传统和近代工商业的多样化与繁荣程度，在北方自然是首屈一指的。深入剖析这些工商企业主和劳工的职业与地域结构，同样有助于厘清天津港口城市与经济腹地

① 张利民：《近代华北城市人口发展及其不平衡性》，载《近代史研究》1998 年第 1 期。

② 高艳林：《天津人口研究（1404—1949）》，天津人民出版社 2002 年版，第 101 页。

③ 天津市经济调查会编：《天津市自治调查》，百城书局 1934 年版，第 11 页。

之间的依存关系。

方显廷对20世纪30年代天津针织业的调查表明："工人及学徒之籍隶天津者，不过百分之三．三，其余百分之九六．七，大都由河北各县及外省来者。"①

日本人坂根准三编辑的《天津华商公会名鉴》一书，则对1942年前后天津14个工商业部门、120个业种的企业业主和劳工的相关情况进行了更为详尽的调查，可作为了解天津城市人口职业与地域结构的系统资料。②

表3.31　1942年前后天津主要工商企业的业主籍贯统计

单位：人

企业类别	天津	河北	山东	北方	南方	外国	其他	合计	劳工数
米业	65	19	21	7	5	1	9	127	2691
斗店业							5	5	457
杂粮业	86	38	30	9	6	3	12	184	3858
三津磨坊业	430	178	50	3	1		154	816	6552
牛肉业	135	48	1					184	406
猪肉业	132	33	192		2			359	840
羊肉业	110	17	2					129	—
鸡鸭业	16	15		3				34	109
鸡鸭卵业	76	12	2			1		91	250
渔业	65	1						66	312
海货业	33	22		2	1			58	997
南味食品业	34	29	9	2	23		4	101	1049
干鲜果品业	141	125	17	6	3	2	5	299	3708

① 方显廷编：《天津针织工业》，天津南开大学经济学院1931年版，第72页。
② ［日］坂根准三编辑：《天津华商公会名鉴》，天津日本商工会议所1942年版。

（续表）

企业类别	天津	河北	山东	北方	南方	外国	其他	合计	劳工数
杂货糖业	65	37	4	3	2			111	1666
糖果业	25	61	12	3		1		102	957
糕点业	89	86	25	6	1		2	209	1958
果子业	223	126	38	63				450	1295
油业	36	41	24	3	1			105	775
门市油业	16	13	243	1				273	1291
油坊业	20	9	4					33	513
机制植物油业	3	8				1		12	349
酱油业	8	5	4	1	3		3	24	596
酱园业	84	70	51	8	1		71	285	2557
茶业	65	54	10	8	24			161	3386
酒业	60							60	877
冰业	10	5	1			5	1	22	197
汽水业	10	3	2		2			17	—
绸布棉纱呢绒业	184	45	19	5	3		34	290	5383
批发绸缎业	8	13	16	5	3			45	451
麻丝材料业	15	4	3					22	273
洗染业	15	105	20	21	15		3	179	966
机器漂染业	6	18	7	4			4	39	2905
染业	5	5	2	1				13	743
染业同业公会	2	17	14	2				35	382
织染业	91	823	91	24	17	1	6	1053	20852
布匹批发业	15	73	9	3				100	761
门市布业	100	96	7	2			26	231	1581

（续表）

企业类别	天津	河北	山东	北方	南方	外国	其他	合计	劳工数
线类业	81	213	36	11	8		2	351	3844
棉业	25	106	7	2	14	2	2	158	1329
军装业	29	24	5	1				59	663
衣业	76	64	10	20				170	1022
火柴贩卖业	109	137	29	4			12	291	1764
制造火柴木料业	46	113	9	1		1	4	174	602
香业	5	16					1	22	753
洋烛业	6	4	2					12	171
烟业	6	37	5	7			2	57	328
铁业	18	73	1		2			94	417
铸铁业	43	181	32	3				259	2809
机器铁工厂业	99	153	28	5	6			291	4926
电镀业	9	33	3	1	2	1		49	399
胶皮车制造业	4	44	7	1				56	87
五金业	55	57	17	12			4	145	2187
汽车材料业	25	12	2		4		1	166	1362
电料业	269	90	10	7	10			386	—
度量衡业	10	24	3		2		1	40	226
照相材料业	12	2		2				16	159
锡器业	2	24	3	4	1			34	162
成品铜业	11	145	21	5	11			193	1200
洋铁器具业	37	73	15	1	1			127	479
刀剪业	5	65	38	1	1			110	428
橡胶业	3	3	3	2			1	12	335

（续表）

企业类别	天津	河北	山东	北方	南方	外国	其他	合计	劳工数
木业	99	7	1	1	1		1	110	832
油漆颜料业	26	52	6	149	6			239	2586
油漆扎彩业	50	6	1					57	117
竹藤檀木业	20	224	15	3	2			264	1658
木器家具业	24	89	6	1				120	671
拆卸旧物料业	60	154	13	4	2		2	235	396
木箱业	8	81	6					95	—
席业	4	25	1					30	45
凉席毡垫业	6	27	6	1			1	41	238
麻袋业	43	77	16				4	140	706
绳麻业	21	50	1					72	389
乐器主盒业	1	13						14	79
磁业	25	41		2				68	748
料器工业	10	18	4					32	1079
玻璃镜业	21	101	2	1	1			126	1093
灰煤业	291	469	48	18	8	2	29	865	5704
电刻镀画玻璃框业	16	78	1					95	441
银行业					2		24	26	1649
钱业	63	67	6	7	1		24	168	4100
兑换业	44	17	5	6				72	197
典业	26	11	1	8				46	957
房产业	2	1				2		5	60
保险业				2	16			18	190
转运业	30	42	2	5	1	2	5	87	1786

（续表）

企业类别	天津	河北	山东	北方	南方	外国	其他	合计	劳工数
货栈业	16	9	9	1	1	1	6	43	995
轮船业	5		3	1	2			11	146
报关业	32	1	12	2	2			49	310
汽车业	25	3				1		29	128
胶皮车业	59	151	33	8			3	254	377
猪业	7	15						22	—
皮革业	53	90	16	2	4		4	169	881
皮货业		38	26	1	1			66	380
羊业	31	1						32	—
洋广货业	107	127	14	16	16		5	285	2987
肥皂化妆品业	39	46	9	8	3		1	106	1319
金银首饰业	63	69	19	5	5		1	162	1747
眼镜业	1	20		1			1	23	163
鞋业	19	10	3		1			33	248
帽业	17	100	10	6	2		4	139	1568
药业	117	244	23	26	28		1	439	3990
新药业	25	36	6	10	13		16	106	934
姜业	21				3			24	693
化学材料业	15	8	3	5				31	244
碱业	25	16	2	32	1			76	236
教育文具业	12	81	9	6	5			113	1002
纸业	49	76	11	8	1		2	147	2089
南纸书业	24	101	12	5	22		2	166	1173
染纸业		28	4					32	226
印刷业	98	103	10	8	5			224	2498

（续表）

企业类别	天津	河北	山东	北方	南方	外国	其他	合计	劳工数
戏园业	47	17	3		3		5	75	993
旅栈业	146	151	18	6	2	2	4	329	1431
摄影业	43	5	6		3			57	586
澡堂业	20	18						38	2306
饭馆业	74	57	36	17	9		5	198	4548
面食业	133	402	415	24	2	1	19	996	3191
闽粤杂货采办批发					52		1	53	322
面袋业		2	28					30	237
肥料业	62	65	137	11	4			279	864
合计	5782	7796	2242	705	406	30	540	17501	162474
百分比	33. 04	44. 54	12. 81	4. 03	2. 32	0. 17	3. 09	100. 00	

资料来源：据高艳林《天津人口研究（1404—1949）》，天津人民出版社 2002 年版，表 5. 7、表 5. 8 绘制。

表注：北方指长江以北，不含天津、河北、山东；南方则指长江以南；外国主要指日本。

日本人的这一产业调查，只记录了企业主的籍贯，缺失了雇佣工人和学徒的相应信息，内容显然欠乎完整。究其原因，大约除了人数近 10 倍于企业主的劳工相关信息庞杂、统计工作量大，恐怕还有一个时人司空见惯的常识，即业主与劳工籍贯的高度一致性。因为民国年间的相关资料显示，除对技术水准要求较高的近代化大企业如裕元纱厂，在 1917 年开办初期必须从上海的日本钟渊纺织株式会社等外资棉纺企业聘用技师，并从上海招收百余名纺纱技术熟练的男工①；其他传统中小工商企业的劳工，则大多由企业主从原籍招收，或由在津做工的工人及店员，从各自的乡亲中代为作保介绍。据方显廷 1929 年对天津织布业 317 名工人用工情况的调查，经朋友推荐来的为

① ［日］东亚同文会编纂：《中国省别全志·山东省》，东京东亚同文会 1917 年版，第 721 页。

178 人，占总调查人数的 56%；经同乡、亲戚、家族介绍来的为 93 人，占总调查人数的 29%，二者占到了总调查人数的 85% 强。在对 550 名学徒用工情况的调查中，由朋友介绍的为 176 人，占总调查人数的 32%；经同乡、亲戚、家族介绍来的为 345 人，占总调查人数的 63%，二者占到了总调查人数的近 95%。① 由此看来，表 3.31 中关于工商企业主相关信息的统计，也能够在很大程度上反映出，作为天津城市人口重要组成部分的外来移民，通过籍贯信息所体现的天津港口城市与经济腹地之间的人员互动关系。

还是以这 17501 个企业主的籍贯为例，各省区与天津之间的经济联系强度有着明显的差别，其中，以河北籍的 7796 人为最多，占总人数的 44.54%；天津籍 5782 人次之，占总人数的 33.04%；再次是山东籍的 2242 人，占总人数的 12.81%。各省区内部，与天津的经济联系也有强弱之分，如在河北省内部，以冀县的 483 人最多，武清县的 414 人次之，再次是宁津县的 268 人，枣强县的 247 人，定兴县的 210 人，沧县的 191 人，深县的 148 人，静海县的 136 人，衡水县的 103 人，武邑县的 121 人。再如山东省内部，又以惠民县的 324 人最多，广饶县的 250 人次之，长清县的 161 人又次之。造成这些区域差别的原因，除了地理空间的远近、交通条件的便利、传统人脉的多寡等因素，也与移民者原籍的产业特色和传统优势直接相关。如猪肉业的 359 家中，仅山东长清一个县就达 161 家，占总量的 44.8%；又如药业的 439 家中，仅河北安国一个县就有 70 家，占总量的 15.9%；再如油漆颜料业的 239 家当中，仅山西一个省就有 146 家，占到总量的 61%；洗染业的 21 家，则全部来自山西平定县。

另外，表 3.31 还表明，在近代天津城市主要经济产业中，天津当地人占有主体地位。这不仅是因为本地人有着近水楼台的地缘优势，更主要的还在于移民城市内部所长期熏染的商贸文化和江湖习俗，成为支撑和引领天津这一北方商贸首城不断前行的源头活水——重商主义与冒险精神。天津最早的《中国时报》（Chinese Times）的编辑米琪（Alexander Michie），

---

① 方显廷编：《天津织布工业》，天津南开大学经济学院 1931 年版，第 82 页。

1888 年就曾发表过贬抑和推崇相交织的复杂评价："天津是北方的贸易中心，而天津人被认为是清帝国最蛮横、最富于掠夺性和最令人憎恶的人，以至于几个世纪以来，乃至到今天（1888 年），本省、京城以及邻近几省的客栈门前还常常有这样的告示：'天津人不得入住。'在其他城市里，一些未被发现的犯罪事件也通常被记在天津'暴徒'的账上。然而，他们同时又是精明的生意人，北京流行的谚语说：'十个京油子斗不过一个卫嘴子。'"①

同时，外来移民在天津城市工商业发展过程中，也能够如鱼得水："天津为北方重镇，通商最早，故人完全受都市的习气，狡诈而有小智。只以气量狭小，难图大举；各自为谋，无结合团体力。故富商大贾，多为山西、山东及江南人所夺。"② 其中，外来移民中的能人们，其作用更不容忽视。例如，一生大半时间投身于北洋实业事业的周学熙，就利用他游历日本实业的阅历、与袁世凯等人的社会关系、担任民国政府财政总长等职的便利，在天津工商业的发展中发挥了无可替代的关键作用。他"创办了天津工艺学堂，建立了六十多个工艺局的分支机构并在直隶各地开办了好几家工厂。在周学熙任职期间开办的机构有：北洋劝业铁工厂、造纸厂、考工场陈列所、动物园、公园、供研究农业与林业用的种植园、针染缝纫公司、牙粉公司以及玻璃厂。……他创办的最重要的企业和公司有：1905 年在德璀琳的帮助下开办的启新洋灰公司、1909 年组建的滦州矿务公司、普育机器公司和华新银行。他在实业界担任的若干职务有：整理全国棉业督办、华新纺织公司董事长、无锡广勤纱厂经理、京师自来水公司总理、中国实业银行总理与华新银行董事长、滦州煤矿公司、启新洋灰公司与普育机器公司总理以及全国煤矿公司联合会的总理"③，对天津地区近代工商业的发展和繁荣，做出了不可磨灭的贡献。

---

① ［英］雷穆森（O. D. Rasmussen）著，许逸凡、赵地译，刘海岩校订：《天津租界史（插图本）》，天津人民出版社 2009 年版，第 34 ~ 35 页。

② 古蓨孙：《天津指南》卷上，天津新华书局 1922 年版，第 4 页。

③ ［英］雷穆森（O. D. Rasmussen）著，许逸凡、赵地译，刘海岩校订：《天津租界史（插图本）》，天津人民出版社 2009 年版，第 234 页。

第四章　联通天津港口、城市与腹地的近代交通、商业与金融网络

在港口—城市—腹地的经济互动关系中，至少还暗含着3条主线和纽带，即不可或缺的交通、商业和金融网络。其中，交通作为农、牧、工、商四大基本产业之间的客货运输和信息传递环节，在区域经济和社会发展的链条中，起着无可替代的流通和中介作用；近代天津与其经济腹地之间的交通体系，既包括根植于中国的传统物流、人流和信息流传播渠道，更涵盖源自西方的新式水陆运输、邮政和电信网络；到20世纪30年代，初步形成了以近代铁路和公路交通为骨架，联通沿海和远洋轮船运输，辅之以传统内河和陆路交通方式的新的交通运输网络；它们为该区域的商品流通和商业信息传递提供了便捷的物质和技术手段，强化了其与国内外市场间的人员、物资和信息交流，它们共同组合成该区域的立体交通体系，促进了“三北”广大地区近代外向型经济的发展与经济地理格局的演变。商业担负着港口城市与经济腹地之间的货物调剂任务，是实现商品从生产者到消费者之间的桥梁，也是实现商品价值、维持产业再生产的保障；并且，近代天津城市经济不断壮大的首要推动力，就是港口进出口商业和城市商业的繁荣，以及遍布三北腹地的外向型市场网络的畅通。而不断发展的交通运输和日趋繁荣的商业，又都无法离开传统与现代金融的有力支撑。

第一节　联通天津港口—城市—腹地的近代交通网络

一、天津城内与近郊的近代陆路交通

1. 天津城内的道路建设

就天津城市内部的道路交通状况而言，开埠通商以后发生了显著的改观。因为早在卫城、府城时期，城市内外原本都是自然形成或稍加修筑的泥土路，后来在“北城、东城门内外各有石路一段，虽时加修筑，雨后霜前，滑不容足。且城内外街道逼窄，行旅居民均苦不便。沿河泊岸倾圮，船舶往来起卸甚形艰阻，民益病之。光绪九年，津海关道周馥详请直隶总督李鸿章设立工程总局，而仿上海筹防捐办法，在新关抽收华商码头捐修筑道路。自紫竹林租界，以及天津四城内外，直街横巷一律修治。或筑土，或砌石，逐渐而北至入京大道，此天津城厢修筑道路之原始也。及庚子，外兵据城，废城垣，就城基筑为环城马路，设局抽捐，曰房捐、曰铺捐。袁世凯督直，中外和议成收复天津。凡一切房铺各捐仍之不改，用作修筑马路之用，设工程处，大街通衢，均筑石子路，衖巷之要者并择修焉。嗣后设巡警道，工程处改为工程科，隶巡警道管辖。别设捐务处，征收房铺各捐，并马车、人力车均令月有捐，输为修道专款。凡修筑一路，所定路线加宽取直，沿路铺店、住户，时有裁改，揆诸人情不能无望，然行平履坦，未尝非便民之举也”①。

随着城市工商业发展对道路交通通畅度要求的进一步提高，包括租界区在内的天津城区建设，也非常注重对新道路的铺设，以及对原有道路在宽度和材质方面的近代化改造。“过去三年里，中街已经从与小巷没什么区别的窄街变成一条现代的街道，这样，才能与街道两旁的许多银行大楼那富丽堂皇的外表相称。而在此之前，中街两侧的建筑之间的距离只有 40 英尺，某些地方甚至还不到 40 英尺。如今，中街有 3/4 的地方已加宽到

---

① 〔清〕王守恂撰：《天津政俗沿革记·道路》，1938 年刻本。

60英尺，这就是说，总长度为4300英尺长的中街，现在已有3000英尺达到60英尺宽了。承担着通往马场道与墙外推广界的交通重担的咪哆士道，经过加宽和调直，从中街到马场道之间大约900英尺的路段，宽度已达到56英尺。达文波道（Daven port Road）的北端也正在进行调直，以便能直接和顺畅地与杜总领事路（Rue Chaylard）、旭街（Asahi Road）以及东马路相连接。上述三条街道是天津城通向租界的最重要的交通干线。为了使达文波道能与这些干道笔直相连，必须要拆去几乎半个街区的中国房屋和货栈。这些建筑现在已经被拆除，排水管、下水道以及其他公用设施已按照新的路基重新埋设。英租界的其他道路改进工程正在逐步进行，特别是交通必需的地方，如街道拐角处如有可能就改成半径30英尺的圆形拐角。"①

然而在刚开始的时候，租界地区也和天津老城等地一样，都是一些自然状态下形成的泥土路面。平日里，这些"道路极为狭窄，凹凸不平，两侧高而中央低，恰如枯水干泥的肮脏河道"；雨季"降雨时，路面积水，深处没腰"。② 为改善当地的交通条件，英租界工部局修筑了多条碎石路。这虽然比泥土路要好出很多，但"耐久性也不是最好的。在早期，本地人使用的手推车那有名的窄铁轮重重地碾压在道路上，使路面遭到严重的毁坏，直到后来，工部局制定了一条法规，禁止手推车在碎石路上行使，除非将车轮加宽，这样就把这类车辆的来往大部分转移到租界非主要街道上去了，主要是河坝道、海大道与达文波道"。为了进一步改进租界的路面状况，1922年前后，英租界工部局又"在受过现代训练的工程师的领导下，起草了一份道路改造综合计划，放弃了过时的碎石路，极力建议修筑柏油混凝土路。修筑这种道路需要在路基底部铺一层夯实的石灰和泥土，上面紧密地码放三层普通的建筑用砖，三层砖要竖立着码放，每一层与下面一层呈对角排列。在三层砖的上面再铺一层由沙子、碎石子、水泥和柏

① ［英］雷穆森（O. D. Rasmussen）著，许逸凡、赵地译，刘海岩校订：《天津租界史（插图本）》，天津人民出版社2009年版，第292～293页。

② ［日］曾根俊虎著，范建明译：《北中国纪行》，中华书局2007年版，第6页。

油组成的混合物。这种混合工作要在适中的地点进行。碎石子和沙子要小心地晾干之后再与柏油混合。在一定的温度下混合好的物料即时装入卡车车箱运到铺路地点，并立刻铺筑路面。这种混合物料有很高的抗温性能，只有在夏季最热的时候才需要铺一层细沙来保护它。这种方法同时几乎只用了租界道路的一小部分石料，而建筑用砖无论多少都很容易找到，至于其他材料，由于所占比重不大，也很容易搞到。这样一来，工部局一举解决了道路问题，同时也将为居民提供一个现代的、几乎不会产生灰尘的道路系统。这种柏油混凝土路在欧美国家修筑各种道路时被普遍采用，只有那些必须承担最重的货物运输交通的道路除外。上海使用这种方法铺筑道路已经有一段时间，无论从交通还是从经济的观点来看，这种方法都证明是完全令人满意的"①。

2. 通往城外的道路

天津城外通往各地的道路四通八达，清末时主要有 11 条：

马厂道：从正西门起，向西南方，经郭家村、圈店子及唐官屯，到马厂。

山东道：从正西门起，向西南方，经郭家村、东琉璃城及独流镇，沿南运河东侧，过静海县，到山东省德州。

保定道：从正西门或小西门起，向西南方，经大稍口、杨柳青、独流镇、文安县、任邱县及高阳县，到保定府。其中，有从杨柳青过南运河，向西方霸州分岔的道路。

北京道一：从北营门起，向西北方，经西沽、丁字沽、杨村及武清县，到北京。从杨村向北京分岔，有到宝坻县的道路。另外，从西沽向西北方有一条道路，经韩家墅之南、刘家摆渡及王庆坨，到永清县及固安县。

北京道二：从堤上门起，向西北方，经北仓、杨村、南蔡村、河西务

① ［英］雷穆森（O. D. Rasmussen）著，许逸凡、赵地译，刘海岩校订：《天津租界史（插图本）》，天津人民出版社 2009 年版，第 294 页。

及运楼店，到北京。从河西务分岔，有一条沿白河（北运河）向北到通州的道路。还有一条过白河，向东北到香河县的路。

山海关道：从山海门起，向东北，经芦台、马城镇及昌黎县，到山海关。

塘沽道：从直沽门起，沿海河北岸，经陈家嘴及新河，到塘沽的旧有道路。

大沽道：从梁园门起，向东南，沿海河南岸，经白塘口、咸水沽及新城，到西沽及东沽。称之为海大道。另外，从天津城南门，到梁园门之间的道路，也叫作海大道。

塘沽新道：八国联军 1900 年所修筑。到海的距离比塘沽旧道及大沽道要近。

赛马场道：从东南门到西南赛马场。

唐店子道：从海光寺起，向南方，经八里台到唐店子。唐店子在海河西岸通往郭家村的道路上。

以上各条道路全部通行车马。只是由于没铺设路面，所以到雨季的时候，交通便不够通畅。同时，由于海河和南运河也没有架设相应的桥梁，所以各路车马的往来，只能依靠渡船才能横越这些河流。①

3. 桥梁与关津

在中国北方河网密集的天津地区，处于水、陆两大交通交汇点的是横跨天津城市内外河流上的桥梁和渡口。正是由于它们的广泛存在，才将港口—城市—腹地之间的交通整合成一张紧密而高效的立体交通网络，承载起三北广大区域人流、物流、资金流和信息流的互动平台。就桥梁的分布情况而言，又以天津市内的数量最多，密度最高。清末，天津地区的桥梁主要有三类：

一种是浮桥，“天津城治，河流绕之，船舶往来，车马杂沓，前人创为浮桥。以大船联缀成桥，有船经过则开桥渡之，船过则合桥以济行人。

① 侯振彤译：《二十世纪初的天津概况》，天津市地方史志编修委员会总编辑室 1986 年版，第 95 ~ 97 页。

初天津浮桥有四：一在西沽，为入京师通衢；一在钞关口，钞关借以为锁钥者；一在巡盐御史署东；其一即盐关浮桥，居民所称孟公桥也。四浮桥而外，窑洼及水梯子各有浮桥，盖即后来新建也”①。

浮桥之外，是固定不动的木桥和铁桥，如“红桥，子牙河由桥下入北运河。贾家大桥在贾家口，为本县人杨守魁创造，迭经王凤起、潘振翰、刘元善、王为仁重修。此天津桥梁有便于利涉者也。光绪十四年，直隶总督李鸿章以巡盐御史署为行辕，将署东浮桥仿西式创建铁桥，船只往来以机关启闭，是之谓金华桥。嗣后盐关浮桥改从铁制，名之曰金汤桥。窑洼浮桥改从铁制，名之曰金钢桥。均以机关启闭，与金华桥同是由李鸿章开其始也。所谓红桥、贾家大桥者，皆木质长桥，非浮桥也。金华桥改铁质后，同时将红桥仍旧式易木为铁，仍名之红桥。嗣后贾家大桥亦仿红桥改从铁制，名之曰金钟桥。自李鸿章创造铁桥，后来仿作是皆袁世凯督直时也。自大清河下流入北运河处淤涸，西沽浮桥已废，改一木板桥。至宣统年间，水梯子浮桥仍与钞关浮桥依然如旧也。京奉老车站址曰老龙头，旧有浮桥，现划归租界，改制铁桥，俗称之曰万国桥。有锦衣卫桥者，因明锦衣卫指挥尝居其地也”。其他不居要冲的普通桥梁，尚有许多。所谓天津“环城皆河，其河汊沟渠造有桥梁，随在皆是”；只是由于“居户日多，半即湮塞，桥亦为圮，不可按迹求也”。②

各国租界区也在天津城市和道路建设的过程中，非常注意桥梁的建造和沟通作用。“天津的又一项发展是建造了几座新桥梁，把墙外推广界与被墙子河隔开的老租界连接了起来。直到两年以前，英租界的过河处还只有位于咪哆士道一端的小木桥——马场道桥和老发电厂附近的一座人行桥。第一座新建桥梁是连接墙子河东边的红墙道（Recreation Road）与西边的牛津道（Oxford Road）的一座50英尺宽的现代混凝土桥。这座桥立即缓解了马场道桥的交通拥挤状况，并成为通往赛马场以及墙外推广界已

① 〔清〕王守恂撰：《天津政俗沿革记·水道六桥梁》，1938年刻本。

② 〔清〕王守恂撰：《天津政俗沿革记·水道六桥梁》，1938年刻本。

建成的新住宅区的一条近路。工部局又很好地利用这个机会重修了马场道桥，现在那里已经不是原来的那座摇摇晃晃的木桥，而是一座50英尺宽的新式混凝土桥了。除了这些桥以外，预计明年年底，将会再建起一座连接咪哆士道与墙外推广界主要交通干线伦敦道（London Road）的50英尺宽的混凝土桥，以及另一座连接盛茂道（Seymour Road）与横贯新区的主要大道之一威灵顿道（Wellington Road）的60英尺混凝土桥。”①

第三种是渡口。就天津县境而言，主要包括北运河上的三取书院渡、狮子林渡、金家窑渡、东窑洼义渡、西窑洼义渡、堤头渡、新庄渡、西沽火神庙渡、于王庄渡、席厂渡、霍家嘴渡、柳台渡、南仓渡、王家庄渡、北仓上义渡、北仓下义渡、桃花寺渡、李家嘴渡、下蒲口渡、上蒲口渡、浮口渡。南运河上的王白石门前渡、盐院署东渡（后改为浮桥，再改为金华铁桥）、盐院署西渡、大王庙渡、北马头渡（后改为钞关浮桥）、茶叶店义渡、肉市口渡、赵家场渡、莲提庵渡、梁家嘴渡、芥园渡、大园渡、福寿宫渡、大稍直口渡、梁家庄渡、杨柳青下渡、杨柳青上渡、碾坨嘴渡。淀河（永定、子牙、清河之会流，至丁字沽入北运河，长约40里）上的西沽义渡（后改为浮桥，再改为板桥）、韩家树渡、三河头渡。子牙河（俗名下西河）上的新河渡、杨柳青渡、地里阜渡。海河上的玉皇阁义渡、天后宫义渡、盐关渡（后改为浮桥，再改为金汤铁桥）、龙王庙义渡、小圣庙渡、马家口渡、火神庙渡、行宫渡、田家庄渡（亦称贺家口渡）、土城渡、陈唐庄渡、何家圈渡、灰堆渡、冯家口义渡、双港渡、白塘口渡、后辛庄渡、郭家庄渡、南羊码头渡、千家庄渡、咸水沽渡、西泥沽渡、盘沽渡、葛沽渡、羊回庄渡、蛮子营渡、大沽渡。②

4. 交通规则的近代化

为了规范人们的交通行为和秩序，中国古代就制定了相应的交通规则。《礼记·曲礼上》指出，“出入不当门隧”，是说普通百姓在回家和出

① ［英］雷穆森（O. D. Rasmussen）著，许逸凡、赵地译，刘海岩校订：《天津租界史（插图本）》，天津人民出版社2009年版，第292页。

② 〔清〕王守恂撰：《天津政俗沿革记·水道六桥梁》，1938年刻本。

行的途中，都要走道路的旁侧，而把正当中的路线，留给王者的车马通行。① 唐代则创立了名为《仪制令》的交通规则。宋代则把其中的内容，如“贱避贵，少避长，轻避重，去避来”书写在木牌上，悬挂于交通路口，要求平民百姓给当官的让路，年纪轻的给长者让路，轻装的车轿要给载重的车轿让路，出城的要给进城的让路。到了清代，不同级别的官员分乘金、银、锡等不同质地轿顶的轿子，每当两顶轿子相遇的时候，小官要让大官的轿子先走。②

然而，中国传统的交通习惯在近代天津非常复杂的城市新环境中，就必须进行相应的改进或废止，如：“一度对乘车者与行人都有危险的情况，中国官员乘汽车在租界横冲直闯，汽车两旁站着多达4名武装卫兵，脚踩在踏板上，一只手拽着拉手皮带。工部局制止了这种行为，绝对禁止汽车踏板上站人。另一种危险的情况是汽车抢道越车。后面的车辆常常会突然加速，企图超过前面的车辆，在超车时对所有过往的车辆都形成危险。落后的司机感到伤害了自尊，他们会驱车向前疾驶以挽回失去的面子，这就更增加了危险。通过修改交通规章，规定不准抢道越车，违者重罚，从而完全消除了这种现象。现在，这条规定在英租界的所有主要街道均已生效。限速15英里是执行多年的规章，违章现象很少。同时也禁止汽车在直行道路上掉头，车辆掉头必须到最近的道路拐角处绕行。”与此同时，英租界工部局还在“道路很难拐弯的地方和十字路口设置了一系列临时性的‘交通岛’，这是仿照上海十多年前采用的方式设置的。到目前为止，这些‘岛’好像无声的巡捕一样协助交通巡捕调节车流，效果令人满意”。③

5. 交通工具的沿革

时至清末，天津城市内外陆上交通工具的种类，又有了一些新的变

① 支康鑫：《从古诗文中看两则城市交通规则》，载《中国公路》1995年第2期。

② 佚名：《古代的交通规则》，载《山东人大工作》2007年第9期。

③ ［英］雷穆森（O. D. Rasmussen）著，刘海岩校订，许逸凡、赵地译：《天津租界史（插图本）》，天津人民出版社2009年版，第293页。

化。不过总体来看，它们依然还是分为车辆和马匹两大类，而以前者为主。它们在当地人员和物资的空间位移过程中起到了重要的介质作用，并呈现出一定的地方区域特色。

车辆方面，主要包括西洋式马车、蒲笼车、敞车、小车、轿车、后挡车、地扒车、东洋车及电车等。马匹主要包括马、骡和驴等畜力。

西洋式马车：主要为官吏或富豪乘坐，马匹或购自当地的外国驻军，或直接由国外进口，车马均为自家使用。另外，天津市内还有专门经营西洋马车包租业务的四家车行，且每家大约有马车 20 辆，租赁费大约“从早晨起到正午止，三元（银）；从正午起到日落止，三元；从日落起到夜十二点止，三元”；并享有一定的免税特权，因为“其他车辆，不论哪一种，在天津市及八国租界地都要征收通行税，可是对西洋式马车却不征收任何税”。据天津巡警总局 1906 年的调查，天津城内各种形制的公私西洋式马车，共有 512 辆。①

中国式马车：旅客用马车，有轿车、后挡车和蒲笼车三种，它们又分为私用和营业用两类。“为使马的牵引力或耐久力加强，也使用骡子。在装载重货以及快跑或者走远路的情况下，在马之外又增加两头或三头驴，用以牵引马车。而通常在马车往返最多的地方，近从郊区的各村落，远的到达山东、山西、河南及蒙古地方，在途中的各个镇店事先特约设立了驿站。在载运远方旅客的情况下，可在这种镇店留宿或调换骡马。从以上各地进入天津的马车，照例也同样住在特约的大车厂。敞车，专供搬运各种货物使用，由马、骡、驴一、二头或三头进行牵引，其他方面，同上述旅客用马车没有什么不同”，它们统称为大车。据 1906 年秋季的调查，天津共有大车 1394 辆；大车制造处 18 户，佣工 165 人；供客、货用大车暂停的大车厂 84 户，佣工 385 人；大车夫 96 户，佣工 392 人。②

---

① 侯振彤译：《二十世纪初的天津概况》，天津市地方史志编修委员会总编辑室 1986 年版，第 97～98 页。

② 侯振彤译：《二十世纪初的天津概况》，天津市地方史志编修委员会总编辑室 1986 年版，第 98～99 页。

图4.1　1900年停放在天津法国领事馆门前的轿车

资料来源：今明主编《津沽旧影：老照片》，天津社会科学院出版社1998年版，第36页。

东洋车：原产于日本，于光绪八年（1882）前后由上海引入天津的人力车，又称黄包车，并迅速成为市民出行的代步工具。到1906年，天津市的人力车制造处有33户，佣工178人；出租处228户，佣工1446人；人力车夫2306户，佣工8802人；营业用的人力车共6127辆，私用611辆。①

小车：包括搬运货物的推货小车，打水或卖水的水车，搬运米、麦、面粉等袋装品的布车，卖食品的小车。这些全部为一个车轮，便于在弯曲狭窄的小路上推行，所以又叫手推车。1906年，天津有小车1567辆。②

---

① 侯振彤译：《二十世纪初的天津概况》，天津市地方史志编修委员会总编辑室1986年版，第99～100页。

② 侯振彤译：《二十世纪初的天津概况》，天津市地方史志编修委员会总编辑室1986年版，第100页。

地扒车：两轮木板车，是脚行用来运送各码头和火车站的上下货物、食盐、竹木等的专用车辆。不同的脚行把天津市区分割成20多个片区，并经常为了争夺货物的运送范围而发生械斗。1906年，天津有小车和地扒车制造处26户，佣工145人；脚行402户，佣工3641人，地扒车948辆。①

电车：天津市内的电车“光绪三十年三月开行。初由直隶总督兼北洋大臣袁世凯批准，世昌洋行海礼承办，以五十年为期，围圆以城内鼓楼为规心，其半径线至边界不得过六里之外。自闸口起，沿河至东北隅，围绕全城四马路再至北隅。今之电车铺设铁轨，所谓围城电车者，其所行之路线，即昔年县城之地址也”；除了上述“围城电车外，又有三焉：均从北门外起行，一由北门外东行渡海河，抵京奉路老车站；其二则由北门外东行经由日本租界，一抵老车站，一抵海关也”。②

至1922年前后，行驶在天津城区的电车，共有红、黄、蓝、白、绿五种牌号，其行车线路和价格也有异同，在租界、老城、河北新区之间，交织成一张密集的城内近代交通网络，密切了各城市核心区之间的人员往来和信息传播，增强了天津城市的凝聚力和辐射力。“黄牌电车起自北大关到海关，来往经过之地为北马路东半面、东马路全路、日租界、法租界等地。在北大关登车，至海关铜圆四枚，若至东马路马棚胡同铜圆二枚，至日租界四面钟铜圆三枚；若中途在马棚胡同登车至日本租界四面钟二枚，至海关三枚；在日租界四面钟登车，至海关二枚。其由海关登车者，至北大关铜圆四枚，若至日租界四面钟铜圆二枚，至东南城角铜圆三枚；若中途在日租界四面钟登车，到东南城角二枚，到北大关三枚。蓝牌电车来往经过之地，略等于黄牌电车，惟由法租界转向北行，经万国桥入旧俄租界到老车站，来往价目与黄牌电车同。红牌电车由北大关到老车站，中经北马路东半面，沿宫北街北面，经东浮桥入旧奥国租界、意租界等地。由北大关登车，到老铁桥铜圆二枚，到意、奥交界处三枚，到火车站四枚；若

① 侯振彤译：《二十世纪初的天津概况》，天津市地方史志编修委员会总编辑室1986年版，第100~101页。

② 〔清〕王守恂撰：《天津政俗沿革记·电车》，1938年刻本。

图4.2　1910年前后行驶在日租界旭街的有轨电车

资料来源：天津中裕洋行《北中国写真帖》，1910年前后内部发行。

在中途之老铁桥登车，至意、奥交界二枚，至车站三枚；在意奥交界登车，至车站二枚；若由火车站登车，至意、奥交界二枚，至老铁桥三枚，到北大关四枚；若在意、奥交界，至老铁桥二枚，至北大关三枚；由老铁桥至北大关二枚。绿牌电车由法租界海光寺至老车站，来往均铜圆二枚。白牌电车系围城者坐，两面城铜圆二枚，由登车之站起算，若周围须四枚。"①

二、沟通港口城市与腹地乡村的内河水运

地处海河众多支流交汇点的天津，固然有着得天独厚的自然区位，但是，要把潜在的内河航运优势真正转化为现实的集疏运能力，还必须与当地不同历史条件下的区域开发需求结合起来。

① 古蓨孙：《天津指南》卷上，天津新华书局1922年版，第45～46页。

如前所述，尽管天津地区的内河航运史可以向上追溯到三国时期，但是，天津真正成为持续不断的水运枢纽，还是得益于元、明、清定都北京后、它所扮演的漕粮转运站角色。因此，直至清代中期的府城年代，经由南、北运河的漕运水道，依然是天津地区最主要的水上航道。所谓“清代承明之旧，漕东南之米以实京师，谓之天庾正供。河运经过山东，直达天津，即南运河也。既达天津，联樯北上，经过者即北运河也。由北运河达通州入京，嗣行海运漕米到天津，由拨船运往通州，亦由北运河而往”。后来实行漕运改革，包括漕粮海运和废除漕运之后，“南运河犹为商旅通行。北运河自京奉铁路成后，行旅货物率以河路迟滞，改由陆路，北运河航路视前迥不侔矣。子牙河，天津往河间、保定之路也。大清河，入东西两淀。金钟河，则由芦台往返经由是河”。因此，时至清末，“天津内河航路，仍以南运河为最长，往山东，往河南，一水可通也。长芦辖地直至河南，运盐船只亦循南运河之流域也。海河为轮船进口之路，由县治往大沽一带村镇，若循河路，亦取途于海河”。①

随着天津口岸进出口贸易的持续繁荣，以及港口城市与腹地之间经济交流的不断加强，以天津为中心的海上和内河航运都得到了较快的发展，时至清朝末年，各种国籍、材质、型号、吨位的船只，都出没在天津的各个港区、海河干流与周边支流，乃至沿海水域的水上航线。从事于内河和沿海航运的船只，大致有二三十多个种类。河船的船形扁平，有一根樯，体长身窄，吃水不深；海船的两舷高，吃水深，头和尾明显地向上翘，有樯两到六根，同时为了抵挡海上的风波，所以结构较为坚牢。

1. 河船的主要类型

（1）粲子船：装饰华美，用于客船。

（2）乍拉船：装饰美观，用于运货。

（3）自买船（厂船）：长60—120日尺（1日尺=30厘米），宽10—15日尺，吃水3—4日尺，载重量为5万—10万日斤（1日斤=0.501公斤）。

---

① 〔清〕王守恂撰：《天津政俗沿革记·水道六航路》，1938年刻本。

（4）挎子船：长35—80日尺，宽8—12日尺，深2.5—4.5日尺，吃水2—3日尺，载重量1.5万—8万日斤。作为客货船，主要使用于南运河及北河之中。①

（5）摇恨船。

（6）莽牛船：长80日尺，宽15日尺，深5.5日尺，吃水4.5日尺，载重量为7万日斤。用于南运河的长距离运输。

（7）牛舌船：长30—80日尺，宽6—12日尺，深2—3日尺，吃水1—2日尺。载重量为1万—5万日斤。又叫槽子船，两只船体合并，便于在东河的弯曲而狭窄的沟渠等使用。

（8）碰头船：长40日尺，宽5日尺，深3日尺，吃水2.5日尺，载重量为2万日斤。主要用作渡船。

（9）西河对：长50日尺，宽9日尺，深4.5日尺，吃水3.3日尺，载重量为350石（1日石=180.5公升）。使用于西河，与槽子船略同。只是这种船上有带装货口的甲板。

（10）西河单船：使用于西河，取槽子船的一个船体而成。

（11）上河煤船：长80日尺，宽12—20日尺，深4日尺，吃水3.3日尺。载重量为9万日斤，使用于御河，作为运煤船。

（12）太平船：长50—90日尺，宽10—15日尺，深4—5日尺，吃水2—3日尺，载重量为1.5万—8万日斤。这种船是南船，小型的叫太平船。外形酷似于挎子船，大多使用于南运河，为货客船。

（13）小粮船：长80日尺，宽10日尺，深4日尺，吃水3.5日尺，载重量为5万日斤。又名帮划，主要是运输贡米。

（14）改造船：长50—100日尺，宽12—15日尺，深4—6日尺，吃水3—4日尺，载重量为6万—10万日斤，也叫作河剥改。②

---

① 侯振彤译：《二十世纪初的天津概况》，天津市地方史志编修委员会总编辑室1986年版，第89页。

② 侯振彤译：《二十世纪初的天津概况》，天津市地方史志编修委员会总编辑室1986年版，第90页。

（15）炮划子：长35日尺，宽8日尺，深2日尺。是官船，为巡兵所备，使用于运河。

（16）标船：长35—55日尺，宽7—11日尺，深1.5—3日尺，吃水1.3—2.5日尺，载重量为1.9万—3.5万日斤。用于西河、北河、御河，常常备有武器，悬挂红旗，护卫其他的货物船。

（17）粮划子船：长50—100日尺，宽10—15日尺，深4—6日尺，吃水3—4日尺，载重量为5万—10万日斤。使用于南运河，有船房。

（18）马槽：长22—40日尺，宽7—10日尺，深4—6日尺，吃水3—4日尺，载重量为0.4万—1.3万日斤。用于货物的搬运。

（19）大舢板：长32日尺，宽8日尺，深5日尺，吃水3日尺，载重量为0.4万日斤。供接运旅客及货物用。

（20）小舢板：长20日尺，宽5日尺，深3日尺，吃水2日尺，载重量为0.1万日斤。主要供交通使用，数量很多，到处可见。①

2. 海船的主要类型

（1）宁波船：长60—150日尺，宽15—24日尺，深8—17日尺，吃水5—12日尺，载重量为30万—60万日斤。

（2）沙船：长50—140日尺，宽10—20日尺，深6—14日尺，吃水4—10日尺，载重量为20万—50万日斤。

（3）登收船：长50—130日尺，宽9—24日尺，深6—14日尺，吃水4—10日尺，载重量为20万—50万日斤。

以上3种船，担负从南洋至北洋的大沽附近的近海航行任务。

（4）改巧船：长60—140日尺，宽8—18日尺，深6—12日尺，吃水4—8日尺，载重量为15万—28万日斤。这种船虽然过去在大沽附近很多，但自小轮船出现以后，数量逐渐减少。

（5）盐船：长100日尺，宽15日尺，深7日尺，吃水5日尺，载重量

① 侯振彤译：《二十世纪初的天津概况》，天津市地方史志编修委员会总编辑室1986年版，第90~91页。

为 24 万日斤。主要担负盐的漕运。

以上两种船，主要担负沿海的航行任务。①

在内河水域航行的船舶，其数量的多少与货物的集散季节，也就是水量的多少密切相关。“货主只选择水运获利多的时期进行货物的运送，因此春季开冰以后及夏季降雨以后的水量多的时期，是船舶往来最为频繁的季节。这两个季节以外，在水量减少的同时，大型船只不能航行，因此在河流中航行的只有中等以下的船只。”而那些长途航行，从海上“进入海河的南洋帆船及北洋帆船，以海上风波危险少的季节做为来泊的高潮时期”。②

航行的速度，除了与船只的材质和结构有关，更与风向、风力和潮流的状况有很大关系。“无风的日子，其速度根据驶船人、拉纤人的多少及搭载量的情况而增减。在通常情况下，天津、大沽之间的航行，往返各需二日。遭遇不良的天气之时，则需要耗费正常时的二三倍时间。在天津、通州之间，下航通常需要三至四日；溯航，四至五日。而天津和大沽之间，主要是利用风潮，少量地以驶、拉二力并用。天津、通州之间，在利用风力之外，溯航时主要靠拉纤。”③

3. 小轮船和驳船

小轮船的碇泊地主要是大沽港，业务主要是搭载旅客，兼运货物。不同公司拥有的小轮船数量也不相同。1909 年前后，拥有小轮船数量最多的是大沽荷兰驳船公司，有 14 艘；其次是太古洋行，有 4 艘；中国航运公司和万能公司，各有 1 艘。

驳船吨位在 200 ~ 800 吨，无自带动力，需要外力的牵引，主要功能是

① 侯振彤译：《二十世纪初的天津概况》，天津市地方史志编修委员会总编辑室 1986 年版，第 92 页。

② 侯振彤译：《二十世纪初的天津概况》，天津市地方史志编修委员会总编辑室 1986 年版，第 93 页。

③ 侯振彤译：《二十世纪初的天津概况》，天津市地方史志编修委员会总编辑室 1986 年版，第 94 页。

为停泊在大沽港的轮船装卸货物。1909 年前后，大沽荷兰驳船公司有驳船 38 艘；太古洋行有 17 艘；中国航运公司有 1 艘，万能公司有两艘。①

如前所述，传统木帆船和近代小轮船所组成的水上运输工具，通过密集的海河干支流内河水运网络，在天津港口与其腹地货物的集疏运过程中，起到了不可替代的作用。一个很重要的原因，就是水运特别是木帆船水运低廉的货物运输费用。运费一般是根据运输里程、船舶大小、货物种类和上水下水等不同情况，由货运双方随时定价，没有统一的计算标准。以子牙河包括滏阳河和滹沱河的运价为例，其木帆船运输向来以粮食、棉花、煤炭为大宗，每年的运输量总在 40 万 ~50 万吨，其中大部分走水路。以 20 世纪 20 年代末内地向天津的棉花运输为例，大车每担每公里的运价为 0.0155 元（银圆），木船为 0.0026 元，火车为 0.0087 元，陆运铁路和大车的费用比木船要高出 3 ~6 倍。②

综上所述，各类航线的开辟和船只的航行，为天津地区的人流和物流交通提供了广泛而便利的出行渠道。“天津俗称九河下梢，水路交通可称极盛，四方船只荟萃。于是通最远者曰海河，由万国桥一带各码头登轮，可以出洋到上海、大连、旅顺、营口以及东西各国。通内地者，由西大湾子上船，沿南运河南下，得至直隶南部各县；邵家园子上船，可由大清、滹沱二河，以至深、保、涿、雄直西各县；况又有小火轮直达保定、磁县，定刻出发，风雨不阻，为旅客之至便者；由红桥堤头上船，可至京东之通州，京西之卢沟桥；由锦衣卫桥上船，可直抵芦台等地。”③

三、以天津为中心的近代铁路和公路交通

近代化铁路和公路运输的兴起，是进一步强化天津与腹地之间物资与人员往来、联结远洋轮船、沟通世界的革命性变革和物质技术的保证。

---

① 侯振彤译：《二十世纪初的天津概况》，天津市地方史志编修委员会总编辑室 1986 年版，第 94 页。

② 王树才主编：《河北省航运史》，人民交通出版社 1988 年版，第 112 页。

③ 古蓨孙：《天津指南》卷上，天津新华书局 1922 年版，第 5 ~6 页。

1. 铁路交通的兴起与发展

如前所述，在天津开埠以前，北方的交通运输，以人力和畜力为动力的短途陆运为主，以人力和风力为动力的内河和沿海长途航运为辅。开埠以后特别是20世纪前后，轮船、火车和汽车等近代化运输工具的出现和发展，为天津港口、城市及其腹地之间的进出口贸易和经济交流，提供了便捷的长途运输工具。

在这之间，天津与腹地之间的传统水陆交通非常不便。水运方面，"豫省之彰德府（治今安阳）行程17日，长达480里，而迄于豫省边界之全程几皆水路，是以商货之运费大为减少；鲁省之临清州及东昌府（治今聊城），去津有13日之路程，计长330里，其情形亦复如是"①。陆运方面，从天津运货销往蒙古草原共有三条线路，一经张家口，一经都石口，一经古北口。"商人之欲前往喇嘛庙者，常择古北口之路以为捷径，但因生意而赴归化城者，则取张家口之路，此二路均可通行大车，但有数处异常坎坷而多岩石。然商货多赖骆驼上下载运。"② 而由草原上外销的皮毛等"货物全凭骆驼运出蒙古，每峰骆驼负载三担左右。每逢夏令骆驼必脱其毛，更有雨水伤及其足，故夏月多听其静养。夏季之运输，或以驮运小宗货之骡子，或以牛、马、驴等联畜所挽之大车为之，取此两种方式，其成本自较骆驼为高。出于西伯利亚之货运方式同于蒙古境内者"③。

为克服不便，人们曾尝试水陆兼程的办法。如山西商人把天津港进口的洋布贩运回晋，往往以船只上溯子牙河，行两日而至小范镇（今武强）。"在小范镇装入每辆可载20包之大车，尔后沿陆路西向运往获鹿县城。该县城位于直、晋交界之山麓，因获鹿至晋省之路不通大车，故须在此更换

① 吴弘明编译：《津海关贸易年报（1865—1946）》，天津社会科学院出版社2006年版，第50页。

② 吴弘明编译：《津海关贸易年报（1865—1946）》，天津社会科学院出版社2006年版，第6页。

③ 吴弘明编译：《津海关贸易年报（1865—1946）》，天津社会科学院出版社2006年版，第28～29页。

交通工具。是故此时须以骡子或骆驼行完抵达太谷县之余程，唯最后四五十里之路，可借小骡车运送，每辆只可承载5包。以此路计之，太谷县去津约450里，货运需用13日。”①天津与蒙古地区间的货物交流，也常用这种办法。“运往蒙古之商货，先由水路运至去津120里京郊之通州，后以骡子或骆驼再行150里，而达于地际南蒙之张家口。”②而“骆驼毛之运出，主要依赖骆驼，返回时则自天津运来茶叶。但必要时则可采用其他各种适宜之运输方式，譬如，是秋洪水泛滥之际，在骆驼不能再行之处，更番代用之大车、骡子及马匹，斯时又为船只所替代”③。

传统水陆运输方式虽然沟通了天津港与腹地之间的早期进出口贸易，为天津港进出口业务的发展以及腹地外向型经济的起步做出了贡献，但受自然条件的制约太多太大。水路方面，天津“与其销场间迄今用于运货之许多小川、小河因旱魃肆虐而无法通船，运费因之大为腾涨，昔取廉价水运方式之众多地方，今已不得不改行陆运”④；即便丰水年份，冬季亦有3个月的冰封期不能通航。陆路运输所受的限制也相当明显，从而使人们产生了希求新式交通工具——火车出现的强烈渴望。“茶叶贸易之殊形繁昌，乃由于蒙古牧草异常丰茂，彼处殆皆用作驮畜之大群单峰驼，向以此草为生，刍秣之丰歉于此项贸易之繁盛甚有影响。只缘1885年刍草歉收，单峰驼饿毙者甚伙，俾行此路之运茶工具少之又少。牧草供应之无常，运输工具便无所保证，如是则使若干俄商首领筹划铺设一条轻便之窄轨铁路，以便贯穿张家口至库伦（今蒙古国首都乌兰巴托）之蒙古草原”⑤；而为了

① 吴弘明编译：《津海关贸易年报（1865—1946）》，天津社会科学院出版社2006年版，第50页。

② 吴弘明编译：《津海关贸易年报（1865—1946）》，天津社会科学院出版社2006年版。第50页。

③ 吴弘明编译：《津海关贸易年报（1865—1946）》，天津社会科学院出版社2006年版，第102页。

④ 吴弘明编译：《津海关贸易年报（1865—1946）》，天津社会科学院出版社2006年版，第58页。

⑤ 吴弘明编译：《津海关贸易年报（1865—1946）》，天津社会科学院出版社2006年版，第139～140页。

赈济因旱灾而造成的山西饥民，“由天津发往晋省之大宗米粮，在地际晋、直两省之山麓迟滞数周，以待车辆、驮畜或搬夫将救济物运至彼处。再者，车来人往致使山隘之狭道不断壅塞。当其时也，若有一条铁道，甚至数条易行之马车路，亦能拯救数十万苟非数百万人之生命”①。

另一方面，西方列强为了使中国内陆的进出口贸易更加快捷，以便能够与经由轮船海运联结起来的世界市场进行有效对接，也希望中国尽快采用新式的铁路运输方式，早在1863年，斯蒂芬森爵士（Sir MacDonald Stephenson）就向清廷提出了第一个在中国全面建设铁路的方案，但是，由于外国列强附加了一些政治条件，因此遭到了满怀疑虑的中国官员的强烈抵制。所以“自始至终都是外国人，出于慈善的、政治的等等强大动力，在中国地图上画了一些虚线，标明是‘计划修建的铁路’。他们根据这个国家的资源状况确定计划，并把防止灾荒和侵略的双重任务担在身上。于是，建设铁路的必要性就以各种各样的方式强加给中国政府。公使们、领事们以及一切有机会跟任何中国官员说上话的外国人，总是利用各种时机赞颂铁路在军事上和经济上的优越性。但是这些进步的鼓吹者完全是在对着聋子说话，对着瞎子表演。整个25年的铁路宣传，使这个铁路计划披上了令人憎恶的外国服装，并引发了对它采取消极抵抗的一种潜在的力量。中国人可能已经觉察到，纯粹的仁慈经常是与对租界和垄断的强烈欲望连在一起的。而且，不同国家的公司，为了避免租界落入对方之手，采用教训的方式彼此攻讦，最恰当不过地暴露了这些外国顾问们的真正动机。这25年间，他们什么法都使了，却使铁路这个词成为‘中国人最憎恶的东西’”②。不过，外国人这些喋喋不休的宣传攻势，也使得中国的一些开明官员和买办商人，如李鸿章、唐廷枢等人，加深了铁路对中国交通和经济开发事业重要性的认识。他们通过在洋务运动中积累起来的人脉基础和话

① 吴弘明编译：《津海关贸易年报（1865—1946）》，天津社会科学院出版社2006年版，第107页。

② ［英］雷穆森（O. D. Rasmussen）著，许逸凡、赵地译，刘海岸校订：《天津租界史（插图本）》，天津人民出版社2009年版，第61页。

语权，争取到了清廷对开平煤矿近代化开采的支持，以及对从唐山到胥各庄6英里标准化铁路建设的默许。尽管这段铁路上的车厢最初由骡马来拖拽，但为此后进一步向南延伸到芦台、天津、北京、山海关、锦州，进而变为京奉铁路奠定了必要的基础。李鸿章视察后的评价是："自天津至唐山铁路一律平稳坚实，桥梁车机均属合法，除停车查验工程时刻不计外，计程二百六十里，只走一个半时辰，快利为轮船所不及。"① 津唐铁路的通车，揭开了天津港腹地现代化交通运输的新纪元。铁路运输的便捷，有力地排除了守旧派对铁路建设的干扰，使20世纪初，京汉、京奉、正太、京张、津浦等铁路得以迅速地铺设并通车。此后，京张铁路又向西继续延展，拓至归绥（今呼和浩特市）并通车，后又拓至包头并通车。它们相互交织，最终形成了一个以天津港为出海口的近代铁路运输网络。

具体到对天津城市和腹地经济的发展而言，关联度最高的近代铁路有两条，一是京奉铁路，二是津浦铁路。

建造京奉铁路的起因已如上所述，即降低开平煤炭外运的成本。"光绪七年，开平矿局始创，造铁路二十里，以便转运。光绪十三年，设开平铁路商局于红楼，盖纯是商办也。后因兵船运煤不便，复接造六十五里，南抵蓟河上阎庄为止，此即北塘至山海关中段之路。十七年，总理各国事务王大臣奕譞亲历北洋海口，以直隶海岸七百余里防营太少，如设铁路则调兵运械咸能便捷，遂奏建铁路官局，并先归并铁路商局以期造路，价廉工省。其后开平铁路遂南接至大沽北岸，北接至山海关。而最先接造者，则为阎庄至大沽北岸八十余里，大沽至天津百余里。并借中外商人运货之资，以充养路之费，是为津沽铁路。其后开平北至山海关之路亦即接续筹办，此项创办之费，计由邮库每年拨一百二十万余，由直隶、河南、陕西、山西、四川、山东、湖北、湖南、江宁、江苏、安徽、浙江、江西、福建、广东、台湾分任。其年五月，遂兴修直隶林西镇至山海关之第一段，是为津榆铁路。厥后又接办山海关外铁路，是为津奉铁路。而路局复

① 中国史学会主编：《洋务运动（六）》，上海人民出版社1961年版，第199页。

分官、商两局，各自经理。其后归并为一，遂设京奉路总局于天津焉。”①

图4.3　1910年前后天津火车东站景观

资料来源：天津中裕洋行《北中国写真帖》，1910年前后内部发行。

津浦铁路的建设，也是以设在天津的津浦铁路总局为主导。“津浦铁路自天津至浦口，长约二千一百七十里。光绪二十五年，初议由天津至山东南界之峄县为北段，由峄县至镇江为南段，路经直隶、山东、江苏三省，故名曰津镇铁路。嗣定路线自天津起至浦口止，易名曰津浦铁路。以五厘息借用英、德两国银行英金五百万镑充作资本，并奏准官商合办。凡直隶、山东、安徽、江苏四省商民，均得入股。三十四年，奏明开工。”②

至清朝末年，天津共建有三个火车站，一是京奉线上位于俄国租界内的火车东站，也称老龙头火车站，即今天津站所在地；二是津浦线上位于

---

① 〔清〕王守恂撰：《天津政俗沿革记·铁路》，1938年刻本。

② 〔清〕王守恂撰：《天津政俗沿革记·铁路》，1938年刻本。

南运河北岸赵家场的西站；三是京奉线上位于河北新区的火车北站，当时称总站、新站。天津成为当时中国北方火车交通最便利的铁路枢纽城市。

铁路交通显著提升了天津城市与腹地之间人员和物资的交流，如使得天津到北京之间的旅程，由此前沿北运河乘船溯行的7天左右，减为乘坐火车的3个小时，因此可以毫不夸张地说："每一英里的铁路都会提高天津在商业上的地位，并间接地影响到租界的扩张和发展。"① 另外，铁路修筑后，腹地的"出口土货，曩之用驼或土车或船只载运来津，受途中种种耽延，种种遗失者。今则虽仍用旧法载运，不过自产地至本省之张家口，或丰台或晋省之太原府，即可易由火车转运本埠矣，故迟误既少，伤耗亦轻。本年出口之货……进步堪为猛锐"②。也就是说，铁路的兴修，虽然不能使火车通达腹地的每一个角落，但是铁路的延伸使得广大地区内的人们，可以先用传统的水陆运输方式，将货物集结到沿线的车站，进而再借助火车，更快捷地运往天津港。

正因如此，铁路沿线的一些城镇才得以迅速崛起，并成为天津港和腹地之间进行货物转运的重要中转市场。如京汉线上的石家庄，原本是正定县的一个小村子。京汉、正太铁路通车后，迅速发展成为天津港沟通山西乃至西北地区的重要门户和皮毛中级市场。据记载，每年通过这里运销天津等地的西北皮毛，有900车皮以上。③

位于豫北棉区的安阳县，"在昔铁道未通，多半由小车、马车运销卫辉、怀庆一带，远及黄河以南，直达开封、许昌等处。迨广益纱厂成立，遂相率售于纱厂。其后天津、石家庄、郑州、青岛、汉口纱厂日多，于是棉花出境，北达天津、石家庄，东至青岛、济南，南通郑州、汉口，转销

① ［英］雷穆森（O. D. Rasmussen）著，许逸凡、赵地译，刘海岩校订：《天津租界史（插图本）》，天津人民出版社2009年版，第85页。

② 吴弘明等整理：《津海关年报档案汇编（1889—1911年）》，天津社会科学院内部资料，1909年华洋贸易情形论略。

③ 经济讨论处编辑：《中外经济周刊》1926年9月25日。

上海，已非往昔之局促于本省者可比。经营棉业者曰花行，全县不下数十家”①。

张家口（也称万全）在清朝中期以后，就是塞北的一个贸易中心。1909 年京张铁路通车后，其商业地位更加重要，1914 年便成为自开商埠。此时，“英、法、美、日、意、德等国的商人，在张家口都很活跃。尤其是民国七八年徐树铮经营外蒙的时候，有大小商号七千余家，银行上堡六家，下堡三十二家，外管一千六百余家，茶庄、毛庄亦各二三十家，每年进出口贸易额达三万万元”②，成为天津对塞外高原销售洋货并吸纳畜产品的重要商品集散市场。

归绥（今呼和浩特市，当时也称归化城）长期作为西北地区的货物集散地，1914 年成为自开商埠。1921 年京绥铁路修通后，商业更加繁盛。每年转销来自蒙旗以及甘肃、新疆等地来的羔皮、细毛约值 40 万两，本地羊皮年销约 20 万张。洋商在该市所设的采买羊毛、绒及牛、马皮的洋庄有十几家。众多的旅蒙商人还从这里贩运大量的砖茶、绸、布、棉花、米、面等物，分赴各蒙旗牧区以交换牧民的驼、马、牛、羊、皮革、绒毛等物；总之，“凡华北之工商品，销售于西北各省，或宁、甘、新等省之货物转销于平、津各地，均以归绥为重心”。③

包头则是铁路兴修后，西北地区经济迅速外向化最为集中的体现。包头原本没有什么商业基础。1809 年才由村改成镇。1850 年以后，由于托克托县的河口镇码头一度被水冲毁，黄河中上游的皮毛才逐步向包头的南海子码头集结，但它仍不过是一个很小的地方性皮毛市场。天津开埠后，西北地区的皮毛和甘草等向包头集结的数量有所增加。1921 年，归绥至包头的铁路一动工，包头的重要性立即为人们所认识，北洋政府随即宣布其为自开商埠；1923 年，延伸到包头的京绥铁路通车以后，包头在西北地区商品交流和外向型经济发展中的桥梁作用，得以迅速地体现。据铁路部门的

① 方策等修，裴希度等纂：《续安阳县志·实业志·商业》，1933 年铅印本。
② 贺扬灵：《察绥蒙民经济的解剖》，商务印书馆 1935 年版，第 51 页。
③ 廖兆骏编著：《绥远志略》，正中书局 1937 年版，第 268 页。

调查，“包头据西北中心，当水陆要冲，东由平绥路直出平、津，以达内地，以通外洋，南连晋、陕，西接宁、甘、新、青，北通内外蒙古，凡由内地运往西北各处之零整杂货及由西北各处运赴内地之皮毛、药材等货，均以包头为起卸转运之中枢。故包头之进口，其中有一部分转销五原、临河、安北各县，大部分更西转宁、新，北转蒙古。包头之出口，亦非包头一地之出口，包头特产无多，所有出口十（分之）九由蒙地、西宁转五、临而来”①。

京绥铁路修到河套地区以后，以归绥、包头二地为辐射点，通过传统水陆交通工具的辅助和补充，把西北牧区的畜牧业产品通过铁路输送到天津港出口，从而使广大的西北地区变成了天津港的商品进出口腹地。

本来，西北地区的羊毛长期仅限于当地的制毡毯和帐篷等，用量很小，绝大部分都白白地废弃了。天津港的开埠，为西北地区羊毛的大量对外输出，提供了良好的国际市场。但是，时至20世纪30年代，整个西北地区的铁路，也只有京绥、陇海两条，且陇海铁路西段的铺设极为缓慢，1935年铺到西安，1937年铺到宝鸡，1952年才铺到兰州。致使甘肃、青海等地的货物，因走陆路不如走水路便利和经济，故而甘肃、青海等地的皮毛，大多用皮筏水运至包头，再输往天津。② 所以，“甘肃之甘州（今张掖）、临洮各地羊毛，多先集于兰州，由水路以达包头。宁夏则大部集于宁夏（今银川），顺黄河而达包头。青海及新疆南部羊毛，多集于湟源，经西宁由黄河运达包头”③。

2. 公路交通的发展

近代化的陆路运输，除铁路之外，当数汽车路即所谓的公路了。1910年，天津市内出现了第一辆汽车，1915年开设了第一家汽车行，1917年开始使用汽车从事货物运输。与此同时，天津汽车公路的修建也取得了进

---

① 铁道部财务司调查科编：《包宁线包临段经济调查报告书》，（内部发行）1931年，“工商”部分，H，第8页。

② 王世昌：《甘肃的六大特产》，载《甘肃贸易》1943年第5～6期。

③ 王化南：《发展西北毛业之商榷》，载《西北资源》1940年第2期。

展。天津至北京、天津至保定、天津至霸县、天津至德州、天津至盐山、天津至白沟河、天津至大沽、天津至沧州等几条较为正式的近代公路，就是通过以工代赈或由中外慈善团体和民间组织捐款等形式修筑起来的。尽管这些公路的工程质量不高，有的连路面也没有铺装，但它毕竟开启了天津近代公路建设的新时代。

在整治、修筑公路的过程中，天津的汽车运输企业也随之出现。到1927年，天津的商营汽车公司和运输行，已发展到69家，经营客、货运输的汽车在100辆以上，并且大都具有较为固定的营运路线。

表4.1　1927年前天津的客货汽车营运路线

起点	终点	途经概况
天津	北京	线路一：经西沽、丁字沽、杨村、武清至北京；线路二：经北仓、杨村、河西务至北京
天津	德州	经郭家村、独流、沿南运河东岸经静海而至德州
天津	保定	经大稍口、杨柳青、独流、文安、任丘、高阳至保定
天津	山海关	经芦台、马城镇、昌黎至山海关
天津	大沽	经梁园门，沿海河南岸经白塘口、咸水沽、新城至东、西大沽
天津	塘沽	经吴家嘴、新河至塘沽

资料来源：耿捷主编《天津公路运输史》，第一册，人民交通出版社1988年版，第99页。

据表4.1可知，20世纪20年代，天津的汽车运输已经比较繁忙，为天津城乡及外地间的人员和物资交流提供了较牛马大车快捷得多的运输方式。

同一时期，腹地其他地区的汽车运输也开始出现并有了大的发展。1919—1927年，在今河北省的行政辖区之内，陆续修建的汽车公路包括“商建京承公路、德南公路，官建津保公路（南线）、津沧公路，以及以工代赈修建的京丰公路、大邯公路、武邯公路、京霸公路等30条公路相继建成通车，总计2023公里，约占全国公路总里程的6.6%；每条公路上有一至数家汽车公司（或汽车行）从事客货运输业，其中著名的汽车公司有德南长途汽车公司、协通长途汽车公司、大邯汽车公司、京热长途汽车公司等，总计汽车有200辆左右。为了加强管理，1926年直隶全省汽车路管理局在天津成立，负责管理全省公路路政”①。而1928—1937年，河北省的公路建设又有了新的发展，“新修筑省级公路31条，共计3550公里，其中重要者有平大公路、平榆公路、沧石公路、邢德公路、平张公路、平承公路等。截至1937年6月，河北省总计有省路61条，共计5553公里。此外，至1933年5月，察哈尔有省路6条，共计3035公里；热河有省路9条，共计1140公里……县路修筑也有一定进步，据1933年底统计，全省共修县路130条，总长1987公里”；而在河北省第一省路局所辖公路上行驶的汽车，1931年为834辆，1932年为750辆，1933年为447辆，数量递减的直接原因，就是长城抗战的爆发。②

20世纪20年代，京绥铁路沿线的主要县城都出现了商营汽车，其运行路线一般是利用旧有的车马大道或自然路。对旧有大道的整修，成为近代公路建设的前奏。1928年，绥远建省后，在省政府设置了建设厅，有计划地修建以省会为主、通往各县的公路，并谋求各县之间公路的联通。绥远的所有公路，均以铁路在线的主要县城为起点，分别通往各县，从而形成了归绥、包头和集宁3个公路中心。

除了上述省区内部的短途汽车运输，还出现了跨省区的长途汽车运输。比较有代表性的，一是绥新路，一是张库路。绥新路的实际运营区间是归绥至哈密，营运商是新绥汽车公司，成立时间是1933年，正常运营年份为1935—1936年。张库路的营运区间是张家口至库伦，最早的营运商是大成张库汽车股份有限公司，成立时间是1918年2月。此后，其他汽车公

① 朱文通、王小梅：《河北通史：民国上卷》，河北人民出版社2000年版，第269～270页。

② 朱文通、王小梅：《河北通史：民国上卷》，河北人民出版社2000年版，第271～272页。

司和车行相继加入了这条运输线路。再到后来，尽管受到了外蒙古地区再次宣布独立的影响，1923 年的时候，行驶在张家口与库伦之间的汽车仍有 60 辆之多。“其中四十辆为华商所有，余属外商。开车不按定班，乘客达五六人，则随时开车。每辆大抵每月往来四次。”为便于途中照应，均两辆汽车同时开行。张、库两地之间的距离为 2900 里，每个单程需要4～6 天。①

另据统计，1927 年的张家口，已经有汽车行 30 多家，商车五六十部；据该材料记载，由于张库间的距离是 1900 余华里，骆驼车需 30 天，牛车需 50 天，汽车只需 10～15 天。② 因此，作为一种新式的交通运输工具，汽车运输以其比较快捷的优点，获得了一定程度的发展，成为火车运输的延伸和补充，在港口—腹地间的物资交流方面做出了很大贡献。“清末民初，张库商务，日繁一日，惟民七以前，交通不便……自边防军筹建汽车路以还，输运愈便，商务尤盛，西沟‘外管’增至一千六百家，贸易额达一万五千万两。”③

汽车运输虽然具有灵活快捷的优点，但受种种条件的限制，在天津港更广大的腹地，汽车运输依然很不普遍。时人认为：“在目前，没有汽车路的地方，还是利用人力和兽力来运输。以人力执行的有手推车及挑运，利用兽力的驼、骡、马、驴驮运和骡、马所拉的大车运输。手推车的载重，可达 500 市斤，挑运每夫可肩 150 斤～160 斤，兽力则每驼可驮 500 斤，每骡可驮 300 斤，每马可驮 260 斤～270 斤，每驴可驮 200 斤左右。车辆则二骡所拉的大车，可载 1000 公斤以上的货物。其行程，无论人力或兽力，每日的行程，可达百里以上。与汽车比较，虽稍嫌迟缓，但是运费

① 佚名：《各国善行类：张家口库伦间通商情形》，载《国际公报》1925 年第 28 期。

② 窦卫华整理：《我省最早的汽车路——张库公路早期通车营运简况》，见中国人民政治协商会议河北省委员会文史资料研究委员会编《河北文史资料选辑（第七辑）》，河北人民出版社 1982 年版，第 173 页。

③ 黄奋生编：《蒙藏新志》，中华书局 1938 年版，第 786 页。

上可节省许多。据调查所得，胶轮兽力车，运费每千斤每日约需3元左右，较之汽车运输，相差在半数以上。”① 可见，高昂的成本，是汽车运输难以普及的重要因素之一。另一方面，民国年间的汽车公路，“绝大部分路基系由原官马大道扩建而成，除极个别路面是碎石或土石外，余皆为泥土，平均宽度不足5.5公尺；至少有50%的公路，每到夏季须停驶1至3个月；许多路段有河无桥，或桥涵质量差，根本无法正常行驶车辆；加之公路养护较差，实际通行能力很低，根本不能适应社会经济发展的要求。因此，民间以人畜力为主的传统运输方式在社会经济生活中仍然发挥着重要作用，城乡间的商旅往来和物资流通，仍主要依赖民间传统的运输工具如大车、独轮车、牲畜驮等来完成，这带动了河北货栈业、搬运装卸业的发展”②。

再者，公路和铁路一样，都受固定线路和站点的制约，并且运费也较水运高，所以，传统水陆交通不但没有被完全替代，相反依然起着巨大作用。

3. 内陆驼队与内河民船的延续

民国年间，华北地区的铁路和公路网虽然较前已经很发达，但它们的通车里程和地域范围还相对有限。在内陆腹地更为广阔的地域空间上，联结二级、三级乃至初级市场的货物运输重任，依然要由传统的陆路和水路运输方式——车拉马驮、肩挑背扛、内河木船等来完成。

关于陆路传统运输方式在近代以后的延伸，前述内容已有涉及，兹不赘述。这里仅补充一下民国年间三北腹地除海河水系外其他内河水运的状况。

据笔者考察发现，即便进入民国时期，中国北方以黄河为代表的内河航运，不仅没有走向衰退，反而有了更大的发展。“从上游发源地的青海，到下游入海口的山东；从河面宽阔的干流，到水道狭窄的支流，总长度达4000—5000公里的河段上，各类水上交通工具都无不各显其能、因地制宜

① 武国安：《驿运制度与西北资源》，载《西北资源》1944年第2期。

② 朱文通、王小梅：《河北通史：民国上卷》，河北人民出版社2000年版，第272页。

地发挥着内河航运的最大效用。”① 尤其是在天津港口与城市的重要畜产品腹地——黄河上游地区，内河航运与平绥铁路之间的交通对接，愈加频繁，也愈加重要。

黄河从其发源地约古宗列盆地到甘肃省永靖县境内的刘家峡，蜿蜒行进在众多山岭之间，大约1200公里的河段落差达1300多米，不仅水道浅狭，河床比降大，而且人烟稀少，经济开发程度低，使得黄河最上游的河段水运价值极小。只有从永靖至兰州的黄河干流及其两条较大支流湟水、洮河的下游河段，才有了初级的航运之利。不过，这里的“所谓航运仅系皮筏、木筏由上而下，并无船舶上下通行。皮筏有牛皮、羊皮两种。由湟水下运者，主要为青海之食粮、青油、木料及甘肃窑街之煤炭。自洮河及永靖下运者，仅木料为大宗”②；湟水自西宁以下皆可通行皮筏，名曰“浑脱”，用来装运皮毛，间载旅客。③

黄河自兰州以下河段，航运价值才逐渐增大起来。不过自兰州到靖远县的五方寺（亦名五佛寺）之间，又有大峡、小峡、五兄弟、一老老等险要，所以该河段只能通行木排和皮筏，不能行驶木船。自五方寺经过中卫、金积、灵武而至于宁夏城，中间隔有黑山峡等险阻，所以船只通行亦相当艰难。只有从宁夏城再往北，经过平罗而至石嘴子，河面才进一步开阔起来，因此，石嘴子便成为黄河上游河段的一个民船航运中心，来自青海、甘肃、阿拉善及鄂尔多斯的羊毛、药材，都先在这里集中以后再大量运往包头。自石嘴子向北经磴口、五原、包头以抵河口镇之间，均可通行民营木船。且宁夏城经五原、包头至萨拉齐一段，由于河面深阔，尚可以行驶汽船。④

---

① 樊如森：《民国以来的黄河航运》，见中国地理学会历史地理专业委员会《历史地理》编辑委员会编《历史地理（第二十四辑）》，上海人民出版社2011年版。

② 黄河治本研究团编：《黄河上中游考察报告》，第5章“青甘段之水利”，水利委员会1947年发行。

③ 周振鹤编：《青海》，第14章“交通”，商务印书馆1938年版。

④ 汪公亮：《中国西北地理大纲》，第11章“西北交通大势”，朝阳学院讲义1933年版。

不过，受大陆性季风气候的影响，黄河在每年的立冬前后便开始进入结冰期，直到第二年的清明前后才解冻开河。故而民国时期，当地即有“立冬半月不行船”“立冬流凌，小雪封河”之类的谚语。也就是说，黄河上游的封冻期长达4个月左右，行船期只有7个多月的时间。再者，气温和降水的差异也使得黄河上游每年通航期的水量处于不断变化中。“凌汛过后，五、六月间，水位最低。伏汛流量激涨，河水散漫，泛滥分歧，似无正流之可寻。大汛以后，水位渐落，水势亦杀，束入正槽，直至封河无大变动。”① 凡此种种，都对船只运输的规模和速度产生了不同程度的影响。

黄河上游河段各不相同的水文状况，造成了航运条件的较大差异。当地人民为了适应这些有利或者不利的自然环境，不得不对行驶在不同河段的水运工具进行因地制宜的改造和利用。结果，行进在该水域的运输工具，便呈现出了五彩斑斓的材质和规制。大体而言，可以分为皮筏、木筏、七站船、五站船、高帮船、小划子、汽船7种类型。

没有陆运衔接的水运和没有水运补充的陆运，都是不完善的。民国时期的黄河航运，本来就是和陆上运输紧密联结在一起的，水运和陆运只是西北地区物资运输网络的不同环节和不同表现形式而已。当然，随着外部市场和交通条件的变化，二者结合的内容和方式也有了新的变化。大体上说，民国早期的水陆联运，是水上船筏载运与陆上驼马驮运的结合；而1921年京绥铁路通车至归绥（今呼和浩特）、1923年通车至包头以后，水陆联运则表现为船筏、驼马与火车运输的结合。水运与陆运、传统与近代之间的相互支撑、包容和促进，为黄河航运开辟了更加广阔的发展空间。在黄河水陆联运网络中起着枢纽作用的则是沿岸众多的码头市镇。它们不仅是内河航运的物资中转和集散地，而且也是通过岸上道路进行货物运输的起止点。

---

① 王华棠、刘锡彤、吴树德：《黄河中游调查报告》，第4章“航运”，华北水利委员会1934年版。

不仅如此，清代到民国时期，京、津等东部更广大地区，对绥、宁、甘、青等黄河上游地区所进行的经济辐射，在很大程度上也是依靠黄河水陆联运才得以实现的。① 相关统计表明，青海高原及甘肃西南部的羊毛，每年经过兰州运往包头等地的约 11000 吨，皮货、药材各约 170 吨，木料约 6000 吨；由包头等地经甘肃过境而运往青海高原的货物，每年也约有布匹 3000 吨，茶叶 1100 吨，纸张、印刷材料、棉织品、药材、铁器以及其他杂货等共约 5000 吨。② 兰州至绥远托克托县的河口镇，全长约 3000 里，均有通航之利。其主要运输工具有木船、木排和牛皮筏子 3 类。自河口镇、南海子码头至中卫县的五方寺，可以通行高帮船、七站船、小五站船，上水多装载由京绥铁路转运来的各色布匹、红白糖、火柴、砖茶、海味、瓷器、罐头、煤油、纸烟及华洋杂货，下水多载运青、甘、宁地区所产的皮毛、甘草、枸杞、白麻、米、杂粮、盐、碱等。高帮船上水可装洋广杂货 20 担，每担 240 斤，下水可装粮食 80 担，皮毛 70 担；七站船载重可达 30000 余斤；小五站船比七站船小，有五六千艘以上。五方寺至兰州，只通行牛皮筏和木排，主要装运皮毛等。牛皮筏是以整张的牛皮，装入 200 余斤的羊毛后扎紧，120 个联成一个皮筏，各筏再联成一队。另外，西宁至兰州间的货物，也多用牛皮筏运输。可惜，原始的船运动力和漫长的河床封冻期，限制了上下流之间的航运频度，致使舟楫往来每年至多不过 3 次，皮筏往来至多不过 2 次。③

结果，陆路尤其是与平绥铁路联运的规模和效能，随之也受到了很大的制约，致使西北地区丰富的羊毛类畜产品资源无法顺利外销，在羊毛的输出额与产额之间呈现出巨大差距。据调查，20 世纪 30 年代的青海省，其“羊毛额数，除本地人民织褐、栽绒、作毡用极少数之外，而其输出于

---

① 樊如森：《西北近代经济外向化中的天津因素》，载《复旦学报（社会科学版）》2001 年第 6 期。

② 铁道部业务司商务科编：《陇海铁路甘肃段经济调查报告书》，（内部发行）1935 年，第 87 页。

③ 绥远省政府编：《绥远概况》，绥远省政府 1933 年刊印，第 44 ~ 45 页。

天津、张家口一带者，亦无多。……历年所运出售者，约占全省产额16%；本省制造需用者，约占8%”；其余76%，“皆为囤积无用之物”。①在当时的历史地理条件下，要解决这一问题，不是要把牦牛、骆驼、皮筏、木船等因地制宜的运输方式统统取缔，而是要黄河上游沿岸的各级政府、军队、民团和运输个体之间，进行很好的沟通、协调，以最大限度地组织和发挥好传统与近代交通方式的运输效能。在这方面，天津所在的海河平原地区的相关做法，就非常值得肯定和赞赏。

表4.2　1912年前后各类交通运输方式在天津与腹地间商品进出口中的比重

价值单位：海关两

商路	转出口		转入口		出入口总计	
	数量	百分比（%）	数量	百分比（%）	数量	百分比（%）
铁路	36639189	54.28	29519357	51.53	66158546	53.01
天津北、东（北宁线）	7910122		4816622		12726744	
天津以西（平汉、平绥）	26105313		21252710		47358923	
天津以南（津浦线）	2623754		3450025		6073779	
传统陆路	2774589	4.11	1490419	2.60	4275008	3.43
天津以东芦台方面	373983		119675		493658	
天津以北北平方面	804374		471431		1275805	
天津以西保定方面	1318374		858336		2176710	
天津以南方面	277858		40977		318835	
内河水路	28087258	41.61	26276594	45.87	54863853	43.56
天津以东老河	6703151		2130454		8833605	

① 陆亭林：《青海省皮毛事业之研究》，载《拓荒》1935年第1期。

（续表）

商路	转出口		转入口		出入口总计	
	数量	百分比（%）	数量	百分比（%）	数量	百分比（%）
天津以东海河	1243282		548225		1791507	
天津以北白河	1707046		973332		2680378	
天津以西大清河其他河	12502348		12547277		25049625	
天津以南南运河子牙河	5931431		10077307		16008738	
总计	67501036	100.00	57286371	100.00	124787407	100.00
出入比率	54.09		45.91		100.00	

资料来源：李洛之、聂汤谷编著《天津的经济地位》，经济部冀热察绥区特派员办公处、结束办事处驻津办事处1948年版，第40页。

表4.2显示，在天津港口、城市与腹地之间的运输网络中，铁路运输占据了半数以上的集疏运能力，凸显了火车（轮船）在区域间商品流通中的主导作用，表明了民国初年华北区域交通的近代化特色。同时，传统交通方式特别是内河水运的集疏运作用依然举足轻重，表明了民国初年华北区域交通的过渡性特点。

表4.3　1921—1930年不同运输工具在内地棉花输入天津过程中所占的比例

单位：担

年份	火车	百分比（%）	民船	百分比（%）	大车	百分比（%）	总计	百分比（%）
1921	496544	78.1	125761	19.8	13076	2.1	635381	100.0
1922	724514	76.7	215185	22.8	4467	0.5	944166	100.0
1923	715959	74.6	230166	24.0	13671	1.4	959796	100.0
1924	381617	68.8	159255	28.7	13814	2.5	554686	100.0

（续表）

年份	火车	百分比（%）	民船	百分比（%）	大车	百分比（%）	总计	百分比（%）
1925	464338	43.9	574845	54.4	18137	1.7	1057320	100.0
1926	73055	7.7	841809	89.1	30283	3.2	945147	100.0
1927	227065	18.4	956670	77.6	48693	4.0	1232428	100.0
1928	304238	25.1	846465	69.8	61732	5.1	1212435	100.0
1929	64779	12.5	421868	81.7	29909	5.8	516556	100.0
1930	167039	18.8	682812	77.0	37566	4.2	887417	100.0
总计	3619148	40.5	5054836	56.5	271348	3.0	8945332	100.0

资料来源：方显廷主编《天津棉花运销概况》，天津南开大学经济研究所1934年版，第10页，表6。

表4.3显示，1925年以后，尽管天津地区的铁路运输网建设已经非常完善，但是，受运费和时局的影响，民船运输竟达天津棉花输入量的2/3以上。这既表明了传统交通的重要意义，也体现了传统与近代的统一。

综上所述，在天津港腹地的近代交通运输体系中，火车和汽车的运输作用虽然非常明显，但是远远没能替代传统的水陆运输方式。究其原因，主要有以下三点：

其一，随着近代口岸城市工商业的快速发展和人口的急剧增加，城乡之间需要在更广的范围、更大的规模和更深的层次上，加强彼此之间物资、人员、金融和信息的流通。具体到交通运输方式上，不仅需要近代化程度很高的铁路、公路运输，而且也离不开能够灵活延伸到偏僻地区的传统内河水运。

其二，铁路运输虽然快捷，但是在当时，同样重量和体积的货物，火车的运费要比内河民船的运费高出许多。① 所以，从运输成本的角度考虑，

① 汪胡桢：《民船之运输成本》，载《交通杂志》1934年第3期。

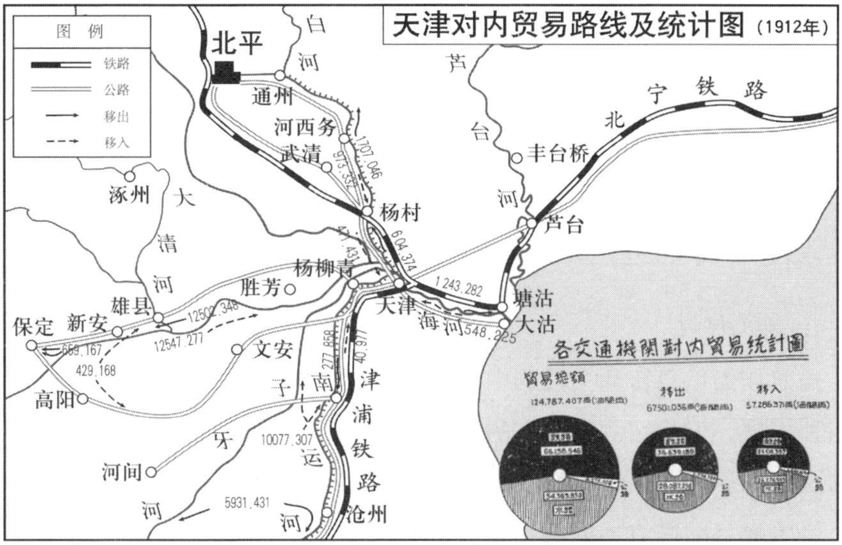

图4.4　1912年前后天津与腹地间的交通及贸易关系示意图

资料来源：据李洛之、聂汤谷编著《天津的经济地位》，经济部冀热察绥区特派员办公处、结束办事处驻津办事处1948年版，第31页图改绘。

商人们在贩运诸如粮食、棉花、木材等体大笨重、产品附加值低、短期不易腐烂、市场行情变化迟缓的物品时，大多依旧通过内河水运来完成。

其三，火车运输要受到物理位置固定的铁路线路和站点的严格限制，货物的运输和装卸难以实现商品产地和消费市场之间的无缝对接，其物流网络缺乏普遍性和灵活性。而民船、大车等传统水陆交通方式，正好可以弥补和完善火车的集、疏、运网络。“先前，货物一直由骆驼、大车与木船运至本埠（天津）……现在，只有从产地到最近的火车站一段仍采用这种旧的运输方式，到车站后就由火车转运至天津了。”① 从这个角度讲，铁路交通愈发达，对民船和大车等传统运输方式的需求就愈大。换言之，长盛不衰的内河航运，是日益繁荣的铁路运输必不可少的重要环节和组成部分。

---

① 许逸凡译：《天津海关1902—1911年十年调查报告书》，见天津市社会科学院历史研究所编《天津历史资料（第十三期）》，（内部发行）1981年，第31页。

由此可见，在交通运输领域，传统和近代之间，交融要比冲突大得多。内陆的铁路、公路、驼队、民船优势互补，最后对接沿海和远洋巨轮，共同组成了联结天津港口—城市—腹地与世界市场的立体化交通运输网络。

四、天津的近代邮政和电报事业

1. 新式邮政

虽然作为信息传递手段的中国传统邮驿制度和设施，在秦汉时期就已经有所发展，但是，源自西方的新式邮政制度，是在近代开埠通商以后才逐步兴起的新生事物。只是对于这一新的信息传递方式的发生时间和地点，学术界目前尚有不同的见解。

或许由于受史料发掘程度与乡土观念的影响，一些北方学者倾向于把天津作为中国近代邮政的发源地，且把时间定为 1878 年。“中国近代邮政，起源于 1878 年海关试办邮政。1876 年，中国海关总税务司赫德，因议英国书记官马嘉理搞侵华活动在云南被杀案，请设‘送信官局’。清政府总理衙门致信征求直隶总督兼北洋大臣李鸿章意见。李鸿章深感中国邮驿弊端丛生，通信梗阻，文报稽迟，亟须改革，表示支持，并于 1878 年与总理衙门议定，由海关总税务司赫德主持，仿照欧洲办法试办邮政。1878 年 3 月 9 日，赫德经与李鸿章商妥，指派天津海关税务司德璀琳，以天津为中心，在北京、天津、烟台、牛庄和上海五地海关试办邮政。当时的天津，成为中国近代邮政在创办初期的组织和指挥中心。1878 年 3 月 23 日，德璀琳在天津发布公告，‘天津海关书信馆’率先收寄中外公众信件，是为近代邮政创办之始，中国近代邮政由此发端。”①

然而，已有的史料显示，最早出现在中国大地上的西式邮政机构，并非 1878 年设立于天津的“天津海关书信馆”，而是 1861 年由英国领事馆

---

① 天津邮政博物馆：《从天津邮政博物馆看中国邮政历史进程》，载《中国邮政报》2012 年 3 月 20 日。

图 4.5　1924 年前后位于俄租界的中国邮政总局

资料来源：［英］雷穆森（O. D. Rasmussen）著，许逸凡、赵地译，刘海岩校订《天津租界史（插图本）》，天津人民出版社 2009 年版，第 65 页。

在上海南京路设立的邮务代办（后取名为“英国书信馆”），专门为在沪的英国机构和侨民寄递国外邮件；同一年，法国领事馆也在沪设立了法国书信馆。此后出现的西式邮递机构还有：上海英租界工部局设立的工部局书信馆（1864），美国领事馆设立的美国书信馆（1867），日本设立的日本书信馆（1876）等，均早于总理衙门批准的、由海关总税务司在天津、北京、烟台、牛庄、上海 5 地设立的海关书信馆试办邮政（1878）。[①] 不过从中国政府参与的程度而言，天津试办的新式邮政业务，要比前者更加官方化和正式化一些。并且，天津在中国近代邮政兴办过程中所起到的重要作用还是不容忽视的。1879 年 12 月 22 日，中国海关总税务司赫德发布通令指出，邮递业务继续办理，并逐渐向其他口岸推广；邮务总办事处暂设天

① 中国近代经济史资料丛刊编辑委员会主编：《中国海关与邮政》，中华书局 1983 年版，第 152 页。

津，由津海关税务司德璀琳负责管理各海关邮递业务，明确了天津作为中国近代邮政创办初期组织和指挥中心的地位。直到1882年，全国性的新式邮政业务才由北京的中国海关总税务司署直接统辖。

1878年3月23日，津海关邮政正式对社会开放，收寄华洋公众和商民百姓的邮件，不管华文还是洋文，一律照收办理。当时以天津为中心的邮路分南北两条线路：南线是从天津—镇江—上海，春、夏、秋三季为水路，由轮船运送；冬季海河封航后走陆路；北线是从北京—天津—大沽。另有天津—山海关，天津—牛庄，天津—芝罘，天津—济南线。①

《中国时报》1886年11月27日的报道认为，在天津设立新式邮政的起因和目的，是为了解决天津与外界并不通畅的信息联络。因为当时的海河“河道日益淤塞，到后来天津与海口间的河道几乎无法通航了。一年之中有三个月不见船只，这样就使天津与上海之间除了电报以外，其他联系都中断了，这种情况迫使地方当局采取英雄般的措施以发送和取回邮件。于是大清邮政局的前身海关书信馆就派遣陆路信差，每周三次前往位于长江沿岸的镇江，每天一次前往北京，每周一次前往牛庄”。而电报的运用，即为其中相辅相成的新式通信手段之一，“1881年12月24日，大清电报局上海到天津的电报线开通，虽然起初还是无足轻重的事，但是不久就发展成为令人满意的公用事业了”。当然，作为中国北方新式信息交通方式之一的近代邮政业务，虽与天津密不可分，但终究还是与京师脱不开干系，因为它最初的业务毕竟是为了满足驻京的外国使馆人员，与母国之间经由上海和远洋货轮传递信函往来。②

1896年，全国统一的近代邮政系统——大清邮政局成立以后，天津大清邮政局作为首家地方邮政局于次年挂牌营业。1899年，全国邮政按海关管辖区域划分为35个邮界，其中天津邮界管辖范围，北界长城，由山海关

---

① 天津海关译编委员会编译：《津海关史要览》，中国海关出版社2004年版，第306～307页。

② ［英］雷穆森（O. D. Rasmussen）著，许逸凡、赵地译，刘海岩校订：《天津租界史（插图本）》，天津人民出版社2009年版，第60，86页。

到古北口；东临渤海；南连山东；西边北部以古北口到杨村一线为界；南部以不超过大运河西岸为限（后来北部和西部均有突破）。1913 年，全国邮政组织机构，由原以通商口岸为主改组为按行政区划设立邮区 21 个，天津为直隶邮区所在地，天津邮政分局升格为直隶邮务管理局，原北京邮界并入直隶邮区。“直隶邮务司驻天津县治，天津市面较繁，商民函件由邮局往来；嗣衙署公文亦多由邮局投递。邮务司在天津设分局七，此外有店铺承办收信，谓之分柜，设于天津城内外，其数十八。街巷繁盛地方并设筒箱，夫役随时启筒，往来人即可投信筒中。其邮务章程，各直省从同，分本埠、外埠、国外三种，物件钱钞均可带递。”①

1918 年，由直隶邮务管理局主持，直隶邮区建立了由库伦（今蒙古国乌兰巴托）经乌里雅苏台、科布多、沙扎盖直至新疆边境承化寺（今阿勒泰），东、西两端分别与承化寺至迪化（今乌鲁木齐）、张家口至库伦邮路相联结，闻名世界的由张家口—库伦—承化寺—迪化全长 10125 华里的邮差邮路，世称“万里邮路”，途经荒漠，主要靠骆驼等载运邮件，由天津邮政负责管理。这是天津邮界营业范围最广阔的时期。

1919 年，新设北京邮区，置北京邮务管理局，由直隶邮区划归北京邮区的局、所共有 111 处。1927 年，国民政府交通部邮政总局在南京成立。1928 年 6 月 28 日，北京邮政总局裁撤，全国邮政事务统由南京邮政总局管理，直至 1949 年中华人民共和国成立。②

虽然笼统地说，中国传统的驿传制度肇始于秦汉时期，但主要应该是就在政治中心和军事重镇之间的联络状况而言的，并不等于该交通网络在全国各地的发展是整齐划一的。以天津地区为例，在很长一段时间内，它就缺乏这一交通设施。“清初，天津僻在海上，罕有过而勤馆人者，故雍正五年奉部令裁节。其后驿丞郑一民复援例请增益，然是时津驿犹未为极繁且剧也。逮咸丰间兵兴，军书羽檄，辐至交驰。复值欧美诸国通商，咸

---

① 〔清〕王守恂撰：《天津政俗沿革记·邮务》，1938 年刻本。

② 天津邮政博物馆：《从天津邮政博物馆看中国邮政历史进程》，载《中国邮政报》2012 年 3 月 20 日。

集邦畿之内，天津遂为万国之会。而剧骖辎轩之使，往返上都，亦道于此”；尤其是到了同治九年（1870），作为直隶总督兼北洋通商大臣的李鸿章，又将办公地点常设在天津，“一切洋务海防往来文报络绎，刻不可缓，而通省地方公牍，多系自省（保定）递津核办。天津为水陆交通之区，事更繁重，必须添设驿马，乃可递送无误，遂于天津仿照大道州县，减半添设。除原有递马外，天津县添马五十匹，马夫二十五名，应需夫马、工料、杂支照例章核给”。① 在进入近代之后的很长一段时间内，尽管新的交通运输手段如轮船、铁路、邮政、电报、电话逐步兴起，但源自中国古代的驿传交通，在天津地区得以继续存在和发展。这也再一次说明，至少在天津港口—城市—腹地的近代交通地理格局中，传统和近代、东方和西方，其实是一种互补共生的耦合关系，绝非此消彼长的零和关系。

表4.4　1922年前后的天津新式邮政系统

机构	地址	机构	地址
直隶邮务管理局	天津东车站（俄租界）	第十支局	总车站
第一支局	东马路	第十一支局	英中街北口
第二支局	针市街	第十二支局	梨栈大街
第三支局	宫南大街	第十三支局	英中街南口
第四支局	荣业大街	第十四支局	法中街
第五支局	大经路	俄国邮局	英界
第六支局	河北大街	英国邮局	英界
第七支局	鼓楼西大街	法国邮局	法界
第八支局	特别区大马路	日本邮局	日界
第九支局	驴市口大街		

资料来源：古蘅孙《天津指南》卷上，天津新华书局1922年版，第69～70页。

① 〔清〕王守恂撰：《天津政俗沿革记·邮驿》，1938年刻本。

近代邮政系统在商业上的作用，除寄发信件传递商务信息，还承担了大、小宗货物的邮寄业务，从而为商品的流通提供了又一条安全、便捷的运输通道。如顺德的大、小皮货商人，在蒙古和西北各地购置皮毛以后，“其贩运方式，大半由邮局或转运公司寄回，其临铁道者由火车运至顺德”①。再如，郑县从上海、天津等地采购的西药，多采用函购邮寄的方式进行②；而包头的西药，有的购自京、津，但主要是向上海的药房、药厂函购，由邮局运到包头。③

2. 电报电话

和中国近代邮政的发展情形类似，天津虽然也在中国电报的发展历程中起到了举足轻重的作用，但这里依然不是中国电报事业的发祥地。

同世界其他国家一样，中国最先得到应用的电报是有线而不是无线。从现有的史料可知，中国领土上出现的第一条陆上电报线路，应该是英国人莱诺特（Reynold）于同治年间（1862—1874）早期架设的，从上海公共租界到吴淞口的电报线路。中国领土上出现的第一条水上电报线路则应该是丹麦大北电报公司于同治十年（1871）架设的，从香港到上海的海底电线。至于中国政府直接主持的电报事业，虽然由两江总督沈葆桢最早奏请，但实际促成者是直隶总督李鸿章。④ 光绪五年（1879），“李鸿章曾于大沽北塘海口炮台试设电报，以达天津，号令各营，并由洋字改用华文，无待翻译，秘密要事，另立暗号。六年，鸿章遂奏请：由天津陆路循运河以至江北，越长江，由镇江达上海，安置旱线，与外国通中国之电线相

---

① 实业部天津商品检验局出版：《检验月刊》，1934 年 2 月号。

② 王天翔：《郑州药业见闻》，见《河南文史资料》编辑部编《河南文史资料（第三十七辑）》，中国人民政治协商会议河南省委员会文史资料委员会 1991 年版，第 31 ~ 42 页。

③ 马从中：《包头的西医西药业》，见中国人民政治协商会议包头市委员会文史资料研究委员会编《包头文史资料选编（第六辑）》，（内部发行）1984 年，第 87 ~ 100 页。

④ 金家凤：《中国交通之发展及其趋向》，第二章第五节“电信”，正中书局 1937 年版。

接，约计正线支线横亘凡三千余里。其后将天津电线展至山海关，并设各防营支线，又自津北达通州而至京城。其由山海关之线至旅顺，由济宁州之线至烟台，由营口之线至奉天省城，由奉天至凤凰城边门，以达朝鲜仁川，及由奉天通达吉林，计创设沿江、沿海电线绵亘一万数千里”。这一宏大规划以天津县城设立的官电总局为基础，陆续向其他省区推进；至光绪十五年（1889），原定目标已基本实现。“是时吾国电报创造未及十年，已东至东三省，南至山东、河南、江苏、浙闽、两广，缘江而上，至皖鄂，入川黔，以达云南之极边，东与桂边相接，腹地旁推交通，几于无省不有。”①

图4.6　1924年前后位于葛公使路上的老电报局大楼

资料来源：［英］雷穆森（O. D. Rasmussen）著，许逸凡、赵地译，刘海岩校订《天津租界史（插图本）》，天津人民出版社2009年版，第65页。

① 〔清〕王守恂撰：《天津政俗沿革记·电报》，1938年刻本。

为了加强各地之间的通信联系，1879 年，清政府除开通了天津与大沽、北塘之间的电报，还架通了天津与大沽之间的电话线。1880 年，设天津电报局，并于次年把电报线从天津架设到上海，逐步联通了全国和世界，从而为天津港口与腹地及其外部市场间的商情传递提供了必需而便捷的现代化信息服务。

到 20 世纪 30 年代，在天津港的东北、西北腹地，电信交通已经普及，但较稀疏。有线电“仅有一等线一，即北平、万全（今张家口）、滂江、乌得、库伦、恰克图间的电线路。又有二等电线五：即大同、万全、多伦间，大同、归绥、包头、宁夏、固原间，皋兰（今兰州）、酒泉、哈密、吐鲁番、迪化、绥来、乌苏、伊犁间，乌苏、塔城间，吐鲁番、疏勒间。此外又有三等电线三：即绥来、阿尔泰线，乌里雅苏台、伊尔库次克线，龙江、胪滨、赤塔线”；无线电台“新疆只有迪化、疏勒两座，甘肃酒泉一座”。①

在天津港的华北腹地，电信交通则相对发达一些。陆上电线属于一等线的有：北平、天津、济南、铜山（今徐州）线，郑县、北平线，天津、山海关线，石家庄、阳曲（今太原）线，青口、铜山、郑县、西安、南郑线；二等线有：北平、承德线，天津、清苑（今保定）线，石家庄、沧县线，大同、太原、潼关线。水上电线有上海、烟台、大沽正水线，及烟台、大沽副水线。设有无线电台的有天津、济南、北平、皋兰、西安、洛阳、郑县等地。②

各地有线、无线电报、电话事业的发展，为天津港口与腹地间的商业和市场信息的交流提供了极为便捷的服务，从而密切了各地尤其与天津之间的经济联系，促进了天津港口与腹地间外向型经济的发展。

总之，天津开埠初期，港口与腹地之间，主要依靠传统的水、陆交通线路和运输工具，借助于并不通达的传统方式来传递商业信息，从而进行

① 王益厓编著：《高中本国地理》，世界书局 1935 年版，第 100 页。
② 王益厓编著：《高中本国地理》，世界书局 1935 年版，第 190 页。

商品的交流，所以，效率的相对低下，也就在很大程度上造成了天津港商品进出口数值的稀少，腹地范围的狭窄，经济外向化水平的低下。此后，特别是进入20世纪，轮船、火车、汽车等新式运输工具的出现和应用，邮政、电信网络的建立，为商品的流通和信息的传递提供了更为便捷的交通手段，从而极大地密切了天津港口与腹地间的贸易联系，拓展了腹地的市场范围，进一步提高了腹地农、牧、工、商业经济的外向化与现代化水平。

1937年，日本侵略军占领天津后，在张贵庄修建了军用机场，在海河口修筑了天津新港。当时虽属军事侵略，但是客观上为后来天津空运和海运建设的发展奠定了区位和技术上的基础。

中华人民共和国成立后，天津在交通建设方面继续前进，“经过30多年的发展，天津的交通运输业已初步形成运输方式齐全的综合运输与邮电通讯网络，成为我国北方的重要交通中心”①。

第二节 天津与腹地间的商品流通网络

从基本经济部门划分的角度看，商业是以贩运货物为主要经营内容的产业。它担负着港口城市与经济腹地之间的货物调剂任务，是实现商品从生产者到消费者之间的桥梁，也是实现商品价值、维持产业再生产的保障。天津开埠以前，北方商品经济的发展水平相对低下，担负物资流通任务的商业也主要在地方性区域市场之间调剂货物，物流指向具有明显的内向性。开埠以后，受对外贸易的影响，以进出口为主要内容的新型商业组织和商业网络，有力地保障了天津港口—城市—腹地之间外向型市场网络的畅通与繁荣。

一、天津与腹地商业组织和经营内容的近代化转型

1. 商业从业人员的变化

---

① 天津市地方志编修委员会编：《天津简志》，天津人民出版社1991年版，第581页。

商人是商业活动的能动主体，商业的发展与变化同其从业人员的构成及其经营内容有着密切的关联。和清代前、中期相比，近代商人群体在从业人员的结构上，发生了明显的变化。

（1）清代中期的商人构成

清代前、中期，华北地区的商人从业类型和社会角色各异。从其营业的行为方式上，可以分为行商和坐贾两种。行商们整天风尘仆仆，居无定所，主要从事各地之间货物的远距离运销；坐贾则长期固定在一个地点营业，通过开设门市和店铺，批发或零售当地土产和行商贩运来的外地货物。行商和坐贾内部又可以根据资金数量的多寡和经营规模的大小，再分成大、中、小不同层级。当然，这些区分并非一成不变的，各类商人之间的混杂和转化现象经常发生。

从与政府关系的疏密程度上，清代前中期的华北商人，又有官商与民商的区别。官商的人数虽然不多，但是在政治权力和经济资源都为官府所掌控的清代前中期，同政府官员交往密切，可以增加官商之间的信任度，形成政商联姻和权力寻租的利益链条，获取普通商人享受不到的行业经营特权和垄断性暴利。这些人攀龙附凤，地位显赫，因而也被称之为红顶商人。如操纵张家口贸易的晋商“八大家”——王登库、靳良玉、范永斗、王大宇、梁嘉宾、田生兰、翟堂、黄云龙，他们以盐商起家，均与官府关系甚笃，“承召入都，宴便殿，蒙赐上方服馔”，他们及其后代获赐太仆寺卿、道台、进士、翰林院编修、候选员外郎、布政司参政、布政司理问、州同、同知、千总、守备等职，上通朝廷，下联市廛。不仅籍隶内务府，赐产于张家口，而且还垄断了为内务府采办蒙古皮货、贩运日本洋铜等大宗专项贸易，获利甚为丰厚。①

长期垄断长芦盐运的天津大盐商，也带有官商的色彩。他们为了长期垄断盐务，不惜大量贿赂和取悦官府，通过捐修城墙、兴办教育

① 刘建生、刘鹏生、任凯、刘俊凯、贾惠杰：《山西近代经济史（1840—1949）》，山西经济出版社 1995 年版，第 60 ~ 63 页。

和举办慈善事业、报效军需，甚至直接巴结皇帝，不但捐造御舟皇船和行宫，供应其游乐所需，而且还把皇帝接到家中。乾隆皇六下江南，4次都驻跸天津大盐商查日乾修建的水西庄。作为回报，皇帝便对盐商“时邀眷顾，或召对，或赐宴，赏赉渥厚，拟于大僚”；以至“缓征长芦盐商滞征银两”，或“缓征积欠盐课”①，使盐商们从中获得了实实在在的巨大利益。

官商之外的普通民间商人，人数众多，在清代前期也有了一些新的变化，即除了在本乡本土小本经营的当地商人，更有为数众多的外地客商。并且，这些背井离乡的后者，由于没有官府的庇护，只好以乡土亲缘为纽带、以相亲相助为宗旨、以会馆为联络议事场所，组建一种松散的地域共同体，维护必要的行业规则和相对利润。清代前中期的地域商帮有很多，著名的有山西商帮、徽州商帮、陕西商帮、山东商帮、福建商帮、洞庭商帮、广东商帮（广府、客家、潮汕）、江右商帮、龙游商帮、宁波商帮，即所谓“十大商帮”。② 其中，又以北方的晋商、中部的徽商、南方的潮商影响最大。当然，这只是笼统的说法，因为大的商帮内部又有更多小的地域商帮的划分。如晋商内部，又再细分为榆次帮、平遥帮、介休帮、太谷帮、平阳帮、潞安帮、忻州帮、代州帮等。

清代各地商帮的兴起和发展，既与当时商品经济的繁荣有关，更与各地的民生、民风密不可分。以晋商的兴起为例，既基于三晋大地丰富的物产，更根植于当地极端浓厚的经商氛围。“山右大约商贾居首，其次者犹肯力农，再次者谋入营伍，最下者方令读书。”③ 据安介生的推断：“在清代山西省商业较发达县里，出外经商谋生人员应占总人口的1/8左右，若与较为贫瘠的县相平均，出外经商谋生人口应占全省总人口的1/10，应该

① 罗澍伟主编：《近代天津城市史》，中国社会科学出版社1993年版，第86～87页。

② 张海鹏、张海瀛主编：《中国十大商帮》，黄山书社1993年版。

③ 《雍正二年五月九日刘于义奏疏》，见《雍正朱批谕旨》，第47册，台湾文海出版社1965年版。

是较为妥当的”；“按 1/10 计，平常年份山西外出经商的人数应在 132.7 万人左右”；有清一代，应该有 1300 多万的山西人出外经商谋生，相当于平常年份山西人口的总和。[①] 其更深层次的历史、地理原因，在于山西高原地区气候干寒、土瘠民贫、地狭人多，很多州县如果单纯从事农业生产，生活难以为继。恶劣的农业自然条件，迫使山西人不得不把外出经商当作谋生的首选职业，从而造就了当地异常重商的社会风尚和享誉大江南北、长城内外的晋商群体。

民间商帮的存在和发展，促进了国内商品的交流和商业繁荣。山西商人基本上“垄断了对蒙贸易和西北、东北市场”[②]，并且伙同陕西商人，依托南北大运河从事特色商业。山东运河沿线，德州附近的禹城、齐河、恩县、陵县，东昌府（治今山东聊城）各县，济宁附近的峄县、宁阳等地，都有山陕商人的足迹。他们除经营传统的食盐、粮食、丝绸、木材、药材、典当、账局、票号业，还从事铁器、煤炭、棉布、茶叶、皮货、烟草、纸张、海味、日用杂货的贩运。[③] 不仅垄断了中国北方贸易，而且涉足亚洲地区，甚至伸向欧洲市场。南自加尔各答，北到伊尔库茨克、西伯利亚、莫斯科、彼得堡，东起大阪、神户、长崎、仁川，西达塔尔巴哈台、伊犁、喀什噶尔，都留下了山西商人的足迹。[④]

在北方重要的港口城市天津，各地各类商人的身影几乎都能看到。其中，主要为经营商品、交通运输、货币三类。第一类如盐商、粮商、绸缎商、竹货商、茶商、南纸商、杂货商、皮货商、珠宝商、颜料商、估衣商等；第二类包括本地和外地的船商；第三类包括钱商、票号商、典当商，

① 安介生：《山西移民史》，山西人民出版社 1999 年版，第 393 页。

② 刘建生、刘鹏生、任凯、刘俊凯、贾惠杰：《山西近代经济史（1840—1949）》，山西经济出版社 1995 年版，第 237 页。

③ 王云：《明清山东运河区域社会变迁》，人民出版社 2006 年版，第 130 ~ 139 页。

④ 山西省史志研究院编：《山西通志 · 对外贸易志》，中华书局 1999 年版，第 31 页。

清前期天津的票号有17家，当铺有30余家。[1] 各地各类商人，为维护商业利益，建造了以地域命名的商人会馆。如北方商人在天津建的山西会馆、济宁会馆、怀庆会馆，南方商人的闽粤会馆、江西会馆、绍兴会馆等。[2] 为了保护和协调异地同业人员的利益，还建立了不少行业公所，如天津钱号公所、当行公所和芦纲公所等。

开埠通商以后，商人队伍的人员构成发生了变化，包括买办商人的出现和传统商人的分化。

（2）新式买办商人的出现

新式的买办商人，最早出现在鸦片战争前所谓一口通商的广州，主要职责是代理外商居间贸易，并管理外国商馆里的内部事务；五口通商以后，又演变为对外商所沿用的华人中介人员的称呼，即Comprador，时人音译为“糠摆渡”。

据近人徐珂考证：“西人之来我国，首至之地为广州，彼时外人仅得居于船，不准逗留陆地，而贸易往来，全凭十三行为之绍介。遇洋船来，十三行必遣一人上船视货议价，乃偕委员开舱起货。及货售罄，洋人购办土货回国，亦为之居间购入。而此一人者，当时即名之为买办，意谓代外人买办物件者。盖此系我国商号雇用，以与外人交易，与上海之所谓买办完全受外人之雇用者，性质尚异也。惟买办之名，则沿袭由此矣。洎上海开埠，外人麕集，彼时中西隔绝，风气锢蔽，洋商感于种种之不便，动受人欺。时则有宁波人穆炳元者，颇得外人之信用，无论何人，接有大宗交易，必央穆为之居间。而穆又别收学徒，授以英语，教以与外人贸易之手续。及外人商业日繁，穆不能兼顾，乃使其学徒出任介绍，此为上海洋商雇用买办之始。然一宗交易既毕事，则雇用关系亦遂解除，犹延请律师办案者然。最后，外人之来沪者日多，所设行号与华人之交往亦日繁。行号

---

① 庞玉洁：《开埠通商与近代天津商人》，天津古籍出版社2004年版，第34～42页。

② 〔清〕张焘撰，丁绵孙、王黎雅点校：《津门杂记》，天津古籍出版社1986年版，第11页。

所用之通事西崽人等，对外购买零物及起居饮食必需之品类，支付款项及种种往来，颇嫌烦琐。于是新开行号，每当延订买办时，并以行内琐务委任之，而买办与行号，乃遂有垫款及代管行事之职务矣。”①

开埠之初的1866年，外国商人在天津设立的洋行代理处或分号，就已达15家之多。鉴于语言、风俗、商业习惯、社会关系等方面的诸多障碍，他们不得不把行之于上海等地的买办制度引进天津。虽然洋商对支付给天津买办高额的佣金并且还要在一定程度上受他们的挟制而心怀怨怼，但亦无计可施。因为“倘有一熟谙汉语之商人忽欲摈其买办，则必觉得进退维谷，有如撇开竞选代理人之候选议员”。

随着进出口贸易的日趋繁荣，天津买办的人数日益增多，影响和势力最大的则为怡和洋行的梁炎卿、太古洋行的郑翼之、汇丰银行的吴调卿、道胜银行的王铭槐所谓“四大买办”。天津的买办商人，在为外国洋行推销商品和收购原料的过程中，主要采取代销代购、经销承购和包销包购三种方式。

代销代购，即买办商人作为外国洋行的雇员，直接为外商服务。每当洋行从国外把商品运到天津口岸时，买办商人不是先购进商品，然后再向内地推销，而是按外商的要求和规定的价格，直接向内地推销；洋行收购农副产品出口时，买办商人也不是先收购产品，然后再卖给洋行，而是按洋行的要求和价格，直接为外商采购。在经营过程中，买办商人可从洋行领取薪俸，并从买卖双方获得佣金和差价，而不担负任何盈亏和责任。

经销承购，就是买办商人依靠外商庇护而建立自己的商号，然后开展业务。他们一方面为洋行推销或购买商品，另一方面又向洋行购买或出售商品；一方面成为洋行的雇员，另一方面又是同洋行做生意的商人。

包销包购，就是买办和洋行双方事先订立合同，向洋行承担一定数量的购销任务，以充分保障洋行的相关利益。

---

① 〔清〕徐珂编：《清稗类钞》，第5册，中华书局1984年版，第2319～2320页。

买办商人在为外商赚取高额利润的同时，自己也获得了很大的收益。双方相互利用，又互为依存，从而为外国洋行在天津腹地推销商品和收购原料，逐步构建起一个完善的商业购销体系。清代后期，天津的外国洋行，在山西的寿阳、榆次、交城、潞安、汾阳、忻县、新绛、太原等地，设立了许多称之为“外庄”的分支机构，作为销售进口洋货和收购当地出口土货的营业网点。这些外庄所从事的进出口业务，大多都是在买办商人的操持下进行的。[①] 这样，洋行和买办一起，共同控制了北方广大地区洋货进口和土货出口的国内终点市场。

近代口岸开放以后，新的市场形势和贸易需求迫使国内传统商人队伍发生分化和转型。不仅表现在买办的出现，也表现在群体组织的分化以及他们商业营销内容的变化。

（3）传统商人队伍的分化

传统商人队伍的分化，有两层含义。一是指商人营销内容的变化。也就是开埠以前，这些商人活跃在天津及其腹地的市场上，运销传统的国内商品或从事传统汇兑，为国内区域市场服务；开埠以后，他们主要经营进口洋货和出口土货，为进出口的国际市场服务。二是商人群体内部组织上的变化。当然，传统商人的转型和商业上的其他变迁一样，也是先出现在通商口岸，然后向三北腹地逐步延展。天津开埠以后，随着进出口贸易的发展，中外新的商人群体迅速产生并不断壮大起来。除直接主导进出口业务的新式洋行和买办商人，中国的传统商人也发生了分化，他们中的一部分继续从事国内传统贸易，另一部分则主要营销进口洋货和出口土货，或经营现代银行业务。

商人组织的分化表现在，随着国内外市场的日益扩大，原有的商业会馆、公所组织，已经越来越不适应商业发展的形势和需要。因为旧有的会馆、公所带有明显的血缘和地域特征，具有封闭性、排他性，缺乏联络，

---

① 渠绍淼、庞义才编：《山西外贸志》上卷，山西省地方志编纂委员会办公室1984年版，第124页。

严重地限制和束缚了本组织成员的商业活动；而且它们规模狭小，管理缺乏民主，机构设置也相当杂乱，难以应付西方商品涌入后的新的商业竞争形势。有鉴于此，一种能统辖全体工商界的规模较大的新式工商团体——商会，便应运而生。

开埠初期，天津商人的社会组织，依然是以血缘、地缘关系组成的商业会馆，以地缘、业缘关系组成的行业公所。主要有山西烟行会馆、山西杂货会馆、闽粤会馆、岭南栈、潮帮公所、江西会馆、绍兴会馆、济宁会馆、当行公所、邵武公所、怀庆会馆、吴楚公所、庐阳公所等，会馆之下，尚各有公所。① 而随着国内外市场的日益扩大，天津商会便在借鉴国外和其他通商口岸经验的基础上应运而生了。

清末的天津商会，组织形式比较单一，由总会、分会或公所组成。天津商务总会下面，有其直属管理的保定商务总会、张家口商务总会、山海关商务总会，以及设立于秦皇岛、芦台镇、顺德府、磁州彭城镇等县、镇、集市上的商务分会或分所，从而构成了一张联系密切、管理垂直的商业组织网络。在从属关系方面，各地的分会、分所在兴办实业、处理商务、抗捐抗税、立宪运动等重大经济和社会活动中，基本上要向天津商务总会征询方策，才会决定其行止。

民国以后，天津商会的组织系统和运行机制发生了明显变化。一方面，是新型的直属组织如各行业研究会所和同业公会设立，增强了商会内部的凝聚力和协同力，在更大程度上摆脱了行业封闭所带来的羁绊；另一方面，是商会附属组织系统的扩大，即除商团附属的天津商会，还有天津公务分会、商事公断处等。直属和附属系统的纵横交织，构成了复合型的商会组织系统。各子系统数量的增加与相互作用的加大，扩大了商业信息的交流数量，拓展了商会的覆盖区域，增强了商会的经济与社会功能。②

---

① 〔清〕张焘撰，丁绵孙、王黎雅点校：《津门杂记》，天津古籍出版社 1986 年版。

② 宋美云：《近代天津商会》，天津社会科学院出版社 2002 年版，第 152 ~ 200 页。

与按照地缘关系组建的传统地域商帮不同，近代商会是按照业缘关系成立的商人自治组织，是当地商业日趋发达、繁荣的标志之一。“天津商会（Tientsin Chamber of Commerce）于1887年成立，直到1914—1918年世界大战，它一直是代表天津商人的商业利益的唯一团体。在1887年初创时的16个发起会员中，有7个是英国的，4个德国的，3个俄国的，1个法国的和1个美国的。”1924年前后，天津的商会组织除了由天津商会演变而来的天津总商会，还有独立发展起来的英国商会、美国商会、日本商会、中国商会，以及法国和意大利的在华商会天津支会。其中的“中国商会是一个非常活跃的半政治性的团体，也是唯一一个拥有自己会所的商会。虽然在政治上比较活跃，但是，该商会对商业似乎也能发挥有力的影响。”①

表4.5　1922年前后天津的商业组织

名称	地址	名称	地址	名称	地址
中州会馆	河北大经路	银行公会	法界	行商公会	大兴里旁
广东会馆	城内鼓楼南	棉纱公会	北马路商会内	律师公会	河北
山西会馆	估衣街	法国商会	法界	西药公会	城内浙江会馆
浙江会馆	户部街	棉业公会	特别一区	药业公会	河北
安徽会馆	河北督署旁	东和商会	日界	孔教会	河北
闽粤会馆	北马路	织染公会	北马路	公理会	英界马场道
江苏会馆	义仓大街	众商公估局	北门内	青年会	东马路
云贵会馆	宇纬路	钱商公会	北门内	女青年会	意界三马路
江西会馆	万寿宫	三津磨坊公所	南门外	社会教育会	西北城角
天津商会	北马路	鞋商公会	宫北	崇俭会	西北城角
绅商公会	日界	五金行公会	（原文缺）	直隶教育会	公园（中山?）

① ［英］雷穆森（O. D. Rasmussen）著，许逸凡、赵地译，刘海岩校订：《天津租界史（插图本）》，天津人民出版社2009年版，第245～246页。

（续表）

名称	地址	名称	地址	名称	地址
美国商会	英界	货栈公会	旧俄界	天津阡陌局	北门内
紫竹林华商会馆	法界	当商公会	北马路	天津县农会	县署内
中美商业联合会	特别一区	耶稣公理会	法界	国民赎路会	法界
政治研究会	河北	日界青年会	日界	美以美会	法界

资料来源：古蓨孙《天津指南》卷下，天津新华书局1922年版，第11~13页。
表注：据该书“天津商埠全图”，公园应为图2.14中河北新区的“中山公园”。

2. 商业经营内容的改变

口岸开放以后，欧美国家的机制工业品源源不断地抵达天津及其腹地市场。除清政府严格控制下的重要传统物资如食盐等货物能够继续由官商在指定地区运销，许多传统农副产品的市场份额在不同程度上为新的外来商品，如鸦片、机制棉布、棉纱、五金、机器、日用洋杂货等挤占或取代，结果造成传统手工业生产和销售的衰落，进而导致中国传统商业经营内容的变化。

（1）洋纱、洋布逐步替代了土纱、土布

国外进口机纱代替国内传统土纱的过程，首先在天津及其邻近地区展开，很多纺织业者被迫放弃了纺车，转入以洋纱织布。与此同时，原先从事土纱、土布贩运与销售的商人，也随之销售洋纱、洋布了。

土纱、土布受到外来洋纱、洋布剧烈冲击的例子很多。直隶枣强县，以前“乡民农隙借以织纺，获利虽微，颇觉充裕。自商舶云集，洋布输入，而土布遂一落千丈。若线若油，亦为洋线洋油所抵制，余不堪问矣”①。文安县“线，前时妇女纺花，比户皆然，颇为出产之大宗。自洋

① 宋兆升修，张宗载、齐文焕纂：《枣强县志·料·物产·货类》，1931年铅印本。

布、洋线盛行，人竞趋之，纺织均辍业，邻里过从不复闻轧轧声矣”①。在土纱织布竞争力下降的情况下，人们不得不转而使用洋纱织布。深、冀二州“布利甚饶，纺织皆女工。近来外国布来，尽夺吾国布利，间有织者，其纱仍购之外国，故利入益微”②。束鹿县的情况也大体相似，“近来洋布输入甚伙，尽夺中国纺织之利。间有织者，其线仍购之外国，故利入益微”③。昌黎县在1900年以前，“几于家家纺绩，比户机声。近以棉纱、洋布来源日多，棉产日少，纺织者亦大减矣。而蛤泊堡所织之洋线布、冷布，现仍为大宗。年来邑人多留学天津，回里之后织爱国布，颇足挽利权”④。由上可知，如果说深州、束鹿人用洋纱织布尚颇感无奈的话，在昌黎则已成“邑人”之共识。

与此同时或稍后，适应新原料、新技术和新市场要求的洋纱织布业，在华北地区迅速发展起来。以河北高阳农村织布业的发展为例，这一地区以前盛产以土纱为原料的家庭纺织窄面土布，除了自给还有一部分销往山西、内蒙古一带。随着洋布的输入，高阳原有的土布纺织业深受打击。1906年以后，高阳商会从天津购买了大批新式织机，培训人才，试办工厂，不再利用本地自纺的土纱而是购买天津中外纱厂出产的洋纱来纺织洋布。熟悉织布方法的贫民，可以在找人担保后，先向布庄交纳织机价格一半的资金，领取织机与棉纱，从事织布。剩下的一半织机价格，等布织出来以后，用其所应得的工钱抵扣。这样，贫民织布数十匹就可以得到一部织机。另外，由于织布所用的原料也由布庄供给，所以即便是毫无资本的人也可以从事织布工作。那些积累工资稍多的人，便可以由领纱织布变为购纱织布的自由营业者了。这项办法推行以后，“高阳布业之基础乃渐趋于巩固，大利所在，织布者日多，经营布庄业者亦如风

---

① 陈桢等修纂：《文安县志·物产·货属》，1922年铅印本。

② 〔清〕吴汝纶撰：《深州风土记·物产》，光绪二十六年刻本。

③ 〔清〕李中桂等纂：《光绪束鹿乡土志·物产》，光绪三十一年修，1938年铅印本。

④ 陶宗奇等修，张鹏翱等纂：《昌黎县志·实业志》，1933年铅印本。

起云涌。宣统二、三年间，制品之销路仅及于附近各县及山西榆次、太原，民国元、二年间，扩充至北京、济南、汉口”①。迁安的情况也大体类似，据方志记载：“粗布，邑境妇女，无不娴绩织者。初，用国产棉纱，自外国线输入，乃参用外线，机声遍于四村。邑之西北，男子业织者亦有之。”② 不仅高阳、迁安的织布业经历了这样的变迁过程，“访闻直隶河间、顺德、正定、保定各属，并京东、乐亭、宝坻等县，向产棉花，既多且佳。近年（1908 年）民间织布，其线大都买自东洋”③。于是，商人营销洋纱、洋布便成为自然而然的事情了。

（2）洋杂货逐渐替代了土杂货

质优价廉的洋杂货如洋铁、洋针、火柴和煤油等的大量进口，使工艺落后、成本高昂的传统土杂货如土铁、土针、火石、植物油等，出现了销量萎缩，洋杂货成为商人和百姓共同看好的热销商品。天津青县，“自外人通商以来，邑之眼光敏锐者，营充洋行买办，至获巨利。渐而自设行栈，收买内地土货，转售外商或承办各行转运事业，蜚声繁盛都埠者，实有数家”④。而在直隶宁晋县这种变化也相当明显。“宁邑濒临滏河，交通便利，城市、集镇商业素称发达。近来铁轨繁兴，远方贸易者日众。惟是（棉）花、粮（食）而外，贩洋货奢侈品者颇多。只知图利肥己，不顾民艰，宁俗之日就奢靡，此其重因。”⑤

与此同时，各地百姓也大多乐用洋货，如直隶望都县，“光绪庚子（1900 年）以前，居民取火以火镰、火绒、火石取火；燃灯则以瓦灯，棉子、豆、麻等油；炊爨率用柴薪；吸烟则烟叶、烟丝，皆国产也。近则取火易以洋火；燃灯多用煤油，而油坊稀少；炊爨以柴薪不敷，半用煤炭；

---

① 经济讨论处编辑：《高阳之布业》，载《中外经济周刊》1926 年第 195 期。

② 滕绍周等修纂：《迁安县志・物产篇・货物》，1931 年铅印本。

③ 彭泽益：《中国近代手工业史资料（1840—1949）第二卷》，生活・读书・新知三联书店 1957 年版，第 229 页。

④ 万震霄等修纂：《青县志・故实志・风俗篇》，1931 年铅印本。

⑤ 苏毓琦、伊承熙修，张震科纂：《宁晋县志・风俗》，1929 年石印本。

他如纸烟充斥，洋货盛行”①。山西晋城县大阳镇所生产的手工缝衣针，基本垄断了全国的铁针市场。然而天津开埠后不久，欧洲输入的机制钢针，因其光洁、坚硬而又价格低廉，很快就挤占了山西土铁针的原有市场。这样，到19世纪80年代末，就“几乎没有人再使用土针了”。②

（3）土货出口业的繁荣

为了满足沿海和国外市场对三北腹地原料产品的需求，皮毛、棉花、药材和干果等成为天津的重要出口商品。与此相适应，收购和运销出口国际市场所需要的各类原有或新式土货，便成为北方商业活动的重要内容。以羊毛等畜产品的出口为例，蒙古高原和西北地区一向盛产羊毛，但在天津开埠前，其用途仅限于制造当地人用的毡毯和帐篷等，用量很小，绝大部分都因得不到利用而白白废弃。天津开埠后，特别是20世纪以后，羊毛变成了广大牧区最重要的出口商品之一，大量输往国内外市场。到了20世纪30年代，河北、山东、山西、河南、陕西、甘肃、察哈尔、热河、绥远、东三省，以及新疆、青海、宁夏、蒙古、西藏等省的羊毛，河北、山西、绥远、陕西、察哈尔、热河等省的山羊绒，都大量运往天津出口。③与此同时，其他畜产品如各类皮张、羊肠、骨头等的出口量也在逐年加大。羊肠等本来是没有什么用途的，20世纪以后，却由于出口的需要大量地“由新、甘两省发至绥远，再由平绥路运平转津；陕、晋各省则由陇海、正太两路转运至平津”④，出口欧美等国。再比如，麦秆以往只能用来喂牛或烧火，而当国际市场对草帽辫产生了需求之后，它就变成了一种新的商品，“固有烟台、胶州（青岛）、威海卫、龙口等处，然从天津出口，或从此（天津）转运他埠，惟天津为独多”⑤。可见，新型进出口业的兴

① 王德乾等修，崔莲峰纂：《望都县志·风土志》，1934年铅印本。

② 渠绍淼、庞义才编：《山西外贸志》，上卷，山西省地方志编纂委员会办公室1984年版，第145~146页。

③ 实业部天津商品检验局：《工商要闻》，载《检验月刊》1934年第3~4期。

④ 工商部工商访问局编：《天津肠衣调查》，载《工商半月刊》1929年第13期。

⑤ “调查”部分，载《工商半月刊》1929年第11期。

起，是造成北方商品结构新变化的根本诱因。

二、天津与腹地外向型商业营销体系的形成

随着天津口岸进出口贸易总量的攀升，以及相应的国际市场的拓展，来中国淘金的外国人口数量也随之增加，少数外国洋行垄断天津进出口贸易各个环节的状况，也开始有了较大程度的改观。“早先时，这个商埠的贸易控制在几个商人手中，这也曾经是中国沿海贸易普遍的状况。比如说，几家洋行从开始起逐步建立起航运、进口、出口以及制造等机构组成的大的体系，并在整个中国市场上建立商业分支机构。他们雇用了许多外国助手，随着时间的推移，他们的分支机构本身就成为一个小通商口岸的独立团体了。世界大战以后，天津的贸易开始分散到大量洋行手中，结果是职员多的洋行按照交易的比例，很难维持管理的费用。而小家伙即一两个人的洋行，能够以较少的管理费用做成大买卖，虽然利润小，但结果是他们从大洋行手中抢去了买卖，所以大洋行老是抱怨商业不景气，处境困难。”① 中外商人队伍的壮大和经营环节的相应变化，均促进了天津与三北腹地外向型商业营销体系的形成。

1. 洋货的销售网络

各类洋货具体的销售渠道，主要有以下五种。

第一，以洋行和买办控制的各级洋货销售网络为依托进行。

表 4.6　1922 年前后天津城区的洋行分布

名称	地址	名称	地址	名称	地址
晋信洋行	估衣街	益昌洋行	大沽路	正隆洋行	日界
华东洋行	估衣街五彩号胡同	古宝财洋行	英界中街	正文洋行	日界旭街

① ［英］雷穆森（O. D. Rasmussen）著，许逸凡、赵地译，刘海岩校订：《天津租界史（插图本）》，天津人民出版社 2009 年版，第 258 页。

（续表）

名称	地址	名称	地址	名称	地址
信义洋行	北海楼后（北马路）	魁昌洋行	英界	田村洋行	日界旭街
正华洋行	赵家场（南运河北）	德隆洋行	英界领事道	德茂洋行	日界
林田洋行	河北三条石	锦隆洋行	英界广隆路	一〇屋洋行	日界
茂泰洋行	闸口	伟德洋行	英界	一二三洋行	日界曙街
兴泰洋行	俄界	澳华洋行	英界	三昌洋行	日界曙街
滋美洋行	俄界	慎余洋行	英界达文斯道	三友洋行	日界
盛记洋行	俄界	聚立洋行	英界	三井洋行	日界
石德洋行	俄界	义信洋行	英界	三利洋行	日界福岛街
大町洋行	小孙庄（比租界?）	瑞隆洋行	英界	三共洋行	日界新寿街
利威洋行	特一区威尔逊道	新泰兴洋行	英界	大仓洋行	日界
逸信洋行	特别一区	新茂洋行	英界	大泽洋行	日界旭街
顺泰洋行	特别二区	惠罗洋行	英界	大昌洋行	日界旭街
天永洋行	法界河边	森大司洋行	英界中街	大田洋行	日界
协茂洋行	法国七号路	通和洋行	英界中街	大平洋行	日界新寿街
不破洋行	法界	扬达洋行	英界	中埜洋行	日界
安利洋行	法界	棉华洋行	英界	中川洋行	日界曙街
北合洋行	法界八号路	柏利洋行	英界	小林洋行	日界旭街
金龙洋行	法界四号路十六号	美隆洋行	英界	中野洋行	日界寿街
美康洋行	法界七号路	施泰明洋行	英界中街	田中洋行	日界
大丰洋行	法界	信记洋行	英界	正隆洋行	日界

（续表）

名称	地址	名称	地址	名称	地址
八木洋行	法界二号路	茂盛洋行	英界	平井洋行	日界寿街
永裕洋行	法界	茂新洋行	英界	协丰洋行	日界宏济里
永兴洋行	法界	茂达洋行	英界	金山洋行	日界
立兴洋行	法界	恒丰泰洋行	英界	怡昌洋行	日界
义源洋行	法界	正茂洋行	英界中街	信隆洋行	日界
新利洋行	法界	吉昌洋行	英大沽路	浅野洋行	日界福岛街
德大洋行	法界	美盛洋行	英界领事道	隆茂洋行	日界曙街
备克洋行	法界	惠茂洋行	英界	隆和洋行	日界旭街
慎昌洋行	法界	谦顺洋行	英界	加藤洋行	日界
德泰洋行	法界十二号路	宝隆洋行	英界中街	正明洋行	日界
通裕洋行	法界	太古洋行	英界	泰成洋行	日界寿街
酒寄洋行	法界	永盛洋行	英界	岛本洋行	日界松岛街
富来洋行	法界	永昌泰洋行	英界中街	隆泰洋行	日界
新华洋行	法界	正广和洋行	英界	顺和洋行	日界太平街
新旗昌洋行	法界	仁记洋行	英界	顺隆洋行	日界
茂木洋行	法界	合禄洋行	英界	有嘁洋行	日界旭街北头
义孚洋行	法界	老顺记洋行	英界	志诚洋行	日界
信亨洋行	法界中街	利达洋行	英界	佐藤洋行	日界
信孚洋行	法界	利记洋行	英界广东路	赤井洋行	日界松岛街
茂生洋行	法界	利丰洋行	英界	住友洋行	日界
美丰洋行	法界	武田洋行	英界	周防洋行	日界
美昌洋行	法界	怡和洋行	英界	松昌洋行	日界
恒丰洋行	法界	华茂洋行	英界	冈田洋行	日界
中美洋行	法界	华泰洋行	英界	武斋洋行	日界

（续表）

名称	地址	名称	地址	名称	地址
中根洋行	法界	隆茂洋行	英界	武部洋行	日界
公懋洋行	法界	泰和洋行	英界	怡丰洋行	日界福岛街
克达洋行	法界	泰孚洋行	英界	井丰洋行	日界
乌利文洋行	法界	门戛洋行	意界	中山洋行	日界
泰利洋行	法界	邓者罗洋行	意界	中裕洋行	日界
裕通洋行	法界	南和洋行	意界六马路	中裕永洋行	日界
华顺洋行	法界	平田洋行	日界荣街	大东洋行	日界寿街
利源洋行	法界	副华洋行	日界曙街	山下洋行	日界
利和洋行	法界	增田洋行	日界大罗天	山喜洋行	日界新寿街
亨达利洋行	法界	野村洋行	日界	小林洋行	日界
东华洋行	法界	启林洋行	日界	小谷洋行	日界
东亚洋行	法界	清水洋行	日界宫岛街	天永洋行	日界寿街
阿布市洋行	法界	仓田洋行	日界	西村洋行	日界旭街
长濑洋行	法界	义昌洋行	日界	西海洋行	日界山口街
协隆洋行	法界	越本洋行	日界	交易洋行	日界
协懋洋行	法界	须藤洋行	日界	吉田洋行	日界荣街
小松洋行	法界	富荣洋行	日界	合信洋行	日界
中京洋行	法界	瑞丰洋行	日界	太平洋行	日界
日信洋行	法界十五号路	大文洋行	日界旭街	友田洋行	日界曙街
伊藤洋行	法界	三井洋行	海光寺	户田洋行	日界
合隆洋行	法界八号路	茂寿洋行	日界	永纪洋行	日界常盘街
老晋隆洋行	法界	信和洋行	日界宫岛街	永和洋行	日界
安部洋行	法界八号路	恒昌洋行	日界寿街	永昌洋行	日界寿街

（续表）

名称	地址	名称	地址	名称	地址
华信洋行	海大道	神港洋行	日界	平野洋行	日界
隆昌洋行	大沽路	秋田洋行	日界	平井洋行	日界

资料来源：古蒨孙《天津指南》卷下，天津新华书局1922年版，第44～52页。

在表4.6所统计的213家洋行中，除6家在老城商业区及附近沿河地区，有207家即占总数97%以上的天津洋行分布在各国租界区，这反映出外国租界区在天津商业，特别是进出口贸易中的绝对优势地位。

除了抱有侵占中国领土野心的日本商人进行了不少轻重工业的布局和投资，其他以进出口贸易为主要目的的外国籍商人，在中国其他地方和天津经营的主要行业都大体相似，集中在贸易、航运、金融和出口加工业方面。当然，等到日本全面侵华，特别是太平洋战争爆发后，即便在对外贸易方面，也基本上为日商所垄断了。

统计资料显示，太平洋战争爆发之前，天津除日商之外的其他国家外商有752家，其中贸易商占到三分之一以上，即260家；加工制造工业68家；保险业58家；银行业17家，等等。从国籍上看，英国籍193家，美国籍151家，德国籍93家，法国籍57家，苏联籍33家，白系俄籍即旧俄罗斯籍112家（资本薄弱，其中74家从事杂货商业）等。银行业中，以美、英、法商为主；保险业中，英商占居首位；贸易业中，依次是美、英、德、法商；制造加工业中，英国占据半数以上。整体而言，在太平洋战争以前，“美商替代了英商的首席，同时新兴的德商将要赶上英商的地位。太平洋战争以后，联合国籍的外商都被停止活动，其余的德、意及白系俄商也因为苏德开战，贸易路线堵塞，结果只剩下日商独霸的局面了”①。

外国洋行在天津腹地均有严密而细致的商品营销网络，以天津煤油和卷烟的销售为代表。

① 李洛之、聂汤谷编著：《天津的经济地位》，经济部冀热察绥区特派员办公处、结束办事处驻津办事处1948年版，第115页。

表4.7　七七事变以前天津三大石油分公司的概况

	大致经营范围	所辖主要区段及代理店数	主要品牌及销售状况
美孚	南起黄河两岸，北至张家口及内蒙古西部，东迄山海关外，西达陇海铁路西段	北京、保定、石家庄、新乡、郑州、德州、秦皇岛、张家口、太原和西安等，代理店有一百二十多家	老美孚牌、鹰牌、虎牌煤油，年销约3万吨，另年销汽油约5千吨，润滑油约8百吨
亚细亚	河北、河南、山西、陕西、绥远、察哈尔、热河及山东、江苏的一部分	天津、北京、秦皇岛、保定、石家庄、新乡、郑州、太原、西安、张家口、德州、徐州等，代理店170多家	元宝牌、铁锚牌、僧帽牌煤油，占全部业务的70%，另销汽油、洋蜡、柴油、机械油、润滑油及凡士林、蜡料等百余种
德士古	河北、山西、察哈尔、绥远、热河、山东北部、河南北部	天津、北京、保定、石家庄、郑州、太原、德州、秦皇岛、张家口等，代理店一百三十多家	红星牌、幸福牌、银箱牌煤油之外，另售机械油、柴油、沥青油、石蜡、油膏等二百余种

资料来源：闵文《英美三大油行侵入天津概述》，见中国人民政治协商会议天津市委员会文史资料研究委员会编《天津文史资料选辑（第二十八辑）》，天津人民出版社1984年版，第114～118页。

三大油行均以天津为中心，划分若干业务段，直接控制和支配遍布城乡的代理店和分销店。

代理店俗称“经理家”，所选择的对象多为粮栈、洋广货店或杂货店，通过它们自己原有的销售网，向城乡居民推销油类产品。代理店作为“二批发”，负责一个地区的销售业务，它们与油行之间结成托售关系，按照代理契约包销产品。双方在签订油品批发业务合同时，代理商必须先向油行缴纳一笔押金，保证不再经营其他油行的产品，并严格遵照油行规定的价格售油；而油行也不能再包给其他商号经营，并在平时稽查不出问题的情况下，每月按售货额向代理店发放佣金，有时为笼络代理商，也暗地给一些额外的好处。

代理店从油行批到油料后，除自身销售一部分，再转手分发到下一层的分销店去。在三油行天津分公司的辖区内，有分销店四五千家。以亚细亚油行太原供应段为例，山西省境内归孔祥熙财团的“祥记”字号独家经营，“祥记”在石家庄、太原、大同等地都设有代理店，这些店又分管大小分销店百余处，布满山乡僻壤①。

腹地内部的直隶邯郸县，自“民初以来，销售美孚煤油者有贞记，销售亚细亚煤油者有怡元亨，均系合资营业”，销售地点为邯郸、邢台、磁县与永年四县。② 而山东临清的情况是，“煤油，民国以前均系杂货店代售，三四年后始设专行包牌运销。此油之输入，惟美孚、亚细亚两种历史最深，销路亦最广”③。

天津英美烟公司也拥有庞大而严密的销售网络，它同样通过各级经销机构、代理店、零售商，将其产品运销到腹地广大地区。由于英美烟公司中国总部在抗战前设于上海，天津烟公司属于其五大分公司之一，所以天津港进口的外地英美烟公司其他品牌的产品，也由天津烟公司的销售网络来营销。

表4.8　天津英美烟公司的销售网络

北方区	芦汉区	山东区	边沿区
管辖河北省北部及热河省，总办驻天津，下设4个段：天津段下辖天津、泊头、胜芳、沧州、大城、连镇、庆云、宁津等分段；北京段下辖北京、海甸、通州、廊坊、蓟县、密云等分段；唐山段下辖唐山、古冶、乐亭、滦州、热河等分段；秦皇岛段下辖秦皇岛、昌黎、台头营、抚宁、山海关等分段	管辖河北省南部和河南省北部及山西省，总办驻石家庄，下设4个段：石家庄段下辖高邑、正定等分段；保定府段下辖河间、涿州等分段；彰德府段下辖顺德、邯郸等分段；太原府段下辖汾州、平阳等分段	管辖山东省，总办驻济南	管辖绥远省、察哈尔省及蒙古地区，总办驻张家口

资料来源：肖祝文《天津英美烟公司的经济掠夺》，见中国人民政治协商会议天津市委员会文史资料研究委员会编《天津文史资料选辑（第三辑）》，天津人民出版社1979年版，第185～186页。

① 闵文：《英美三大油行侵入天津概述》，见中国人民政治协商会议天津市委员会文史资料研究委员会编《天津文史资料选辑（第二十八辑）》，天津人民出版社1984年版，第120页。

② 杨肇基修，李世昌纂：《邯郸县志·实业志·商业》，1940年铅印本。

③ 张自清等修纂：《临清县志·经济志·商业》，1934年铅印本。

而各分段又下辖若干较小的县和镇，如天津段的泊头分段，下面又管辖泊头镇、交河、董村、霞口镇、南皮、高川镇、段庄、弓高城、塘上村、淮镇、阜城、寺门村、刘家庄、三里庄、尹家簸箩、老公村、建桥、陈屯等20多个县城和乡镇。在这些县城和乡镇之下，又都设有不止一处的代理店，而每个代理店又掌握着若干个零售商。① 凡此种种营销点，共同组成了严密的卷烟销售网络。

第二，是通过天津杨柳青镇“赶大营”的商人，将包括天津港进口的洋杂货在内的商品，向西北尤其是新疆地区销售。

1875—1878年，清政府重新收复新疆之后，为巩固和建设边疆，一度大力鼓励人民贸易实边，因此，包括天津杨柳青人在内的内地人民纷纷前往经商。由于当时驻屯新疆的军队营幕被称为“西大营”，所以前往那里进行贸易的便被称为“赶大营”。他们以肩挑车载畜驮等方式，带上各类土洋杂货，分三路往返于天津与新疆等地。南路是沿着旧有的驿道，出河北，过河南，穿陕甘，入新疆；中路是由天津向西，经张家口、归化城、阿拉善蒙古区而抵新疆之古城（即奇台）、迪化（乌鲁木齐）；北路是北上满洲里，乘俄国西伯利亚火车，转阿尔泰支线到斜米，再由塔城入新疆。三路中以中路为主，尤其是京绥铁路通至包头以后更是如此。天津杨柳青人的这种经商活动，到民国前期达到鼎盛。②

第三，是以晋商为主、深入广大蒙古草原地区经商的所谓旅蒙商人。

他们以张家口和归化城等地为主要据点，将各种含从天津港进口的土洋杂货，输往含蒙古草原各地，再换回皮毛、药材等畜产品与土

---

① 肖祝文：《天津英美烟公司的经济掠夺》，见中国人民政治协商会议天津市委员会文史资料研究委员会编《天津文史资料选辑（第三辑）》，天津人民出版社1979年版，第187页。

② 王鑫岗、郭希斋、李墨芗：《天津帮经营西大营贸易概述》，见中国人民政治协商会议天津市委员会文史资料研究委员会编《天津文史资料选辑（第二十四辑）》，天津人民出版社1983年版，第173～175页。

特产品。[①] 同时，晋商也沿上述运销布匹的路线，贩运洋杂货后，由子牙河经水路向西，再转陆路，辗转到达山西境内。[②]

第四，顺德（今河北邢台）的皮毛商人。

他们为从事皮毛贩运，也将天津港进口的土洋杂货等商品，运销到蒙古草原西部及宁、甘、青等广大西北地区。“资本较小之皮贩，每值秋后或骑骡马，或相伴步行，奔赴西北，彼等所携资本为布匹、线带、土布、厂织品、火柴等物，对西北各地土人大半行直接交易，其贩运皮毛，近者由骡马或人力运回，远者由邮局运回，或转运司同代运。……由皮店作中间介结，售与天津及其他各地客商。”[③]

第五，附近各地来津贩运的商人。

他们在各类杂货的运销中，也起了很大的作用。如早在光绪年间，山东德州的商人，就将“洋线由天津水运至州境行销，岁计 1200 件，内转山东内地者 900 件。洋油由天津水运至州境行销，岁计 16 万箱，内转山东内地者 15 万箱。……洋布自天津水运至州境行销，岁计 900 匹，内转邻封各地者 500 匹。洋纸自天津水运至州境行销，岁计值银 500 两。杂色洋货自天津水运至州境行销，岁计值银 5800 两”[④]。

2. 土货的采购

腹地土货的采购，与上述洋货的销售渠道相类似。主要来说，一是洋行—买办—分庄收购系统，二是皮毛商、杂货商等华商收购系统。

由于天津城区以羊毛为原料的毛纺织业规模都不大，绝大多数汇集到天津的羊毛，主要还是出口海外，所以从事羊毛贸易的商人，也主要是外国洋行的商人，包括德商：礼和洋行、禅臣洋行、世昌洋行、元亨洋行、

---

① 孙荫樊：《谈谈张家口的旅蒙商》，见中国人民政治协商会议河北省张家口市委员会文史资料研究委员会编《张家口文史资料（第六辑）》，（内部发行）1985 年，第 79 ~ 85 页。

② 吴弘明编译：《津海关贸易年报（1865—1946）》，天津社会科学院出版社 2006 年版，第 50 页。

③ 《顺德皮毛业调查》，载《检验月刊》1934 年第 2 期。

④ 冯翥编：《德州乡土志 · 商务》，光绪年间抄本。

克罗斯洋行、瑞记洋行、鲁麟洋行、瑞典洋行、兴隆洋行、迪亚士洋行、德义洋行、顺发洋行、美最时洋行、乾泰洋行、华北商务公司、隆茂洋行、乾昌洋行；英商：普尔洋行、和平洋行、华太洋行、新泰兴、仁记、聚立洋行、太古洋行、高林洋行、良济洋行、怡和洋行；法商：立兴洋行、拔维晏洋行、永兴洋行；日商：三井洋行、武斋洋行、大仓洋行、茂泰洋行、大隆洋行、茂记洋行；荷兰商：新和昌洋行、恒丰洋行；美商：德泰洋行、庆达洋行。“这些外商，或是进入羊毛生产地，或是到达张家口等地的市场，或是在天津购进，而向本国输送。”① 民国年间，在天津皮毛中级市场之一的张家口，英、法、美、日、意、德等国的商人，在张家口设立的洋行分庄就很活跃。②

进入铁路时期以后，便捷的火车运输在很大程度上取代了缓慢的驮运车拉，同时作为辅助形式的汽车运输也逐步出现在皮毛的中、初级市场。为适应皮毛出口量急剧增加、运输方式日益近代化、腹地范围不断扩大的现实情况，旅蒙商们不得不改变以前落后的购销方式，纷纷在各中级市场上建立起自己的商号，并且在草原众多的集市和庙会上设立了自己的分号店铺，以作为在牧区进行皮毛收购的据点，从而使以各中级市场的大商号为根本、以各初级市场的店铺为依托的近代化的皮毛购销体系逐步形成。也就是说，与上一时期以长途行商为主的皮毛购销方式不同，这一时期蒙古腹地皮毛的购销，则是以店铺收购为主，行商方式为辅。

直隶顺德皮毛的购销方式，也由以前的以小商贩贩运为主一变而为以大商贩贩运为主，而大商贩的贩运又完全是以顺德的大皮店为依托的。“资本较小之皮贩，每值秋后或骑骡马，或相伴步行，奔赴西北，彼等所携资本为布匹、线带、土布、厂织品、火柴等物，对西北各地土人大半行直接交易，其贩运皮毛，近者由骡马或人力运回，远者由邮局运回，或转运司同代运”；“资本较大之皮贩，赴西北各地大部住在商业城镇，如兰

① 侯振彤译：《二十世纪初的天津概况》，天津市地方史志编修委员会总编辑室1986年版，第294页。

② 贺扬灵：《察绥蒙民经济的解剖》，商务印书馆1935年版，第51页。

州、包头，委托当地商店代买，为现金交易。因顺德皮店、银号，与天津银号有交易关系，兰州、包头都设有天津银号分号，皮贩只将现款汇至天津银号，便可到西北各地贩运皮毛……其贩运方式，大半由邮局或转运公司寄回，其临铁道者由火车运至顺德。……由皮店作中间介结，售与天津及其他各地客商，皮贩大都将皮毛运至有关皮店，以求销售，外来客商，亦多投奔熟识皮店，以便购货……皮货交易，皮店居于中间地位，因皮贩大半为皮店所放出”①。

河西初级市场的皮毛购销，则通过各式各样的商业中介进行运作。一是毛贩，他们于剪毛季节到牧区各地进行收购，集结到一定的数目后再转售给毛客；二为毛客，即外地来的毛商；三为兼营毛商，他们既收购羊毛，也收购其他皮毛和药材等；四为行商，他们没有固定的字号，一边出售日用品，一边收购羊毛等；五为歇家，他们是受外地客商委托而在羊毛产区进行收购的商人；六为跑合，他们在毛商与牧民之间进行说合，从中收取佣金；七为皮毛经纪行，他们领有牙贴，介绍皮毛买卖，并从中收取佣金；八为公庄，即回汉毛商合股经营的收毛组织，一方面派人携带粮食、茶叶、布匹等同牧民交换羊毛，同时也接受外地毛商的订货；九为分庄，即外帮毛商所设的收毛组织；十为洋行庄口，即外商所设立的收毛处。②

天津英商和记洋行收购羊只的过程也很有特色。“一九二四年以后，天津和记洋行派遣了三个队分头收购：一路去张家口，一路去归绥（今呼和浩特），一路去海拉尔。每一路都有一个英国人领头，几个中国职员，汽车司机和厨师等十来人。”一开始没有设立固定分庄，“到达收购地区，先到蒙古王府拜访，送礼请客，打开门路，然后开始收购。一个地方的羊群收得差不多了，又换个地方收购。每到一个地方都是临时租房或住店”。仅归绥一路 1924 年就收购 10 万只羊，加上其他两路，每年

---

① 《顺德皮毛业调查》，载《检验月刊》1934 年第 2 期。

② 许道夫编：《中国近代农业生产及贸易统计资料》，上海人民出版社 1983 年版，第 316 页。

的收购量当在30万只以上。收购方式多为以货易货，买王爷的羊用货物、银圆，买牧民的羊基本上用从天津或北京运去的布、酒、糖、烟和纸张等商品交换，不过和记把货物的价格抬得很高，大体是天津价格的一倍，把羊只的价格压得很低，大体是当地价格的一半。不仅如此，和记还要把收购来的羊进行放牧，并从收购地一直放牧到天津。途中虽使用和记自己购置的草场放牧，但羊群越界侵占牧民草场、践踏农民庄稼的事也时有发生。①

天津华、洋商人采买鸡蛋的方式和地点有所不同：华商大多在河北各县及天津附近一带派人到各村庄订购，定期运到天津再转售给洋商；而洋商大多在河南郑州和山东德州等地设庄收买，或委托华商代办购买。除日商因为距离尚近愿意直接购运鲜鸡蛋，英、德、法、美等国则在各产区设立蛋厂，利用当地廉价的工资，就地将鸡蛋进行加工，以便于储运，加工成的产品种类有干蛋黄、干蛋白、飞黄白子、湿蛋白、湿蛋黄等。②

洋行收购鸡蛋，有相当严密的网络。以1922年正式建厂的天津英商和记洋行为例，它是近代中国北方唯一的具有冷藏设备的蛋品加工厂，主要经营项目为牛羊肉加工和冰冻蛋产品，规模仅次于南京的和记洋行。该洋行1927年之前主要是在绥远、察哈尔等地区，设立流动收购站收购羊只；1927年之后，主要是在华北地区设立分支庄，收购鲜鸡蛋。1927—1947年，“它先后在华北各地建立的分支庄共达一百三十多处。从北京、唐山、济南这样的通都大邑，直到山东惠民的下洼、埕子口和蒙古集宁的香火地和七苏木这样的穷乡僻壤，都布满了和记的收购网”③。

---

① 廖一中、吕万和、杨思慎：《天津和记洋行史料》，见天津社会科学院历史研究所编《天津历史资料（第六期）》，（内部发行）1980年，第24页。

② 工商部工商访问局编：《工商半月刊》1930年第3期，第27~28页。

③ 廖一中、吕万和、杨思慎：《天津和记洋行史料》，见天津社会科学院历史研究所编《天津历史资料（第六期）》，（内部发行）1980年，第30页。

表4.9　和记洋行在华北地区的鸡蛋收购网络

分布区域	分支庄所在城镇
津山铁路沿线	唐山、林西、玉田、丰润、滦县、安山、昌黎、北戴河、海阳、营口等地
津浦铁路及南运河沿线	青县、唐官屯、兴济、吴桥、沧县、泊镇、连镇、南皮、柴胡店、交河、沙河、东光、冯家口、桑园、吴桥、朱桥、济宁、德县、南宫、临邑、何家坊、惠民、沾化、埕子口、下洼、平原、禹城、洛口、济南、龙山、泰安、滕县、郑家口、馆陶等地
胶济铁路沿线	益都、潍县、高密等地
北运河及平津、平绥铁路沿线	北仓、杨村、蔡村、黄村、河西务、安平、香河、三河、马坊、蓟县、马伸桥、辛集、马兰关、通县、顺义、平谷、牛栏山、苏庄、东关、北关、李遂、夏垫、石匣、廊坊、安定、北京、琉璃河、码头、张家口、大同、丰镇、平地泉、七苏木、隆盛庄、香火地、资山等地
平汉铁路沿线	良乡、大兴、定兴、易县、徐水、保定、完县、望都、唐县、东长寿、定县、石家庄、元氏、赞皇、新德、开封、兰封等地
冀中地区	坝县、苏桥、胜芳、史各庄、马庄、新城、雄县、白沟河、新桥、河间、沙洼、康宁屯、台汉、藏桥、冀县等地
天津近郊	小站、宜兴埠等地

资料来源：廖一中、吕万和、杨思慎《天津和记洋行史料》，见天津社会科学院历史研究所编《天津历史资料（第六期）》，（内部发行）1980年，第30页。

天津和记洋行，正是通过它的分支庄，把鸡蛋收购网络延伸到华北各地。一个分支庄直接控制着数以千计的代买家（行栈）和大小蛋贩，周围二三百里、甚至更广面积的鸡蛋，尽为其所囊括。分支庄收购鸡蛋，大都通过当地的蛋行栈，共分两类：一类是本身不收购鸡蛋，只充当和记洋行及蛋贩之间的中间人，从中牵线说合，赚取3%的佣金；另一类是直接向蛋贩收购鸡蛋，然后转卖给和记洋行，以后一类行栈最为普遍。一个分支庄大约有二三十个行栈和蛋贩给它送鸡蛋，一个行栈或蛋贩又掌握五六十个挑贩。零散出售鸡蛋的农民，往往是把鸡蛋卖给挑贩，直接卖给行栈和蛋贩的很少。挑贩有专门干的，也有临时的。专门挑贩的资金，往往借自行栈或蛋贩，其收到的货自然也交给他们。和记洋行往往通过包销的方式控制行栈和蛋贩，并派遣专人常驻，监视收购。这样，“和记每一个分支庄控制着二三十个行栈和蛋贩，每个行栈和蛋贩又控制五十个左右的挑贩，加上和记直接控制的部分挑贩，则和记洋行的每个分支庄，直接和间接控制着蛋行栈、蛋贩和挑贩当在一千以上。以此推算，则整个和记洋行控制的蛋行栈、蛋贩和挑贩当在三四万个以上”。正是通过一个庞大而细密的收购网络，和记洋行“垄断了华北的鲜蛋市场”。①

草帽辫收购的大致情况是乡民将草帽辫编好分束后，由游走于乡间的零星商贩收购，转卖给辫庄；辫庄再将各处集聚而来的草帽辫分类打包后，转运到更大的草帽辫集散中心；再由那里运输到天津等港埠出口。山东商河、掖县、平度、昌邑、寿阳、阳信等县的草帽辫，就往往先由商贩或辫庄，在商河等地收集，然后用船运到潍县，再由潍县运到天津或青岛；山东西部的草帽辫，则先集运到济南，再由济南转运天津等地；直隶大名道的南乐、清丰、濮阳、长垣等县的草帽辫，也是先运往济南，再转运天津；直隶东半部各县的草帽辫，则先在沧州集结，再运往天津。②

干鲜水果的收购情形又有所不同。平、津等地的商人多到北平西、北等盛产甜杏、中杏、苦杏的地方，通过向农户预先包株，或先向农户贷款，然后让其以杏、仁合价偿还的办法，将所收集来的杏、仁运到天津。每年出口到英、美、德三国的杏、仁约200吨，其余由上海驻天津的大昌德、王成永、怡大隆、源顺祥、隆昌等商家收购运沪，分销他省。③ 红枣运销则是将枣用麻袋装好，由农主或客商自各产地运到天津，存放到各山

① 廖一中、吕万和、杨思慎：《天津和记洋行史料》，见天津社会科学院历史研究所编《天津历史资料（第六期）》，（内部发行）1980年，第31，33页。

② 工商部工商访问局编：《工商半月刊》，1929年第11期，第27～28页。

③ 工商部工商访问局编：《工商半月刊》，1929年第13期，第32～33页。

货栈行。然后把货样拿给江南客商或本地的掮客，由货栈居中促成买卖。天津出口的红枣，运往上海的占50%，运往香港、广东的占40%，其他地区占10%。[①] 天津市场上黑枣的产地，主要为河北顺德府、蓟州及山东济宁、泰安、乐陵一带。黑枣的运销方法、渠道及营销区域，与红枣基本上相同。[②] 而花生除留作自用，"其余概行运津"。在天津经营花生贸易的洋商有美记、美最时、礼和、亚利、永兴等家，华商有永泰、广泰、志昌兴、交通、锦泰、永丰、仁和等家。津埠除直接出口带壳花生与花生仁，还加工成花生油，出口外洋及广东。[③]

由上观之，天津港与腹地间的经济联系，是靠商品进出口体现出来的，而商品进出口又是通过商业流通来实现的。

天津开埠以前，北方商业的基本功能主要在于狭小市场范围内商品的余缺调剂，其经营内容和营销方式也都相对封闭。

天津开埠以后，腹地商业从成员身份、经营内容、营销方式、通达渠道、区域范围等方面都有了明显的新变化，也就是加入了许多外向化的成分和内容。其基本的经济功能，也由以前为国内区域市场间的余缺调剂服务，转向为广大腹地与沿海和国际市场间的商品进出口服务也就是由内向型的商业逐步转化为外向型的商业。商业性质和功能的这些转化，是腹地经济全面外向化的基础和保证。

三、天津杨柳青商人"赶大营"

西北边疆与中原内地的经济交流，最晚始自汉代。但由于受政治关系、交通和市场条件的制约，清代以前双方间的交流，渠道主要是长安迤西的陆上丝绸之路，内容主要是丝绸、宝石、工艺特产，人员主要是西域的"胡商"。清代中期以后，随着大规模军事征讨的结束和行省制度的实施，双方经济交流的渠道、内容和规模都有很大改变，行为的主

---

① 工商部工商访问局编:《工商半月刊》，1931 年第 6 期，7 ~ 10 页。

② 工商部工商访问局编:《工商半月刊》，1931 年第 7 期，第 15 ~ 17 页。

③ 工商部工商访问局编:《工商半月刊》，1930 年第 4 期，第 20 ~ 25 页。

体也转以内地商人为主。其中，名不见经传的天津杨柳青商人，通过随军“赶大营”贸易脱颖而出，并后来居上，成为近代西北经济开发的主力之一。

早在乾隆二十年（1755）清廷平定准噶尔叛乱的“西征之始，北出蒙古至科布多、乌里雅苏台者为北路，西出嘉峪关至哈密、巴里坤为西路。师行所至，则有随营商人奔走其后，军中资用，多取供之”①，这或许是清朝内地商人较早的随军经商“赶大营”活动。此后，又有山西、甘肃、河南、天津等地的商人，或者跟随远戍边疆的部队，或者前往驻防内地的军营，继续从事“赶大营”活动。② 不过，目前学术界一般认为，真正大规模、有影响、可持续的随军经商“赶大营”活动，是光绪初年由左宗棠率军收复天山南北的战事引发的；新疆建省后特别是民国时期，这些由行商转变为坐贾的内地各省商人，在西域地区的商业经营活动又有了更大的发展。③

迄今为止，在有关内地商人“赶大营”活动的研究成果中，对山西、甘肃、陕西、湖南、四川等地商人“赶大营”的探索，还很不够；对于天津杨柳青商人“赶大营”的考察，则取得了令人瞩目的成就。比如王鑫岗、郭希斋、李墨芗合著的《天津帮经营西大营贸易概述》④，王鸿逵、于焕文、谢玉明合著的《天津商帮“赶大营”始末》⑤，贾秀慧《试析近代

---

① 林竞：《新疆纪略》，日本东京天山学会1918年版，第22页。

② 马国荣：《中国新疆民族民俗知识丛书——回族》，新疆美术摄影出版社1996年版，第31页；孟庆华：《塘沽地区简史》，见天津市文史研究馆编《天津文史丛刊（第二辑）》，天津市文史研究馆1984年版。

③ 曾问吾：《中国西域经营史》，商务印书馆1936年版，第685页。

④ 王鑫岗、郭希斋、李墨芗：《天津帮经营西大营贸易概述》，见中国人民政治协商会议天津市委员会文史资料研究委员会编《天津文史资料选辑（第二十四辑）》，天津人民出版社1983年版。

⑤ 王鸿逵、于焕文、谢玉明：《天津商帮“赶大营”始末》，见天津市政协文史资料研究委员会、天津西青区政协文史资料研究委员会编《津西古今采珍》，百花文艺出版社1993年版。

新疆商业史上的“津帮八大家”》①，天津市口述史研究会和天津市西青区政协编《丝路津商——“赶大营”资料汇编》② 等，皆有较强的实证性和学术性。

笔者研究后认为，近代轰轰烈烈的杨柳青商人“赶大营”活动，不仅是商人群体拓展和强化天津与外部市场联系的一个侧面；也是作为北方龙头城市的天津，在人员、物资、信息、资金等多个层面，促进其西北腹地经济开发的具体体现。③ 只有长时间、广地域、多视角地审视“赶大营”活动，才能全面地把握近代天津商人对西北经济开发的贡献，进而准确界定近代天津在北方经济现代化中的中心地位。

19 世纪 50 年代以前，以游牧经济为主的西北地区，经济上处于一种自给自足的牧业或零星农业状态，商品交换主要限于本地，市场化程度很低。参见第二章第五节，兹不赘述。

1. 口岸开放与西北经济的外向化

19 世纪 50 年代以后，在中国的西北和华北地区，相继对外开放了一系列通商口岸。如伊犁（1852）、塔尔巴哈台（1852，今塔城）、天津（1860）、喀什噶尔（1861，今喀什）、库伦（1861，今蒙古国乌兰巴托）、迪化（1881，今乌鲁木齐）、吐鲁番（1881）、哈密（1881）、古城（1881，今新疆奇台）、肃州（1881，今酒泉）、科布多（1881，今属蒙古国）、乌里雅苏台（1881，今属蒙古国）、归绥（1914，今内蒙古呼和浩特）、张家口（1914）、多伦（1914）、包头（1922）。在其辐射和带动之

① 贾秀慧：《试析近代新疆商业史上的“津帮八大家”》，载《新疆地方志》2004 年第 3 期。

② 天津市口述史研究会、天津市西青区政协编：《丝路津商——“赶大营”资料汇编》，天津人民出版社 2014 年版。

③ 樊如森：《西北近代经济外向化中的天津因素》，载《复旦学报（社会科学版）》2001 年第 6 期；《天津——近代北方经济的龙头》，载《中国历史地理论丛》2006 年第 2 辑；《开埠通商与西北畜牧业的外向化》，载《云南大学学报（社会科学版）》2006 年第 6 期；《天津与北方经济现代化（1860—1937）》，东方出版中心 2007 年版等。

下，西北经济原有的落后、封闭状态被打破，其国内和国际两个市场都逐步开拓出来。

近代西北地区的对外贸易，是从东、西、北三个方向全面展开的。其中，向东方向的对外贸易，主要辗转通过天津口岸而得以实现。天津开埠后，就有不少外国洋行通过天津与西北腹地间的市场网络，去收购那里的畜产品，再经由天津出口到欧美市场。而把西北畜产品从产地运到天津的商人，除洋行的洋人买办，还包括活跃在西北各地“出拨子”的山西商人、“走口外”的顺德（今河北邢台）商人和“赶大营”的杨柳青商人，等等。①

西北地区向西、向北两个方向所展开的国际贸易，主要是在新疆西北部和蒙古地区进行的对俄贸易，以及在新疆西南部喀什噶尔地区展开的对印、对英贸易。其中，又以对俄国的贸易最为重要。和1850年相比，1883年新疆对俄国的进口增加了13.3倍，达到了303.64万卢布；新疆对俄国的出口增加了4.4倍，达到了279.2万卢布。② 1895年以前，俄国商人在新疆开办的洋行主要集中在伊犁、塔城、喀什噶尔等沿边口岸；此后，迪化、哈密、古城皆有俄国洋行开设。而蒙古地区对俄国的贸易，最初是在买卖城（在俄国的一方是恰克图城）一地进行；19世纪80年代又增加了科布多、乌里雅苏台两个口岸。蒙古对俄输出的商品，除内地转运来的茶叶，主要是当地所产的皮毛。民国时期，西北畜产品的对俄贸易区域，依然主要集中在新疆。③

在通商口岸的拉动下，西北地区的畜牧业产品既扩大了国内市场，也拓展了国外市场。到民国时期，西北经济的市场化和外向化程度均有了很

---

① 樊如森：《天津开埠后的皮毛运销系统》，载《中国历史地理论丛》2001年第1辑。

② 刘彦群、刘建甫、胡祖源：《新疆对外贸易概论》，新疆人民出版社1987年版，第18页。

③ 厉声：《新疆对苏（俄）贸易史（1600—1990）》，新疆人民出版社1993年版，第138，144页。

大提高。[①] 而天津杨柳青商人的“赶大营”活动，既是由左宗棠收复新疆的战事直接引发，也是受近代西北和华北通商口岸开放、区域经济市场化和外向化浪潮的驱使。

2. “赶大营”与新疆近代经济发展

天津杨柳青商人的“赶大营”活动，无疑由左宗棠大军收复新疆的军事行动而诱发，所谓“清军进兵新疆一带的营幕称为‘西大营’，杨柳青人跟随进军路线沿途肩挑小篓做生意，称为‘赶大营’。在新疆平定之后，天津商帮已在新疆构成财力雄厚的商业网络，再去新疆的后继之人，则称‘上西大营’。凡在新疆发财还乡的人，在杨柳青地区称为‘大营客’。天津商帮的新疆之旅，经历了三四代人，直到民国初年，延续了半个多世纪，乃至‘七七’抗战爆发，再上西大营之人基本绝迹”[②]。

据张江裁《杨柳青小志》回顾：“杨柳青有运河及盐河之交通，人民因之多业商，而客于四方，农圃者仅百分之一、二耳。咸、同以后，往新疆者曰‘赶大营’，左文襄定新疆之驻兵所在也。其始也多畏其远，而往者少，得利易，其后往者渐多，而得利较难，杨柳青村人往新疆者日积繁多，于是乌鲁木齐之傍有新村，曰‘杨柳青’，杨柳青人之所聚居也。”[③]

不过笔者认为，作为新疆津商主体的“大营客”，并非西北津商的全部人马。

（1）“大营客”是西北津商的一部分，津商是西北内地商人的一部分

天津是北方典型的移民城市，其人口来自全国许多地区。据研究，外地移民的迁入，始终是天津城市人口增长的主要源泉。明代卫城时期，城市人口的主体，除外地调防来的官兵，还有不少来津经商的平民。到清代

① 樊如森：《开埠通商与西北畜牧业的外向化》，载《云南大学学报（社会科学版）》2006 年第 6 期。

② 王鸿逵、于焕文、谢玉明：《天津商帮“赶大营”始末》，见天津市政协文史资料研究委员会、西青区政协文史资料研究委员会编《津西古今采珍》，百花文艺出版社 1993 年版，第 9 页。

③ 张江裁纂：《天津杨柳青小志》，业产，双肇楼校刊 1938 年版。

中期，各地来津的商人已经人口众多，帮派林立，仅建造的闽粤、宁波、江西、山西等地方会馆就多达数十家；包括道、咸时期的天津商业八大家在内，基本都是外地移民的后代。1846年，天津城厢近20万人口中，直接经商者超过半数，其中很多又是外来移民。据天津100多个工商同业工会1941—1942年统计，天津籍投资者约占1/3，外地籍者约占2/3；企业职工的津、外籍比例也大体如此。①

人口来源的复杂与广泛，是天津经济腹地辽阔的体现和结果。到20世纪30年代，天津的经济腹地已经遍及华北、东北和西北的广大地区。其中，天津市场的羊毛产区包括河北、山东、山西、河南、陕西、甘肃、察哈尔、热河、绥远、东三省以至新疆、青海、宁夏、西藏等省区；山羊绒产区包括河北、山西、绥远、陕西、察哈尔、热河等省；骆驼毛产区遍及蒙古地区，集散地则为张家口、包头与归化城；皮张产区包括河北、山西、陕西、河南、山东、东三省、热河、察哈尔、绥远、新疆、甘肃等省。而要把如此辽阔地区的畜产品收购上来并转运到天津，同时把天津的工业产品和进口商品运销到上述腹地的每个角落，单靠某一商帮的有限人手，是根本无法胜任的。这就要求广大腹地的商人及其商业组织，都积极投身到这一宏大的流通网络，以共同构建以天津为中心的北方近代经济体系。

从这个意义上说，从光绪初年开始到新疆“赶大营”的杨柳青商人，清代前期就已经在天津商业立足的山西旅蒙商人和票号商人，同、光年间开始“走口外”的顺德皮毛商人，垄断进出口贸易的欧美洋行和买办商人等，都以不同的形式和渠道，对保持和加强天津与腹地，特别是与西北腹地之间的经济交流，做出了很大贡献。换言之，他们都是天津商人群体的重要组成部分。因此，“大营客”只不过是西北津商的一部分，而津商又只不过是西北内地商人的一部分。

近代历史时期，由西北地区的新疆向东抵达天津等内地市场的商路主要有三条。

---

① 陈卫民编著：《天津的人口变迁》，天津古籍出版社2004年版，第92～96页。

一是北路。先乘马车由迪化向西至塔城，再入俄国境内，到达土西铁路（1930 年通车）上的塞尔角波尔，再向北沿阿尔泰支线入西伯利亚大铁路（1903 年通车）再向东，到达中国东北的胪滨（今满洲里），经北宁铁路上的呼伦（今海拉尔）、龙江（今齐齐哈尔）、滨江（哈尔滨）、长春、沈阳、秦皇岛等地，最后抵达天津。此路虽然较为快捷，但费用很高，故以客运为主。

二是中路，由古城向北经科布多或乌里雅苏台等地向东，沿“大草地”驼路经塞尔乌苏到达万全（今张家口）；或者由古城向东经镇西（今新疆巴里坤哈萨克自治县），沿“小草地”驼路，经三德庙、百灵庙至包头或归绥；再沿京包铁路（1909 年通车至张家口，1921 年至归绥，1923 年至包头）到达天津。此路以货运为主。

三是南路，主要靠骆驼和马车，由古城向东，经哈密，沿河西走廊至兰州，再向东经平凉、西安、洛阳等地，辗转到达天津。由于陇海铁路修筑缓慢（1909 年开封至洛阳间通车，1932 年通车至潼关，1935 年才通车

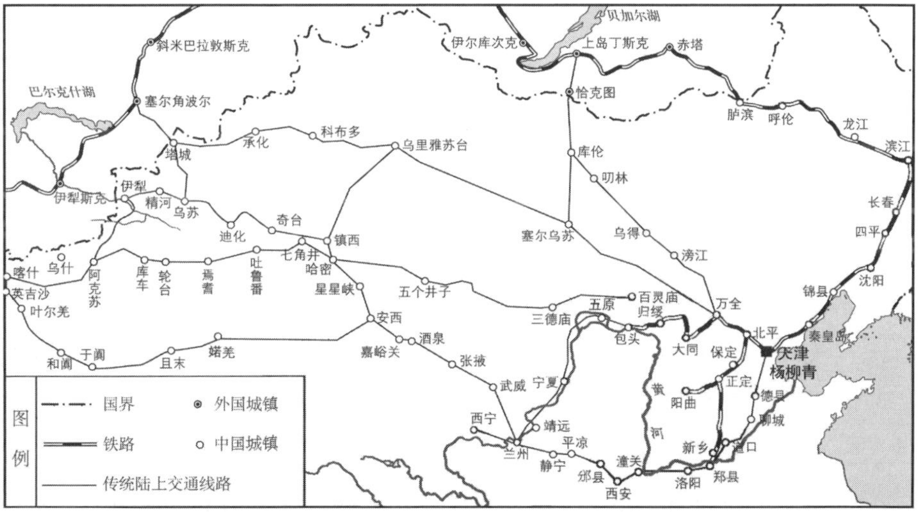

图 4.7　1932 年前后西北（新疆）与天津等内地市场间的客货交通示意图

资料来源：据丁文江、翁文灏、曾世英编《中华民国新地图》，申报馆 1934 年版重新绘制。

至西安），所以该条线路上的铁路运输，作用甚微。①

（2）“赶大营”的基本线路

上述西北（新疆）与内地之间的三大商路，与天津杨柳青商人千辛万苦“赶大营”的三条基本线路大体上是吻合的。②

表4.10　1922年前后杨柳青人“赶大营”的南线路单

里程单位：华里

地名	里程	备注	地名	里程	备注	地名	里程	备注
良王庄	25	下属直隶省	阌乡县	20		丰落堡	70	应为乐丰堡
静海县	25		盘头镇	20		永昌县	90	
唐官屯	50		文底里	20	阌底镇	水泉子	60	
兴济	60		潼关	20	下属陕西省	新河	90	
沧州	40	当时为沧县	花庙	35	华岳庙	山丹县	40	
半壁店	30		柳子	55		东安县	40	应为东乐县
南皮县	25		池水	45	应为赤水	甘州城	70	时为张掖县
东光县	45		渭南县	25		沙河	70	沙河堡
连镇	20		零口镇	35		高台县	80	
桑园	50	下属山东省	临潼县	40		花墙堡	70	
德州	50	当时为德县	西安省	50	今西安市	盐池	60	盐池驿
苦水堡	40		咸阳城	50		临水	100	临水驿
恩县	30		店张驿	40		肃州城	60	时为酒泉县

① 樊如森：《民国时期西北地区市场体系的构建》，载《中国经济史研究》2006年第3期。

② 王鸿逵、于焕文、谢玉明：《天津商帮“赶大营”始末》，见天津市政协文史资料研究委员会、西青区政协文史资料研究委员会编《津西古今采珍》，百花文艺出版社1993年版，第20～24页。

（续表）

地名	里程	备注	地名	里程	备注	地名	里程	备注
要塞	30	应为腰站	醴泉县	30	今礼泉县	嘉峪关	70	
高唐州	30	当时为高唐县	铁佛寺	40		惠回堡	90	
郭平	45	应为博平县	将军镇	40		赤金峡	100	
东昌府	45	当时为聊城县	永寿县	40		玉门县	90	
沙镇	45		代玉	40	应为太峪	三道沟	50	
深县	35	应为莘县	邠州	30	当时为邠县	布隆吉	90	
潮城县	45	应为朝城县	亭口	40		小湾	90	应为小宛驿
贯城县	45	应为观城县	长武县	40		安西州	70	时为安西县
观音庙	45	下属直隶省	高家鸟	60	下属甘肃省	白墩子	大90	
开州	45	当时为濮阳县	泾川县	40		红柳园子	70	
白道口	50	下属河南省	白水	70		大泉	80	
李道口	60	道口镇	平凉府	70	时为平凉县	玛莲井子	70	马连井子
奇门	45		安国镇	40		猩猩峡	80	星星峡（新疆）
卫辉府	45	当时为汲县	瓦亭	50		沙泉子	90	
新乡县	50		和尚堡	15	和尚铺	苦水	80	
贺甲县	50	应为获嘉县	六盘山			盐墩	大90	应为烟墩
徐羊驿	35		隆德县	30		长流水	70	
木狼店	35	应为木栾店	神林铺	45		黄土岗	80	应为黄芦冈
大司马	55		静宁州	45	时为静宁县	哈密	70	
温县	45		高家堡	45		头堡	70	
召贤镇	30		清江驿	45	青江驿	三堡	70	
孟县	30		会宁县	90		三道岭	70	

（续表）

地名	里程	备注	地名	里程	备注	地名	里程	备注
郭村	15		青莲山	90		辽墩	90	应为瞭墩
黄河口	18		安定县	40	定西县	一碗泉	90	
铁谢	3		程口驿	50	应为秤钩驿	车古轮泉	60	
河南府	45	当时为洛阳县	甘草店	40		奇个井子	70	应为七角井
磁涧	40		响水子	80		头水	90	
新安县	30		兰州城	40		大石头	60	
铁门	30		于家湾	40		三个泉子	120	
渑池县	60		红城子	100		木垒河	90	
观音堂	40		平番县	90	永登县	奇台县	90	旧奇台
硖石堡	25		岔口驿	70		古城子	90	奇台县
张茅	20		镇羌驿	50		济木萨	90	孚远县
磁钟	25		湘子庙			三台	70	
陕州	35	当时为陕县	龙沟堡	45		滋泥泉	90	
桥头沟	10		古浪县	45		阜康县	90	
灵宝县	45		大河驿	60		黑沟	70	
大字营	40		凉州	70	时为武威县	迪化县	大60	俗称红庙子

资料来源：谢玉明《“赶大营”的“路单”和“大篷车”》，见天津市西青区政协文史资料研究委员会编《西青文史》，第四册，（内部发行）2002年，第54～60页；地名考证参考屠思聪《中华新形势一览图》，上海世界舆地学社1926年版；欧阳缨编绘《本国分省精图》，亚新地学社1939年版。

表注：路单记录者——杨柳青大车运输商范玉春，因受其个人对外省地名熟悉程度和方言口音的限制，难免出现讹误之处。

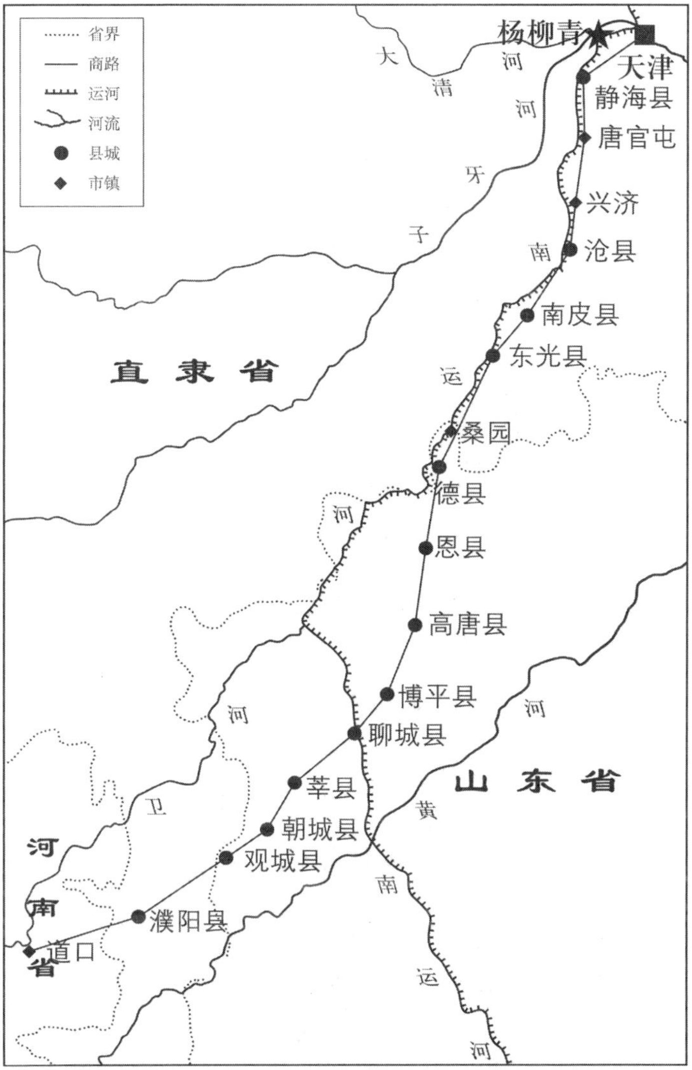

图4.8　1922年前后杨柳青人“赶大营”的南线直隶山东段示意图

资料来源：据屠思聪《中华新形势一览图》，上海世界舆地学社1926年版，重新绘制。

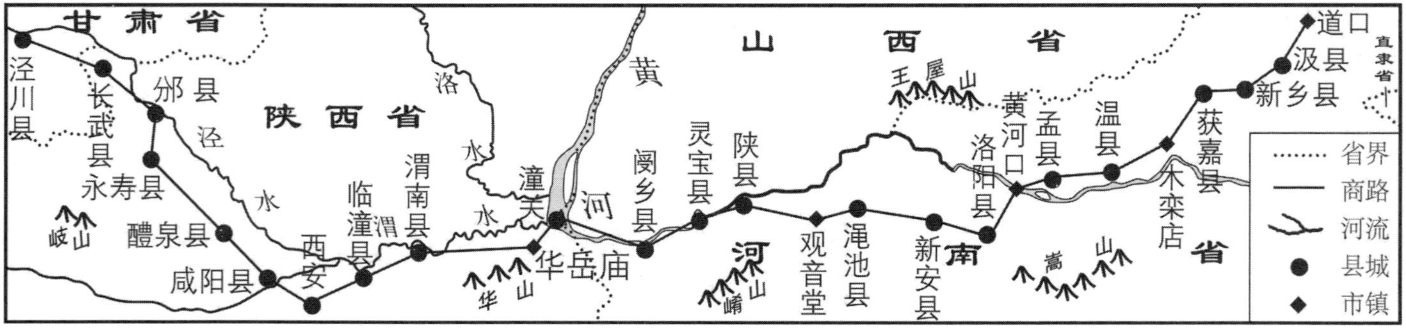

图 4.9　1922 年前后杨柳青人“赶大营”的南线河南陕西段示意图

资料来源：据屠思聪《中华新形势一览图》，上海世界舆地学社 1926 年版，重新绘制。

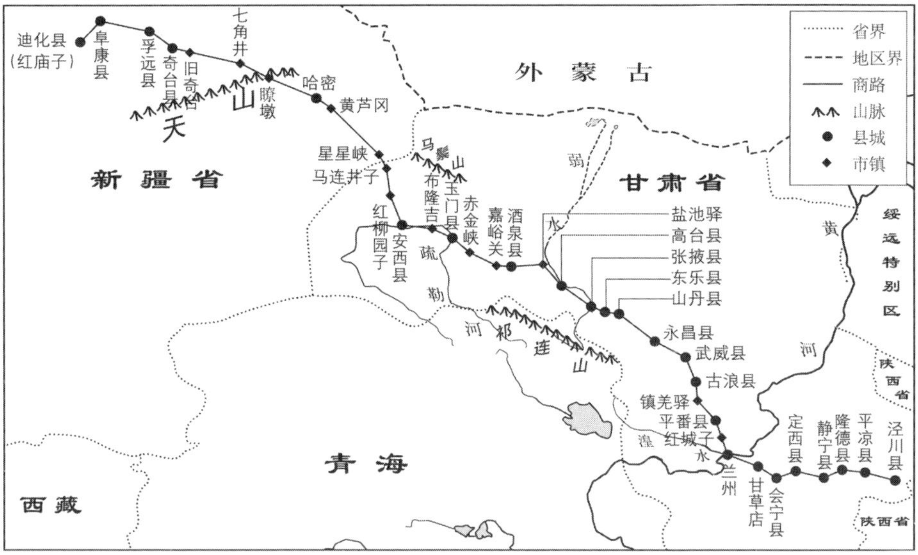

图 4.10　1922 年前后杨柳青人“赶大营”的南线甘肃新疆段示意图

资料来源：据屠思聪《中华新形势一览图》，上海世界舆地学社 1926 年版，重新绘制。

（3）“赶大营”的主要业绩

天津商人在新疆的经营活动，不仅内容丰富多彩，而且随着时间和社会经济环境的变化产生明显的差异。

在 1884 年新疆建省以前，以杨柳青的“大营客”安文忠、周乾义、周乾喆、周乾风、周乾玉、张立亭、曹仲山、曹瑞山、李锡三、牛德奎、乔如山、王一冠、李祥甫、郭德奎、周质臣、王锦棠、萧连第、王兴芝等 20 余人为先导，在随军途中采用肩挑担运的行商形式，或者拆兑山西、陕西、甘肃籍老随军商贩手中的烟叶、茶叶、辣椒、针线、手巾、布袜等生活用品，或者就近采购周边居民的蔬菜、副食，然后挑到军营附近指定的“买卖圈子”进行贸易。清军收复迪化以后，他们又在城里大十字路的附近修建了简易性住房，平时或者在路边摆摊叫卖，或者挑担到周围的乡村和军营兜售。所经销的货物种类包括迪化当地的土产，从伊犁口岸运入的俄国洋杂货，由湖南和四川商人从内地运来的茶叶和布匹，以及直接在天津采购的土洋杂货。民国年间，天津北门外针市街的隆顺里、耀远里、永德里、公议栈，曲店街的同茂栈、北门外的集祥公司等处，就常年设有“大营客”接收新疆货款、销售新疆货物、采购京津土洋杂货并运往新疆的办事处。

与此同时，来到新疆的天津商人，还利用清军不断收复失地的机会，先后到北疆的古城、伊犁（绥定）、伊宁、惠远、额敏、塔城（北丫）、阿山，南疆的焉耆、轮台、库车、阿克苏、乌什、喀什、英吉沙、叶尔羌、和阗等地拓展商务。他们或在当地开办京津杂货店、酒坊、中药坊、

图4.11　“赶大营”的杨柳青商人在伊宁建立的电灯厂、面粉厂

资料来源：天津市口述史研究会、天津市西青区政协编《丝路津商——“赶大营”资料汇编》，天津人民出版社2014年版，第60~61页之间插图7。

食品店及加工作坊，或者从事“支放”钱物的高利贷业务，无不大获其利。①

到清末民国初期，迪化城的津商商号同盛和、永裕德、公聚成、复泉涌、聚兴永、德恒泰、新盛和、升聚永，因为资金雄厚，商品齐全，被誉为“津商八大家”。他们不仅在天山南北各主要城市设有分号，而且在天津、上海、北京等地商埠设有商品代办机构。②

总之，“赶大营”的津商及其后继者们，不仅从事新疆当地市场间商品的余缺调剂，经营当地皮毛、药材对俄国的出口，销售从俄国进口的工业产品，而且也贩运内地的京广杂货和天津洋货，并有不少人利用在新疆的商业积蓄，回到天津开办工商企业。在新疆的经济发展以及西北边疆与内地间的经济交流中，起到了重要的桥梁和纽带作用。

3. 近代天津商人在西北经济开发中的地位

近代天津商人在西北各省的经营活动，促进了当地的物资交流，满足了农牧民生产生活的需要，加快了西北农畜产品的市场化和外向化过程，增强天津与腹地之间的经济联系，提高了西北经济开发的深度和广度。

以羊毛为例，近代以前的西北牧民，只会用它来编制日用的毡毯和帐篷，用量很小，绝大部分都随风飘散了，自然不能给牧民带来什么经济收益。天津等口岸开放以后，西北的羊毛才和皮张一起，作为当地最重要的出口产品，越来越多地运销到沿海和国外市场。据统计，1934—1936 年，天津的山羊毛、山羊绒、绵羊毛、骆驼毛等对美、英、德、日 4 国的出口，每年都占全国毛类出口总额的 96% 以上。③

---

① 王鸿逵、于焕文、谢玉明：《天津商帮“赶大营”始末》，见天津市政协文史资料研究委员会、西青区政协文史资料研究委员会编《津西古今采珍》，百花文艺出版社 1993 年版，第 15～30 页。

② 贾秀慧：《试析近代新疆商业史上的“津帮八大家”》，载《新疆地方志》2004 年第 3 期。

③ 李洛之、聂汤谷编著：《天津的经济地位》，经济部冀热察绥区特派员办公处、结束办事处驻津办事处 1948 年版，第 198 页。

表4.11　天津、上海两港绵羊毛、山羊绒输出占全国同类品出口总额的百分比（%）

品类	港口	1934 年	1935 年	1936 年	1937 年
绵羊毛	天津	86.01	85.74	89.37	84.70
	上海	13.63	14.26	10.59	15.29
山羊绒	天津	91.74	97.53	74.45	81.49
	上海	7.45	2.50	25.55	18.50

资料来源：许道夫编《中国近代农业生产及贸易统计资料》，上海人民出版社1983年版，第313页。

表4.11表明，1934—1937年，天津在全国绵羊毛、山羊绒的出口总量中，都远远超过了另一主要出口港——上海而成为我国最大的毛类出口基地。天津所出口的羊毛，又主要是各个类型的天津商人，从西北地区采购来的。此外，以前百无一用的羊肠、羊骨头等，也都变成了重要的出口商品。而作为填制香肠重要原料的羊肠，自1896年从天津出口到国外后①，出口数值也很大。1924年，天津港的羊肠出口值为867000关平两，1925年为1314000关平两，1926年为1024000关平两。天津港出口羊肠最主要的来源地，依然是新疆、甘肃、青海、绥远等西北地区。② 畜牧业产品市场化和外向化程度的提高，自然增加了西北牧民的经济收益，“新疆人民约有1/4以畜牧为业，此外以畜牧为副业者，当不在1/2以下。……欲解决蒙藏人民生活改善问题，与夫开发西北，繁荣边疆，巩固国防诸问题，殆无不以发展畜牧业为一切问题之重心”③。

不过，由于天津商人在西北地区的经营活动主要是在商品流通领域，工业生产投资尚很有限，并且在流通领域的投入，也在时间和空间上有一

① 吴弘明编译：《津海关贸易年报（1865—1946）》，天津社会科学院出版社2006年版，第187页。

② 天津工商业丛刊之十：《天津市皮毛肠衣业经营的方向》，天津进步日报社1951年版，第19页。

③ 吴兆名：《西北牧畜业概述》，载《中国实业杂志》1935年第7～12期。

个逐步拓展的过程，所以其作用的发挥，客观上也存在着一定的渐进性和局限性。

图4.12　“赶大营”的杨柳青商人在奇台设立的直隶会馆遗址

资料来源：天津市口述史研究会、天津市西青区政协编《丝路津商——“赶大营”资料汇编》，天津人民出版社2014年版，第60～61页之间插图3。

（1）时间层面

天津商人在西北经济开发中的作用，时间上有一个从小到大、由弱到强的渐进过程。整个清代后期，在新疆商业中占主导地位的内地商帮，还是乾隆年间就已经涉足西域贸易的山西商人。据曾问吾1935年的考证，清朝前期就声名鹊起的晋商，“经营事业之重大者为票号（即汇兑庄）及茶庄（新省茶叶销数甚巨），因其资本雄厚，故握有新省商业之大权”；此外，经营大宗茶叶贸易的尚有与新疆政界、军界关系密切的湖南商人；再次才是贩运粗细杂货的“平津帮”。只是在1912年以后，由于各省供给新疆的协饷断绝，才使得经手相关业务的晋商汇兑庄“无事可做，相继收束。南商茶庄亦受汇兑庄收束之影响，日渐衰微”。在这种情况下，平津帮才“在近二十余年中，遂驾山西帮而上之，执新省商业之牛耳，计新商二百四十余家中，平津帮几占十分之六”。①

熟悉新疆事务的学者林竞，也清晰地梳理了内地商帮各自的发展脉络，道出了新疆津商的坎坷奋斗历程。他指出，1917年前后的新疆，“汉商则燕、晋、湘、鄂、豫、蜀、秦、陇共八帮。燕帮又分为京、津二联，各不相属。津人（多杨柳青人）当同光之初西师再出，首冒霜露，随大军而西。军中资粮充积，俘获所得，恣为汰奢，不屑较锱铢。故津人之行贾者，征贱居贵，多以之起家。其乡之人，一时振动，闻风靡从，谓之赶大营。及全疆肃清，遂首先植根基于都会，故今日津人之肆遍南北，居货无常，凡山海珍供，罗致无遗。惟其俗急功利，好虚荣，所致结纳长吏，以矜光宠。及其弊也，奢侈逾度，外强中干，往往而有。民国以来，此等习气渐渐革除，故津人犹执牛耳于商界也。京人（多武清人）则远不及津人。虽设肆遍南北，而在南路者，则多为押当业，恣取重利。晋商多富庶，同光以前，官茶引课，咸属晋商，谓之晋茶。乱后流离，转归湘人。然握圜府之权，关内输辇协饷，皆借其手。故省城一隅，票号十余家。民国以来，协饷断绝，渐次歇业。然根本深固，改图他业，仍属可观。湘人从征最多，势亦最盛。然其人局度褊少，货殖非其所长。故凭借虽厚，而无所施。惟擅茶引之权，占商务大宗。迩来茶引破坏，利复渐归津、晋及俄人。故湘人除在南路多从事放账外，北路则寥寥药铺而已。鄂人无大贾，多业手艺。豫、蜀亦无大贾，多贩药材，或设典肆。秦、陇之民，昔多贩运鸦片谋重利，近则此业甚微，转而积谷屯仓，贱籴贵粜以取利，或赀贷以征重息，或辇关中百货，以应稗贩之求，号曰行栈。其民忍苦耐劳，不鄙贱作，故久恒致富”②。

（2）空间层面

天津作为近代中国北方最大的经济都会，通过往来于口岸与腹地之间

① 曾问吾：《中国经营西域史》，新疆人民出版社2013年版，第470页。

② 林竞：《新疆纪略》，日本东京天山学会1918年版，第24～25页。

的各类津商，对包括陕、甘、宁、青、新及蒙古在内的广大西北地区，均实施了强有力的辐射。不过，由于受当时交通、信息、资金、技术，以及西北各地自然和人文条件等限制，天津商人在西北地区经济开发中的作用，在空间层面上也存在着明显的差异。

例如，在整个近代时期，包括新疆在内的西北地区，与天津间的客货运输工具，还主要是骆驼和大车。行进速度的迟缓，直接影响了两地之间的商品流通总量。据统计，每峰骆驼的负载仅为 3 担（300 斤）左右①，骆驼队由古城至归化城，平常 70 日可达，运货则非半年不可。② 而且，货物运到归化城以后，还需要再消耗大量的时日才能到达天津口岸。而他们在天津采购到的土洋杂货，也要用同样缓慢的方式运回新疆。从天津到新疆奇台，“行张家口一路，行程须九十日至七十五日之间。行（陕甘——引者）大道则非四阅月不可”③；再加上途中耽搁，以及购销货物，马车在两地间“往返一次就需一年的时间”④。

西北各地距离天津的路程有远近，环境有优劣，幅员有广狭，来自天津的经济辐射力度，自然也就有强弱。以 20 世纪 30 年代的青海省开发为例，其“羊毛额数，除本地人民织褐、栽绒、作毡用极少数之外，而其输出于天津、张家口一带者，亦无多。……历年所运售出口者，约占全省产额百分之十六；本省制造需用者，约占百分之八”；其余 76%，皆为囤积无用之物。⑤

据林竞考察，民国初年的新疆，除了自西北部的伊犁、塔城口岸输入的大量俄国商品，就与内地之间的商品交流而论，“新疆货物之来源，首推天津，次则秦、陇、晋、蜀。由天津趋新疆，一由火车至张家口，再用

① 吴弘明编译：《津海关贸易年报（1865—1946）》，天津社会科学院出版社 2006 年版，第 28 页。

② 林竞：《西北丛编》，神州国光社 1931 年，第 406，405 页。

③ 林竞：《新疆纪略》，日本东京天山学会 1918 年版，第 28 页。

④ 谢玉明：《“赶大营”的“路单”和“大篷车”》，见天津市西青区政协文史资料研究委员会编《西青文史》，第四册，（内部发行）2002 年，第 54 页。

⑤ 陆亭林：《青海省皮毛事业之研究》，载《拓荒》1935 年第 1 期。

骆驼经归化及蒙古草地，而抵新疆之奇台，或径由火车至归化亦可。一由陕西、甘肃出嘉峪关，经哈密亦抵奇台”①。津商们再通过设在奇台和迪化等地的商号，及其遍布天山南北的分号，销售这些内地洋杂货，并收集天津市场或者出口国外所需的新疆细皮张和药材等。

除了新疆，天津各类商人为西北其他省份的经济开发也做出了重要的贡献。从天津海关的贸易报告可知，19 世纪 70 年代以后，仅来自归化城的驼毛，便占到了天津驼毛出口总量的 95%②；到 1898 年，天津的皮毛出口总值为 56071 关平两，占天津整个出口总值的 11.44%；1903 年，天津的皮毛出口总值为 370144 关平两，占天津整个出口总值的 32.28%；1908 年，天津的皮毛出口总值为 223567 关平两，占天津整个出口总值的 14.46%。③ 而在天津出口的所有畜产品中，直接来自西北牧区的，至少要在 1/3 以上。④ 其中又以甘肃省的宁夏府（治今银川）、兰州府、西宁府、甘州（治今张掖）、凉州（治今武威）和山西省的归化城、包头一带最为集中。⑤

进入民国以后，天津洋行在甘肃各地设庄的很多。中宁有仁记洋行、新泰兴洋行，中卫有平和洋行、瑞记洋行。而在偏僻的河州（今甘肃临夏）地区，收购畜产品的天津洋行也有 9 家之多。他们将收购到的羊毛、皮张、肠衣、药材、猪鬃等，先雇用皮筏子沿黄河水运至包头，再通过陆路将其运到天津出口。在陇东的皮毛中心张家川镇，其情形也同样如此。⑥

---

① 林竞：《新疆纪略》，日本东京天山学会 1918 年版，第 27～28 页。

② 吴弘明编译：《津海关贸易年报（1865—1946）》，天津社会科学院出版社 2006 年版，第 95 页。

③ 王怀远：《旧中国时期天津的对外贸易》，载《北国春秋》1960 年第 1～3 期。据“天津口岸 1898—1908 年直接出口商品结构表”推算。

④ 樊如森：《西北近代经济外向化中的天津因素》，载《复旦学报（社会科学版）》2001 年第 6 期。

⑤ 侯振彤译：《二十世纪初的天津概况》，天津市地方史志编修委员会总编辑室 1986 年版，第 291～292 页。

⑥ 中国人民政治协商会议甘肃省委员会文史资料研究委员会编：《甘肃文史资料选辑（第八辑）》，甘肃人民出版社 1980 年版，第 180～181 页。

民国时期，甘肃的主要外贸商品如皮毛、水烟和药材，主要通过水路向北输出。即先用皮筏和木船沿黄河运抵包头，然后由平绥铁路转北宁铁路至天津出口。① 宁夏在1919年前后，每年沿着与甘肃同样的路线，对外输出的羊皮约36万张，羊毛约1000万斤，驼毛和羊绒约40万斤。②

湟源作为青海羊毛的主要集散地，有洋商和汉商设立的羊毛行数十家，每年输出各类皮张8万余张，羊毛约300万斤。③ 最盛的时候，每年集散羊毛400余万斤。青海皮毛的主要运输渠道，是先用牦牛、骆驼或骡车转运到西宁，再用皮筏由湟水入黄河至兰州，再从兰州装皮筏顺黄河而至包头，转乘平绥铁路、北宁铁路而抵达天津出口。④

归绥1914年时外销驼羊毛200万斤，皮张9万张；1924年运出的驼羊毛增至1180万斤，皮张百万张以上⑤；20世纪30年代，每年有价值40万两的蒙旗、甘肃、新疆细毛皮，经归绥运往天津等地；洋商在此所设的采买羊毛绒及牛、马皮的洋庄有十余家；众多的旅蒙商人，也从这里将大量的砖茶、绸、布、棉花、米、面等货物，贩往各蒙旗牧区进行交换。⑥ 京包铁路1923年通车后，包头迅速发展成为西北广大地区水陆交通的中心和西北最大的皮毛集散地，每年在这里集散的绒毛有2000万至3000万斤，占整个西北地区绒毛产量的三分之二以上⑦；1933年，包头的21家皮毛店，每年从青海、甘肃、陕北、蒙古等地采购的各类绒毛约600万斤，各类皮张11万张，均销售到天津等地，共值250万元。⑧

在整个近代历史时期，蒙古地区以买卖城、库伦、乌里雅苏台、科布

---

① 王世昌：《甘肃的六大特产》，载《甘肃贸易》1943年第5～6期。

② 林竞：《西北丛编》，神州国光社1931年版，第235页。

③ 许公武编著：《青海志略》，商务印书馆1945年版，第59～67页。

④ 顾执中、陆诒：《到青海去》，商务印书馆1934年版，第183页。

⑤ 白眉初：《中华民国省区全志》，第1册，北京求知学社1924年版，第13页。

⑥ 廖兆骏编著：《绥远志略》，正中书局1937年版，第229～268页。

⑦ 李绍钦：《古代北方各民族在包头地区的活动》，见中国人民政治协商会议包头市委员会文史资料研究委员会编《包头文史资料选编（第四辑）》，（内部发行）1983年，第25页。

⑧ 绥远省政府编：《绥远概况》，下册，绥远省政府1933年刊印，第67～71页。

多等地为商业中心，在进行对俄贸易的同时，也通过经张家口和库伦等地之间的驼路和汽车路，向天津输出入大量的畜产品和工业日用品。据统计，仅1918年，张家口就有“外管（专做蒙古生意的店号）一千六百余家，茶庄、毛庄亦各二三十家，每年进出口贸易额达三万万元”。①

到1925年前后，“天津输出之羊毛，青海、甘肃居其五成，山陕居其成半，蒙古居其二成半，直鲁约居一成”②，西北地区成为天津出口畜产品和销售洋货的主要基地。

表4.12　七七事变前天津羊毛类畜产品的收集状况

数量单位：担

产地	收集量	百分比（%）	产地	收集量	百分比（%）
青海、甘肃、宁夏、新疆	200000	50	河北、山东、河南	40000	10
内蒙古	100000	25	合　计	400000	100
山西、陕西	60000	15			

资料来源：李洛之、聂汤谷编著《天津的经济地位》，经济部冀热察绥区特派员办公处、结束办事分处驻津办事处1948年版，第36页，第31表。

总而言之，近代天津商人对西北经济的开发，既有重要贡献，也有时空局限。只是由于缺乏详细的相关统计资料，笔者实在无法确知天津对西北每一个省区乃至每一个城乡区域经济辐射的具体程度。不过有一点可以断定，在中国近代所有的通商口岸城市中，天津是对西北经济现代化促进作用最大的一个。③

四、天津解放初期的商业管制与市场萎缩

按照《天津简志》的研究结论，1937年日本侵略者占领天津后，“商

① 贺扬灵：《察绥蒙民经济的解剖》，商务印书馆1935年版，第51页。

② 北京西北周刊社：《西北周刊》1925年第15期，第2页。

③ 樊如森：《天津与北方经济现代化（1860—1937）》，东方出版中心2007年版。

业活动受日伪政权控制，市场萧条。抗战胜利后，大量美国剩余物资倾销天津市场，加之官僚资本的垄断，经济凋敝，民族商业受到冲击，未能复苏。1945 年底，天津有工商业 2 万多家，到 1948 年倒闭 6000 余家”①。天津及其腹地原有的商业繁盛局面大为失色。

天津解放前夕，中国共产党领导的人民政权，在霸县的胜芳镇设立了贸易接管处，下设粮食、花纱布、百货、盐业、信托等部。1949 年 1 月 15 日天津解放以后，军事管制委员会接收了长芦盐务局、粮食调配处、中央信托局天津分局等商业行政部门，没收了官僚资本的商业企业，同时建立新的商业机构。如天津市工商行政管理局及其各区工商局、华北贸易公司、天津合作总社、市民消费合作社，以及粮食、百货、花纱布、煤建、信托、土产等专业批发公司，从而确立了社会主义国营商业的领导地位。“但此时国营商业所占比重较小，市场上商业活动，特别是零售商业仍在为数众多的私营中、小商业和个体摊贩中进行。1950 年，天津纯商业零售额中国营和合作社商业占 21.15%，国家资本主义和私营商业占 78.85%。”②

1953 年 6 月，成立国营商业局，接管了原工商局的业务。天津市政府第三办公室负责财、粮、贸工作。同年，华北区百货公司划分为天津百货中央站、百货二级站、天津市百货公司（1954 年后二者合并）。百货中央站为一级批发站，收购天津百货产品，供应各地二级站；百货公司为二级批发兼零售，供应天津市场。随后五金、交电、化工原料、针织、纺织、文化用品、石油、医药等一级站成立，各专业市公司为二级站，郊区为三级站，市、区公司领导零售门市部，从而形成了国营商业系统的“一、二、三级批发站与零售”的流通格局。

商品销售方面，从 1951 年 1 月起，国家对棉纱实行统购。1953 年 11

---

① 天津市地方志编修委员会编：《天津简志》，天津人民出版社 1991 年版，第 525 页。

② 天津市地方志编修委员会编：《天津简志》，天津人民出版社 1991 年版，第 525 ~ 526 页。

月起，对粮食、植物油实行统购。1954 年 9 月起，对棉花、棉布实行统购，并先后成立了各类专业性商业公司，同时着手商业企业公私合营，以便掌握批发商业和商品货源，取得对市场的领导权。1955 年，国营商业局一分为三：第一商业局负责管理批发站，第二商业局负责管理专业公司，第三商业局负责管理副食和合作社，工商局专管私营商业。到 1956 年，"除极少数商贩仍然保持个体经营外，天津商业基本上实现了全行业的公私合营，形成了以国营商业为主导，多种经济成分并存的社会主义商业体系"。1957 年，天津全市商品零售额中，国营商业占 44.20%，合作社商业占 4%，国家资本主义及合作化商业占 49.9%，个体商业占 1.9%。"此时饮食、服务业星罗棋布，便民服务，形成解放以来天津商业的全盛时期。"①

1958 年，天津商业实行机构精简"大跃进"，许多商店、网点被裁并，服务业网点从 1957 年的 2064 个，减少到 1959 年的 1054 个；固定理发业、流动摊贩从 1300 人，减少到 58 人；商业合作店、合作小组和摊贩 37416 人，全部进入国营。同时，由于对工业品单一实行全面统购包销，致使商品流通中产需脱节。1959 年，各区成立区商业局，同时开始将零售商业下放给街道。1960 年，天津市第三商业局改为副食品局。1961 年，天津各区成立副食品、糖业、煤建、百货、修配服务、饮食、废品、福利、粮食等 9 个区公司。"由于国民经济暂时困难，市场商品全面紧缺，到 1962 年，天津凭票证供应的商品达 98 种；加之各地区采取自我保护措施，天津作为大商埠的集散功能被削弱"。②

至此，在极左政策的错误指导和天津人自己的不断折腾下，一个以商业贸易起家、并最终成为近代中国北方最大商业城市的天津，走入了百年经济辉煌历史的最低谷。因此，把天津北方经济龙头地位的丧失完全归咎

---

① 天津市地方志编修委员会：《天津简志》，天津人民出版社 1991 年版，第 526 页。

② 天津市地方志编修委员会：《天津简志》，天津人民出版社 1991 年版，第 527 页。

于来自北京的冲击，恐怕也有些自我开脱之嫌。

第三节　天津与腹地间的金融网络

传统金融业作为商业的辅助产业，主要承担货币资金的流通和运作，为以货币为一般等价物和交换媒介的商品交换活动提供价值尺度、流通手段、支付手段、贮藏手段的职能，保障商业经营的正常开展。近代口岸开放以后，天津与腹地的金融网络，也随之发生了相应的调适，顺应了该区域由传统内向型经济向现代外向型经济的转变，促进了区域开发和对外贸易的繁荣。

近代天津及其腹地的主要金融城市有两个：一是天津，二是北京。从区域经济发展的视角看，天津是近代北方广大地区的工商业中心，而北京只是最大的消费城市，对周边地区经济发展的有效辐射很低。但是，由于北京在清末和民国前期依然是中国的都城，所以，在财政金融层面的影响还是很大的。并且，北京自身的消费和市场交换活动，也离不开金融的中介作用。所以，近代北京的金融机构还有不少。总之，如果说天津是北方工商金融中心的话，那么，北京则可以称为财政金融中心。

一、天津近代金融业的发展

天津开埠以后，天津及其腹地商业发展所面临的市场结构，随着进出口贸易的发展出现了前所未有的新变化。与此相适应，天津及其腹地的金融市场和融资方式，也在原有的基础上，呈现出许多新的变革。

清朝前期，为适应天津商业日趋繁荣的需要，一些主要的金融机构如钱局、钱铺以及首饰楼、炉房等的经营内容，由原来各自以银两、制钱的兑换以及银两的熔化、金银首饰的制造为主，发展到在存放款业务方面的交叉。1797 年，在天津成立了专营异地汇兑业务的日升昌票号，稍后又出现了蔚丰泰票号。开埠以后，国内外贸易日益繁盛，天津的票号、钱庄、银号等传统金融机构，也得到了很大的发展。到 1900 年，天津的钱庄、银号、票号，共约300家。[①] 至1922年前后，传统金融机构依然存有108家之多，并且广泛分布在老城、新区和租界地区，依然为天津城市和腹地工商业经济的发展起着很大的融资作用。

表4.13　1922年前后的天津传统金融机构

机构名称	地址	机构名称	地址	机构名称	地址
志成信票庄	估衣街	裕华银号	宫北	裕昌银号	河北大街
大德通票庄	针市街德兴栈	义成钱铺	宫南	永记钱行	河北大街
蔚丰厚票庄	锅店街	慎昌银号	宫南	德善银号	东门外
蔚盛长票庄	针市街	庆隆银号	宫南	永信银号	东北角
功成玉票庄	针市街	源记银号	宫南	元兴永银号	北马路
蔚长厚票庄	针市街	永利银号	宫南	敦庆长钱铺	北马路
日升昌票庄	针市街	九成银号	宫南	德源钱铺	北马路
同泰裕票庄	北门内晋丰里	敦昌厚钱铺	宫南	宝成银号	西门外
裕生银号	北门内	甘肃官银号	锅店街	谦和泰银号	六吉里胡同
万源银号	北门内	顺兴银号	锅店街	义成裕钱铺	乐壶洞
鸿记银号	北门内	义胜银号	估衣街	聚义银号	肉市口
日亨银号	北门内	义胜银号（同名）	估衣街	信成银号	老车站
余大昌银号	北门东	庆元银号	估衣街	同孚银号	老车站
大源银号	北门东	德丰银号	估衣街	祥发银号	老车站
记成钱行	北门外	义胜银号（同名）	估衣街	协丰银号	河北元纬路
震庆银号	宫北	隆华银号	估衣街	桐盛银号	河北大经路

① 中国人民银行总行金融研究所金融历史研究室编：《近代中国的金融市场》，中国金融出版社1989年版，第52页。

（续表）

机构名称	地址	机构名称	地址	机构名称	地址
恒大银号	宫北	华信银号	估衣街	恩庆永钱铺	英界
信富银号	宫北	世和银号	估衣街	德成钱铺	俄界
宏源银号	宫北	久昌银号	估衣街	汇康银号	特别第二区
孚丰银号	宫北	志通银号	针市街	汇康银号（同名）	特别第二区
东业银号	宫北	公记钱行	针市街	和井银号	特别第二区
阜通银号	宫北	永丰银号	针市街	恒达银号	日界
永孚银号	宫北	益盛源银号	针市街	永善银号	日界
永益银号	宫北	裕通银号	针市街	大康银号	日界
永康银号	宫北	义兴银号	针市街	义昌厚钱铺	日界
大成银号	宫北	聚义银号	针市街	大康银号（同名）	日界
祥顺银号	宫北	志通银号（同名）	针市街	永成银号	日界
裕生银号	宫北	隆盛银号	针市街	天源义银号	日界
义成银号	宫北	洽源银号	竹竿巷	永信银号	法界
义丰银号	宫北	瑞生祥银号	竹竿巷	衡通银号	法界
大成银号（同名）	宫北	义兴钱铺	东新街	信孚银号	法界
大通银号	宫北	益兴珍钱铺	东新街	永祯银号	法界
华北银号	宫北	惠通银号	孟谦益里	益兴亨钱局	法界
华昌银号	宫北	驻津奉天官银号	大狮子胡同	振记银号	法界
敦义银号	宫北	汇源银号	河北大街	华通银号	法界
庆隆钱铺	宫北	增和银号	河北大街	聚丰永银号	法界

资料来源：古蓨孙《天津指南》卷下，天津新华书局1922年版，第13～17页。
表注：同名者，电话号码不同，原书将其分列。

表4.13显示，在108家传统金融机构中，有88家在老城及其他华界地区，占总数的81.5%，说明传统金融与中国自身工商业发展的密切融资关系。其余20家在各国租界区，占总数的18.5%，说明一部分传统金融开始与进出口贸易有了一定的接触，或者在某种程度上发生了金融业的近代化转型。

随着国内外贸易的进一步发展，传统的金融机构和融资方式，已经远远不能适应区域日趋辽阔的进出口业务对外汇和巨额周转资金的需求。于是，现代化的外资银行开始在天津出现。1880年，英国汇丰银行分行在天津设立，1882年正式运营，此后，法、俄、德、意、日等国银行也相继在天津设立分行。到1935年，天津的外资银行共有21家，主要集中在英租界中街，基本上垄断了天津的进出口贸易和外汇市场。①

表4.14　1922年前后的天津近代金融机构

机构名称	地址	机构名称	地址	机构名称	地址
平市官钱局	宫北	汇理银行	法界	边业银行	法界
浙江兴业银行	宫北	华法银行	法界	华义银行	法界
大中银行	宫北	金城银行	法界	北京商业银行津行	法界
山东银行	宫北	同利银行	法界	东方汇理银行	法界
华充银行	宫北	中孚银行	法界	金城银行（同名）	法界
华胜银行	宫南	中华懋业银行	法界	盐业银行	法界
裕丰银行	针市街	大陆银行	法界	道胜银行	英界
明华银行	针市街	大中银行	法界	汇丰银行	英界
丰业银行	针市街	大陆银行（同名）	法界	东陆银行	英界
大生银行（同名）	北马路	中法实业银行	法界	正金银行	英界

① 中国人民银行总行金融研究所金融历史研究室编：《近代中国的金融市场》，中国金融出版社1989年版，第53页。

（续表）

机构名称	地址	机构名称	地址	机构名称	地址
交通银行	北马路	中华懋业银行	法界	华北银行	英界
山东工商银行	北马路	中孚银行	法界	汇丰银行	英界
大生银行	北马路	中华实业银行总行	法界	同义银行	英界
直隶银行	北马路	友华银行	法界	蔚丰商业银行	日界
保商银行	北马路	华义银行	法界	商工银行	日界
东三省银行	北马路	殖业银行	法界	天津工商银行	日界
齐鲁银行	锅店街	朝鲜银行	法界	正隆银行	日界
五族银行	估衣街	新华储蓄银行	法界	裕华银行	意界
天津证券交易所	鼓楼北	新华银行	法界		

资料来源：古蒋孙《天津指南》卷下，天津新华书局1922年版，第10~13页。
表注：同名者，电话号码不同，原书将其分列。

表4.14统计的56家近代银行及其分行中，三分之一分布于老城及其周边的传统商业区，另外三分之二则分布在各国租界区。一方面，结合表4.13传统金融机构分布的统计，反映出经过开发和转型，华界的工、商业经济依然存在并持续繁荣；另一方面，结合表4.6洋行分布的统计，反映出租界地区已经成为天津新式商业，尤其是进出口贸易的重心。

20世纪20年代，天津的主要流通货币，包括“硬货（1）元宝银——系炉房所铸之马蹄银，有白宝银、化宝银二种，每块重约五十两，银之成色以千分之九八五至九九二为标准，然实际方面，其品位有种种之不同，故交易多代以银券。（2）银圆——亦称大洋银，市上通用墨西哥银圆，或以此为标准而造之北洋银圆。（3）小银圆——或称小洋银，为辅助货币。有五角、二角、一角等数种。一角恰与十仙相当。其交换率，大洋银一元，可换十一角至十二角间，依市场货币之多少而时变动。（4）铜币——铜圆又称铜子儿，有二分（二仙）、一分（一仙）二种，其交换率，一元银币可换一分之铜币百九十余枚，小洋银十角（100仙），可换一分之铜币

图4.13　1924年前后位于维多利亚路和领事道交叉口的华俄道胜银行

资料来源：［英］雷穆森（O. D. Rasmussen）著，许逸凡、赵地译，刘海岩校订《天津租界史（插图本）》，天津人民出版社2009年版，第55页。

百八个左右。兑换券（1）银行——有麦加利银行、道胜银行所发行之二银票，以省元宝银授受之繁重，概用于大宗贸易之间。（2）票子——乃代银圆之兑换券。交通银行、中国银行以及正金、麦加利、华俄等外国银行，均有发行，其种类有一圆、五圆、十圆、五十圆、百元五种"①。

1902年成立的天津官银号，是华资新式银行在天津的开端。1905年，户部银行天津分行成立。1908年，交通银行天津分行成立，商办的北洋保商银行、殖业银行也相继成立。1915—1917年，北四行中的盐业、金城、大陆三行都在天津成立了总行，并在全国各地分设机构。1921年，中南银行在上海成立的当年设立天津分行。1923年，北四行成立联合准备库，以

① 喻守真等编著：《全国都会、商埠旅行指南》，中华书局1926年版，第43～44页。

中南银行的名义发行纸币，形成“北五行集团”。同时，南方的浙江兴业、新华、上海等银行也在天津设立分支机构。1927 年前后，天津的新式银行有官办的 3 家，商办的 18 家，外商的 13 家。1934 年，天津本国银行的资金力量估计达 32000 余万元。这些银行在全国各大城市遍设机构，大力发展了存放款、汇兑、押汇、票据承兑贴现业务，成为民族工商业发展不可缺少的融资和结算机构。这些新式银行，由于从旧钱庄对人的信用方式改变为对物的抵押放款方式，便利企业可以用自己的财产和商品作担保，向银行借用资金；银行则相应地设立了仓库，并发展保险和运输业务，由单

图 4.14　1924 年前后位于巴斯德路与巴黎路交叉口的中国银行

资料来源：［英］雷穆森（O. D. Rasmussen）著，许逸凡、赵地译，刘海岩校订《天津租界史（插图本）》，天津人民出版社 2009 年版，第 60 页。

纯的信用中介发展到购买企业股票和债券，直接对企业进行投资和参与管理。天津纺织业的几个大纱厂、化学工业的久大精盐公司、永利碱厂，以及华北的几个大煤矿、铁路、公用事业的发展，都有天津华资银行从资金到管理的支持。到抗战前夕，天津国办和商办的华资银行共有33家，银号94家。① 加上它们遍布北方腹地的分行、分号，共同构筑起以天津为中心的近代金融网络，为天津及北方广大地区外向型经济的发展，提供了雄厚而便捷的资金支持。

表4.15　1882—1937年的天津中外银行

银行名称	设立年	银行名称	设立年	银行名称	设立年
英国汇丰银行分行	1882	中国、法国合资之中法工商银行分行	1923	新华信托储蓄银行分行	1917
英国麦加利银行分行	1895	美国大通银行分行	1929	中国实业银行分行	1919
俄国华俄道胜银行分行	1896	美国天津商业放款银行总行	1932	浙江兴业银行分行	1915
德国德华银行分行	1897	美国合通银行总行	1933	中国国货银行分行	1931
日本横滨正金银行分行	1899	美国敦华银行总行	1935	国华银行分行	1934
比利时华比银行分行	1906	中央银行分行	1931	中国垦业银行分行	1926
法国东方汇理银行分行	1907	中国银行分行	1912	大生银行总行	1919
法国、比利时合资之仪品放款银行分行	1907	交通银行分行	1908	中国农工银行分行	1926

① 中国人民银行总行金融研究所金融历史研究室编：《近代中国的金融市场》，中国金融出版社1989年版，第53～55页。

（续表）

银行名称	设立年	银行名称	设立年	银行名称	设立年
日本正隆银行分行	1915	河北省银行总行	1929	裕津银行总行	1921
美国花旗银行分行	1916	天津市市民银行总行	1936	中原商业储蓄银行总行	1931
美国运通银行分行	1917	金城银行分行	1917	殖业银行总行	1911
日本朝鲜银行分行	1918	盐业银行分行	1915	中孚银行分行	1916
日本天津银行总行	1920	大陆银行分行	1919	聚兴诚银行分行	1918
中国、意大利合资之华意银行分行	1920	中南银行分行	1921	上海商业储蓄银行分行	1920
美国美丰银行分行	1923	大中银行分行	1929		
俄国远东银行分行	1924	东莱银行分行	1923		

资料来源：1934 年《全国银行年鉴》等，据中国人民银行总行金融研究所金融历史研究室编《近代中国的金融市场》，中国金融出版社 1989 年版，第三章，附表一、二改绘。

二、天津与腹地之间的资金流动

1. 北京的近代金融业

由于北京不是正式的通商口岸，所以为对外贸易服务的近代外资银行在北京出现得比较晚。晚清北京金融业的主体，是旧式的典当业和银钱业，即当铺、钱庄（银号）和票号等。据董良统计，乾隆九年（1744）北京共有大小当铺 600—700 家，清末为 200—300 家，1949 年前为 30 余家；钱庄在道光年间有 300 余家，咸丰九年（1859）为 500 余家。随着西式银行的建立，旧式银钱业的影响逐步减弱，经营业务也向新式银行靠拢，以存放款和汇兑为主。① 另据统计，“光绪庚子以前，统计北京当业共有二百十余家，迨民国元年壬子兵变以后，则一落为一百七十余家，后又递减为

① 董良：《北京近代金融建筑述略》，载《中华民居》2011 年第 12 期。

一百二十余家，目下全市仅存有八十七家”①。

1885 年设立的英国汇丰银行分行，成为北京第一家外资银行。此后，在北京设立分行的有英国麦加利银行、法国东方汇理银行、日本横滨正金银行、俄国华俄道胜银行、德国德华银行、中法实业银行，以及中美合办的中华懋业银行、中日合办的义利银行、中意合办的震义银行等。② 1905 年，中国的户部银行在北京成立；1908 年改称大清银行；1912 年改称中国银行。1907 年，邮传部奏准设立交通银行。1910 年，设立北洋保商银行。此后官商合办的银行、商业银行等相继成立，多为私营。1917 年，北京成立了由金城银行、盐业银行、新华银行、中国银行、交通银行等十余家银行组成的银行公会；1925 年，在北京设立总行的银行有 23 家，是北京银行业的全盛时期。1928 年，国民政府迁都南京，各行总行纷纷迁往上海，到 1934 年北平只剩下了 1 家银行总行和 24 家分行，其中外资银行有 9 家。1937 年北平沦陷后，除以敌伪为中心的金融机构，其他商业银行仅存十余家。抗日战争胜利后，北平金融业逐渐恢复，1949 年之前，“共有国家行、局、库 7 家，办事处 14 家；省市银行 2 家，办事处 1 家；官商合办分行 1 家，办事处 1 家；商业银行总行、支行 23 家，办事处 18 家；外商银行 3 家。在商业银行中所投资本在 1 亿元以上者有 5 家，1000 万元以上者有 9 家，1000 万元以下者有 3 家”。③

那么，天津和北京两个金融繁盛之地，到底谁金融实力更强，或者说对华北腹地工商业发展的影响更大一些呢？根据 1932 年的相关统计，本国银行在天津设立总行的有 10 家，占全国总行数的 7.03%；设分行的有 93 家，占全国所有分行数的 9.43%；实收资本总额为 2548 万元，占全国银

① 中国联合准备银行调查室编：《北京典当业之概况》，（内部刊行）1940 年，第 69 页。

② 董良：《北京近代金融建筑述略》，载《中华民居》2011 年第 12 期。

③ 中国人民银行总行金融研究所金融历史研究室编：《近代中国的金融市场》，中国金融出版社 1989 年版，第 158 ~ 160 页。

行资本总额的 12.69%，均仅次于上海，居全国第二位。[①] 显然，作为北方最大工商业金融中心的天津，对华北腹地进出口贸易和工商业的繁荣提供的融资支撑更多。

2. 西北腹地的近代金融概况

清代之前，漠北蒙古地区的商业很不发达，金融业自然同样滞后。内地旅蒙商人大多用砖茶、生烟、布帛等物品，直接交换蒙古牧民手中的皮毛和牲畜，属于典型的物物交换。即便用些媒介物，也只是少量的散碎银块。“蒙民交易，多用食物交换，或以砖茶为准，或以皮张计算，一般人民，尚不知货币流通之妙用。惟边城附近，与汉人交通，渐渐用钞票。颇重视银块，谓之元宝，王公富豪，或大喇嘛庙，率盛之以器，深埋地中，盖恐胡匪之强夺也。”[②]

光绪年间，随着中俄贸易的扩大，俄国华俄道胜银行发行的纸币开始在蒙古地区流通，并逐步垄断了当地的金融市场，汉、蒙人民均感便利。“维时俄币市价，高至八九钱之间，不独蒙人信用已深，即华商亦欣然乐用，外蒙财政，半入俄人掌握。”清政府为维护对漠北蒙古地区的经济主权，遂在库伦的东营子，设立大清银行分行。但因辛亥革命发生，该行被迫歇业，外蒙金融依然处于俄国人的垄断之下。后来，由于俄国十月革命爆发，俄国金融动荡，纸币暴跌，“始而五钱，继由四钱而三钱、二钱，最近且减至二三分之谱，华商损失，为额甚巨。物价奇昂，较之内地价格，高至数倍，甚有达十倍以上者。皆俄币之害也”。[③]

有鉴于此，漠北蒙古地区遂与中国中央政府驻库伦都护陈毅协商在外蒙地区设立中国银行事宜，主要内容是可以向当地蒙、汉商人和政府机构发放 1 年期 5 万元以下的贷款；所发行的纸币，可在张家口的中国银行兑换成现银。自 1918 年中国银行库伦支店之后，“库伦一隅，遂改

① 谷书堂主编：《天津经济概况》，天津人民出版社 1984 年版，第 392 页。

② 东方杂志社：《蒙古调查记》，商务印书馆 1923 年版，第 25 页。

③ 陈崇祖编纂：《外蒙古近世史》，商务印书馆 1922 年版，第 107～108 页。

以中钞为本位，发行以来，信用卓著，蒙人亦乐用之，多有以俄钞收买中钞存储者。惟中行基金薄弱，钞票发行，总额仅七八十万元。以外蒙之大，商务之繁，区区之数，何能敷用？故其买卖交易，仍以俄钞为多”。①

为了强化中央政府对漠北蒙古金融和财政的影响，1919 年徐树铮到库伦就任西北筹边使之后，遂筹谋另外设立边业银行，拟定股本总额 1000 万元，分为 10 万股，每股银元百元。“总行设于北京，库伦亦有分行。开幕以来，办理尚称妥善，集资较厚，信用渐著。发行钞票，边民亦甚欢迎。塞外金融，日形活动，此银行之力居多。”②

此后，频繁的军阀混战削弱了中国中央政府对外蒙古地区的实际控制力，加上苏联红军的武装入侵，以苏黑巴托尔、乔巴山领导的蒙古人民党，遂于 1921 年 7 月 10 日，成立“蒙古人民革命政府”，在苏联的卵翼下宣布脱离中国而“独立”。为了巩固统治，外蒙古地方政府在苏联的掌控下（苏联注资一半），于 1925 年 11 月成立蒙古银行，采用银本位，发行纸币和银、铜货币。“银币之单位为都开尔格，每都开尔格等于一百蒙沽，相当纯银十八克。”纸币种类分为 1，2，5，10，50 及 100 都开尔格。同时发行 1，50 都开尔格，以及 10，15，20 蒙沽面值的银币硬币，1，2，5 蒙沽的铜币硬币。这些币种，大体上均于 1926 年 3 月开始在市面流通。③

外蒙古地方政府建立了自己的银行之后，不仅用它控制经济，还用于作为压制中国内地商人在外蒙古地区势力的工具。“原来库伦贸易的机关银行，为俄、蒙合办的蒙古银行。商人的汇兑，统由该行经理。倘若有商人自为汇兑业务，一经查出，马上将款没收，且加以十倍处罚之后，更要另行惩办。至于该行的汇费，则又故意提高，每千元须缴七十元汇费。而

① 陈崇祖编纂：《外蒙古近世史》，商务印书馆 1922 年版，第 109～111 页。

② 陈崇祖编纂：《外蒙古近世史》，商务印书馆 1922 年版，第 14 页。

③ ［日］吉村忠三著，李祖伟译：《外蒙之现势》，商务印书馆 1937 年版，第 74～76 页。

出库（伦）南下的汉商，每人只许携带旅费五十元，如多带一元，除征税二成，还要课以相当的罚金。倘所带的数目过多，查出来之后，马上将他扣留收监。此外则该行所发的纸币，统由苏俄代印，并禁止我国货币和其他货币之流行。无论租税以及商业交易，一概都用此种纸币，如此一来，更足以致汉商于死命了。”①

3. 天津与腹地之间的资金流动

天津是近代中国北方的金融中心，天津与腹地的经济联系，最为突出的是以天津为中心的商品贸易关系，而贸易必然会引起资金的流动。因此，贸易所引起的资金流动，对天津与腹地之间的资金流动有着决定性的影响。根据龚关的研究，这种影响突出表现在以下两个方面：

第一，天津与腹地之间的资金流动的路线是由贸易路线决定的，资金流动的路线基本上就是贸易路线。

第二，资金流动的季节性，即天津与腹地的金融市场资金的供求关系呈现的季节性变化，受到农产品贸易的强烈影响。当农产品大量上市时，对货币需求量大，金融出现紧急；反之，金融松弛。具体地说，当华北的棉花、小麦、高粱、芝麻、花生等农产品，或者皮毛等畜产品大量上市时，资金从天津流向腹地，反之则从腹地流向天津，从而在北方区域内形成以天津为中心资金的有节奏的聚集和分散。

因商业贸易而引起的天津与腹地之间的资金流动，主要是为了完成贸易结算，同时还包含着商业性融资。商业性融资的一种方式是商业信用，即天津的商号向腹地商号的融资。另一种方式是金融机构的融资，例如，金融机构直接向腹地商号贷款、银行间的借贷等。除了与贸易相关的资金流动，还有对金融业、工矿业、农业的放款与投资引起的资金流动。这种资金流动也是双向的，既有天津流向腹地，也有腹地流向天津。天津是工商业、金融业聚集的中心，对腹地的投资者有很大的吸引力，从而形成了因投资向天津的资金流动。

---

① 刘虎如：《外蒙古一瞥》，商务印书馆1927年版，第81~82页。

近代天津与腹地之间的资金流动，一种方式是运现（运送现金），天津运送现金的范围，几乎覆盖东至唐山、秦皇岛，西北至归绥、包头，南至郑州的北方广大地区。另一种方式是汇兑，北方各地的对外汇款均以天津为主要汇兑之地，张家口、包头、邯郸、石家庄、兰州以及山西的城市，无不以天津为主要汇兑对象，只有山东、河南两省的许多地方与青岛、上海、汉口等口岸的联系密度超过天津。①

通过进出口贸易体现出来的腹地商业的外向化，是天津与腹地经济互动在商业上的集中表现。天津开埠以前，北方商业的基本功能主要在于狭小市场范围内商品的余缺调剂，其经营内容和营销方式也都相对封闭。天津开埠以后，腹地商业从成员身份、经营内容、营销方式、通达渠道、区域范围等方面都有了明显的新变化，也就是加入了许多外向化的成分和内容。其基本的经济功能，也由以前为国内区域市场间的余缺调剂服务，转向为广大腹地与沿海和国际市场间的商品进出口服务。也就是由内向型的商业，逐步转化为外向型的商业。商业性质和功能的这些转化，是腹地经济全面外向化的基础和保证。

“七七事变后，平津首先沦陷，银行业一部停业，一部在敌伪金融管制之下，业务几濒停顿，惟银号则较前增多。大都利用敌伪货币恶性之膨胀，直接或间接参加物资之囤积，与金银之买卖，造成一时畸形之繁荣。”抗战胜利后，经过政府整顿，金融市场又趋活跃起来。到1947年，天津共有银行52家，包括总行6家，分行46家；另有办事处26家，银号共有111家，包括总号100家，分号11家；另有办事处2家；钱庄共2家；其他金融机构，包括信托业3家，保险业22家，典当业43家，证券行48家，总计309家。②

---

① 龚关：《近代天津金融业研究（1861—1936）》，天津人民出版社2007年版，第155页。

② 联合征信所平津分所调查组编：《平津金融业概览》，联合征信所平津分所1947年版，第A2页。

三、天津解放初期的金融管理与北方工商金融中心地位的丧失

1949 年 1 月 15 日天津解放后，立即成立中国人民银行天津市分行，接收了原国民党政府的金融机构四行、二局、一库在天津的分支机构。1 月 20 日成立分行营业部。3 月 1 日设立外汇、实业、合作、储蓄 4 个部，恢复票据交易所。3 月 15 日外汇部对国外恢复了中国银行天津分行的名称；实业部对国外恢复了交通银行天津分行的名称。6 月 1 日成立天津市证券交易所。4 月 4 日成立中国产物保险公司，10 月 20 日改称中国人民保险公司。通过各专业机构的设立，形成以人民银行为领导的社会主义金融体系。

1951 年 5 月 1 日成立国营金店，6 月 29 日成立天津市投资公司。1952 年 6 月交通银行划归财政部门，证券交易所并入天津市投资公司。1954 年 10 月 1 日中国人民建设银行天津分行成立，负责办理国家基本建设拨款与监督。1964 年 1 月，中国农业银行天津分行成立，负责办理农村金融业务。1965 年 6 月，农行撤销并入人民银行。①

中国人民银行天津市分行建立后，为对国营企业、机关、部队实行现金管理，1950 年 5 月 16 日增设现金管理部。1951 年底分行下属办事处 19 处。1952 年 10 月区办事处调整为 9 个。1955 年天津市分行储蓄部与公私合营天津分行合并。1958 年 2 月天津改为河北省省辖市。4 月，中国人民银行天津市分行改由河北省分行领导。1967 年 1 月省市分开，天津市分行再次归于中国人民银行总行直接领导。②

天津经过上述金融机构的裁并和隶属关系的变动，已经基本上失去了近代北方工商、金融中心的重要地位和应有作用。人为方面的原因，或许

---

① 天津市地方志编修委员会编：《天津简志》，天津人民出版社 1991 年版，第 738 页。

② 天津市地方志编修委员会编：《天津简志》，天津人民出版社 1991 年版，第 738 ~ 739 页。

是“解放以后，在帝国主义封锁的情况下，我们对天津半封建、半殖民地经济进行社会主义改造时，在进行社会主义建设中，又没有正确地认识天津在历史上已经形成的经济中心这一客观基础，因而没有充分地利用并发挥她的作用。在产品经济和自然经济思想支配下，反而加以否定，如银行、商业都是按地区设置，割断了客观的内在经济联系。使天津这中心城市的发展受到限制，使天津市在我国社会主义建设中的地位、作用受到削弱。这是一个大教训”①。

① 聂璧初：《认识天津　振兴天津（代序）》，见天津市地方志编修委员会编《天津简志》，天津人民出版社 1991 年版，第 4 页。

第五章　从卫城到首城——天津在近代中国北方经济地位的演变

天津原本是从属于京师防务特别是漕粮转运需求的卫城，经济特别是区域经济辐射功能很弱。开埠通商以后，其港口与城市的原有军事和政治功能开始向经济功能为主转变，不仅自身的商业、金融、工业、外贸快速发展，而且成为包括北京在内的北方广大地区近代经济特别是外向型经济发展的龙头。到了20世纪50年代末至60年代初，由于国家计划经济政策的不断强化，天津原有的繁荣商业、金融、工业及辽阔的经济腹地等经济优势陆续丧失，加之天津自身定位与能动作用的不足，致使其近代北方经济首城的地位得而复失，这对于天津和北方广大区域的经济发展而言，都是一个历史性的重大损失。

第一节　从沪津经济关系看近代沿海口岸城市的发展轨迹

笔者研究发现，位居近代中国南、北经济首城地位的上海和天津，二者之间的经济联系大体上以19世纪末20世纪初为界线，经历了一个由从属关系到对等关系、由单向依赖到全面合作的动态演变过程：此前，由于中国的对外贸易市场以欧美地区为主，使得天津港长期成为上海枢纽港的支线喂给港，天津港绝大部分的进出口物资都要假手上海港才能与欧美市场发生联系，换言之，这一时期的天津及其腹地就是上海的间接经济腹地。此后，随着国际市场的变化特别是日本市场的崛起，天津港的直接对外贸易有了快速发展，天津港对上海港原有的贸易依存度大大降低，天津对腹地的直接辐射力显著增强，迫使上海的经济腹地向南退缩到长江流域，从而为环渤海经济的崛起奠定了必要的区域市场条件。

1912 年以后，上海和天津两大城市之间单一的转口贸易关系虽然减弱了，二者在金融、工业、市场等多个领域的互补合作关系却得到了加强，反映出彼此经济关系的成熟，也促进了双方经济的深度发展，使上海和天津分别发展成为长江流域和北方广大地区的经济龙头。

近代之前的天津与上海，原本分别是北方和南方地区两个普通的府县治所，在中国经济的发展中并无特别突出的地位。但是，经过开埠后短短几十年的发展，上海就成了近代中国最大的对外贸易、金融和工业中心；天津也发展成为近代北方广大地区的经济龙头。① 上海和天津作为中国近代南北经济联系的核心节点，在金融、工业、市场等多个领域都有密切的互补合作关系，这不仅促进了沪津城市本身及其腹地的经济发展，也引领和代表着中国近代沿海口岸城市的发展方向和基本轨迹。

一、支配与依赖：20 世纪以前的沪津经济关系

开埠以前的上海，"尚从属以苏州为中心的太湖平原经济区，担当着该区域出海口和转运港的职能。就港口而言，其运输工具、港岸设施都滞处于前近代社会，与中国传统商港并无二致；同样，因港而兴的上海县城，商业虽旺，但与同期中国其他港口城市相较，经济活动的内容和性质并无多大差异"，无论是与长江流域还是同沿海各省的航运往来，上海都

① 戴鞍钢：《港口·城市·腹地——上海与长江流域经济关系的历史考察（1843—1913）》，复旦大学出版社 1998 年版，第 16～17 页；樊如森：《天津——近代北方经济的龙头》，载《中国历史地理论丛》2006 年第 2 辑。

是作为苏州的外港发挥着作用。① 此时的上海虽与天津等北方主要港口之间保持着一定的商品交流，但彼此之间并无明显的从属关系。

1843 年开埠后，上海由于“得风气之先”，伴随着洋行和外商银行的出现以及经贸制度的完善，在贸易发展中获得了天津等其他口岸无可比拟的优势。加之海河口淤沙严重、英商返航出口货物的缺乏及与腹地间落后的交通方式等因素的限制②，天津在开埠后相当长的一段时间内，贸易直接进出口数值一直偏少，并严重依赖上海的埠际转运。1866 年天津贸易报告明确指出：“天津乃中国进口货之最大销场之一，虽纳有所进洋货之大部，却非直接取给于生产国，而系经由上海转来。”③ 这一现象一直到 19 世纪末也未出现明显的改变。更直观的数据如表 5. 1 所示，该时段内天津依赖上海进口洋货的比重平均为 71. 21%，超过总值的三分之二；土货出口的比重也在 34. 21%，超过总值的三分之一。

表 5. 1　1871—1899 年天津与上海外贸埠际转运关系

单位：海关两

年份	洋货进口			土货出口		
	洋货进口总值	经上海进口值	上海占比重	土货出口总值	经上海出口值	上海占比重
1871	12331357	10913186	88. 5%	2044347	555766	27. 2%
1875	8548490	5898839	69. 0%	4715734	1142742	24. 2%
1880	10399347	7793199	74. 9%	6622378	1773178	26. 8%
1885	125162081	9538425	76. 2%	7188506	3021139	42. 0%

① 戴鞍钢：《港口 · 城市 · 腹地——上海与长江流域经济关系的历史考察（1843—1913）》，复旦大学出版社 1998 年版，第 16 页。

② 吴弘明编译：《津海关贸易年报（1865—1946）》，天津社会科学院出版社 2006 年版，第 1 ~ 83 页。

③ 吴弘明整理：《津海关年报档案汇编（1865—1911）》，上册，天津市档案馆、天津社会科学院历史所 1982 年版，第 15 页。

（续表）

年份	洋货进口			土货出口		
	洋货进口总值	经上海进口值	上海占比重	土货出口总值	经上海出口值	上海占比重
1890	7177294	11717313	68.2%	9529224	3623130	38.0%
1895	23382529	16151780	69.1%	17547580	6690583	38.1%
1899	39409029	20728120	52.6%	25699227	11097902	43.2%
平均	32344304	11820123	71.21%	10478142	3986349	34.21%

资料来源：两地相关的年份进出口贸易数据，见中国第二历史档案馆、中国海关总署办公厅编《中国旧海关史料（1859—1948）》，京华出版社2001年版。

在这种情形下，上海利用其全国外贸中心的地位，通过有效地覆盖天津的进出口业务，把天津直接辐射的地区变成了自己的间接腹地，这一范围大致包括甘肃省的宁夏府、兰州府、西宁府、甘州府、凉州府；山西省的归化城、包头、西嘴子、盂县、太原府、平定州、潞安府、泽州府；张家口外的喇嘛庙、热河、哈达一带；直隶的昌德（有误，笔者疑为承德）、顺德、冀州、宣化府；河南省的怀庆、河南、卫辉府以及山东省的临清州、济南府、青州府等地①，地域范围相当广阔。

与此同时，伴随着沪津之间埠际贸易转运的展开，两地之间的金融业务也愈加活跃。以汇兑为例，较早承担汇兑业务的是票号，“票号之营业，其先本以汇兑为主，故各地多设分号，其无分号之地方，则与他号联络，或间接地与他号联络，故其声息相通，汇达之区域亦广”②。沪津两地间汇兑频繁，遇到紧急情况时，汇费的确定也受到影响，“然银钱流通之道，固不在尽运现银。向来货价往还大半由钱庄、银行汇划，稍加汇费而已。现在现银既禁止出口，津地取现贴色之费又如此之大，汇费遂随之而增，闻现在

① 侯振彤译：《二十世纪初的天津概况》，天津市地方史志编修委员会总编辑室1986年版，第291～292页。

② 黄鉴晖：《山西票号史料（修订本）》，山西经济出版社2002年版，第675页。

汇费每千两亦须加二三百不等，非但申商以吃亏太大，无不徘徊观望，即使肯如数吃亏而汇之，尚属非易。票现两迫，于是申地之银根愈紧矣”。①

钱庄也是承担埠际汇兑的重要力量之一。开埠初期，上海钱庄本无力与票号抗衡，但在与外商银行发生业务往来后，通过资金拆借等方式壮大了自身的实力，在近代强手如林的上海金融业市场上日渐占有一席之地。以往长期被票号垄断的汇兑业务，也逐渐成为上海钱庄的主要业务之一，从而打破了“本埠之事，钱庄任之；埠与埠间之事，票号任之”的基本格局。申汇的出现及其规范的运作制度，便利了埠际资金的调拨往来。相关研究表明，到19世纪末，一个以上海为枢纽的全国性商业贷款汇兑网已经形成，其运作体制便是以申汇为核心的。② 在国内一些重要的商业城市，同一日内因各自不同的需要会出售申汇和买进申汇，从而形成申汇市场。③ 天津也不例外，由于两地间汇兑的频繁，19世纪末逐渐形成了申汇市场。但直到清末，天津的申汇市场还比较有限，1909年时，“津郡汇票每日扯算，不过十万左右”④。

可见20世纪以前，沪津经济关系的最大特征就是上海始终单方面扮演着强势的角色。支配与依赖，成为该时段二者经济关系的主旋律，无论是埠际贸易、腹地范围还是金融往来方面，都体现得非常明显。然而进入20世纪尤其是民国以后，二者间的经济关系发生了巨大改变。

二、独立与互补：20世纪后沪津经济关系的新特点

进入20世纪后，经济发展环境的改善、港口和航道条件的优化以及腹地近代化交通设施的运用，都增强了天津的经济辐射能力，促进了口

---

① 黄鉴晖：《山西票号史料（修订本）》，山西经济出版社2002年版，第711~712页。

② 陈明光：《钱庄史》，上海文艺出版社1997年版，第107，108页。

③ 李一翔：《论长江沿岸城市之间的金融联系》，载《中国经济史研究》2002年第1期。

④ 龚关：《近代天津与上海金融联系的演变》，见张东刚等主编《世界经济体制下的民国时期经济》，中国财政经济出版社2005年版，第37页。

岸直接对外贸易的开展。如表 5. 2 所示，1905—1930 年天津洋货直接进口比重持续上升，平均已达 69. 45%，末期已接近 80%；土货直接出口比重虽有反复，但平均亦为 44. 35%，1930 年亦超过 70%，较之以前均大有进步。

表 5. 2　1905—1930 年天津直接进出口贸易情形

单位：海关两

年份	洋货进口			土货出口		
	洋货进口总值	洋货直接进口值	直接进口比重	土货出口总值	土货直接出口值	直接出口比重
1905	60429673	31463208	52. 1%	14739359	7595982	51. 5%
1910	54038216	32678087	60. 5%	25018151	3181683	12. 7%
1915	55666045	40636947	73. 0%	49859964	15333933	30. 8%
1919	86740924	66882879	77. 1%	71550033	27471054	38. 4%
1925	110310133	85087916	77. 1%	99937953	61704132	61. 7%
1930	135506151	104185112	76. 9%	110225213	78280220	71. 0%
平均	83781857	60155692	69. 45%	61888446	32261167	44. 35%

资料来源：两地相关的年份进出口贸易数据，见中国第二历史档案馆、中国海关总署办公厅编《中国旧海关史料（1859—1948）》，京华出版社 2001 年版。

这一变化很快就为江海关税务司墨贤里（H. F. Merrill）和戈登·洛德（E. Gordon Lowder）敏锐地察觉，他们在上海海关十年贸易报告中指出："近来有一种明显的趋势，即一些较大的外地口岸，不经上海转口，直接从外国进口。不然的话，上海的贸易也许会比实际的发展更大。""上海享有的货物分发中心的地位，由于汉口、天津、胶州等对外通商口岸的进口商越来越倾向于直接同欧洲、美国打交道而不是从上海进货，已受到相当大的影响。"①

① 徐雪筠等译编，陈仲礼校订：《上海近代社会经济发展概况（1882—1931）——〈海关十年报告〉译编》，上海社会科学院出版社 1985 年版，第 176，139 页。

日本人的调查报告也认同这一趋势，“天津的贸易，以前是经由上海的间接贸易。外国货物全都一律在上海卸货，然后从上海转卖到天津。可是，在近两三年以来，由于天津商人地位的提高，以及各种贸易机构的完善，结果过去经由上海进口的货物，大多从原产地直接向天津进口。以前，天津外来货物之八九成，是经由上海而来；可是，在一九〇六年：外国直接输入额为四〇一〇二五五八两；经由上海的输入额为二五〇九五九九八两。二者成为八与五之比”①。

天津对外贸易自主性的提高，使得其对上海的依赖程度大大降低。由于失去了对天津进出口贸易的支配作用，上海的腹地范围也从北方逐步向长江流域退缩，天津则成为北方最大的对外贸易中心。

这一时期，沪津间的金融业务往来有了新的发展，并出现了一些新特点。汇兑方面，虽直到清末天津申汇市场的规模仍然较小，但进入民国后获得了较大的发展。据20世纪20年代调查，天津钱庄（银号）“国内通汇之处如上海、北平、包头、张家口、哈尔滨、营口、奉天、大连等处。其中以上海为最多，仅就天津与上海电汇而论，每日已达五六十万之谱。其价格亦随银根而行，例如上海银根紧时，电汇价格必涨，有涨至一千零七十余两者；若上海银根松动时，其价必跌，有跌至一千零三四十两者不等”②。同时，现代银行和工商客户都委托钱庄代办申汇。钱庄每天将经手的申汇收缴数额，核计其差数，委托经纪人去办。不论交多于收或收多于交，经纪人都要寻找头寸，使双方臻于平衡。③

此外，申汇中的庄客客票，也往往在两地的经济活动中发挥作用。如在1915年时，上海共有义兴永、义聚永、景德和、义成、敦昌等13个天

① 侯振彤译：《二十世纪初的天津概况》，天津市地方史志编修委员会总编辑室1986年版，第239～240页。

② 佚名：《天津钱业之调查》，载《工商半月刊》1929年第12期。

③ 杨固之、谈在唐、张章翔：《天津钱业史略》，见中国人民政治协商会议天津市委员会文史资料研究委员会编《天津文史资料选辑（第二十辑）》，天津人民出版社1982年版，第90～154页。

津帮申庄在沪办理棉纱，“由天津总号电汇款项到沪，以之支付买卖”。①

民国时期，华商银行也获得了空前发展，北洋政府时期“北四行”和“南三行”迅速崛起。在它们的基本业务中，汇兑自然是必不可少的组成部分。如成立于1915年的上海商业储蓄银行，以上海为大本营，与包括天津在内的全国各主要城市进行汇兑往来，业务做得极为出色。

为了寻求汇兑业务的更大发展，早在1922年9月，上海商业储蓄银行总行内汇部就曾致函天津等分行（分理处），要求各分行（分理处）建立汇市调查报告制度。“上海近来所开汇价，乃根据银行公会每晨行市委员会所开为准，行市委员会则根据各行所接各埠行市报告为增减。吾行虽委员之一，汇价确以自主为宗旨，以便有所招徕。但自当贵在信息灵通，且应互相随时通信，如张家口、保定等处，上海对于彼处市情，甚不灵通，遇有汇款开价，即不甚易。敝意近于何处者，即请该处每礼拜通信一次，并代酌定汇价，如张家口、保定近于天津者，则请津处随时调查通信。”②至1925年，上海商业储蓄银行的国内通汇地点已经覆盖全国19个省份，其中天津分行还成为北京、保定、唐山、大名和石家庄等地的转解行。③1934年，上海商业储蓄银行总行内汇部汇往天津206万元，占当年汇出款总额的7.8%。④天津与上海的汇款联系也很紧密。“津市各商，在外埠采办货物，调拨款项，多以上海为中心。……交付货款，均直接电汇或用押汇办法。”⑤1946年，天津市商业银行汇出上海的款额占当年汇出总额的58%，汇入上海的则占汇入总额的22%。⑥

---

① 中国人民银行上海市分行编：《上海钱庄史料》，上海人民出版社1960年版，第185，184页。

② 中国人民银行上海市分行金融研究所编：《上海商业储蓄银行史料》，上海人民出版社1990年版，第121页。

③ 中国人民银行上海市分行金融研究所编：《上海商业储蓄银行史料》，上海人民出版社1990年版，第126页。

④ 中国人民银行上海市分行金融研究所编：《上海商业储蓄银行史料》，上海人民出版社1990年版，第465页。

⑤ 宋蕴璞编：《天津志略》，蕴兴商行1931年铅印本，第130页。

⑥ 联合征信所平津分所调查组编：《平津金融业概览》，联合征信所平津分所1947年版，第9页。

除了单纯的汇兑业务，上海商业储蓄银行承做的全国主要口岸出口商品押汇也令人称道。据文献记载，1932 年天津埠际出口贸易总额为 6730 余万元，当年上海商业储蓄银行在天津出口押汇额为 270 余万元，约占总额的 4%①，具体情形如表 5.3 所示。

表 5.3　1932 年上海商业储蓄银行承做天津出口商品押汇及出口值比较表

单位：元

商品	埠际出口值	本行出口押汇	占比重	商品	埠际出口值	本行出口押汇	占比重
棉花	12447367	1061691	8.53%	核桃	329093	683	0.21%
花生仁	5357123	730165	13.63%	青豆	259231	45270	17.46%
煤炭	4607921	247992	5.38%	羊毛	238340	11351	4.76%
黄豆	4203178	61247	1.46%	赤豆	154692	15365	9.93%
棉纱	3393629	19021	0.56%	金针菜	126247	2990	2.37%
花生油	2965761	64318	2.17%	带壳花生	94691	10346	10.93%
精盐	2421052	15960	0.66%	药材香料	1109395	239	0.022%
碱	1754216	139374	7.95%	菜蔬	427693	6346	1.48%
枣子	1741570	34720	1.99%	果品	394100	24602	6.24%
酒	1694644	234	0.01%	植物油	155718	8483	5.45%
绿豆	1658105	111769	6.74%	金属及制品	81325	2653	3.26%
瓜子	803573	13200	1.64%	化学产品	69048	912	1.32%
杏仁	632003	22282	3.53%	子仁	33436	377	1.13%
黑豆	571924	81283	14.21%				

资料来源：中国人民银行上海市分行金融研究所编《上海商业储蓄银行史料》，上海人民出版社 1990 年版，第 492 页。

① 中国人民银行上海市分行金融研究所编：《上海商业储蓄银行史料》，上海人民出版社 1990 年版，第 491 页。

民国时期，由于上海在金融界独一无二的地位，全国现银大量集中于上海，各埠现金的余缺多赖上海为之调剂，故上海的库存多寡反映着各埠金融的缓急。换言之，上海的现金库存不仅表示本地金融的丰歉，也代表全国各地金融的丰歉。[①] 表 5.4 就直观地反映了当时上海与全国其他主要城市现金流动的基本情况，从中可以看出天津与上海之间的现金流动，其数量之大，至少在北方无出其右者。

表 5.4　1922—1931 年上海与全国主要城市现金流动表

	银两（千两）				银圆（千元）			
	上海进口	比重	上海出口	比重	上海进口	比重	上海出口	比重
大连	50	0.23%	500	0.22%	160	0.02%	41610	6.07%
天津	1900	8.90%	43450	19.69%	29924	3.41%	69390	10.12%
青岛	1220	5.71%	100	0.05%	6800	0.76%	52250	7.62%
杭州			119310	54.85%	449500	51.28%	10530	1.54%
南京	100	0.47%	28290	12.82%	136150	15.53%	17920	2.61%
汉口	7330	34.32%	8820	3.99%	15557	1.78%	65760	9.59%
香港	907	4.25%	900	0.41%	6100	0.70%	62058	9.06%

资料来源：上海商业储蓄银行调查部《十年来上海现金流动之观察（二）》，载《银行周报》第 16 卷第 41 号。

表注：杭州与南京因为设有造币厂，故与上海之间的现金流动数量特别大。

总行对分支机构的指挥和调控，突显的是总行的金融管理作用，也可看作是加深总行所在地与分支机构所在城市之间的金融关系的必要条件。如上海商业储蓄银行于 1915 年在上海成立后，1920 年 11 月设立天津分理处，1924 年 3 月改为分行；金城银行 1917 年设总行于天津，同年 9 月设

① 叶世昌、潘连贵：《中国古近代金融史》，复旦大学出版社 2001 年版，第 291 页。

上海分庄，次年 8 月改为分行。① 两行分别凭借其在沪津之间构筑的金融网络，密切了两地的经济关系。

1912 年后，以口岸贸易为先导，上海与天津的机器工业都获得了一定的发展，这从二者进出口商品种类和比例的变动中可以管窥。除了使用外国制造机器，沪津两地自制的机器基本能供给本地工厂使用，但大多是仿制品和较为过时的类型。相较而言，上海的机器制造业更为发达一些，可以为天津的工厂提供一小部分机器，实例有毛织业中的洗毛机、牙刷制造业中的打眼机等。② 检视整个 20 世纪 30 年代的天津工业，似乎只有纺织和化工产品能够较多地打入上海市场，其他产品大多则只能在市内、华北或西北地区销售。

真正能够打入上海市场的天津纺织产品，仅毛织品一种，“天津毛织业，因得原料、市场以及其他种种之便利，故甚发达，迄于今日已成国内毛织业最发达之都市。计纺毛织呢共有八家……各家营业，大致均尚不恶，盖社会需要羊毛者日多，故天津毛织业仍在猛晋中，为前途极有希望之事业也”③，各厂销售至上海情形如表 5.5 所示。其余诸如纺纱业、针织业和织染业等，上海本身就具有很强的实力。

表 5.5 天津毛织工厂销售至上海的主要产品情况表

毛织工厂	主要产品	运销至上海的方式
东亚毛呢纺织有限公司	毛绒、毛线、绒头绳、呢绒纱等	轮运
海京毛织厂	毛毯、呢绒、毛线、围巾、骆驼絮等	轮运

① 中国人民银行上海市分行金融研究室编：《金城银行史料》，上海人民出版社 1983 年版，第 65 页。

② 北宁铁路经济调查队编：《北宁铁路沿线经济调查报告》，北宁铁路管理局 1937 年版，第 808，870 页。

③ 北宁铁路经济调查队编：《北宁铁路沿线经济调查报告》，北宁铁路管理局 1937 年版，第 805，806 页。

（续表）

毛织工厂	主要产品	运销至上海的方式
仁立公司毛呢纺织工厂	军衣呢、花呢、床毯、毛线等	
章华毛绒纺织公司天津分厂	毛纱、毛线等	轮运
倪克纺毛厂	地毯毛线、呢绒、毛绒等	轮运

资料来源：北宁铁路经济调查队编《北宁铁路沿线经济调查报告》，北宁铁路管理局1937年版，第807～824页。

天津渤海化学工业公司、永利制碱公司和兴华制碱厂的产品，可以推销至上海市场，“且设有支店或代理处。其运输方法，有水运及陆运两种，以水运为多，所有南方各地销货，均由本路运至塘沽，然后转载轮船”①。此外，天津化工业中的镕罐铅粉业和石棉业，其产品也具备较强的竞争力，均以上海为主要销场，其中瑞记石棉工厂还在上海杨树浦路设有分销处，以推广销售产品。②

据笔者研究，伴随着近代工业的发展，上海由外国消费品对国内的分配者、国内重要原材料向国外的运送者，逐步转变为向国内外市场供给自己的工业制成品。③ 上海的工业产品较之天津，不仅种类更为丰富，而且大多数在国内市场上占有绝对优势，这其中就包括多种行销到天津市场上的产品。

上海是我国机制面粉业的发源地之一，并一直在国内机制面粉市场上占有重要地位。以荣氏兄弟企业为例，据1936年统计，茂新、福新系

① 北宁铁路经济调查队编：《北宁铁路沿线经济调查报告》，北宁铁路管理局1937年版，第878页。

② 北宁铁路经济调查队编：《北宁铁路沿线经济调查报告》，北宁铁路管理局1937年版，第910页。

③ 樊如森：《论北方在近代上海经济发展中的作用》，载《城市史研究》2005年第23辑。

统共有 12 个粉厂，拥有的粉磨数量占全国民族资本面粉工业粉磨的 27.5%。[①] 上海机制面粉的运销范围遍及全国各地，而为京、津等北方广大地区供应粮食的天津，则迅速发展成为其最大的国内市场[②]，表 5.6 为天津市场销售上海面粉的情形。

表 5.6　天津市场各类面粉实销数量表

单位：包

年份	总销量	上海粉销量比	上海粉占天津市场总销量的百分比（%）
1928	21738380	10151888	46.71
1929	29673744	12186956	41.07
1930	13567600	2977608	21.95
1931	20251940	8206256	40.52
1932	19269000	10531000	54.65
1933	23932000	12596000	52.63

资料来源：上海市粮食局等编《中国近代面粉工业》，中华书局 1987 年版，第 280 页。

上海的卷烟业，除势力强大的英美烟草公司，民族企业中要数简氏南洋兄弟烟草公司最为成功。自 1905 年在香港诞生后，简照南兄弟以不屈的毅力，历尽种种艰险，终于“一战”后在上海站稳脚跟。1918 年，资本扩大到 500 万元，总公司迁入上海。此后生产、销售日渐兴旺，先后在天津等地设立分店，形成以上海为中心的广阔销售网络[③]，南洋兄弟烟草公司天津市场销货额如表 5.7 所示。

① 熊月之、周武主编，尔冬强配图：《上海：一座现代化都市的编年史》，上海书店出版社 2007 年版，第 256，257 页。

② 朱仙洲：《天津粮食批发商业百年史》，见中国人民政治协商会议天津市委员会文史资料研究委员会编《天津文史资料选辑（第二十八辑）》，天津人民出版社 1984 年版，第 67～104 页。

③ 徐新吾、黄汉民主编：《上海近代工业史》，上海社会科学院出版社 1998 年版，第 143～145 页。

表5.7 南洋兄弟烟草公司天津分公司销货额表

单位：千元

年份	销售总额	天津分公司销货额	比重	年份	销售总额	天津分公司销货额	比重
1922	11243	932	8.29%	1930	6457	917	14.20%
1923	15670	1211	7.73%	1931	14452	777	5.38%
1924	12024	867	7.21%	1932	18372	1130	6.15%
1925	20200	1343	6.65%	1933	19555	1114	5.70%
1926	17052	1583	9.28%	1934	19227	723	3.76%
1927	20525	3055	14.89%	1935	22033	660	3.00%
1928	11033	1583	14.35%	1936	24107	784	3.25%
1929	8314	1086	13.06%				

资料来源：中国科学院上海经济研究所等编《南洋兄弟烟草公司史料》，上海人民出版社1960年版，第226～229页。

表注：1922年为5—12月销售总额。

橡胶制品在近代是一种新型商品。上海是我国橡胶工业的一个集中产区，其产品“主要不是销在上海，而是销往外埠”。据同业公会在抗战胜利后估算的材料，上海橡胶工业制品中，销于本市的只占9%，销往外埠的则占91%。① 外埠一些比较大的日用品批发商在上海设立办庄，用来采购部分橡胶产品，这其中就包括了天津、青岛、济南等几个大客帮。②

综上所述，进入20世纪后，无论是在埠际贸易、金融往来还是工业发展等方面，上海与天津之间的经济关系都出现了一些新的变化。埠际贸易方面，天津不再唯上海马首是瞻，逐渐增强了口岸的独立性；金融往来方

① 上海市工商行政管理局、上海市橡胶工业公司史料工作组编：《上海民族橡胶工业》，中华书局1979年版，第125页。

② 上海市工商行政管理局、上海市橡胶工业公司史料工作组编：《上海民族橡胶工业》，中华书局1979年版，第126，127页。

面，上海虽仍占据主导地位，但天津自身的金融实力也在迅速扩展，这在北洋时期体现得尤为明显；工业发展方面，上海的实力一枝独秀，天津与之相比差距较大，但原料和产品的互补一直存在且不容忽视。①

三、中国近代沿海口岸城市的发展轨迹

通过对沪津南北两个最大经济都市经济关系及其发展过程的分析，可以观察出中国近代沿海口岸城市的发展方向和基本轨迹。

具体而言，上海在开埠后的五六十年里，一直凭借其强势的外贸中转作用，通过包括天津在内的各个口岸间接地对全国施加影响。1912 年后，上海逐步调整了其经济发展的结构，由以贸易为先导的外延式经济转向贸易、金融、工业并重的内涵式经济。正如戴鞍钢指出的："第一次世界大战期间，上海的民族工业有了显著的发展，连同交通手段的多样化，在其城市经济的对外辐射力中，源于港口的作用力相对减弱，与前期相比，作为工业中心和金融中心的影响日渐鲜明。"② 这种经济发展模式的转变，并没有削弱上海的经济实力，反而奠定了其近代全国工商业中心的坚实地位，这在与天津的经济关系中也表露无遗。

表 5.8　1933 年上海等全国主要城市工业比较表

城市	厂数		工人数		资本		生产净值	
	实数	比重	实数	比重	实数（千元）	比重	实数（千元）	比重
上海	3485	36%	245948	53%	190870	60%	727726	66%
天津	1224	13%	34769	8%	24201	8%	74501	7%

① 根据《北宁铁路沿线经济调查报告》的记载，来自天津的部分纺织、毛织等原料，有较强的打入上海市场的能力。

② 戴鞍钢：《港口·城市·腹地——上海与长江流域经济关系的历史考察（1843—1913）·导言》，复旦大学出版社 1998 年版，第 5 页。

（续表）

城市	厂数		工人数		资本		生产净值	
	实数	比重	实数	比重	实数（千元）	比重	实数（千元）	比重
青岛	140	1%	9457	2%	17650	6%	27098	2%
北京	1171	12%	17928	4%	13029	4%	14181	1%
南京	687	7%	9853	2%	7486	2%	23438	2%
汉口	497	5%	24992	5%	8816	3%	26309	2%
广州	1104	11%	32131	7%	32131	10%	101569	9%
重庆	415	4%	12938	3%	7345	2%	10496	1%
西安	100	1%	1505	<0.05%	161	<0.05%	413	<0.05%
福州	366	4%	3853	1%	2612	1%	7773	1%
汕头	175	2%	4555	1%	2108	1%	4084	<0.05%
无锡	315	3%	63764	14%	14070	4%	77264	7%
合计	9679	100%	461693	100%	320479	100%	1094852	100%

资料来源：严中平等编《中国近代经济史统计资料选辑》，科学出版社 1955 年版，第 106 页。

相关研究表明，20 世纪 30 年代时，上海外贸总值仍占全国外贸总值的 40%—50%，即使失去了全国外贸中心的地位，上海依然是全国最大的外贸口岸，仍在天津的外贸活动中发挥着一定的作用。① 与此同时，上海近代工业发展一枝独秀，如表 5.8 所示，1933 年时，上海工业无论是工厂数、工人数、资本还是生产净值，都遥遥领先于全国其他主要工业城市。从行业角度衡量，20 世纪 30 年代时上海棉纺业产值占全国总量的 37.68%，棉织业占 49.94%，橡胶制造业占 84.88%，面粉业占 41.48%，

① 唐巧天：《中国近代外贸埠际转运史上的上海与天津（1866—1919）》，载《史林》2006 年第 1 期。

其余行业中，有相当一部分接近或超过50%①，供应天津的机器和产品销售至天津市场就彰显了上海在工业方面的强大力量。金融业的情况则更加明显，如果说北洋时期北京等地尚可与上海一争全国金融中心的话，那么到了20世纪30年代，上海作为全国金融中心地位的确立，则是无可争议了。据统计，上海的金融机构数量、业务门类、业务量、资本、库存现金、存放款额，皆为全国之冠。不仅如此，上海的汇率和金银市价还能影响整个远东地区，成为远东的金融中心之一。② 其中总行设在天津的银行在南京政府成立后纷纷南迁上海或是将营业重心南移，如表5.9就从一个侧面表明了上海在金融界的统治地位，如果再加上日后南迁的金城银行和大陆银行，津沪两地金融业的差距就越发明显了。

表5.9 1925年、1934年银行总行分布

总行所在地	行数		总行所在地	行数	
	1925年	1934年		1925年	1934年
上海	33	59	杭州	8	6
北平	23	2	广州	1	6
天津	14	10	其他	54	77
汉口	7	2	总计	141	170
重庆	1	8			

资料来源：吴承禧《中国的银行》，商务印书馆1935年版，第13页。

另一方面对天津而言，由于开埠相对较晚，贸易的初期发展一直笼罩在上海的光环之下。1912年后，随着口岸自主性的增强，赢得了贸易业的空前繁荣。与贸易发展并行不悖的，则是天津金融业与工业的迅速

① 陆兴龙：《20世纪30年代全国和上海工业发展水平分析》，见张东刚等主编《世界经济体制下的民国时期经济》，中国财政经济出版社2005年版，第135页。

② 熊月之主编：《上海通史》，上海人民出版社1999年版，第136页。

发展。北洋时期，以天津为根据地、北方为主要市场的“北四行”，是当时天津金融业最成功的范例。1927 年国民政府迁都南京后，由于业务的需要和政局的骤变，大量银行南迁上海，虽在很大程度上削减了天津的金融实力，但天津毕竟还是北方最大的金融中心。① 而20 世纪 30 年代时建立起的一套以生产日用消费品、投资效益较快的轻工业为主体的工业体系②，基本满足了当地日常生活需要，虽仍无法与上海工业相提并论，但仍时刻保持着发展态势，如天津之针织业，“其机器最先由日本输入，次由上海供给；今则创立制机厂，自行制造矣”③，可视为天津工业不断进步的标志。

总之，上海和天津作为中国近代南北经济联系的核心节点，在促进城市及其腹地经济发展的同时，也引领着中国近代沿海口岸城市的经济发展方向和基本轨迹，作为近代中国南北两大经济中心城市——上海与天津的经济关系由单一到全面、由艰涩到成熟的演化，无疑也在很大程度上代表了中国近代沿海口岸城市的基本发展轨迹。同时也从另一个侧面映衬出天津在近代中国经济发展中的显著地位和在北方地区的首要地位。

第二节　天津近代中国北方经济龙头地位的确立

一、天津发展为近代中国北方外向型经济的龙头

随着天津港进出口贸易的蓬勃发展，腹地农、副、牧业的外向化程度有了进一步的提高。到 20 世纪二三十年代，以天津为龙头的外向型经济体系逐步形成，这主要体现在 3 个方面。

---

① 樊如森：《天津——近代北方经济的龙头》，载《中国历史地理论丛》2006 年第 2 辑。

② 罗澍伟主编：《近代天津城市史》，中国社会科学出版社 1993 年版，第 507 页。

③ 方显廷编：《天津针织工业》，天津南开大学经济学院 1931 年版，第 79 页。

1. 天津港拥有北方最广阔的腹地

据第一章第五节可知，天津港拥有北方最大的进出口腹地，范围遍及华北、西北、蒙古的主要地区，以及相邻的东三省的边缘地带。而青岛、烟台两港20世纪30年代的腹地范围主要集中在山东省境内；大连、营口两港20世纪30年代的国内腹地范围主要局限在东三省和热河的部分地区。它们都比天津港的腹地范围要小得多，因而对北方广大地区经济外向化进程的整体影响，比天津港要小得多。

2. 天津是北方主要货物出口数值最多的港口

广阔腹地的存在，使天津港不仅成为北方，而且成为全国最大的皮毛、棉花、草帽辫、蛋产品、麻类等货物的出口基地①，从而在很大程度上带动了北方广大地区农、牧、副业外向型经济的蓬勃发展。

表5.10　1936年天津占全国及华北土特产出口贸易中的比重

比率：百分比

<table>
<tr><th>种类</th><th>全国</th><th>华北</th><th>天津/华北</th><th>种类</th><th>全国</th><th>华北</th><th>天津/华北</th></tr>
<tr><td>猪鬃</td><td>3.58</td><td>4.92</td><td>79.02</td><td>棉花</td><td>4.08</td><td>13.19</td><td>92.35</td></tr>
<tr><td>生皮货</td><td>3.16</td><td>4.56</td><td rowspan="3">91.83</td><td>麻类</td><td>0.47</td><td>1.76</td><td>99.89</td></tr>
<tr><td>熟皮货</td><td>0.92</td><td>2.62</td><td>亚麻子</td><td>0.54</td><td>1.99</td><td>99.99</td></tr>
<tr><td>皮革</td><td>1.67</td><td>1.14</td><td>羊毛类</td><td>3.01</td><td>9.66</td><td>94.87</td></tr>
<tr><td>花生</td><td>1.55</td><td>5.55</td><td>5.20</td><td>绒毡</td><td>0.72</td><td>2.21</td><td>99.97</td></tr>
<tr><td>花生油</td><td>1.56</td><td>5.55</td><td>1.24</td><td>蛋产品</td><td>5.36</td><td>8.22</td><td>81.70</td></tr>
<tr><td>烟叶</td><td>1.27</td><td>3.03</td><td>—</td><td>以上合计</td><td>27.89</td><td>64.40</td><td>71.18</td></tr>
</table>

资料来源：李洛之、聂汤谷编著《天津的经济地位》，经济部冀热察绥区特派员办公处、结束办事处驻津办事处1948年版，第38页。

① 樊如森：《天津——近代北方经济的龙头》，载《中国历史地理论丛》2006年第2辑。

表5.10表明，土特产贸易占华北对外出口总额的64.4%，天津一港即占华北主要土特产出口总额的71.18%。由此可见，时至抗日战争全面爆发前夕，天津在华北各港口中一港独大的地位，依然得以继续保持。

另据20世纪二三十年代的记载，中国北方草帽辫编制业最兴盛的地区，首推山东、直隶两省，次为山西、河南。而出口量最大的港口，就是天津。

3. 商品的进出口总值也极其巨大

与天津开埠的同时或稍后，烟台、营口、青岛、大连等地也相继开埠，它们共同参与并分割了北方的腹地和市场，形成了北方商品进出口的众多支点。然而，这并未从根本上动摇天津在北方经济外向化中的龙头地位。据统计，1904—1913年，天津港的进出口贸易额，始终占到以上五港贸易总额的三分之一以上，稳居各港之首。

二、天津逐步成为北方最大的近代工业和金融中心

随着开埠后天津政治地位的不断提高，清廷和民国政府在加强对天津社会控制的同时，也在军工、航运、工矿、电信、铁路等领域，对天津进行直接或间接的投资，从而启蒙和促进了天津近代工业的发展。与此同时，那些竭力促使天津开埠的外国人，则利用天津日益改善的投资环境，纷纷创建与商品进出口有关的轮船驳运业和羊毛打包业。19世纪80年代后，他们又在租界经营城市公用事业和小型轻工业，如印刷、煤气、自来水、卷烟等公司，但规模较小。

再到后来，一些官僚和军阀也纷纷投资天津的轻工业；其他民间资本投资也活跃起来。民国时期，天津的各类中外工业、企业获得了较快发展。据1928年天津社会局调查，在天津的中国城区，共有中国人开办的工厂2186家，资本总额3300余万元，其中制盐、碱、棉纱、面粉、火柴等17家大型工厂资本额合计为2900余万元，占资本总额的93.3%。另外，各国租界内还有中外工厂3000多家，从而共同构筑起天津以轻工业为主的

近代工业格局。①

据严中平等编《中国近代经济史统计资料选辑》的相关数据，天津在全国和北方主要工业城市中的地位如下：

表5.11　1933年、1947年北方四大工业城市在全国12个主要工业城市中的地位

城市			上海	天津	青岛	北京	西安	12城合计
厂数（家）	1933	实数	3485	1224	140	1171	100	9679
		%	36	13	1	12	1	100
	1947	实数	7738	1211	185	272	69	12899
		%	60	9	1	2	1	100
工人数（人）	1933	实数	245948	34769	9457	17928	1505	461693
		%	53	8	2	4	不及0.05	100
	1947	实数	367433	57658	28778	7833	5913	604297
		%	61	10	5	1	1	100
资本（千元）	1933	实数	190870	24201	17650	13029	161	320569
		%	60	8	6	4	不及0.05	100
生产净值（千元）	1933	实数	727726	74501	27098	14181	413	1094852
		%	66	7	2	1	不及0.05	100

资料来源：据严中平等编《中国近代经济史统计资料选辑》，科学出版社1955年版，表8“上海等十二个城市的工业”改绘。

表注：数据中不含外资工业和东北地区的工业。

据表5.11的统计数据，天津虽然与位居第一的上海有很大差距，但是和其他10个主要工业城市相比，在工厂数量、工人数量、资本总额和生产净值几项主要工业发展指标上，天津还是名列前茅的，可以说已稳居北方

① 罗澍伟主编：《近代天津城市史》，中国社会科学出版社1993年版，第418页。

第一、全国第二工业城市的地位。

然而表 5. 11 的数据是不完整的，因为它漏掉了在中国近代工业发展历程中，始终占据主导地位的外资工业、企业。这种情况，上海如此，天津如此，青岛等通商口岸城市也是如此。所以，要全面把握天津在全国以及北方近代工业、企业中的地位，就必须把民族资本和外国资本工业、企业全部叠加在一起。

表 5. 12　1937 年前天津在华北近代工业中所占的位置

资本单位：千元；比率单位：百分比

<table>
<tr><th colspan="3">工业类别及资本</th><th>天津</th><th>青岛</th><th>济南</th><th>北平</th><th>太原</th><th>其他</th><th>合计</th><th>占总额比</th></tr>
<tr><td rowspan="8">轻工业</td><td rowspan="2">纤维</td><td>资本</td><td>41053</td><td>111815</td><td>5406</td><td>600</td><td>1450</td><td>10054</td><td>170378</td><td rowspan="2">62. 12</td></tr>
<tr><td>比率</td><td>22. 92</td><td>60. 56</td><td colspan="4">16. 52</td><td>100. 00</td></tr>
<tr><td rowspan="2">农畜产品加工</td><td>资本</td><td>7250</td><td>6902</td><td>167</td><td>—</td><td>230</td><td>860</td><td>15409</td><td rowspan="2">5. 62</td></tr>
<tr><td>比率</td><td>47. 05</td><td>44. 79</td><td colspan="4">8. 16</td><td>100. 00</td></tr>
<tr><td rowspan="2">食粮品</td><td>资本</td><td>4195</td><td>5215</td><td>3532</td><td>200</td><td>1050</td><td>4692</td><td>18884</td><td rowspan="2">6. 89</td></tr>
<tr><td>比率</td><td>22. 21</td><td>27. 61</td><td>18. 60</td><td colspan="2">6. 63</td><td>24. 95</td><td>100. 00</td></tr>
<tr><td rowspan="2">日用品</td><td>资本</td><td>11616</td><td>9397</td><td>1901</td><td>270</td><td>1140</td><td>1457</td><td>25781</td><td rowspan="2">9. 40</td></tr>
<tr><td>比率</td><td>45. 25</td><td>36. 45</td><td colspan="4">18. 30</td><td>100. 00</td></tr>
<tr><td rowspan="6">重工业</td><td rowspan="2">机械金属</td><td>资本</td><td>1320</td><td>432</td><td>402</td><td>631</td><td>5000</td><td>548</td><td>8333</td><td rowspan="2">3. 04</td></tr>
<tr><td>比率</td><td>16. 02</td><td colspan="3">23. 29</td><td colspan="2">60. 69</td><td>100. 00</td></tr>
<tr><td rowspan="2">化学</td><td>资本</td><td>12136</td><td>1550</td><td>355</td><td>—</td><td>477</td><td>770</td><td>15288</td><td rowspan="2">5. 57</td></tr>
<tr><td>比率</td><td>79. 38</td><td>10. 14</td><td colspan="4">10. 48</td><td>100. 00</td></tr>
<tr><td rowspan="2">窑业</td><td>资本</td><td>17681</td><td>1000</td><td>518</td><td>40</td><td>630</td><td>269</td><td>20138</td><td rowspan="2">7. 34</td></tr>
<tr><td>比率</td><td>87. 93</td><td>4. 97</td><td colspan="4">7. 10</td><td>100. 00</td></tr>
<tr><td colspan="2" rowspan="2">各项合计</td><td>资本</td><td>95251</td><td>136311</td><td>12281</td><td>1741</td><td>9977</td><td>18650</td><td>274211</td><td rowspan="2">100. 00</td></tr>
<tr><td>比率</td><td>34. 74</td><td>49. 71</td><td>4. 48</td><td>0. 63</td><td>3. 64</td><td>6. 80</td><td>100. 00</td></tr>
</table>

（续表）

工业类别及资本			天津	青岛	济南	北平	太原	其他	合计	占总额比
轻重比较	轻工业	资本	64114	133329	11006	1070	3870	17063	230452	
		比率	67.31	97.81	89.61	61.46	38.79	91.49	84.04	
	重工业	资本	31137	2982	1275	671	6107	1587	43759	
		比率	32.69	2.19	10.39	38.54	61.21	8.51	15.96	

资料来源：李洛之、聂汤谷编著《天津的经济地位》，经济部冀热察绥区特派员办公处、结束办事处驻津办事处1948年版，第91页。

表注：1. 农畜产品加工业包括皮革、榨油、鸡蛋加工、骨粉及捆包等工业。2. 食粮品工业包括面粉、淀粉、造冰、酿造、罐头工业。3. 日用品工业包括造纸、橡皮、火柴、烟、肥皂、制材、木制品等工业。4. 化学工业包括精盐、制碱、硫酸、硝酸、氧气、染料、油漆等工业。5. 窑业包括洋灰、陶瓷器、砖瓦工业。6. 机器金属工业包括炼铁、金属器具、机械器具、珐琅铁器、铁路附属工厂等工业。

从加入了外资工业数据的表5.12中，可以清晰发现，直到抗日战争全面爆发之前，华北最大的工业城市实际上还是日资棉纺织业集中的青岛，它在华北近代工业中占据了50%的份额；天津依然屈居第二，它在华北工业资本中的比重仅为35%。当然，在除食品加工业的其他工业领域，尤其是重工业领域，天津的优势还是明显存在着。天津的重工业比重为32.69%，青岛却仅有2.19%，反映出青岛工业发展基础的重心不稳。所以说，“按照事变前的情形，天津虽然与上海、青岛成为中国的巨大工业都市，但是与青岛还有相当程度的距离，与上海更是相差的不成比例。天津是经过事变后八年间的飞跃的扩大与强化，才能够凌驾青岛，而取得与上海对抗的地位”①。

至1937年，日本对中国的资本投资总额“已经超过英国”②；此后，

① 李洛之、聂汤谷编著：《天津的经济地位》，经济部冀热察绥区特派员办公处、结束办事处驻津办事处1948年版，第92页。

② 李洛之、聂汤谷编著：《天津的经济地位》，经济部冀热察绥区特派员办公处、结束办事处驻津办事处1948年版，第129页。

日本对华投资更是占据了绝对优势。

表5.13　1936年、1938年日本对中国四大都市的投资额度

资本单位：100万日元

城市	1936	占总额比率%	1938	占总额比率%	增加额	增加比率%
天津	80	8	410	24	330	413
上海	500	50	600	35	100	20
青岛	200	20	225	12	25	13
北平	15	1.5	100	5	85	567
全国	993	100	1709	100	715	72

资料来源：李洛之、聂汤谷编著《天津的经济地位》，经济部冀热察绥区特派员办公处、结束办事处驻津办事处1948年版，第91页。

表5.13的数据显示，1936年的时候，青岛是仅次于上海的日本重要资本投资地，额度达2亿日元，居华北第一。但是，"因为事变，该地的纺织业（占青岛投资总额的一半）遭受毁灭的打击，其后恢复工作迟迟；而日本对于天津的经济侵入加紧进行，至1927年天津遂超过了青岛，与上海站在并行的地位了"①。

如前所述，在近代金融业的发展方面，华北有天津和北平两个金融中心城市。可是在天津和北平二者之间，到底哪个城市的近代金融实力更强，或者说谁对北方工商业发展的支撑力度更大呢？在近代金融方面，据1936年的《中国经济年鉴》统计，在全国银行总行159行中，上海有总行60行（37.7%），位居全国首位；华北有15行（9.4%），其中"以河北省的9行（5.7%）为最多，其中8行（5.0%）在天津。连分行计算在内，全国总数为1347行，华北占264行（19.6%），其中河北

① 李洛之、聂汤谷编著：《天津的经济地位》，经济部冀热察绥区特派员办公处、结束办事处驻津办事处1948年版，第271页。

省最多，161 行（11.9%），天津所占 62 行（4.6%）是华北各都市中的首位”；上海的总分行共计 188 行（14.0%），自然超过天津而位居全国第一；但同时，天津也超过北平位居华北第一。在传统金融方面，全国共有银号（钱庄）1269 家，其中华北占 235 家（18.5%）；华北当中，河北省占 99 家（7.8%），天津占 51 家（4.0%）。天津依然超过北平，位居华北第一。①

三、天津成为近代北方广大地区的经济中心

罗澍伟先生等依据天津工业、金融和商业的发展状况，得出这样的结论：到 20 世纪 20 年代，天津已经形成了“以轻工业和出口加工业为主的工业体系，基本改变了传统天津仅仅是商业和手工业繁荣的商品集散转运中心的面貌，改变了传统城市以政治职能为主经济职能为辅的格局，使天津成为以工业为基础，金融业和商业发达的具有先进的交通通讯的近代开放型城市”②，成为仅次于上海的中国第二大工商业都会。

随着天津经济的发展、城区的扩大、功能的完善，反映天津经济发展重要指标的人口，也有了迅速增加。其城市人口“由 1840 年（道光二十年）的不及 20 万人，增加到 1936 年的 125 万余人，若将城郊四乡人口计算在内，达 150 余万人之多，一跃成为全国第二大城市”③。

这里根本无须在城市人口总数上去跟北京争什么全国第二还是第三。因为在 1928 年民国政府定都南京以前，中国的首都就一直在北京，作为全国的政治和文化中心，其城市人口数量巨大是理所当然的事情。需要明确指出的是，在 1912—1928 年，天津的人口增长率，不仅远远高于全国水

---

① 李洛之、聂汤谷编著：《天津的经济地位》，经济部冀热察绥区特派员办公处、结束办事处驻津办事处 1948 年版，第 117 页。

② 罗澍伟主编：《近代天津城市史》，中国社会科学出版社 1993 年版，第 433 页。

③ 罗澍伟主编：《近代天津城市史》，中国社会科学出版社 1993 年版，第 457 页。

平，而且远远高于周围的北京市和河北省。①

也就是说，尽管由于以前的人口基数大，北京的城市人口数量略高于天津，但是，天津的人口增长速度之快，是北京所不能相比的。这就说明，进入近代特别是民国时期以后，天津的城市建设和经济发展，有了更加快速的进步，这充分展示了天津的经济优势和对北方区域经济的带动能力。李洛之、聂汤谷认为："七七事变以前，天津的贸易额仅次于上海。"②张其昀在论述全国经济地理格局时，列天津为全国六大经济都会之一，其中北方两个，即天津和大连，但大连人口只有天津的一半不到，腹地范围远不及天津，在北方的地位仍远逊于天津。加上大连当时在日本的控制下，被定位为国际自由贸易港，中转贸易相对发达，主要贸易地区是日本、朝鲜，与中国本部的经济联系主要集中在东北地区③，因而在中国北方的影响远不及天津。

张其昀指出："天津当河北五大河会流之点，贸易区域北至内外蒙古，西连山西、陕西、甘肃、新疆，南及河南、山东之北部，范围之大，除上海外，殆无其匹。人口七十五万，与武汉埒。天津为北方棉花集散地，加以接近开滦，煤炭丰富，纺织业极有希望。中国羊毛十分之九，由天津出口。"④ 总之，近代北方广大地区经济中心的地位，非天津莫属。

第三节　从京津关系演变看天津经济中心地位的名与实

2005年新年伊始，国务院常务会议就讨论并原则通过《北京城市总体

① 罗澍伟主编：《近代天津城市史》，中国社会科学出版社1993年版，第456页。

② 李洛之、聂汤谷编著：《天津的经济地位》，经济部冀热察绥区特派员办公处、结束办事处驻津办事处1948年版，第2页。

③ 姚永超：《大连港腹地核心地域结构演变的研究（1907—1931）》，复旦大学2004年硕士学位论文。

④ 张其昀：《中国地理大纲》，商务印书馆1930年版，第52页。

规划（2004年—2020年）》，明确指出要把北京建成“国家首都、国际城市、文化名城、宜居城市”，不再强调其“经济中心”职能。2006年3月22日，国务院常务会议又审议并原则通过了《天津市城市总体规划（2005年—2020年）》，强调指出，要突出天津的发展特色和比较优势，进一步推进滨海新区的开发、开放，增强和完善滨海新区为区域服务的综合功能，充分发挥天津在环渤海区域的服务、辐射和带动作用，努力把天津市建设成为国际港口城市、北方经济中心和生态城市。

这既是一种基于历史的回归，也是北方经济发展的必然。因为长期以来，北方的经济中心就是天津而不是北京。

一、以天津为中心是北方经济发展的必然

1. 从北京的门户到华北的商业中心

今天的北京，很早就是北方农耕区与游牧区交错带上的军事堡垒和地方政权的政治中心。而自元代开始，它又成了全国大一统政权的首都。

然而，北京之所以成为都城，主要在于其军事位置的极端重要；若就经济上的合理性来讲，实在是微乎其微。这是因为，受周围自然条件的限制，它在作为区域性政治中心的时候，经济上就没有完全自给过；成为制驭全国的统治中枢以后，其经济上的缺口就更大了。所以，自元代以降，历届中央政府无不把保障首都的物资供应，特别是解决人数众多的官员、兵丁和市民的粮食，当作压倒一切的重大经济问题之一。其主要的解决办法，就是开挖运河和开辟沿海航线，把南方的粮食大量地漕运到京城。

这样，处在漕粮河运和海运中枢位置的今天津地区，其交通和军事地位也就变得日益重要起来。其具体体现是，金、元两朝相继设置了直沽寨、海津镇；明政府在这里置建了天津三卫；清政府先是将天津三卫合一，又将天津卫升置为天津州和直隶州，并于1731年升之为天津府，辖天津、静海、青县、南皮、盐山、庆云、沧州等六县一州，从而使天津成为北京军事上的门户、经济上的漕粮转运枢纽和渔盐供给地、政治上的近畿

“首邑”。到清代中期，天津已经成为“华北最大的商业中心和港口城市”① 了。

2. 从北方的洋务中心到经济中心

根据1860年中英两国政府签署的《北京条约》，天津成为继牛庄（营口）、登州（烟台）之后的北方第三个通商口岸。自1860年12月起，英、法、美、俄、德、日、意、比、奥等九国列强，先后在天津建立了本国的租界和领事馆，使天津成为中国近代史上设立租界国别最多的通商口岸。

为了适应中外关系变化的新形势，1861年，清政府任命崇厚为办理北方三个口岸通商和涉外事务的“三口通商大臣”，到天津就职。同时，为增强其实际控制权力，将原长芦巡盐御史裁撤，盐务、经费及衙署皆归三口通商大臣统领。所有三口洋务的处置，随时知照在京的总理衙门。1870年11月，清政府任命李鸿章为直隶总督兼北洋大臣，同时接管原“三口通商大臣”的职权，常年驻守天津，不再回保定办公。这样，握有清政府重要实权的李鸿章，便以天津为基地，积极筹划各项洋务事宜，从而使天津成为北方的洋务中心。袁世凯继任以后，又对天津的各项近代事业着力筹划和经营，进一步巩固了天津的地位。

经济方面，开埠以后的天津，利用广阔的国内外市场和优越的经济运行环境，大力发展进出口业和近代工商业。如本章第二节撰述，到20世纪二三十年代，天津已经发展成为北方的经济中心。具体表现在：第一，天津是近代北方最大的对外贸易中心。第二，天津是近代北方最大的工业中心。第三，天津是近代北方最大的金融中心。第四，天津是近代北方城市人口增长最快的都市。第五，天津是近代北方综合经济实力和辐射能力最强的经济中心。

到20世纪二三十年代，天津已经形成了以轻工业和出口加工业为主的工业体系，基本上改变了传统天津仅仅是商业和手工业繁荣的商品集散转

① 许檀：《清代前期的沿海贸易与天津城市的崛起》，载《城市史研究》1997年第13—14辑。

运中心的面貌，改变了传统城市以政治职能为主、经济职能为辅的格局，使天津成为以工业为基础，金融业和商业发达的具有先进的交通通信的近代开放型城市，成为仅次于上海的中国第二大工商业都会。在天津的经济辐射与带动之下，华北、西北和东北的广大地区，在农业、畜牧业、工业、商业、交通运输业等方面的现代化和外向化水平，都有了前所未有的进步，从而大大提高了北方地区的整体经济实力，改变了自唐宋以后，北方在全国经济地位不断下降的趋势，使这里重新成为全国经济发展水平最高的地区之一。可以说，近代的天津，确实是近代北方经济发展的称职的好龙头。

与此同时，北京却依然是北方最大的消费城市。其经济上除商业比较发达外，工业上的建树，主要是传统的手工艺品和日用小商品的加工制作，现代化的工业方面却极其有限，如规模比较大的石景山钢铁厂，实际上是有铁无钢；清河制呢厂年产量也不过 7000 米；就连普通的牙膏、香皂、钉子，也要靠天津等地供应。① 因此，包括北京在内的北方广大地区，事实上都是天津对外贸易和近代工业的经济腹地。

换句话说，进入近代特别是民国时期以后，“首都北京的辅助城市”一词，已远远不能定位和涵盖天津的重要地位和发展实际了。

二、1957 年后北京对天津经济地位的巨大冲击

新中国成立初期，天津经济依然保持了快速的发展。据统计，“到 1957 年，天津工业总产值达 37.94 亿元，比 1949 年增长 4.8 倍，平均每年递增 24.6%，高于全国递增 22.37% 的速度”；农业和对外贸易的发展也非常快，“经济发展速度超过了全国、上海，经济效益稳步增长，这就使天津在全国的经济地位有了明显的提高”②。然而，1958 年以后，我国的经济管理体制发生了很大的变化，天津在北方原有的经济中心地位遂受到了

① 北京市社会科学院编：《今日北京》，北京燕山出版社 1986 年版，第 139 页。

② 谷书堂主编：《天津经济概况》，天津人民出版社 1984 年版，第 19～20 页。

来自北京等地的巨大冲击。

自20世纪50年代中后期开始，北京借助其政治中心的优势，在中央政府的大力支持下，打出变消费城市为生产城市的旗号，大力发展近代工业。到20世纪60年代，北京就“由消费性城市转变为生产性城市，20世纪80年代已初步实现了工业化。在全国统一划分的164个工业门类中，北京已有140个门类，形成了以冶金、化工、汽车、电子、机械、建材、轻工、纺织8大行业为主，各行业比较齐全的工业结构”；理由是“从国际上看，伦敦、巴黎、东京，包括莫斯科等城市，无不以先进的工业为依托。如果工业上不去，北京断难顺利步入知识经济的发展轨道”①。

那么，北京取代天津成为华北最大的工业城市之后，带来了哪些客观结果呢？

从经济效益上看，“当前，北京代表工业化中后期水平的高加工度和高附加值的工业发展相对缓慢，工业增值率位居全国中下等水平，一些重要产品的市场竞争力不断下降，有些甚至已经被挤出市场。由于产业结构问题较多，致使工业经济效益水平较低。1997年首都工业经济效益综合指数为90.9，低于全国91.28的平均水平。经过努力，虽然2001年全市工业企业效益综合指数达到了118.98，但仍有待于进一步提高”②。

从生态效益上看，“据分析，北京已经成为世界七大污染城市之一。虽然汽车尾气污染是重要原因之一，但更主要的是受产业结构重型化耗能大的影响，大气污染的主要来源是重化工业排放的有害气体。目前北京的燃料结构中仍以燃煤为主，工业用煤占能源消耗总量的75%，而且75%的煤炭消费又集中在6%的市区，空气中的悬浮颗粒物和二氧化碳是世界大城市平均水平的4~5倍。同时，工业运输量占北京铁路运输总量的1/3，不仅造成空气污染，而且加剧了城市运输能力的紧张状况，造成环境噪声

① 文魁主编：《首都经济研究报告》，首都经济贸易大学出版社2002年版，第12页。

② 文魁主编：《首都经济研究报告》，首都经济贸易大学出版社2002年版，第112页。

污染。此外，工业废水仍是水污染的最主要原因，工业固体废弃物及垃圾造成固体废弃物污染”①。

从理论意义上说，作为政治中心的北京，适当发展一些工业，转变单一消费城市的性质，是有其一定的必要性的。但是，如果过多地发展并没有多少合理性的重工业，以致同老化工基地天津、老重工业基地唐山争原料、争水源、争动力、争市场，就不仅会直接造成人力、物力、财力的巨额浪费和环境污染，也会限制北京政治、文化等职能的正常、有效发挥。②

从对华北经济的辐射效果上讲，“京津地区地处要冲，物产丰富，本来是极有条件成为一个重要的经济中心的，但这么多年下来，京津并未成为华北地区经济发展的领头雁。不仅如此，曾经是华北经济中心的天津还更加衰落了，而怀抱京津两大直辖市的河北不仅没能沾光，反而到了不堪重负的地步。整个华北地区，北京看起来一枝独秀，而天津、石家庄等中心城市地位日渐式微，出现了灯下黑的现象。其实，岂止天津、石家庄这样的城市，北京同样也是不堪重负。……北京过分发展工业也让整个华北吞下苦果。放眼华北，我们几乎看不到像珠三角、长三角那样发达的城市群和完整的产业链，只要比较一下北京郊区和广州、深圳以及上海郊区，我们就能得出这样的结论，北京消耗了华北平原大量的资源，不仅没有给华北平原带来富裕，相反，把生态环境恶化留给了他们”③。

显而易见，只有北京一地争做经济中心，既不能促进其自身的良性发展，也无助于带动北方广大地区的经济现代化建设。长此以往，既不符合市场经济规律，也不符合整个国家和全体人民的根本利益。

---

① 文魁主编：《首都经济研究报告》，首都经济贸易大学出版社2002年版，第69页。

② 王玲：《北京与周围城市关系史》，北京燕山出版社1988年版，第268～269页。

③ 青岛新闻网：《改变自身发展拖累周边省市北京不做经济中心》，http://www.qingdaonews.com/content/2006-01/17/content_5901746.htm。

三、正确处理政治中心、经济中心与环渤海港口城市之间的关系

1. 正确处理政治中心和经济中心之间的关系

毋庸讳言，受计划经济体制的影响，目前，在北方的经济发展领域，确实存在着一个非常现实、敏感而又必须妥善处理的问题，即如何正确处理政治中心和经济中心在引领北方经济发展过程中所扮演的角色与彼此关系。像北京与天津、沈阳与大连、济南和青岛等。

从现代物流的实际情况来看，海运依然是世界市场上最主要，也是最经济的运输渠道，因此，无论是发展对外贸易也好，还是发展现代工业也好，无不把目光盯在海上运输比较便利的沿海港口城市。发展临海产业带和临港产业，不仅是世界各国的基本做法，也是中国工业化和城市化发展的客观需求。①

作为中国经济最具活力地区之一的环渤海经济区，应当在尊重历史、现实和经济规律的前提下，大力改革计划经济条件下所形成的不利于调动北方各城市经济积极性的做法，充分发挥市场在资源配置中的主导作用，恰当定位各城市的功能，充分发挥沿海港口在北方经济现代化中的支点和桥梁作用，积极发展临海型产业，真正把环渤海地区建设成以天津、大连、青岛三个港口城市为龙头，以天津为主中心，青岛和大连为副中心的环渤海经济圈，建设成中国现代化经济快速发展的新的“增长极”。

关于北京的定位，就是坚持国家首都、国际城市、文化名城、宜居城市，努力提高城市建设和管理水平。

事实上，从国际上看，不做经济中心丝毫不会影响首都作用的正常发挥，如美国的首都华盛顿、加拿大的首都渥太华、澳大利亚的首都堪培拉、巴西的首都巴西利亚，都是政治中心而不是经济中心。北京争做经济

① 茅伯科：《中国现代化进程中港口—腹地关系演变的新趋势》，见复旦大学历史地理研究中心主编《港口—腹地和中国现代化进程学术研讨会论文集》，2004 年未刊稿。

中心，从理论上和实践上，都没有完全过硬的理由。

2. 努力协调环渤海港口城市之间的关系

从近代以来北方经济发展的历史地理实际来看，环渤海港口城市的辐射与带动作用，是北方经济崛起的关键。而从国际物流和世界经济的发展趋势来看，要进一步加快北方的经济建设，也必须充分发挥环渤海港口城市的龙头作用。不过，由于目前所面临的是一个充分竞争的市场经济时代，环渤海港口城市之间为了各自的生存和发展，也有无可回避的相互关系处理问题。

从前述环渤海地区的港口发展历程中，可以看出这样一条轨迹，即开埠以前，环渤海地区虽然存在着数十个港口，但是受技术水平等方面的制约，都属于自然形成的港口，各自辐射一块狭小的沿海腹地，彼此之间也没有明显的竞争关系。1860 年以后，天津、营口、烟台成为环渤海地区对外开放的仅有的三个通商口岸，故而能够从众多港口中明显胜出，可称这一时期为“北洋三口时代”，其中，天津的优势最为显著。1910 年前后，环渤海地区的港口形势发生了新的变化，除天津继续快速发展，营口和烟台分别被后来开埠的大连和青岛赶上并超越，从而进入了“环渤海三中心时代”，就比较优势而言，天津为中心，大连、青岛为两翼。1950 年以后，国家实行了强有力的计划经济政策，各地都强调要建立独立完整的国民经济体系，政治中心争做经济中心，环渤海的大小港口也在地方政府支持下快速崛起，从而使环渤海地区的港口格局中出现了新的群雄并起局面。

资料显示，至 2006 年，环渤海地区的各类规模港口已增加到了 39 个，仅渤海湾西岸 640 公里的海岸线上，从北到南就依次分布着秦皇岛、京唐、天津、黄骅四大港口，其中京唐港有可以停靠 25 万吨至 30 万吨巨轮的曹妃甸港。此外，来自天津、大连、青岛三大港口城市之间的竞争更加激烈。各港口之间的竞争大于合作，造成了港口设施大量闲置和资源浪费。

据《第一财经日报》2006 年 4 月的一篇报道，尽管当时温家宝总理在《政府工作报告》中，已明确将天津滨海新区的开发建设由地区发展战略上升为国家发展战略。但对于谁来当龙头的问题，环渤海经济圈的各个省市都有自己的盘算，并不认同天津滨海新区发挥的独一无二作用。山东的半岛城市群，尤其是青岛、烟台、威海地区将是其有力的竞争者。山东省发改委相关人士告诉《第一财经日报》记者："现在，中国公认有两个经济增长极，分别是长江三角洲和珠江三角洲。山东规划半岛城市群，虽然慎提争取'第三极'，但是其实目标是很明确的。"而 2005 年 4 月公布的《山东半岛城市群区域发展规划》则明确提出，要将半岛城市群打造成为"环黄海经济圈重要的国际化都市群和面向日韩的现代化制造业基地，形成带动全省、服务黄河流域的龙头区域，和继长江三角洲、珠江三角洲之后全国开放程度最大、发展活力最强、最具核心竞争力的经济增长极"①。

从学术规范上讲，有关北方经济中心问题论述的目的，决不应该局限在某一具体城市的狭隘私利上，而要着眼于北方广大地区经济优势的最大限度发挥和有限资源的最优配置上。所以，北方经济的中心应该建在什么地方，只有交给北方经济发展的客观历史实践进行检验。

站在历史地理学长时段、广域场的实证研究基础上，从中华人民共和国建立前的重大历史关口来衡量，中国北方的经济中心自然就是港口城市天津。其作为中心城市的经济功能，应该体现在 5 个层面的"中心地"建设上："由我国内地运来，当作对外出口的物资：兽毛制品、棉花、油脂、粮食的集中地；由外国进口物资，往内地的售销中心地；以东北为中心的对本部交易的转运地；工业制品的往华北②各地及东北一部分的供给地；仍然为华北工商业、贸易、金融、海陆、内河交通中心地。"③

---

① 《龙头之争 山东青岛叫板天津滨海》，载《第一财经日报》2006 年 4 月 27 日。

② "华北 = 新黄河以北的河南省、山东省内、长城线以南的山西省、陕西省、甘肃省。"李洛之、聂汤谷编著：《天津的经济地位》，经济部冀热察绥区特派员办公处、结束办事处驻津办事处 1948 年版，第 269 页。

③ 李洛之、聂汤谷编著：《天津的经济地位》，经济部冀热察绥区特派员办公处、结束办事处驻津办事处 1948 年版，第 363 页。

四、从“京津冀协同发展”到“雄安新区”建设

1. 京津冀协同发展战略

协同学（synergetics）是20世纪70年代由德国学者赫尔曼·哈肯（Harmann Haken）首创的交叉学科，它研究开放系统如何通过内部要素或子系统间的协同作用，形成高效有序的空间结构、时间结构或功能结构。其实践意义在于，讨论区域内部地域单元和经济要素之间，怎样通过商品和生产要素的自由流动与优化组合，整合成复杂有序的统一市场和经济系统的。目前，世界上区域协同发展的成功案例，要数以伦敦、巴黎、东京、芝加哥、纽约、上海为核心的六大城市群建设。① 其主要议题，包括区域经济发展差异的协调、产业跨区域转移、产业集群的形成发展、区域经济要素协同发展的内在机理和运行机制等。

随着改革开放进程的推进，协同理论也逐渐引入对中国区域经济发展模式的探索。国内较有影响的区域经济协同实践，除以上海为中心的长三角、以港深为中心的珠三角，就是被定位为国家战略的京津冀协同发展区了。之所以将它上升到国家战略的高度，除了首都所在地独特的政治地理区位，还与其内部经济发展的潜在优势与现实困境密不可分。一方面，它坐拥今天两大直辖市和原直隶省辖区，虽然面积仅为全国的1.9%，但人口占了全国的8%，创造的国内生产总值更占到全国的11.1%，是中国最具潜力的经济增长极之一。另一方面，该区域面临的困境又制约了经济的健康发展：第一，区域内部经济社会发展的差距很大，既有全国最先进的典范，也有最落后的典型，河北省与京、津两市在人均GDP、城乡居民可支配收入的绝对差额方面都在扩大，基础设施和公共服务的差距更为明显；第二，三地之间的技术、资本、人才、产业等资源要素配置关联度不高，两大都市对周边带动作用不明显；第三，三地产业结构高度雷同，都

① 刘敏、王海平：《京津冀协同发展体制机制研究——基于世界六大城市群的经验借鉴》，载《现代管理科学》2014年第12期。

不把本地产业发展放在互补互赢格局之中，恶性竞争明显；第四，资源环境问题突出，产业配置跟环境不和谐，仅北京就聚集了大量钢铁、平板玻璃、水泥、化纤、烧碱、小五金、规模养殖等高污染企业。① 这些困境的突破，均需要通过区域内部经济要素的协同发展来解决。

笔者认为，包括区域经济协作在内的绝大多数事物，都有其深刻而绵长的历史经济地理轨迹；京津冀今天经济协同发展问题的源头，最晚也应肇始于中国口岸开放和全球市场一体化的近代时期。为此，有必要对自近代以来的华北和环渤海经济现代化进程进行深入、细致、系统的探索，以找到京津冀经济协同发展的核心所在——经济要素的时空结构与运行机制，再进行更加系统、科学的量化剖析，为相关领域的学术研究和建设实践提供历史基础和数据支撑。任何简单、片面和流于形式的做法，都不会取得真正的实效。

2. 雄安新区建设

2017 年 4 月 1 日，中共中央、国务院印发通知，决定设立河北雄安新区。这是以习近平同志为核心的党中央做出的一项重大的历史性战略选择，是继深圳经济特区和上海浦东新区之后又一具有全国意义的新区，是千年大计、国家大事。雄安新区规划范围涉及河北省雄县、容城、安新 3 县及周边部分区域，地处北京、天津、保定腹地，区位优势明显、交通便捷通畅，生态环境优良，资源环境承载能力较强，现有开发程度较低，发展空间充裕，具备高起点高标准开发建设的基本条件。雄安新区规划建设以特定区域为起步区先行开发，起步区面积约 100 平方公里，中期发展区面积约 200 平方公里，远期控制区面积约 2000 平方公里。设立雄安新区，是以习近平同志为核心的党中央深入推进京津冀协同发展做出的一项重大决策部署，对于集中疏解北京非首都功能，探索人口经济密集地区优化开发新模式，调整优化京津冀城市布局和空间结构，培育创新驱动发展新引

① 马晓河：《从国家战略层面推进京津冀一体化发展》，载《国家行政学院学报》2014 年第 4 期。

擎，具有重大现实意义和深远历史意义。

习近平指出，规划建设雄安新区要突出七个方面的重点任务：一是建设绿色智慧新城，建成国际一流、绿色、现代、智慧城市。二是打造优美生态环境，构建蓝绿交织、清新明亮、水城共融的生态城市。三是发展高端高新产业，积极吸纳和集聚创新要素资源，培育新动能。四是提供优质公共服务，建设优质公共设施，创建城市管理新样板。五是构建快捷高效交通网，打造绿色交通体系。六是推进体制机制改革，发挥市场在资源配置中的决定性作用和更好发挥政府作用，激发市场活力。七是扩大全方位对外开放，打造扩大开放新高地和对外合作新平台。①

在笔者看来，无论是“京津冀协同发展”还是“雄安新区建设”，以及近年来的环渤海经济圈建设等举措，都是一脉相承的。都是党和国家立足历史和现实，为了解决北方区域经济和环境发展欠账，更好发挥北京的首都功能而不是非首都功能，更好地发挥天津的北方区域经济中心功能而不是北京配角功能，真正理顺政治中心与经济中心的关系，保障北方经济持续健康发展，建设资源节约型和环境友好型社会的长远大计，而非局限于一城一地一时的权宜之计。

为此，就要本着实事求是的态度，从北方区域经济发展的历史脉络中找出造成各类经济和环境问题的深层原因，科学决策，对症下药，责任到位。北京要发挥正常的首都功能，真正为全国人民而不仅仅是为本地居民服好务。天津等地也应该本着对历史、现实、区域负责的态度，充分挖掘自身的特色和优势，勇于担当，而不能一味地怨天尤人，得过且过。

记得2016年10月25日，笔者参加完“‘多维视野下的城市与乡村’暨城市史研究高端论坛”后，到天津市图书馆查阅资料。其间有媒体采访当地某学者，内容正好是天津城市的功能定位问题。那位专家开宗明义地说：“天津要甘当北京的配角，要千方百计地为首都服好务！”出于阅览环

① 习近平：《规划建设雄安新区要坚持生态优先、绿色发展》，载《建筑节能》2017年第4期。

境和必要礼貌，笔者不便插言；但内心对其说法深不以为然，甚至还感到阵阵悲凉：如果这位专家的观点就是天津市民的观点，如果这家媒体的导向就是天津市政府的导向，那么，天津重塑北方经济中心之一的梦想，将永远只是镜花水月！

笔者赞赏国务院副总理韩正 2018 年 6 月 19 日在天津市调研京津冀协同发展工作时提出的意见，即天津要“紧紧围绕有序疏解北京非首都功能这一核心任务，立足比较优势，把握好‘一基地三区’功能定位，更好发挥高端引领和辐射带动作用，在推动京津冀协同发展中作出更大贡献。滨海新区发展基础雄厚、条件优越，要在有序疏解北京非首都功能中发挥独特作用，积极承接符合国家发展需要和有竞争力的产业转移，着力打造全国先进制造研发基地及其生产性服务业集聚区。天津港是京津冀重要出海港口，要瞄准国际一流水准，进一步降费提效，降低进出口企业成本，打造具有国际竞争力的优良港口。天津自贸试验区要找准定位，勇于先行先试，形成更多可复制可推广的经验”。①

① 新华社：《韩正在天津调研》，中华人民共和国中央人民政府网，www. gov. cn/guo wuguan/2018 －06/20/content －5300023. htm。

附录 A 征引文献目录

一、文献档案

〔南朝宋〕范晔撰，〔唐〕李贤等注：《后汉书》，中华书局 1965 年版。

〔宋〕欧阳修、宋祁撰：《新唐书》，中华书局 1975 年版。

〔清〕薛柱斗修，〔清〕高必大纂：《天津卫志》，康熙十四年刻本。

〔清〕李梅宾、程凤文修，〔清〕吴廷华、汪沆纂：《天津府志》，乾隆四年刻本。

〔清〕陈锡辂等修，〔清〕查岐昌纂：《归德府志》，光绪十九年据乾隆十九年重刻本。

〔清〕周尚质修，〔清〕李登明纂：《曹州府志》，乾隆二十一年刻本。

〔清〕郑大进纂修：《正定府志》，乾隆二十七年刻本。

〔清〕汪灏修，〔清〕钟麟书纂：《续耀州志》，乾隆二十七年刻本。

〔清〕傅恒等修，〔清〕褚廷璋等纂：《钦定皇舆西域图志》，乾隆四十七年增修。

〔清〕周大儒纂修：《虞乡县志》，乾隆五十四年刻本。

〔清〕佚名：《津门保甲图说》，道光二十六年刻本。

〔清〕吴惠元修，〔清〕蒋玉虹，俞樾纂：《续天津县志》，同治九年刻本。

〔清〕桂超万、李钤修，〔清〕高继珩等纂：《栾城县志》，道光二十六年刻本。

〔清〕杨亦铭等纂修：《广灵县补志》，光绪七年刻本。

佚名撰，罗澍伟点校：《天津事迹纪实闻见录》，天津古籍出版社 1986 年版。

〔清〕张焘撰，丁绵孙、王黎雅点校：《津门杂记》，天津古籍出版社 1986 年版。

〔清〕沈家本、荣铨修，〔清〕徐宗亮、蔡启盛纂：《重修天津府志》，光绪二十五年重修。

〔清〕吴汝纶撰：《深州风土记》，光绪二十六年刻本。

〔清〕李传煦等纂修：《肥城县乡土志》，光绪三十四年石印本。

〔清〕姚明辉纂修：《蒙古志》，中国图书公司光绪三十三年铅印本。

〔清〕王学伊纂修：《新修固原直隶州志》，宣统元年铅印本。

赵尔巽等编纂：《清史稿》，中华书局 1998 年版。

［日］东亚同文会编纂：《中国省别全志·山东省》，东京东亚同文会 1917 年版。

〔清〕徐珂编：《清稗类钞》，中华书局 1984 年版。

王秀文等修纂：《许昌县志》，1923 年宝兰斋石印本。

中国银行总管理处编：《东三省经济调查录》，（内部发行）1919 年。

陈希周：《山西调查记》，南京共和书局 1923 年版。

南满洲铁道株式会社庶务部调查课编：《满洲贸易详细统计（一九二六）》上，台湾文海出版社有限公司影印 1988 年版。

东省铁路经济调查局编：《北满与东省铁路》，哈尔滨中国印刷局 1927 年版。

河北省政府建设厅编：《调查报告 第四编 工商》，河北省政府建设厅 1928 年版。

苏毓琦、伊承熙修，张震科纂：《宁晋县志》，1929 年石印本。

张其昀：《中国地理大纲》，商务印书馆 1930 年版。

宋蕴璞编：《天津志略》，蕴兴商行 1931 年铅印本。

滕绍周等修纂：《迁安县志》，1931 年铅印本。

万震霄等修纂:《青县志》,1931年铅印本。

方策等修,裴希度等纂:《续安阳县志》,1933年铅印本。

李大本修,李晓泠等纂:《高阳县志》,1933年铅印本。

吕咸、白保庄修,王文墀纂:《临河县志》,1931年铅印本。

铁道部财务司调查科编:《包宁线包临段经济调查报告书》,(内部发行)1931年。

陇海铁路车务处商务课编:《陇海铁路全路调查报告》,陇海铁路车务处1932年版。

池泽汇、娄学熙、陈问咸编纂:《北平市工商业概况》,北平市社会局1932年版。

绥远省政府编:《绥远概况》,绥远省政府1933年刊印。

许济航编:《陕西省经济调查报告》,财政部直接税署经济研究室1933年版。

李延墀、杨实编:《察哈尔经济调查录》,新中国建设学会出版科1933年版。

孔兆熊、郭蓝田修,阴国垣纂:《沁源县志》,1933年铅印本。

彭作桢等修,刘玉田等纂:《完县新志》,1934年铅印本。

王德乾修,崔莲峰纂:《望都县志》,1934年铅印本。

王华棠、刘锡彤、吴树德:《黄河中游调查报告》,华北水利委员会1934年版。

李景汉、余其心、陈菊人、郭志高、李柳溪编:《定县经济调查一部分报告书》,河北省县政建设研究院1934年版。

行政院农村复兴委员会编:《河南省农村调查》,商务印书馆1934年版。

平绥铁路车务处编:《平绥铁路沿线特产调查》,平绥铁路车务处1934年版。

实业部国际贸易局编:《中国实业志·山东省》,实业部国际贸易局1934年版。

铁道部全国铁路沿线出产货品展览会编：《中华民国国有铁路平汉沿线物产一览》，铁道部全国铁路沿线出产货品展览会 1934 年版。

胶济铁路管理局车务处编：《胶济铁路沿线经济调查报告总编》上、下，胶济铁路管理局车务处 1933 年版。

胶济铁路管理局车务处编：《胶济铁路沿线经济调查报告分编》1—6 册，胶济铁路管理局 1934 年版。

〔明〕李正儒纂修：《藁城县志》，嘉靖十三年刻本，1934 年铅字重印本。

陈继淹修，许闻诗纂：《张北县志》，1935 年铅印本。

钱史彤、邹介民修，焦国理、慕寿琪纂：《重修镇原县志》，俊华印书馆 1935 年铅印本。

铁道部业务司商务科编：《陇海铁路西兰线陕西段经济调查报告书》，（内部发行）1935 年。

铁道部业务司商务科编：《陇海铁路甘肃段经济调查报告书》，（内部发行）1935 年。

天津市社会局编：《天津市工业统计（第二次）》，天津市社会局 1935 年版。

李宗黄编：《考察江宁邹平青岛定县纪实》，正中书局 1935 年版。

金城银行总经理处天津调查分部编：《山东棉业调查报告》，金城银行总经理处天津调查分部 1936 年版。

陈言：《陕甘调查记》，北方杂志社 1936 年版。

全国经济委员会编：《山西考察报告书》，全国经济委员会 1936 年版。

陈伯庄：《平汉沿线农村经济调查》，交通大学研究所 1936 年版。

贾恩绂纂修：《南宫县志》，1936 年刻本。

中国国民党陇海铁路特别党部编：《陇海铁路调查报告》，中国国民党陇海铁路特别党部 1935 年版。

廖兆骏编著：《绥远志略》，正中书局 1937 年版。

北宁铁路沿线经济调查队编：《北宁铁路沿线经济调查报告》，北宁铁路管理局1937年版。

察南政厅官记资料科编:《察哈尔省各县实况调查报告》,察南政厅官记资料科1940年版。

实业部国际贸易局编:《中国实业志·山西省》,实业部国际贸易局1937年版。

〔清〕王守恂撰:《天津政俗沿革记》,1938年刻本。

张江裁纂:《天津杨柳青小志》,双肇楼校刊1938年版。

黄奋生编:《蒙藏新志》,中华书局1938年版。

边疆通信社修纂:《伊克昭盟志》,边疆通信社1939年版。

杨肇基修,李世昌纂:《邯郸县志》,1940年铅印本。

建设总署水利局编:《华北河渠建设事业关系各县农事调查报告书》,建设总署水利局1942年版。

［日］坂根准三编辑:《天津华商公会名鉴》,天津日本商工会议所1942年版。

曾鲁编:《山东省各县概况一览》,新民会中央总会1941年版。

余正东等纂修:《宜川县志》,1944年铅印本。

许公武编著:《青海志略》,商务印书馆1945年版。

崔宗埙编:《河南省经济调查报告》,财政部直接税署经济研究室1945年版。

黄河治本研究团编:《黄河上中游考察报告》,水利委员会1947年发行。

严中平等编:《中国近代经济史统计资料选辑》,科学出版社1955年版。

中国人民银行上海市分行编:《上海钱庄史料》,上海人民出版社1960年版。

陈真、姚洛等合编:《中国近代工业史资料》,生活·读书·新知三联书店1957—1961年版。

李文治、章有义编:《中国近代农业史资料》,生活·读书·新知三联书店1957年版。

中国人民大学工业经济系编著：《北京工业史料》，北京出版社1960年版。

彭泽益编：《中国近代手工业史资料（1840—1949）》，生活·读书·新知三联书店1957年版。

姚贤镐编：《中国近代对外贸易史资料（1840—1895）》，中华书局1962年版。

台湾“中研院”近代史研究所编：《中俄关系史料——东北边防与外蒙古》，台湾“中研院”近代史研究所1975年版。

聂宝璋编：《中国近代航运史资料 第一辑 1840—1895》，上海人民出版社1983年版。

许道夫编：《中国近代农业生产及贸易统计资料》，上海人民出版社1983年版。

中国人民银行上海市分行金融研究室编：《金城银行史料》，上海人民出版社1983年版。

山东省地方史志编纂委员会编：《山东史志资料（一九八五年第二辑）》，山东人民出版社1986年版。

中国近代经济史丛书编委会编：《中国近代经济史研究资料》，上海社会科学院出版社1984年版。

渠绍淼、庞义才编：《山西外贸志》上卷，山西省地方志编纂委员会办公室1984年版。

徐雪筠等译编，陈仲礼校订：《上海近代社会经济发展概况（1882—1931）——〈海关十年报告〉译编》，上海社会科学院出版社1985年版。

青岛市档案馆编：《帝国主义与胶海关》，档案出版社1986年版。

交通部烟台港务管理局编：《近代山东沿海通商口岸贸易统计资料（1859—1949）》，对外贸易教育出版社1986年版。

侯振彤译：《二十世纪初的天津概况》，天津市地方史志编修委员会总编辑室1986年版。

内蒙古自治区编辑组：《蒙古族社会历史调查》，内蒙古人民出版社1986年版。

［日］满史会编著，东北沦陷十四年史辽宁编写组译：《满洲开发四十年史》，（内部交流）1988年。

郑昌淦：《明清农村商品经济》，中国人民大学出版社1989年版。

上海社会科学院经济研究所、上海市国际贸易学会学术委员会编著：《上海对外贸易（1840—1949）》，上册，上海社会科学院出版社1989年版。

中国人民银行上海市分行金融研究所编：《上海商业储蓄银行史料》，上海人民出版社1990年版。

刘娟、李健平、毕惠芳选编：《北京经济史资料（近代北京商业部分）》，北京燕山出版社1990年版。

李必樟译编，张仲礼校订：《上海近代贸易经济发展概况（1854—1898）英国驻上海领事贸易报告汇编》，上海社会科学院出版社1993年版。

山西省史志研究院编：《山西通志·对外贸易志》，中华书局1999年版。

戴鞍钢、黄苇主编：《中国地方志经济资料汇编》，汉语大词典出版社1999年版。

中国第二历史档案馆、中国海关总署办公厅编：《中国旧海关史料（1859—1948）》，京华出版社2001年版。

胡大浚主编：《西北行记丛萃》25种，第1—10册，甘肃人民出版社2002年版。

聂宝璋、朱荫贵编：《中国近代航运史资料 第二辑 1895—1927》，中国社会科学出版社2002年版。

《民国山东通志》编辑委员会编：《民国山东通志》，台湾山东文献杂志社2002年版。

赵津主编：《范旭东企业集团历史资料汇编——久大精盐公司专辑》，

天津人民出版社 2006 年版。

东亚同文书院：《大旅行纪》，东京东亚同文会 1940 年版，爱知大学 2006 年影印。

吴弘明编译：《津海关贸易年报（1865—1946）》，天津社会科学院出版社 2006 年版。

［英］雷穆森（O. D. Rasmussen）著，许逸凡、赵地译，刘海岩校订：《天津租界史（插图本）》，天津人民出版社 2009 年版。

魏宏运、［日］三谷孝、张思主编：《二十世纪华北农村调查记录》，社会科学文献出版社 2012 年版。

许檀编：《清代河南、山东等省商人会馆碑刻资料选辑》，天津古籍出版社 2013 年版。

吴松弟整理：《美国哈佛大学图书馆藏未刊中国旧海关史料（1860—1949）》，广西师范大学出版社 2014—2016 年版。

二、近代时期的研究著作

天津中裕洋行：《北中国写真帖》，1910 年前后内部发行。

［俄］婆兹德奈夜夫著，北洋法政学会译：《蒙古及蒙古人》，北洋法政学会 1913 年版。

林竞：《新疆纪略》，日本东京天山学会 1918 年版。

卓宏谋：《最新蒙古鉴》，北京西城丰盛胡同四号卓宅 1919 年版。

古蓨孙：《天津指南》，天津新华书局 1922 年版。

陈崇祖编纂：《外蒙古近世史》，商务印书馆 1922 年版。

东方杂志社：《蒙古调查记》，商务印书馆 1923 年版。

［日］吉野美弥雄：《利用す可き天津を中心こせる中国の物产》，大阪三岛开文堂 1924 年版。

白眉初：《中华民国省区全志》，北京求知学社 1924 年版。

陈博文编纂：《山东省一瞥》，商务印书馆 1925 年版。

喻守真等编著：《全国都会、商埠旅行指南》，中华书局 1926 年版。

刘虎如：《外蒙古一瞥》，商务印书馆1927年版。

吴世勋编：《河南》，中华书局1927年版。

包罗多：《外蒙古》，上海昆仑书局1928年版。

上海特别市社会局编：《上海之工业》，中华书局1930年版。

方显廷编：《天津地毯工业》，天津南开大学社会经济研究委员会1930年版。

曲直生：《河北棉花之出产及贩运》，商务印书馆1931年版。

吴瓯主编：《天津市火柴业调查报告》，天津市社会局1931年编印。

林竞：《西北丛编》，神州国光社1931年版。

方显廷：《天津之粮食业及磨房业》，天津南开大学经济研究所1934年版。

董昌言编：《天津面粉工业状况》，河北省立工业学院工业经济学会1932年版。

［苏］克拉米息夫著，王正旺译：《中国西北部之经济状况》，商务印书馆1933年版。

张其昀编：《东北失地之经济概况》，南京钟山书局1933年版。

张宗文编著：《东北地理大纲》，中华人地舆图学社1933年版。

汪公亮：《中国西北地理大纲》，朝阳学院讲义1933年版。

吴绍璘编著：《新疆概观》，仁声印书局1933年版。

杜延年、孙毓钧编：《绥远省实业视察记》，万国道德总会1933年版。

青海省政府民政厅编：《最近之青海》，新亚细亚学会出版科1934年版。

天津市经济调查会编：《天津市自治调查》，百城书局1934年版。

杜文思调查：《平津工业调查》，北平市立高级职业学校1934年印行。

天津市志编纂处：《天津市概要》，百城书局1934年刊行。

张其昀、任美锷编：《本国地理》，下册，南京钟山书局1934年版。

郭岚生：《烟台威海游记》，百城书局1934年版。

王益厓编著：《高中本国地理》，世界书局1935年版。

方显廷主编:《天津棉花运销概况》，天津南开大学经济研究所1934年版。

许逸超:《东北地理》，正中书局1935年版。

方显廷:《华北乡村织布工业与商人雇主制度》，天津南开大学经济研究所1935年版。

沈树基主编:《天津造胰工业状况》，河北省立工业学院工业经济学会1935年刊行。

黄泽苍编:《山东》，中华书局1935年版。

贺扬灵:《察绥蒙民经济的解剖》，商务印书馆1935年版。

傅作霖编著:《宁夏省考察记》，正中书局1935年版。

吴知:《乡村织布工业的一个研究》，商务印书馆1936年版。

长江:《中国的西北角》，天津大公报馆1936年版。

高良佐编著，邵元冲审定:《西北随轺记》，建国月刊社1936年版。

河北省南运河下游疏浚委员会文牍股编:《河北省南运河下游疏浚委员会报告书》，天津益世报馆出版股1936年版。

潘益民编:《兰州之工商业与金融》，商务印书馆1936年版。

晋阳日报卅周年纪念特刊:《三十年来之山西》，晋阳日报社1936年版。

[日] 田中忠夫著，姜般若译:《华北经济概论》，北京出版社1936年版。

杨文洵等编:《中国地理新志》，中华书局1935年版。

许公武编著:《内蒙古地理》，新亚细亚学会出版科1937年版。

张肖梅:《日本对沪投资》，商务印书馆1937年版。

[日] 吉村忠三著，李祖伟译:《外蒙之现势》，商务印书馆1937年版。

周宋康编:《山西》，中华书局1939年版。

实业部国际贸易局编:《花生》，商务印书馆1940年版。

中国联合准备银行调查室编:《北京典当业之概况》，（内部刊行）

1940年。

[日]中村信：《蒙疆の经济》，东京有光社1941年版。

满铁北支经济调查所编：《天津を中心ごする北支谷物市场》，南满洲铁道株式会社调查部1943年版。

国立东北大学编：《东北要览》，国立东北大学出版组1944年版。

张之毅：《新疆之经济》，中华书局1945年版。

王惠民主编：《新东北指南》，商务印书馆1946年版。

杨景雄、李庆成绘制：《中华民国最新分省地图》，寰澄出版社1946年版。

联合征信所平津分所调查组编：《平津金融业概览》，联合征信所平津分所1947年版。

李曜东编：《东北九省地理》，和昌印书馆1947年版。

宋家泰编：《东北九省》，中华书局1948年版。

李洛之、聂汤谷编著：《天津的经济地位》，经济部冀热察绥区特派员办公处、结束办事处驻津办事处1948年版。

三、近代时期的研究论文

《济南之商工业》，载《中华实业界》1915年第5期。

佚名：《民国十一年天津羊毛市况》，载《中外经济周刊》1923年第4期。

佚名：《中国之羊毛》，载《中外经济周刊》1923年第6期。

佚名：《中国沿岸重要定期航路及中英日三国航业势力之比较》，载《中外经济周刊》1923年第6号。

佚名：《各国善行类：张家口库伦间通商情形》，载《国际公报》1925年第28期。

工商部工商访问局：《上海皮货业之调查》，载《工商半月刊》1929年第1期。

工商部工商访问局：《中国草帽缏之制造与销路》，载《工商半月刊》

1929 年第 11 期。

佚名：《天津钱业之调查》，载《工商半月刊》1929 年第 12 期。

工商部工商访问局：《天津肠衣调查》，载《工商半月刊》1929 年第 13 期。

村之：《西北商务衰落之原因及其救济之方策》，载《西北》1929 年第 10 期。

工商部工商访问局编：《天津干果调查》，载《工商半月刊》1930 年第 19 期。

工商部工商访问局编：《杏仁调查》，载《工商半月刊》1929 年第 13 期。

工商部工商访问局编：《津埠之鸡卵调查》，载《工商半月刊》1930 年第 3 期。

工商部工商访问局编：《天津花生油生产状况》，载《工商半月刊》1930 年第 4 期。

工商部工商访问局编：《天津红枣之产销情况》，载《工商半月刊》1931 年第 6 期。

工商部工商访问局编：《天津黑枣之调查》，载《工商半月刊》1931 年第 7 期。

吴兆名：《西北牧畜业概述》，载《中国实业杂志》1935 年第 7 ~ 12 期。

陆亭林：《青海省皮毛事业之研究》，载《拓荒》1935 年第 1 期。

汪胡桢：《民船之运输成本》，载《交通杂志》1934 年第 3 期。

经济讨论处编辑：《高阳之布业》，载《中外经济周刊》1926 年第 195 期。

王干：《泊头镇一瞥》，载《工商学志》1935 年第 1 期。

马鹤天：《开发西北与中国之前途》，载《西北问题》1935 年第 3 期。

张景观、刘秉仁：《北平鸭业调查》，见千家驹编《中国农村经济论文集》，上海书店出版社 1990 年版。

沈汝生：《中国都市之分布》，载《地理学报》1937年第1期。

毕相辉：《高阳及宝坻两个棉织区在河北省乡村棉织工业上之地位》，见方显廷编《中国经济研究》，下册，商务印书馆1938年版。

王化南：《发展西北毛业之商榷》，载《西北资源》1940年第2期。

王世昌：《甘肃的六大特产》，载《甘肃贸易》1943年第5～6期。

云章：《抗战以来之陕西工业概述》，载《陕行汇刊》1944年第1期。

武国安：《驿运制度与西北资源》，载《西北资源》1944年第2期。

四、20世纪50年代以后的研究著作

天津工商业丛刊之十：《天津市皮毛肠衣业经营的方向》，天津进步日报社1951年版。

严中平：《中国棉纺织史稿》，科学出版社1955年版。

上海市工商行政管理局、上海市橡胶工业公司史料工作组编：《上海民族橡胶工业》，中华书局1979年版。

［俄］尼·维·鲍戈亚夫连斯基著，新疆大学外语系俄语教研室译：《长城外的中国西部地区》，商务印书馆1980年版。

中国近代经济史资料丛刊编辑委员会主编：《中国海关与邮政》，中华书局1983年版。

中国人民政治协商会议内蒙古自治区委员会文史资料研究委员会编：《旅蒙商大盛魁》，（内部发行）1984年。

谷书堂主编：《天津经济概况》，天津人民出版社1984年版。

河北大学地方史研究室、政协高阳县委员会编著：《高阳织布业简史》，（内部发行）1987年。

李华彬主编：《天津港史（古、近代部分）》，人民交通出版社1986年版。

天津市政协文史资料研究委员会编：《天津租界》，天津人民出版社1986年版。

北京市社会科学院编：《今日北京》，北京燕山出版社1986年版。

徐德济主编：《连云港港史（古、近代部分）》，人民交通出版社 1987 年版。

刘彦群、刘建甫、胡祖源：《新疆对外贸易概论》，新疆人民出版社 1987 年版。

［美］刘广京著，邱锡鑅、曹铁珊译，陈曾年校：《英美航运势力在华的竞争（1862—1874 年）》，上海社会科学院出版社 1988 年版。

李振泉、石庆武主编：《东北经济区经济地理总论》，东北师范大学出版社 1988 年版。

赵德馨主编：《中国近代国民经济史教程》，高等教育出版社 1988 年版。

王树才主编：《河北省航运史》，人民交通出版社 1988 年版。

陈树生主编：《天津市经济地理》，新华出版社 1988 年版。

耿捷主编：《天津公路运输史》，第一册，人民交通出版社 1988 年版。

王玲：《北京与周围城市关系史》，北京燕山出版社 1988 年版。

政协甘肃、陕西、宁夏、青海、新疆五省（区）暨西安市文史资料委员会编：《西北近代工业》，甘肃人民出版社 1989 年版。

中国人民银行总行金融研究所金融历史研究室编：《近代中国的金融市场》，中国金融出版社 1989 年版。

吴松弟：《宋代东南沿海丘陵地区的外贸港口、出口物资和泉州港繁盛的主要原因》，见复旦大学中国历史地理研究所编《历史地理研究（2）》，复旦大学出版社 1990 年版。

张仲礼主编：《近代上海城市研究》，上海人民出版社 1990 年版。

隗瀛涛主编：《近代重庆城市史》，四川大学出版社 1991 年版。

陈旭麓：《陈旭麓学术文存》，上海人民出版社 1990 年版。

李竞能主编：《天津人口史》，南开大学出版社 1990 年版。

天津市地方志编修委员会编：《天津简志》，天津人民出版社 1991 年版。

邹逸麟、茅伯科：《上海港：从青龙镇到外高桥》，上海人民出版社

1991年版。

费成康:《中国租界史》,上海社会科学院出版社1991年版。

葛剑雄:《中国人口发展史》,福建人民出版社1991年版。

皮明庥主编:《近代武汉城市史》,中国社会科学出版社1993年版。

罗澍伟主编:《近代天津城市史》,中国社会科学出版社1993年版。

邹逸麟编著:《中国历史地理概述》,福建人民出版社1993年版。

姚洪卓主编:《近代天津对外贸易(1861—1948)》,天津社会科学院出版社1993年版。

厉声:《新疆对苏(俄)贸易史(1600—1990)》,新疆人民出版社1993年版。

张海鹏、张海瀛主编:《中国十大商帮》,黄山书社1993年版。

孔经纬:《新编中国东北地区经济史》,吉林教育出版社1994年版。

天津市城市规划志编纂委员会编著:《天津市城市规划志》,天津科学技术出版社1994年版。

乔虹编著:《天津城市建设志略》,中国科学技术出版社1994年版。

[德]卡尔·亨利希·马克思、弗里德里希·冯·恩格斯著,中共中央马克思、恩格斯、列宁、斯大林著作编译局编译:《马克思恩格斯选集》,第一卷,人民出版社1995年版。

天津市地方志编修委员会编著:《天津通志·金融志》,天津社会科学院出版社1995年版。

卢明辉、刘衍坤:《旅蒙商——17世纪至20世纪中原与蒙古地区的贸易关系》,中国商业出版社1995年版。

从翰香主编:《近代冀鲁豫乡村》,中国社会科学出版社1995年版。

刘建生、刘鹏生、任凯、刘俊凯、贾惠杰:《山西近代经济史(1840—1949)》,山西经济出版社1995年版。

尚克强、刘海岩主编:《天津租界社会研究》,天津人民出版社1996年版。

陈桦:《清代区域社会经济研究》,中国人民大学出版社1996年版。

陈明光：《钱庄史》，上海文艺出版社 1997 年版。

李明伟主编：《丝绸之路贸易史》，甘肃人民出版社 1997 年版。

居之芬、张利民主编：《日本在华北经济统制掠夺史》，天津古籍出版社 1997 年版。

苏智良：《中国毒品史》，上海人民出版社 1997 年版。

黎风编著：《山西古代经济》，山西经济出版社 1997 年版。

许檀：《明清时期山东商品经济的发展》，中国社会科学出版社 1998 年版。

张树明主编：《天津土地开发历史图说》，天津人民出版社 1998 年版。

徐新吾、黄汉民主编：《上海近代工业史》，上海社会科学院出版社 1998 年版。

戴鞍钢：《港口·城市·腹地——上海与长江流域经济关系的历史考察（1843—1913）》，复旦大学出版社 1998 年版。

李正华：《乡村集市与近代社会——二十世纪前半期华北乡村集市研究》，当代中国出版社 1998 年版。

安介生：《山西移民史》，山西人民出版社 1999 年版。

［美］马若孟著，史建云译：《中国农民经济——河北和山东的农民发展（1890—1949）》，江苏人民出版社 1999 年版。

天津市地方志编修委员会编著：《天津通志·港口志》，天津社会科学院出版社 1999 年版。

熊月之主编：《上海通史》，上海人民出版社 1999 年版。

杨圣明主编：《中国对外经贸理论前沿》，社会科学文献出版社 1999 年版。

阿岩、乌恩：《蒙古族经济发展史》，远方出版社 1999 年版。

山西省史志研究院编：《山西通志·对外贸易志》，中华书局 1999 年版。

关文斌：《文明初曙——近代天津盐商与社会》，天津人民出版社 1999 年版。

柴彦威：《城市空间》，科学出版社2000年版。

［美］黄宗智：《华北的小农经济与社会变迁》，中华书局2000年版。

徐永志：《开埠通商与津冀社会变迁》，中央民族大学出版社2000年版。

庄维民：《近代山东市场经济的变迁》，中华书局2000年版。

朱文通、王小梅：《河北通史：民国上卷》，河北人民出版社2000年版。

中国日用化工协会火柴分会编：《中国火柴工业史》，中国轻工业出版社2001年版。

天津市地方志编修委员会编：《天津通志·外贸志》，天津社会科学院出版社2001年版。

叶世昌、潘连贵：《中国古近代金融史》，复旦大学出版社2001年版。

山西省史志研究院编：《山西通史·近代卷》，山西人民出版社2001年版。

牛敬忠：《近代绥远地区的社会变迁》，内蒙古大学出版社2001年版。

［日］内山雅生著，李恩民、邢丽荃译：《二十世纪华北农村社会经济研究》，中国社会科学出版社2001年版。

周俊旗主编：《民国天津社会生活史》，天津社会科学院出版社2002年版。

宋美云：《近代天津商会》，天津社会科学院出版社2002年版。

高艳林：《天津人口研究（1404—1949）》，天津人民出版社2002年版。

黄鉴晖：《山西票号史（修订本）》，山西经济出版社2002年版。

米镇波：《清代中俄恰克图边境贸易》，南开大学出版社2003年版。

张利民主编：《解读天津六百年》，天津社会科学院出版社2003年版。

张利民、周俊旗、许檀、汪寿松：《近代环渤海地区经济与社会研究》，天津社会科学院出版社2003年版。

刘海岩：《空间与社会：近代天津城市的演变》，天津社会科学院出版社 2003 年版。

来新夏主编，郭凤岐编著：《天津的城市发展》，天津古籍出版社 2004 年版。

张利民：《华北城市经济近代化研究》，天津社会科学院出版社 2004 年版。

闫天灵：《汉族移民与近代内蒙古社会变迁研究》，民族出版社 2004 年版。

重阳：《三岔河口一带的民谣》，见贾长华主编《宝地三岔河口》，天津古籍出版社 2004 年版。

庞玉洁：《开埠通商与近代天津商人》，天津古籍出版社 2004 年版。

天津海关译编委员会编译：《津海关史要览》，中国海关出版社 2004 年版。

复旦大学历史地理研究中心主编：《港口—腹地和中国现代化进程》，齐鲁书社 2005 年版。

宋美云、张环：《近代天津工业与企业制度》，天津社会科学院出版社 2005 年版。

天津市档案馆编：《近代以来天津城市化进程实录》，天津人民出版社 2005 年版。

刘建生、刘鹏生、梁四宝、燕红忠、王瑞芬、樊江春：《晋商研究》，山西人民出版社 2005 年版。

李全武、曹敏：《陕西近代工业经济发展研究》，陕西人民出版社 2005 年版。

程民生：《河南经济简史》，中国社会科学出版社 2005 年版。

［美］彭慕兰著，马俊亚译：《腹地的构建：华北内地的国家、社会和经济（1853—1937）》，社会科学文献出版社 2005 年版。

米镇波：《清代西北边境地区中俄贸易：从道光朝到宣统朝》，天津社会科学院出版社 2005 年版。

吴松弟主编：《中国百年经济拼图：港口城市及其腹地与中国现代

化》，山东画报出版社2006年版。

张萍：《地域环境与市场空间——明清陕西区域市场的历史地理学研究》，商务印书馆2006年版。

王建革：《农牧生态与传统蒙古社会》，山东人民出版社2006年版。

乌日陶克套胡：《蒙古族游牧经济及其变迁》，中央民族大学出版社2006年版。

熊月之、周武主编，尔冬强配图：《上海：一座现代化都市的编年史》，上海书店出版社2007年版。

樊如森：《天津与北方经济现代化（1860—1937）》，东方出版中心2007年版。

王卫东：《融会与建构——1648—1937年绥远地区移民与社会变迁研究》，华东师范大学出版社2007年版。

龚关：《近代天津金融业研究（1861—1936）》，天津人民出版社2007年版。

王建革：《传统社会末期华北的生态与社会》，生活·读书·新知三联书店2009年版。

［日］顾琳著，王玉茹、张玮、李进霞译：《中国的经济革命——二十世纪的乡村工业》，江苏人民出版社2009年版。

［日］吉泽诚一郎：《天津の近代——清末都市における政治文化と社会統合》，名古屋大学出版会2009年版。

许金生：《近代上海日资工业史（1884—1937）》，学林出版社2009年版。

钟银梅：《近代甘宁青皮毛贸易与畜牧经济开发研究》，宁夏人民出版社2010年版。

李惠民：《近代石家庄城市化研究（1901—1949）》，中华书局2010年版。

张学军、孙炳芳：《直隶商会与乡村社会经济（1903—1937）》，人民出版社2010年版。

熊亚平：《铁路与华北乡村社会变迁（1880—1937）》，人民出版社2011年版。

吴松弟、樊如森、陈为忠、姚永超、戴鞍钢等：《港口—腹地与北方的经济变迁（1840—1949）》，浙江大学出版社2011年版。

郭海成：《陇海铁路与近代关中经济社会变迁》，西南交通大学出版社2011年版。

姚洪卓著，天津市国际贸易学会编：《近代天津对外贸易研究》，天津古籍出版社2011年版。

樊如森：《近代西北经济地理格局的变迁（1850—1950）》，台湾花木兰文化出版社2012年版。

吴松弟、樊如森主编：《近代中国北方经济地理格局的演变》，人民出版社2013年版。

吴松弟主编，樊如森著：《中国近代经济地理·第七卷·华北与蒙古高原近代经济地理》，华东师范大学出版社2015年版。

吴松弟主编，张萍、严艳、樊如森、吴孟显著：《中国近代经济地理·第八卷·西北近代经济地理》，华东师范大学出版社2015年版。

吴松弟主编，姚永超著：《中国近代经济地理·第九卷·东北近代经济地理》，华东师范大学出版社2015年版。

五、20世纪50年代以后的研究论文

王怀远：《旧中国时期天津的对外贸易》，载《北国春秋》1960年第1～3期。

邹逸麟：《上海地区最早的对外贸易港——青龙镇》，见朱东润等主编《中华文史论丛（一九八〇年第一辑）》，上海古籍出版社1980年版。

冯国良、郭廷鑫：《解放前海河干流治理概述》，见中国人民政治协商会议天津市委员会文史资料研究委员会编《天津文史资料选辑（第十八辑）》，天津人民出版社1982年版。

王绣舜、张高峰：《天津早期商业中心的掠影》，见中国人民政治协商

会议天津市委员会文史资料研究委员会编《天津文史资料选辑（第十六辑）》，天津人民出版社1981年版。

杨固之、谈在唐、张章翔：《天津钱业史略》，见中国人民政治协商会议天津市委员会文史资料研究委员会编《天津文史资料选辑（第二十辑）》，天津人民出版社1982年版。

张高峰：《劝业场一带是怎样发展为繁华区的》，见中国人民政治协商会议天津市委员会文史资料委员会编《天津租界谈往》，天津人民出版社1997年版。

陈炎：《略论海上“丝绸之路”》，载《历史研究》1982年第3期。

天津社会科学院经济研究所工业经济研究室：《解放前的天津工业概况》，载《天津社会科学》1984年第2期。

屠义源：《绥远政坛见闻琐记》，见中国人民政治协商会议内蒙古自治区委员会文史资料委员会编《我的经历见闻 内蒙古文史资料（第三十一辑）》，内蒙古文史书店1988年版。

王鑫岗、郭希斋、李墨芗：《天津帮经营西大营贸易概述》，见中国人民政治协商会议天津市委员会文史资料研究委员会编《天津文史资料选辑（第二十四辑）》，天津人民出版社1983年版。

艾周昌、许斌：《试论16至18世纪中叶太平洋航海贸易》，载《史学月刊》1989年第6期。

刘绍仁供稿，李维章整理：《萨县种植鸦片及其恶果》，见中国人民政治协商会议土默特右旗委员会文史资料委员会编《土默特右旗文史资料（第三辑）》，（内部发行）1989年。

任步奎：《解放前太原的商业》，见太原市政协文史资料研究委员会编《太原文史资料（第七辑）》，（内部发行）1986年。

马廷诰：《包头交通运输业梗概》，见中国人民政治协商会议包头市委员会文史资料研究委员会编《包头文史资料选编（第五辑）》，（内部发行）1984年。

谢玉明：《“赶大营”的“路单”和“大篷车”》，见天津市西青区政协文史资料研究委员会编《西青文史》，第四册，（内部发行）2002 年。

陈振江：《通商口岸与近代文明的传播》，载《近代史研究》1991 年第 1 期。

邹逸麟、张修桂：《上海港的历史地理》，载《自然杂志》1993 年第 2 期。

蒋致洁：《唐宋之际丝路贸易与海路贸易的消长变化》，载《社会科学战线》1993 年第 5 期。

析侠：《陆上丝绸之路与汉唐边贸事业》，载《郑州大学学报（哲学社会科学版）》1995 年第 2 期。

陶良虎：《20 世纪 30 年代汉口对外贸易衰退原因辨析》，载《江汉论坛》1999 年第 6 期。

李绍钦：《古代北方各民族在包头地区的活动》，见中国人民政治协商会议包头市委员会文史资料研究委员会编《包头文史资料选编（第四辑）》（内部发行）1983 年。

贾曦、白玉：《洋行掠夺包头皮毛见闻录》，见包头市地方志史编修办公室、包头市档案馆编《包头史料荟要（第七辑）》，（内部发行）1982 年。

朱仙洲：《天津粮食批发商业百年史》，见中国人民政治协商会议天津市委员会文史资料研究委员会编《天津文史资料选辑（第二十八辑）》，天津人民出版社 1984 年版。

孙荫樊：《谈谈张家口的旅蒙商》，见中国人民政治协商会议河北省张家口市委员会文史资料研究委员会编《张家口文史资料（第六辑）》，（内部发行）1985 年。

王鸿逵、于焕文、谢玉明：《天津商帮“赶大营”始末》，见天津市政协文史资料研究委员会、天津西青区政协文史资料研究委员会编《津西古今采珍》，百花文艺出版社 1993 年版。

张利民：《近代华北城市人口发展及其不平衡性》，载《近代史研究》1998 年第 1 期。

窦卫华整理：《我省最早的汽车路——张库公路早期通车营运简况》，见中国人民政治协商会议河北省委员会文史资料研究委员会编《河北文史资料选辑（第七辑）》，河北人民出版社1982年版。

许檀：《明清时期区域经济的发展——江南、华北等若干区域的比较》，载《中国经济史研究》1999年第2期。

冯天瑜：《东亚同文书院的中国旅行调查》，载《文史知识》2000年第1期。

张学厚：《郑州棉花业的兴衰》，见中国人民政治协商会议河南省委员会文史资料委员会编《河南文史资料（第三十七辑）》，《河南文史资料》编辑部1991年发行。

许檀：《明清时期城乡市场网络体系的形成及意义》，载《中国社会科学》2000年第3期。

许檀：《清代前期的沿海贸易与天津城市的崛起》，载《城市史研究》1997年第13—14辑。

唐晓峰：《城市重心的东移与江南市镇的繁荣（宋辽金）》，见邹逸麟主编《中国历史人文地理》，科学出版社2001年版。

樊如森：《天津开埠后的皮毛运销系统》，载《中国历史地理论丛》2001年第1辑。

樊如森：《西北近代经济外向化中的天津因素》，载《复旦学报（社会科学版）》2001年第6期。

吴松弟：《明清时期我国最大沿海贸易港的北移趋势与上海港的崛起》，载《复旦学报（社会科学版）》2001年第6期。

李一翔：《论长江沿岸城市之间的金融联系》，载《中国经济史研究》2002年第1期。

樊如森：《清末至民国时期京、津的粮食供应》，载《中国近代史》2003年第7期。

王之驯：《大胡同》，见贾长华主编《宝地三岔河口》，天津古籍出版社2004年版。

茅伯科：《中国现代化进程中港口—腹地关系演变的新趋势》，见复旦大学历史地理研究中心主编《港口—腹地和中国现代化进程学术研讨会论文集》，2004 年未刊稿。

贾秀慧：《试析近代新疆商业史上的“津帮八大家”》，载《新疆地方志》2004 年第 3 期。

许檀：《从北洋三口发展的历史脉络看中国近代化历程》，载《天津师范大学学报（社会科学版）》2005 年第 1 期。

王玉玲：《李约瑟之谜的历史解答》，载《社会科学论坛》2005 年第 6 期。

［美］E. L. 格莱泽：《城市与区域增长的新经济学》，见［英］G. L. 克拉克等主编，刘卫东等译《牛津经济地理学手册》，商务印书馆 2005 年版。

青岛新闻网：《改变自身发展拖累周边省市北京不做经济中心》，http：//www. qingdaonews. com/content/2006 –01/17/content_ 5901746. htm。

《龙头之争 山东青岛叫板天津滨海》，载《第一财经日报》2006 年 4 月 27 日。

樊如森：《天津——近代北方经济的龙头》，载《中国历史地理论丛》2006 年第 2 辑。

张利民：《区域史研究中的空间范围界定》，载《学术月刊》2006 年第 3 期。

樊如森：《民国时期西北地区市场体系的构建》，载《中国经济史研究》2006 年第 3 期。

张利民：《“华北”考》，载《史学月刊》2006 年第 4 期。

张利民：《论华北区域的空间界定与演变》，载《天津社会科学》2006 年第 5 期。

唐巧天：《中国近代外贸埠际转运史上的上海与天津（1866—1919）》，载《史林》2006 年第 1 期。

任海滨、王广义：《东北地方志与东北史地研究》，载《东北史地》

2006年第4期。

许立勋、贾雪梅：《浅论民国年间东北地方志的编修》，载《东北史地》2006年第4期。

林满红：《清末自产鸦片之替代进口鸦片（1805—1906）》，见［日］中村哲主编，王玉茹监译《东亚近代经济的历史结构——东亚近代经济形成史（二）》，人民出版社2007年版。

张利民：《首次发现的〈华北月报〉与华北一词的滥觞》，载《历史教学（高校版）》2007年第8期。

樊如森：《环渤海经济区与近代北方的崛起》，载《史林》2007年第1期。

樊如森：《从上海与北方关系的演变看环渤海经济崛起》，载《史学月刊》2007年第6期。

樊如森：《近代北方城镇格局的变迁》，见天津社会科学院、天津市社会科学界联合会主办《城市史研究（第二十五辑）》，天津社会科学院出版社2009年版。

樊如森：《近代华北经济地理格局的演变》，载《史学月刊》2010年第9期。

董良：《北京近代金融建筑述略》，载《中华民居》2011年第12期。

杨蕤：《五代、宋时期陆上丝绸之路研究述评》，载《西域研究》2011年第3期。

樊如森：《近代环渤海经济一体化及其动力机制》，载《学术月刊》2011年第7期。

樊如森、吴焕良：《近代西北与华北的市场联系——以外向型经济的发展为中心》，见张萍主编《西北地区城乡市场结构演变的历史进程与环境基础》，三秦出版社2011年版。

樊如森、杨敬敏：《清代民国西北牧区的商业变革与内地商人》，见中国地理学会历史地理专业委员会《历史地理》编辑委员会编《历史地理（第二十五辑）》，上海人民出版社2011年版。

天津邮政博物馆：《从天津邮政博物馆看中国邮政历史进程》，载《中国邮政报》2012 年 3 月 20 日。

樊如森：《中国历史经济地理学的回顾与展望》，载《江西社会科学》2012 年第 4 期。

张利民：《简析近代环渤海地区经济中心重组的政治因素》，载《天津社会科学》2012 年第 5 期。

樊如森、吴焕良：《近代中日贸易述评》，载《史学月刊》2012 年第 6 期。

樊如森、伍伶飞：《近代环渤海市场结构的时空演进》，见中国地理学会历史地理专业委员会《历史地理》编辑委员会编《历史地理（第二十八辑）》，上海人民出版社 2013 年版。

毛立坤：《晚清时期香港与北方环渤海地区的贸易关系》，载《安徽史学》2007 年第 5 期。

刘敏、王海平：《京津冀协同发展体制机制研究——基于世界六大城市群的经验借鉴》，载《现代管理科学》2014 年第 12 期。

马晓河：《从国家战略层面推进京津冀一体化发展》，载《国家行政学院学报》2014 年第 4 期。

樊如森：《中国北方近代经济的市场化与空间差异》，载《江西社会科学》2015 年第 2 期。

许檀：《明清时期华北的商业城镇与市场层级》，载《中国社会科学》2016 年第 11 期。

樊如森：《清代民国西北茶叶运营体系的时空变迁》，载《人文杂志》2016 年第 8 期。

樊如森：《清代民国时期西北区域市场的发育和整合——以茶叶贸易为中心》，载《江西社会科学》2016 年第 9 期。

习近平：《规划建设雄安新区要坚持生态优先、绿色发展》，载《建筑节能》2017 年第 4 期。

新华社：《韩正在天津调研》，中华人民共和国中央人民政府网，

www. gov. cn/guo wuguan/2018 －06/20/content －5300023. htm。

叶淑贞：《天津港的贸易对其腹地经济之影响（1867—1931）》，台湾大学1983年硕士学位论文。

陈为忠：《山东港口与腹地研究（1860—1937）》，复旦大学2003年硕士学位论文。

樊如森：《天津港口贸易与腹地外向型经济发展（1860—1937）》，复旦大学2004年博士学位论文。

姚永超：《大连港腹地核心地域结构演变的研究（1907—1931）》，复旦大学2004年硕士学位论文。

郭锦超：《近代天津和华北地区经济互动的系统研究（1880年代—1930年代）》，南开大学2004年博士学位论文。

高福美：《清代沿海贸易与天津商业的发展》，南开大学2010年博士学位论文。

侯凯：《天津南市地区市井空间及市井文化研究》，天津大学2010年硕士学位论文。

附录 B　图表目录索引

一、图片目录

二、表格目录